趙翼年譜新編

上海市學術著作出版基金

博士文庫

趙翼年譜新編

陳清雲　著

世紀出版集團　上海古籍出版社

序

　　趙翼的一生可以説既没有大起大落的宦海風波，也無出將入相的顯赫勳績。這樣一位窮苦孤兒，無力進入著名書院，無緣拜見名師，自然亦無大僚援引，而憑藉自身刻苦努力，一舉京兆發解，連續六應禮闈，其狀元夢眼看就要實現，但最終還是被乾隆帝以莫名理由而降格爲探花。隨之而來的便是平淡乏味且險況盡出的仕途奔波。他感歎過仕途命運的難測易變，中年毅然退出仕途，返鄉回歸平民身份，以學術立言而立身。趙翼八十餘年的漫長人生路上隱藏着許多鮮爲人知的因素，譬如他對乾隆帝、李侍堯的複雜態度，對被替換爲狀元的王杰的羨慕嫉妒以及客觀評價，京師居住期間與翁方綱、王昶、李調元的比鄰而居相互切磋，遷居常州城顧塘橋後常州學派、兩度主講揚州安定書院期間揚州學派對其潛移默化的影響，以及他對袁枚的羨慕與嘲謔、對蔣士銓的同情及理解、對洪亮吉不拘形迹的親切、對趙懷玉的疼愛鼓勵等等，這些細節對於全面瞭解趙翼極爲重要。此外，趙翼能夠在辭官後四十餘年内安然從事著述，與其善於治生有着直接的關係。其買魚塘、開當鋪、賣文、教書、出版書籍等經濟活動，與他的學術發展及慈善事業有何關聯，也是今人研究趙翼課題中的應有之義。更爲重要的是，趙翼壯年歸隱，致力於名山事業，這樣的人生道路選擇在當時士人中並不少見。從趙翼的師友交游中，能夠真切細膩地感受到這股時代潮流風尚，這無疑也是促進乾嘉詩壇學界繁榮發展的重要因素之一。

　　難忘三十年前，在蘇州城東螺絲浜小巷深處錢仲聯恩師家中聽講清詩的歷歷場景，錢先生贊揚趙翼時的鏗鏘語調至今仍然縈繞耳際。

當今學界的趙翼研究主要集中在詩作詩論以及史學方面，成就卓然，但在趙翼生平文獻資料的比對辨析方面，尚有進一步深入發掘的研究空間。陳清雲 2010 年起跟隨我攻讀博士學位，她踏實勤奮，能夠勝任新編趙翼年譜的繁瑣工作，經過反復研討，確立了以此爲博士論文選題。她經過數年不懈努力，秉持以譜叙人和以譜存文的思路，對相關文獻進行了竭澤而漁的收集、辨析和利用，詳盡勾畫出了趙翼一生行迹，展現其思想、創作和學術道路。尤其是對趙翼的交游唱和、創作批評、編撰著述等活動作了極爲細緻的考訂和繫年，以譜主生平爲線索，串聯起乾嘉時期著名作家、學者的活動，爲加深趙翼研究乃至推進乾嘉學界研究提供了一份較爲詳實的資料綫索網絡。其博士論文因而得到了答辯委員的充分肯定和一致好評。

又經過數年打磨，如今呈現在讀者面前的這部《趙翼年譜新編》，就是陳清雲在其博士學位論文基礎上增補修訂後的新著。

該著比先出諸年譜在内容上有大量充實增補。比如考訂了趙翼現存七種著作編撰與刊刻的具體時間；梳理了與趙翼交游人物在《甌北集》中出現的全部情況，以便整體把握此人與趙翼的交往過程；釐清了趙翼在京師居官、常州白雲溪、揚州安定書院等各階段的交游唱和群體；展現了趙翼赴粵西、滇、貴西以及武夷山、廬山等壯游的路線及感受；呈現了趙翼在汪由敦、傅恒和李侍堯幕府的思想與作爲；增補了乾嘉年間相關時事。同時，還臚列了與趙翼有關詩人學人的基本信息，并對先出年譜的失誤，逐條進行了訂正。該著通過對詳盡資料的梳理辨析，真實細緻地呈現出趙翼的生存狀態及由詩人而學者、由官僚而鄉紳的人生道路，這也成爲乾嘉年間文人的趨同性選擇，因此探究趙翼就成爲透視乾嘉學界和文壇的最佳視窗之一。桃李無言，下自成蹊；春風有意，甘苦自知。該著是否達到了後出轉精的境界，尚待讀者的批評指摘，但是身爲青年學者的作者爲傳統學術的承前啟後所付出的不懈努力，無疑是應該得到肯定的。

嚴　明

2016 年於滬上汪洋齋

目　録

趙翼年譜新編

<h2 style="text-align:center">附　錄</h2>

緒　論

　　趙翼，初名豐璘，字耘松（或寫作耘菘、耘崧、雲崧、雲菘、雲松），號甌
北，一作鷗北，晚自號三半老人。江蘇常州府陽湖縣人。雍正五年丁
未（1727）十月二十二日生，嘉慶十九年甲戌（1814）四月十七日卒，壽
八十八。工詩，與袁枚、蔣士銓並稱"江右三大家"、"乾隆三大家"。精
於史學，與王鳴盛、錢大昕被譽爲清代乾嘉考史三大家。現存著作七
部，《陔餘叢考》、《廿二史劄記》、《甌北集》、《甌北詩鈔》、《甌北詩話》、
《皇朝武功紀盛》、《簷曝雜記》，總稱《甌北全集》。

　　趙翼是清代享有盛譽的詩人、詩歌批評家和史學家。目前學界關
於趙翼的研究，文學工作者主要集中在他的詩歌創作與詩歌理論，史
學研究者主要研討他的史學理論和史學方法，對其生平事迹的研究則
重視不夠，這在一定程度上影響了趙翼研究的進一步深入。

　　年譜作爲逐年編排的特殊著述方式，無疑爲發掘翔實資料、展現
作家生平事迹提供了便利。截至目前，前人與今人所撰趙翼年譜共有
四種：湛貽堂嘉慶壬申刻本《甌北全集》附《甌北先生年譜》（未列撰者
姓名）、趙興勤《趙翼評傳》附《趙翼年表》（南京大學出版社 2002 年
版）、李君明《趙翼年譜》（蘭州大學出版社 2004 年版）、李鵬《趙翼詩歌
與詩論研究》附《趙翼年譜詩證》（汕頭大學出版社 2007 年版）。

　　《甌北先生年譜》雖然未列撰者姓名，但其附刻於湛貽堂嘉慶十七
年壬申（1812）《甌北全集》原刻本後，編撰者爲趙翼親友無疑。光緒
《武進陽湖縣志》卷二八《藝文·史部·譜錄類》載撰者爲趙懷玉，亦有

很大可能。此譜著者最接近趙翼的生命活動,當最爲可信,但却在弟汝明病殁、寄錢爲弟汝霖娶婦、母親安葬、赴部就補、長子廷英娶婦、倡議修建三賢祠、《廿二史劄記》告成時間等重大事件的繫年上均有明顯訛誤。至於把趙翼岳父"廩生劉臯聞公鳴鶴"誤爲"廩生劉臯聞公鶴鳴"、乾隆十五年鄉試獲雋後座主汪由敦延教二子時間未録等錯漏之處更多,不再一一枚舉。另外,子廷偉生卒日期、嘉慶十七年趙翼病卒時辰皆與《西蓋趙氏族譜》記載有異。

該譜還具有徵引有關趙翼的墓志碑傳,着意突出趙翼的科甲名次、征緬、兩廣知府任上、入李侍堯軍幕等事功的特點。如嘉慶十五年庚午(1810)條連篇累牘照抄趙翼《重赴鹿鳴宴謝摺》,而對嘉慶九年甲子(1804)淫雨成災米價驟增,趙翼減價售米遭哄搶事,隻字未提;對趙翼著述編刊的複雜情況、主要交游人物與交往過程也述之甚少。趙翼四十七歲壯年歸隱至八十八歲去世,用長達四十餘年的生涯,致力於名山事業,趙翼的所有著作均於此期完成、刊刻,因此此期應爲趙翼年譜編寫的重點。另外,趙翼科舉仕途上的上司同僚,學術詩文創作上的良師益友也應是編寫年譜時重點關注的內容。總之,在乾嘉學術坐標中知人論世,才能更加真實地接近趙翼的人生。

趙興勤《趙翼年表》修正了《甌北先生年譜》的一些錯誤,如倡建三賢祠、葬母、入京赴補等時間;增加了趙翼的交游情況,如乾隆五十六年辛亥(1791)條:

> 初夏游廬山,歷東林、聞先、萬杉、棲賢諸寺及白鹿洞書院,乃歸。廷彦婦徐氏童養於家,是年完婚。(《甌北先生年譜》)
> 正月,往揚州,爲秦黌祝壽。繼而返回江寧,游袁氏隨園。又拜訪兩江總督孫士毅。初夏出游廬山。(《趙翼年表》)

但《趙翼年表》基本遵循《甌北先生年譜》的框架,《甌北先生年譜》没有事迹記載的年份,《趙翼年表》亦忽略。例如乾隆四十一年丙申

趙翼年譜新編

(1776)，二譜即皆付闕如。事實上，如此年接蔣士銓書，知其上年遭母喪，辭安定書院講席扶柩歸里，趙翼非常惋惜二人失之交臂（《甌北集》卷二十三《聞心餘銜恤歸里悵然有作却寄》）。這件事透露給我們兩點信息，一、自從京師一別後，蔣、趙再無緣相見，即使蔣士銓在揚州任教，趙翼歸養回里，二人同在江南；二、蔣、趙雖未再謀面，但二人時常鴻雁傳書。關於蔣、趙關係，這是非常重要的信息。另外，《趙翼年表》還把本年正月費淳來訪事誤繫於上一年。

除此之外，《趙翼年表》在趙翼的交游時間、著述刊刻時間上，也存在不當之處，如與邵齊熊、王日杏、畢沅等內閣中書交游的時間，與李調元訂交時間，張塤的卒年，以及受託編刊《松泉集》和付梓《甌北集》二十四卷，分體重編《甌北詩鈔》，《廿二史劄記》刻成的時間等。

李君明《趙翼年譜》由三部分組成。第一部分《時事》，大多由《明清文人年表》抄録而來（見該書注釋）；第二部分《譜文》，完全引用《甌北先生年譜》（見該書注釋）；第三部分爲從《甌北集》上抄録的詩題，但并沒有加注釋或按語説明這些詩歌放在此年的依據。

李鵬《趙翼年譜詩證》後出轉精，在補充事迹、訂正訛誤上較前三譜取得很大成績，但也有失察之處。如趙翼送母南回事件，《趙翼年譜詩證》辨析了《甌北先生年譜》將之繫於乾隆二十六年辛巳（1761）之誤，但把此事置於乾隆二十七年壬午（1762）同樣爲誤。另外，《趙翼年譜詩證》也存在因循《甌北先生年譜》結構模式的情況，如照搬了《甌北先生年譜》弟汝明病殁、寄錢爲弟汝霖娶婦時間的訛誤。

由上述可知，李君明《趙翼年譜》、趙興勤《趙翼年表》與李鵬《趙翼年譜詩證》三譜，在編年紀事方面並未突破《甌北先生年譜》的窠臼，難以詳盡地知人論世，也很難全面展現譜主趙翼的畢生經歷、在乾嘉詩壇和學壇的地位及影響。與同樣享有盛名並與趙翼關係密切的袁枚，迄今爲止，已經出現了四部有名的年譜相比，重新編寫翔實的趙翼年譜不僅是必要的，而且是緊迫的任務。

有鑒於此，筆者本着以譜叙人和藉譜存文的目的，在大量閱讀文獻的基礎上，既盡可能詳盡地勾畫出趙翼一生的行迹，反映其思想、創作和學術發展的道路，又對趙翼的生平事迹尤其是交游唱和、創作批評、編撰著述等涉及文學、史學活動的材料作了較爲細緻的考訂、繫年，希望以趙翼的生平爲線索，串聯起乾嘉時期著名作家、學者的活動，使之成爲推進和加深趙翼研究乃至乾嘉學界研究的必要基礎。

趙翼嘉慶五年庚申（1800）夏刊刻《陸放翁年譜》時所作《小引》曰："昔王宗稷作《蘇文忠年譜》，悉本《東坡大全集》詮次之。今余亦彷此例，就《劍南詩集》、《渭南文集》及《家世舊聞》、《老學庵筆記》等書，次其先後，蓋已十得八九。惟入蜀以前少年之作，所存無幾，難於懸揣。然事迹亦往往散見於詩文，因亦就其可知者，繫於某年之下，并略載時事，以相印證，庶讀者可以一覽瞭如云。"蔣士銓亦云："古人編年載詩後，人得考訂以爲年譜，因得詳其事業游迹，尚論而思慕之，是詩即可爲作者本傳。"（《忠雅堂文集》卷五《石蘭詩傳》）趙翼編《陸游年譜》時亦採用此法。史有避諱，有傅會，而真詩必不造情，必不諱事，且多紀親歷聞見，尤堪稱信史。趙翼《甌北集》五十三卷逐年編排，由手訂和好友李保泰、張舟等參訂，具有明顯的自傳性和對於日常生活的紀實性，故本譜不憚以之爲據，參校趙翼他集及時人撰著，考訂史事與趙翼履歷。

趙翼所撰七著，爲有機整體，内容互相關聯，彼此可參證考校，湛貽堂原刊總名爲《甌北全集》，流傳至今的僅有兩個版本：嘉慶十七年壬申（1812）湛貽堂原刊本、滇南唐友耕光緒三年丁丑（1877）《甌北全集》壽考堂重刊本[1]。陳正宏先生於 2008 年曾指出："在數量龐大的中國古代文學文獻中，个人別集的單刻與全集不無差異乃至完全不同，而一并流傳至今的，數量不少。"要"注意文學文獻中的單刻與全集的關係問題，并重視單刻"[2]。趙翼的別集單刻生前就有多種，《甌北集》

---

① 陳正宏《從單刻到全集：被粉飾的才子文本——〈雙柳軒詩文集〉、〈袁枚全集〉校讀札記》，《中山大學學報》2008 年第 1 期。

② 曹光甫校點《趙翼全集》壹《前言》，南京：鳳凰出版社，2009 年版，第 61 頁。

的版本更是複雜。另外，筆者還發現《甌北集》存在與事實不符的情況，趙翼"與我訂交良已久，因君有喜似相連"（《甌北集》卷十一《喜吟薌登京兆試賦賀十二韻》）的好友張塤在其《竹葉庵文集》中兩次坦率指出，趙翼《甌北集》刊刻時補作的内容與詩中所記事實不符（張塤《竹葉庵文集》卷二一《雲松集中有吟薌邀游石湖詩向未見也蓋亦後來補作是日别船置酒請其太夫人同游而予母以穉孫出痘未與會今雲松與予俱爲無母之人緬懷舊事不覺雪涕補和原詩寄之二首》、《趙雲松觀察刻詩廿五卷成予至廣州是九月今卷中喜吟薌至詩云故人來及荔支時當是刻詩時補作故記憶不真予别雲松十四年題此卷後寄懷》）。證以《甌北集》卷十三《吟薌邀游石湖》、卷四十《瘦銅子孝彦來見泫然有作》與卷十六《喜吟薌至時已得官中書舍人》，趙翼的疏漏確如張塤所指。由此可見，不僅單刻與全集之間存在複雜關係，别集單刻時對舊作進行修改潤飾，乃至事後補作的情況也十分複雜，亦是年譜編撰者需仔細校考之處。

上海古籍出版社曹光甫先生在 1997 年已經校點出版五十三卷《甌北集》（與李學穎先生合作）①的基礎上，把《甌北全集》七種改稱爲《趙翼全集》，于 2009 年重新校點出版。該全集校點本以嘉慶十七年壬申（1812）湛貽堂原刊全集本爲底本，以光緒三年丁丑（1877）滇南唐友耕壽考堂重刊本作校本；趙翼各集或有已出校點單行本者，或對其論述有益於校勘者，亦擇善而從之②。在對《甌北全集》版本進行考察後，本譜以曹光甫先生最新校點本《趙翼全集》爲底本，并參酌同時往來師友詩文集考訂趙翼生平事迹。

1996 年，天津古籍出版社出版了華夫主編的《趙翼詩編年全集》。是集從《甌北集》五十三卷爲主要依據，據其《卷首語》③介紹和筆者逐

---

① 李學穎、曹光甫校點《甌北集》，上海：上海古籍出版社，1997 年版。
② 曹光甫校點《趙翼全集》壹《前言》，南京：鳳凰出版社，2009 年版，第 61、63 頁。
③ 華夫主編《趙翼詩編年全集·卷首語》，天津：天津古籍出版社，1996 年版，第 49—50 頁。

卷對檢《甌北集》五十三卷嘉慶十七年湛貽堂原刊本,原刊本僅兩處明顯編年疏誤:卷十編年自注"起未巳四月至甲申七月"之"未巳"爲明顯誤刻;最後一卷卷五十三可能爲隨寫隨刻,其編年自注僅注明"辛未",而據該卷詩題及詩歌自注,該卷尚有"壬申"、"癸酉"年詩,未在卷首編年處注明。這一方面説明《甌北集》五十三卷、近五千首詩編年的大致可靠性,另一方面亦説明《趙翼詩編年全集》編年基本依從《甌北集》五十三卷湛貽堂原刊本。爲便於讀者閲讀,《趙翼詩編年全集》在《甌北集》五十三卷編年自注下不但爲某些年代增加了月份,而且還爲每卷隨注了公曆年月,但這種做法亦有不足之處,如湛貽堂原刊本《甌北集》卷四十一編年自注"己未、庚申",對應的《趙翼詩編年全集》卷四十一編年自注"起己未(公元一七九九年)一月至庚申(公元一八○○年)一月",該卷第一首詩爲《己未元旦》,故起年無誤,但該卷末尾四首詩依次爲《暑夕》、《夜不寐作》、《舊簏中偶檢得在京時所畫鷗北耘菘小照戲題卷後》、《放歌》,從其詩題和詩意可見均作於年中乃至下半年,不知《趙翼詩編年全集》卷四十一編年止至"庚申(公元一八○○年)一月"何據。卷四十二、四十三等編年亦有此種情況。此亦説明,如果強行對《甌北集》五十三卷細化到具體年月,難免會有穿鑿之處。因此,本譜以趙翼《甌北集》五十三卷的卷次編年爲底本,參酌趙翼生平行迹對趙翼詩歌進行細緻考訂繫年。

此外,本譜還利用了前譜均未採用的趙翼自選集《甌北詩鈔》,參證《甌北集》敘事抒情的真實性及兩集前後編刊時趙翼思想感情所發生的細微變化。《甌北詩鈔》選自《甌北集》,與《甌北集》爲並蒂蓮。《甌北詩鈔》醞釀自乾隆五十四年己酉(1789),見《甌北集》卷三十三《酬嗇生郡博見贈韻》題注:"時擬分體重編拙稿,嗇生代爲訂正。"乾隆五十六年辛亥(1791)編成刊刻,其年四月,李保泰《甌北詩鈔序》云:"雲崧先生既刻其《甌北集》三十三卷成,……裒集編次,得全集十之五,而分體録之,……讀者合《甌北全集》觀之,知先生精心孤詣,直躋古作者堂奧。"張舟《甌北詩鈔跋》亦云:"己卯歲,別雲崧先生於都門,忽忽三十餘年。今來相晤揚州，得盡讀先生所刻《甌北詩集》三十三卷。……（先生）命余與校訂之役。刪存舊刻十之五六，分體重編，名曰《甌北詩鈔》。"由李保泰、張舟序、跋可知，乾隆五十六年刊刻之《甌北詩鈔》是從《甌北集》三十三卷中遴選"十之五六，分體重編"。今傳本《甌北詩鈔》中收有乾隆五十六年以後所作詩，説明《甌北詩鈔》像趙翼其他別集一樣也在不斷增補。

今見《甌北詩鈔》有五古四卷、七古五卷、五律二卷、七律七卷、絶句二卷，共二十卷。《甌北詩鈔》與《甌北集》最顯著的區別在於，一爲分體本，一爲編年體。然《甌北詩鈔》分體後，亦有編年，這對於瞭解趙翼的生平出處、行蹤思想不無裨益。最重要的是，《甌北詩鈔》對《甌北集》中不少原作進行了文字内容以及篇題上的修改、重組等多方面的深層改造，通過這種刪改舊作式的再創作，我們亦可對比透視趙翼前後思想發展變化的軌迹和對藝術孜孜不倦的追求。而且"除同題改作之新詩不計外，可確定其爲新增者計有十八篇"①。因此，充分利用《甌北詩鈔》考訂趙翼的生平行實是非常必要的。

另外，從《甌北詩鈔》的影響上來看，嘉慶十三年(1808)《甌北集》卷五十《書賈施朝英每年就我刷印拙刻甌北詩鈔陔餘叢考廿二史劄記十家詩話等各數百部書以一笑》首列《甌北詩鈔》，可見此書問世後頗獲成功。此亦可説明，《甌北詩鈔》爲編寫趙翼年譜不可或缺的參考資料。

本譜考索趙翼生平、仕履、交游、酬唱、著述，既不避其繁，又突出重點，以提供豐富可靠的趙翼文史研究資料和線索。對於徵引文獻亦採用趙翼所述本證法，"間有稗乘睥説與正史歧互者，又不敢遽詫爲得間之奇。蓋一代修史時，此等記載無不蒐入史局，其所棄而不取者，必有難以徵信之處。今或反據以駁正史之訛，不免貽譏有識。是以此編多就正史紀、傳、表、志中參互勘校，其有抵牾處，自見輒摘出，以俟博

---

① 曹光甫校點《趙翼全集》壹《前言》，南京：鳳凰出版社，2009年版，第51頁。

雅君子訂正焉。"(趙翼乾隆六十年三月《廿二史劄記小引》)本譜以趙翼七種著述互爲核查，並參驗有關詩人文集、史傳、筆記叢說等文獻。

本譜以趙翼四十七歲，即乾隆三十八年癸巳(1773)辭官歸養爲分水嶺，釐爲上、下兩編，來對比表現其前後不同的思想軌迹和人生道路。上編四十六年，主要呈現趙翼坎坷不平科舉仕途之路。下編四十二年，主要展示趙翼歸隱著述、讀書、講學、交游、治生、入幕等多采生活。

凡　例

一、本譜卷首爲《傳略》，正文分卷按年編寫。據譜主生平出處，釐爲上、下編，又細分上編三卷，下編四卷，共七卷。

二、本譜所及詩文、事件繫年，若係湛貽堂嘉慶壬申刻本《甌北全集》附《甌北先生年譜》（正文中簡稱"原譜"）、趙興勤《趙翼評傳》附《趙翼年表》（正文中簡稱"年表"）、李鵬《趙翼詩歌與詩論研究》附《趙翼年譜詩證》（正文中簡稱"詩證"）考證所得，均加以注明。

三、本譜以趙翼《甌北全集》七種及碑志史傳、詩文雜著爲基礎材料，證以同時往來師友之詩文集，考證譜主生平事迹、交游唱和、文學活動、史學著述等情況。與譜主有關之社會背景亦略作描述。

四、趙翼《甌北集》悉編年排列，本譜以之爲基礎，繫以年月。又以趙翼自選集《甌北詩鈔》參校《甌北集》前後思想發展的微妙變化和對藝術孜孜不倦的追求。

五、本譜以農曆紀日，按年月日依次排列。凡知年不知月者，附於是年之尾。間有農曆、西曆互見及某節氣所在月日，均以鄭鶴聲《近世中西史日對照表》爲據。

六、譜主交游所及，生平可考者，均于初見時附小傳，以期知人論世。爲省去篇幅，考證之處不再一一標出，需重點説明的文字，則摘録原文。籍貫之區劃，依乾隆《大清一統志》。所標生卒年，凡坊間工具書已著録且無異説者，出處從略。《清代官員履歷檔案全編》中所記年歲，或官年，或實年，若乏他證，權以實年計。

七、譜主游歷之地，于初見時作簡要説明，此於釐清譜主行實多所助益，非徒廣篇幅也。徵引以乾隆《大清一統志》爲多，蓋其纂修之時代與譜主吻合。

八、爲行文簡潔，所摘引文字略去前後之删節號，標出篇名卷數。書後附引用書目，以便稽核。

世系表

表一 西蓋趙氏一世至十七世世系表

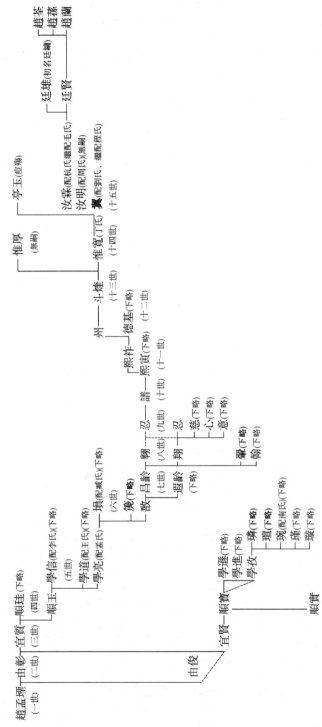

表二　趙翼至曾孫世系表

趙翼有子五人、孫十二人、曾孫三十二人；女六人。
元配劉氏生一子早殤，育一女爲趙翼長女，適國子監生沈景滄。

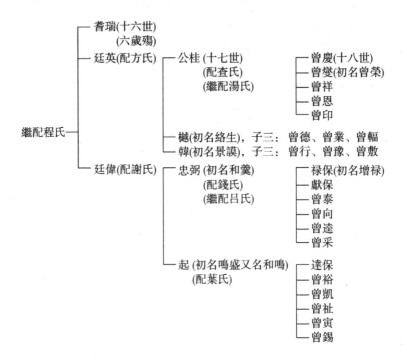

程氏育四女：適邑庠生金恭壽
　　　　　　適候選州同湯貽憲
　　　　　　適江西試用縣丞高德葆
　　　　　　適國子監生盧慶錄

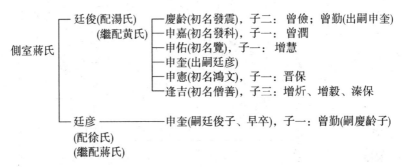

蔣氏育一女：適直隸試用從九品蔣純健

卷首
傳略

趙翼,初名鱗,字耘松(或寫作耘菘、耘崧、雲崧、雲菘、雲松),
江蘇常州府陽湖縣人。雍正五年丁未十月二十二日寅時生,
嘉慶十九年甲戌四月十七日申時卒。

《西蓋趙氏族譜・學亮公派北岸分支世表》:"(趙翼)行一。字雲
松,號甌北。初名鱗。庠生。乾隆庚午科順天舉人。考補禮部義
學教習。甲戌考授内閣中書、軍機處行走。辛巳恩科一甲第三
名,賜進士及第,授翰林院編修。散官一等第二名。京察一等,記
名本衙門撰文。歷充方略館纂修官,《通鑒輯覽》纂修官,壬午科
順天鄉試同考官,癸未會試同考官,乙酉科順天武鄉試主考官,丙
戌會試同考官。歷任廣西鎮安府知府,廣東廣州府知府,貴州分
巡貴西威寧等處兵備道。誥授中憲大夫。嘉慶庚午科重赴鹿鳴
筵宴,賞給三品頂戴。雍正五年丁未十月二十二日寅時生,嘉慶
十九年甲戌四月十七日申時卒,壽八十八。葬馬迹山丁太恭人之
昭穴戌山辰向。"

按:《清史稿》卷四八五《趙翼傳》、《西蓋趙氏族譜・藝文外編》載
清吳錫麒《挽甌北老前輩》、孫星衍《皇清誥授中憲大夫賜進士及
第翰林院編修貴州貴西兵備道庚午科重赴鹿鳴筵宴晉加三品頂
戴趙甌北府君墓志銘》(下文簡稱《趙甌北府君墓志銘》)、姚鼐《甌

北先生家傳》等均未言趙翼初名。

號甌北,一作鷗北,八十三歲後自號三半老人。又以甌北名詩集。

《甌北集》卷七《題吟薌夢游竹葉庵圖》:"不見甌北老生日酣睡,神游不出地十笏。"按:此詩編年爲乾隆二十四年己卯(1759),時趙翼三十三歲,在內閣中書任上。《甌北集》卷四十一又有其七十四歲所作《舊籢中偶檢得在京時所畫鷗北耘菘小照戲題卷後》,可見趙翼在京時當並用甌北、鷗北二號。

按:趙翼五十三歲游西湖遇袁枚,《甌北集》卷二十五《陳望之觀察招同袁子才王夢樓顧淶園張諤庭宴集即席賦呈》其二趙翼自稱:"何處飛來此野鷗。"該集《西湖晤袁子才喜贈》附袁枚《見酬之作》其二曰:"我倘渡江雙槳便,定來甌北捉閑鷗。"皆與號"鷗北"有關。

《甌北集》卷首吳省欽序:"陽湖趙君耘菘……因合向所爲詩曰《甌北集》者,刻成示予,而徵序至再。……姑以其名集之義測之。或曰:交阯,周駱越,秦時曰西甌。或曰:今珠厓、儋耳,古謂之甌人。君以領郡兩粵間,勞心撫字,不忍忘其地。或曰:古卜相故事,書姓名覆之金甌而探之。君早直機庭,嫺內制。既入翰林,天子稔其名姓,俾守鎮安,贊定邊將軍永昌幕府,調廣州,擢貴西道,故雖以疾告而不敢忘其用。或曰:唯唯,否否。君智計如鷗夷,談吐如滑稽,其以名集猶之缶鳴甋甄洞,而甌北則猶之硯北也。"

《甌北集》卷三十三《送曹竹虛大司農以慶祝入都》附曹文埴《見酬之作》:"甌北一編吟已熟,閩南二卷見尤歡。"

《原譜》嘉慶十四年己巳(1809):"老境漸侵,目半明半昧、耳半聰半聾、喉音亦半響半啞,因此自號'三半老人',笑比桑維翰尚多兩半也。"趙翼此年八十三歲。

詩與袁枚、蔣士銓齊名。著作等身,現存《甌北全集》七種:《廿二史劄記》三十六卷、補遺一卷,《陔餘叢考》四十三卷,《簷曝雜記》六卷、附一卷,《皇朝武功紀盛》四卷,《甌北詩鈔》二十卷,《甌北詩話》十卷、續二卷,《甌北集》五十三卷,共一百七十六卷。

《甌北集》卷五十三《皓首》:"皓首猶勤手一編,叢殘舊稿卷盈千。"

姚鼐《甌北先生家傳》:"先生固善詩,自少游京邸,歷館閣,與諸賢士大夫相酬唱。歸田後,朋游故舊杯酒相過從,日賦詩爲笑樂。其詩與同時袁簡齋、蔣心餘齊名,世所傳《甌北集》也。其他著述凡十餘種,而《陔餘叢考》、《廿二史劄記》尤爲人所稱道云。"

《西蓋趙氏族譜·學亮公派北岸分支世表》:"(趙翼)……著有《廿二史劄記》、《陔餘叢考》、《皇朝武功紀盛》、《簷曝雜記》、《甌北詩話》、《甌北詩集》、《甌北詩鈔》行世。"

孫星衍《趙甌北府君墓志銘》:"同時袁大令枚、蔣太史士銓與先生齊名,如唐之李杜元白。而先生高才博物,既歷清要,通達朝章國典,尤邃於史學,家居數十年,手不釋卷。所撰《廿二史劄記》,鈎稽同異,屬詞比事,其於前代弊政,一篇之中,三致意焉。所爲詩,無不如人意所欲出。不拘唐宋格律,自成一家。凡撰《陔餘叢考》四十三卷,《廿二史劄記》三十六卷,《甌北詩集》五十三卷,《皇朝武功紀盛》四卷,《簷曝雜記》六卷,《唐宋十家詩話》十二卷。論世者以爲國家中葉極盛之世,文章耆壽必有應運而興,爲一代冠冕,先生其人矣。"

《清史稿》卷四八五《趙翼傳》:"尤邃史學,著《廿二史劄記》、《皇朝武功紀盛》、《陔餘叢考》、《簷曝雜記》、《甌北詩集》。……同時袁枚、蔣士銓與翼齊名,而翼有經世之略,未盡其用。所爲詩無不如人意所欲爲,亦其才優也。"

《清史列傳》卷四八五《趙翼傳》:"同時袁枚、蔣士銓與翼齊名,而翼高才博物,既歷清要,通達朝章國典,尤邃於史學,家居數十年,手不釋卷。所撰《廿二史劄記》三十六卷,鈎稽同異,屬詞比事,其於前代弊政,一篇之中,三致意焉。又撰《陔餘叢考》四十三卷、

《甌北詩集》五十三卷、《皇朝武功紀盛》四卷、《簷曝雜記》六卷、《唐宋十家詩話》十二卷。其詩與袁枚、蔣士銓齊名，枚稱其'忽奇忽正，忽莊忽俳，稗史方言，皆可闌入'，士銓則謂其'奇恣雄麗，不可偪視'，人以爲知言。"

王藻、錢林《文獻徵存録·趙翼傳》："與袁簡齋、蔣心餘友善，才名亦相埒。所撰《廿二史劄記》，考證精審。又《陔餘叢考》一書，雖不及顧氏《日知録》、錢氏《養新録》之精博，然於文字之同異究其源流，事物之差殊正其謬誤，抑多聞解惑之一助也。其《皇朝武功紀盛》一書，以連篇累幅未能備述者而簡括出之，足徵史才。惟《簷曝雜記》體例稍雜，未爲善本。然國家掌故及滇、黔各省土風物産，觀覽略備，益足增長見聞，通知時事，較之侈談考據，於日用事物之間毫無裨補者勝之。晚歲取唐宋以來各家全集展玩而尋繹之，沿波溯源，間得其心力獨至之處，故所撰《甌北詩話》抉摘精微，語多切當，要非局方隅之見橫使議論也。"

李元度《國朝先正事略·趙甌北先生事略》："於詩與袁簡齋、蔣心餘齊名。……著《廿二史劄記》三十六卷、《皇朝武功紀盛》四卷、《陔餘叢考》四十三卷、《甌北詩集》五十三卷、《簷曝雜記》六卷、《十家詩話》十二卷。"

先生其貌不揚，身材瘦小，而目光炯炯有神。

李調元《雨村詩話》卷一："陽湖趙雲松翼乾隆辛巳探花，余中書同年也，爲人頷尖面小，似猿，而胸中書氣逼人。"《甌北集》卷二《柁樓戲題》："身雖長不滿七尺。"《甌北集》卷十《散館恭記二首》其二自注："（趙翼）文自佳而殊少福相。"趙翼被人以魁星目之，遂於嘉慶七年壬戌（1802）七十六歲時作《戲題魁星像》（《甌北集》卷四十四）。

又《甌北集》卷十八《凌》："繫余老儒生，瘦骨故寒健。"《甌北集》卷二十《守風日久盤餐不給詩以遣悶》："自顧癯如鶴，人疑瘦爲蛙。"劉墉《劉文清公遺集》卷九《再贈趙雲崧》："破浪承風且少安，清癯容貌勸加餐。"

又《甌北集》卷十七《次韻答心餘見寄》所附蔣士銓原作：“巖電橫雙眸，共稱天下士。”《甌北集》卷首翁方綱序：“如見先生雙眸射人，搖膝撚髭於煙月之間。”《甌北集》卷首汪由敦《甌北初集序》：“謁見時，布衣徒步，英氣逼人，目光爛爛如巖下電。”

先生有智略，而素性和易。

王藻、錢林《文獻徵存錄·趙翼傳》：“天才亮特，機警過人。”《甌北集》卷首吳省欽乾隆乙巳六月二十一日序：“智計如鴟夷。”

《清史稿》卷四八五《趙翼傳》：“翼有經世之略，未盡其用。”

孫星衍《趙甌北府君墓志銘》：“先生素和易，生平無疾言遽色。”

先生工書。

《甌北集》卷四十六《與少司馬追述文正公相業及余登第事感賦》：“公家子敬書，臨池擅絕技。石庵公時爲孝廉，最工書。我常摹彷之，公笑頗形似。”

《簷曝雜記》卷二“辛巳殿試”條：“適兩劉公又作閱卷大臣，慮其以避嫌擯也，乃變易書法，作歐陽率更體。……蓋余初入京時，曾客公第，愛其公子石庵書法，每倣之。及直軍機，余以起草多不楷書，偶楷書即用石庵體，而不知余另有率更體一種也。”

《甌北集》卷二十二《漫興》其六：“詩不與人爭險韻，字常倚老作行書。”

《甌北集》卷四十五《水嬉看夜船燈火》其二：“惹得老顛清興發，孤燈揮翰鬬蜿蜒。”

《甌北集》卷四十八《有暇》：“身團磨牛迹，書亦野狐精。”

《原譜》嘉慶十六年辛未八十五歲條：“猶兀坐作蠅頭小楷，點畫光勁，不減少壯時。盛夏消暑，書二十餘册分給孫曾及親知輩。慶佑之方伯聞而索書，乃書十數頁寄之。”

先生不善飲。

《甌北集》卷四《園居七首》其六：“我飲慚小户，涓滴便發狂。”

遠祖爲宋太祖趙匡胤子魏王趙德昭。

5

《西蓋趙氏族譜·世表》：“(第一世趙德昭)太祖長子，封武功郡王，贈太師中書令，追封魏王，賜謚懿。娶賀氏，封吳國夫人，進位燕懿王妃。男惟正、惟吉、惟固、惟忠。”

遷常州始祖爲元高郵州録事趙孟堙，卒葬西蓋村，遂稱西蓋趙氏。

《西蓋趙氏族譜·始遷祖世表》：“(第一世趙孟堙)行一。字體坤。宋魏王十一世孫。元任揚州司户，再任高郵州録事參軍，陞徽州司法。……泰定間，自浙江徙居武進縣政成鄉東横林西蓋村，爲通族始祖。”

《西蓋趙氏族譜》卷首程景伊《西蓋趙氏族譜序》：“吾邑西蓋趙氏本宋藝祖後。元時有録事君孟堙，實始卜居。”

《西蓋趙氏族譜·藝文外編》載趙翼《禹九公家傳》：“先世本宋室後。元泰定中，高郵州録事體坤公諱孟堙，始徙居武進之西蓋里，遂爲武進人，今屬陽湖縣地。”

趙懷玉《收庵居士自叙年譜略》卷上：“我趙氏系出宋魏王德昭。十一傳至孟堙，仕元爲高郵録事，始遷武進，卒葬西蓋村，爲西蓋趙氏。”

《西蓋趙氏族譜·藝文外編》載元陳思謙《元徵仕郎高郵州録事參軍贈奉政大夫體坤趙公墓志銘》：“卜陰陽二宅。時由西還浙，故又號其陽居之地爲西蓋。以録事致仕，而新安之任，不果赴焉，蓋泰定二年乙丑八月也。……歿於元至順二年辛未，享年六十有五。”

孫星衍《趙甌北府君墓志銘》：“其先有名孟堙者，爲宋宗室，元末官高郵州録事，因家常州。”按：元惠宗至元二十八年戊申（1368）由北京退居蒙古，元滅。趙孟堙遷常在元亡之前43年，卒於元亡之前37年，孫星衍“元末”之説不確。

六世祖趙敔有政聲，清湯斌《潛庵先生擬明史稿》有傳。族弟趙琬亦有宦績，附《明史·李時勉傳》中。

《西蓋趙氏族譜·學亮公派世表》:"(第六世趙敬)行三。字叔成,號竹崖。正統丁卯經魁,景泰甲戌會魁。任江西道監察御史,以言事忤旨,謫山西介休縣知縣。是夜大雨雹,承天門災,上感悟,召還復職。丁內艱,起補四川道監察御史,奉敕湖廣清軍巡按、河南江西專敕賑濟,陞江西按察使司按察使,調管山西按察使司按察使。……遷居城中前街特恩坊馬頭上"。

《西蓋趙氏族譜·藝文外編》載明錢溥《明故山西按察使趙公神道碑》及傳記三篇。

趙翼與修《西蓋趙氏族譜·藝文外編》逐錄清湯斌《潛庵先生擬明史稿》卷十六中的《趙敬傳》,並作《明按察使趙敬傳書後》云:"右《廉使公傳》一通,現刻湯潛庵先生《明史傳稿》中,與練綱、周斌、盛顒、張寧、王徽、莊昶、黃孔昭、毛宏、魏元、鄒智、李文祥合爲一卷,今《明史》則概從刪去。蓋康熙年間,潛庵諸公初修《明史》時,皆考之有明《實錄》及皇史宬奏疏,擇其人品政績風裁建白卓犖不群者,特爲立傳。後來張文和諸公續修,第據從前纂成原本,以意爲增刪,而吾家又無官於朝者,遂被削去,然潛庵集具在,不可泯也。謹録出,刻入譜中,以示子孫。至諭德公宦績,《明史》雖無專傳,其忤巨璫王振,荷校於國子監門一事,附見《李時勉傳》中,此則家乘并不載,吾子孫亦當知之。第十四孫翼謹識。"按:《李時勉傳》見《明史》卷一六三。

《西蓋趙氏族譜·藝文內編》載趙翼《重修奉先祠記》:"吾族之分支於懷南鄉者,舊有奉先祠,創自明正統間,諭德梅庵公仕宦三十載,僅克有成。雖名人榜額如林,而爲屋不過六楹,蓋其時居官之清貧可知也。"

按:趙翼所言"諭德公"即是趙琬,字叔琰,號梅庵。據《西蓋趙氏族譜·藝文外編》載明商輅《明故諭德梅庵先生趙公行狀》、明許彬《明故左春坊諭德趙公墓志銘》、明高谷《明諭德梅庵先生趙公墓表》所述,趙孟埴至趙琬的世系表爲,趙孟埴——趙由彰——趙

7

宜賢——趙順寶——趙學孜——趙琬。據《西蓋趙氏族譜·始遷祖世表》:"(第二世趙由彰)子二:長宜質;次宜賢,出嗣胞弟由俊爲嗣";"(第四世趙順寶),以胞兄順寶三子學孜爲嗣",趙琬父趙學孜出嗣趙順寶,曾祖趙宜賢出嗣趙由俊,可補趙琬行狀、墓志銘和墓表之不足。

又按:《西蓋趙氏族譜·始遷祖世表》未言趙敬爲山東按察使,故孫星衍《趙甌北府君墓志銘》:"五傳生敬,明景泰甲戌進士,歷山西、山東按察使"當有誤。

趙敬一支逐漸式微,無科名、無官職。

《西蓋趙氏族譜·學亮派表·學亮公派北岸分支世表》:第七世趙昌齡"邑庠生,弘治己未歲貢生。任浙江嚴州府推官";第八世趙翱"正德戊辰恩貢生。任應天府江寧縣丞";第九世趙忍"太學生";第十世趙譜"邑庠生";第十一世趙熙祚"郡庠生"。"第十二世趙州"、"第十三世趙斗煃"、"第十四世趙惟寬"則既無科名亦無官職。

先生曾祖趙州,字禹九。屢困場屋,爲塾師,專務造就後進。年四十六卒於京。子一,趙斗煃。

《西蓋趙氏族譜·藝文外編》載趙翼《禹九公家傳》:"先曾祖諱州,字禹九。先世本宋室後。元泰定中,高郵州録事體坤公諱孟堨,始徙居武進之西蓋里,遂爲武進人,今屬陽湖縣地。録事公五傳至廉憲公,諱敬,爲明成化間名臣,事具郡邑志及湯潛庵先生《明史傳稿》。廉憲公又五傳爲先高祖郡庠公,諱熙祚,生二子,長曰質温公,諱德基,次即公。先高祖早逝,先高祖母蔣孺人攜二孤依於外家。公時僅四齡,即能識字。稍長,益嗜學。家世業儒,所積書頗多,蔣孺人力守之,雖薄田數畝盡鬻去,而書故在。公以是得肆力於古,穿穴經史,學博而才雄,尤工舉子業。顧數奇,年三十餘,猶困童子試。邑令張公環生奇其材,擢縣試第一。時功令猶寬,學使所未録者,令得薦其所拔士。拆卷時,張公爲偵者所誤,

謂公已被録,遂以其次薦。及案發,無名,張公爲之頓足。已秩滿
入銓曹,猶念公不已,囑學使者物色之,而公以原名屢試不利,已
易名就試,故又相左。公自是絶意進取,專務造就後進,經指授
者,無不斐然可觀。縉紳家爭延致公,每歲秋,以贄幣預訂明年約
者無慮數十家。公不能盡却,則約以正旦須躬造請,先至者就之。
及期,户履恒滿,至有除夕候門以待旦者。性疏曠,所得脩羊,每
客授歸,則與族人轟飲連日夕,視囊中金垂盡,然後適館。最後鄉
先達董巽祥延公教其子佩笈,相得甚。會董公入都補官,邀與偕
行,不數月,遂卒於京,年四十有六,康熙甲辰歲也。”

《西蓋趙氏族譜・藝文外編》載趙林玖《禹九公傳》。

祖趙斗煒,初名福臻,字駢五。早孤,爲童子師,入贅西干里臧
氏,遂家焉。爲始遷西干坼之祖。務殖學,方嚴不苟訾笑。節
縮館餼,積數十年辛苦,訂成族譜。年五十五卒。子二,趙惟
寬、趙惟厚。後以先生貴,貤贈儒林郎、翰林院編修,累贈中靈
大夫、貴州分巡貴西兵備道。

《西蓋趙氏族譜・學亮公派北岸分支世表》:“斗煒,初名福臻,行
一,字駢五。康熙三年甲辰生,康熙五十七年戊戌卒。葬張墅祖
塋,爲始遷西干坼之祖。以孫翼貴貤贈儒林郎、翰林院編修,
有傳。”

《西蓋趙氏族譜・藝文外編》載趙翼《禹九公家傳》:“(禹九)公歿
而先祖駢五公始生。先祖諱福臻,後更名斗煒,駢五其字。初生
時,先曾祖母朱孺人猶未知先曾祖兇問,以年四十餘始得子也,喜
甚。已而族中父老得京訃,慮孺人聞之必驚痛,或至捐生,則孤兒
不可保,乃相戒弗使知。有某房僕婦者,弗喻也,見孺人猶衣采,
戀然曰:‘主母猶服此耶?’孺人駭,問得其故,慘痛過甚,遂失乳。
家貧不能畜乳母,賴董公家日饋牛乳半升以活。而先曾伯祖質溫
公故早世無子,先曾伯祖母樊孺人守節已二十餘年,兩寡母撫一
遺腹孤,日呼天而泣曰:‘天若不絶趙氏者,幸佑此兒也。’稍長,即

教之學。貧益甚，至以紡綫作燈柱，光幽然如青燐，兩寡母紡車相對，而坐公於其中，就燈光讀書。公雖幼，已有識知，朱孺人粗通訓詁，爲之字櫛句疏，不數年，即能自涉經史。無何，兩寡母相繼歿，公年僅十六耳。生理益窘，去爲童子師，端重如老成人，生徒莫敢有陝輸旁睨者。先外曾王父西干臧公允和器之，以愛女妻公爲贅婿，遂家於西干里，稍立門户，而先曾祖授業弟子董生佩笈者，已貴顯，亦有所贈遺，由是衣食粗足。公乃益務殖學，自《四子書》、《五經》、《左氏傳》、《史》、《漢》、八家之文，無不耽思旁訊，研極根柢。見有儒先講說，名人評騭，輒手自抄録，旁及方書、星學、算法，每肄一業，不窮其奧不止。生平手抄繩頭書，高三尺餘，未有一筆行楷者，草書弗論也。爲時文，務折衷程朱，不能趨時好，以故亦終其身不得一衿。自少時即方嚴不苟訾笑，晚年風規益峻，見者凛然如負秋霜，然非有意矯厲。與人言，必殷以敦倫紀，立品誼。鄉里有爭端，多就公質成，數十年未有搆訟者。節縮館餼，爲廉憲公諭塋，置祭田，植松柏。又以族譜久不修，子孫各散處，將不可紀，積數十年辛勤，遍歷各支，訂成之，兩足盡繭。卒於康熙戊戌，年五十有五。生子二，長即先考子容公，諱惟寬，次即先叔父，諱惟厚。……先公以不肖忝入仕，得贈儒林郎、翰林院編修，累贈中憲大夫、貴州分巡貴西兵備道，并貤贈先祖考妣亦如之，而先曾祖尚未及也。”

《西蓋趙氏族譜·藝文外編》載段曉《駢五公傳》。

父趙惟寬，字子容。以坐館授徒爲生，家赤貧，年四十五卒。
母丁氏，晝夜織作撫諸孤。後以先生貴，父誥贈儒林郎、翰林院編修，累贈中靈大夫、貴州分巡貴西兵備道，母誥封太恭人。
子四，翼、汝明、汝霖、亭玉；女三。

《西蓋趙氏族譜·學亮公派北岸分支世表》：“惟寬，行二，字子容。康熙三十六年丁丑十一月二十七日酉時生，乾隆六年辛酉七月十二日辰時卒，年四十有五。……配丁氏，邑庠生允猷女。康熙三十七年戊寅三月初九日戌時生,乾隆四十二年丁酉六月二十三日戌時卒,壽八十。葬馬迹山東鈕灣乾山巽向主穴。……男翼、汝明(出嗣惟厚)、汝霖、亭玉(殤),女長適楊楚雲、次適張公俊、三適顧祥麟。”

《西蓋趙氏族譜·藝文外編》載趙翼《禹九公家傳》:“先公性謹愨,篤於孝友。先祖晚年病膈噎,醫者謂須鷹團可療。鷹團者,鷹糞從口中出,累累成團云。公行求至錫邑之陽山,遇大雷雨,匿石穴中,眩栗甚,窅然魂離宅,若有人導之行,睹所謂鷹團者。已而天霽,如所向迹之,果得以歸。人以爲孝感也。先祖歿後,先叔父豪放工詩,好結納,所分產不數年揮斥盡,已又爲無賴子訴訟於官。公盡鬻己產,爲之營救,事得直而家遂以貧,時或不能舉火,然終無幾微悔恨色。爲塾師,訓迪最有方,雖農家子,未嘗不以誠誨。學將成,則令別從名師卒業,曰:‘過此非吾所能誨,不可相負也。’與人必以誠,人以公無他腸,或轉挾詐來,公終不與較,久之而其人自愧屈,鄉里無不以公爲長者。卒於乾隆辛酉,年四十有五。四子:長即不肖翼;次汝明;次汝霖;次亭玉,殤。汝明亦早卒,無子。先公以不肖忝入仕,得贈儒林郎、翰林院編修,累贈中憲大夫、貴州分巡貴西兵備道,并貤贈先祖考妣亦如之,而先曾祖尚未及也。嗚呼!寒家自先高祖以來,數世皆單傳,中間幾絕而僅續。又貧薄無生業。顧皆能孤行孑立,卒以儒自奮,而天又厄之,使累世蹭蹬,即學宮一門限地,亦望之如登天。至不肖軼材末學,曾未及先人之萬一,乃獨忝科第,登仕籍,此豈不肖所能自致?寔惟先人積學勵行,鬱積久而始償。然先人刻苦而不得寸進榮,後人獨安坐而食其報,言念及此,尤痛心也。不肖翼謹述。”

孫星衍《趙甌北府君墓志銘》:“趙氏遷常久,家中落,父中憲公以授徒爲生計。”

《西蓋趙氏族譜·藝文外編》載清程景伊《趙母丁太恭人墓志銘》:“家故寒素,舅姑歿,析產僅薄田三十畝。會子容君之弟子重,爲

怨家訴訟於官，破産不得解，子容君盡鬻己産救之，太恭人無幾微
慍色，而家益赤貧。兒女多，子容君脩羊所入，不能贍。太恭人晝
夜織作，冬月無棉衣，剪敝絮熨背。一瓦缶宿火，紡木棉率至夜
分，十指裂出血，弗輟也。無何，子容君又没，時雲崧僅十五歲，諸
弟更童稚，每晨起，不能具炊，待機上布易薪米。太恭人枵腹織，
竟日腸中轉轆轤，與機聲相應，率以爲常。益中偶得一斗儲於家，
且驚詫爲僅事也。孤姓子處，旁無期功親，老屋數椽，有强鄰欲奪
之，日尋釁肆虐。太恭人内撫諸孤，外撐門户，顧影啜泣，卒完所
居而已。”

《原譜》乾隆六年辛酉條：“家貧甚，僅老屋七間，田一畝八分。上
有三姊，其一尚未嫁。弟汝明、汝霖、亭玉俱幼，家食無資。”乾隆
七年壬戌條：“家益貧，賣老屋三間，僅存四間蔽風雨。館餼歲不
過六金，除買紙筆外悉以養家，不敢用一錢，然食指嗷嗷，饘粥常
不給。太恭人佐以織紝，猶至斷炊。”

陳康祺《郎潛紀聞初筆》卷二“封贈之典”條：“舊例，凡封贈之典，
四品以下文官，衹准將本身妻室封典移封父母；八品以下，例封本
身，不及妻室，是以封不及父母。雍正三年，從吏部尚書朱軾之
請，四品下始准移封祖父母；八九品官准封父母，不封本身妻室。
又教授、學正、教諭、訓導，向無封典；至是，教授照知縣，學正、教
諭照縣丞，訓導照主簿，一體准封。並繼母、生母，與嫡母俱封，皆
文端奏准。”

叔趙惟厚，字子重，年二十九卒，無嗣。

《西蓋趙氏族譜·學亮公派北岸分支世表》：“惟厚，行三，字子重，
康熙四十二年癸未生，雍正九年辛亥九月初七日卒，年二十九，葬
西蓋祖塋。配賈氏。男汝明，嗣惟寬子。”

《西蓋趙氏族譜·藝文外編》載趙翼《禹九公家傳》：“（先祖駢五
公）生子二，長即先考子容公諱惟寬，次先叔父諱惟厚。先叔父年
二十九早卒無嗣。……先祖殁後，先叔父豪放工詩，好結納，所分

産不數年揮斥盡已。又爲無賴子訴訟於官，公盡鬻己産，爲之營救，事得直而家遂以貧，時或不能舉火，然終無幾微悔恨色。"

元配廩生劉鳴鶴女，二十七歲於歸先生，年三十八卒。誥封恭人。結縭十二年，與先生聚少離多，勤儉持家，甘苦自茹。有一子早殤，一女。葬於常州下程橋。

《西蓋趙氏族譜·學亮公派北岸分支世表》：趙翼"……配劉氏，邑廩生保舉博學宏詞經明行修諱鳴鶴女。康熙六十年辛丑生，乾隆二十三年戊寅九月二十二日卒，年三十八，葬張墅祖塋。誥贈恭人，有傳。"

按：趙翼生於雍正五年丁未（1727），劉氏比趙翼大六歲。

《原譜》乾隆十二年丁卯條："冬，娶劉恭人。先生爲童子時，貧甚，莫有議婚者。既入泮，有才名，會薦舉宏博，廩生劉皋聞公鶴鳴托府教授趙公永孝擇婿，教授公遂以先生應。是冬完姻。"

《西蓋趙氏族譜·藝文外編》載趙翼《亡室劉孺人傳》："孺人年二十七，歸於余。余時爲諸生，家赤貧。來歸未逾月，奩具悉入質庫。孺人與吾母紡織以佐日用，時或過午不舉火，機聲猶軋軋也。余客京師，一母兩弟，皆倚孺人事育。孺人雖常居母家，而顧慮家計尤切。……時母家門第方盛，孺人弟欽，成進士，服官閩中，勢隆隆起，孺人以貧家婦依棲其間，既內顧家累，而外又恥以寒陋作可憐狀，左支右撐，甘苦自茹，有不堪爲人道者。越五六年，余考授中書舍人以歸，始稍有寧宇。而余弟汝明方娶婦，敝廬數椽就圮，復有事修葺。孺人則爲余經紀伙助，雖饎爨之事，皆躬自任之。事甫竣，余復入京補官。會歲大祲，孺人減衣縮食，以庀食指。已而余弟汝明不幸即世，孺人殯葬之。復爲余季弟汝霖娶婦。一年間婚喪連舉，勞瘁備至。戊寅春，始奉吾母來就養京師，薄俸所入，虀鹽粗足自給，可無甚拮据爲矣。而孺人旋病，浸尋遂不起，是歲九月二十二日也，年三十有八。統計孺人歸於余垂十二年，所處無一非艱窘日。及來京邸，稍可自佚，而遽以死。命也夫！余又屢客於外，十二年中夫婦相聚者，實不過一二年。”

《甌北集》卷六《悼亡》：“扁舟纔到暮春中，淒絕秋闈罷女紅。千里
赴京如送死，十年爲婦正奇窮。瓦燈猶照空床簟，繐帳誰扶削杖
桐？生一子已殤。正是薊門搖落後，淚和殘葉灑西風。”（其一）“塞垣
于役苦分離，奔赴仍憐片刻遲。生不并頭頻遠別，死留一面作長
辭。呼呼不應君真逝，欲語無窮我未知。最是彌留情更慘，一聲
聲問客歸期。余扈從塞外，以九月廿二日抵京，君已屬纊片刻矣。”（其二）“急
景俄驚逼歲闌，殘冬隨例作消寒。老親㩒擋迎年酒，弱女經營餞
臘盤。爆竹聲中虛暖熱，燭花影裏獨盤桓。劇憐蕭寺冰霜夜，冷
骨孤眠七尺棺。”（其五）。又七年之後的《夢亡内作》（《甌北集》卷
十）亦爲劉氏所作。

孫星衍《趙甌北府君墓志銘》：“先葬劉恭人於下程橋，已四十餘
年，以遺命不復遷祔。”

繼配大學士程景伊甥女，十八歲來歸，六十七歲以膈噎卒。誥
封恭人。與先生共度五十年，不以物喜，不以己悲。賢淑慈
和，内外無間言。卒葬馬迹山。

孫星衍《趙甌北府君墓志銘》：“配劉恭人，繼配程恭人，皆温恭淑
慎，治家勤儉，族黨無間言。先後卒在先生前。……廷英等以二
十年十一月五日葬先生於馬迹山丁太恭人之昭穴，祔以程恭人。”
《西蓋趙氏族譜·藝文外編》載趙翼《繼室程恭人行略》：“恭人姓
高氏。封文林郎晚香公女；贈奉政大夫、掖縣知縣、捐陞府同知曉
東公，授文林郎、湖南沅陵縣縣丞冠林公妹；故相國程文恭公甥女
也。恭人少喪母，文恭公撫爲己女，歸於余。由文恭公出嫁，故又
從程姓。其來歸也，年甫十八。余雖已官内閣中書，而貧窘特甚。
恭人即能清苦持家，奉吾母丁太恭人敬愛兼至，撫元配劉恭人所
生女不啻己出，以是早有賢淑聲。余館選後，蒙高宗純皇帝屢命
分校鄉會試，并主順天武鄉試，門庭稍改舊觀，而余自知書生命無
受福之器，嘗與恭人言及之，故恭人亦泊然自安，無華膴之

慕。……待側室蔣氏，恩意周至。撫廷俊、廷彥，愛均而惠一，無稍歧視。視姪廷賢、廷雄亦然。三十餘年以來，闔門百口，皆習於恭人之慈和，內外無間言。親族中無力者，輒量力存恤之。親串往來，惟程氏嫂、高氏嫂、蔣氏妹，情誼真摯，久而不渝。其他雖女家，亦不一至。……恭人以嘉慶十三年正月十九日申時壽終內寢，距生於乾隆七年十月初五日寅時，享年六十有七歲。先敕封宜人，後誥封恭人。"

《西蓋趙氏族譜‧學亮公派北岸分支世表》："(趙翼)繼配程氏，本高氏。國子監生……諱希淮女。乾隆己未進士文淵閣大學士兼吏部尚書賜諡文恭諱景伊以甥女撫爲己女。乾隆七年壬戌十月初五日寅時生，嘉慶十三年戊辰正月十九日未時卒，壽六十七歲。"與趙翼《繼室程恭人行略》云程氏卒於"申時"稍異。

《甌北集》卷十《夢亡內作》其二："一語寄來聊慰藉，後妻前女少參商。""後妻"謂程氏，"前女"即劉氏所生女。

按：作於嘉慶十三年戊辰(1808)的《悼亡》(《甌北集》卷五十)與十四年己巳(1809)的《正月十九日爲亡室程恭人忌辰脫繹輒泣老淚已枯孑然顧影轉覺神傷也》(《甌北集》卷五十一)即爲程氏所作。

乾隆三十四年己丑冬，先生由滇從軍回廣西鎮安知府任，娶側室蔣氏。時蔣十六歲，八十一壽終。誥封安人。

《西蓋趙氏族譜‧藝文外編》載趙翼《繼室程恭人行略》："余既赴滇，隨果毅、雲巖兩阿將軍出邊，歷九關八隘，剿南坎，剿頓拐，剿戛鳩，最後傅文忠公來滇經略，兵事將蕆，始奏令回鎮安任。而眷屬已歸，管鑰亦無可託，乃置妾蔣氏。"

《西蓋趙氏族譜‧學亮公派北岸分支世表》："(趙翼)側室蔣氏，乾隆十九年甲戌七月二十六日未時生，道光十四年甲午十月三十日亥時卒，壽八十一。"

先生子五：耆瑞、廷英、廷偉，繼配程氏出；廷俊、廷彥，側室蔣氏出。

《西蓋趙氏族譜·學亮公派北岸分支世表》："(趙翼)子五：長耆瑞，殤；次廷英；三廷偉；俱程恭人出。四廷俊；五廷彥；俱側蔣太安人出。"

孫星衍《趙甌北府君墓志銘》："子廷英候選同知；廷偉縣學生，先卒；廷俊縣學生，候選通判；廷彥府學生，候選鹽運司經歷。……長孫公桂直隸候補縣丞，次忠弼，次慶齡，次申嘉，次鳴盛，次公橃，次景謨，次覽，次鴻文，次僧善。曾孫長增慶，次增榮，次增祿，次增祥。"

《甌北集》卷四十四《今歲廷英廷俊各舉一子老夫遂有八孫矣志喜》。按：此詩作於嘉慶七年壬戌，此八孫，據《西蓋趙氏族譜·學亮公派北岸分支世表》，爲：趙廷英子趙公桂、趙橃和趙韓；趙廷偉子趙忠弼、趙起；趙廷俊子趙慶齡、趙申嘉和趙申佑。趙翼後又有三孫，均爲趙廷俊子，趙申奎、趙申憲和趙逢吉。趙申奎後出嗣趙廷彥。

《西蓋趙氏族譜·藝文外編》載趙翼《繼室程恭人行略》："子四：長廷英，候選府同知；次廷偉，廩膳生，先卒。皆恭人出。廷俊，廩膳生，候選通判；廷彥，廩膳生，候選訓導，署崇明縣教諭。側室蔣氏出。女六人：劉恭人出者一，恭人出者四，蔣氏出者一。孫九人：廷英出者三，廷偉出者二，廷俊出者四。孫女十二人：廷英出者四，廷偉出者二，廷俊出者四，廷彥出者二。曾孫一人。"

按：程氏卒於嘉慶十三年正月十九日，故至此，趙翼有孫九人、孫女十二人、曾孫一人。

《原譜》嘉慶十三年戊辰條："是歲爲子孫析爨，廷英、廷偉、廷俊、廷彥，凡四房。廷偉已故，其子忠弼、鳴盛亦已成立。先生共有十孫：廷英出者三，廷偉出者二，廷俊出者五。"嘉慶十九年甲戌條："二月，孫僧善生，廷俊出。"

姚鼐《甌北先生家傳》："先生娶劉氏，繼娶程氏，先先生卒。子廷英、廷偉、廷俊、廷彥，廷偉先卒。孫十人。曾孫四人。"

按：據《西蓋趙氏族譜·學亮公派北岸分支世表》，至嘉慶十九年甲戌（1814）趙翼去世，共有曾孫四人，爲曾慶、曾榮、曾祥、禄保。

長子耆瑞，生於乾隆二十六年，六歲殤於京師。

《甌北集》卷十《病起贈醫士王又寧》："眼見三歲孤，呱呱奉主祐。"作於乾隆二十八年癸未（1763），可推知耆瑞生於乾隆二十六年辛巳（1761）。

《西蓋趙氏族譜·學亮公派北岸分支世表》未載耆瑞殤於何年。

《原譜》乾隆三十一年丙戌條："是年六月，子耆瑞殤。"《甌北集》卷十二《哭亡兒耆瑞》其一："燈市春游曾未久，書堂曉讀枉相催。"詩作於乾隆三十一年丙戌（1766）。

次子廷英，國子監生，同知銜，壽七十一。配方氏。子三，趙公桂、趙樾、趙韓。

《西蓋趙氏族譜·學亮公派北岸分支世表》："（趙廷英）行一，字鼎傳。國子監生。同知銜。乾隆二十九年甲申四月二十九日亥時生，道光十四年甲午三月二十日丑時卒，壽七十一。配方氏，乾隆甲戌進士、山東館陶縣知縣汝謙女。乾隆二十六年辛巳十月初九日戌時生，嘉慶二十四年己卯九月二十四日巳時卒，年五十九。……住北岸。"

《甌北集》卷二十七有《爲長兒娶婦》。

《原譜》乾隆四十五年庚子條："冬爲長兒廷英娶婦方氏。"

按：《甌北集》卷二十七《爲長兒娶婦》編年在乾隆四十六年辛丑（1781），且該詩上有《四月初一日營葬事於馬迹山禮成敬志三律》，下有五月作《將入都留別蓉龕蓉溪秋園敬興緘齋諸人》，故爲廷英娶婦方氏當在四五月間，《原譜》有誤。

三子廷偉，廩膳生，有《鎮安詩稿》一卷，年三十卒。配謝氏，有《林下詩稿》一卷，壽九十。子二，趙忠弼、趙起；女二。

《西蓋趙氏族譜·學亮公派北岸分支世表》："（趙廷偉）行五。初名廷良，字鎮安。縣學廩生。乾隆三十三年戊子十一月初八日亥時生,嘉慶二年丁巳閏六月十六日辰時卒,年三十。著有《鎮安詩稿》一卷。配謝氏,乾隆丙午進士、河南固始縣知縣諱聘女。乾隆三十二年丁亥十月十二日巳時生,咸豐六年丙辰八月二十三日丑時卒,壽九十。……有《林下詩稿》一卷。合葬金壇游仙鄉夏宵村中丑山未向……子二……女二。」

《甌北集》卷四十《去歲偉兒就醫寓舍在伍相國祠東今來過此泫然有作》自注:「兒行五,家人呼爲五相公。」

《甌北集》卷三十《扁舟到家適次兒廷偉補弟子員賦以勉之》自注:「余年十九補諸生,兒今年亦十九。」

《甌北集》卷三十《兒偉就婚固始謝明府署中已諏吉成禮喜賦》:「千里書傳合卺杯,琴堂花映繡屏開。家貧不免爲齊贅,婦好原來是謝才。」

《甌北集》卷三十八《人參詩》小序:「偉兒久病,需用參劑。」

按:《西蓋趙氏族譜·學亮公派北岸分支世表》、《西蓋趙氏族譜·藝文外編》載趙翼《亡兒廷偉小傳》均云趙廷偉卒於嘉慶二年六月十六日,《原譜》本年條記爲「七月十四日買船歸,次日抵家。十六日巳時遂不起」,恐誤。

又《甌北集》卷四十二《爲偉兒得葬地於金壇夏蕭村感賦》、卷四十三《偉兒葬金壇夏蕭村哭以送之》均作於嘉慶六年辛酉(1801),可知廷偉該年落葬金壇夏蕭村。

按:《甌北集》卷三十九有《哭偉兒》、《七月爲偉兒三七之期》、《再哭偉兒》,卷四十《去歲偉兒就醫寓舍在伍相國祠東今來過此泫然有作》、《吳江舟次忽夢見偉兒惝怳間又有傳其泛海去者不覺心痛如割》、《昔歲曾與偉兒同登金山扁舟重過泫然有作》、《草塘河爲偉兒覓葬地》,卷四十一《爲偉兒覓葬地》,卷四十二《爲偉兒得葬地於金壇夏蕭村感賦》、卷四十三《偉兒葬金壇夏蕭村哭以送之》、卷五十二《夢偉兒》,卷五十三《忽得偉兒遺扇感賦》。趙翼對廷偉的鍾愛,於此可見一斑。

《西蓋趙氏族譜·藝文外編》載趙翼《亡兒廷偉小傳》："兒名廷偉。乾隆三十三年十一月八日生於鎮安官舍，即以鎮安爲字。……年十九，補弟子員。二十四，歲試列一等，例得食餼爲廩膳生。試鄉闈不售。會有詔舉賢良方正，兒意欲籍爲進身地，以年少難入薦剡，遂鬱鬱不得志。未幾成疾，沉綿歲餘，百方治不效。余攜往□□就醫，亦不救，急買舟歸。甫抵家，一夕而歿，嘉慶二年又六月十六日也。……兒性勤學，無膏粱習。娶謝氏婦，頗有奩贈，兒不以屑意，凡兄弟親友有緩急，勿靳助。既歿，負之者猶不下千金，其爲人可知也。……有子二：和羹、和鳴。女二，皆字謝氏。"

《西蓋趙氏族譜·藝文外編》載趙忠弼等《先姚謝太恭人行述》："太恭人謝氏，世居武進之羅墅灣。晉太傅安四十七世女孫。外王父諱聘，乾隆丙戌進士、歷任河南鎮平固始縣知縣。……先大父甌北先生，與外王父交莫逆，遂爲先府君納聘焉。丙午，府君就婚固始，太恭人時年二十。明年，偕回里第，婉娩愛敬，得先大父母歡。先大父有'家貧不免爲齊贅，婦好原來是謝才'之句。……先府君幼嗜學問，自丙午補弟子員，益刻苦奮發爲文章，而體素羸，太恭人每聞府君讀書聲，不能喘緩，心竊憂之。至是六困鄉舉，常失意不復自聊，遂鬱鬱成疾，太恭人不解帶，不安席者三載。疾革時，起謂太恭人曰：'堂上二老，膝下諸孤，今累汝矣。'言已目遂瞑。……（太恭人）幼秉外王父庭訓，工吟詠，自先府君見背，即摒棄不爲。既不孝等稍克自立，乃復爲之，然未嘗出以示人，亦不常作也。"

《西蓋趙氏族譜·藝文外編》載謝應芝《趙太恭人傳》。

四子廷俊，廩膳生，候選通判，有《侍游草》一卷，壽六十四。配湯氏，年二十六卒；繼配黃氏。子六：趙慶齡、趙申嘉，湯出；趙申奎出嗣叔父趙廷彥，趙申佑、趙申憲（初名僧善）、趙逢吉，俱黃出。

《西蓋趙氏族譜·學亮公派北岸分支世表》："（趙廷俊）行六。字

海珊。廩貢生。候選通判。乾隆三十五年庚寅九月初十日丑時
生，道光十三年癸巳七月初七日未時卒，壽六十四……著有《侍游
草》一卷……配湯氏，候選郎中紹業女。乾隆三十九年甲午六月
初九日丑時生，嘉慶四年己未五月十五日辰時卒，年二十六。"

《西蓋趙氏族譜·藝文外編》載趙申嘉等《先考海珊府君行述》：
"府君諱廷俊，字莟生，號海珊，姓趙氏……府君秉性淵粹，讀書不
屑爲章句學，治舉業，原本經訓，一以先正爲宗，受業自大令鳳、吳
贈公士模、楊太守清輪之門，於經史詩古文詞外，尤篤嗜《人譜》、
《呻吟語》、《四書反身錄》等書，身體力踐，言動必揆諸義。年十
九，受知學使平湖尚書沈文恪公，初補常州府學生，後爲學使長沙
相國劉文恪公權之所賞，試高等，食餼。……中憲公主講揚州安
定書院，府君隨侍，所著《劄記》、《叢考》諸書，悉府君手自繕寫，書
法顏魯公，寖入松雪、香光兩家，每日能作小楷萬八千字，無一脫
誤。……揚州人文輻輳，乞中憲公詩文者踵相接，每脫稿，輒命府
君書之，府君仿中憲公書法，人不能辨。……（程恭人歿後）奉（中
憲公）往江陰楊舍寓齋，齋前有紅白荷花池，池上雜植花木，中憲
公藉以忘憂，六閱月得詩七十餘首，每一詩成，輒命府君依韻和，
遂成《侍游草》一卷。"

《甌北集》卷四十七《俊兒京闈報罷入貲以別駕就選即事》。

《甌北集》卷五十《俊兒隨侍久詩學日進喜賦》："老年無樂事，家學
有傳人。"

按：趙廷俊隨侍孝敬父親，《甌北集》中有多次體現，如卷四十八
《俊兒供饌頗嘉余以其有脾泄病催令服藥》，卷五十《俊兒隨侍久
詩學日進喜賦》、《俊兒以我年邁强進參劑其價四百八十換此豈吾
輩所宜》等。

《甌北集》卷四十一《五月望日俊兒婦湯病歿老年人頻見此事何以
遣懷感賦》。

先生六女，皆嫁士族。

《西蓋趙氏族譜・學亮公派北岸分支世表》："（趙翼）女六：長適乾隆辛巳進士萬安縣知縣沈濬子國子監生景滄，劉恭人出；次適尤溪縣知縣金拱闈子庠生恭壽，三適寧海州知州湯康業子國子監生候選州同貽憲，四適沅陵縣縣丞高桂子縣丞德葆，五適乾隆壬申一甲三名進士翰林院侍讀學士盧文弨子國子監生慶録，俱程恭人出；六適潁州府知府蔣維昌子直隸候補從九品純健，側蔣安人出。"

孫星衍《趙甌北府君墓志銘》："女長嫁國子監生沈景蒼，次嫁邑庠生金裕恩，次嫁候選州同湯詒憲，次嫁江西試用縣丞高德葆，次嫁國子監生盧慶録，次嫁直隸試用從九品蔣純健。"

側室蔣氏另育有一女，以痧症早殤。

《甌北集》卷二十四《幼女以痧症殤哭之》："恰是春歸後，四月朔日。空餘花落痕。"

按：該詩作於乾隆四十三年戊戌（1778），同卷下有《獨坐》："獨坐中宵眠不得，小妻哭女弟呼兒。"據此可知，此幼女爲蔣氏出，生年未詳，卒於乾隆四十三年戊戌（1778）四月初一。

先生二弟汝明，年二十七歲以勞瘵卒。配周氏亦尋卒，無子。

《西蓋趙氏族譜・學亮公派北岸分支世表》："汝明，行二，字明玉。雍正八年庚戌五月初十日子時生，乾隆二十一年丙子九月初十日辰時卒，年二十七。配周氏，乾隆二十三年戊寅七月初五日卒。俱葬張墅祖塋，無出。"

《原譜》乾隆十九年甲戌條："是冬，爲弟汝明娶婦周氏。"乾隆二十二年丁丑條："弟汝明病歿於家。"乾隆二十三年戊寅條："迎太恭人及劉恭人至京，弟婦周亦偕來。是秋又扈從出塞，弟婦及劉恭人相繼歿於京邸。"

《甌北集》卷五《哭舍弟汝明》："嗚呼弟遂死，慘變良可愕。嗟我兄弟四，幼孤渺無托。弱冠我授徒，館穀僅升龠。可憐叔與季，待哺似雛雀。惟汝年差長，勞瘵不得却。家貧難讀書，去雜傭保作。

宵眠獨遬衣，晨躚不借屬。負擔腫到背，奔波胝生腳。芻因牧羊
供，鞭以叱犍著。没課深淖旋，卷舌淒風嚼。悲哉同氣中，荼苦汝
尤劇。我時雖客授，近不越城郭。爲攜季弟偕，教讀課研削。無
何予季殤，已痛一個弱。爰賦遠游篇，求祿向京洛。汝年正二十，
奉母守寂寞。惜別勢益孤，居窮境彌惡。……前年始南歸，團圞
引康爵。薄田繞基買，矮屋連墻拓。兼爲汝娶婦，合卺瓦盆
酌。……并此不獲享，賦命抑何薄。身後況無兒，鏧婦奉烝礿。
此亦未了事，不瞑目應曚。"卷五十二《夢亡弟汝明》。

按：《西蓋趙氏族譜·學亮公派北岸分支世表》云趙汝明卒於乾
隆二十一年丙子，《甌北集》卷五《哭舍弟汝明》編年亦在此年，故
《原譜》和《詩證》乾隆二十二年丁丑條："弟汝明病歿於家"，有誤。
《西蓋趙氏族譜·藝文外編》載趙翼《亡室劉孺人傳》："已而余弟
汝明，不幸即世，孺人殯葬之。"

三弟汝霖，國子監生，配杭氏、繼配毛氏。子二，廷賢、廷雄（初
名廷鏞）。

《西蓋趙氏族譜·學亮公派北岸分支世表》："（趙汝霖）行三。字
麟玉。國子監生。雍正十一年癸丑七月二十一日辰時生，乾隆五
十一年丙午十月二十九日卒，年五十四歲。……配杭氏，旌表孝
子世榮孫女。乾隆二年丁巳十二月二十一日生，乾隆四十一年丙
申五月二十四卒。……繼配毛氏，乾隆十年乙丑六月初三日寅時
生，嘉慶三年戊午卒。"

《原譜》乾隆二十二年丁丑條："先生節縮俸金，寄歸爲弟汝霖娶婦
杭氏。"乾隆三十五年庚寅條："是歲以廣州距家稍近，乃迎太恭人
就養官舍，程恭人並弟汝霖及其婦杭俱至。"乾隆三十六年辛卯
條："乃命汝霖夫婦奉太恭人歸，先生是時已有歸志。以家中老屋
七間不能容眷屬，檢歷年宦橐稍有餘資，付汝霖歸買邨後地，築室
以待。"乾隆四十八年癸卯條："以兒女漸長，鄉間所營新居不能容
婚娶。適城中有入官房一所，在顧塘橋。郡守金雲槐，故同年也，

勸先生以官價得之,先生乃移居入城。鄉間田宅,聽弟汝霖居守。"

四弟亭玉,乾隆十二年丁卯(1747)六月,以痘殤。

《原譜》乾隆十二年丁卯條:"先生坐館於北門顧氏,攜幼弟亭玉到館中讀書。六月,亭玉以痘殤。"

《甌北集》卷五《哭舍弟汝明》:"我時雖客授,近不越城郭。爲攜季弟偕,教讀課研削。無何予季殤,已痛一個弱。"

上　編

卷一
童年與青少年時期
（雍正五年至乾隆十三年）

雍正五年丁未（1727）　一歲

十月二十二日寅時，生於江蘇常州府陽湖縣陽湖北岸西干里。

《西蓋趙氏族譜·學亮公派北岸分支世表》：“（趙翼）……雍正五
年丁未十月二十二日寅時生。”

《甌北集》卷四十四《十月二十二日爲余生辰天將曉忽夢出守廣州
上官爲李公瑚幕友有吳雪清暨內弟高仲馨皆物故久矣余修文赴
召之兆耶詩以紀之》。

《甌北集》卷八《次韻倪敬堂少僕過玲瓏山之作》：“伊余生長陽
湖畔。”

《西蓋趙氏族譜·始遷祖世表》：“（第一世趙孟堼）……泰定間，自
浙江徙居武進縣政成鄉東橫林西蓋村，爲通族始祖。”

《西蓋趙氏族譜·藝文外編》載趙翼《禹九公家傳》：“先祖駢五
公……先外曾王父西干臧公允和器之，以愛女妻公爲贅婿，遂家
於西干里。”

《甌北集》卷二十八《自西干村移居郡城顧塘橋即事》、卷三十六
《西干故里》、卷四十六《西干故里示侄亮采寶士侄孫公蘭等》、卷

四十六《再到西干故里》。卷四十八《追憶宦游陳迹雜記以詩》其
二十四："屹干山雀背鄉飛,生處難忘舊息機。重過西干釣游處,
手栽楊柳已成圍。"

按:趙翼後裔趙爭《趙翼》:"趙翼誕生在常州府陽湖縣戴溪橋。"
(《鎮江師專學刊》1981 年第 3 期),這是關於趙翼誕生地的另
一說。

又按:清陽湖縣,在今常州市東,係雍正二年析武進縣地所建,爲
常州府之附郭。乾隆《大清一統志》卷六十:"(常州府)風俗秀而
多文,愿而循理,君子尚義,庸庶厚龐。(《隋志》)承泰伯之高蹤,由
季子之遺烈,居英賢之舊地,雜吳夏之語音。人性伉直,黎庶淳
讓,敏於習文。(《太平寰宇記》)"《甌北集》卷四十六《稚存答詩嫌百年
太少蓋其才已獨有千古也再簡奉酬》自注:"查初白詩:'毘陵自古
稱詩國。'"

是年,沈德潛五十五歲、盧見曾三十八歲、厲鶚三十六歲、尹繼
善三十三歲、蔣炳三十歲、商盤二十七歲、申甫二十二歲、蔣溥
二十歲、錢載二十歲、錢琦十九歲、蔣和寧十九歲、楊潮觀十八
歲、劉綸十七歲、裘曰修十六歲、程景伊十六歲、汪屏周十四
歲、于敏中十三歲、湯大賓十三歲、程景傅十三歲、謝溶生十三
歲、袁枚十二歲、程沆十二歲、阿桂十一歲、盧文弨十一歲、莊
繩祖十一歲、莊通敏十一歲、邵齊燾十一歲、程晉芳十歲、金兆
燕十歲、張洽十歲、德保九歲、錢維城八歲、孫士毅八歲、蔣宗
海八歲、劉墉八歲、蔣麟昌七歲、江春七歲、王鳴盛六歲、秦蕙
六歲、戴震五歲、陸燿五歲、莊勇成五歲、張坦五歲、沈濬五歲、
紀昀四歲、邵齊熊四歲、劉欽四歲、王昶四歲、趙繩男四歲、蔣
士銓三歲、趙文哲三歲、陳奉茲二歲。

是年,吳瑛生。查慎行卒。

雍正六年戊申（1728） 二歲

是年，蔣業晉、湯大奎、錢大昕生。

雍正七年己酉（1729） 三歲

父在外設館，叔趙惟厚教先生識字，每日能記二十餘字。

　　《原譜》雍正七年己酉條："時贈公客授於外，叔父子重公教之識
　　字，每日能記二十餘字。"

　　姚鼐《甌北先生家傳》："生三歲，日能識字數十。"

　　《甌北集》卷四十一《己未元旦》："青紅省記兒童事，七十年前上
　　學堂。"

　　按：該詩作於嘉慶四年己未（1799），先生年七十三，"七十年前上
　　學堂"句即指雍正七年己酉（1729）三歲時，由叔父教識字。

是年，董潮、吳省欽、朱筠生。

雍正八年庚戌（1730） 四歲

五月初十日子時，二弟汝明生。

　　《西蓋趙氏族譜·學亮公派北岸分支世表》："（趙惟寬）子四：長翼；
　　次汝明；……行二。字明玉。雍正八年庚戌五月初十日子時生。"

　　按：趙翼比汝明大三歲。

是年，王文治、畢沅、汪輝祖生。

雍正九年辛亥（1731） 五歲

本年，浙江總督李衛主持纂修《浙江通志》、《西湖志》。

　　沈德潛《沈歸愚自編年譜》本年條："三月，浙督李公聘修《浙江通
　　志》、《西湖志》，赴館。……同人會合，時相倡酬，尤契合者……厲
　　太鴻、周蘭坡、王介眉諸公，不必出門求友矣。"

沈德潛《歸愚文鈔》卷一四《蘭玉堂詩集序》：“雍正辛亥歲，予留浙江志書館修省《志》及《西湖志》……時浙中名流咸集纂輯，暇常跋燭聯吟、搜奇鬥險。”

是年，彭元瑞、曹仁虎、顧光旭、嚴長明、姚鼐、朱珪、張塤、陳淮、張曾敞生。

雍正十年壬子(1732) 六歲

父在西黃埼張氏設館，隨父就塾讀書。父教讀《名物蒙求》、《性理字訓》、《孝經》、《易經》等蒙書和經書。

《甌北集》卷四十四《目力》：“自從六歲攻書起，我已勞他七十年。”
《原譜》雍正十年壬子條：“贈公客授於西黃埼張氏，攜先生就塾。是歲讀《名物蒙求》、《性理字訓》及《孝經》、《易經》等書。”

是年，沈業富生。

雍正十一年癸丑(1733) 七歲

隨父在華渡橋管氏館讀書。以下四年皆隨父至華渡橋、蔣莊橋等處讀書。

《原譜》雍正十一年癸丑條：“隨贈公就塾於華渡橋管氏。以下四年皆隨贈公於華渡橋、蔣莊橋等處讀書。”

七月二十一日辰時，三弟汝霖生。

《西蓋趙氏族譜‧學亮公派北岸分支世表》：“(趙汝霖)行三。字麟玉。國子監生。雍正十一年癸丑七月二十一日辰時生。”
按：趙翼大汝霖六歲。

是年，翁方綱、全德、周升桓、羅聘、吳騫生。李塨卒。

雍正十二年甲寅(1734) 八歲

是年，李調元、陸錫熊、管幹貞、劉炯生。

雍正十三年乙卯(1735)　九歲

八月,雍正帝崩。九月,乾隆帝即位。十月,頒乾隆元年時憲書。

《清高宗實録》卷一至卷四“雍正十三年乙卯八月至十月”條。

是年,慶桂、王嵩高、莊炘、段玉裁生。

乾隆元年丙辰(1736)　十歲

正月,降旨停止捐納,惟留生童户部捐監一項。三月,命鄂爾泰等於會試遺卷中,選取文理明通者進呈,准其一體參加殿試,時稱“明通榜”。

《清高宗實録》卷十一“乾隆元年正月丙辰”條、卷十四“乾隆元年三月戊申”條。

九月二十八日,乾隆帝親試博學鴻詞一百七十六人於保和殿。

十月三日,博學鴻詞卷取中一等五人,二等十人,俱授翰林院職。

十月五日,劉綸等十五員引見。沈德潛、厲鶚、袁枚等落選。

《清高宗實録》卷二七“乾隆元年九月己未”條:“御試博學鴻詞一百七十六員於保和殿,命大學士鄂爾泰、張廷玉,吏部侍郎邵基閲卷。”

杭世駿《詞科掌録》本年鴻博試“首訖凡四年,合内外所舉凡二百六十七人,重薦者六人”,近百人實未來應試。

《清高宗實録》卷二八“乾隆元年十月癸亥”條:“大學士鄂爾泰等閲取博學鴻詞優卷進呈,得旨:考取博學鴻詞一等五名,二等十名。”同月乙丑(五日)條云:“引見考取博學鴻詞劉綸等十五員。得旨:劉綸、潘安禮、諸錦、于振、杭世駿俱著授爲翰林院編修,陳兆崙、劉玉麟、夏之蓉、周長發、程恂俱著授爲翰林院檢討,楊度汪、沈廷芳、汪士鍠、陳士璠、齊召南俱著授爲翰林院庶吉士。”

劉綸,字繩庵、宸翰,號如叔、慎涵。江蘇常州府武進縣人。劉躍

雲父、劉逢禄祖父。康熙五十年九月二十七日（1711 年 11 月 7
日）生，乾隆三十八年六月二十三日（1773 年 8 月 11 日）卒。乾隆
元年（1736），由廩生舉博學鴻詞試第一，授編修。進侍講，擢內閣
學士，歷禮、工、戶部侍郎，十九年兼順天府尹。二十六年進兵部
尚書，調戶部，以協辦大學士加太子太保，三十六年授文淵閣大學
士兼工部尚書。諡文定。入直軍機處十年，與劉統勳同爲高宗倚
重，有"南劉北劉"之稱。工古文辭，詩學高啓。著《繩庵內外集》
等。事具《武進西營劉氏家譜》卷三、《清史稿》卷三〇二、《清史列
傳》卷二〇。

乾隆二年丁巳（1737）　十一歲

是年，范來宗、謝啓昆生。

乾隆三年戊午（1738）　十二歲

隨父在塘門橋談氏館讀書。父命作時文，一日成七藝。父謂
他日不患不文，而諸經尚未盡讀，應以讀經爲先。

> 姚鼐《甌北先生家傳》："十二歲學爲文，一日成七藝，人皆奇之。"
> 《簷曝雜記》卷二"杭應龍先生"條："余十餘歲，頗能作時文，如明
> 隆、萬間短篇，一日可得四、五首。先府君子容公觀其文義，謂他
> 日不患不文，而經書尚未盡讀，遂不令復作，專以讀經爲業。十四
> 歲始發筆爲之，輒有發揮處。"

九月十日，袁枚等中順天鄉試。

> 袁枚《小倉山房詩集》卷一《舉京兆》、卷二一《戊子榜發日作一詩
> 寄戊午座主鄧遜齋先生》。
> 袁枚《隨園詩話》卷一二第五〇："戊午秋，星望公病篤，猶讀余闈
> 墨，許爲第一。初十日，榜發，余獲雋。"
> 袁枚，字子才，號簡齋、存齋、隨園老人。浙江杭州府錢塘縣人。
> 康熙五十五年三月二日（1716 年 3 月 24 日）生，嘉慶二年十一月

十七日(1798年1月3日)卒。乾隆四年(1739)進士,選庶吉士。歷知溧水、江浦、沭陽、江寧等地。既而引疾家居,再起發陝西,丁父憂歸,卜築江寧小倉山,號隨園,終不復仕。與蔣士銓、趙翼並稱"乾隆三大家"。論詩主抒寫性靈,士多效其體。著《小倉山房詩文集》、《隨園詩話》等。事具姚鼐《惜抱軒文集》卷一三《袁隨園君墓志銘》、方濬師《隨園先生年譜》、《清史稿》卷四八五、《清史列傳》卷七二等。

九月,沈德潛等中江南鄉試。

沈德潛《沈歸愚自訂年譜》乾隆三年戊午條:"八月省試,九月榜發,中第二名,至是共踏省門一十七回矣。"

沈德潛,字確士,號歸愚、峴山。江蘇蘇州府長洲縣人。康熙十二年(1673)十一月十七日生,乾隆三十四年(1769)九月七日卒。乾隆四年(1739)進士,改庶吉士,授編修。歷官內閣學士、禮部侍郎,加禮部尚書銜。乾隆帝五詞臣之一。謚文愨。因徐述夔案,被追奪階銜、罷祠削謚、平毀墓碑。論詩主"格調",選唐以後列朝詩爲《別裁集》。著《歸愚詩鈔》、《歸愚文鈔》等。事具沈德潛自編《沈歸愚自訂年譜》、錢陳群《贈太子太師大宗伯沈文愨公德潛神道碑》、《清史稿》卷三〇五和《清史列傳》卷十九等。

是年,莊通敏、錢伯坰、管世銘、章學誠、吳省蘭生。

乾隆四年己未(1739) 十三歲

是年,仍隨父在塘門橋談氏館讀書。

《原譜》乾隆四年己未條:"仍在塘門橋談氏館讀書。"

四月五日殿試,裘曰修、沈德潛、袁枚、蔣麟昌等中進士,後同改翰林院庶吉士。

據《清代職官年表·會試考官年表》,本年殿試在四月五日,取進士三二八名。據《明清進士題名碑錄索引》"乾隆四年己未科"條:一甲,莊有恭、涂逢震、秦勇均;袁枚二甲第五名。據朱汝珍《詞林輯略》卷四"乾隆四年己未科"條，裘曰修、沈德潛、袁枚、蔣麟昌等六十餘人選爲庶吉士。

裘曰修，字叔度，號漫士、諸皋。江西新建人。康熙五十一年（1712）十月二十九日生，乾隆三十八年（1773）五月一日卒。乾隆四年（1739）進士，改庶吉士。自編修五遷至侍郎，歷兵、吏、户諸部。屢畫黄河疏瀹之策。遷尚書，歷禮、工、刑部。乾隆三十八年二月，充《永樂大典》總裁，閏三月，充《四庫全書》館總裁。累官至工部尚書。謚文達。著《裘文達公詩文集》。事具《裘文達公文集》卷首裘行簡《裘文達公行狀》、于敏中《府尹事謚文達裘公曰修墓志銘》、戴震《光禄大夫工部尚書太子少傅裘文達公墓志銘》、《清史稿》卷三二一、《清史列傳》卷二十三等。

蔣麟昌，字静存，小字僧壽，號菱溪。江蘇常州府陽湖縣人。康熙六十年（1721）生，乾隆七年（1742）九月二十八日卒。乾隆四年（1739）進士，改庶吉士，授編修。文章典瞻，尤工詩。纂修三《禮》，積勞成疾，年二十二卒。著《菱溪詩草》一卷、《詩餘》一卷。事具光緒《武進陽湖縣志》卷二三《人物》。

是年，錢孟鈿、錢維喬、孔繼涵、劉權之、費淳生。

乾隆五年庚申（1740）　十四歲

隨父移館於東千埼杭氏。是歲，始發筆爲時文，頗中繩墨。然先生性喜詩詞古文，常私爲之。

《原譜》乾隆五年庚申條："隨贈公移館於東千埼杭氏。是歲始課舉業，落筆往往出人意表，然先生性好詩古文詞。時令甲不以詩試士，贈公恐以兼營妨舉業，每禁之。而先生輒私爲之，襯書布下雜稿常數十紙也。"

孫星衍《趙甌北府君墓志銘》："時令甲未以詩試士，特好爲之，兼爲古文。"

《簷曝雜記》卷二"杭應龍先生"條："十四歲始發筆爲之（時文），輒有發揮處。"

十一月,乾隆《大清一統志》修成。

> 《清高宗實錄》卷一三一"乾隆五年十一月甲午"條:"新修大清一
> 統志書成。"

是年,蔣騏昌、潘奕雋、馮應榴、崔述生。

乾隆六年辛酉(1741) 十五歲

七月十二日辰時,父卒,年四十五。家赤貧,僅老屋七間,田一
畝八分。上有三姊,其一尚未嫁。弟汝明、汝霖、亭玉俱幼。

> 《西蓋趙氏族譜·學亮公派北岸分支世表》:"(趙惟寬)……乾隆
> 六年辛酉七月十二日辰時卒,年四十有五。"
>
> 《西蓋趙氏族譜·藝文外編》載程景伊《趙母丁太恭人墓志銘》:
> "無何,子容君又没,時雲崧僅十五歲,諸弟更童稚,每晨起,不能
> 具炊,待機上布易薪米。太恭人枵腹織,竟日腸中轉轆轤,與機聲
> 相應,率以爲常。盈中偶得一斗儲於家,且驚詫爲僅事也。孤姓
> 子處,旁無期功親,老屋數椽,有強鄰欲奪之,日尋釁肆虐。太恭
> 人内撫諸孤,外撐門户,顧影啜泣,卒完所居而已。"
>
> 《原譜》乾隆六年辛酉條:"贈公歿於是年七月十二日。家貧甚,僅
> 老屋七間,田一畝八分。上有三姊,其一尚未嫁。弟汝明、汝霖、
> 亭玉俱幼,家食無資。杭氏諸父老以先生學已優,即請接贈公講
> 席,所課徒,皆同學友也。"
>
> 按:《詩證》乾隆六年辛酉條:"是年七月十二日,父親去世,家庭
> 陷入困境。父執杭應龍同情先生,請他接他父親的館,所教學生
> 皆他往日的同學。"並以《甌北集》卷四十《五哀詩·父執杭應龍》
> 爲證。但考之該詩,并没有明確説明本年杭應龍請趙翼坐館,姑
> 以《原譜》爲確。
>
> 《簷曝雜記》卷二"杭應龍先生"條:"十五歲,先府君見背。"

是年,崔龍見、劉種之生。

乾隆七年壬戌（1742）　十六歲

先生坐館於東齊黃氏，館穀歲僅六金，母佐以織絍，猶至斷炊。
賣老屋三間，僅存四間蔽風雨。

> 《甌北集》卷五《哭舍弟汝明》："嗟我兄弟四，幼孤渺無托。弱冠我
> 授徒，館穀僅升龠。可憐叔與季，待哺似雛雀。"卷三十八《七十自
> 述》其三："童年回憶舊艱辛，天下無如我最貧。"

> 《原譜》乾隆七年壬戌條："館於東齊黃氏。家益貧，賣老屋三間，
> 僅存四間蔽風雨。館饡歲不過六金，除買紙筆外悉以養家，不敢
> 用一錢，然食指嗷嗷，饘粥常不給。太恭人佐以織絍，猶至斷炊。"

四月二十四日，袁枚以散館考居末等，以江南知縣用，試知溧
水縣。

> 《清高宗實錄》卷一六五"乾隆七年四月二十四日"條："內閣翰林
> 院帶領己未科散館修撰、編修、庶吉士引見，得旨……袁枚、黃澍
> 綸、曾尚增、王見川交與兩江總督德沛，以知縣用。"

> 袁枚《隨園詩話》卷一二第三二、《詩話補遺》卷五第七六。

夏，錢大昕、王鳴盛應童子試後定交。

> 錢大昕《錢辛楣先生年譜》乾隆七年壬戌年十五歲條："其夏復應童
> 子試，受知於學使內閣學士劉公，諱藻覆。……公嘗語人曰：'吾視
> 學一載，所得惟王生鳴盛、錢生大昕兩人耳。'是時，始與禮堂定交。
> 外舅虛亭先生見居士文，亦以爲不凡。明年始有昏姻之約。"

> 錢大昕，字曉徵、及之，號辛楣、竹汀居士，江蘇松江府嘉定縣人。
> 雍正六年（1728）正月七日生，嘉慶九年（1804）十月二十日卒。乾
> 隆十六年南巡召試，賜擧人，授內閣中書。乾隆十九年進士，選庶
> 吉士，授編修。歷充山東、湖南、浙江、河南鄉試考官，累官至廣東
> 學政。乾隆四十年丁內艱後，不復出，主講鍾山、婁東、紫陽諸書
> 院。始以辭章名，詩居沈德潛《吳中七子詩選》其一，既乃研精經
> 史，尤以史學名世。著《廿二史考異》、《十駕齋養新錄》、《潛研堂

集》等。事具錢大昕《錢辛楣先生年譜》、王昶《春融堂集》卷五五《詹事府少詹事錢君墓志銘》、江藩《國朝漢學師承記·錢詹事大昕記》、《清史稿》卷四八一、《清史列傳》卷六十八等。

王鳴盛,字鳳喈、禮堂,號西莊、西沚。江蘇松江府嘉定縣人。康熙六十一年(1722)生,嘉慶二年十二月一日(1798年1月18日)卒。乾隆十九年,以一甲二名進士授編修,擢侍讀學士。繼充福建鄉試正考官,尋擢內閣學士,兼禮部侍郎。坐濫支驛馬,左遷光祿寺卿,丁內艱,遂不復出。以漢學考證方法治史,爲"吳派"考據學大師。著《十七史商榷》、《西莊始存稿》等。事具錢大昕《潛研堂文集》卷四十八《西沚先生墓志銘》、《清史稿》卷四八一和《清史列傳》卷六十八。

十月初五日寅時,繼配程氏生。

《西蓋趙氏族譜·學亮公派北岸分支世表》:"(趙翼)繼配程氏,本高氏。……乾隆己未進士、文淵閣大學士兼吏部尚書、賜謚文恭諱景伊以甥女撫爲己女。乾隆七年壬戌十月初五日寅時生。"

按:趙翼生於雍正五年丁未(1727),程氏小於趙翼十五歲。

是年,祝德麟、錢棨生。蔣麟昌卒。

乾隆八年癸亥(1743) 十七歲

先生仍坐館於東齊黃氏。

《原譜》乾隆八年癸亥條:"仍館於黃氏。"

是年,吳蔚光、邵晉涵生。

乾隆九年甲子(1744) 十八歲

父歿後,先生廢舉業而專務詩文。父執杭應龍謂寒士進身惟恃舉業,延先生至家塾,課其幼子杭念屺,而令長子杭杏川、次子杭白峰偕先生課時文。

37

《簷曝雜記》卷二"杭應龍先生"條:"有杭應龍先生,與先府君交最厚,憫余孤露,謂不治舉業,何以救貧,乃延余至家塾,課其幼子念屺,而使長君杏川、次君白峰拉余同課,二君久以舉業擅名者也。余時年十八,猶厭薄不肯爲。……後藉以取科第得官,皆應龍先生玉成之力也。"

《甌北集》卷一《杭丈應龍先君子執友也以余久廢舉業令兩郎君杏川白峰邀爲文會詩以志感》:"疏狂久作子光暗,砥鑛慚叨古誼深。東郭履甘貧士迹,西華岶累故交心。繅絲新課同功繭,操縵重調舊譜琴。便合窮經風幔底,敢同漢上但題襟。"卷三《哭杭應龍先生墓》其一:"我歸但有徐君墓,公在曾憐趙氏孤。……依然牀下梁松拜,無復温言誨座隅。"卷四十《五哀詩·父執杭應龍先生》:"識士於未遇,援手已高誼。不論遇不遇,煦沫情更摯。緊余少偏孤,孑立四無倚。饑窮食不給,飄蕩學且廢。童駿不知愁,尚逐群兒戲。先生先子交,視如親子弟。爲營授徒館,俾作養母計。兼令兩郎君,杏川、白峰。共淬下帷肆。斯時先生心,豈謂可成器。正惟無所期,垂憫乃真意。及余得官歸,黃壚已長逝。生有涸鮒恩,死僅隻雞祭。疏窗一間屋,是我館餐地。短屏數行書,是公格言字。"

《甌北集》卷二十一《晤杏川老友》:"少小相隨共論文,歸田重見倍情殷。"

先生已輟舉業數年,勉爲之,反不如舊時入律。是冬,莊位乾明經課杭應龍侄杭廷宣亦館於杭氏,與先生日相切磋,先生以明年補諸生,遂不得不致力。

《簷曝雜記》卷二"杭應龍先生"條:"至冬,有莊位乾明經移帳於杭,課先生從子廷宣,書舍與余同一廳事,日相慫恿,始勉爲之。然馳騁於詩、古文者已數年,一旦束縛爲八股,轉不如十四、五歲時之中繩墨矣。明年補諸生,遂不得不致力。"

《甌北集》卷二十一《喜莊位乾明經過訪》:"曾仰斫輪叨合轍,敢徒體貌禮華顛。"

按：據《甌北集》卷九《里中杭生沕潮先友杭雲龍之子其兄廷宣又余五友之一也父兄皆歿來京相依詢知先友黃季游楊新友及潘本仁諸老人相繼物故感賦二首》知，杭廷宣父杭雲龍，弟杭沕潮。

是年，吳紹濼、王念孫、汪中生。趙執信卒。

乾隆十年乙丑（1745）　十九歲

與杭杏川、杭白峰、杭廷宣和潘震峰結爲五友，相攜踏春醉歌。

《甌北集》卷一《與杏川白峰廷宣震峰踏春醉歌》："東風吹來軟於綿，黃鶯喚人不得眠。相邀勝侶踏青去，平蕪彌望春如煙。……人生難得少年暇，暇矣又少良朋聯。今朝得閑又得友，況遇風日清而妍。……狂名一日里中遍，措大必帶三分顛。歸來書窗月已出，相顧而笑稱散仙。"

《甌北集》卷六《哭白峰之訃》其三自注："余與君及令兄杏川暨廷宣、潘震峰爲五友。"卷九有《里中杭生沕潮先友杭雲龍之子其兄廷宣又余五友之一也父兄皆歿來京相依詢知先友黃季游楊新友及潘本仁諸老人相繼物故感賦二首》。卷二十七《哭杏川老友》："五人兩已入重泉，白峰、廷宣俱早世。此友何堪復棄捐。"

至江陰澄江書院應童子試，學政崔紀取入常州府學，補弟子員。

《甌北集》卷四十七《余年十九補弟子員今七十有九又屆乙丑院試之期作重游泮宮詩記事》其三："曾記初程便棄繻。"及卷四十八《從子廷鏞從孫公蘭孫作梅阿發阿科俱應童子試喜賦》："却憶昔年曾此地，纔拈一箭便穿楊。六十年前余初應童子試，是歲即補弟子員。"卷二十一《彭雲楣閣學留飲澄江使院即席奉呈》其三自注："余於乙丑試此補諸生，至今幾三十年矣。"可知趙翼應童子試、補諸生俱在同一年，即乾隆十年乙丑，《年表》以爲趙翼乾隆九年甲子冬應童子試，乾隆十年乙丑春爲復試，誤。

按：《甌北集》卷五十一《君山》："君山兀崿大江南，江遠浮天氣運涵。六十年前曾此地，布衣博得一襴衫。余以乾隆甲子應童子試，至江陰補弟子員,今六十四年矣。"作於嘉慶十四年己巳(1809),逆推六十四年,趙翼參加童子試應爲"乙丑"而非"甲子"。據《甌北集》卷四十七《余年十九補弟子員今七十有九又屆乙丑院試之期作重游泮宫詩記事》詩題可知,趙翼此處記憶有誤,故趙翼應童子試、補弟子員當在乾隆十年乙丑。

《原譜》乾隆十年乙丑條:"應童子試,學政祭酒崔公紀取入常州府學補弟子員。向例學政取覆試即入泮,無復去取也。府學例取二十五人,是年取覆試者乃八十六名,須再覆以定去取。先生覆試,文不加點,遂獲雋。"

按:據商衍鎏《清代科舉考試述録》,童試三年兩考,丑、未、辰、戌年爲歲考,寅、申、巳、亥年爲科考。縣試多在二月,共試五場:正試、招(初)復、再復、連復、連復。府試多在四月,考官爲官轄本縣之知府。院試考官爲學政。各縣院試時間不一,由學政懸牌布告,考畢即招復,亦曰提復。面試或一小講,或兩比,時間較短,且關係去留。繼有復試一場,相傳謂大復。由上可知,趙翼本年所應當爲江陰縣院試歲考。

按:據作於乾隆三十年乙酉(1765)的《甌北集》卷十一《送劉邦甸出都》"與君結交非一日,同補諸生便相識",可知劉邦甸亦於此年補諸生。

江陰縣,常州府屬縣。道光《江陰縣志》:"(江蘇)學使署,在大街虹橋東。舊爲巡撫行臺,明萬曆間,學使者始移駐於此。"乾隆《大清一統志》卷八六"常州府學"條云:"在府治西。宋太平興國初建,德祐時毀於兵,元至元間重建,本朝康熙年間修。入學額數二十五名。"

崔紀,榜名珺。字君玉、號南有、虞村、定軒。山西平陽府蒲州人。康熙三十二年(1693)生,乾隆十五年(1750)八月初十日卒。康熙五十七年(1718)進士,改庶吉士,授編修。歷官都察院左副都御史,甘肅、陝西、湖北巡撫,山東布政使,三督江蘇學政。著《論語

温知録》等。事具《碑傳集》卷七〇王善櫹《資政大夫提督江蘇學
政都察院左副都御史前兵部右侍郎巡撫陝西湖北崔公紀墓志
銘》、彭啟豐《資政大夫總督倉場戶部右侍郎崔公祠碑》，沈廷芳
《隱拙齋集》卷四十七《資政大夫提督江蘇學政都察院左副都御史
崔公墓志銘》及《清史稿》卷三〇九。據《清代職官年表·學政年
表》，崔紀乾隆九年甲子(1744)十二月由國子監祭酒差派江南學
政，至乾隆十年乙丑(1745)底以丁憂免。

應試前後曾游江陰君山，并題閻典史祠。

《甌北集》卷一《江陰登君山作》自注："時學使按臨，多士雲集。"可
知該詩作於至江陰應童子試之時。同卷《題閻典史祠》："君山礮
聲沸江水，鐵騎平明滿街市。"可知閻典史祠當在君山上。

按：後《甌北集》卷四十四又有《沙山弔閻典史故居》，題注："君已
謝事，僑寓於此，因士民請，入江陰守城。"詩云："十三萬命繫君
身，那得山村作隱淪。屠城時，死者十三萬餘人。報國豈論官最小，逆天
弗顧運維新。……今日經過投袂處，百年猶覺膽輪囷。"

《陔餘叢考》卷三十五《常州忠義祠》："近日忠義祠內增入劉忠毅
熙祚、馬文肅世奇、王節湣章、金忠潔鉉，皆明末死國難者。……
《閻應元傳》內江陰死事之人更多，見《明史》第二百七十六卷。此
皆常郡人也。劉、馬四公既祀，則此十數公者不當增祀乎。若謂
劉、馬四公死流賊之難，其餘則多抗本朝，故不得與，然本朝修史
已備書之，或專傳，或附傳，皆不沒其實，則亦何不可增祀乎。"

張廷玉《明史》卷二七七列傳第一六五："其時聚衆城守而死者有
江陰閻應元、崑山朱集璜之屬。應元，字麗亨，順天通州人。崇禎
中，爲江陰典史。十七年，海賊顧三麻入黃田港，應元往禦，手射
殺三人。賊退，以功遷英德主簿，道阻不赴，寓居江陰。明年五
月，南京亡，列城皆下。閏六月朔，諸生許用倡言守城，遠近應者
數萬人。典史陳明遇主兵，用徽人邵康公爲將。而前都司周瑞龍
泊江口，相掎角。戰失利，大清兵逼城下。徽人程璧盡散家貲充

餉,而身乞師于吳淞總兵官吳志葵。志葵至,璧遂不返。康公戰
不勝,瑞龍水軍亦敗去,明遇乃請應元入城,屬以兵事。大清兵力
攻城,應元守甚固。東平伯劉良佐用牛皮帳攻城東北,城中用礧
石力擊。良佐乃移營十方庵,令僧陳利害。良佐旋策馬至,應元
誓以大義,屹不動。及松江破,大清兵來益眾,四圍發大礧,城中
死傷無算,猶固守。八月二十一日,大清兵從祥符寺後城入,眾猶
巷戰,男婦投池井皆滿。明遇、用皆舉家自焚。應元赴水,被曳
出,死之。"

《簷曝雜記》卷五:"江陰君山以春申君得名。其山臨江,爲一邑勝
境。有聯云:'此水自當兵十萬,昔人曾有客三千。'"

昭槤《嘯亭雜錄》卷十"江陰口談之誣"條:"國初豫通王下江南時,
所至摧朽拉枯,無不立下。惟江陰城守推典史閻公應元爲之拒守
九十餘日,大兵四集然後破之。夫以卑員末秩,能於萬不可爲之
時,乃欲堅守臣節,誓死不降,亦可憫也。乃近日江陰口實謂'閻
公守城時,大兵屢爲所敗,至於三王九將盡被所害'云。按國初並
無親藩隕傷,即滿洲諸大將亦未有殉節于江陰者。蓋當時偏裨之
將偶爲所傷,土人欲彰其功,故爾張大其詞,初不知閻公之忠在於
百折不回,初不計其謀略之疏密也。近日劉圂三《祀閻典史文》亦
有云'遂使南頓舊臣,幾傷賈復;壕梁諸將,先殞花雲'諸語,亦沿
其誤,故詳辨之。"

此年前後,與同鄉毛穎士、時元福並稱"三才子"。

《甌北集》卷二十三《贈毛今吾文學時下榻草堂課兒輩讀》其一自
注:"舊與君及時景嚴孝廉有三才子之目。"卷二十七《贈時月圂同
年時下榻荒齋次章兼示兒侄》其一自注:"余少與君及毛今吾有三
才子之目。"

趙懷玉《收庵居士自叙年譜略》乾隆二十六年辛巳十五歲條:"塾
師爲毛今吾先生穎士,先生制藝之外攻詩古文,與家雲松觀察翼、
沈琢琦大令潛齊名。"

吕培《洪北江先生年譜》乾隆三十二年丁亥條："復令先生（洪亮吉）在張王廟西潘氏塾從時月圃先生元福受作文法。……時先生乾隆壬申舉人，中甲戌明通榜，工帖括。"

毛穎士，字今吾，江蘇常州府陽湖縣人。康熙五十三年（1714）生，乾隆四十四年（1779）卒。廩膳生。事具趙懷玉《亦有生齋集》文卷一六《毛先生墓表》。

時元福，字月圃，號景巖，江蘇常州府陽湖縣人。乾隆十七年壬申（1752）舉人，十九年甲戌（1754）會試中明通榜，工帖括。以授徒爲生。

是年，奇豐額、德楞泰生。

乾隆十一年丙寅（1746）　二十歲

春，坐館於陽湖城東史翼宸明經家，得以盡讀史氏天尺軒書堂藏書。

《原譜》乾隆十一年丙寅條："館於城中史翼宸明經家。"

《甌北集》卷一《題史翼宸明經天尺軒》："翠柏深垂似柳絲，書堂籤軸許吟披。"卷二十一《過史翼宸明經故居》："少年此地一經橫，賓主流連最有情。"卷五十三《經史翼宸故居》："城東經過舊青門，天尺軒猶綠蔭繁。三步回車仍腹痛，最難忘是舊承恩。"

按：《甌北集》卷一《題史翼宸明經天尺軒》同卷上有《江陰登君山作》（自注："時學使按臨，多士雲集。"）及《題閣典史祠》，故該詩當作於乾隆十年乙丑（1745）趙翼補弟子員後，史翼宸明經延其坐館之時。詩云"剪韭春盤三雅酒，挑燈夜雨一枰棋"，可知作於春日，故趙翼當於乾隆十一年丙寅（1746）春館於史氏。

作《古詩二十首》，詠史。

《甌北集》卷一。

按：該卷編年起丙寅，止戊辰，《古詩二十首》又在卷首，姑定其爲《甌北集》最早所收詩。

作《東坡洗硯池歌》，紀念常州留存名賢遺迹。

《甌北集》卷一《東坡洗硯池歌》小序："吾郡顧塘橋蔣氏宅，有石池一，形似槽，長三尺許，深半之，相傳爲東坡洗硯池。按公生平居常者再：……至毗陵，借顧塘橋孫氏宅寓焉。是歲七月即歿於寓所。然則顧塘橋宅乃公晚歲所居，此池亦即養疾一二月中所用也。今蔣氏宅，相傳即當日孫氏故址。池幸無恙，名賢遺迹良可寶也。爰作歌記之。"

《甌北集》卷二十一《同徐秋園劉敬輿諸人再游艤舟亭》其一自注："東坡洗硯池，舊在顧塘橋，近年移此。"詩作於乾隆三十八年癸巳（1773），可知在此之前，東坡洗硯池已由顧塘橋移到艤舟亭旁。

又據《甌北集》卷二十二《後東坡洗硯池歌》小序："東坡洗硯石池舊在吾鄉顧塘橋蔣氏宅，余少時嘗作歌。今自黔歸，則池已移出城東之萬壽亭下，映以花石竹木，爲游覽勝地。蓋因翠華南幸，鄉之人欲借公名迹邀睿賞。上特賜'玉局風流'扁額並古詩一章，從此坡仙手澤益流傳不朽矣。乃再作歌，以志盛事。"可知因乾隆皇帝南巡，東坡洗硯池由顧塘橋移到常州城東艤舟亭下。

是年前後曾請業於同宗趙永孝教授。

《甌北集》卷一《呈家謹凡教授》："臞骨長身一鶴如，典型猶見古風餘。……先生曾上萬言書。……師資幸得依宗老，請業何辭月滿除。"

按：據《甌北集》卷三十二《兒舫歸趙歌》小序："舫爲吾宗常熟文毅公劾江陵廷杖出都時許文穆贈行物，……翁覃溪詹事以告文毅五世孫者庭。……余故者庭父謹凡先生門下士，……爰爲作歌。"卷三十二《和者庭見贈韻兼祝其七十壽》自注："君昔隨謹凡公官舍，余入謁，每同侍講席。"可知，趙永孝爲趙者庭父。

趙永孝，字漢忠，號謹凡。江蘇蘇州府常熟縣人。康熙二十五年（1686）年生。乾隆四年己未（1739）成進士，選常州府學教授。著《萬年保泰鴻謨》等。事具民國《重修常昭合志》卷二十本傳。

冬春之際，再作《梅花詩》。

《甌北集》卷一《梅花詩》："冰霜滿野怯憑欄，忽露陽和一點看。似

有力能回造化,未妨身本出寒酸。……莫以早開嗤噪進,要他領
袖百花端。"(其二)"剩欲訂爲交耐久,江城笛好數相聞。"(其六)
據詩意,似當作應童子試獲雋後,館於陽湖城東史翼宸明經家時。
按:《甌北詩鈔》將該詩其一重作爲:"殘臘春心世未知,忽傳芳信
到南枝。單身立雪程門弟,素面朝天號國姨。紙張有香吟倦後,
縞衣無影夢回時。清晨動我巡簷興,準備東風第一詩。"與原詩意
蘊興味仍然一致。

是年,洪亮吉、吳錫麒生。

乾隆十二年丁卯(1747)　二十一歲

春,偶出常州城北,過青山莊,作《青山莊歌》。

《甌北集》卷一《青山莊歌》:"毗陵城北皆平地,何許林巒疊層翠。
路人說是青山莊,門帖新題官賣字。我來出郭偶經行,……踏春
偶到訪池亭。"

《甌北集》卷十五《璞函接余書中但有翻愁日下無名士却喜天南有故
人二句其全首未寫寄也乃即用人字韻賜和四首欣荷之餘再次奉答》
所附趙文哲原作其四自注:"在京時有賈張氏青山莊分宅偕隱之約。"

《甌北集》卷二十八《過青山莊故址已犁爲田但有老樹四株而已》:
"今日惟餘四株樹,長身對立哭秋風。"詩作於乾隆四十八年癸卯
(1783)秋,可知此時青山莊已不復存在。

洪亮吉《更生齋文乙集》卷第三有《青山莊訪古圖記》。《洪亮吉
集·卷施閣詩》卷第十《里中十二月詞》自注:"距城北三里有青山
莊,爲前明吳氏別墅。林壑之勝,甲于郡中。雍正中,張布政適居
之,後籍入官,爲里中富民所有。乾隆三十一、二年,其家中落,遂
拆以償逋。今久鞠爲茅草矣。"

三月初五日,趙懷玉生於常州府武進縣學西白雲溪舊宅。

趙懷玉《收庵居士自敘年譜略》乾隆十二年丁卯條:"乾隆十二年丁
卯三月初五日午時,余生於縣學西白雲溪舊宅。初,堂中楹帖有'春

暖懷占玉燕投'句。既而先祖自浙寓書歸,命名懷玉,若有先兆焉。"
趙懷玉,字億孫,號味辛,別號映川、漫翁、收庵、琬亭、生齋、湦皋
剩人、山中人等。室名亦有生齋、味辛齋、荃提齋等。江蘇常州府
武進縣人。趙繩男子、趙翼侄孫、洪亮吉表弟。乾隆十二年
(1747)三月五日生,道光三年(1823)二月二十日卒。乾隆四十五
年南巡召試,賜舉人。歷官內閣中書、山東青州府海防同知,署登
州、兗州府知府。晚主通州文正書院、陝西關中書院及湖州愛山
書院。性坦易,工古文辭,爲"毗陵"七子之一。著《亦有生齋集》
等。精校勘,一生刻書甚多。事具趙懷玉《收庵居士自訂年譜
略》、陸繼輅《崇百藥齋續集》卷四《山東青州同知趙君墓志銘》、
《清史稿》卷四八五及《清史列傳》卷七十二。

在陽湖北門顧氏坐館,攜幼弟亭玉就塾讀書。春夏間,作《題
顧氏水榭》詩。

《甌北集》卷一《題顧氏水榭》:"方塘十畝好漣漪,聊作先生洗硯
池。牆外帆飛雲片片,簾前柳織雨絲絲。竹須問主看非易,魚不
留賓樂可知。差喜地幽堪結夏,摩挲便腹日哦詩。"

《原譜》乾隆十二年丁卯條:"館於北門顧氏,攜幼弟亭玉課之。"

六月,亭玉以痘殤。

《原譜》乾隆十二年丁卯條:"夏六月,亭玉以痘殤。"

《甌北集》卷五《哭舍弟汝明》:"我時雖客授,近不越城郭。爲攜季
弟偕,教讀課研削。無何予季殤,已痛一個弱。"

八月,赴江寧應鄉試,報罷。

《甌北集》卷四十九《余以乾隆丁卯初赴江寧鄉試今嘉慶丁卯又屆
鄉試之期六十年間有如昨日而余已老而憊矣感賦》。

按:"乾隆丁卯"即乾隆十二年丁卯(1747),"嘉慶丁卯"即嘉慶十
二年丁卯(1807)。

《甌北集》卷二十《金陵》其一自注:"自丁卯以秋試至,屈指廿六年矣。"

按:該詩作於乾隆三十八年癸巳(1773),"自丁卯以秋試至"謂乾

隆十二年丁卯（1747）秋試，二者恰相差廿六年。

《甌北集》卷四十《自新開河至金陵送兒輩秋試》："五十年前曾此役，可堪彈指白頭時。"

按：該詩作於嘉慶三年戊午（1798）秋試前，距今乾隆十二年丁卯（1747），約五十年。

《原譜》乾隆十二年丁卯條："秋試鄉闈，報罷。"

冬，經常州府學教授趙永孝作伐，娶廩生劉鳴鶴女，年二十七。

《西蓋趙氏族譜·藝文外編》載趙翼《亡室劉孺人傳》："孺人姓劉氏，吾邑人。父午巖先生，諱鳴鶴，故名宿，嘗以諸生兩膺博學宏詞、經明行修之薦。孺人年二十七，歸於余。余時為諸生，家赤貧。來歸未逾月，奩具悉入質庫。孺人與吾母紡織以佐日用，時或過午不舉火，機聲猶軋軋也。"

《西蓋趙氏族譜·學亮公派北岸分支世表》："（趙翼）行一。字雲松，號甌北。……配劉氏，邑廩生保舉博學宏詞經明行修諱鳴鶴女。康熙六十年辛丑生，乾隆二十三年戊寅九月二十二日卒，年三十八，葬張墅祖塋。誥贈恭人，有傳。"

《原譜》乾隆十二年丁卯條："冬，娶劉恭人。先生為童子時，貧甚，莫有議婚者。既入泮，有才名，會薦舉宏博，廩生劉皋聞公鶴鳴托府教授趙公永孝擇婿，教授公遂以先生應。是冬完姻。"

按：據趙翼《亡室劉孺人傳》知，《原譜》"廩生劉皋聞公鶴鳴"應為"廩生劉皋聞公鳴鶴"。

《西蓋趙氏族譜·學亮公派北岸分支世表》："（趙翼原配劉氏）康熙六十年辛丑生。"

按：趙翼生於雍正五年丁未（1727），劉氏比趙翼大六歲。

劉鳴鶴，字皋聞，號午巖，江蘇常州府陽湖縣人。乾隆元年（1736）舉人，乾隆十六年復舉經明修行。乾隆二十二年（1757）卒。著《枕中草》等。

是年，張雲璈、楊倫、徐大榕生。

乾隆十三年戊辰（1748） 二十二歲

一春苦雨，新霽後同杭杏川諸友踏春。

《甌北集》卷一《苦雨》："事有不如意，韶華夢裏過。一春晴日少，三月落花多。"

按：玩味上詩意，該詩或作於乾隆十二年丁卯（1747）江寧鄉試報罷之後，姑置此。

《甌北集》卷一《新霽同杏川諸人散步》："積雨江村綠漸稠，喜逢霽景豁吟眸。……村翁莫笑貪兒戲，我是人間馬少游。"

題同里黃季游梅花小照。

《甌北集》卷一《題黃丈季游梅花小照》。

按：黃季游生平不詳。《甌北集》卷三有《晤黃季游文學》："素髮明於雪，窮經力尚堅。老真鄉祭酒，健比地行仙。"作於乾隆十九年甲戌（1754），此時黃季游還很康健；卷九《里中杭生汭潮先友杭雲龍之子其兄廷宣又余五友之一也父兄皆歿來京相依詢知先友黃季游楊新友及潘本仁諸老人相繼物故感賦二首》作於乾隆二十八年癸未（1763），黃季游已物故。乾隆十九年至二十八年，《甌北集》中並無黃季游的消息，想來黃季游當歿於此期間。

秋，游陽山清水洞，留宿僧寮。

《甌北集》卷一《游陽山清水洞》："獨山拔地起，丘壑頗幽偏。骨立通身石，腰藏一眼泉。離家無十里，結屋有三椽。五岳茲游始，題詩紀歲年。"（其一）"僧寮留一宿，萬象沉寥中。夜色高樓月，秋聲落木風。"（其二）

次日，自陽山泛舟陽湖晚歸。

《甌北集》卷一《陽湖晚歸》："布帆輕漾晚風微，回首陽山正落暉。鷺點碧天飛白字，樹披紅葉賜緋衣。"

《一飯》、《游惠山》、《秦園》或作於此年失館後。

《甌北集》卷一《一飯》："賤貧身易感，一飯報何時？"《秦園》："人行山翠里，秋在水聲中。……我無書可賣，敢問爾家東。"

按：玩味上二詩詩意，皆有懷才不遇之歎，或作於此年失館後。

乾隆《大清一統志》常州府："惠山，在無錫縣西，一名慧山。……有惠山寺，第二泉在焉。泉之上有方圓二池，其中相通，而園池最佳。"

袁枚以三百金得江寧小倉山麓隋織造園，易名隨園。本年袁枚解江寧知縣職，歸隨園。

袁枚《隨園詩話》卷五第二："戊辰秋，余初得隋織造園，改爲隨園。"《隨園詩話補遺》卷一："余買小倉山廢園，舊爲康熙間織造隋公之園，故仍其姓，易'隋'爲'隨'，取'隨之時義大矣哉'之意。居四十餘年矣……"

袁枚《小倉山房詩集》卷五有《解組歸隨園》二首。《小倉山房文集》卷一二《隨園記》末署"己巳三月記"，即此記作於乾隆十四年（1749）三月，敘隨園方位及得園緣由甚悉，"金陵自北門橋西行二里，得小倉山，山自清涼胚胎，分兩嶺而下，盡橋而止。……康熙時，織造隋公當山之北巔，構堂皇，繚垣牖，樹之荻千章、桂千畦。……號曰'隋園'，因其姓也。後三十年，余宰江寧。園傾且頹，……余惻然而悲，問其值，曰三百金，購以月俸。茨牆剪闔，易簷改塗。……故仍名曰隨園，同其音，易其義。落成歎曰：使吾官於此，則月一至焉；使吾居於此，則日日至焉。二者不可得兼，捨官而取園者也。遂乞病，率弟香亭、甥湄君移書史居隨園……"

是年，江南大飢，飢民滋事，先生《冬夜布被爲偷兒所竊歌》可見一斑。

《甌北集》卷一《冬夜布被爲偷兒所竊歌》："歲事逼人暮不歸，荒村燈火猶鳴機。到家欲睡忽失被，偷兒已去月在幃。……明朝還擬入質庫，不敢御寒聊救飢。忽經胠篋捲而去，晨炊何以供親闈？"

是年，汪端光、黎簡生。

卷二
北游京師與進入詞垣
(乾隆十四年至乾隆三十一年)

乾隆十四年己巳(1749) 二十三歲

二月,大金川平定,乾隆帝命修《平定金川方略》。

> 據《平定金川方略》,二月十五日,金川奏捷之報到京。二月十六
> 日,乾隆帝命修《平定金川方略》。二月二十五日,戶部尚書舒赫
> 德奏報,金川之役共開銷軍餉八百零六萬兩。

先生失館無以自給,春,偕族孫趙炯辰襆被入都尋求生路。

> 《原譜》乾隆十四年己巳條:"失館無以自給,乃襆被入都。"
>
> 《甌北集》卷二《將入都留別杏川白峰諸同人》:"春來南浦銷魂地,
> 人在東風送別船。"卷三《哭杭廷宣之訃》其三:"河梁送我峭帆輕,
> 一別俄驚幾載更。"
>
> 《甌北集》卷二《北行》:"東風吹客上扁舟,千里郵程聽棹謳。我歎
> 賣文難養母,人言投筆好封侯。身如蕭寺初行腳,世有歐門或出
> 頭。"(其一)"天涯飄蕩與誰親,幸有韓湘共夕晨。折柳亭邊千里
> 路,運租船上一家人。……等是孤兒須努力,衰宗門戶久難振。時
> 族孫敷廷同行。"(其四)

《西蓋趙氏族譜・藝文外編》載趙翼《族孫敷廷傳》：“族孫炯辰，字敷廷，一字春圃。父作梅，早歿，敷廷纔四歲。母楊孺人，矢志撫孤。六歲，就鄉塾，穎悟異常兒。及長，工舉業，每一篇出，人爭傳誦，顧試有司，輒不利。歲己巳，與余同入京，冀寸尺進。無何，得危疾，四閱月，幾不起，楊孺人聞之，親跋涉來視，幸已痊，遂母子相攜歸。歸十餘年，壬午復入京，援例以太學生將應京兆試，適余分校，以迴避不得入場。迨乙酉，始就試，試復報罷。乃絕意進取，歸而養親課子，不問門以外事。然文譽素著，後生之執經請業者，趾相接也。楊孺人年高，敷廷孝養備至。嘗侍疾，至嘗糞以驗增減。孺人歿，年八十一，敷廷亦將六十矣，猶哀毀幾不勝喪，人咸以爲難。平居恂恂寡言笑，出氣惟恐傷人，然人無不知爲端人正士。卒之日，數十里俱爲歎息。嗚呼！此可以得其爲人矣。生於雍正甲辰七月十三日，卒於乾隆庚戌七月二十五日，年六十七歲。配劉氏，有賢德。子昆吾，孫洪疇、洪聲，皆能以學行世其家。余與敷廷本疏族，以同入京，羈旅中相依爲命，遂不啻骨肉之愛。當其臥病僧寺時，余方客授一大僚家，日有館課，不能伴孤寂。惟每夕至寺中，一燈相對，救療無術。家鄉在數千里外，舉目蒼茫，偶商及身後事，各嗚咽不能出聲，此景至今猶歷歷在目也。族叔祖翼撰。”

又《西蓋趙氏族譜・藝文外編》載趙翼爲趙炯辰母所作《節婦楊孺人傳》：“(敷廷)以是發憤績學，工詩文。嘗兩游京師，入成均。應京兆試，雖連蹇無所遇，孺人第加勉焉。”

《西蓋趙氏族譜・藝文外編》載趙翼爲趙炯辰子趙肖松所作《族再孫肖松傳》：“敷廷與余總角交，長，相隨入都。洎余歷官中外，而敷廷屢躓場屋，連蹇不得志。余歸田後十數年，復時相存問。……昔昌黎概論交北平三世，矧在吾族中，計與敷廷游，及其子若孫，亦三世矣。”

乾隆《大清一統志》卷六十：“常州府，自府治(武進、陽湖縣)至京師二千五百三十五里。"

至揚州,附一貴人舟柁樓北行,累日不發,先生詩以遣悶。訪
平山堂或在此時。

《甌北集》卷二《至揚州附一貴人舟柁樓意當速行也孰知其酬應冗
沓累日不發詩以遣悶》及卷二《揚州雜詠》題注:"附舟不發,株守
河干,閑徵故事,以消永日。"

《甌北集》卷二十九《清明前二日壽菊士招同棕亭再可立堂諸公泛
舟至平山堂即事》:"我昔曾訪平山堂,己巳歲。小舟泛入菰蒲荒。"
"己巳歲"當指乾隆十四年己巳(1749)。

乾隆《大清一統志》卷六七:"平山堂,在(揚州府)甘泉縣西北五里
蜀岡上。宋慶曆八年,郡守歐陽修建。《輿地紀勝》:'在(揚)州城
西北大明寺側,負堂而望,江南諸山拱列簷下,故名。'"

《讀史方輿紀要》揚州府:"秦屬九江郡,漢更名廣陵國,隋曰江都
郡,元曰揚州路,明爲揚州府。"

過揚州後,北行一路詠史懷古,作《邵伯埭》、《題露筋祠》、《淮
陰釣臺》、《天妃宮》、《張子房祠》、《分水龍王廟》諸詩。

《甌北集》卷二。

《江南通志》卷六十二《河渠志·揚州府》:"邵伯埭在城北二十里。
晉謝安築堰以灌民田,民比之邵公,故名。"卷四十《輿地志·揚州
府》:"露筋祠在甘泉縣邵伯鎮北三十里。康熙四十六年御賜'節
媛芳躅'匾額。"

《大清一統志》卷九十四《淮安府二·古迹》:"韓侯釣臺在山陽縣
北。與漂母祠爲隣。"卷九十四《淮安府二·寺觀》:"靈慈宮即天
妃宮,在清河縣清江浦。"卷一百一《徐州府二·祠廟》:"張良廟在
沛縣東南。《括地志》'在故留城內'。"卷一百六十六《兗州府·祠
廟》:"分水龍王廟在汶上縣西南三十里南旺湖上,運河西岸。汶
水自戴村壩轉西南流至廟前,南北分流。"

附舟北行,經淮河,歷運河,過高郵、宿遷,經微山湖、泊頭鎮到

達北京。途中雜詠《高郵道中》、《舟宿河堤》、《宿遷道中》、《微山湖堤晚步》、《守牐》、《柁樓戲題》、《舟行絕句》、《即景》、《泊頭鎮即目》諸詩，聞見日廣，躊躇滿志。

《甌北集》卷二。

《大清一統志》卷九十六《揚州府·建制沿革》："高郵州在府北少東一百二十里。"卷一百《徐州府·建制沿革》："宿遷縣在府東二百三十五里。"

《徐州府志》卷十一《山川考·沛縣》："微山湖在縣東。"

麟慶《鴻雪因緣圖記微湖説洳》："山東自臺莊至韓莊，中設八牐，地勢建瓴，全用東西兩洳水。顧洳水常弱，專仰湖水挹注，漕始暢行。湖口有牐二，金門寬各二丈餘，……以時啟閉。"

《大清一統志》卷二十二《河間府二·關隘》："泊頭鎮在交河縣東五十里，衛河西岸。有城，商賈環集。有管河通判及主簿駐此。舊設巡司，今裁。"

入都後，依外舅劉鳴鶴館舍，劉氏時客尹繼善第。

《甌北集》卷二《入都依外舅劉午巖先生館舍》題注："時先生客於宮保尹公第。"詩云："憐公已是依人廡，我又依公似拇駢。"（其二）

結識尹繼善或在此時。客於尹氏兩年，與尹繼善諸子交好。

《甌北集》卷二《入都依外舅劉午巖先生館舍》題注："時先生客於宮保尹公第。"同卷《送午巖先生南歸》自注："歸仍就尹制府兩江幕。"可知劉鳴鶴與尹繼善交厚，很可能得以引見趙翼。

據《清代職官年表·總督年表》，尹繼善本年正月爲陝甘總督、參贊軍務，乾隆十六年辛未（1751）閏五月改任兩江總督。

《甌北集》卷十《壽尹望山公七十》其四："十年詩客辱知名，燕見常叨倒屣迎。蠟鳳諸郎皆好友，登龍前歲又門生。余辛巳殿試，公爲讀卷官。"

按："十年詩客辱知名"謂趙翼乾隆十四年己巳（1749）入都初識尹繼善，至乾隆二十六年辛巳（1761）高中鼎甲，尹繼善爲讀卷官，約已十年。

《甌北集》卷二十五《寄慶雨峰觀察蕪湖》:"尊人尹文端公。"(其一
自注)"己巳、庚午間余客君家頗久。"(其二自注)

《簷曝雜記》卷二"狐祟"條:"余嘗客尹文端第。……嘗與公子慶
玉同立院中,日尚未暮,忽有泥丸如彈者拋屋而下,凡十數丸。余
拾其一仰投之,建瓴之屋宜即拋下矣,乃若有接於空中者,不復
下,亦一奇也。"

尹繼善,字元長,號望山,章佳氏,滿洲鑲黃旗人。康熙三十三年
(1696)年四月八日生,乾隆三十六年(1771)四月二十二日卒。雍
正元年進士,改庶吉士,授編修。釋褐五年,即任封疆。一督雲、
貴,三督川、陝,四督兩江。累官至文華殿大學士。謚文端。著
《尹文端公集》等。事具袁枚《小倉山房文集》卷三《文華殿大學士
尹文端公神道碑》、《清史稿》卷三〇七、《清史列傳》卷十八。

族孫趙炯辰重病卧佛寺,先生日客授尹第,夜聯牀照拂。

《甌北集》卷二《敷廷病卧僧寺》:"旅食愁方劇,那堪病日增。……
老僧催徙寓,久已不能興。"(其一)"客已催喪具,醫誰識病根。深
愁孤子絕,況有老親存。"(其二)"病憐渠伏枕,來是我同航。……
可憑慚似几,相守但聯牀。剩有呼號切,投笺卜藥方。"(其三)

《西蓋趙氏族譜·藝文外編》載趙翼《族孫敷廷傳》:"族孫炯辰,字
敷廷,……歲己巳,與余同入京,冀寸尺進。無何,得危疾,四閱
月,幾不起,……當其卧病僧寺時,余方客授一大僚家,日有館課,
不能伴孤寂。惟每夕至寺中,一燈相對,救療無術。家鄉在數千
里外,舉目蒼茫,偶商及身後事,各嗚咽不能出聲。"

先生才名鶴起,都察院左都御史劉統勳延入幕,令纂修《宮史》。

孫星衍《趙甌北府君墓志銘》:"游學都門,才名動輦下。劉文正公
時爲總憲,延至家,纂修《宮史》。"

據《清代職官年表·部院大臣年表》,本年十二月劉統勳由都察院
左都御史改工部尚書,明年七月再改刑部尚書,兼翰林院掌院學

士。《年表》、《詩證》皆以劉統勳本年官刑部尚書,誤。

按:《甌北集》卷四十六《送石庵相公還朝》:"昔歲在己巳,我初客公家。""己巳"謂乾隆十四年(1749),趙翼剛入都即被劉統勳延入幕,乾隆十五年庚午(1750)應順天鄉試方中舉,故李元度《國朝先正事略·趙甌北先生事略》云"乾隆十五年舉順天鄉試,才名動輦下。劉文正延至家纂修《宮史》",時間順序有誤。

劉統勳,字爾純,號延清,山東諸城人。劉墉父。康熙三十八年(1699)生,乾隆三十八年(1773)十一月卒。雍正二年(1724)進士,選庶吉士,授編修。後署漕運總督,歷刑部、吏部尚書,累官至東閣大學士。乾隆三十八年閏三月,充《四庫全書》館正總裁。謚文正。著《劉文正公集》。事具洪亮吉《更生齋文甲集》卷第四《書劉文正遺事》、《疑年錄彙編》卷十一、《清史稿》卷三○二、《清史列傳》卷十八。

客劉統勳第,得以結識其子劉墉,日相切磋書法、碑刻、文史、佛經等。劉墉,工書,時為孝廉。

《甌北集》卷四十六《與少司馬追述文正公相業及余登第事感賦》自注:"公門無雜賓,日與余共飯。陪侍者公子,今相國石庵先生。"及卷四十六《劉石庵相公因繼母太夫人就養在冢孫少宰公江南試院壽屆九十奏蒙恩命南來慶祝公年亦八十五矣稱觴盛事從古未有余以門下士敬隨叩賀歡忭難名恭紀三律》自注:"公書法為天下第一。……余昔客公家,文正師方官總憲,公亦為孝廉。每日皆三人共飯,不另設餐也。"

《甌北集》卷二《岣嶁碑歌偕劉穆庵孝廉作》、卷四《劉穆庵侍讀見余近作枉贈佳章依韻奉答》其二:"寓齋迴憶共論文,風雨聯牀到夜分。得句亟催連夕和,每談必過舊時聞。……余舊客君邸,與君辨《岣嶁碑》真贗及《首楞嚴》義諦,每至夜分。"卷四十六《劉少司馬信芳吾師文正公孫今相公石庵先生從子也來視學江南相見話舊賦呈》自注:"余客文正公第,嘗賦《岣嶁碑歌》,時公尚未生。今述其事甚悉,蓋家庭間嘗語此也。"卷四十六《與少司馬追述文正公相業及余登第事感賦》:"公家子敬書,臨池擅絕技。_{石庵公時爲孝廉,最工書。}我常摹彷之,公笑頗形似。"

劉墉,字崇如,號石庵、穆庵。山東諸城人。劉統勳子。康熙五十九年(1720)生,嘉慶九年十二月二十四日(1805 年 1 月 24 日)卒。乾隆十六年進士,自編修再遷翰林院侍講。先後督安徽、江蘇學政,歷山西太原、江蘇江寧知府,授工部、吏部尚書,累官至體仁閣大學士。謚文清。工書,有名於時。著《劉文清公遺集》。事具《國朝耆獻類徵初編》卷三十、《清史稿》卷三〇二、《清史列傳》卷二十六。

族孫趙炯辰病愈,適其母楊氏跋涉來視,送其母子南歸。

《甌北集》卷二《送敷廷歸》:"纔欣病起又離愁,相送那禁淚迸流。歸處正當吾故里,來時況與汝同舟。"(其一)"君病亟時,家中訛傳已死。扶藜命托平頭杖,煨藥功分折腳鐺。"(其二)

《西蓋趙氏族譜·藝文外編》載趙翼《族孫敷廷傳》:"楊孺人聞之,親跋涉來視,幸已痊,遂母子相攜歸。"

十一月,乾隆帝詔舉潛心經學、淳樸淹通之士。

《皇朝文獻通考》卷五十八:"乾隆十四年,奉諭旨:聖賢之行,本也;文,末也。而文之中,經術其根柢也,詞章其枝葉也。翰林以文學侍從,近年來,因朕每試以詩賦,頗致力於詞章,而求其沉酣六籍、含英咀華、究經訓之閫奧者,不少概見,豈篤志正學者鮮與?抑有其人而未之聞與?夫窮經不如敦行,然知務本,則於躬行爲近,崇尚經術,良有關於世道人心,有若故侍郎蔡聞之、宗人府府丞任啟運,研窮經術,敦樸可嘉。近者侍郎沈德潛,學有本源,雖未可遽目爲巨儒,收明經致用之效,而視獺祭爲工、剪彩爲麗者,迥不侔矣。今海宇昇平,學士大夫舉得精研本業,其窮年矻矻宗仰儒先者,當不乏人,奈何令終老牖下,而詞苑中寡經術士也!內大學士、九卿,外督、撫,其公舉所知,不拘進士、舉人、諸生以及退休閑廢人員，能潛心經學者，慎重遴訪，務擇老成敦厚、淳樸淹通之士以應，精選勿濫，稱朕意焉。"

是年，錢大昕、王鳴盛、王昶、曹仁虎、惠棟等先後在蘇州紫陽書院從常熟王峻學。

錢大昕《錢辛楣先生年譜》乾隆十四年己巳年二十二歲條："巡撫覺羅樗軒公雅爾哈善聞予名，檄本縣具文送紫陽書院肄業。時侍御王艮齋先生爲院長，閱居士課義、詩賦、論策，歡賞不置，曰，'此天下才也。'自是課試常居第一。青浦王蘭泉，長洲褚鶴侶、左我及禮堂、習庵皆在同舍，以古學相策勵。吳中老宿李客山、趙飲谷、惠松厓、沈冠雲、許子遜、顧祿百，亦引爲忘年交。"

嚴榮《述庵先生年譜》乾隆十四年己巳二十六歲條："巡撫宗室雅爾哈善課所屬州縣諸生能文者，取入紫陽書院肄業。先生試第一。監察御史王公次山峻爲院長，同院中如褚擢升秀才寅亮、錢曉徵秀才大昕、曹來殷秀才仁虎，皆以經術詩古文互相砥礪。"

王鴻逵《曹學士年譜》乾隆十四年己巳十九歲條："時中丞覺羅公雅爾哈善檄下蘇屬州縣，選俊才能文之士。聞先生名，招入紫陽書院。是時，院長常熟侍御王次山先生峻深爲獎許，而同時青浦王述庵昶及王西莊、錢竹汀皆在院肄業，居同舍、食同爨，晨夕切磋，務爲經史有用之學。"

王峻，字次山，號艮齋，江蘇蘇州府常熟縣人。康熙三十三年（1694）生，乾隆十六年（1751）卒。雍正二年進士，改庶吉士，授編修。歷充浙江、貴州、雲南鄉試考官。官至江西道監察御史。拜官甫三日，以劾上官，直聲震都下。遭母憂去官，遂不出，主講安定、雲龍、紫陽書院，以古學提倡後進。其學長於史，尤精地理。工詩、書，所書碑碣盛行於時。著《艮齋詩文集》等。事具《清史稿》卷四八五、《清史列傳》卷七十一。

曹仁虎，本姓杭，字來殷，號習庵，江蘇松江府嘉定縣人，雍正九年（1731）五月五日生，乾隆五十二年（1787）八月八日卒。乾隆二十二年南巡召試,賜舉人,授内閣中書。乾隆二十六年進士,改庶吉士,授編修。官至廣東學政,遭母憂,以毀卒。與王鳴盛、王昶、錢大昕、趙文哲、吳泰來和黃文蓮並稱"吳中七子"。著《宛委山房詩集》、《蓉鏡堂文稿》、《秦中雜稿》等。事具錢大昕《潛研堂文集》卷四十三《日講起居注官翰林院侍講學士曹君墓志銘》、王鴻逵《曹學士年譜》、《清史稿》卷四八五和《清史列傳》卷七十二。

是年,常州府武進、陽湖縣大疫。

光緒《武進陽湖縣志》卷二十九:"(乾隆)十四年,大疫。"

是年,黃景仁、楊煒生。方苞卒。

乾隆十五年庚午(1750)　二十四歲

以南籍生員,不能試北闈。春,離京赴津,冒商籍顧氏姓以應科考,商籍運使葉昱拔置第一,順天學政呂熾按試,取入府學。

《原譜》乾隆十五年庚午條:"以南籍生員,不能試北闈。會有族人在天津業鹽,招往試。商籍運使葉公昱得先生卷,歎爲奇才,拔置第一。學使呂公熾按試,取入泮。"

《甌北集》卷二《赴津門》:"南庠試北闈,令甲所不受。聞有牢盆籍,游客借已久。入作鬻舍生,可列鄉射耦。爰乘薄笨車,路指丁沽口。潞堤直於弦,津河綠於酒。將爲假途行,先防扞關守。詰者嚴誰何,未敢告以某。譬如投秦課,變易姓名走。"卷四《顧襄臣秀才自津門過訪》:"與君異姓爲昆弟,一握能無笑口開?記庚午春天津試事。"

按:《甌北詩鈔》將《赴津門》改題爲《赴天津》,删"入作鬻舍生,可列鄉射耦"及"潞堤直於弦,津河綠於酒"四句。

《甌北集》卷二《津門呈葉東壺運使》:"也隨土著入膠鬻,失一兵仍得一兵。唇舌換如兒學語,姓名變豈客逃生。鵬當北徙貪風便,鵲不南飛羨月明。"

據《清代職官年表·學政年表》,呂熾乾隆十二年丁卯(1747)十月至乾隆十五年庚午(1750)八月任順天學政。

葉昱,字炳南,號東壺,江蘇松江府嘉定縣人。乾隆元年(1736)成
進士。歷官長蘆鹽運使。

呂熾,字克昌,廣西臨桂人。康熙三十七年(1698)生,乾隆四十三
年(1778)卒。雍正五年(1727)進士。乾隆九年(1744)以工部侍
郎任順天學政。官至都察院左副都御史。事具《國朝耆獻類徵初
編》卷七九。

自津門回京後仍以賣文、代筆度日。秋,作《客興》詩。

> 《甌北集》卷二《客興》:"京國依人慣,謀生倚捉刀。布衾寒似鐵,
> 名紙敝生毛。燈火蟲聲唧,風霜馬骨高。那禁鄉思切,此日正
> 持螯。"

八月,以顧姓冒籍應順天府鄉試,以五經卷獲雋。座師汪由敦
欲以爲解首,因頭場文跅弛,乃改置第二十一名。

> 《甌北集》卷首汪由敦乾隆二十二年丁丑二月《甌北初集序》:"余
> 主庚午京闈,得一五經卷,才氣超軼,兼數人之長。二場所擬詔
> 誥,復極典雅,心知爲才士,亟取入解額。及榜發,則陽湖趙君雲
> 崧也。謁見時,布衣徒步,英氣逼人,目光爛爛如巖下電。叩其所
> 學,自秦、漢以來,詩古文源流,已皆窺涉津奧。"

> 據《清代職官年表·鄉試考官年表》,汪由敦是年八月六日以兵部
> 右侍郎任順天鄉試主考官。

> 《陔餘叢考》卷二十九《五經中式》條:"鄉會試由五經中式者,有明
> 一代僅二三人。……然文思敏捷者,兩日一夕之力,完此二十三
> 藝,實亦不難。余亦以五經中乾隆庚午科順天鄉試。辛未年會
> 試,奉旨停止五經中式之例。"

> 孫星衍《趙甌北府君墓志銘》:"以直隸商籍入學,中乾隆十五年庚
> 午科北榜舉人。"

> 《甌北集》卷三十八《七十自述》其四自注:"京闈以顧姓應試。""以
> 五經獲解。"

《原譜》乾隆十五年庚午條："秋應順天鄉試，以五經卷獲雋。時頭場《四書》文三篇，經文四篇，其兼試五經者，則經各四篇，合《四書》文共二十三篇。先生興酣落筆，一日夜了之。……座師爲休寧汪文端公由敦、少宗伯嵩公壽、房師爲刑部員外梁公濟瀓。試五經者二場，例增詔誥各一道，先生業古學已久，詔誥獨冠場。文端公知爲才士，欲以爲解首，因頭場文跅弛，乃改置二十一名。"

汪由敦，初名良金，字師茗，號謹堂、松泉居士，浙江杭州府錢塘縣人，原籍安徽徽州府休寧縣。康熙三十一年（1692）生，乾隆二十三年（1758）卒。雍正二年（1724）進士，改庶吉士，授編修。累官至協辦大學士、吏部尚書。謚文端。著《松泉集》等。工書，乾隆帝命刻《時晴齋法帖》。事具錢維城《茶山文鈔》卷十一《加贈太子太師吏部尚書謚文端汪由敦傳》、錢陳群《香樹齋文集》卷二五《光禄大夫太子太傅吏部尚書贈太子太師謚文端汪公墓志銘》、《清史稿》卷三〇二、《清史列傳》卷十九。

冬，汪由敦知先生所修《宮史》已告成，乃延課二子承霈、承霑，兼請代理筆札和起草應制詩文。先生時居汪由敦澄懷園時晴齋。

《甌北集》卷首汪由敦乾隆二十二年丁丑二月《甌北初集序》："叩其所學，自秦、漢以來，詩古文源流，已皆窺涉津奧，遂延課兩兒子。余筆墨填委時，間亦屬具草，……計自庚午冬客余邸，至今七八年。"

《西蓋趙氏族譜·藝文外編》載汪承霈《嘉慶元年欣逢甌北恩師大人七旬榮誕霈以奉職霜臺不克登堂鞠躬敬賦長律用展頌忱》自注："先公庚午主京兆試，得師。……師試京兆後，先公延致授霈暨弟霑文藝。"

汪由敦《松泉文集》卷首趙翼乾隆戊戌《松泉文集序》："翼自庚午鄉闈受知於公，是冬即客公所，迨公殁，凡八九年。"

按：據上述知《原譜》乾隆十六年辛未條"會試報罷，文端公命兩子承霈、承霨從先生受業"誤,汪由敦請課二子在本年京闈後。

《簷曝雜記》卷二"汪文端公"條:"(汪文端)公又好獎借後進。余嘗代擬東岳廟聯,云:'雲行雨施,不崇朝而遍天下;理大物博,祖陽氣之發東方。'已進御,奉硃筆圈出。公方繕書,適金檜門總憲至,謂必出自公手。公曰:'非也,乃門人趙雲崧所集句耳。'又嘗代和《御制司馬君實玉印詩》,中一聯云'不名符宿望,此德稱高賢',亦非甚佳句。上命内監持示南書房諸臣,謂畢竟汪由敦所作不同,諸臣皆宜師事。蓋諸臣皆説成名印,此獨云'不名',於'君實'二字較切耳。諸臣皆諛公,公又以余答。其説項如此。及公殁,諸公皆以公故物色余,謂公所捉刀者,必好手也。及屬草持去,其所擊賞者未必佳,而著意結構處轉或遭竄改,於是益嘆此中甘苦,固非淺人所能識。余初序公集有云:'公死而天下無真知古學之人,天下無真知古學之人,而翼遂無復知己之望。'由今思之,安得不潸焉出涕也。"

按:據《甌北集》卷八《文端師兩子承霈承霨余授業弟子也自其兄民部君殁後余致書囑其以吾師論葬事詣闕謝恩兹以孟冬之杪入都余請於春和相公代爲陳奏是日蒙恩召見瀛臺以民部君廕官賜霈而賜霨舉人余目睹曠典不勝額慶恭紀二律》知,汪由敦有三子:汪承沆、汪承霈、汪承霨。

《甌北集》卷二十四《汪時齋民部奉太夫人喪歸里道經常州相見道故兼以文端師遺集囑余編訂付梓即事感懷泫然有作》其三自注:"余鄉試出文端公門,時齋兄弟又從余受業。"卷四十六《聞時齋總憲蒙恩以二品歸老感賦》自注:"公從余受業,常在澄懷園。"

《甌北集》卷二《座主休寧汪公枉招下榻敬呈》其三:"東京游學愧何蕃,納屨虛叨國士論。束髮早耽韓愈集,出身幸及醉翁門。鯨鏗硅發華鐘響,鴛譜針留繡線痕。那得對公無感激,津梁親爲指遙源。"

《甌北集》卷三十九《汪屏周宅喜晤畫士張玉川昔年同客文端師邸

第者也二君今皆八十餘余亦七十一矣握手道故欣感交集兼寄時
齋副憲》："四十年前踏軟塵，春明邸舍記靈椿。邸在椿樹衕衕。……
時齋弱冠時常共談宴。"卷四十二《挽汪屏周》自注："庚午、辛未與君同
館文端師第。"可知，同館汪由敦第者尚有汪屏周及畫士張玉川。

汪承霈，字受時，號春農、時齋、蕉雪。安徽休寧籍，浙江杭州府錢
塘縣人。汪由敦子。乾隆二十五年，賞給廩生，授兵部主事。充
軍機章京。歷任刑、工、戶、兵部侍郎，官至都察院左都御史，署兵
部尚書。諭令二品頂戴休致。嘉慶十年(1805)六月卒。著《蜀行
紀事草》一卷。事具《國朝耆獻類徵初編》卷九五、《清史稿》卷三
〇二、《清史列傳》卷二十八。

汪承霈，安徽休寧籍，浙江杭州府錢塘縣人。汪由敦子。乾隆二
十五年恩廕舉人，歷官龍川令。

汪屏周，江蘇常州府陽湖縣人。康熙五十三年甲午(1714)秋生，
嘉慶五年庚申(1800)卒。

冬，考取禮部義學教習。

《原譜》乾隆十五年庚午條："是冬又考取禮部義學教習。"

據《甌北集》卷三十五《揚州哭秋園之訃》自注："庚午與君同考教
習，亦稱同年。"可知，徐秋園亦同時考取禮部義學教習。

吳長元《宸垣識略》卷九"外城一"："義學在廣渠門內，雍正間韓城
寧永祿捐貲創始，乾隆間紳士公輸增益之。內分六齋，課徒約二
百人。冬季施粥百日。有副憲莊存與、閣學朱珪二碑。"

本年順天鄉試，朱筠落第，平聖臺、沈濬、方汝謙得雋。

朱珪《知足齋文集》卷三《翰林院編修詔授中議大夫前日講起居注
官翰林院侍讀學士加二級先叔兄朱公墓志銘》："庚午鄉試，編修
秀水鄭公虎文薦公(朱筠)卷，不售，名益振。"

《甌北集》卷二十四《同年平姚海別已十六七年忽接手書知在平江
掌教兼招余姑蘇之游先以詩答》其二自注："余與君同庚午鄉試，
君以甲戌館選，前余三科，例稱前輩。"

《甌北集》卷二十四《哭沈倬其之訃》其一："鄉會皆同年，更締門楣喜。"

《甌北集》卷十一《同年方牧園謁選入都話舊》其一："寒暄回首醉翁門。謂座主汪文端師。"

朱筠，字竹君、美叔，號笥河，順天府大興縣人。朱珪兄。雍正七年(1729)六月初六日生，乾隆四十六年(1781)六月二十七日卒。乾隆十九年進士，改庶吉士，授編修。由贊善大考擢侍讀學士，屢充鄉會試考官。乾隆三十八年奏校輯《永樂大典》，《四庫全書》自此始。嘗充《四庫全書》、《日下舊聞考》纂修官，官至安徽、福建學政。著《笥河詩集》、《笥河文集》等。事具朱珪《知足齋文集》卷三《翰林院編修誥授中議大夫前日講起居注官翰林院侍讀學士加二級先叔兄朱公墓志銘》、王昶《春融堂集》卷六〇《翰林院編修朱君墓表》、姚鼐《惜抱軒文集》卷十《朱竹君先生傳》、姚名達《朱筠年譜》及《清史稿》卷四八五、《清史列傳》卷六十八等。

平聖臺，字瑤海，號確齋，浙江山陰人。乾隆十九年進士，改庶吉士，授知縣。官至廣東廣州府同知。歸隱後掌教蘇州平江書院。事具王昶《湖海詩傳》卷一七。

沈濬，字倬其，江蘇蘇州府陽湖縣人。雍正元年(1723)年生，乾隆四十三年(1778)卒。乾隆二十六年(1761)進士，官萬安縣知縣。事具《清代官員履歷檔案全編》卷十九。

方汝謙，字敬承，號牧園，江蘇通州人。雍正二年(1724)生，乾隆四十年(1775)卒。乾隆二十二年(1757)進士。事具《江蘇藝文志·南通卷》。

是年，沈德潛繼王峻後，掌教蘇州紫陽書院，後彙刻錢大昕、王鳴盛、王昶、吳泰來、趙文哲、曹仁虎、黃芳亭詩爲《七子詩選》，時人遂有"吳中七子"之目。

錢大昕《錢辛楣先生年譜》乾隆十五年庚午年二十三歲條："院長艮齋先生以疾辭去，代之者長洲沈歸愚先生也。"及王鴻逵《曹學士年譜》乾隆十五年庚午二十歲條:"是冬,院長王次山先生以病辭歸。先生與西莊、述庵、竹汀用韓孟會合聯句韻送之。"

按:乾隆十八年癸酉(1753),沈德潛選編肄業紫陽書院的錢大昕、王鳴盛、王昶、吳泰來、趙文哲、曹仁虎、黃芳亭七位青年才俊的詩歌,題作《江左七子詩選》予以刊布(見沈德潛《歸愚文鈔》卷一四《七子詩選》),因他們的籍貫都是吳地,亦稱"吳中七子"。

陳康祺《郎潛紀聞二筆》卷八"吳中七子"條:"歸愚尚書主吳下壇坫時,門下士王光禄鳴盛、錢詹事大昕、王少寇昶、曹侍講仁虎、趙少卿文哲、吳舍人泰來、黃明府文蓮,彙刻吳中七子詩,以文章氣節重天下,談宗派者,至今稱頌。康祺以爲就今日論之,師徒著述,强半流傳,二王、錢、曹諸公,其才學實出歸愚上,而在當時,則陶成獎借,尚書未必無功。世之身負達尊,有氣力足以庇士者,其亦留心雅道,收桃李門牆之效哉。"

是年,于鰲圖生。

乾隆十六年辛未(1751) 二十五歲

正月初二日,乾隆帝以首次南巡,蠲免蘇、皖所積欠地丁銀。

《欽定南巡盛典》卷三十一:"同日(乾隆十六年正月初二日),上諭內閣曰:朕巡幸江浙,問俗省方,廣沛恩膏,聿昭慶典。更念東南貢賦,甲于他省,其歷年積欠錢糧,雖屢准地方大吏所請,分別緩帶,以紓民力,而每年新舊并征,小民終未免拮据。朕宵旰勤勞,如傷在抱。兹當翠華親蒞,倍深軫切,用普均沾之澤,以慰望幸之忱。著將乾隆元年至乾隆十三年江蘇積欠地丁二百二十八萬餘兩,安徽積欠地丁三十萬五千餘兩,悉行蠲免,俾官無罣誤,民鮮追呼,共享昇平之福。"

二月十一日,乾隆帝南巡江浙,增其學額。錢大昕獻賦,召試賜舉人,授內閣中書學習行走。

《皇朝文獻通考》卷七十一:"(乾隆)十六年,上南巡江浙,命增本年江蘇、安徽、浙江等處府州縣學儒童入學額數，大學增取五名，中學增取四名，小學增取三名。"

據《清史稿》卷一一《高宗本紀》，此次南巡，二月二十一日抵蘇州，三月初一日抵杭州，往紹興祭禹陵後，三月二十四日抵江寧。

錢大昕《錢辛楣先生年譜》乾隆十六年辛未年二十四歲條："是歲，大駕始南巡江浙。吳中士子各進獻賦詩。大昕進賦一篇，學使番禺莊公滋圃選入一等。有詔召試江寧行在，欽命題'蠶月條桑'賦、'指佞草'詩、理學真偽論。閱卷官大學士滿洲高文定公、兵部侍郎休寧汪文端公、刑部侍郎嘉興錢文端公，擬定一等二名，特賜舉人，授內閣中書學習行走。"

三月，先生會試報罷。

《原譜》乾隆十六年辛未條："會試報罷。"

《清史稿》卷一百八"選舉三"："鄉試以八月，會試以二月。均初九日首場，十二日二場，十五日三場。殿試以三月……乾隆間，改會試三月，殿試四月，遂爲永制。"

姚元之《竹葉亭雜記》卷二："會試中額向無一定。乾隆元年丙辰科會試取中二百八十五名，較節年中額多至一倍。乾隆末額漸少。嘉慶元年丙辰科會試取中一百四十八名，較節年中額加增三十一名。"

據《清代職官年表·會試考官年表》，本年三月六日會試考官爲刑部尚書劉統勳、工部尚書孫嘉淦、禮部左侍郎介福、內閣學士董邦達。

是科，外舅劉鳴鶴亦落第。秋，送其南歸就兩江總督尹繼善幕。

《甌北集》卷二《送午巖先生南歸》："折柳都亭動別愁，西風潞水正涼秋。去偏一路多黃葉，來已三回到白頭。落榜誰憐老名士，還家仍客近諸侯。歸仍就尹制府兩江幕。長安回首情何限，遂作人間馬少游。"（其一）"姓名薦牘兩番叨，宏博、經學凡兩被薦。屢躓仍看志未

撓。……書帶草深窗影綠，一編著述尚堪豪。"(其二)

據《清代職官年表·總督年表》，本年閏五月十三日，黃廷桂改陝甘總督，尹繼善繼任兩江總督。時尹繼善三授兩江總督。據尹繼善《尹文端公詩集》卷四《辛未七月調任兩江自西安入覲特賜黃褂在御前行走時駕幸熱河恭送至南石槽紀恩十章》知，尹繼善正式赴任，當在本年七月之後。

秋，補義學教習。教習爲閑曹，仍客授於汪氏。

《原譜》乾隆十六年辛未條："秋又補義學教習。學館中無生徒從學者，每月但朔望日一至，遂仍客授於文端第。"

是年，徐書受、左輔生。王峻卒。

乾隆十七年壬申(1752) 二十六歲

八月六日，應恩科會試，仍被落。

《甌北集》卷三有《壬申下第作》。

按：《甌北詩鈔》將該詩最後一聯："我豈不知歸去好，將行又計買山錢。"改爲："席帽巾箱商去住，欲歸誰辦買山錢?"改句較生僻聱牙，不如原句明快流暢。

本年會試，内弟劉欽成進士，以閩中知縣用，先生詩以送之。

《甌北集》卷三《送内弟劉敬輿之官閩中》："青燈債了經生業，黃綬班榮進士官。……最欣持節堪迎養，佳味先嘗荔子丹。"

《西蓋趙氏族譜·藝文外編》載趙翼《亡室劉孺人傳》："時母家門第方盛，孺人弟欽，成進士，服官閩中，勢隆隆起。"

《甌北集》卷二十七《和敬輿見題拙集之作》其二："迴憶燈窗萬卷橫，舉場同試鬪心兵。我如落葉飄京國，君早栽花遍縣城。記壬申同會試事。"作於乾隆四十六年辛丑(1781)，"壬申同會試事"即謂本年事。

劉欽，字謙齋、敬輿，江蘇常州府陽湖縣人。劉鳴鶴子。雍正二年(1724)生，嘉慶四年(1799)卒。乾隆十七年(1752)進士。歷知閩中、廣西陽朔縣。中歲歸里，致力著述。著《謙齋雜著》二卷、《静思堂詩草》七卷。

下第後作《送汪穎思成進士南歸》、《寄懷杏川白峰諸同人》、《戲題魁星像》、《野菊》諸詩。

據《甌北集》卷三《送汪穎思成進士南歸》其一："那堪落第看登第，況是羈人送去人。"《寄懷杏川白峰諸同人》："賣賦長安歲幾更，滯留猶自守寒檠。"《戲題魁星像》："是何猙獰鬼戴斗，曷鼻魋顏貌粗醜。……似此險怪倘操鑒，寧免軋茁災詞章。"《野菊》："對君莫訝相憐甚，同是無人賞鑒花。"由詩意可知，上述諸詩當作於是年秋會試落第後，句中頗有不平之意。

按：據《甌北集》卷三《戲題魁星像》詩意，知趙翼借以發抒不平。

另據卷三《送汪穎思成進士南歸》："兩載情同蛣蜣親，……藜火未分中秘夜"（其一）"名園同托一枝棲"（其二）知，汪穎思與先生同客汪由敦幕兩載。

得知杭廷宣訃信，賦詩哭之。

《甌北集》卷三《哭杭廷宣之訃》其二："一卷丹鉛靜下帷，蕭齋自課過嚴師。豈知文字能工日，即是心肝盡嘔時。君以心痛卒。錦帶未更居士服，衰衣翻累老親披。更憐身後無髭齔，手澤遺書付阿誰！"對杭廷宣這位寒儒蕭齋自課，勞瘁過甚的生活述之甚悉。

澄懷園寒夜步月。

《甌北集》卷三《寒夜澄懷園步月》："幽人夜吟一燈擁，明月來窺入窗孔。清景撩人眠不得，起步空林力賈勇。……此時世人盡酣睡，蒙被家家繭裹蛹。清寒只我與嫦娥，天上人間兩不懵。……歸到虛堂清不寐，坐看庭階尚瀲灔。"

吳長元《宸垣識略》卷十四"郊坰三"："澄懷園在海淀，大學士張廷玉賜園。繼大學士劉統勳居之。燬於火。後爲内廷翰林公寓。"

錢泳《履園叢話》二十"澄懷園"條："澄懷園在圓明園東南隅，每年夏月，車駕幸園，尚書房暨南書房諸臣侍直之所。芳塘若鏡，紅藕如船,傑閣參差,綠槐夾道,真仙境也。"

按:據《清代職官年表·部院大臣年表》,汪由敦是年九月由戶部
右侍郎遷工部尚書。

是年前後,結識新安汪用明,題其家忠節事。

《甌北集》卷二《新安汪氏雙忠節歌爲汪用明上舍作》:"新安汪家
有軼事,一門忠節奇堪記。秀才仗策去從軍,健婦持門望歸騎。_汪
_{枝榮妻戴及侄某妻吳}……深閨夢斷哭刀鐶,各撫遺孤茹百艱。……
嗚呼此事今百年,當時倉猝少人傳。……幸有宗門老孫子,日抱
遺芬質惇史。……_{枝榮妾程,削髮爲尼}。"

是年,松筠、馮集梧、蔣知廉生。厲鶚卒。

乾隆十八年癸酉(1753) 二十七歲

仍寓汪由敦澄懷園,或居集益齋,文章得其指授。

《甌北集》卷三《集益齋即事戲呈休寧座主》:"名園頻歲借居停,韋
杜天邊處士星。青愛草痕簾不捲,香留花氣戶常扃。臨池閑寫
《來禽帖》,插架兼翻《相鶴經》。一笑主人常儡直,讓儂占作草玄
亭。"(其一)"退值歸來雅興賒,閑商文史浩無涯。公於此已肱三
折,我愧才非手八叉。幸有津梁先路導,何煩絲竹後堂譁。步趨
宛憶童時景,書館從師侍絳紗。"(其二)由"青愛草痕簾不捲,香留
花氣戶常扃"句可知,該詩作於春,姑置此。

《甌北集》卷首汪由敦乾隆二十二年丁丑二月《甌北初集序》:"余
筆墨填委時,間亦屬具草,初猶逞跅弛才,不就繩檢,繼乃益肆力
於古。……嘗一月中作古文三十餘篇,篇各仿一家,示余,余爲指
其派系所自,君輒以爲不謬,每相視而笑。"

《簷曝雜記》卷二"汪文端公"條:"汪文端公詩、古文之學最深,當
時館閣後進群奉爲韓、歐,上亦深識其老於文學。歿後,上以詩哭
公,有云:'贊治嘗資理,論文每契神。'公之所以結主知者可想已。
余自乾隆十五年冬客公第,至二十三年公歿,凡八、九年。此八、

九年中，詩文多余屬草，每經公筆削，皆愜心饜理，不能更易一字。嘗一月中代作古文三十篇，篇各彷一家。公輒爲指其派系所自，無一二爽，此非遍歷諸家不能也。金鼇玉蝀橋新修成，橋柱須鐫聯句，余擬云：'玉宇瓊樓天尺五，方壺員嶠水中央。'自以爲寫此處光景甚切合。公改'尺五'作'上下'二字，乃益覺生動。即此可見一斑矣。"

據《清代職官年表·部院大臣年表》，汪由敦是年繼任工部尚書。

王又曾亦客汪由敦第，與先生交好。

《甌北集》卷三《時晴齋與王穀原舍人小飲》："西窗剪燭月痕斜，旅邸相依感鬢華。倦後客懷叢桂樹，瘦來人似老梅花。才名競欲招東閣，先客梁薌林冢宰第，今客汪松泉司空第。狂態兼愁溺正衙。且莫臨觴悲晼晚，千秋著述已成家。"

王又曾，一名右曾，字受銘，號穀原，浙江秀水人。康熙四十五年（1706）生，乾隆二十七年（1762）三月初三日卒。乾隆十六年南巡召試，賜舉人，授内閣中書。乾隆十九年進士，改禮部主事，遷刑部。工詩，與錢載齊名，時號"錢王"。與同縣錢載、朱沛然、陳向中、祝維誥號"南郭五子"，又有萬光泰、汪孟鋗、仲鈖皆與同時相鑢礪，時目爲"秀水派"。與厲鶚、嚴遂成、錢載、袁枚、吳錫麒并稱爲"浙西六家"。著《丁辛老屋集》等。事具錢載《蘀石齋詩集》卷二五《王五秋曹三月初三日殁於里閏五月初八日爲位法源寺如意寮而哭之》、《清史稿》卷四八五、《清史列傳》卷七二。

居澄懷園，作《消夏絕句》十首。

《甌北集》卷三《消夏絕句》其一："名園長夏景清和，借與幽人領略多。"

按：《甌北詩鈔》將《消夏絕句》改題爲《澄懷園消夏絕句》，更加切題。

是年，題汪用明《風樹吟秋圖》。

《甌北集》卷三《題汪用明風樹吟秋圖》其二："生來未識春暉暖，忍聽秋聲不淚流。君生未一月喪母。”

是年，法式善、謝振定、呂星垣、孫星衍、楊芳燦生。

乾隆十九年甲戌（1754） 二十八歲

在汪由敦幕已三年有餘，先生古文經汪由敦指授，日益深湛。

汪由敦《松泉文集》卷首趙翼乾隆戊戌《松泉文集序》：“（汪文端公）顧老於文學，甘苦最深。自爲諸生，即被薦纂修《明史》，紀傳諸贊悉出公手，議論平恕，文辭淳茂，已兼有班、范之長。及入翰林，直禁近，閱歷益深，學識益邃，經經緯史，以至叢編睟説，無所不該貫，而總以陶冶挫籠，歸之雅正。故發爲詩文，從容和厚，不佻不迫，雍然有東榮西序金春玉鏘之遺風。……翼自庚午鄉闈受知於公，是冬即客公所，迨公歿，凡八九年。陋儒拘墟，得稍識古學衢術，實自公發之。函文追隨，一樽談藝，辱公期待甚厚。”

按：趙翼自乾隆十五年庚午（1750）冬被汪由敦延入幕，至今已三年有餘。汪由敦除了對《明史》修成起了很大作用外，還著有《史學蠡測》（《松泉文集》卷二十四），其史書編纂思想對趙翼後來的史學著作影響很大。

據《清代職官年表·部院大臣年表》，汪由敦是年十月爲工部尚書，管理刑部。

與沈濬交好。初春，和其看花絕句。

《甌北集》卷三《和沈倬其同年看花絕句》其一：“薊門霜冷見春遲，吹透東風了不知。忽漫一枝紅杏出，累人牆外立多時。”卷二十四《哭沈倬其之訃》其一：“結交弱冠始。鄉會皆同年，更締門楣喜。”

按：《甌北集》卷十七《倬其送子景濬來就婚》其一：“官憐需次後，倬其與余同年，今尚需次。交在議婚前。”作於乾隆三十五年庚寅（1770），“交在議婚前”亦能説明二人早年已交好。此外，《甌北集》中與沈濬有關的記載亦能表現兩人交情深厚，見卷九《送倬其南還時方成進士以需次歸里》、卷十三《奉太恭人游蘇杭間兼請外姑沈太君叔外姑張太君及倬其母王太君同舟四老人白首相映各家子姓隨從扶掖樂事也》、卷二十一《題倬其亡室盛孺人遺照》、卷二十一《送倬其之官萬安》和卷二十四《哭沈倬其之訃》等詩作。

三月，會試取明通榜。先生會試考場初識蔣士銓。

孫星衍《趙甌北府君墓志銘》："十九年會試，中明通榜。"

據《清史稿》卷一百八"選舉三"，雍正乾隆間，因雲南、貴州、廣東、廣西、四川、福建路遠，特於會試落榜考卷中選"文理明通"者，於正榜外別出一榜，以學正、教諭任用，是爲"明通榜"。但有時也不限於上述六省，如乾隆元年（1736）三月十四日，命大學士鄂爾泰等於會試遺卷中，選取文理明通者，揀選進呈，續出一榜，准其一體參加殿試。據《清代職官年表·會試考官年表》，本年三月六日會試正考官爲文淵閣大學士陳世倌，副考官爲禮部左侍郎介福、內閣學士錢維城。

蔣士銓乾隆四十二年丁酉二月《甌北集集序》："余與君相識在甲戌會試風簷中，已而同官中書，先後入詞館。"《甌北集》卷十七《次韻答心餘見寄》附蔣士銓原作："皇帝甲戌春，識君矮屋底。……同時簽薇省，兩人訂交始。"

蔣士銓，字心餘、苕生，號清容居士、藏園、定甫、離垢居士，江西廣信府鉛山縣人。雍正三年（1725）十月二十八日生，乾隆五十年（1785）二月二十四日卒。乾隆十九年由舉人官內閣中書。乾隆二十二年進士，改庶吉士，授編修。旋乞病歸。乞休後，主紹興蕺山、揚州安定諸書院。感乾隆帝眷，補官記名御史。未幾仍以病乞休。詩與袁枚、趙翼稱"乾隆三大家"。戲曲爲世所推重。著《忠雅堂集》、《藏園九種曲》等。事具自撰《清容居士行年錄》、袁枚《小倉山房續文集》卷二十五《翰林院編修候補御史蔣公墓志銘》、王昶《春融堂集》卷五六《翰林院編修蔣君墓志銘》、《清史稿》卷四八五、《清史列傳》卷七二等。

是科，錢大昕、王鳴盛、王昶、紀昀、朱筠、沈業富等成進士。

錢大昕《錢辛楣先生年譜》乾隆十九年甲戌年二十七歲條："三月，
會試中式第十九名。總裁大學士海寧陳文勤公、禮部侍郎野園介
公、內閣學士武進錢文敏公，同考官編修寧都鈍庵盧公。是科，文
敏公自撰策問條目。闈中遍搜三場，所得如王禮堂、王蘭泉、紀曉
嵐、朱竹均、姜石貞、翟大川輩，皆稱汲古之彥。揭曉之次日，午門
謝恩。錢文敏公謂諸公曰，'此科元魁十八人，俱以八股取中，錢
生乃古學第一人也。'殿試第二甲四十名。保和殿御試欽取一名。
圓明園引見，特改翰林院庶吉士。"

江慶柏編《清朝進士題名錄》，錢大昕、王昶、紀昀、朱筠、沈業富五
人殿試列二甲。

紀昀，字曉嵐，號春帆、石雲。直隸河間府獻縣人。雍正二年
(1724)六月十五日生，嘉慶十年(1805)二月十四日卒。乾隆十九
年進士，改庶吉士，授編修。擢翰林院侍讀學士。因漏言兩淮鹽
運使盧見曾案，戍烏魯木齊。釋還後，乾隆三十八年，任《四庫全
書》館總纂官，撰寫《四庫全書總目提要》、《四庫全書簡明書目》。
官至禮部尚書、協辦大學士。諡文達。著《紀文達公全集》等。事
具朱珪《知足齋文集》卷五《協辦大學士禮部尚書文達紀公墓志
銘》，《清史稿》卷三二〇，《清史列傳》卷二八、七一。

沈業富，《清史稿》名沈善富，字既堂，號方穀，又號味燈老人，江蘇
揚州府高郵州人。雍正十年(1732)五月二十二日生，嘉慶十二年
(1807)八月十五日卒。乾隆十九年進士，改庶吉士，授編修。乾
隆三十年，出知安徽太平府，在任十六年，尤盡心災賑。乾隆四十
六年，擢河東鹽運使。著《味燈書屋詩集》等。事具阮元《揅經室
集二集》卷五《翰林編修河東鹽運使司沈公既堂墓志銘》、《清史
稿》卷三三六、《清史列傳》卷七二。

考取明通榜後，因義學教習期將滿，欲引見後歸省，遂出寓教
習館。

《原譜》乾隆十九年甲戌條："連年皆在文端公第，而義學教習期將

滿，欲於引見後歸省，遂辭文端公，出寓教習館。"

四月，蔣士銓會試下第後，應汪由敦請，宿澄懷園校《文選》。

蔣士銓《忠雅堂詩集》卷四《澄懷園漫興書寄盧右禮先生及饒霽南編修吳頡雲秦鑑泉兩修撰時諸君子奉勅寫文選共居前軒》。卷二五《澄懷園信宿偶作》其一："廿五年前下第時，堂東曾掩校書帷。甲戌四月，汪松泉尚書延住麗景軒校勘奉敕新寫《文選》袖珍小本。"

陳康祺《郎潛紀聞初筆》卷三"命詞臣繕錄昭明文選"條："乾隆甲戌夏，命翰林工楷書者梁國治、秦大士、梁同書、莊培因等繕錄《昭明文選》。又命朱珪、弋濤、盧文弨、翁方綱等校對於翰林院後堂寶善亭內。"

四月，先生考選內閣中書，以第九名中式，引見留用。三年教習期滿，例可得縣令，先生志在一第，遂罷義學教習，欲任中書舍人。

《甌北集》卷三《考授中書舍人遂罷官學教習》："浪游所急升斗祿，官學濫竽充教讀。期滿例得邑令去，足爲老親給饘粥。無端又羨鳳池棲，一試輒如貫革鏃。……明知出宰可救貧，尚須三載入除目。京官雖無專城榮，選期已逼蠶上蔟。遂辭花縣就大垣，寧舍巧遲取拙速。"

蔣士銓亦本年考選內閣中書，以第四名引見實授。

蔣士銓《清容居士行年錄》乾隆十九年甲戌條："四月，考試內閣中書，欽取第四名。五月初二日引見，即授實缺，入閣管漢票簽事。"

戴璐《藤陰雜記》卷一："蔣苕生士銓，甲戌考取中書。"

七月，由潞河附舟南回省親。

《甌北集》卷三《南歸》其一："六年爲客住京畿，潞水西風一櫂歸。笑比鷦鷯啼怕冷，秋涼時節正南飛。"

按：該詩作於乾隆十九年甲戌(1754)，距乾隆十四年己巳(1749)入都恰六年。

乾隆《大清一統志》順天府：“潞河驛，在通州舊城東關外潞河西岸，明永樂中置。”潞河，即白河，爲北運河之上游。《水經注》：“沽水俗謂之西潞水，鮑丘水世謂之東潞水。會流南逕潞縣爲潞河。”今尚稱北運河爲潞河。

與同鄉楊奉周、儲秘書兩孝廉同舟南歸。

《甌北集》卷三《舟中贈楊奉周儲玉函兩孝廉》：“長途千里滯關津，賴有朋簪共夕晨。檻外汶流歸棹水，尊前吳語故鄉人。同猜闈字停杯緩，未了枰棋剪燭頻。記取生平素心樂，一船風月對連句。”

儲秘書，字玉函，號緘石、華嶼，江蘇常州府宜興縣人。康熙五十七年（1718）生，乾隆四十五年（1780）卒。乾隆二十六年（1761）進士，改庶吉士，授戶部主事。官至湖北鄖陽府知府。工詩詞。著《緘石齋詩稿》等。事具《宜興豐義儲氏分支譜》卷七之五。

歸途於南河總督尹繼善清江浦幕中見袁枚詩册，愛而賦詩四首。

《甌北集》卷三《尹制府幕中題袁子才詩册》：“今日藝林談此事，教人那得不推袁。”（其一）“曾傳麗句想風流，今讀新詩筆更遒。始嘆知君殊太淺，前番猶是蔗梢頭。”（其二）

袁枚《隨園詩話》卷一〇第五七：“乾隆癸酉，尹文端公總督南河。趙雲松中翰入署，見案上有余詩册，戲題云：‘八扇天門詄蕩開，行間字字走風雷。子才果是真才子，我要分他一斗來。’”

按：“癸酉”即乾隆十八年，趙翼時在京；《甌北集》卷三《尹制府幕中題袁子才詩册》編年在本年，故《隨園詩話》所記有誤。

據《清代職官年表·總督年表》，尹繼善乾隆十八年九月至十九年八月任南河總督，十九年八月兼任兩江總督。南河總督駐地在清江浦。《大清一統志》卷九三《淮安府·山川》：“清江浦在清河縣北一里。”

夜宿揚州瓜步，詩示老僕，不願向鹺使乞憐。

《甌北集》卷三《夜宿瓜步書示老僕》：“京官過揚州，例必謁鹺使。爲分牢盆餘，足資旅橐匱。……我行到邗江，懷袖本無刺。后土祠一游，平山堂一憩。扁舟連夜發，江干正熟睡。忽聞老僕言，主人太失計。爲客五六年，旅食憑煮字。……兹行將抵家，八口方待飼。眼見一入門，即當典襖被。染指倘弗嫌，纏腰或可冀。過屠不一嚼，謀生詎云智。嗟我豈好貧，矯情托高致。……何至靦面目，向其丐餘瀋。彼僅一毛捐，我已全璧棄。書生鍊骨力，要在取予地。"

李斗《揚州畫舫録》卷九："《南兖州記》云：'瓜步五里有瓜步山，南臨江中，濤水自海大江，衝激六百里，至此岸側，其勢稍衰。'"

歸途過鎮江金山，始登山游寺。

《甌北集》卷三《游金山寺》："落葉漸多秋正老，青山無恙我重來。"

按：《甌北集》卷三《登金山塔頂放歌》作於乾隆二十年己亥（1755）趙翼入都補授中書舍人途中，詩有"我過金山凡五度，昨歲始一登"句，即指《游金山寺》詩中所述事。

余雲煥《味蔬詩話》："蔣心餘詩揉磨精透，工力遠勝甌北。《金山》云：'元氣留江影，天光縮漲痕。'……字字結實，顛撲不破，韓、蘇有此筆仗，無此氣韻。"

按：蔣士銓《忠雅堂詩集》卷一《金山》："樓閣參金碧，孤峰若建瓴。諸天盤鸛鶴，大地走雷霆。岸闊連瓜蒜，江空浴斗星。漫浸京口酒，吾欲問中泠。"（其一）"空青縣萬仞，雪浪囓孤根。元氣留江影，天光縮漲痕。魚龍陰拜舞，巖壑怒崩奔。向晚千帆没，蒼茫海氣昏。"（其二）作於乾隆十年（1745）秋游金山時。

盧見曾《金山志》卷一："金山在鎮江府城西北，揚子江中，自城至山五里，脈接長山，迤邐爲五洲山，至下鼻浦入江，突爲此山。……李錡鎮潤州表聞，賜名金山。"

乾隆《大清一統志》鎮江府："金山，在丹徒縣西北七里大江中。"周必大《雜志》："此山大江環繞，每風四起，勢欲飛動，故南朝謂之浮玉。最高處曰金鰲峰、妙高峰，東曰日照巖、金玉巖、妙空巖、朝陽洞、龍洞，西曰頭陀巖、裴公洞，北曰白衣洞、飛雲洞。東麓有磐陀石、信磯、覺岸。"

薄暮抵家，始見長女。贖回舊屋加以修葺，兼買田十餘畝。是
冬，爲弟汝明娶婦周氏。

《甌北集》卷三《抵家》："扁舟到家日薄暮，燈已燃火門尚開。……
山妻攜女出相見，女未識父猶疑猜。"詩作於乾隆十九年甲戌
（1754），此女即趙翼長女，劉氏出。
《甌北集》卷三有《敝廬將圮稍事修葺詩以落成》詩。卷五《哭舍弟
汝明》："前年始南歸，團圞引康爵。薄田繞基買，矮屋連墻拓。兼
爲汝娶婦，合卺瓦盆酌。"
《原譜》乾隆十九年甲戌條："是冬，爲弟汝明娶婦周氏。"
《西蓋趙氏族譜‧學亮公派北岸分支世表》："（趙汝明）……配周氏。"
《西蓋趙氏族譜‧藝文外編》載趙翼《亡室劉孺人傳》："越五六年，
余考授中書舍人以歸，始稍有寧宇。而余弟汝明方娶婦，敝廬數
椽就圮，復有事修葺。孺人則爲余經紀飲助，雖饁饟之事，皆躬自
任之。"

抵家後哭杭應龍墓，並爲其作誄。

《甌北集》卷三《哭杭應龍先生墓》："我歸但有徐君墓，公在曾憐趙
氏孤。……依然牀下梁松拜，無復溫言誨座隅。"（其一）"回首湖
干送別時，寧知後會遂無期。一抔未負侯芭土，三尺猶虛有道碑。
此世更煩誰作誄，當年曾愛我吟詩。"（其三）
按：此詩作於乾隆十九年甲戌（1754），可知杭應龍在此前已去
世，詩句"回首湖干送別時"指乾隆十四年己巳（1749）春，趙翼失
館無以自給，偕族孫趙炯辰襆被入都事，見卷二《將入都留別杏川
白峰諸同人》："春來南浦銷魂地，人在東風送別船。"由上述可知，
杭應龍歿於乾隆十四年己巳（1749）至乾隆十九年甲戌（1754）間。
《簷曝雜記》卷二"杭應龍先生"條："及余得中書舍人以歸，而先生
已不及見。余有詩哭之云'我歸但有徐君墓，公在曾憐趙氏孤'。
至今猶抱痛焉。"

晤同里黄季游文學。

《甌北集》卷三《晤黄季游文學》："素髮明於雪,窮經力尚堅。……莫嗟身隱約,耆舊傳應編。"

爲沈佩蘭秀才作花燭詞。

《甌北集》卷三《花燭詞爲沈佩蘭秀才作》其二："記得歐陽佳話無?大姨夫作小姨夫。定知相見非生面,玉鏡臺邊喚老奴。"

按:《甌北集》中載有沈佩蘭科舉、作幕、仕途之路,《甌北集》卷二十五《晤沈佩蘭孝廉昌映微秀才》："吾黨推才彥,清狂兩少年。……昌多識奇字,沈被黜後再發解。故鄉留不住,都在越江邊。"(其一)"迹喜聯牀近,閑來好唱酬。俱客錢竹初寓舍。謀生無半畝,放眼有千秋。"(其二)卷四十一《題史右張小照》:"毗陵城東兩奇士,沈佩蘭與史右張。佩蘭踈弛不自檢,千金散盡余酒狂。晚官嶺嶠作良吏,至今妻子飽覆糠。右張生無力錐地,一枝健筆凌風霜。讀書兼學計然術,金錢湧比詩盈囊。人言不如瘦沈郎,身未縮組垂銀黃。"

十月,蔣士銓亦告假南歸省親,十二月抵南昌。

按:據蔣士銓《清容居士行年錄》本年條,蔣士銓於本年五月授内閣中書,十月告假,年底歸居南昌。乾隆二十一年秋,假滿方北上。

是年,趙懷玉捐監。

趙懷玉《收庵居士自叙年譜略》乾隆十九年甲戌八歲條:"吾父爲余納粟作國子監生。"

據許大齡《清代捐納制度》生童户部捐監定例:俊秀一百零八兩、增生八十兩、武生一百兩、附生九十兩、廩生六十兩、青衣生一百兩。

是年,戴震初識錢大昕,大昕爲之延譽,戴震自是知名海内。

錢大昕《錢辛楣先生年譜》乾隆十九年甲戌年二十七歲條:"休寧戴東原初入都,造居士寓,談竟日,歎其學精博。明日言於文恭公,公即欣然與居士同車出,親訪之。因爲延譽,自是知名海内。"

戴震,字東原,號慎修,安徽徽州府休寧縣人。雍正元年十二月二十四日(1724年1月19日)生,乾隆四十二年(1777)五月二十六日卒。少即研精注疏,與郡人程瑤田等從婺源江永游,與吳縣惠棟、吳江沈彤爲忘年交。乾隆二十七年舉鄉試,三十八年以舉人入《四庫全書》館充纂修。乾隆四十年賜同進士出身,改庶吉士。四十二年卒於官。其學,由聲音、文字以求訓詁,由訓詁以尋義理。其論著主要在小學、測算和典章制度上最精。著《孟子字義疏證》、《考工記圖》、《戴東原集》等。事具段玉裁《戴東原先生年譜》、錢大昕《戴先生震傳》、王昶《戴東原先生墓志銘》、《碑傳集》卷五〇洪榜《戴先生行狀》和《清史稿》卷四八一、《清史列傳》卷六十八等。

是年,葉廷甲生。吳敬梓卒。

乾隆二十年乙亥(1755)　二十九歲

春,再入都前賦詩留別杭杏川、杭白峰和潘震峰諸同人。

《甌北集》卷三有《將入都留別杏川白峰震峰諸同人》詩,同卷下有《江上逢歸雁》:"幾點春雲雁北飛,首塗故與客相依。渡江一樣從南去,我是出門他是歸。"《戲題汶上旅壁》:"征途日日轉勞薪,偶見夭桃始覺春。"可知《將入都留別杏川白峰震峰諸同人》作於乾隆二十年乙亥(1755)春,再次入都補授中書舍人之時。

春,袁枚江寧謁尹繼善,見先生去歲題詩,喜而賦答。

袁枚《小倉山房詩集》卷一一《題慶雨林詩册》小序:"甲戌春,在清江爲雨林公子書詩一册。隔年,公子隨宮保渡江。余病起入見,見甌北趙君題墨矜寵,不覺變慚顔爲欣矚。重書長句,呈公子并呈趙君。"

按:序云"長句",詩實爲七律一首。

《甌北集》卷四有《次韻酬袁子才見寄之作》,編年在乾隆二十一年丙子(1756)春,且用袁枚前詩韻,可知即答袁枚本年之作。

據《清代職官年表・總督年表》,尹繼善是年爲兩江總督。

四月,入京補官,仍居汪宅。六月,補授內閣中書。

《原譜》乾隆二十年己亥條:"入京補官。文端師仍延於家。六月,補授內閣中書,每三日一入直。"

據《清代職官年表・部院大臣年表》,汪由敦是年九月由工部尚書改刑部。

《甌北集》卷四十八《追憶宦游陳迹雜記以詩》其二:"出身先到鳳凰池,銀燭朝天步玉墀。"

所居與劉墉宅鄰近,極酬唱之樂。

《甌北集》卷四《劉穆庵侍讀見余近作枉贈佳章依韻奉答》:"與君一別兩年過,譽我何當溢美多。"(其一)"寓齋迴憶共論文,風雨聯牀到夜分。得句亟催連夕和,每談必過舊時聞。……余舊客君邸,與君辨《岣嶁碑》真贋及《首楞嚴》義諦,每至夜分。"(其二)"旅邸喜仍鄰近在,可容鑿壁借餘輝?"(其三)

按:其二所憶爲乾隆十四年己巳(1749)襆被入都,劉統勳延入幕,結識劉墉并成爲好友的過程。

汪由敦長子汪承沆新闢書室,招飲索賦。時先生方編汪由敦《松泉文集》。

《甌北集》卷四《汪幼泉民部新闢書室招飲索賦》其二:"旅邸相依歲幾更,更無形迹間交情。……時方編司空師集。應添此地聯牀話,我本通門老弟兄。"

卷二十四《編校文端師集感賦》其三:"後世誰知定文者,老夫合讓出頭來。公在日,余曾爲編輯文稿,公頗許可,二語皆酒間戲笑之詞也。"

汪由敦《松泉文集》卷首趙翼《松泉文集序》:"憶乙亥、丙子之間,翼在公邸第嘗稍爲裒輯。"

按:據《甌北集》卷四十四《文端師長孫郡丞本中攜其子來常州就婚喜賦》其二:"通家兄弟兩連翩,謂幼泉。京邸郊園屢對眠。"知趙

79

翼居汪宅時與汪承沆關係親密。"幼泉"爲汪承沆字。

汪承沆,字幼泉,安徽休寧籍,浙江杭州府錢塘縣人。汪由端長
子。乾隆二十五年庚辰(1760)卒。官民部主事。

是年,蔣知節生。全祖望卒。

乾隆二十一年丙子(1756)　三十歲

元日早朝後,即輪直内閣。

《甌北集》卷四《元日早朝即輪直内閣》。

按:自是年始,每年元旦趙翼大多有賀詩。

初二日大雪,夜直内閣,詩懷邵齊熊兼索同直賀五端、錢敦堂
同和。

《甌北集》卷四《初二日大雪寓齋夜坐有懷耐亭用東坡韻兼索同直
賀舫葀錢敦堂同和》。

邵齊熊,初名炳,字方虎,號耐亭,晚自號松阿,江蘇蘇州府常熟縣
人。雍正二年(1724)生,嘉慶五年(1800)卒。乾隆十二年(1747)
舉人,乾隆十九年(1754)官内閣中書舍人。著《隱几山房詩鈔》
等。事具錢大昕《潛研堂文集》卷四四《内閣中書舍人邵君松阿墓
志銘》、王昶《湖海詩傳》卷一三。

入内閣後,每三日一入直。與邵齊熊、賀五端、李汪度、王大鶴
諸舍人極友朋酬唱之樂。

《甌北集》卷四有《戲贈王露仲舍人》詩。又《贈耐亭》:"一朝忽作
莫逆交,儤直省垣日相熟。……三日一面猶嫌疏,中間時復共
一宿。"

按:《原譜》乾隆二十年己亥條:"與同年邵耐亭齊熊、賀舫葀五
端、李寶幢汪度諸公同直,頗極友朋酬唱之樂。"《年表》乾隆二十
年己亥條亦云:"六月,補授内閣中書,與同年邵齊熊、賀五端、李
汪度交好。"但據作於乾隆二十一年丙子元日的《元日早朝即輪直

内閣》(《甌北集》卷四),是年元日,趙翼始輪直内閣,故與諸同人交好當在入直之後的乾隆二十一年,而非乾隆二十年,《原譜》、《年表》恐誤。

按:乾隆五十三年戊申(1788),趙翼再主揚州安定書院講席時,與王大鶴重逢,有懷念早年交往之句,見《甌北集》卷三十二《揚州晤王露仲同年喜賦》:“迹分千里遠,別已廿年期。”(其一)“一晤已非望,逾期更對牀。交游徵士頌,年輩丈人行。”(其二)

李汪度,字受之,號寶幢、春谷。浙江杭州府仁和縣人。雍正二年(1724)生。乾隆二十二年(1757)進士,改庶吉士,授編修。乾隆三十九年任湖南學政,四十二年回朝擢侍讀學士,後終養歸里。事具《乾隆二十二年丁丑科會試同年齒録》。

王大鶴,字露仲,號子野,順天府通州人。雍正九年(1731)生。乾隆二十二年(1757)進士,歷官中書舍人,翰林院編修、侍講,詹事府少詹事,河南學政。事具《乾隆二十二年丁丑科會試同年齒録》。

中與邵齊熊尤爲莫逆。

《甌北集》卷四《贈耐亭》:“嗟我迂拙百不交,獨愛虞山邵老六。……頭龍季虎耀門第,君昆弟皆翰林。……蓮花如面更風流,不枉人間六郎目。……一朝忽作莫逆交,爆直省垣日相熟。……三日一面猶嫌疏,中間時復共一宿。……屈指生平素心幾,不得不推此君獨。”卷四《同耐亭郊行》:“草綠裙腰到禊辰,相邀勝侶去尋春。”卷七《與耐亭寄園步月》:“官暇無公事,交親有比鄰。荒園三畝地,明月兩閑人。”

《甌北集》卷十二《題邵耐亭萬卷樓圖即送其南歸》:“與君相從十載前,對牀風雨夜不眠。”詩作於乾隆三十一年丙戌(1766)夏,距乾隆二十一年丙子(1756)恰十年。

《甌北集》卷三十六《與劭松阿耐亭改字別幾三十年中間雖邂逅杭州交語未及寸燭也今夏始至虞山奉謁承招同蘇園公吳竹橋鮑景略諸名流宴集撫今追昔即席奉呈》其一:“車笠論交誼最親,別來常

恐見無因。紫薇共直如前日，白首同年尚幾人。"卷四十二《哭邵
松阿》："省垣好友一松阿，畫共清游夜共歌。"

春，酬答袁枚見寄詩作，正式訂交。

《甌北集》卷四《次韻酬袁子才見寄之作》："何當一訪隨園去，鴻爪
雙雙迹互標。"

按：據緊鄰其下的《顧襄臣秀才自津門過訪》"故人恰共春風到"
句可知，袁趙正式訂交應在是年春。

春，蔣士銓接袁枚來書，填詞四闋作答，袁蔣訂交。

蔣士銓稿本《銅絃詞》有《袁子才令君郵駢句數百言訂交作長調四
首奉報》，題下有《賀新涼》、《百字令》、《夢芙蓉》、《邁陂塘》四詞。
後二詞後收入刊本《銅絃詞》卷上，題作《袁子才前輩郵駢句數百
言訂交題詞奉報》，內容無改動。

袁枚《隨園詩話》卷一一第三一則："心餘未入翰林時，彼此相慕未
見，寄長調四首來……"所引長調，即蔣士銓《袁子才令君郵駢句
數百言訂交作長調四首奉報》。

按：蔣士銓自編《清容居士行年錄》載其於乾隆二十年至二十一
年秋，奉母居南昌。據《邁陂塘》"小人有母。但北望京華，徘徊小
院，寂寞依南斗"，可知上述蔣士銓四詞當作於此時。又據《夢芙
蓉》"忽拜魚書貺。……泛詞源春漲，十隊飛仙旗仗"，可知此四詞
當作於乾隆二十年或二十一年春收到袁枚來書之後。

按：據乾隆二十二年蔣士銓成進士、選庶吉士後袁枚的賀詩《寄
蔣苕生書》："書來示樂府四章，當即手弦而口歌之……比來聞足
下成進士、入翰林，……"（《小倉山房文集》卷一八）可知，袁枚接
蔣士銓四詞於乾隆二十二年，故蔣士銓寄此詞當在乾隆二十一
年。姑繫此事於本年春。

三月，下直後，與畢沅、王日杏諸同人交游。

《甌北集》卷五《下直同漱田秋帆諸同人郊行即事》："一春晴雨常
參半，三月寒暄最適中。"（其一）"班輪隻日餘雙日，春已三分過二

分。"(其二)《游檀柘寺》："蓮漏聲中轉六時,山房春静日遲遲。"
(其一)可知趙翼與王日杏、畢沅諸同人郊游當在暮春。

《甌北集》卷五編年自注爲"起丙子,至丁丑"。該卷詩歌自卷首依
次爲《軍機夜直》、《下直同漱田秋帆諸同人郊行即事》、《游檀柘
寺》、《題美人春睡圖》、《出古北口》、《青石梁》、《山田》、《木
蘭》……《元日同顧北墅舍人直宿禁中邀申拂珊京兆劉荆川侍御
陳玉亭員外馮魯巖王漱田梅秋竢賀舫庵畢秋帆諸舍人和韻》等,
故與畢沅、王日杏諸同人游當在乾隆二十一年丙子(1756)。《年
表》乾隆二十二年丁丑(1757)條:"至秋,又扈從塞外。歸,與畢
沅、王日杏、顧雲、陳輝祖諸人游",誤。

史善長《弇山畢公年譜》乾隆二十年己亥二十六歲條:"九月,復束
裝北上,歲暮抵京師,補授内閣中書,入直軍機處。"

吳長元《宸垣識略》卷十五"郊坰四":"岫雲寺即潭柘寺,在羅睺嶺
平原村,去京城西北九十里。晉曰嘉福寺,唐名龍泉。燕人諺曰:
先有潭柘,後有幽州。此寺之最古者。本朝康熙間賜今名,有聖
祖暨今上御書額,又御詩碑三,并御書心經及心經塔圖。寺内有
倚松齋、延清閣、猗玕亭、太古堂,皆臨幸憩息之所。"

畢沅,字秋帆、纕蘅,小字潮生,號弇山、靈巖山人,江蘇太倉州鎮
洋縣人。雍正八年(1730)八月十八日生,嘉慶二年(1797)七月三
日卒。乾隆十八年以舉人爲内閣中書、軍機處章京。乾隆二十五
年一甲一名進士,授修撰。歷任甘肅道臺、陝西按察使、陝西布政
使、陝西巡撫、河南巡撫、山東巡撫,累官至湖廣總督。嘉慶四年,
追論教匪初起失察貽誤,濫用軍需帑項,奪世職,籍其家。著《靈
巖山人詩集》等。事具王昶《春融堂集》卷五二《兵部尚書都察院
右都御使湖廣總督贈太子太保畢公神道碑》、錢大昕《潛研堂文
集》卷四二《太子太保兵部尚書湖廣總督世襲二等輕車都尉畢公
墓志銘》、史善長《弇山畢公年譜》、洪亮吉《更生齋文甲集》卷第四
《書畢宮保遺事》、《清史稿》卷三三二和《清史列傳》卷三〇等。

王日杲,字丹宸,號漱田,江蘇常州府無錫縣人。乾隆三十八年(1773)六月十二日卒。乾隆十八年(1753)舉人,是年由內閣中書入直軍機處,官至貴州銅仁府知府,有政聲。從征金川,乾隆三十八年,木果木師潰,死難。贈光祿寺少卿。善書。事具王昶《春融堂集》卷五三《慰忠祠碑》、程晉芳《勉行堂文集》卷六《四死事傳》、《清史稿》卷四八九等。

夏,選軍機處行走。秋八月,扈從木蘭。時西陲對回部用兵,軍報旁午,因先生頃刻千言,深爲保和殿大學士傅恒倚重。汪由敦、觀保等隨駕大臣應奉文字多以屬先生,潤筆頗豐。

《甌北集》卷五《軍機夜直》:"鱗鱗駕瓦露華生,夜直深嚴聽漏聲。地接星河雙闕迥,職供文字一官清。蠻箋書剪三更燭,神索風傳萬里兵。時方用兵西陲。所愧才非船下水,班聯虛忝侍承明。"(其一)"清切方知聖主勞,手批軍報夜濡毫。錦囊有策兵機密,金匱無書廟算高。樂府佇聽朱鷺鼓,尚方早賜紫貂袍。書生毰筆慚何補,不抵沙場斫賊刀。"(其二)又卷三十八《七十自述》其五自注:"補中書,入直軍機,前後凡六年,時方用兵西陲。"

《甌北集》卷首汪由敦乾隆二十二年丁丑二月《甌北初集序》:"(雲崧)已而官中書舍人,入直樞要,詔命奏劄,援筆立就,無不中窾會,余深倚其佽助。"

《甌北集》卷十七《次韻答心餘見寄》附蔣士銓原作:"君俄入樞密,才望絕倫比。一手揮七制,省吏竊驚視。直氣抗令僕,狂名壓金紫。堂堂燕許文,君作多進擬。"

孫星衍《趙甌北府君墓志銘》:"十九年會試,中明通榜,用內閣中書。明年補官,又明年入直軍機,尹文端公、傅文忠公皆倚重先生。扈從行在,或伏地草奏,下筆千言,文不加點。一切應奉文字,非先生不辦。"

按:據汪由敦《甌北初集序》及姚鼐《甌北先生家傳》"入直軍機,大學士傅文忠公、汪文端公咸倚重焉",可知孫星衍上墓銘中的尹文端公爲汪文端公汪由敦之誤。

據《清代職官年表·大學士年表》，傅恒是年五月爲保和殿大學士，兼署步兵統領、軍機大臣。據《清代職官年表·部院大臣年表》，汪由敦是年六月由刑部尚書改工部，亦爲軍機大臣。

《簷曝雜記》卷一"軍機撰擬之速"條："軍機撰述諭旨，向例撰定後於次日進呈。自西陲用兵，軍報至輒遞入，所述旨亦隨撰隨進。或巡幸在途，馬上降旨，傅文忠面奉後，使軍機司員歇馬撰繕，馳至頓宿之行營進奏，原不爲遲也。然此營至彼營七八十里，必半日方到，而兩營之間尚有一尖營，以備聖駕中途小憩者，國語謂之烏墩。司員欲誇捷，遂倉猝繕就，急飛馳至烏墩進奏，名曰趕烏墩。斯固敏速集事，然限於晷刻，究不能曲盡事理，每煩御筆改定云。"

《甌北集》卷十七《太保傅文忠公挽詞》其四："我無私謁便投契，公不談文乃愛才。"卷三十八《傅文忠公以子嘉勇公勳封郡王追贈公如其爵江鄉故吏恭閱邸抄國恩私誼感涕交頤敬成四律》其二："六年東閣吏，兩世北平交。"

《簷曝雜記》卷二"傅文忠公愛才"條："傅文忠文學雖不深，然於奏牘案卷，目數行下。遇有窒礙處輒指出，並示以宜作何改定，果愜事理，反覆思之，無以易也。余嘗以此服公，公謂無他，但辦事熟耳。尹文端以南巡事，隔歲先入覲。公嘗命司屬代作詩相嘲，中有句云'名勝前番已絕倫，聞公搜訪更爭新'，文忠輒易'公'字爲'今'字，便覺醞藉，可見其才分之高也。文忠不談詩文，而極愛才。余在直時最貧，一貂帽已三載，毛皆拳縮如蝟。一日黎明，公在隆宗門外小直房，獨呼余至，探懷中五十金授余，囑易新帽過年。時已殘臘卒歲，資正缺，五十金遂以應用。明日入直，依然舊帽也。公一笑不復言。嗚呼！此意尤可感已。"

《簷曝雜記》卷二"觀總憲愛才"條："總憲觀公保最愛才，余初不相識也。扈從木蘭，有宮詹溫君屬余代和御制詩數首，溫即公婿也。

公與温皆扈從,公見温詩,詢知爲余作,即令温致慇懃。明年再扈
從,公先過余邸,以捉刀諉誶,自是公應制之作皆以相屬。"

《簷曝雜記》卷一"軍機處"條:"軍機處,本內閣之分局。國初承前
明舊制,機務出納悉關內閣,其軍事付議政王大臣議奏。康熙中,
諭旨或有令南書房翰林撰擬,是時南書房最爲親切地,如唐翰林
學士掌內制也。雍正年間,用兵西北兩路,以內閣在太和門外,儤
直者多,慮漏泄事機,始設軍需房於隆宗門內,選內閣中書之謹密
者入直繕寫。後名'軍機處'。地近宮庭,便於宣召。爲軍機大臣
者,皆親臣重臣。於是承旨出政,皆在於此矣。直廬初僅板屋數
間,今上特命改建瓦屋。然擬旨猶軍機大臣之事。先是世宗憲皇
帝時,皆桐城張文和公廷玉爲之。今上初年,文和以汪文端公由
敦長於文學,特薦入以代其勞。乾隆十二三年間金川用兵,皆文
端筆也。國書則有舒文襄赫德及大司馬班公第,蒙古文則有理藩
院納公延泰,皆任屬草之役。迨傅文忠公恒領揆席,滿司員欲藉
爲見才營進地,文忠始稍假之,其始不過短幅片紙,後則無一非司
員所擬矣。文端見滿司員如此,而漢文猶必自己出,嫌於攬持,乃
亦聽司員代擬。相沿日久,遂爲軍機司員之專職,雖上亦知司員
所爲。其司員亦不必皆由內閣入,凡部院之能事者皆得進焉,而
員數且數倍於昔。此軍機前後不同之故事也。……康熙中雖有
南書房擬旨之例,而機事仍屬內閣。雍正以來,本章歸內閣,機務
及用兵皆軍機大臣承旨。天子無日不與大臣相見,無論宦寺不得
參,即承旨諸大臣,亦只供傳述繕撰,而不能稍有贊畫於其間也。
按五代、宋、金樞密院,皆有學士供草制。今軍機司員,亦猶是時
之樞密院學士。"

傅恒,字春和,富察氏,滿洲鑲黃旗人。康熙六十年(1722)正月二
十一日生,乾隆三十五年(1770)七月卒。孝賢純皇后弟,福康安
父。乾隆五年授藍翎侍衛,歷遷頭等侍衛。乾隆十年六月,在軍
機處行走。累官至保和殿大學士,金川、準噶爾、征緬之役屢建軍

功。謐文忠。後以福康安軍功，贈貝子、郡王。有《防禦盛京賦》等。事具《國朝耆獻類徵初編》卷二十九、《清史稿》卷三○一、《清史列傳》卷二十。

八月，扈從木蘭途次，一路詠歌塞外歷史遺迹、奇異風景。

《甌北集》卷五有《出古北口》、《青石梁》、《山田》、《木蘭》、《登畢爾哈爾巴齊達巴罕》、《巴顏溝大雨梅秋娛舍人馬爲雷擊死歌》、《山行》、《擬秋獮應制》、《扈從木蘭途次雜詩》等詩。

《甌北集》卷五《木蘭》自注：“木蘭內無田廬。……本蒙古地，康熙年間獻爲圍場。……塞上蒙古編爲四十九旗，每歲出千三百騎士打圍。”

《簷曝雜記》卷一“木蘭物産”條：“木蘭在熱河東北三百餘里，本蒙古地，康熙中近邊諸蒙古獻出，以供聖祖秋獮。今每歲行圍，大約至巴顏溝即轉而南，不復北矣。巴顏，蒙古語謂富也，其地最多鹿，故云。山多童，惟興安嶺稍有樹。全惕莊爲熱河總管，嘗奉旨採木於木蘭，謂余云：‘巴顏溝之北多大木，伐之從羊腸河流出。熱河宮殿材皆取給於此。’”

昭槤《嘯亭雜錄》卷七“木蘭行圍制度”條：“木蘭在承德府北四百里，蓋遼上京臨潢府、興州藩地也，素爲翁牛特所據。康熙中，藩王進獻，以爲蒐獵之所。其地毗連千里，林木葱鬱，水草茂盛，故群獸聚以孳畜，實爲天畀我國家講武綏遠之區。故仁廟每歲舉行秋獮之典，歷朝因之，繩法先猷，永遠遵行也。……其行圍所有奏章，皆俟上還營後，披覽發出，毫無遺滯。或有時上引諸文士賡唱終夕，以示暇焉。誠爲良法，垂遠百世，宜所遵慕者，實非漢、唐諸群較獵於上林、驪山，惟知馳騁田獵之爲娛者，所可比擬於萬一也。”

梅立本，字秋娛，號望園，安徽宣城人。乾隆三十二年（1767）卒。乾隆十九年由內閣中書入直軍機處。乾隆二十二年一甲第二名及第，授編修。事具梅曾亮《柏梘山房文集》卷八《家傳》。

九月初十日辰時，弟汝明病殁於家，劉氏殯葬之。

《甌北集》卷五《哭舍弟汝明》："于役在塞垣，池塘夢頻罷。到京接家書，頓欲喪魂魄。……嗚呼弟遂死，慘變良可愕。嗟我兄弟四，幼孤渺無托。弱冠我授徒，館穀僅升龠。可憐叔與季，待哺似雛雀。惟汝年差長，勞瘁不得却。家貧難讀書，去雜傭保作。宵眠獨遲衣，晨躡不借屨。負擔腫到背，奔波胝生脚。芻因牧羊供，鞭以叱犍著。沒課深淖旋，卷舌凄風嚼。悲哉同氣中，荼苦汝尤劇。我時雖客授，近不越城郭。爲攜季弟偕，教讀課研削。無何予季殤，已痛一個弱。爰賦遠游篇，求祿向京洛。汝年正二十，奉母守寂寞。惜別勢益孤，居窮境彌惡。……前年始南歸，團圞引康爵。薄田繞基買，矮屋連墻拓。兼爲汝娶婦，合巹瓦盆酌。……并此不獲享，賦命抑何薄。身後況無兒，鰥婦奉烝衵。此亦未了事，不瞑目應曤。"據首四句，汝明之殁當在先生扈從木蘭時。

《西蓋趙氏族譜·學亮公派北岸分支世表》："（趙汝明）……乾隆二十一年丙子九月初十日辰時卒，年二十七。"

按：《甌北集》卷五編年自注在"起丙子，至丁丑"，即乾隆二十一年丙子至二十二年丁丑。《哭舍弟汝明》下一首詩爲《元日同顧北墅舍人直宿禁中邀申拂珊京兆劉荊川侍御陳玉亭員外馮魯巖王漱田梅秋崃賀舫庵畢秋帆諸舍人和韻》，故《哭舍弟汝明》應作於乾隆二十一年丙子（1756）。又《甌北集》卷三《南歸》其一："六年爲客住京畿，潞水西風一櫂歸。笑比鷦鴣啼怕冷，秋涼時節正南飛。"指乾隆十九年甲戌（1754）趙翼考授內閣中書後，秋七月附舟南歸省親事。"六年爲客住京畿"謂自乾隆十四年己巳（1749）襆被入都至乾隆十九年甲戌（1754）考授內閣中書，恰六年。故《哭舍弟汝明》所云"前年始南歸，團圞引康爵"之"前年"當指乾隆十九年甲戌（1754）。均可證汝明之卒確爲乾隆二十一年丙子（1756），《原譜》、《詩證》繫於乾隆二十二年丁丑（1757），誤。

《西蓋趙氏族譜·藝文外編》載趙翼《亡室劉孺人傳》："已而余弟

汝明,不幸即世,孺人殯葬之。"

是年,節縮俸金,寄歸爲弟汝霖娶婦杭氏。

　　《西蓋趙氏族譜·藝文外編》載趙翼《亡室劉孺人傳》:"已而余弟
　　汝明不幸即世,孺人殯葬之。復爲余季弟汝霖娶婦。一年間婚喪
　　連舉,勞瘁備至。"

　　按:據上可知,汝明歿與爲汝霖娶婦在同一年,汝明歿於乾隆二
　　十一年丙子(1756),故汝霖娶婦亦應在此年九月初十以後,原譜、
　　《詩證》均繫於乾隆二十二年,誤。

　　《西蓋趙氏族譜·學亮公派北岸分支世表》:"(趙汝霖)……配杭
　　氏,旌表孝子世榮孫女。乾隆二年丁巳十二月二十一日生,乾隆
　　四十一年丙申五月二十四卒。"

是年,駱綺蘭生。

乾隆二十二年丁丑(1757)　三十一歲

元日與顧雲直宿軍機,邀申甫、劉湘、陳輝祖、馮光熊、王日杏、
梅秋竢、賀五端、畢沅諸同人唱和。

　　《甌北集》卷五《元日同顧北墅舍人直宿禁中邀申拂珊京兆劉荊川侍
　　御陳玉亭員外馮魯巖王漱田梅秋竢賀舫庵畢秋帆諸舍人和韻》。

　　《甌北集》卷四十三《閱邸報同年馮魯巖總憲病歿詩以哭之》其一:
　　"同年同直最情真,邸報驚傳遽飾巾。……公常勤於吏牘。……直軍機
　　處最久。"

　　顧雲,字北墅,江蘇如皋人。乾隆十八年由內閣中書入直,官至吏
　　部員外郎。

　　申甫,字及甫,號笏山,江蘇揚州府江都縣人。原籍浙江西安。康
　　熙四十五年(1706)生,乾隆四十三年(1778)六月十五日卒。乾隆
　　六年舉順天鄉試,明年授中書舍人,乾隆九年在軍機處行走。官
　　至都察院左副都御史。著《笏山詩鈔》。事具王昶《春融堂集》卷
　　五六《都察院左副都御史申君墓志銘》。

劉湘,字荊川,順天涿州人。乾隆十三年(1748)進士,歷官御史、河南學政。

陳輝祖,字玉亭,湖南祁陽人。乾隆四十八年(1783)二月初三日卒。兩廣總督陳大受子。乾隆二十年,由蔭生授戶部員外郎,入直軍機處,遷郎中。累官至閩浙總督,兼管浙江巡撫。以貪贓罪,賜自盡。事具《國朝耆獻類徵初編》卷二五、《清史稿》卷三三九和《清史列傳》卷一八。

馮光熊,字太占,號魯巖、稻薌。浙江嘉興人。康熙六十年(1721)生,嘉慶六年(1801)卒。乾隆十二年(1747)舉人,考授中書,充軍機章京,累擢戶部郎中,官至都察院左都御史。事具潘衍桐《兩浙輶軒續錄》卷六、《清史稿》列傳一百四十五。

正月初二日,乾隆帝以二次南巡在即,蠲免蘇、皖、浙所積欠地丁銀。

《欽定南巡盛典》卷三十一:“乾隆二十二年正月初二日,上諭內閣曰:今春朕恭奉皇太后鑾輿載臨江浙,問俗省方,行慶施惠。而東南黎庶,忘幸情殷,茲當翠華發軔之初,宜沛渥恩,用照盛典。著將江蘇、安徽、浙江乾隆二十一年以前積欠未完地丁銀兩,概予蠲免。該督、撫等,其嚴飭所屬,實力奉行,毋令胥吏侵蝕中飽,務俾恩膏普逮,實惠均沾,稱朕懷保黎元至意,該部即遵諭行。”

自本年始,會試第二場表文,易以五言八韻試帖詩一首。

《欽定大清會典則例》卷六十六載,乾隆二十二年上諭:“前經降旨,鄉試第二場止試以經文四篇,而會試則加試表文一道,良以士子名列賢書,將備明廷製作之選,聲韻對偶,自宜留心研究也。今思表文篇幅稍長,難以責之,風簷寸晷,而其中一定字面或偶有錯落,輒干貼例,未免仍費檢點。且時事謝賀,每科所擬不過數題,在淹雅之士,尚多出於宿構,而倩代強記以圖僥倖者,更無論矣,究非核實拔真之道。嗣後會試第二場表文,可易以五言八韻唐律一首。夫詩,雖易學而難工,然宋之司馬光自謂不能四六,古有能賦詩而不能作表之人，斷無表文華贍可觀，而轉不能成五字試帖者。況篇什既簡，司試事者得從容校閱，其工拙尤爲易見，其即以本年丁丑科會試爲始。見在各省會試舉子將已陸續抵京，該部即行曉諭知之。欽此。"

法式善《清秘述聞》卷六"乾隆二十二年丁丑科會試。是科奉旨鄉、會試易表判爲詩，永著爲例。"

元月，軍機退直後，於西廠觀烟火。

《甌北集》卷五《西廠觀烟火》："晚直郊園月未斜，昇平樂事覽繁華。"

《簪曝雜記》卷一"烟火"條："上元夕，西廠舞燈、放烟火最盛。清晨先於圓明園宮門列烟火數十架，藥線徐引燃，成界畫欄杆五色。每架將完，中復燒出寶塔樓閣之類，並有籠鴿及喜鵲數十在盒中乘火飛出者。未、申之交，駕至西廠。先有八旗騗馬諸戲：或一足立鞍轡而馳者；或兩足立馬背而馳者；或扳馬鞍步行而並馬馳者；或兩人對面馳來，各在馬上騰身互換者；或甲騰出，乙在馬上戴甲於首而馳者。曲盡馬上之奇。日既夕，則樓前舞燈者三千人列隊焉，口唱《太平歌》，各執彩燈，循環進止，各依其綴兆，一轉旋則三千人排成一'太'字，再轉成'平'字，以次作'萬'、'歲'字，又以次合成'太平萬歲'字，所謂'太平萬歲字當中'也。舞罷，則烟火大發，其聲如雷霆，火光燭半空，但見千萬紅魚奮迅跳躍於雲海內，極天下之奇觀矣。"

二月，編訂《甌北初集》五卷，汪由敦爲作序。

《甌北集》卷首汪由敦乾隆二十二年丁丑二月《甌北初集序》："計自庚午冬客余邸，至今七八年，其所進有他人數十年功力所不能及者。余所閱天下士多矣，若其心悟神解，舍筏登岸，則未有如君之捷且易者也。茲衷輯其數年所作詩爲《甌北初集》，乞余弁其簡首。"

據《清代職官年表・部院大臣年表》，汪由敦是年正月由工部尚書改吏部。

三月,會試落第,仍值軍機處。

《原譜》乾隆二十二年丁丑(1757)條:"會試落第,仍直軍機處。"

據《清代職官年表·會試考官年表》,本年三月六日會試正考官爲
刑部尚書劉統勳,副考官爲禮部左侍郎介福、禮部右侍郎金德瑛。

三月十六日,乾隆帝抵江寧府,召試江蘇、安徽文士,王昶、曹
仁虎、韋謙恒、吳省欽等人考取,授以官職。

《清高宗實錄》卷五三五:"諭曰:江蘇安徽二省進獻詩賦,考取一
等之進士王昶,著授爲內閣中書,遇缺即補。曹仁虎、韋謙恒、吳
省欽、褚廷璋、吳寬、徐曰璉俱著特賜舉人,授爲內閣中書,學習行
走,與考取候補人名一體補用。其二等之劉璜等十四名,著各賞
緞二疋。"

韋謙恒,字慎旃,號約軒、木翁、藥齋,安徽蕪湖人。康熙五十九年
(1720)生,嘉慶元年(1796)卒。乾隆二十八年一甲三名及第,授
編修。官貴州按察使、布政使。著《傳經堂詩鈔》等。事具韋謙恒
《傳經堂詩鈔》卷十一《乙巳初度作》、民國《蕪湖縣志》卷五十
本傳。

是科,蔣士銓成進士、選庶吉士。

蔣士銓《清容居士行年錄》乾隆二十二年丁丑條:"會試卷在錢籜
石載先生房,薦中第十三名。……殿試二甲十二名,朝考欽取第
一,改庶常。"

外舅劉鳴鶴在閩去世。

《甌北集》卷五《哭午巖先生》:"耆舊凋殘痛若何,閩天南望淚
滂沱。"

秋八月,再次扈從塞外,詩以記異。

《甌北集》卷五《南天門》、《山塢》、《行闈即景》諸詩。

《簷曝雜記》卷一"木蘭殺虎"條:"上較獵木蘭,如聞有虎,以必得

爲期。初出塞，過青石梁，至地名兩間房者，其地最多虎。虎槍人例須進一、二虎，其職役也。乾隆二十二年秋，余扈從木蘭。一日停圍，上賜宴蒙古諸王。方演劇，而蒙古兩王相耳語。上瞥見，趣問之，兩王奏云：'適有奴子來報，奴等營中白晝有虎來搏馬，是以相語。'蒙古王隨駕，另駐營在大營數里外。上立命止樂，騎而出，侍衛倉猝隨，虎槍人聞之，疾馳始及，探得虎窩僅兩小虎在。上命一侍衛取以來，方舉手，小虎忽作勢，侍衛稍陝輸，上立褫其翎頂。適有小蒙古突出，攫一虎挾入左腋，又攫一虎挾入右腋。上大喜，即以所褫侍衛翎頂予之。其時虎父已遠，惟虎母戀其子，猶在前山回顧。虎槍人盡力追之，歷重巘，騰絕澗。上勒馬待，至日將酉始得虎歸。虎槍人被傷者三人，一最重，賞孔雀翎一枝、銀二百兩，其二人各銀百兩。虎已死，用橐駝負而歸，列於幔城，自頭至尻長八九尺，毛已淺紅色，蹄粗至三四圍，蓋虎中之最大者。"

退值之餘與畢沅、蔣雍植游朝陽門外東嶽廟。

《甌北集》卷五《同畢秋帆蔣漁村游朝陽門外東嶽廟》："幽尋偶趁退朝餘，岱嶽宮高展謁初。"

吳長元《宸垣識略》卷十二"郊坰一"："朝陽門在京城東之南，門外築石道，東至通州，有御製重修朝陽門石道碑。""東嶽廟在朝陽門外，元延祐中建，累朝歲時敕修，編廟戶守之。本朝康熙三十九年重建，乾隆二十六年修葺，有聖祖暨今上御書匾額，並御製碑，又御製詩。""朝陽門外有東嶽廟，其塑像劉鑾手製。堧中豐碑三道：其一爲張天師神道碑，趙文敏孟頫書；其一爲仁聖宮碑，盧文靖集隸書；其一爲昭德殿碑，趙世延書。"

蔣雍植，字秦樹、號待園、漁村，安徽懷寧人。康熙五十九年（1720）生，乾隆三十五年（1770）二月十七日卒。乾隆十六年召試，賜舉人，授內閣中書。乾隆二十六年進士，改庶吉士，授翰林院編修。事具朱筠《笥河文集》卷一二《墓志銘》、王昶《湖海詩傳》卷二五。

此前與順天鄉試同年方汝謙結爲詩社，今年方氏成進士，十月以需次南回，以歸舟圖索題。

> 《甌北集》卷五《同年方牧園成進士將南回以歸舟圖索題爲賦四絶句》："成名何事又遲留，旅食長安忽過秋。十月潞河冰欲合，爲君點筆賦歸舟。"（其一）"登第仍憐需次行，檣旗猶未有官名。兩回第二題魁處，寫作頭銜也自榮。君鄉、會試俱名在第二。"（其三）
>
> 《甌北集》卷十一《送牧園出宰高安》其一自注："君鄉、會試皆第二。"其二自注"舊與君結詩社。……謂座主汪文端師。"《同年方牧園謁選入都話舊》其一："寒暄回首醉翁門。謂座主汪文端師。"可知方、趙二人爲乾隆十五年庚午（1750）順天鄉試同年，座師爲汪由敦。

歲暮休沐之時，劉蘭陔、劉秉恬招同章寶傳、顧雲、王日杏、陳輝祖諸同人宴集。

> 《甌北集》卷五《歲暮劉蘭陔刑曹竹軒中翰招同章習之吏部塈北墅漱田玉亭諸同人宴集梨園小部縱飲追歡即席有作》其一："休沐相招歲晚天，斜街宵集騎聯翩。"
>
> 劉秉恬，字德引，號竹軒，山西洪洞人。雍正十三年（1735）生，嘉慶五年（1800）卒。乾隆二十一年（1756）舉人，二十四年七月由內閣中書入直軍機處，官至四川總督。著《竹軒詩稿》等。事具劉秉恬《竹軒詩稿》卷二《壽方厓制府》注、《國朝耆獻類徵初編》卷九六。
>
> 章寶傳，字習之，號硯屏，浙江歸安人。乾隆七年進士，乾隆十八年由宗人府主事入直軍機處，官吏科給事中、鴻臚寺少卿。著《廬江詩存》。事具王昶《湖海詩傳》卷九。

是年，惲敬、凌廷堪生。

乾隆二十三年戊寅（1758）　三十二歲

正月二十二日，汪由敦歿。先生是春始由汪宅移居宣武坊椿樹䚂䚂，新僦宅即汪由敦時晴齋書室。

據《清代職官年表·部院大臣年表》，汪由敦是年正月任吏部尚書，旋卒。《清史列傳》卷十九記其歿於是年正月二十二日。

《甌北集》卷六《移寓椿樹䚂䚂》："頻年書劍客平津，宣武坊今僦屋新。……賤眷將到。"（其一）"時晴扁額墨光浮，猶是尚書手筆留。……寓即汪文端師時晴齋書室。"（其三）同卷又有《新僦宅有小樓可憩而多狐祟詩以禳之》詩。

《甌北集》卷九《拂珊京少寓舍汪文端師故第也旁有小園師題曰時晴齋舊嘗分賃他人京少今並僦之賦詩屬和即次其韻》："余寓同在椿樹䚂䚂。"（其一自注）"戊寅歲，余嘗寓此。"（其三自注）

按：該詩作於乾隆二十八年癸未（1763）春，趙翼仍居宣武坊椿樹䚂䚂，"戊寅歲，余嘗寓此"謂乾隆二十三年戊寅（1758）趙翼嘗居椿樹䚂䚂時晴齋。

吳長元《宸垣識略》卷五"内城一"："自燈市口大街西口至東四牌樓大街向南，所有椿樹胡同、乾魚胡同、西堂子胡同、金銀胡同、煤炸胡同、帥府胡同、頭條二條三條胡同，爲五參領之十七佐領居址。"

夜直軍機處。

《甌北集》卷六《夜直》。

《簷曝雜記》卷一"軍機直舍"條："余直軍機時，直舍即在軍機大臣直廬之西，僅屋一間半，又逼近隆宗門之牆，故窄且暗。後遷於對面北向之屋五間，與滿洲司員同直，則余已改官不復入直矣。扈從木蘭時，戎帳中無几案，率伏地起草，或以奏事黃匣作書案，而懸腕書之。夜無燈檠，惟以鐵絲燈籠作座，置燈盤其上，映以作字，偶繁拂，輒蠟淚污滿身。非特戎帳中爲然，木蘭外有行宮處，直房亦如此，惟多一木榻耳。余歸田後，歲庚子上南巡。余恭迎於宿遷，見行宮之軍機房明牕淨几、華裀繡毯，當筆者倚隱囊欹而坐，頗顧盼自雄，余不覺爽然失也。"

《簷曝雜記》卷一"聖躬勤政"條:"上每晨起必以卯刻,長夏時天已向明,至冬月才五更盡也。時同直軍機者十餘人,每夕留一人宿直舍。又恐詰朝猝有事,非一人所了,則每日輪一人早入相助,謂之早班,率以五鼓入。平時不知聖躬起居,自十二月二十四日以後,上自寢宮出,每過一門必鳴爆竹一聲。余輩在直舍,遙聞爆竹聲自遠漸近,則知聖駕已至乾清宮,計是時,尚須燃燭寸許始天明也。余輩十餘人,閱五六日輪一早班,已覺勞苦,孰知上日日如此,然此猶尋常無事時耳。當西陲用兵,有軍報至,雖夜半亦必親覽,趣召軍機大臣指示機宜,動千百言。余時撰擬,自起草至作楷進呈或需一二時,上猶披衣待也。"

三月,喜母丁氏及妻劉氏來京就養,弟婦周氏亦偕來。

《西蓋趙氏族譜·藝文外編》載趙翼《亡室劉孺人傳》:"戊寅春,始奉吾母來就養京師。"

《甌北集》卷六《家母攜賤累至京》:"輕軒到及日高舂,軟脚筵開席幾重。……最是老親從不飲,今宵也醉酒杯濃。"(其一)"亡弟之婦周,隨家母來京。"(其三自注)

同卷下《悼亡》其一"扁舟纔到暮春中,淒絕秋閨罷女紅。"知母及妻劉氏至京當在三月。

按:據《家母攜賤累至京》其二"十載糟糠耐食貧,到來瘦面帶艱辛。……相期早佩宜男草,看取明年產石麟",知趙翼乾隆十二年丁卯(1747)冬娶劉氏,至今已"十載",趙翼此年仍無子。

秋,第三次扈從木蘭。

《甌北集》卷六《再出古北口》、《木蘭較獵恭紀》、《恭和御製幻花八詠元韻》諸詩。

哭杭白峰之訃。

《甌北集》卷六《哭白峰之訃》:"一第未邀知不瞑,重泉應尚吐光芒。"(其二)"十年竟哭君三世,令祖文侯、父應龍,十年中相繼下世。五友先亡此兩人。余與君及令兄杏川暨廷宣、潘震峰爲五友。"(其三)

按：此詩作於乾隆二十三年戊寅（1758）秋扈從木蘭詩後，可知杭
　白峰或歿於是年秋。

九月二十二日扈從木蘭抵京，妻劉氏於是日病歿，年三十八。
生一子早殤，僅育一女。後葬常州下程橋。弟婦周氏已於本
年七月初五日病歿於京。

《西蓋趙氏族譜・學亮公派北岸分支世表》："（趙翼原配劉
氏）……乾隆二十三年戊寅九月二十二日卒，年三十八。"
《西蓋趙氏族譜・藝文外編》載趙翼《亡室劉孺人傳》："戊寅春，始
奉吾母來就養京師，薄俸所入，齏鹽粗足自給，可無甚拮据爲矣。
而孺人旋病，浸尋遂不起，是歲九月二十二日也，年三十有八。統
計孺人歸於余垂十二年，所處無一非艱窘日。及來京邸，稍可自
佚，而遽以死。命也夫！余又屢客於外，十二年中夫婦相聚者，實
不過一二年。其病也，余方扈從塞外，及請急歸，已屬纊，不得握
手一訣矣。婢子語余曰，臨歿之前一日，頻問而主歸未，答以明日
當至。孺人不言神傷，黯然淚下，蓋自知不及待矣。嗚呼！此意
尤可悲也。"
孫星衍《趙甌北府君墓志銘》："先葬劉恭人於下程橋，已四十餘
年，以遺命不復遷祔。"《甌北集》卷十《夢亡內作》其二："七年闊別
路茫茫，何事今宵入夢長。……孤魂想未歸先壟，小膽深憐在鬼
鄉。"時爲乾隆二十九年甲申（1764），知此時劉氏尚未安葬。趙翼
四十歲被任命爲廣西鎮安知府，乾隆三十一年丙戌（1766）十二月
攜家出都，《甌北集》卷十三《奉命出守鎮安歲杪出都便道歸省途
次紀恩感遇之作》其十有"獨傷驥子委京塵，小具黃腸載兩輪。未
必有魂聊有魄，却憐歸骨不歸人"之句，知劉氏骸骨當與耆瑞同時
攜帶回鄉安葬，故《趙甌北府君墓志銘》云劉氏葬"已四十餘年"。
《甌北集》卷六《悼亡》其一自注："生一子已殤。"其五："急景俄驚
逼歲闌，殘冬隨例作消寒。老親拼擋迎年酒，弱女經營餤臘盤。
爆竹聲中虛暖熱，燭花影裏獨盤桓。劇憐蕭寺冰霜夜，冷骨孤眠

七尺棺。""弱女"當即指劉氏所生女。

《西蓋趙氏族譜·學亮公派北岸分支世表》:"(趙汝明)……配周氏,乾隆二十三年戊寅七月初五日卒。"

新儗宅有小樓可憇而多狐祟,詩以攘之。

《甌北集》卷六《新儗宅有小樓可憇而多狐祟詩以攘之》。

《簷曝雜記》卷二"狐祟"條:"京師多狐祟,每佔高樓空屋,然不爲害,故皆稱爲狐仙。余嘗客尹文端第。其廳事後即大樓,樓下眷屬所居,樓之上久爲狐宅,人不處也。嘗與公子慶玉同立院中,日尚未暮,忽有泥丸如彈者拋屋而下,凡十數丸。余拾其一仰投之,建瓴之屋宜即拋下矣,乃若有接於空中者,不復下,亦一奇也。余儗屋醋張衙術,其屋已數月無人居。初入之夕,睡既熟,忽夢魘,若有物壓於胸腹者,力掙良久始得脱。時月明如晝,見有物如黑犬者從牕格中出。明日視牕紙,絶無穿破處。先母命余夕以二雞卵、一杯酒設於案,默祝焉。詰朝,卵、酒俱如故,而其物不復至。"

汪由敦歿後數月,先生始能以長歌哭之。

《甌北集》卷六《汪文端師歿已數月每欲一述哀情卒卒未暇也輒直樞曹閑居無事甫得和淚漬墨以詩哭之凡一千字》。

才華爲同事所忌,蜚語中傷,出軍機,仍直内閣。

《甌北集》卷六《出軍機仍值内閣》:"樞府頻年窺素餐,重來省掖分粗安。……抄詩院吏先相笑,依舊渠來主坫壇。"(其一)"敢説揮毫筆有神,觔窗客已暗生嗔。同官有不悦者。"(其二)"虚煩存問遍公卿,畫餅真慚浪得名。"(其四)

按:據《甌北集》卷三十六《王少林舊爲陳玉亭制府屬吏具述玉亭最愛拙詩嘗誦余送其出守有市虚何客過廉頗廷辨惟君是魏其之句蓋昔時與玉亭同值軍機余爲人中傷被擯輒直玉亭獨爲不平故詩中及之事隔三十餘年此詩亦已删却不復記憶因少林轉誦不覺前塵影事重觸於懷而玉亭緣事見法老母幼子流落無歸尤可傷痛爰補綴舊句哭之想少林亦同此感也》詩題可知,趙翼當時遭人中傷,被擯輟直軍機,陳輝祖嘗爲之不平。

題柳如是小像。

《甌北集》卷六《題柳如是小像》。

按：袁枚《小倉山房詩集》卷一三有《題柳如是畫像》,蔣士銓《忠雅堂詞集》卷下《銅炫詞》亦有《蝶戀花·題柳如是小影》,但不知三人所題是否爲同一幅畫像。

是年,經蔣士銓紹介,與張塤成摯友。張塤善填詞,工曲。

《甌北集》卷六《贈張吟薌秀才》："昨來蔣吉士,心餘。笑我目封蔀。去此不數武,有客屹材藪。……我聞喜欲狂,竟造一握手。……比鄰有斯人,乃不識誰某。…… 兩册《花間》詞,奪席屯田柳。……吉士固可人,近不在腋肘。自今數晨夕,與君作吟耦。"卷十一《喜吟薌登京兆試賦賀十二韻》："與我訂交良已久,因君有喜似相連。"卷三十三《吟薌歿於京邸其子孝方扶柩過揚廿年老友遂成永別薦棺漬酒不自知涕之無從也》其四："平生數交契,張蔣最綢繆。"

《甌北集》卷十《送蔣心餘編修南歸》其三自注："吟薌、廉船皆因君交於余。"

《甌北集》卷七《次吟薌韻》其二："倚聲絶藝似珠圓,鏤月裁雲過百篇。花影得名張子野,井泉到處柳屯田。傳來曲部人爭寫,唱入旗亭妓最妍。"卷十有《題吟薌所譜蔡文姬歸漢傳奇》詩。

按：張塤或於是年寓於趙翼京邸,見《甌北集》卷三十三《燈下翻閱瘦銅詩集》其二自注："君昔寓余京邸,但以詞擅場。"卷三十九《訪張瘦銅家人無知者感賦》自注："君昔在京,嘗寓余邸。"張塤,字商言,改字瘦銅,號吟薌,江蘇蘇州府吳縣人。雍正九年(1731)十月生,乾隆五十四年(1789)卒。乾隆三十年(1765)舉人,三十四年進士。歷官內閣中書、景山學宮教習,乾隆三十八年入四庫館任編校。精于金石書畫鑒賞,著《竹葉庵文集》,纂《興平縣志》、《扶風縣志》等。事具張塤《竹葉庵文集》目錄後自記、王友亮《雙佩齋詩集》卷七《挽張瘦銅舍人》、《國朝耆獻類徵初編》卷四六等。

本年起，歲科試增試五言六韻律詩一首。

素爾訥等撰《欽定學政全書》卷十四《考試題目》：“乾隆二十三議准：嗣後歲試，減去書藝一篇，用一書一經；科試減去經義一篇，用一書一策。不論春夏秋冬，俱增試律詩一首，酌定五言六韻。學臣命題，遵照鄉試題定之例，期于中正雅馴，不得引用僻書私集。其應用韻本，令學政官爲備辦，臨期給發，酌量足用，以便士子檢閱。如詩不佳者，歲試不准拔取優等，科試不准録送科舉。”

是年，錢大昕始撰《二十二史考異》。

錢大昕《錢辛楣先生年譜》乾隆三十二年丁亥年四十歲條：“是歲，始撰《二十二史考異》。”

是年，蔣知讓生。胡天游、惠棟、陳世倌卒。

乾隆二十四年己卯（1759） 三十三歲

正月，過文信國祠，與賀五端同作懷古詩。是秋，賀五端病歿。

《甌北集》卷七有《過文信國祠同舫莽作末章兼吊李文水》。本卷編年自注：“起己卯正月，盡一年。”該詩位於卷首，故當作于正月。

《甌北集》卷七又有《賀舫莽挽詞》：“莫訝哭臨多淚雨，貧交十載最情親。”（其一）“嘔盡心肝爲決科，一官纔得遽沉痾。”（其二）“潞河亭外斜陽冷，腹痛歸喪薄笨車。”（其三）據詩意，賀五端歿於是年秋。

因蔣士銓結識張舟，遂成諍友。

《甌北集》卷七《贈張廉船上舍即用其柬心餘韻》：“五尺量身猶不滿，十行過目已無差。”（其一）“生來才子便多情，騷怨無端語不平。……人如花竹秀而野，我愧文章老更成。還與論心千載上，莫將年少賭時名。”（其二）

《甌北集》卷十《送蔣心餘編修南歸》其三自注：“吟薌、廉船皆因君交於余。"

按：據蔣士銓《忠雅堂集》卷七《送張廉船仲子落京兆解游關中》自注，趙翼曾館張舟於宅中。

夏，繼娶程氏，年十八。姓高氏，大學士程景伊甥女，程氏撫爲己女出嫁。

《西蓋趙氏族譜·學亮公派北岸分支世表》："（趙翼）繼配程氏，本高氏。國子監生……諱希淮女。乾隆己未進士文淵閣大學士兼吏部尚書賜謚文恭諱景伊以甥女撫爲己女。"

《西蓋趙氏族譜·藝文外編》載趙翼《繼室程恭人行略》："恭人姓高氏。封文林郎晚香公女；贈奉政大夫、攸縣知縣、捐陞府同知曉東公，授文林郎、湖南沅陵縣縣丞冠林公妹；故相國程文恭公甥女也。恭人少喪母，文恭公撫爲己女，歸於余。由文恭公出嫁，故又從程姓。其來歸也，年甫十八。余雖已官內閣中書，而貧窶特甚。恭人即能清苦持家，奉吾母丁太恭人敬愛兼至，撫元配劉恭人所生女不啻己出，以是早有賢淑聲。"

按：娶程氏應在夏，《甌北集》卷七《次吟薌韻》其一："老鰥欲娶梅爲婦，好友應同竹號君。"此詩前有《苦熱》、《郊外散步》，後有《暑夜戲筆》："閨人不相妒，翻送斗酒需。"知此時已娶程氏。另，《暑夜戲筆》前之《戲題姮娥奔月圖》："碧天清怨有誰知？奔月非關竊藥馳。如此容華嫁窮羿，教他那得不分離！"（其一）"榖率能摧九日精，何難射落月輪明。尚留桂館藏嬌地，此老當年也有情。"（其二）或亦體現先生新婚的細膩豐富感情。

《甌北集》卷二十五《寓齋桂四株到日正放花留連句日得詩七首》其二自注："寓舍爲余外舅程雲塘相公第。相公買宅後未嘗歸，命余入城作寓。"

《簷曝雜記》卷二"程文恭公遭遇"條："仕宦進退，莫不有命。余外舅程文恭公爲禮部侍郎時，在班行中無所短長，方疑侍郎一席亦不能久。會圓明園失火，舉朝大臣咸趨救。公踉蹌入，正值上坐

101

小輿出,文恭跪道左請聖安,而先入及後入者,皆未得見也。上遂心識之。明日賞救火諸臣幣物,特命給一分。自是邀聖眷,洊歷吏部尚書、拜大學士,爲一時賢相。其端皆自救火之日起。"

程景伊,字聘三,號莘田、雲塘,江蘇常州府武進縣人。康熙五十一年(1712)生,乾隆四十五年(1780)七月卒。乾隆四年(1739)進士。歷官翰林院編修,侍讀學士,上書房行走,兵、禮、工部侍郎,擢工、刑、吏部尚書,授協辦大學士,文淵閣大學士。謚文恭。工詞章,精吏牘,喜爲詩。謚文恭。著《雲塘詩鈔》。事具王昶《湖海詩傳》卷九、《清史稿》卷三二○。

是年,交游頗廣,所作題畫詩亦較多。

《甌北集》卷七《題吟薌夢游竹葉庵圖》、《爲許松堂題亡姬小像》、《題總憲劉繩莘師鏡影圖》、《題吟薌所藏扇頭美人》、《戲題姮娥奔月圖》、《題唐明皇馬上擊毬圖》。

散值後同顧雲、王日杏至天主堂觀西洋千里鏡及樂器、自鳴鐘等。

《甌北集》卷七《同北墅漱田觀西洋樂器》:"郊園散值歸,訪奇番人宅。中有虬鬚叟,欽天監正劉松齡等,皆西洋人。出門敬迓客。來從大西洋,官授義和職。年深習漢語,無煩舌人譯。引登天主堂,有象繪素壁。……云是彼周孔,崇奉自古昔。再游觀星臺,爽塏上勿冪。玻璨千里鏡,高指遥天碧。……斯須請奏樂,虛室静生白。初從樓下聽,繁響出空隙。……方疑宮懸備,定有樂工百。豈知登樓觀,一老坐搊擘。……始知天地大,到處有開闢。人巧誠太紛,世眼休自窄。……流連日將暮,蓮漏報西刻。自鳴鐘。"

《簷曝雜記》卷二"西洋千里鏡及樂器"條:"天主堂在宣武門内,欽天監正西洋人劉松齡、高慎思等所居也。堂之爲屋圓而穹,如城門洞,而明爽異常。……堂之旁有觀星臺,列架以貯千里鏡。鏡以木爲笥,長七八尺。中空之而嵌以玻璨,有一層者、兩層者、三層者。余嘗登其臺以鏡視天,赤日中亦見星斗。視城外,則玉泉山寶塔近在咫尺間，磚縫亦歷歷可數。而玻瓈之單層者，所照山河人物皆正，兩層者悉倒，三層者則又正矣。有樓爲作樂之所。一虬髯者坐而鼓琴，則笙、簫、磬、笛、鐘、鼓、鐃、鐲之聲無一不備。又有樂鐘，並不煩人挑撥，而按時自鳴，亦備諸樂之聲，尤爲巧絕。"

吳長元《宸垣識略》卷七"内城三"："天主堂在時憲局東，明萬曆二十八年建，本朝順治間修，乾隆四十一年重建。門額曰通微佳境，有世祖御製碑銘，又聖祖御書堂額曰密合天行，曰盡善盡美，後廳扁曰聲清氣和。"

蔣士銓舉第四子，戲賀。

《甌北集》卷七《心餘舉第四雛走筆戲賀》。

蔣士銓《忠雅堂詩集》卷七《舉第四子趙甌北翼張吟薌塡以詩詞見謔戲答口號》。

與邵齊熊、翁方綱、王昶比鄰而居寄園舊址，日夕過從談藝。
官暇之夕，與邵齊熊寄園步月。

《甌北集》卷七《與耐亭寄園步月》："官暇無公事，交親有比鄰。荒園三畝地，明月兩閑人。"繫于本年。卷四十二《哭邵松阿》自注："君在京寓趙天羽寄園，與余比鄰。"

《甌北集》卷首翁方綱序："歲己卯、庚辰間，予與耘菘先生鄰居寄園舊址，日夕過從譚藝。"又卷十七《翁覃溪學使用德中丞韻贈行即次奉答》附翁方綱原作其一自注："君官京師日，與余比鄰。"

《甌北集》卷十二《題述庵蒲褐山房册子》："獨慚寄園本是吾家地，輸與高人占清閟。何當僦屋重結廬，彌勒同龕參妙義。地本家天羽給諫寄園故址也。己卯、庚辰間，余曾與君比鄰而居。"卷四十八《哭王述庵侍郎》："憶昔同官京國時，僦舍寄園各半宅。余與公同僦趙天羽給諫寄園舊宅。……蒲褐山房公齋名。綠樹陰，中有兩人屐齒迹。"知趙翼今明兩年與王昶同僦趙天羽寄園以居。又卷二十四《同年平姚海別已十六七年忽接手書知在平江掌教兼招余姑蘇之游先以詩答》其一:"一封書慰廿年思,知在吳門絳帳披。……歷歷前塵重觸緒,寄園燈火夜深時。"可知趙翼與平聖臺在寄園亦有密切交游。

王昶《春融堂集》卷七《九月杪移居教子衚衕》編年在"庚辰",即乾隆二十五年,嚴榮《述庵先生年譜》乾隆二十五年庚辰三十七歲條謂:"十月,遷寓教子衚衕趙給事吉士寄園故址。屋內古木八九章,皆數百年物。先生署其室曰'蒲褐山房',曰'聞思精舍'。境地深靚,市塵隔絕。先後與趙雲松編修翼、翁振三編修方綱及族子蓬心宸爲鄰。"則趙翼與王昶鄰居時間當在乾隆二十五年庚辰九月後。

吳長元《宸垣識略》卷十"外城二":"寄園在菜市西南教子胡同,康熙中户科給事中趙吉士別業。今存老屋數間,樹木甚古。"

按:乾隆二十三年春,趙翼接母及妻劉氏來京,移寓宣武坊椿樹衚衕時晴齋,同年九月,妻劉氏病殁。今年夏續娶程氏,則趙翼僦宅寄園或爲娶程氏。

翁方綱,字正三、叙彝,號覃谿、忠叙、彝齋、蘇齋,順天府大興縣人。雍正十一年(1733)八月十六日生,嘉慶二十三年(1818)正月二十七日卒。乾隆十七年(1752)進士,改庶吉士,授編修。乾隆三十八年,充《四庫全書》館纂修官。先後典江西、湖北、順天鄉試,督廣東、江西、山東學政。累官至鴻臚寺卿。精研經術,尤邃金石之學。論詩倡"肌理"。工書,尤精蠅頭小楷。著《復初齋詩集》、《復初齋文集》等。事具沈津《翁方綱年譜》、《清史稿》卷四八五和《清史列傳》卷六十八。

秋,送陳輝祖出守豫州。

《甌北集》卷七《送陳玉亭出守》其一:"黃花驛路正高秋,五馬前驅指豫州。三十歲人新太守,二千石吏古諸侯。"

按:《甌北集》卷三十六《王少林舊爲陳玉亭制府屬吏具述玉亭最愛拙詩嘗誦余送其出守有市虛何客過廉頗廷辨惟君是魏其之句蓋昔時與玉亭同值軍機余爲人中傷被擯輾直玉亭獨爲不平故詩中及之事隔三十餘年此詩亦已刪却不復記憶因少林轉誦不覺前

塵影事重觸於懷而玉亭緣事見法老母幼子流落無歸尤可傷痛爰補綴舊句哭之想少林亦同此感也》詩題提及送陳輝祖出守詩句，應即此時作，今《甌北集》中未見，當爲編集時删却。

是年，錢泳生。

乾隆二十五年庚辰（1760）　三十四歲

春，第五次會試落第，仍直軍機。是科狀元畢沅、榜眼諸重光。

《原譜》乾隆二十五年庚辰條："春，會試又報罷。前歲之出軍機也，本非傅文忠公之意，而去秋諸同人扈從出塞，時事多誤，文忠益念先生。至是會試榜出，知先生落第，即日傳先生仍直軍機。"

據《清代職官年表・會試考官年表》，本年三月六日會試正考官爲武英殿大學士蔣溥、刑部尚書秦蕙田，副考官爲禮部左侍郎介福、左副都御史張開泰。

史善長《弇山畢公年譜》乾隆二十五年庚辰三十一歲條："春三月，以内閣中書應禮部會試中式第二名進士。……夏五月，對策太和殿。上覽經學、屯田二篇，嘉獎再三，拔置一甲一名，授翰林院修撰，充日講官起居注。"

諸重光，字升之，號申之、桐嶼，浙江餘姚人。康熙五十九年（1720）生，乾隆三十四年（1769）卒。乾隆二十四年七月由内閣中書入直軍機處，乾隆二十五年一甲二名進士，授編修。官至湖南辰州府知府。著《二如亭詩集》。事具吳省欽《白華後稿》卷二三《墓志銘》、王昶《湖海詩傳》卷二二、《詞林輯略》卷四等。

夏，軍機退直後與顧雲、陸燿、張若淳、金雲槐、劉秉恬諸同人交游。

《甌北集》卷八《偕北墅青來壽雪蒔亭竹軒郊園納涼》："退直日未夕，蕭閑無塵機。素心四五人，聯步穿林霏。"

《甌北集》卷三十《哭陸朗夫開府》："紫薇紅藥老同年，開府纔登訃

105

已傳。"(其一)"余與公同直軍機處三年。"(其二自注)

《甌北集》卷二十七《同年金蒔亭來守吾郡相見話舊》其二自注：
"余與君同直軍機。"

陸燿，字青來，號朗夫，江蘇蘇州府吳江縣人。雍正元年(1723)
生，乾隆五十年(1785)六月二十三日卒。乾隆十七年舉人，乾隆
十九年考授內閣中書、充軍機章京。以戶部郎中補山東登州府、
濟南府知府。授運河道。擢山東按察使、布政使，湖南巡撫。著
《河防要覽》、《切問齋集》等。事具袁枚《小倉山房續文集》卷三一
《湖南巡撫陸公神道碑》、《碑傳集》卷七三馮浩《湖南巡撫陸君燿
墓志銘》、張士元《書陸中丞遺事》及光緒《吳江縣續志》、《清史稿》
卷三二四、《清史列傳》卷二四等。

張若淳，字聖泉，號壽雪，安徽桐城人。雍正六年(1728)生，嘉慶
七年(1802)卒。張若靄弟。廕生。乾隆二十三年由刑部主事入
直軍機處，官至刑部尚書。謚勤恪。事具道光《桐城續修縣志》卷
一三本傳。

金雲槐，字蒔亭，號養泉。安徽徽州府歙縣人。乾隆二十三年九
月由內閣中書入直軍機處，二十六年進士，改庶吉士，授檢討。官
江蘇常州府知府、浙江糧道。

秋八月，第四次扈從木蘭，途次以詩記之。

《甌北集》卷八《古北口》、《驟雨》、《次韻倪敬堂少僕過玲瓏山之
作》、《次韻王禮堂光祿木蘭枉贈之作》、《扈從途次雜詠》、《入古北
口》、《曉行大寒》。

《簷曝雜記》卷一"跳駝撩腳雜戲"條："未至木蘭之前，途次每到行
宮，上輒坐宮門外較射。射畢，有跳駝、布庫諸戲，皆以習武
事也。"

《簷曝雜記》卷一"蒙古詐馬戲"條："上每歲行獮，非特使旗兵肄武
習勞，實以駕馭諸蒙古，使之畏威懷德，俛首帖伏而不敢生心也。
上至熱河，近邊諸蒙古王公例來迎謁。秋八月萬壽節，行宮演大

戲十日，蒙古王公皆入宴，兼賜蟒緞諸物。行圍兵一千三百名，皆蒙古也。每行圍，質明趨事。其王公侍上左右，聽指揮惟謹。十餘圍後，必諏日進宴，上親臨之。……歲歲如此，不特上下情相浹，且馴而習之於驅策之中，意至深遠也。又喀爾喀四大部，地最遠，每歲則以一部來入覲。上雖歲歲出塞，而其部須四年一覲。若間歲一出，則其入覲須八年矣。此又馭喀爾喀之長計也。"

按：陳康祺《郎潛紀聞初筆》卷六"塞宴四事"條："列聖巡幸木蘭，蒙古諸台吉及四十八部盟長，例於出哨之後，恭進筵宴，習武合歡，有所謂塞宴四事者。扈從諸臣，多有賦詠。……蓋我先皇綏輯外藩，於游歌泮奐之場，不忘武備也。"關於"塞宴四事"，蔣士銓、王昶均有記述，見《忠雅堂詩集》卷二七《塞宴四事詩》之《詐馬》、《什榜》、《相撲》、《教駣》，《春融堂集》卷八《詐馬》、《榜什》、《相撲》、《教駣》。

是年，與王鳴盛相識於木蘭圍場。

《甌北集》卷八《次韻王禮堂光祿木蘭枉贈之作》："却喜結交從塞上，向來京邸漫相聞。"（其一）"戎帳一樽談古學，兩癡不覺到顏酡。"（其二）

又王鳴盛《西莊始存稿》卷一五《趙舍人夜過行帳》："氈幄孤檠偶論文，題襟此夕得同群。"

按：《甌北集》卷首王鳴盛序云："曩庚辰，與耘菘訂交塞山行幄中，握手談藝甚歡。"及作於乾隆五十三年戊申（1788）之《甌北集》卷三十二《閶門晤王西莊話舊》其一："握手論交紫塞塵，春明一出見無因。"皆指本年二人於木蘭圍場相識事。

據《清代職官年表·京卿年表》，是年四月，王鳴盛由內閣學士降調光祿寺卿。

扈從回京後觀回人繩技。

《甌北集》卷八《觀回人繩技》。

《簷曝雜記》卷一"回人繩伎"條："回人有能繩伎者，與內地不同。

107

内地走索之法，柷兩竿於地，以索平繫於竿，而人往來其上耳。回人則立一木高數丈者，其顛斜繫長緪屬於地。回人手橫一木，取其兩頭輕重相等，不致敧側，則步緪而上，直至木之顛，並蹺一足，而僅以一足踏於緪，口唱歌，良久始下。其絕技也。上每出行，武備院嘗以其人奏伎。後偶有一人墜而下者，上憫之，自此不得設。"

是年汪文端長子汪承沆服闋，入京補官，病歿於途。弟汪承霈、汪承霈來書告哀。先生囑以陳謝賜祭恩典爲由覲見乾隆帝，二子得以賜舉人出身及蔭官。

《甌北集》卷八《哭汪幼泉民部》："不謂吾師後，驚傳冢嗣殂。"（其一）"別未三年久，哀從兩世增。師門今遂替，天道竟安憑。"（其二）

《甌北集》卷八《文端師兩子承霈承霈余授業弟子也自其兄民部君歿後余致書囑其以吾師論葬事詣闕謝恩茲以孟冬之杪入都余請於春和相公代爲陳奏是日蒙恩召見瀛臺以民部君蔭官賜霈而賜霈舉人余目睹曠典不勝額慶恭紀二律》自注："初召見詢家事，旋各賜舉人，繼復官霈。一刻間凡三謝恩。"同卷《文端師二子初入京舊時賓客皆目笑之以爲何所望也及遭榮遇或又謂余有畫策之能抑知聖天子垂念舊臣久而弗替豈臣下所能仰窺萬一乎詩以志愧》自注："蔭官既歿，移賜其弟，此例從來未有。"

《清史稿》卷三〇二《汪由敦傳》："由敦既卒，喪終，承霈以賜祭葬入謝。傅恒爲言承霈書類由敦，授兵部主事，充軍機處章京。"

《西蓋趙氏族譜·藝文外編》載汪承霈《嘉慶元年欣逢甌北恩師大人七旬榮誕霈以奉職霜臺不克登堂鞠躬敬賦長律用展頌忱》自注："庚辰歲，霈偕季弟霈蒙恩賜蔭生、舉人，師適承制。"

《簷曝雜記》卷二"大臣身後邀恩之例"條："汪文端師兩子：今少司農承霈、前龍川令承霈，皆余授業弟子也。師一日忽語余：'桐城張文和公先以得罪歸，今既歿，上仍遵世宗遺詔，還其配享鉅典，恩莫大焉。其子學士君自宜泥首闕廷奏謝。乃寄聲問余，應入京否，抑或循故事呈本籍巡撫代奏，毋乃不知事體。'余始知大臣身後有卹典，其子例當謝恩，而生前官禁近受眷最深者，尤當詣闕謝也。及師歿，長君郎中承沆本蔭官，既扶柩歸，奉恩綸葬祭如禮。歲庚辰服闋，赴京補官，而病歿於揚州，吾師身後遂無復登仕籍者。承需以書來告，余忽憶師前語，因令其以御賜祭葬來謝，萬一蒙恩旨，或可得一官。遂作書趣需來，而霨亦至。余爲白於傅文忠，文忠訝其以何事來，余告之以故，或因此得蒙恩授一內閣中書，文端一脈不墜矣。文忠喜曰：'此可謂善於覓題。'明日即代爲奏。方是時，京師諸公卿皆以爲文端既歿，其子復何所望而貿貿來也。雖舊在門下乞餘光者，亦目笑之。次日，上至瀛臺。奏甫入，上即命內監高姓者出問：'汪由敦二子在此，朕欲一見。'已而又一內監秦姓者出，傳旨帶領引見。及駕出，二子迎輿前，免冠叩頭謝。上駐輿垂問，奏對畢，上意似不甚嘉許。因問二人履歷，奏云：'皆監生，試而未中。'上曰：'汝明年可再試，試而不中可再來。'諭畢，輿已行。文忠奏云：'明年乃會試，此二子皆監生，不能入禮闈。'上命各賞一舉人，理藩院尚書富公德來傳旨，率二子叩謝。而文忠以余先有內閣中書之語未得遂也，又奏云：'小者無所能，大者書法似其父。'上又命以前賞其長子之蔭官賜需，而賜霨舉人。於是文忠來傳旨，又率二子迎輿謝。一刻間凡三叩頭，而需得戶部主事，轉過於內閣中書矣。是日滿朝大小臣工，無不感聖天子垂念舊臣恩施逾格，有泣下者，兼頌文忠之垂憫故人子弟，而並以余爲有畫策之能，抑知此事實因師前論張文和語而觸發之。然則吾師前語其有意乎？無意乎？由今思之，竟如樗里子之智，能計及身後者。吾師真哲人也。自余爲二子創此例，後裘文達、錢文敏、王文莊諸公歿，其子皆仿此得授內閣中書云。"

昭槤《嘯亭雜録》卷八"傅文忠之謙"條："汪文端公死，公爲之代請，得蔭其子承需爲部曹。"

是年，孫原湘、王曇、秦恩復、曾燠、崔景儀生。

乾隆二十六年辛巳(1761)　三十五歲

正月二十一日,賀傅恒四十壽。

《甌北集》卷八《春和相公四十壽詩》:"賜券功兼官將相,秉鈞身是國勳親。"(其一)"紫光閣圖畫功臣,公居第一。御贊有云:'西師之役,惟汝予同。鄭侯不戰,宜居首功。'"(其二)"誕辰正月二十一日。"(其四自注)對傅恒功績敘述甚詳。

據《清代職官年表·大學士年表》,傅恒是年繼任保和殿大學士、軍機大臣。

三月,洪亮吉初應童子試,不售。

呂培《洪北江先生年譜》乾隆二十六年辛巳條:"三月,初應童子試,不售。"

洪亮吉,初名蓮,字華峰。後改名禮吉。乾隆四十六年辛丑(1781)應禮部試,復改名亮吉。字君直、稚存,號北江,江蘇常州府陽湖縣人。乾隆十一年(1746)九月初三日生,嘉慶十四年(1809)五月十二日卒。與黃景仁、孫星衍、趙懷玉、楊倫、呂星垣、徐書受并稱"毗陵七子"。乾隆五十五年一甲二名進士,授翰林院編修。官至貴州學政。嘉慶四年(1799)以直言獲罪,遣戍伊犁,百日後赦回,遂自號更生居士。後主旌德洋川書院、揚州梅花書院。博通經史、音韻訓詁,尤精輿地之學,詩文兼善,以駢儷名家。著《春秋左傳詁》、《乾隆府州縣廳志》、《卷施閣詩文甲乙集》、《更生齋詩文甲乙集》等。事具呂培《洪北江先生年譜》、趙懷玉《皇清奉直大夫翰林院編修洪君墓志銘》、孫星衍《清故奉直大夫翰林院編修加三級洪君墓碑銘》、吳錫麒《清故奉直大夫翰林院編修洪君墓碑》、法式善《皇清奉直大夫翰林院編修洪稚存先生行狀》、《清史稿》卷三五六、《清史列傳》卷六十九等。

四月,恩科會試,劉統勳、劉綸等以軍機大臣派殿試讀卷官,先生慮其嫌擯,變易書法作歐陽率更體,主考官以第一進呈。乾隆帝出於籠絡西部民心之政治意圖，將第三名陝西人王杰擢爲第一，先生以一甲第三名及第。浙江人胡高望一甲二名。座主劉統勳、于敏中、觀保，房師工部郎中趙瑗。尹繼善爲讀卷官。

據《清代職官年表·會試考官年表》，本年三月六日恩科會試正考官爲協辦大學士、吏部尚書劉統勳，副考官爲戶部左侍郎于敏中、兵部右侍郎觀保。讀卷官爲文華殿大學士來保，協辦大學士、刑部尚書鄂彌達，協辦大學士、吏部尚書劉統勳，兵部尚書梁詩正，兵部右侍郎觀保，刑部尚書秦蕙田，刑部右侍郎錢汝誠，左都御史劉綸，江南總督入覲之尹繼善。

《甌北集》卷十七《次韻答心餘見寄》所附蔣士銓原作自注："廷試時，君以讀卷官多素識，恐其避嫌見抑，遂變易字迹，竟莫有識別者，果以第一進呈。"卷四十六《劉少司馬信芳吾師文正公孫今相公石庵先生從子也來視學江南相見話舊賦呈》自注："余素習石庵書。及廷試，恐公以素識避嫌，另作歐陽體謄卷，公果拔爲第一進呈。"

《簷曝雜記》卷二"辛巳殿試"條："辛巳殿試，閱卷大臣劉文正公、劉文定公，皆軍機大臣也。是科會試前，有軍機行走之御史眭朝棟上一封事，請復迴避卷，即唐人所謂別頭試也。上意其子弟有會試者，慮己入分校應迴避，故預爲此奏，乃特點朝棟爲同考官，而命於入闈時，各自書應避之親族，列單進呈。則眭別無子弟，而總裁劉文正、于文襄應迴避者甚多。是歲上方南巡，啓蹕時曾密語劉、于二公留京主會試，疑語泄而眭爲二公地也，遂下刑部治罪。部引結交近侍例，坐以大辟。於是軍機大臣及司員爲一時所指摘。且隔歲庚辰科狀元畢秋帆、榜眼諸桐嶼，皆軍機中書，故蜚語上聞，有歷科鼎甲皆爲軍機所占之說。及會試榜發，而余又以軍機中書得雋，傅文忠爲余危之，語余不必更望大魁。而余以生平所志在此，私心終不能已。適兩劉公又作閱卷大臣，慮其以避嫌擯也,乃變易書法,作歐陽率更體。兩劉公初不知,已列之高等。及將定進呈十卷,文定公慮余卷入一甲,又或啓形迹之疑,且得禍,乃遍檢諸卷,意必得余置十名外,彼此俱無累矣。及檢,一卷獨九圈,當以第一進呈。九圈者,卷面另粘紙條,閱卷大臣各以圈點別優劣於其上,是歲閱卷者九人,九人皆圈者惟此一卷。文定公細驗疑是余,以語文正。文正覆閱,大笑曰:'趙雲崧字迹雖燒灰亦可認,此必非也。'蓋余初入京時,曾客公第,愛其公子石庵書法,每倣之。及直軍機,余以起草多不楷書,偶楷書即用石庵體,而不知余另有率更體一種也。文定則謂遍檢二百七卷,無趙雲崧書,則必變體矣。文正又覆閱,謂趙雲崧文素跅弛不羈,亦不能如此謹嚴,而文定終以爲疑,恐又成軍機結交之局。兆將軍惠時方奏凱歸,亦派入閱卷,自陳不習漢文,上諭以諸臣各有圈點爲記,但圈多者即佳。至是兆公果用數圈法,而惟此卷獨九圈,餘或八、或五,遂以第一進呈。先是歷科進呈卷皆彌封,俟上親定甲乙,然後拆。是科因御史奏改,遂先拆封,傳集引見。上是日閱十卷,幾二十刻。見拙卷係江南人,第二胡豫堂高望浙江人,且皆內閣中書;而第三卷王惺園杰則陝西籍。因召讀卷大臣,先問:'本朝陝西曾有狀元否?'皆對云:'前朝有康海,本朝則未有。'上因以王卷與翼互易焉。惺園由此邀宸眷,翔步直上,而余僅至監司,此固命也,然賤名亦即由此蒙主知。"

姚鼐《甌北先生家傳》:"辛巳成進士,殿試進呈一甲第一,而陝西王文端公杰居第三。純皇帝謂自國朝以來,陝西未有以第一人舉者,遂易文端爲第一,而先生之才則固已心識之矣。"

清陸以湉《冷廬雜識》卷三"王文端公"條:"乾隆辛巳捷南宮,(杰)廷試卷列第三……上是日閱十卷,幾二十刻,特拔公卷置第一。《御制辛巳御殿傳臚紀事》詩有云:'西人魁榜西平後,可識天心偃武時。'蓋是時西域底平,開疆蕆績,而公適掄元,詩特及之。"

按:關於此科易名另有一說,王杰《葆淳閣集》附阮元《王文端公年譜》本年條："乾隆二十六年，會試中式第十名進士，殿試進呈十本，公卷擬第三。上閱至第三卷，熟視之，若素識者，以昔在尹文端公奏摺內見字體，曾蒙嘉獎，且詢知人品，即顧左右，謂此卷甚佳，親拔第一。頃之引見，上喜動顏色，授翰林院修撰。"《清朝野史大觀》卷六"王文端清節"條與《清史稿》卷三四〇《王杰傳》從之。

清陳康祺《郎潛紀聞初筆》卷一"王文端清節"條"韓城王文端公杰，乾隆二十六年進士。殿試進呈時，閱卷諸臣置公卷第三，上親擢第一。蓋公夙在尹文端公幕中司奏摺，高宗識其字體，嘗嘉獎也。本朝陝西人得鼎元，自公始。公自通籍至參政，握文衡者十二次。其間督浙學三任，督閩學兩任，而丁未、己酉、庚戌四年之間，三充會試正總裁，尤爲異數云。阮文達編公年譜稱：公服官四十年，貧如爲諸生時，有門生自外任歸，餽金爲壽。公曰：'曩吾與若言何如？今受若餽，如所言何？'公忠貞亮直，相業有聞，即此一端，亦可見兩朝恩遇，有自來已。"

《甌北集》卷十《散館恭記二首》其二："傳聞天語殿東頭，益愧才非第一流。已忝班行詞館綴，曾邀名字御屏留。去歲京察，蒙恩記名。文章似惜楊無敵，骨相兼憐廣不侯。引見後，上語大學士傅公，謂臣文自佳而殊少福相。寒士從來感知己，況蒙帝鑒更何求。"

按：終其一生，趙翼對大魁僅失，心常歉然。《甌北集》卷二十五《同年王惺園少宰典浙試事竣還朝相遇淮上話舊別後却寄》其一："千秋遭際真無兩，一等文章肯第三？廷試卷君在第三，上特擢第一。"卷三十八《七十自述》其八："一桂高枝手已攀，臚傳聲裏另排班。"卷四十四《閱邸抄惺園相公以老病再伸前請始予告並許在家食俸恩禮始終人臣之榮遇極矣欣羨之餘再賦一律奉寄》："一魁殿榜便青旻，直到鈞衡老乞身。遭際畢生無缺陷，……如此高風如此福，腐儒那得逐颷輪。指殿試名次互易事。"卷四十六《外孫金皋京闈發解喜賦》其二自注："余廷試卷進呈第一，後改爲第三，大魁僅失，心常

113

歉然，故以此望之。"

《甌北集》卷十七《中丞德公枉詩贈行敬次原韻志別》其二自注：
"余會試出總憲觀公之門，公從兄也。"卷二十一《哭座主觀總憲補亭
先生》其一："曾忝後堂絲竹列。"

《甌北集》卷十一《送房師趙檢齋先生由工部郎出守衛輝》。

《甌北集》卷十《壽尹望山相公七十》其四自注："余辛巳殿試，公爲
讀卷官。"

《甌北集》卷四十七《王惺園相公挽詩》其二："一甲三人兩徂謝，此
身雖在也堪驚。榜眼胡豫堂，官至總憲，已先下世。"

于敏中，字季重、仲常，號叔子、耐圃、重棠。江蘇常州府金壇縣
人。康熙五十三年（1714）生，乾隆四十四年十二月二十日（1780
年 1 月 14 日）卒。乾隆二年（1737）一甲一名進士，授翰林院修
撰。一督浙江學政、兩督山東學政，遷兵、刑、户部侍郎。官至文
華殿大學士兼户部尚書。充《四庫全書館》、國史館、《三通館》正
總裁。謚文襄。著《素餘堂集》等。事具章學誠《章氏遺書》卷十
六《墓志銘》、《清史稿》卷三一九、《清史列傳》卷二十一。

觀保，字伯容，號補亭、蘊玉，索綽絡氏，滿洲正白旗人。德保從
兄。乾隆四十一年（1776）卒。乾隆二年（1737）進士，改庶吉士，
授編修，累官至禮部尚書、左都御史。謚文恭。事具《國朝耆獻類
徵初編》卷八十二、王昶《湖海詩傳》卷七。

趙瑗，字蓮園、蓮叔，號檢齋。雲南昆明人。雍正六年（1728）生。
乾隆十七年（1752）進士，改庶吉士，授工部主事。歷官至河南開
歸道。事具《清代官員履歷檔案全編》卷十八。

王杰，字偉人，號惺園、畏堂、葆淳，陝西韓城人。雍正三年（1725）
十月二十七日生，嘉慶十年（1805）正月十日卒。乾隆二十六年
（1761）進士，殿試進呈卷列第三，拔置第一，授修撰。尋直南書
房，屢司文柄。遷刑部侍郎，調吏部，擢左都御史、兵部尚書。累
官至東閣大學士，管理禮部。謚文端。著《葆淳閣集》二十四卷、

《惺園易説》二卷等。事具《葆淳閣集》卷首阮元《王文端公年譜》、朱珪《知足齋文集》卷五《太子太傅東閣大學士軍機大臣予告在家食俸特贈太子太師諡文端王公墓誌銘》、姚鼐《惜抱軒文集後集》卷六《光禄大夫東閣大學士王文端公神道碑文》、《清史稿》卷三四〇、《清史列傳》卷二十六等。

胡高望，字希呂，號昆圃，又號豫堂，浙江杭州府仁和縣人。嘉慶三年(1798)卒。乾隆二十六年一甲二名進士，授編修，官至都察院左都御史。諡文恪。事具《國朝耆獻類徵初編》卷九五。

四月二十五日臚傳，一甲三人例出班跪，而先生獨掛數珠。乾隆帝升座遥見之，後以問傅恒，傅恒以軍機中書例帶數珠對，且言昔汪由敦應奉文字，皆其所擬。先生之名由是蒙乾隆帝記憶。

《甌北集》卷九《臚傳紀恩四首》："玉殿臚聲肅早朝，……_{向例臚傳在五月，今改四月二十五日。}四海人才文一等，十年場屋蠟三條。生平望此如天上，何幸今真到絳霄。"(其一)"三唱依然伏地堅，_{令甲唱名至三聲，猶伏地不起，鴻臚官掖之出班。}緣知仕宦戒爭先。……已慚鼎足猶非分，敢望巍科第一傳。"(其二)"走馬長安已老蒼，多慚人説探花郎。"(其三)

《陔餘叢考》卷二十八《試期》條："本朝殿試在四月二十五日，傳臚在五月朔日。乾隆二十六年辛巳科，奉旨改四月二十一日殿試，二十五日傳臚。"

姚元之《竹葉亭雜記》卷二："新進士臚唱鼎甲，跪聽宣詔畢，鴻臚寺鳴贊官贊禮，然後行禮。先期，鴻臚官必教演嫻熟。"

洪亮吉《北江詩話》卷三："今殿試臚傳日，鴻臚寺官立殿下唱第，引聲亦甚長，唱一甲三人、二甲第一人、三甲第一人，必移時始畢，蓋古法也。又一甲三人，唱名至三次，亦寓慎重之意。……榜亭出，一甲三人隨之，由午門正中而出。蓋親王、宰相亦無此異數。大學士嵇文恭公嘗笑語余曰'某爲宰相十年，不及一日之新進’云。”

《簷曝雜記》卷二“辛巳殿試”條：“臚傳之日，一甲三人例出班跪。余獨掛數珠，上陞座遙見之。後以問傅文忠，文忠以軍機中書例帶數珠對，且言昔汪由敦應奉文字皆其所擬，上心識之。明日諭諸大臣，謂：‘趙翼文自佳，然江、浙多狀元，無足異。陝西則本朝尚未有。今當西師大凱之後，王杰卷已至第三，即與一狀元亦不為過。’次日又屢言之。於是鄉、會試，翼皆蒙欽點房考，每京察必記名，及授鎮安府、赴滇從軍、調廣州、陞貴西道，無一非奉特旨，上之恩注深矣。向使不歸田，受恩當更無限。尋以太恭人年高，乞歸侍養，凡五年。丁艱又三年。在家之日已久，服闋赴補，途次又以病歸，遂絕意仕進。此固福薄量小，無遠到之器，亦以在任數年，經歷事端，自知吏才不如人，恐致隕越，則負恩轉甚。是以戢影林下，不敢希榮進也。”

《簷曝雜記》卷一“聖學一”條：“上聖學高深，才思敏贍，為古今所未有。……尋常碑記之類，亦有命汪文端具草者，文端以屬余。余悉意結構，既成，文端又斟酌盡善。及進呈，御筆刪改，往往有十數語只用一二語易之，轉覺爽勁者，非親見斧削之迹，不知聖學之真不可及也。”

陳康祺《郎潛紀聞初筆》卷一“翰林編檢掛珠之始”條：“國朝定制，文職五品以下，不得縣帶數珠，翰林院官無所區別也。自雍正三年御門聽政，始翰林編檢四人侍班。乾隆二年，上以翰林班在科道前，科道掛珠而翰林獨否，不足以肅朝儀，特諭修撰、編檢，一體縣掛。今翰林不兼講官者，例不侍班，猶沿此制。”

梁章鉅《樞垣記略》卷二十八雜記二“乾隆二十七年，天子巡幸江南，嚴道甫侍讀以獻賦，授內閣中書。初任後即奏充方略館纂修官，以書局在內廷，許懸數珠。中書在書局得懸數珠，自此始也。

《潛研堂文集》。”

授翰林院編修，尋充方略館纂修官，修《平定準噶爾方略》。

《甌北集》卷九《修史漫興》：“史局虛慚費月餐，古今歷歷作閑觀。”

《原譜》乾隆二十六年辛巳條：“既入翰林，授職編修，即辭出軍機。尋充方略館纂修官，修《平定準噶爾方略》。”乾隆二十九年甲申條：“秋，改纂修《通鑒輯覽》。”知《清史列傳》卷七十二《趙翼傳》云“二十六年，以一甲三名進士授翰林院編修，任撰文，修《通鑒輯覽》”，誤。

按：《皇朝武功紀盛》卷二有《平定準噶爾前編述略》、《平定準噶爾正編述略》。

吳長元《宸垣識略》卷二“大內”：“方略館在三通館東，當武英殿後，南向。”

在翰林院，與彭元瑞等結爲詩社。

《甌北集》卷二十一《彭芸楣閣學留飲澄江使院即席奉呈》其一自注：“曩在都，與公爲詩社。”卷四十五《彭芸楣尚書挽詩》自注：“散館前與公會課數十次。”

吳長元《宸垣識略》卷五“內城一”：“翰林院署在東長安街北玉河橋之西，北向，即元之鴻臚署也。第三重爲登瀛門，堂五楹。西爲讀講廳，東爲編檢廳。左廊圍門內爲狀元廳，右廊圍門內南向者爲昌黎祠，北向者爲土穀祠。堂之後爲穿堂，左爲待詔廳，右爲典簿廳。後爲後堂，南向，中設上臨幸時所御寶座。御屏後堂東西屋爲藏書庫。院內東偏有井，覆以亭，曰劉井。西偏爲柯亭。自後堂而南，門內爲敬一亭。自劉井而東，爲清秘堂。堂前爲瀛洲亭，亭下方池爲鳳凰池，池南爲寶善亭，堂後爲成樂軒。自柯亭而西，爲先師祠。祠南位西齋房，又南爲原心亭。有聖祖御書堂額曰道德仁義。”

彭元瑞，字掌仍、輯五，號雲湄。江西南昌人。雍正九年（1731）生，嘉慶八年（1803）九月卒。乾隆二十二年（1757）進士，改庶吉士，由編修遷侍講，擢詹事府少詹事，直南書房。遷侍郎，歷工、戶、兵、吏諸部。擢尚書，歷禮、兵、吏三部。累官至工部尚書、協

117

辦大學士。領《高宗實錄》總裁。諡文勤。著《恩餘堂經進初稿》
等。事具《清史稿》卷三二〇、《清史列傳》卷二六。

請畫士沈錦爲母寫照。

《甌北集》卷九《贈寫照沈錦》："世人論畫重山水，花草翎毛仙佛
鬼。畫人亦只畫古人，寫照雖工固所鄙。豈知繪事此最難，未可
憑虛信手擬。……但取神采不取形，苟得其意一掃耳。試起昔人
相對比，未必風貌果如此。寫照乃以人爲的，毫釐差輒謬千
里。……會稽沈生秘獨擅，布衣徒步長安市。我來請作壽母圖，
時爲家母寫照。……時將供事方略館。"

又卷九《寫真詞》："寫照全將面目移，那堪風格尚招疑。"（其一）
"不參皮相參神相，妒女生平也有才。"（其二）卷十《題王又寧獨立
圖》其二："寫照如何貌失真，披圖不道素相親。"可見趙翼關於寫
真的觀點。

本年會試，沈潛亦成進士，以需次歸里，秋，送其南還。

《甌北集》卷九《送倬其南還時方成進士以需次歸里》其一："秋堂
餞別菊花杯，柔艫輕帆潞水開。需次歸終勝下第，成名日況及循
陔。……君闈墨爲時所推。"

《甌北集》卷二十四《哭沈倬其之訃》："鄉會皆同年，更締門楣喜。"
（其一）"讀書三十年，中歲始一第。需次又十載，臨老方作吏。"
（其三）

題汪用明《紅袖添香伴著書》小照兼送之赴任。

《甌北集》卷九《汪用明以紅袖添香伴著書小照索題即送之任》：
"居然砥室擁紅妝，此老將無太作狂。堪笑長安彈鋏日，十年閑却
老糟糠。"（其一）"君以書名長安。"（其二自注）"辛苦京塵客味嘗，
喜看畫繡乍還鄉。"（其四）

畢沅《靈巖山人詩集》卷一四《汪用明紅袖添香伴著圖》其二："烏
絲紅袖揚州夢，是夢分明已十年。"

蔣士銓《忠雅堂詞集》卷下《銅炫詞》有《賀新郎詞·題汪用民紅袖

添香圖》下闋云："鷗波亭外呼承旨。十年來、公卿屏障，識君名氏。妙墨淋漓推巨手，題遍石渠圖史。把屈宋、衙官位置。消受滇池文字飲，看點蒼、山翠新眉似。著書後，更何以？"據主人公善書等詞意，汪用民當即爲汪用明，則其此行爲赴滇任。

獻《皇太后七十萬壽詩》。

《甌北集》卷九《皇太后七十萬壽詩》。

《簷曝雜記》卷一"慶典"條："皇太后壽辰在十一月二十五日，乾隆十六年屆六十慈壽，中外臣僚紛集京師，舉行大慶。自西華門至西直門外之高梁橋，十餘里中，各有分地，張設燈綵，結撰樓閣。天街本廣闊，兩旁遂不見市廛。錦繡山河，金銀宮闕，剪綵爲花，鋪錦爲屋，九華之燈，七寶之座，丹碧相映，不可名狀。每數十步間一戲臺，南腔北調，備四方之樂，侲童妙伎，歌扇舞衫，後部未歇，前部已迎，左顧方驚，右盼復眩，游者如入蓬萊仙島，在瓊樓玉宇中，聽《霓裳曲》，觀《羽衣舞》也。其景物之工，亦有巧於點綴而不甚費者。或以色絹爲山岳形，錫箔爲波濤紋，甚至一蟠桃大數間屋，此皆粗略不足道。至如廣東所構翡翠亭，廣二三丈，全以孔雀尾作屋瓦，一亭不啻萬眼。楚省之黃鶴樓，重簷三層，牆壁皆用玻璃玉璪高七八尺者。浙省出湖鏡，則爲廣榭，中以大圓鏡嵌藻井之上，四旁則小鏡數萬，鱗砌成牆，人一入其中，即一身化千百億身，如左慈之無處不在，真天下之奇觀也。時街衢惟聽婦女乘輿，士民則騎而過，否則步行。繡韅雕鞍，填溢終日。余凡兩游焉。此等勝會，千百年不可一遇，而余得親身見之，豈非厚幸哉！京師長至月已多風雪，寒侵肌骨，而是年自初十日至二十五日，無一陣風，無一絲雨，晴和暄暖，如春三月光景，謂非天心協應，助此慶會乎？二十四日，皇太后鑾輿自郊園進城，上親騎而導，金根所過，纖塵不興。文武千官以至大臣命婦、京師士女，簪纓冠帔，跪伏滿途。皇太后見景色鉅麗，殊嫌繁費，甫入宮即命撤去。以是，辛巳歲皇太后七十萬壽儀物稍減。後皇太后八十萬壽、皇上八十萬壽,聞京師鉅典繁盛,均不減辛未,而余已出京,不及見矣。"

冬,與諸重光同賀畢沅納妾。

> 《甌北集》卷九《賀秋帆修撰納妾次諸桐嶼編修韻》其一:"從此消
> 寒憑暖玉,禁他殘臘朔風淒。"

> 王昶《春融堂集》卷七有《畢修撰秋帆沅新納姬人諸桐嶼重光趙雲
> 松以詩戲之次韻二首》。

是年,長子耆瑞生。

> 《甌北集》卷十《病起贈醫士王又寧》:"眼見三歲孤,呱呱奉主祜。"
> 作於乾隆二十八年癸未(1763),可推知耆瑞生於本年。

是年,惲敬、江藩、張惠言生。蔣溥卒。

乾隆二十七年壬午(1762)　三十六歲

正月初二日,乾隆帝以第三次南巡在即,蠲免蘇、皖、浙所積欠
征銀,正月十二日離京南巡。

> 《欽定南巡盛典》卷三十二:"乾隆二十七年正月初二日,上諭內閣
> 曰:今春朕恭奉皇太后鑾輿巡幸江浙,便道閱視河工海塘,與封
> 疆大臣講求吏治、民生諸要務。念昨冬恭逢慈恩覃被之餘,正東
> 南士民望幸情殷之候,翠華所過,宜沛隆施,益光慶典。著將江
> 蘇、安徽、浙江三省自乾隆二十二年起至二十六年止所有節年災
> 田、緩徵及未完地丁各欠項,照二十二年例概予蠲免。該督、撫等
> 其嚴飭所屬,悉心核實奉行,俾閭閻膏澤均沾,毋致吏胥中飽,副
> 朕錫類推恩至意。該部遵諭速行。"

> 據《清高宗實錄》卷六五二至卷六五七,乾隆帝於本年正月十二日
> 離京,二月八日抵淮安直隸廠,十三日抵揚州,十六日抵京口,二
> 十一日抵蘇州,三月二日抵杭州,十三日回鑾,二十三日抵江寧,
> 二十六日駕幸兩江總督尹繼善署,二十九日回鑾北上。

二月十九日,乾隆帝駕過常州。

光緒《武進陽湖縣志》卷首《巡幸》："高宗純皇帝恭奉皇太后南巡，二月十九日過常州。聖駕入城，由毗陵驛至天寧寺拈香，再至萬壽亭登舟。"

三月二十八日，乾隆帝召試安徽、江蘇士子，陸錫熊、程晉芳、趙文哲等應試得第。

據《清高宗實錄》卷六五七"三月二十八日"條："江蘇、安徽進獻詩賦諸生：考取一等之進士吳泰來、陸錫熊、郭元㵊，俱著授爲內閣中書，遇缺即補；程晉芳、趙文哲、嚴長明、徐步雲、錢襄俱著特賜舉人，授爲內閣中書，學習行走，與考取候補人員挨次補用。其考列二等之劉湄等十四名，著各賞緞二疋。"

陸錫熊，字健男、耳山，江蘇松江府上海縣人。雍正十二年（1734）十二月二日生，乾隆五十七年（1792）二月二十五日卒。乾隆二十四年舉人，二十六年進士，二十七年南巡召試，授內閣中書。累遷刑部郎中、翰林院侍讀學士，官至福建學政、左副都御使。與紀昀同司《四庫全書》總纂。詣奉天校正文溯閣藏書，卒於奉天。著《寶奎堂集》、《篁村集》等。事具王昶《春融堂集》卷五五《都察院左副都御使陸君墓志銘》、《清史稿》卷三二〇、《清史列傳》卷二十五。

程晉芳，初名延鑨，字魚門，號蕺園，安徽徽州府歙縣人。康熙五十七年（1718）十月二十四日生，乾隆四十九年（1784）六月二十一日卒。家世業鹽，獨好儒。少問經義於從叔廷祚，學古文於劉大櫆。而與袁枚、商盤諸人往復唱和。乾隆七年召試授內閣中書。乾隆三十六年進士，補吏部主事。以吏部員外郎爲四庫館纂修官，書成擢翰林院編修。晚歲益窮，官京師至不能舉火，貧病卒。著《勉行堂集》等。事具袁枚《小倉山房續文集》卷二十六《翰林院編修程君魚門墓志銘》、翁方綱《復初齋文集》卷十四《翰林院編修程君晉芳墓志銘》、徐書受《翰林院編修程魚門先生墓表》、《清史稿》卷四八五、《清史列傳》卷七十二等。

春,喜趙炯辰侄孫至京應試。後因先生本年分校順天鄉試,以
迴避不得入場。

《甌北集》卷九《喜敷廷侄孫至京》:"前曾入京,未就試而返。"(其
一自注)"買舟同上潞河濱,彈指俄驚十四春。……不用仍愁艱旅
食,寒官齏粥共蕭晨。"(其二)

按:乾隆十四年己巳(1749)春,先生失館無以自給,偕趙炯辰襆
被入都,至今年正隔"十四春"。

《西蓋趙氏族譜·藝文外編》載趙翼《族孫敷廷傳》:"族孫炯辰,字
敷廷,……壬午復入京,援例以太學生將應京兆試,適余分校,以
迴避不得入場。"

在翰林院,奉派撰文,得觀保青目。

《甌北集》卷九《奉派撰文有作》、卷四十《五哀詩·故都察院左都
御史觀補亭公》:"公方領詞館,典冊輒見屬。進御例奏名,得邀乙
覽燭。"

據《清代職官年表·內閣學士年表》,觀保是年五月由兵部右侍郎
兼翰林學士,旋改吏部右侍郎兼翰林學士。

《甌北集》卷二十一《哭座主觀總憲補亭先生》:"十載蓬瀛領袖
人。……曾忝後堂絲竹列……"(其一)"總持風雅量兼收,……此
後孤寒更誰恃? 秋風多少客無裘。"(其三)

《簷曝雜記》卷二"觀總憲愛才"條:"後余入翰林,公(觀保)爲掌
院,派撰文,定京察一等,皆公力也。前輩留意人材,不遺菲菲
如此。"

在翰林,京察列一等,引見,蒙御筆記名。會考各省主試官,先
生取一等第九名。

《甌北集》卷十《散館恭記二首》其二自注:"去歲京察,蒙恩記名。"
詩作於乾隆二十八年癸未(1763)四月,"去歲"當指本年事。

孫星衍《趙甌北府君墓志銘》:"二十六年,……明年京察一等,記
名在翰林。"《清史列傳》卷七十二《趙翼傳》"二十六年,……明年

京察記名以道府用"恐誤。

《原譜》乾隆二十七年壬午(1762)條:"會考各省主試官,先生取一
等第九名。"

秋,欽點分校順天府鄉試,與蔣士銓、王昶、秦蕙、周升桓、劉權
之等充同考官,主考官梁詩正、觀保。簽擎《詩》五房,得江焜
等十餘人。

《甌北集》卷九有《秋闈分校即事》、《分校雜詠》、《次韻戲詠藍筆》
等詩。

《甌北集》卷十七《次韻答心餘見寄》:"最是京兆闈,秋清風日美。"
附蔣士銓原作:"京兆壬年闈,偕君相汝爾。"

蔣士銓《忠雅堂詩集》卷九《初七日同趙雲松夜坐有懷》及《忠雅堂
詞集》卷上《銅炫詞》有《壬午京兆闈中詠物》(滿江紅)。

戴璐《藤陰雜記》卷四:"壬午鄉試,趙甌北編修翼分校,作《秋闈雜
詠》詩,一時傳誦。錄其最警策者,如《宣名》云:'觚稜淑景日初
寅,御紙簽名下紫宸。同輩半爲揚觶客,至親翻有向隅人。一時
朝服班行肅,隔夜巾箱檢點頻。却笑門前迴避字,主人出後貼偏
新。'……時蔣苕生士銓亦與分校,賦《滿江紅》詞,《藍筆》云……
《薦條》云……《落卷》云……"

嚴榮《述庵先生年譜》乾隆二十七年壬午三十九歲條:"八月,又充
順天鄉試同考官。"及王昶《春融堂集》卷八《闈夕雲松和心餘詩見
示感作》、《闈中蔣心餘連夕以詩見示》。

《甌北集》卷二十八《自樂儀書院移主揚州安定講席呈在籍謝未堂
司寇秦西巖觀察張松坪吳涵齋兩編修皆詞館前輩也》附秦蕙和詩
其二自注:"壬午、癸未、丙戌皆與君同分校之役。"同卷《西巖前輩
招飲話舊再疊前韻奉贈》其二自注:"壬午、癸未、丙戌皆與君同
分校。"

《甌北集》卷十一《送周山茨侍講觀察蒼梧》其二自注:"壬午秋,與
君同校京闈,連夕劇談。"卷十六《隨周山茨觀察赴桂林有作》其二

自注：“壬午秋與公分校京闈。”卷三十七《題周山茨觀察老圃秋容圖》自注：“壬午秋同校京闈。”

《甌北集》卷三十七《劉雲房少宗伯視學江南話舊賦贈》其二自注：“記壬午同校京闈事。”

《甌北集》卷九《秋闈分校即事》其二自注：“梁、觀二主司皆兼院長，同考十八人皆館閣人。”據《清代職官年表·鄉試考官年表》，是年順天鄉試主考官爲協辦大學士、吏部尚書梁詩正，吏部右侍郎觀保。

《陔餘叢考》卷二十九《十八房》：“余分校壬午鄉闈，簽掣《詩》五房，通計京闈卷八千有餘，而《詩經》獨至五千卷，是五考官較十三考官所閱之卷，尚多三分之二，不得已分八百餘卷入《春秋》、《禮》四房助校。然《詩經》猶各閱八百餘卷，其視《易》、《書》等房，每房不過二三百卷，閑劇大不侔也。今不分經，則各房所閱卷多寡適均，可從容校閱，不至苟簡矣。”

《甌北集》卷二十五《喜晤門人江淑齋郎中即送赴補》其一自注：“君爲余壬午鄉闈所取士，今以御史記名。”

江烺，字淑齋，江蘇蘇州府元和縣人。乾隆二十七年舉人、三十六年進士。掌武選，御史記名，守福寧。

秦黌，字序堂，號西巖、石翁、石研齋主，江蘇揚州府江都縣人。康熙六十一年（1722）生，乾隆五十九年（1794）卒。秦恩復父。乾隆十七年進士，改庶吉士，授編修。官至湖南岳常澧道，署湖南按察使。著《石研齋集》等。事具秦黌編、秦恩復錄《石研齋主年譜》，秦恩復《享帚精舍文集·石研齋書目序》，《詞林輯略》卷四及王昶《湖海詩傳》卷一四。

周升桓，字稺圭，號山茨、曉滄，浙江嘉善人。雍正十一年（1733）八月二十二日生，嘉慶六年（1801）正月十一日卒。乾隆十九年（1754）進士，改庶吉士。官翰林院檢討、廣西蒼梧道。因事被黜，後主講揚州安定諸書院。工書。事具王昶《春融堂集》卷五四《廣西蒼梧道周君墓志銘》。

劉權之,字德輿,號雲房,湖南長沙人。乾隆四年(1739)九月初七日生,嘉慶二十三年(1818)卒。乾隆二十五年進士,選庶吉士,授編修。先後督安徽、山東學政。歷禮、吏部侍郎。擢左都御史,吏、兵、禮部尚書。累官至體仁閣大學士,管理工部。諡文恪。事具《清史稿》卷三四一。

秋,趙懷玉應江南鄉試,落第。

趙懷玉《收庵居士自訂年譜略》乾隆二十七年壬午條:"七月,赴江寧省試。……以第二場詩題下落寫'限某字'違式,遂襆被徑歸。"

妻程氏買來二婢,先生即事戲書。程氏澹泊自安,無華膴之慕。

《甌北集》卷九《即事》:"拙妻一旦學豪奢,典衣買得雙鬟丫。"

《西蓋趙氏族譜·藝文外編》載趙翼《繼室程恭人行略》:"余館選後,蒙高宗純皇帝屢命分校鄉會試,并主順天武鄉試,門庭稍改舊觀,而余自知書生命無受福之器,嘗與恭人言及之,故恭人亦泊然自安,無華膴之慕。"

冬,為顧雲題歲寒三友圖。顧雲工繪事,行樂圖甚多。

《甌北集》卷九《為北墅題歲寒三友圖》。

冬,洪亮吉寄詩干謁朱筠。

洪亮吉《附鮚軒詩》卷一《寄大興朱編修筠》小序:"壬午冬,在友人處讀公古賦數首,愛不忍釋,又聞公愛士,遂作此寄之。"時朱筠官翰林院編修。

是年,王又曾卒。

乾隆二十八年癸未(1763)　三十七歲

申甫宅為汪由敦故第,旁有小園即時晴齋,申甫並傲之。春,同人多聚時晴齋為看花會。

《甌北集》卷九《拂珊京少寓舍汪文端師故第也旁有小園師題曰時

晴齋舊嘗分賃他人京少今並傡之賦詩屬和即次其韻》：“連墻增傡屋三楹，丘壑無多自著名。……看花近不愁春冷，退直遲尤愛晚晴。竊幸卜居鄰近在，幽尋不用主人迎。余寓同在椿樹衚衕。”（其一）“有人硯北吟殊穩，此境城南覓頗難。”（其二）“一枝楼借我曾先，戊寅歲，余嘗寓此。十載師門感宿緣。燕子幾經移故壘，楊花依舊舞輕綿。”（其三）

《甌北集》卷十《拂珊光禄招同桐嶼秋帆時晴齋看花小飲即用去歲韻》：“春深氣暖敞軒楹，集宴非争好客名。……齋名以《快雪時晴帖》題額。”（其一）“賞花有約一年先，每到花時續此緣。先生去歲時晴齋原倡有云：‘未免花時費酒錢。’”（其三）

按：該詩作於乾隆二十九年甲申（1764）春，“去歲”即指今年乾隆二十八年癸未（1763）。

據《清代職官年表·京卿年表》，是年，王鳴盛丁憂，申甫繼爲光禄寺卿。

同里杭雲龍子、杭廷宣弟杭汭潮，父兄皆殁，年僅逾髫齔，來京相依。先生慚愧無能代謀職。詢知同里諸老友俱已物故。

《甌北集》卷九《里中杭生汭潮先友杭雲龍之子其兄廷宣又余五友之一也父兄皆殁來京相依詢知先友黄季游楊新友及潘本仁諸老人相繼物故感賦二首》其一：“年僅逾髫齔，貧思覓斗筲。……相對惟滋愧，無能代治庖。”

春，母以先生既入翰林，無可顧慮，而少子汝霖在家，頗爲繫念，乃南回。

《甌北集》卷九《潞河即事》其一：“無計留歸櫂，衰親憶故園。老尤憐少子，貧愛住荒村。柳綿搖波綠，蒲帆急雨喧。”

按：該詩上有分校順天鄉試諸詩，故送母南歸，當在乾隆二十七年壬午（1762）秋闈之後。又《甌北集》卷九編年自注：“起辛巳四月，至癸未春。”該詩爲卷九最後一首，且有“柳綿搖波綠”之句，則當作於乾隆二十八年癸未（1763）春。《詩證》辨析了《原譜》將潞

河送母南歸之事繫於乾隆二十六年辛巳(1761)之誤,但把此事置
於乾隆二十七年壬午(1762),亦誤。

三月,欽點會試同考官,得士董潮、祝德麟、祥慶、龔駿文、李
鐸、費淳等十一人。觀保從弟德保爲副考官。

《甌北集》卷十《新進士引見余分校所得士館選者五人喜賦》:"豈
必榜分三鼎足,門下無一甲者。已看堂聚五星躔。敢夸衣缽猶虛等,
記唱臚句僅兩年。余殿試僅兩年。"

按:"余殿試僅兩年"謂乾隆二十六年辛巳一甲三名及第。

《原譜》乾隆二十八年癸未條:"春,欽點會試同考官,得士十一人。
館選者五人,董潮、祝德麟、祥慶、龔駿文、李鐸;分部者一人,費
淳。分校得士之盛,爲歷科所未有。"

據《清代職官年表·會試考官年表》,本年三月六日會試正考官爲
刑部尚書秦蕙田,副考官爲吏部左侍郎德保、兵部左侍郎王繼華。

《甌北集》卷十一《哭門人董東亭庶常之訃》其四自注:"君會試制
藝爲時所推。"卷二十二《閱武陽邑志是門人董東亭庶常所修者》。

《甌北集》卷二十五《蘇州喜晤祝芷堂》其二自注:"君登第時年才
二十餘。"卷二十五《西湖雜詩》其十八:"僧寮楹帖彩鮮明,墨寶爭
誇翰苑名。却是醉翁門下士,者番方覺老夫榮。諸寺院多南雷、芷堂楹
帖。"卷二十七《江淑齋出守福寧便道枉過出其房師祝芷堂贈別詩
冊見示君壬午鄉試既出余門而芷堂又余癸未所得士也故芷堂詩
中有香奉歐陽一瓣齊之句展玩之餘即次原韻送別兼寄芷堂》。

《甌北集》卷十七《中丞德公枉詩贈行敬次原韻志別》其一自注:
"癸未分校禮闈,公爲總裁。"其二自注:"余會試出總憲觀公之門,
公從兄也。"

《簷曝雜記》卷二"殿試送卷頭"條:"殿試前,有才之士例須奔競,
以所擬對策首三十餘行先繕寫送諸公之門。卷内有當切題處,固
不能預擬,而頌聖數語則不拘何題皆可通用也,謂之送卷頭。延
攬者即以是默識之,然亦須視閱卷大臣之爲人。當兩劉公主裁數

127

科,則營進者轉或被擯。辛巳科,余固慮及此而不使知矣。癸未新進士褚筠心及余門人董東亭潮,本一榜中巨擘,詩文楷法掄魁有餘。東亭惟恐不得前列。余告以兩劉公不可干以私,且其衡鑒自精,有才者亦不必干,余往事可驗也,東亭竊以爲不然。而吾鄉少司空劉圃三先生好汲引,與文定又從兄弟也,特爲東亭送卷頭。文定既入閱,則先覓東亭卷,謂同列曰:'此吾鄉董潮也。'文正亦覓筠心卷出示曰:'此吾向日延請在家修書之褚廷璋也。'兩人遂不入十卷,褚卷第十一,董卷第十二。而十卷進呈者或轉遜焉,此又因營求而失之者也。然兩劉公歿,而不受干謁之風又令人思矣。"

董潮,字曉滄,號東亭,本江蘇常州府陽湖縣人,少孤,贅於浙江海鹽,遂占籍。雍正七年(1729)生,乾隆二十九年(1764)九月卒。乾隆二十八年(1763)進士,改庶吉士,授編修。曾充《通鑒輯覽》纂修官。《武進陽湖縣志》修志垂成而歿。工詩詞古文,兼善書法。曾賦《紅豆樹》歌,被稱爲"紅豆詩人",亦有"嘉禾八子"之目。著《紅豆詩人集》等。事具《清史稿·文學傳》、《國朝耆獻類徵初編》卷一二九。

祝德麟,字趾堂,號芷塘。浙江杭州府海寧州人。乾隆七年(1742)生,嘉慶三年(1798)卒。乾隆二十八年(1763)進士,改庶吉士,授編修。嘗充《續三通》館纂修、《四庫》館提調。官至湖廣道監察御史,旋因封事降級,後乞歸主雲間書院。工書。著《悦親樓詩集》。事具《國朝耆獻類徵初編》卷一三七、民國《海寧州志稿》卷二九《文苑》。

祥慶,字厚齋,號素雲。漢軍正黃旗人。乾隆二十八年(1763)進士,改庶吉士,授編修。官至福建興化府知府。

龔鵷文,字熙上,號簡庵。廣東高要人。雍正八年(1730)生,嘉慶八年(1803)卒。乾隆二十八年(1763)進士,改庶吉士,授檢討。官至宗人府府丞。

李鐸，字振文，號琪園。山東壽光人。乾隆二十八年（1763）進士，改庶吉士，授檢討。官至山西寧武府同知。

費淳，字筠浦，浙江杭州府錢塘縣人。乾隆四年（1739）生，嘉慶十六年（1811）三月卒。乾隆二十八年（1763）進士，授刑部主事。歷郎中，充軍機章京。出爲江蘇常州知府，丁父憂去。服闋，補山西太原，擢冀寧道。累遷雲南布政使，有惠政。歷安徽、福建巡撫，兩任江蘇巡撫，擢兩江總督。累官至體仁閣大學士、工部尚書。諡文恪，祀雲南名宦。事具《清史稿》卷三四三、《清史列傳》卷二十八。

德保，字仲容、潤亭，號定圃、龐村，索綽絡氏，滿洲正白旗人。觀保從弟。康熙五十八年（1719）生，乾隆五十四年（1789）正月卒。乾隆二年進士，改庶吉士，授檢討，官至禮部尚書。諡文莊。著《樂賢堂詩鈔》等。事具《國朝耆獻類徵初編》卷八二、王昶《湖海詩傳》卷七、《清史稿》卷二四、《清史列傳》卷二十四。

與翁方綱、王昶、諸重光、秦黌等同校藝禮闈。夜，與諸重光聯句至百韻，才氣橫溢。

《甌北集》卷十七《翁覃溪學使用德中丞韻贈行即次奉答》所附原作其四自注：“癸未春與君同與分校禮闈。”

《甌北集》卷首翁方綱序“癸未春，同校藝禮闈，夜聞君吟嘯聲，與諸桐嶼聯句至百韻，達旦相示，才氣橫溢，辟易萬夫。”

王昶《春融堂集》卷八有《闈夕雲松和心餘詩見示感作》。嚴榮《述庵先生年譜》乾隆二十八年癸未四十歲條：“二月，充會試同考官。蓋自己卯、庚辰、辛巳、壬午，連年五次點充同考。”

《甌北集》卷二十八《自樂儀書院移主揚州安定講席呈在籍謝未堂司寇秦西巖觀察張松坪吳涵齋兩編修皆詞館前輩也》所附秦黌和詩其二自注：“壬午、癸未、丙戌皆與君同分校之役。”《西巖前輩招飲話舊再疊前韻奉贈》其二自注：“壬午、癸未、丙戌皆與君同分校。”

四月散館，先生考列一等第二名，獨得宣見垂詢，詩稿呈御覽。

《甌北集》卷十《散館恭記二首》："上獨呼臣翼名宣見垂詢……詩稿呈御覽。"（其一自注）"去歲京察，蒙恩記名。"（其二自注）

按：《甌北集》卷十編年自注："起癸未四月，至甲申七月。"《散館恭記二首》爲該卷第一首詩，故趙翼散館當在乾隆二十八年癸未（1763）四月，"去歲京察"爲乾隆二十七年壬午（1762）事。

會大考翰林，先生待試於圓明園，有旨散館者免考。

《原譜》乾隆二十八年癸未（1763）條："會大考翰林，先生方待試於圓明園，有旨纔散館者免考，遂彙筆歸。"

《甌北集》卷十一《送周山茨侍講觀察蒼梧》其一自注："去歲考翰林，君列一等。"詩作於乾隆二十九年甲申（1764），"去歲"即指本年。

《甌北集》卷十三《奉命出守鎮安歲抄出都便道歸省途次紀恩感遇之作》其七自注："大考翰林，從未得與。"詩作於乾隆三十一年丙戌（1766）十二月，可知先生在翰林院期間，未參加過大考翰林。

吳長元《宸垣識略》卷十一"苑囿"："圓明園在掛甲屯之北，距暢春園里許，爲世宗藩邸賜園。園名聖祖御書，世宗有圓明園記，今上製圓明園後記，俱勒石。"

陳康祺《郎潛紀聞初筆》卷一"沈侍御諫罷重修圓明園"條："圓明園爲前明懿戚徐偉別墅舊阯，康熙間名暢春園。世宗在潛邸時，聖祖命於園中闢地築室，以爲世宗讀書之所，並賜名圓明。雍正後，遂無復暢春之稱矣。園距平則門二十里，列聖避暑巡幸，歲駐蹕數月以爲常。"

未幾，傷寒症甚劇，幾死，醫士王又寧治之，方得愈。

《甌北集》卷十《病起贈醫士王又寧》："吾年未四十，飽歷憂患迹。今年運尤蹇，災星召時疫。……忽然得君至，豈非天所擇？……作詩紀絕藝，聊志意無斁。異時方技傳，或取登史冊。"

《甌北集》卷四十一有《贈徐尚之明府余癸未歲得疾甚危其尊人季

130

常先生攜醫來治始愈今先生已下世而尚之以才士作賢宰有聲梁
宋間俯仰今昔不覺悲喜交集也》詩，徐季常所攜醫即王又寧。又
《甌北集》卷四十四《前接雨村觀察續寄詩話有書報謝並附拙刻陔
餘叢考廿十二史劄記奉呈兹又接來書並詩四章再次寄答》附李調
元《得趙雲松前輩書寄懷四首》詩，其四自注："昔君在京病熱，幾
不起。有醫但令食瓜，竟以此愈。"此"醫"亦謂王又寧。

據《甌北集》卷四十二《哭內兄高曉東》其二自注："癸未歲，余在京
得危疾，君力為調護。"可知，趙翼病重時，高光啟內兄曾鼎力
相助。

按：趙翼乾隆二十九年甲申（1764）又為王又寧題照，見《甌北集》
卷十《題王又寧獨立圖》。

與李調元同居椿樹三條衚衕，門斜對，朝夕過從，詩酒唱酬。

《甌北集》卷四十四《前接雨村觀察續寄詩話有書報謝並附拙刻陔
餘叢考廿十二史劄記奉呈兹又接來書並詩四章再次寄答》其二自
注："京中寓舍與君同在椿樹衚衕。"詩後附李調元《得趙雲松前輩
書寄懷四首》其二自注："癸未禮闈適君分校，出闈尚未至家即先
過我，報余中第二，故得捷音尤早，至今尚感云。"又李調元《雨村
詩話》卷一："癸未，余始謁先生所寓椿樹三條衚衕，汪文端公舊宅
也。余時官中書，與雲松宅門斜對，朝夕過從，詩酒言歡。"《年表》
繫此事於乾隆二十六年辛巳（1761），誤。

李調元，字羹堂，小字鶴，號雨村、墨莊、童山、鶴洲、暫庵、卭齋、蠢
翁，四川綿州府羅江縣人。雍正十二年（1734）十二月初五日生，
嘉慶七年十二月二十一日（1803 年 1 月 14 日）卒。乾隆二十八年
（1763）進士，改庶吉士，授吏部主事。歷官吏部員外郎、廣東學
政，直隸通永兵備道。後以事罷官，遂家居二十餘年，以著述自
娛。群經小學、詩詞曲話，皆有撰述。所為詩文，不假修飾。推崇
戲曲藝術，為促進昆腔入川的重要人物。喜藏書，家有萬卷樓，遭
兵燹焚。著《雨村詩話》、《劇話》、《童山詩集》、《童山文集》、《函

海》等。事具楊懋修《李雨村先生年譜》及《清史列傳》卷七十二。

是年底,從椿樹三條衚衕移居裘家街。

> 《甌北集》卷十《歲暮移寓裘家街次桐嶼見贈原韻》其二自注:"與
> 君迭代尋常事,誰定蘧廬作主人? _{桐嶼曾寓此。}"
>
> 王昶《湖海詩傳》卷二十二有諸重光《趙雲崧同年移寓裘家街即海
> 昌陳文勤公邸第也三年前予曾寓此賦贈》自注:"雲崧年來屢易
> 寓舍。"
>
> 按:關於趙翼京師住所,可考者如下。乾隆二十三年戊寅(1758)
> 春汪由敦歿後,趙翼接家眷到京先寓宣武坊椿樹衚衕時晴齋;乾
> 隆二十四年己卯(1759)爲續娶程氏僦宅寄園;後又移居椿樹三條
> 衚衕;今歲暮從椿樹衚衕移寓裘家街。趙翼亦曾寓醋張衚衕,見
> 《簷曝雜記》卷二"狐祟"條:"余僦屋醋張衚衕。"

是年,焦循生。史貽直、金農、曹雪芹卒。

乾隆二十九年甲申(1764) 三十八歲

春,送蔣士銓罷官南歸,僑寓江寧。蔣士銓以《歸舟安穩圖》
索題。

> 《甌北集》卷十《送蔣心餘編修南歸》其一:"潞水春風綠半篙,扁舟
> 忽漫泝江皋。竟拋官去談何易,爲養親歸意自高。口腹累人應未
> 免,文章傳世早堪豪。"其二:"敏捷詩如馬脫銜,才高翻致謗難緘。
> _{有間之於掌院者,故云。}"其三:"經年不晤自情親,冷暖場中兩故人。世
> 謂灌夫能罵座,我援瀧史勸書紳。……更憶同時二張子,_{吟薌、廉船}
> _{皆因君交於余。}近來也復少音塵。"其四自注:"君南去僑寓金陵,已
> 買宅雞鳴山下,即雞籠山也。"《心餘復以歸舟安穩圖索題惜別送
> 行爲賦十二絕句》其三:"桃花貼浪柳垂堤,一葉歸舟老幼齊。"據
> 詩意,送別蔣士銓出都當在初春時節。
>
> 蔣士銓《忠雅堂文集》卷二有《歸舟安穩圖記》,自云"居士行年三
> 十有九",落款"乾隆癸未十二月朔",知此圖作於乾隆二十八年

冬，記作於十二月初一。又《忠雅堂詞集》卷下《銅炫詞》有《水調歌頭》（自題歸舟安穩圖），或與記同時作。其南歸、以圖索題則在其後，已入第二年初春。

袁枚《隨園詩話》卷八："乙酉歲，心餘奉母出都，畫《歸舟安穩圖》，一時名公卿，題滿卷中。尹文端公謂余曰：'此卷中無佳作，惟太夫人自題七章、陸健男太史四首足傳也。'""乙酉歲"誤，當作甲申，即乾隆二十九年。

按：除了趙翼外，題蔣士銓《歸舟安穩圖》者人數衆多，如其母鍾令嘉《自題歸舟安穩圖七首》（《國朝閨閣詩集·柴車倦游集》）、錢載《籜石齋詩集》卷二七《題蔣編修歸舟安穩圖》、程晉芳《勉行堂詩集》卷一六《題蔣清容前輩歸舟安穩圖即送南歸次錢籜石庶子韻》、袋枚《小倉山房詩集》卷一九《題蔣苕生太史歸舟安穩圖》等。

又按：據《甌北集》卷十《後園居詩》其十："吾友蔣心餘，才志並激宕。……官去貧難歸，毋乃太孟浪。書生命本薄，作事須自量。得官藉饘粥，全家飽祿養。……書因乞米修，錢待賣文償。以口腹累人，吾氣仍不壯。托命於君父，終勝門戶傍。"可知趙翼此時頗不贊同蔣士銓辭官依人爲生。

初用眼鏡。

《甌北集》卷十《初用眼鏡》："何來兩圓璧，功賽補天罅。長繩繫雙日，橫橋向鼻跨。……平添膜一層，翻使障翳化。……相傳宣德年，來自番舶駕。……初本嵌玻璃，薄若紙新砑。中土遞倣造，水晶亦流亞。始識創物智，不盡出華夏。"

按：《陔餘叢考》卷三十三有《眼鏡》考一篇。

陳康祺《郎潛紀聞二筆》卷十二"水晶眼鏡"條："今水晶眼鏡遍天下，市井駔儈且用之矣。此物興於國初，珍貴逾珠玉。康熙癸未，賜少宗伯孫岳頒晶鏡。時蔣文肅以庶常值內廷，奏臣母曹氏，年老眼昏，上亦賜之，當世以爲殊榮。"

春，黃景仁應童子試，縣試第一。

黄景仁《兩當軒集》卷十九《賀新涼》小序："壽州遇桐城吳竹亭丈話舊。因及甲申歲常州知府潘峨溪先生試童子，拔予第一。"

左輔《杏莊府君自叙年譜》本年條："時黄景仁仲則，年甫十七，以縣試第一補博士弟子員。"

黄景仁，字仲則、漢鏞，自號鹿菲子。室名兩當軒。江蘇常州府武進縣人。乾隆十四年（1749）正月初四日生，乾隆四十八年（1783）四月二十五日卒。乾隆四十一年東巡召試二等。授武英殿書簽官。候補縣丞。後貧病交加卒。爲"毗陵七子"之一，與洪亮吉交契。以詩名，亦工書法篆刻。著《兩當軒集》等。事具洪亮吉《卷施閣文甲集》卷十《候選縣丞附監生黄君行狀》、王昶《春融堂集》卷五八《黄仲則墓志銘》、《清史稿》卷四八五、《清史列傳》卷七十二。

四月八日，賀尹繼善七十壽辰。

《甌北集》卷十《壽尹望山公七十》："人傳與佛共生日，誕辰在四月八日。帝命遣官寵大年。公節制兩江，上命於誕日前入覲，至則加大學士。國老膠庠言可乞，世家宰輔史應編。"（其一）"蒼生憂樂縈孤枕，黄髮勳名歷兩朝。"（其二）"公節制兩江凡四度，曾有詩云：'似與吳民有宿緣。'"（其三自注）"十年詩客辱知名，燕見常叨倒屣迎。蠟鳳諸郎皆好友，登龍前歲又門生。余辛巳殿試，公爲讀卷官。後堂絲竹慚高第，詞壘旌麾許主盟。"（其四）

據《清代職官年表·總督年表》，尹繼善是年四月二日加授文華殿大學士，留任兩江總督。

袁枚《小倉山房詩集》卷一八有《望山尚書以七十生辰作相仍督兩江奉賀四首》。《小倉山房文集》卷三《文華殿大學士尹文端公神道碑》："（乾隆）二十九年，上召公，爲慶七十，賜宴於第，拜文華閣大學士，仍攝總督。"《小倉山房外集》卷三有《尹公七旬生辰授文華殿大學士序》。

尹繼善《尹文端公詩集》卷八《予七十初度奉召入都周青原賦詩預

祝兼以送行途中依韻和寄并勖書院諸生》、《甲申四月八日七十初度奉召先期赴闕旋拜寵命入閣仍留兩江總督之任賜賚便蕃恭成紀恩詩十四首》。

蔣士銓《忠雅堂詩集》卷一一亦有賀詩。

四月二十九日亥時，廷英生。

《西蓋趙氏族譜・學亮公派北岸分支世表》："（趙廷英）行一。字鼎傳。國子監生。同知銜。乾隆二十九年甲申四月二十九日亥時生。"

《原譜》乾隆二十九年甲申條："四月，子廷英生。"

送王文治出守雲南臨安，同人演劇贈行。

《甌北集》卷十《送王夢樓侍讀出守臨安》："黃蓋朱轓臨廣陌，官程遙指滇陽驛。……君隨冊使泛海封琉球，舟覆落海，幾死。歸來射策金馬門，鼎足科名起通籍。……有詔掄才出典郡，一十七人膺選擇。君乘五馬去最先，䍐晌古郡列畫戟。……自古未曾有品題，一經鑒裁愈奇僻。探奇定訪昆明池，……唐宋割疆考沿革。……而我送君去作郡，一言欲贈繞朝策。男兒素志雅不凡，得官豈爲取快適？儒林循吏二傳間，位置必須爭一席。矧兹擢用係破例，詞館不常有此格。……他年報最來都門，重爲作詩紀政迹。"卷十三《奉命出守鎮安歲杪出都便道歸省途次紀恩感遇之作》其五自注："王夢樓諸公出守時，同人爲演劇贈行。"

按：祝德麟《悅親樓詩集》卷二有《夢樓出守臨安假道蘇杭邂逅閶門舟次余以事先別約於杭州相見也》、《陪夢樓策馬遍游湖上諸勝入城置酒丁仙閣餞別》、《江口送夢樓》詩，編年在"甲申"夏，知王文治於本年夏假道蘇杭出守雲南臨安。

王文治，字禹卿，號夢樓，江蘇丹徒人。雍正八年（1730）九月十日生，嘉慶七年（1802）四月二十六日卒。乾隆二十五年（1760）一甲三名進士，授編修。出爲雲南臨安府知府，因事鎸級，乞病歸，遂不出。主講杭州、鎮江諸書院。以詩、書聞名，精音律。持佛戒，詩與書有禪理。書名時與劉墉相埒,有"濃墨宰相,淡墨探花"之稱。著《夢樓詩集》等。事具姚鼐《惜抱軒文集後集》卷七《中憲大夫雲南臨安府知府丹徒王君墓志銘》、《清史稿》卷五〇三、《清史列傳》卷七十二。

題王日杏父觀潮遺照,時日杏入直軍機處。

《甌北集》卷十有《題王勿齋孝廉觀潮遺照爲令嗣漱田郎中》詩,其二自注云:"尊人諱雲錦,由殿撰官至學士。"其四自注:"漱田儤直軍機。"

王雲錦,字勿齋、宏駿,號海文、倬亭,江蘇常州府無錫縣人。順治十四年(1657)生,雍正五年(1727)卒。王日杏父。康熙四十五年一甲一名進士,授修撰。由殿撰官至學士。事具《錫山歷朝書目考》卷八。

六月,張塤將往山西,枉道至京來訪。題張塤所譜蔡文姬歸漢傳奇。

《甌北集》卷十《喜吟薌至京》:"離懷五載渺相思,空谷跫然到履綦。坐定君先詢近作,別來吾未有新知。游踪預恐桑三宿,_{君將往山右。}昔面微添鬢幾絲。"(其一)"千里驅車向井陘,感君枉道過虛庭。……佳客肯來惟舊雨,故人漸散似晨星。_{心餘、廉船諸人。}"(其二)

按:《甌北集》卷十編年自注爲:"起癸未四月,至甲申七月。"《吟薌往山西約廿日必來今已月餘矣詩以望之》居於卷尾,應作於甲申七月;據詩題與"別去方殘暑,歸期忽已過"句意,張塤來訪應在六月間。

《甌北集》卷十《題吟薌所譜蔡文姬歸漢傳奇》。

亡妻劉氏歿已七年,夢之。

《甌北集》卷十《夢亡内作》其二:"七年闊別路茫茫,何事今宵入夢長。似此貧宜無可戀,感君久尚不相忘。……一語寄來聊慰藉,後妻前女少參商。"

按:該詩作於乾隆二十九年甲申(1764)劉氏歿於二十三年戊寅

(1758)，故《夢亡内作》云"七年闊別路茫茫"。

按："後妻"謂繼配程氏，"前女"即劉氏所生女。

《西蓋趙氏族譜・藝文外編》載趙翼《繼室程恭人行略》："（程恭人）撫元配劉恭人所生女，不啻己出，以是早有賢淑聲。"

與錢維城交，題其詩集。

《甌北集》卷十《錢茶山司寇以大集見示捧誦之餘敬題於後》其二："幸叨鄉後進，請益敢辭勞。"

據《清代職官年表・學政年表》，錢維城乾隆二十七年九月至三十年九月任浙江學政，趙翼此時所見錢維城詩集或爲郵示。

《甌北集》卷二十一《爲錢曙川孝廉題所藏令兄茶山司寇畫卷係臨王麓臺筆麓臺則仿元季四大家者也》："國朝繪事擅山水，前有麓臺後茶山。……我亦當年辱素知，論文樽酒開心期。"卷三十四《賀錢竹初移新居有林壑之勝》其二自注："令兄文敏公乙丑殿撰。"

昭槤《嘯亭雜録》卷七"錢文敏"條："錢文敏公維城，中乾隆乙丑狀元，選爲清書翰林。公性聰敏，以國書爲易學，遂不復用心，至散館日，輒曳白。純皇帝大怒曰：'錢維城以國語爲不足學耶，乃敢抗違定制若此。'將置於法。傅文忠公代請曰：'錢某漢文優長，尚可寬貸。'上召至階下，立命題考之。公倚礎石揮毫，未逾刻輒就。上異其才，命南書房供奉，後遂洊陞至户部侍郎，寵眷甚渥云。"

錢維城，初名辛來，字宗磐、宗盟，號幼安、幼庵、宗蒼、稼軒，晚自號茶山。江蘇常州府陽湖縣人。錢維喬兄。康熙五十九年（1720）生，乾隆三十七年十月（1772）卒。乾隆十年（1745）一甲一名進士，授修撰。遷右中允，南書房行走，後擢刑部左侍郎。丁父憂，以毀卒。諡文敏。工詩文，畫山水幽深沉厚。著《錢文敏公集》三十卷。事具錢維喬《竹初文鈔》卷五《先兄文敏公家傳》、卷六《先兄文敏公墓志銘》，王昶《春融堂集》卷五二《刑部左侍郎贈尚書錢文敏公神道碑銘》，《清史稿》三〇五、《清史列傳》卷二三。

前寄居汪由敦澄懷園時,有《園居七首》,今再作《後園居詩》十
首述懷。

《甌北集》卷十《後園居詩》:“昔年園居詩,乃在尚書塢。……今年
園居詩,蕭然一環堵。地僅可笏量,屋每牽蘿補。……老我於其
間,一窩自仰俯。門外人海喧,門內洞天古。”(其一)“有客忽叩
門,來送潤筆需。乞我作墓志,要我工爲諛。……吾聊以爲戲,如
其意所須。補綴成一篇,居然君子徒。核諸其素行,十鈞無一銖。
此文倘傳後,誰復知賢愚? 或且引爲據,竟入史册摹。乃知青史
上,大半亦屬誣。”(其五)

按:《甌北集》卷四《園居七首》作於乾隆二十一年丙子(1756)寄
居汪由敦澄懷園時。

七月,張塤往山西前約廿日必來,月餘未歸,詩以望之,後送其
南歸。

按:《甌北集》卷十《吟薌往山西約廿日必來今已月餘矣詩以望
之》:“別去方殘暑,歸期忽已過。”該詩編年在“甲申七月”。

《甌北集》卷十一有《送吟薌南歸》詩。

張塤友曲阜孔繼涵,先生曾序其《紅榈書屋樂府》。張塤來道
相慕之意,先生詩以答之。

《甌北集》卷十一《曲阜孔荭谷孝廉吟薌友也余曾叙其紅榈書屋樂
府吟薌來爲道相慕之意詩以答之》:“平生未識孔巢父,曾讀紅榈
稿一編。……他日計偕來射策,期君同醉咬春筵。”

孔繼涵,字體生、誧孟,號荭谷、微波榭等,山東兖州府曲阜縣人。
乾隆四年(1739)正月二日生,乾隆四十八年十二月十八日(1784
年1月10日)卒。孔子六十九世孫,次子孔廣根爲戴震婿。乾隆
三十六年進士。官户部河南司主事。著《紅榈書屋詩集》、《雜體
文稿》等。事具翁方綱《復初齋文集》卷十四《皇清誥授朝議大夫
户部河南司主事孔君墓志銘》。

寄詩問訊鄉居之張舟。

《甌北集》卷十一《寄張廉船》：“五年不見張公子，千里相思無限情。……歸去西江近何事，定知著述益縱橫。”（其一）“聞説居鄉亦樂哉，黨筵往往玉山頹。……一言相寄應珍惜，年少如君未易才。”（其二）

按：趙翼上次與張舟的交游見《甌北集》卷七《贈張廉船上舍即用其柬心餘韻》，作於乾隆二十四年己卯（1759），故云“五年不見張公子”。

題蔣熊昌灌園小照。

《甌北集》卷十一《題蔣澄川民部灌園小照》。

蔣熊昌，字辛仲、澄川，號真朴居士。江蘇省常州府陽湖縣人。蔣炳子。嘉慶九年甲子（1804）卒。乾隆二十八年（1763），與姚鼐爲同榜進士。以户部雲南司郎中入直軍機處，擢安徽潁州府知府，緣事罷，遂歸里不出。工詩古文。晚年講學常州城北覺塵庵。著《常惺惺齋文稿》等。事具姚鼐《惜抱軒文集後集》卷一《蔣澄川詩集序》。

裘曰修銜恤歸里，尋詔起巡視畿南水利，事竣假歸迎太夫人北上，途次又承詔入閩。既還朝，以所和遠祖宋司直萬頃歸興詩韻凡十餘首録成一册見示，先生以四律答之。裘曰修喜交接賓客。

《甌北集》卷十一《裘少宰師銜恤歸里尋詔起巡視畿南水利事竣假歸迎太夫人北上途次又承詔入閩既還朝以所和遠祖宋司直萬頃歸興詩韻凡十餘首録成一册見示兼索和章謹成四律》其四自注：“客至不拒，惟公門爲然。”

據《清代職官年表・部院漢侍郎年表》，裘曰修乾隆二十六年辛巳（1761）十一月以憂免户部左侍郎，乾隆三十年乙酉（1765）正月由署倉場侍郎改户部左侍郎，仍兼倉場侍郎。四月，兼順天府尹。

是年，以虞鳴球、董潮爲總纂始修武進陽湖縣志。九月，董潮
病歿於志館，先生哭之。

《甌北集》卷十一《哭門人董東亭庶常之訃》其一：“秋風何處哭文
章。……君素病咯血。”（其一）“十年一第返江關，……病來身死亂書
間。方修毘陵邑志。”（其二自注）“通家孔李舊相存，令祖曾受業於先曾祖。
一載師生誼倍敦。……君會試制藝爲時所推。”（其四）卷二十二《閱武
陽邑志是門人董東亭庶常所修者》自注：“修志垂成而歿，同事者
以君入《文學傳》中。”

趙懷玉《收庵居士自訂年譜略》乾隆二十九年甲申十八歲條：“自
陽湖分縣未有專志。是歲，當事始葺兩邑志乘。延金壇虞考功鳴
球、同里董吉士潮總纂。以吾家微泉閣爲志館。九月，吉士卒於
館中。吉士與予爲通門，才藻過人，頗有忘年之契，以詩哭之。”

按：董潮爲乾隆二十八年癸未科會試，趙翼充同考官時所取士。

虞鳴球，字拊石，號錦亭。江蘇常州府金壇縣人。康熙四十七年
（1708）生，乾隆五十二年丁未（1787）卒。乾隆十三年（1748）進
士。官至順天府尹。“千叟宴”賜詩授杖，准予告歸。與修武進陽
湖縣志。著《錦亭詩鈔》、《錦亭文集》等。事具《江蘇藝文志·常
州卷》。

方汝謙成進士八年後方入都赴補，相見話舊。

《甌北集》卷十一《同年方牧園謁選入都話舊》其四：“得第還家手
一編，八年方謁選入前。”

按：《甌北集》卷五《同年方牧園成進士將南回以歸舟圖索題爲賦
四絕句》其三：“登第仍憐需次行，檣旗猶未有官名。”作於乾隆二
十二年丁丑（1757），方汝謙於是年成進士後需次歸里，距今恰已
八年。

平聖臺保薦入都，詩以贈之。

《甌北集》卷十一《同年平姚海明府保薦入都賦贈》：“君自翰林改
官邑宰。”（其一自注）“滕王閣畔赴官程，七載賢勞起政聲。”（其

二)"時已擢郡丞。"(其三自注)

按：王昶上年有送平聖臺回臨川縣任詩作，見《春融堂集》卷八《送同年平瑤海_{聖臺}回臨川縣任》。

《甌北集》卷二十四《同年平姚海別已十六七年忽接手書知在平江掌教兼招余姑蘇之游先以詩答》其二自注："余與君同庚午鄉試，君以甲戌館選，前余三科，例稱前輩。"

按：據上可知，平、趙爲乾隆十五年庚午（1750）鄉試同年，平聖臺乾隆十九年甲戌（1754）成進士授職編修後，改官知縣七年，擢郡丞，時保薦入都。

與吳璜、商盤交。從吳璜處借觀商盤詩集。商盤過訪論文，先生送其出守雲南。

《甌北集》卷十一《贈吳鑑南民部》："癡絕吳民部，詩才迥不群。……似舅何無忌，_{君爲商寶意甥。}爲郎揚子雲。"《從吳民部寓齋借觀商寶意太守詩集爲題長句》其一："冷曹乞郡貧何諱，_{君由翰林引見時，奏乞補外，得授郡丞。}才子爲官老尚狂。"《寶意前輩枉過論文即送其出守雲南》其一："世年宿望領風騷，良晤今酬結想勞。"其二："從知千載蒼山石，宦績文名兩不磨。"

嚴榮《述庵先生年譜》乾隆二十九年甲申四十一歲條："十一月，紹興商寶意太守_盤授雲南知府。寶應老詩人。先生集同人餞於畢秋帆修撰沅疏雨樓，以詩送行。"及王昶《春融堂集》卷八《商太守寶意盤至都畢秋帆招同劉映榆錢坤一趙升之嚴東有程魚門陸健男童梧岡鳳三吳鑑南璜集聽雨樓和寶意韻》、《贈寶意太守即送之雲南順寧新任五十韻》。

洪亮吉《北江詩話》："'老尚多情覺壽徵'，商太守盤詩也。'若使風情老無分，夕陽不合照桃花'，袁大令枚詩也。二公到老，風情不衰，於此可見。"（卷一）"商太守盤《秋霞曲》、楊戶部芳燦《鳳齡曲》，皆能叙小兒女情事，宛轉關生。然淋漓盡致中，下語復極有分寸，則商爲過之。……商太守盤詩似勝於袁大令枚，以新警而

不佻也。"(卷二)

吳璜,字方甸,號鑑南,浙江山陰人。商盤甥。雍正五年(1727)生,乾隆三十八年(1773)六月十一日卒。乾隆二十五年進士,除戶部雲南司主事。乾隆三十四年(1769)出知湖南澧州。丁父艱歸。乾隆三十八年(1773)揀發四川登春,賊圍城,死難。著《蘇門紀游》、《黃琢山房詩》等。事具蔣士銓《忠雅堂文集》卷三《入祀昭忠祠鑑南吳公傳》、程晉芳《勉行堂文集》卷六《四死事傳》。

商盤,字蒼雨,號寶意(一説字寶意,號蒼雨),浙江會稽府嵊縣人。康熙四十年(1701)十月二十四日生,乾隆三十二年(1767)卒。雍正八年(1730)進士,改庶吉士,歷官翰林院編修,鎮江郡丞,廣西郁林州州牧,太平府、慶遠府、鎮安府知府,雲南沅江府知府等職,卒於官。自幼工詩,才名與厲鶚並稱。精音律、工談笑。爲會稽"西園吟社"成員。著《質園詩集》三十二卷、《質園尺牘》二卷。又選八邑詩人之作爲《越風》集,計三十卷。事具王昶《春融堂集》卷五六《雲南沅江府知府商君墓志銘》、袁枚《小倉山房文集》卷一四《祭商寶意太守文》、蔣士銓《忠雅堂文集》卷三《寶意先生傳》、《清史列傳》卷七十一。

秋,奉派改纂修《歷代通鑒輯覽》。

《原譜》乾隆二十九年甲申(1764)條:"秋,改纂修《通鑒輯覽》。"

孫星衍《趙甌北府君墓志銘》:"時任撰文,修《通鑒輯覽》。"

據《通鑒輯覽職名表》,劉綸、劉星煒、楊述曾、趙翼,于敏中、畢沅、陸錫熊、王昶、嚴長明、朱筠等先後參與纂修《歷代通鑒輯覽》。

秋,觀家人醃菜,叙寫京師生活。

《甌北集》卷十一《觀家人醃菜戲成四十韻》:"物產推安肅,秋成慶阜豐。"

洪亮吉《洪亮吉集》之《卷施閣詩》卷第十《里中十二月詞》之《右十一月》自注:"吳俗于冬日預蓄菜數百斤,以鹽漬之,可經久不壞。"

送周升桓侍講陞任廣西蒼梧道。

《甌北集》卷十一《送周山茨侍講觀察蒼梧》："去歲考翰林,君列一等。"(其一自注)"此官頻見宣前席,近日梁瑤峰少宰、蔡西齋司寇皆由道員內擢,故以此爲賀。有客還應羨後薪。"(其二)及卷十六《隨周山茨觀察赴桂林有作》。

按:據陳康祺《郎潛紀聞初筆》卷二"大考升降之例"條:"國家故事:大考翰詹,惟一等及二等前數名得遷擢,稍後或被文綺之賜。中、贊以上列三等末,率改官降黜,編、檢奪俸。至四等則無不降斥者。"可知,周升桓此次升遷當於去歲大考翰林列一等有關。

是年,張問陶、阮元生。蔣炳、董潮卒。

乾隆三十年乙酉(1765)　三十九歲

正月初二日,乾隆帝以第四次南巡在即,悉行蠲免蘇、皖、浙積年緩帶未完銀糧。

《欽定南巡盛典》卷三十二:"乾隆三十年正月初二日,上諭內閣曰:今春朕恭奉皇太后安輿四巡江浙,東南黎庶,望幸情殷,宜布渥恩,用光盛典。……著加恩將江蘇、安徽乾隆二十五年以前節年因災未完蠲剩河驛、俸工等款,并二十六、七、八三年因災未完地丁、河驛等款,以及二十八年以前節年因災未完漕項暨因災出借籽糧、民糧、民借備築堤堰等銀一百四十三萬餘兩,又籽種口糧內米麥豆穀十一萬三千餘石,概予蠲免。至浙江一省,額賦本較江南爲少,其積欠亦屬無多,著將乾隆二十六、七、八三年因災未完地丁銀兩并二十七年屯餉沙地公租、二十六七兩年未完漕項等銀一十三萬二千五百餘兩,又二十八年借給籽本穀一萬三千七百餘石,加恩悉行蠲免,以均惠澤。該督撫等其董率所屬,實力詳查妥辦,副朕嘉予元元至意。倘有不肖胥吏從中舞弊,影射侵漁,察出即與嚴參,從重治罪。該部遵諭速行。"

二月初七日,乾隆帝降旨,將四巡江浙水陸經過地方,本年額賦免半。

《欽定南巡盛典》卷三十二:"乾隆三十年二月初七日,上諭內閣曰:朕恭奉皇太后安輿,啟蹕之前,已特頒恩旨,將該二省積年緩帶未完銀糧全行豁免。茲當入疆伊始,宜敷愷澤,以昭盛典。所有江南、浙江水陸經過地方,本年額賦,俱著加恩蠲免十分之五。該督撫等其率屬實力妥辦,稱朕觀民行慶至意。該部遵諭即行。"

三月三日,乾隆帝駕抵江寧。十日,召試江蘇、安徽文士,趙懷玉、張塤等報罷。

趙懷玉《收庵居士自訂年譜略》乾隆三十年乙酉十九歲條:"二月,高宗純皇帝南巡,與江蘇士子獻賦於蘇州之射瀆。三月,召試於江寧之鍾山書院。……藉此盡識大江南北知名之士,亦一樂也。"

按:據《清高宗實錄》卷七三二"三月十日"諭:"江蘇、安徽進獻詩賦諸生,考取一等之舉人……其二等之程世淳等二十一名……"及作於乾隆三十年乙酉(1765)《甌北集》卷十一《吟蔽獻賦報罷復赴京闈就試》,知趙懷玉、張塤召試未中。

會考各省主試官,先生仍列一等。秋,欽點順天武闈主考官。

《甌北集》卷十一《蒙恩命偕張塤似侍讀主試順天武闈恭紀四律末章兼呈塤似》其一:"一行御紙出金扉,忝荷持衡人武闈。……兩回路記前游熟,壬午、癸未連歲與分校之役。七品官膺此遇稀。武闈主試多用大僚,從未點及編檢。"

《簷曝雜記》卷二"武闈"條:"武闈但以弓馬技藝為主,內場文策不論工拙也。余嘗主順天乙酉科武鄉試。其策有極可笑者……蓋緣夾帶小本字畫甚密,不能分晰,故抄謄訛錯耳。……然外場已挑入雙好字型大小,則不得不取中。幸武闈無磨勘之例,可不深求耳。"

《清史稿》卷一百八"選舉三":"武科,自世祖初元下詔舉行,子午卯酉年鄉試,辰戌丑未年會試,如文科制。鄉試以十月,……凡鄉、會試俱分試內、外三場。……三場策二問、論一篇,為內場。……內場考官,順天以翰林官二人。"

三月十三日，程晉芳招同錢載、錢大昕、曹仁虎、王昶、吳省欽、陸錫熊、趙文哲各攜壺榼至陶然亭，爲展上巳會。是秋，同人又小集陶然亭。

《甌北集》卷十一《三月十三日程載園舍人招同錢籜石辛楣兩學士曹來殷編修王述庵比部吳白華庶常陸耳山家璞函舍人各攜壺榼陶然亭爲展上巳會分賦二律》。

《甌北集》卷十一《陶然亭同人小集》："人意暗隨秋後老。"

錢載，字坤一，號籜石，晚號萬松居士、百福老人，浙江嘉興府秀水縣人。康熙四十七年(1708)生，乾隆五十八年(1793)九月二十一日卒。乾隆十七年(1752)成進士，由編修累官禮部左侍郎。乾隆四十四年(1779)，充四庫全書館總閱官。工繪事。著《籜石齋詩集》、《籜石齋文集》等。事具《碑集傳》卷三十六朱休度《禮部侍郎秀水錢公載傳》、吳文溥《故禮部侍郎錢公傳》、錢世錫《皇清誥授資政大夫尚書房行走禮部左侍郎恩予原品休致顯考籜石府君行述》、《清史稿》卷三〇五、《清史列傳》卷二十五等。

方汝謙謁選高安知縣，送其出守。

《甌北集》卷十一《送牧園出宰高安》。

按：方汝謙成進士八年後始於上年入都補官，見《甌北集》卷十一《同年方牧園謁選入都話舊》其四："得第還家手一編，八年方謁選入前。"

題蔣南莊松陰調鶴圖。

《甌北集》卷十一《題蔣南莊州牧松陰調鶴圖》。

按：趙翼與蔣南莊的交游亦見《甌北集》卷二十七《端午後一日入城適蔣南莊立庵昆仲邀客看競渡拉余同舟即事紀勝兼呈同會程六丈霖巖莊學晦勉餘蜚英家緘齋》。

《甌北集》卷二十七《蔣立庵太守自潁川歸相見話舊》其二自注："令兄南莊自塞外歸。……令弟雲驤新宰醴泉。"可知，蔣氏三兄弟依次爲蔣南莊、蔣熊昌、蔣騏昌。

145

張塤應南巡召試未中後,再赴京闈。先生題其鏡影小照。

《甌北集》卷十一《吟薌獻賦報罷復赴京闈就試》、卷十一《題吟薌鏡影小照》其二:"頭顱三十許,詞賦已成家。"

初秋,錢維喬會試報罷南還,詩以送之。

錢維喬《竹初詩鈔》卷四《余自被放南還息影故鄉……》。

錢維喬《竹初詩鈔》卷四《寄似撰甥京師用趙編修甌北贈詩韻》:"山城握手得深談,別路官堤柳影猌。舊價浪蒙推冀北,虛名都復笑箕南。生涯射虎心空壯,術業雕蟲久更慚。欲把前途問詹尹,命奇消息恐難探。"(其一)"還轅牢落起離愁,襆被君偏事北游。余南還之明日,似撰即抵都,計相左,在長新店未得把晤。白髮已添行子淚,青衫應爲故人羞。作書魴鱮須留地,比迹鷗鳧漫逐流。若向歸鴻訊顏色,年來病骨怕經秋。"(其二)

按:趙翼贈詩未見《甌北集》。錢維喬該詩繫於此年,據"襆被君偏事北游"、"青衫應爲故人羞"、"年來病骨怕經秋"詩句,知南還時當秋日。該詩下有《八月十五夜對月》,故送錢維喬南還當在初秋。

錢維喬,字樹參、季木,小字阿逾,號曙川、竹初、半園、竹初居士、半竺道人、半園逸叟、林棲居士等。江蘇常州府陽湖縣人。錢維城弟。乾隆四年(1740)十二月十四日生,嘉慶十一年(1806)卒。乾隆二十七年(1762)舉人,官浙江鄞縣知縣,有政聲。爲文博贍,工書善畫。歸田後得唐宇昭舊園之半,曰半園之半。晚自號淨繼老人,室名竹初庵。有《竹初詩鈔》等。事具錢維喬《竹初文鈔》卷六《自述文》、光緒《武進陽湖縣志》卷二三《人物》、陸萼庭《錢維喬年譜》。

秋,順天鄉試,趙懷玉、莊炘應均落第。

趙懷玉《亦有生齋集》詩卷一《乙酉秋試被放還南管吉士干珍有寄懷四詩沉浮未達夏間入都始出相示今余又以病歸追依前韻用志別懷》。

《甌北集》卷十一《莊似撰上舍吾鄉才士也三獻賦報罷今來試京闈又被黜於其出都也詩以送之》："與君鄉國未深談,相見長安鬢已鬈。……才名十載大江南。"(其一)"落葉風前動別愁,蕭然南下趁扁舟。……通才畢竟襟懷曠,不把文章哭九秋。"(其二)

洪亮吉《北江詩話》卷四:"莊刺史炘,余僚婿也。長余十歲,壬辰夏,始訂交於寧國試院之青雲樓。刺史博學能文,生平慕王深寧品學,輯其遺文,多至數卷,亦可見其勤矣。尤篤於友誼,余遣戍道出邠州,刺史正官其地,固留二日,瀕行稱貸贈賻。余到戍百日,曾兩得刺史書,以文與可戒蘇和仲詩相勗,所謂'北客若來休問訊,西湖雖好莫題詩'是也。余至今感之。"

莊炘,"炘"一作"忻"。字景炎、似撰,號虛庵,江蘇常州府武進縣人。雍正十三年十二月十七日(1736 年 1 月 29 日)生,嘉慶二十三年(1818)五月十六日卒。錢維城甥。乾隆三十三年(1768)副貢。以州判補陝西咸寧知縣,擢漢陰通判,遷邠州知州,歷署興安、鳳翔、榆林知府。與洪亮吉、孫星衍、趙懷玉、張惠言等倡爲漢學,於聲音訓詁尤深。著述甚豐,校《淮南子》、《一切經音義》等,著《師尚齋詩集》等。事具趙懷玉《亦有生齋集》文卷一九《清故奉政大夫陝西邠州直隸州知州莊君墓誌銘》、《清史列傳》卷七十二。

喜張塤應順天鄉試獲解。

《甌北集》卷十一《喜吟薌登京兆試賦賀十二韻》:"京兆門高藥榜懸,……跌宕名場已十年。……與我訂交良已久,因君有喜似相連。"

秋,送內弟劉可光順天鄉試報罷南還。

《甌北集》卷十一《送可光內弟秋試報罷南歸》:"憶我初爲君家婿,諸舅中尤與君好。聯牀客邸常對眠,挾策京闈共赴考。……彈指倏經二十年,往日青春去如掃。我雖僥倖成一第,遲暮已愧冬烘腦。君更胡爲尚泥滓,布衣脫粟困蓬蓽。前年負土葬老親,去歲買棺殯丘嫂。……君家文行重鄉邑,殖學砥躬各有造。……弟兄到老不析產，自相師友淬才藻。……人生中年奮迹已不早，況復場屋頻潦倒。求名不遂家又貧，荏苒世間行自老。落葉風前送君去，泣罷蒼茫向晴昊。"

按："前年負土葬老親"謂乾隆二十二年丁丑（1757）劉鳴鶴去世事，見《甌北集》卷五《哭午巖先生》。

九月，送童鳳三視學湖南兼懷湖南辰州知府諸重光。

《甌北集》卷十一《送童梧岡編修視學湖南兼寄諸桐嶼辰州》其二："行部辰陽禮數寬，有人手版謁征鞍。桐嶼，君同年也。……相逢爲道邵卿老，自少詩朋興漸闌。"

據《清代職官年表・學政年表》，童鳳三是年九月爲湖南學政。

童鳳三，字梧岡、鶴皆，浙江山陰人。嘉慶六年（1801）卒。乾隆二十四年由內閣中書入直軍機處，復中乾隆二十五年進士，歷官太常寺卿、江西學政，累至吏部侍郎。事具《國朝耆獻類徵初編》卷九四。

十月，偕張曾敞聚奎堂主試順天武闈，有詩贈同考諸公。

《甌北集》卷十一《蒙恩命偕張塏似侍讀主試順天武闈恭紀四律末章兼呈塏似》："忝荷持衡人武闈。……敢期身自作朱衣？……壬午、癸未連歲與分校之役。七品官膺此遇稀。武闈主試多用大僚，從未點及編檢。"（其一）"匝旬得侍履綦清，前輩風規最老成。君分校文場纔月餘。"（其二）《聚奎堂用壁間明人王衷白韻呈同考諸公》。

張曾敞，字塏似，號橿亭，安徽桐城人。雍正九年（1731）生，乾隆四十二年（1777）正月卒。乾隆十六年進士，改庶吉士，授翰林院檢討。進侍讀，充日講起居注管，四遷至詹事府少詹事兼侍讀學士。三爲順天鄉試同考官，乾隆三十四年爲會試同考官，緣事廢。歸主晉陽、漢江、大樑三書院。事具姚鼐《惜抱軒文集》卷十二《原任少詹事張君橿厓銘》。

因上年七十壽，尹繼善奉詔還朝，乾隆帝頒賜豐厚，詩以奉賀。

《甌北集》卷十一《尹相公還朝詩以奉賀》："經年揆席待調梅，借寇今纔納節回。家世本傳黃閣貴，人情久望絳騶來。"

據《清代職官年表·總督年表》，尹繼善是年三月，卸兩江總督任，入閣辦事。

內弟劉欽自粵西罷官歸里，寄詩慰之。

《甌北集》卷十一《內弟劉敬輿自粵西罷官歸里寄詩慰之》其一："清勤心迹我深知，何事彈章苦索疵。……且喜高堂還健飯，得歸侍養更何悲。"

題慶霖《水石清娛小照》。

《甌北集》卷十一《題慶雨林水石清娛小照》："有人倚坐露其頂，一水一石娛蕭晨。噫嘻！此特高人逸士幽致耳，君乃翩翩貴公子。……得非好文不好武，欲以風雅自陶洗？……君家門戶方鼎盛，安知不有奇遇堪相映？好趁青春多讀書，他年倘執騷壇柄。"

按：王昶《春融堂集》卷九亦有《爲慶侍衛晴村霖題畫》，據詩意，所題應爲同一幅畫像。

慶霖，字晴村，號雨林，章佳氏，鑲黃旗滿洲人，尹繼善第五子。官江寧將軍。

題慶桂《方山静憩圖》。

《甌北集》卷十一《題慶樹齋少宰方山静憩圖》其二："寫照時纔五品官，半年曳履食堂餐。畫師預識三遷信，只畫科頭不著冠。"

按：《甌北集》卷十一《尹相公還朝詩以奉賀》其三自注："公子樹齋新擢少宰。"居於卷十一《蒙恩命偕張塏似侍讀主試順天武闈恭紀四律末章兼呈塏似》、《聚奎堂用壁間明人王衷白韻呈同考諸公》後，可知該詩作於本年秋趙翼主試順天武闈後，慶桂於是年新擢內閣學士兼禮部侍郎。

慶桂，字樹齋，章佳氏，滿洲鑲黃旗人，尹繼善第四子。雍正十三年(1735)十一月生，嘉慶二十一年(1816)六月卒。乾隆二十年以廕生授户部員外郎，旋充軍機章京，超擢內閣學士。歷任盛京、吉林、福州、黑龍江、烏里雅蘇臺、荆州將軍，官工、兵、刑部尚書。累遷至文淵閣大學士,總理刑部,領侍衛內大臣。晉太保。謚文恪。
事具《國朝耆獻類徵初編》卷三一、《清史稿》三四一、《清史列傳》
卷二七。

久不接家書,里中馬浩如來京,始知老母安信,汝霖新舉長子
趙廷賢。

> 《甌北集》卷十一《久不接家書里中馬生浩如來京始知老母安信舍
> 弟新舉一子可喜也》其二:"一事欣予季,中秋正洗兒。……弟已生
> 三子一女,俱殤。"

> 《西蓋趙氏族譜·學亮公派西干圻分支世表》:"(趙汝霖長子趙廷
> 賢)行一。又名亮采,字莟溪。……乾隆三十年乙酉八月十五日
> 辰時生。"

歲暮,示張塤以知足常樂之理。

> 《甌北集》卷十一《歲暮示吟薌》:"殘冬冰雪天,年事蝸毛夥。蕭齋
> 共故人,偏覺清況頗。……各訂一編藥,刮磨到貼妥。……本無
> 富窟藏,幸未窮坑墮。處世貴知福,即此便僅可。……人生能幾
> 時,疾於弦激笴。不見臘又盡,家家爆竹火。"

是年,舒位生。鄭燮卒。

乾隆三十一年丙戌(1766) 四十歲

正月十六日晚,與兒輩菜市口東看燈。

> 《甌北集》卷十二《上元後一夕同兒輩市口看燈》:"昨宵佳節天大
> 風,市頭燈火一掃空。今朝無風天色好,滿街人沸月影中。兒曹
> 牽衣喜相告,出門要看紅燈紅。對之那能即嗔喝,聊與命駕菜市
> 東。置膝自抱我誠癖,上車不落渠自雄。發蒙教猜春謎字,遠咻
> 引避市語訌。……却憶依閭人望我,亦如我愛諸孩童。"又《哭亡
> 兒耆瑞》其一:"燈市春游曾未久。"

> 吳長元《宸垣識略》卷五"內城一":"燈市在東安門王府大街東,崇
> 文街之西,亘二里許。南北兩廛,凡珠玉寶器,以逮日用微物,無

不悉具。衢中列市，棋置數行，相對俱高樓。樓設氍毹簾幕，爲燕飲地。一樓每日賃值至數百緡者。夜則燃燈於上，望如星衢。市自正月初八日起，至十八日始罷。鰲燈在市西南，有冰燈，細剪百綵，澆水成之。按宋時燈市乃從九月菊燈始，今止正月內數日耳。"

春，邵齊燾來主常州龍城書院，黃景仁、洪亮吉等先後從邵齊燾游，邵氏稱之爲"二俊"。

邵齊燾《玉芝堂文集》卷六《跋袁隨園前輩送韓宗海序册後》："丙戌(乾隆三十一年)春，余同年今寧紹大參潘公守常州，囑余主龍城書院。"

黃景仁《兩當軒集》卷首《自叙》："歲丙戌，常熟邵先生齊燾主講龍城書院，矜其苦吟無師，且未學，循循誘之，景仁亦感所知遇，遂守弗去。三年，公卒，益無有知之者，乃爲浪游。"

洪亮吉《卷施閣文乙集》卷二《傷知己賦》："青門丈人，來于新昌。歲丁亥、戊子，邵先生主龍城書院講席，余偕黃君景仁受業焉，先生嘗呼之爲'二俊'。垂二俊之譽，共江夏之黃。"

徐廷華《一規八棱硯齋文鈔》之《文林郎直隸容城縣知縣楊君墓志》："常于江南爲大州，城西北龍城書院，爲八邑士子講學之所。山長必年高德劭、經明行修者爲之。弟子非休沐事，故不得宿于外。廷華幼時聞純廟間人，往往能言之，蓋百餘年事矣。維時，叔父邵先生、抱經盧先生、惜抱姚先生，負海內重望，先後爲山長，士之被其延接者，黃上舍景仁、孫按察星衍、洪編修亮吉、左中丞輔最先達，取大名。"

光緒《武進陽湖縣志》卷五："龍城書院，在武進子城廟二圖局前街。明萬曆間，知府施觀民建。國朝乾隆十九年，知府宋楚望移建今先賢祠基。"乾隆《江南通志》卷一百十四："施觀民，字于我，福清人。隆慶中守常州，浚玉帶河，曰：'後此當人文日盛。'建龍城書院，選諸生之秀者課之。與其選者，人以爲榮。"盧文弨《常郡八邑藝文志》卷六錢人麟《龍城書院志序》："吾郡之有書院也，先後爲東坡、龜山而設，後并湮廢。明隆慶間，郡守龍崗施公始建龍城書院於晉陵治址，萃多士課文其中。"

邵齊燾，字叔宀，號荀慈，江蘇蘇州府昭文縣人。康熙五十六年十二月十六日（1718 年 1 月 17 日）生，乾隆三十三年（1768）卒。乾隆七年進士，改庶吉士，授編修。居詞館十年，年三十六罷歸，自顏其室曰"道山祿隱"。主常州龍城書院，黃景仁、洪亮吉皆從受學。善駢文，氣格排奡，意欲矯陳維崧、吳綺、章藻功三家之失。著《玉芝堂集》。吳鼒輯録邵齊燾、洪亮吉、吳錫麒、劉星煒、袁枚、孫星衍、孔廣森、曾燠文爲《八家四六》。事具鄭虎文《吞松閣集》卷三十四《翰林院編修叔宀邵君墓志銘》、《清史稿》卷四八五、《清史列傳》卷七十二。

韋謙恒請題其父遺照《授經課子圖》。

《甌北集》卷十二《題韋鐵夫教諭授經圖爲令嗣約軒編修》："官閑身自課佳兒。……三尺書郎今及第，由來名父作經師。"（其一）

按：陳兆崙《紫竹山房詩文集》詩集卷十有《題韋鐵夫廣文授經圖圖是嗣君約軒編修追憶兒時所作》，錢陳群《香樹齋詩文集》詩續集卷三十四《題韋鐵夫贈公授經圖》："喜聞鄒魯間，甄拔悉俊造。爲問司衡誰，韋侯鑒尤藻。邸第一接談，握手倍傾倒。袖出授經圖，贈公儼儀表。具陳過庭時，所勗經術飽。教子以教孫，穀詒遡若考。"錢大昕《潛研堂集》詩集卷七《題韋鐵夫授經圖遺照》："公餘下帷課子舍，亭亭玉立皆瑤琨。五郎標格更絕俗，執卷雛誦無晨昏。誰與傳神在阿堵，鬢眉仿佛清而溫。……生晚恨不識公面，得交公子猶弟昆。"翁方綱《復初齋外集》詩卷第十二亦有《韋鐵夫授經圖》。據詩題與詩意，均爲同體詩作。

韋廣文，字鐵夫。安徽蕪湖人。官泗州教諭。事具錢大昕《潛研堂集》詩集卷七《題韋鐵夫授經圖遺照》、王步青《己山先生文集》卷五《師儉堂記》。

三月，欽點會試同考官，得蔣兆奎、沈世煒等十一人。是科，尹繼善爲總裁，紀復亨、秦黌同與分校。

《甌北集》卷十二《入闈分校奉和總裁尹相公用壁間韻之作兼呈同考諸公》："人喜朱衣新宰相，公原青瑣舊詞林。"（其一）"新進慚叨寵遇深，五年此地四經臨。……癸未分校，得《易》五房，今又得《易》五房。"（其三）

按："人喜朱衣新宰相"即作於乾隆二十九年甲申（1764）之《甌北集》卷十《壽尹望山公七十》其一自注"公節制兩江，上命於誕日前入覲，至則加大學士"所言尹繼善入相事。參見尹繼善《尹文端公詩集》卷八《甲申四月八日七十初度奉召先期赴闕旋拜寵命入閣仍留兩江總督之任賜賚便蕃恭成紀恩詩十四首》。

"五年此地四經臨"，謂乾隆二十七年壬午（1762）秋分校順天鄉試、乾隆二十八年癸未（1763）春會試同考官、乾隆三十年乙酉（1765）秋順天武闈主考官、乾隆三十一年丙戌（1766）春會試同考官，五年內四次爲鄉會試考官。

據《清代職官年表·會試考官年表》，本年三月六日會試正考官爲文華殿大學士尹繼善，副考官爲戶部左侍郎裘曰修、吏部左侍郎陸宗楷。

《甌北集》卷十二《尹公又有詩見示依韻奉和》其三："初度爭傳浴佛期，聚奎堂上介維祺。公誕辰在四月八日，尚未出榜。"可知此科出榜在四月八日之後。

《甌北集》卷十二《將放榜再用壁間韻》："嚴扃列坐月餘深，不覺春歸夏已臨。"（其一）"本房中式十一卷，幸已足額，無煩他房撥補也。"（其二自注）卷十二《紀辛齋侍郎房卷獨少用總裁韻遣興和以解之》其一自注："自他房撥來者幾半之，故云。"

卷二十八《自樂儀書院移主揚州安定講席呈在籍謝未堂司寇秦西巖觀察張松坪吳涵齋兩編修皆詞館前輩也》附秦黌和詩其二自注："壬午、癸未、丙戌皆與君同分校之役。"

蒋兆奎，字聚五、時南，陝西渭南人。嘉慶七年（1802）二月卒。自
副貢生補甘肅張掖縣教諭。乾隆三十一年進士，以教授銜管教諭
事。乾隆三十三年，教諭俸滿，授四川合江縣知縣，調灌縣。師征
金川，從軍治餉。遷山西澤州同知，歷官太原知府、河東鹽運使、
山西按察使、甘肅布政使、山西巡撫、漕運總督、山東巡撫。事具
《國朝耆獻類徵初編》卷一八七、《清史稿》卷三二四、《清史列傳》
卷三一。

沈世煒，字南雷，號吉甫、沈樓。浙江杭州府錢塘縣人。沈廷芳
子。雍正十年（1732）生，乾隆四十九年（1784）十二月卒。乾隆三
十一年進士，改庶吉士，授禮部主事。官至禮部儀制司郎中。著
《澹俱齋詩集》。事具《清代官員履歷檔案全編》卷一九。

紀復亨，字元稗，號辛齋，浙江歸安人。乾隆十七年（1752）進士，
選庶吉士，授編修。官鴻臚寺少卿。事具王昶《湖海詩傳》卷
一四。

得蔣士銓書，爲其罷官後生計艱難感傷。

《甌北集》卷十二《得心餘書却寄》："遙知歸養仍未寧，一歲攜家輒
三徙。買宅金陵席不暖，艤櫂南昌帆又駛。鵝湖歸住逾半年，扁
舟又向石城指。罷官已同鵲繞枝，爲客更似魚失水。眼看身自作
黔婁，還倒空囊救桑梓。……昨傳白門待掌教，當路忽入細人
毀。……姑蘇講席定何如，復恐有物尼之止。生平百尺樓嫌低，
不屑侯門躡朱履。豈知翻傍矮檐下，求一托足艱如此。江湖可樂
貧奈何，賦罷懷人淚灛灛。尹相公自江寧還朝時，論屬吏延君爲鍾山書院山
長，後有忌之者，遂不果。而君書又云吳中撫軍亦有書院之約，故詩及之。"

蔣士銓《清容居士行年錄》乾隆三十年條："暫居江寧十廟前，貧
甚。"乾隆三十一年條記其應浙江巡撫熊學鵬之招，掌教紹興蕺山
書院。

題邵齊熊萬卷樓圖並送其南歸。

《甌北集》卷十二《題邵耐亭萬卷樓圖即送其南歸》："與君相從十

載前,對牀風雨夜不眠。……與君相見十載後,老婦翻成倒繃手。……有官不補竟歸去,云有萬卷之書樓。君家住近虞山麓,……"
按:趙、邵二人訂交在乾隆二十一年丙子(1756)同直內閣時,見《甌北集》卷四《初二日大雪寓齋夜坐有懷耐亭用東坡韻兼索同直賀舫葊錢敦堂同和》,故云"與君相從十載前"。又據"有官不補竟歸去"句,知邵齊熊自本年歸田。《甌北集》卷四十二《哭邵松阿》:"省垣好友一松阿,晝共清游夜共歌。……余兩人先後歸田"。

送內弟劉芳會試落第後重赴天津就館。

《甌北集》卷十二《送內弟劉可型落第後赴津門就館》:"出都仍覓舊青氈,……那得爲君無涕淚,高堂衰鬢已皤然。"

劉芳,字可型、翼之,江蘇常州府陽湖縣人。劉鳴鶴侄。乾隆十八年(1753)舉人。官沛縣訓導,擢福建甌寧縣知縣。以事去官。歸里後,倡善舉、建義學。著《桑梓潛德錄》。

門人穆凌烟癸未成進士,今年始補廷試,仍以需次歸里,作詩送之。

《甌北集》卷十二《門人穆凌烟癸未捷禮闈今年始補廷試仍以需次歸里作詩送之》:"南宮名已雋,北闕試何遲。早識仍需次,真憐轉後時。……聊喜頭銜換,休爲失路悲。"(其一)"已入中年景,猶紆百里才。"(其二)

穆凌烟,直隸束鹿人。乾隆三十一年丙戌(1766)進士。

本年會試,程晉芳、趙文哲又下第。趙文哲兩應會試報罷後入直軍機,先生惜其才不得展。

《甌北集》卷十二《慰蕺園下第》:"眊眊春官又一回,誰從甕底識琴材。"

《甌北集》卷十二《璞函落第後入直軍機詩以調之》:"吾家元叔今詩翁,才名廿載雄江東。弱不勝衣一把骨,筆力乃挽千鈞弓。一朝獻賦入薇省,長安詩社幾爲空。……胡爲才高遇偏左,兩試春官再被斥。途窮阮籍思回車,去直樞曹應推擇。自言日暮甘倒

155

行,冷官聊逐熱客迹。噫嘻此地吾舊游,直廬珥筆參國謀。夜草軍機磨盾鼻,曉宣相麻促詞頭。從獵每隨虎賁隊,待漏慣聽雞人籌。文章報國儒者事,固藉黼黻宣五獸。獨惜君才不易得,自今未免分日力。眼看名山業垂就,忍把精神耗吏職。丈夫窮達會有命,不如讀書飽胸臆。竿進百尺步益艱,丹將九還火莫息。期君速到蓬山巔,寬間歲月恣討研。却將鎖院揮毫手,來作花甎應制篇。"

梁章鉅《樞垣記略》卷二十七雜記一"趙君升之兩放會試,未得列館職,而書局總裁歷舉公分修《平定準噶爾》、《回部方略》、《通鑑輯覽》、《一統志》及未成之《音韻述微》、《鑑古輯覽》、《熱河志》諸書,且俾總校,均集日程課。公又以其間寅入酉出,儤直草詔令,賦詩談宴俱不廢。或賣文以佐祿入所不逮。去年四庫全書館局開,一時績學之士多入翰林,賜進士,其與公同獲罪者皆起,而公積軍功稍遷,遇變又不為同行者之苟免。設公舉禮部,必不直軍機,不直軍機,人知公學之博、說之長,而不知才之足倚以決事,即一言不密,又非出有意。退而授徒著書,亦足以開益於人而傳於後。乃援薦援留,輾轉再四,至以身殉,為可哀矣。《白華文集》。""趙君升之以壬午召試中書,癸未充方略館纂修官。甲申,直軍機房,大學士劉文正公、劉文定公、今大學士于公皆嗟異其才。戊子秋,侍講學士紀公及中書徐步雲洩兩淮盧運使事,君與昶牽連得罪。會兵部尚書阿公桂以定邊右副將軍總督雲南、貴州,請以余兩人掌書記,詔許之。《春融堂集》。"

六月,長子耆瑞殤於京。

《原譜》乾隆三十一年丙戌條:"是年六月,子耆瑞殤。"

《甌北集》卷十二《哭亡兒耆瑞》其一:"燈市春游曾未久,書堂曉讀枉相催。"詩作於本年,"燈市春游"即指卷首《上元後一夕同兒輩市口看燈》所述本年正月十六日看燈事。其六:"弱女影孤誰作伴,老親書到尚呼孫。"本卷尚有《暮夜醉歸入寢門似聞亡兒病中氣息知其魂尚爲我侯門也》、《中秋夕感亡兒作》等詩。卷十三《奉命出守鎮安歲杪出都便道歸省途次紀恩感遇之作》其十：“獨傷驥子委京塵，小具黃腸載兩輪。未必有魂聊有魄，却憐歸骨不歸人。”

按：耆瑞生於乾隆二十六年辛巳（1761），殤年六歲。

六月，洪亮吉至江陰應童子試未售，與黃景仁訂交。

洪亮吉《卷施閣文甲集》卷十《候選縣丞附監生黃君行狀》：“歲丙戌，亮吉亦就童子試至江陰，遇君于逆旅中。亮吉攜母孺人所授漢魏樂府鈔本，暇輒朱墨其上，間有擬作，君見而嗜之，約共效其體，日數篇，逾月，君所詣出亮吉上，遂定交焉。”

呂培《洪北江先生年譜》乾隆三十一年丙戌條：“六月，應童子試，不售。”

張塤會試落第後考取禮部義學教習。夏，送其往山左依人。

《甌北集》卷十二《送吟薌往山左》：“赤汗翻漿戒徒御，冒暑來仍觸熱去。……憶君去秋歌鹿鳴，便合射策登承明。我作考官君下第，……君言入都凡幾度，今來猶幸非虛行。已從京兆新發解，兼試儀部特注名。新考教習。……依人暫往非得已，乞食不諱陶淵明。……縶余新抱西河悲，賴有良友開心期。”

秋，題曹仁虎父《柳汀觀稼圖》，兼送曹仁虎乞假歸省。

《甌北集》卷十二《題曹檀漵柳汀觀稼圖應令嗣來殷編修屬時來殷方乞假歸省》詩。

王昶《春融堂集》卷九亦有《柳汀觀稼圖爲來殷尊人檀漵先生桂芳題五十四韻》、《送來殷給假南歸》詩。

王鴻逵《曹學士年譜》乾隆三十二年丁亥三十七歲條：“乞假省親，奉太恭人南歸。時中憲公暨太恭人年皆六十有七，與弟稱觴上壽，人以爲榮。”

秋，聞諸重光罷湖南辰州知府，寄詩惜之。

《甌北集》卷十二《聞桐嶼罷官却寄》：“一麾出守到辰陽，忽被彈蕉

執中傷。……空留東閣花如雪，可惜中年鬢未霜。"（其一）"訟庭對簿隨階鶴，薄產償官寫券驢。"（其二）

按：據作於乾隆三十年乙酉（1765）之《甌北集》卷十一《送童梧岡編修視學湖南兼寄諸桐嶼辰州》可知，諸重光在此之前已守辰州。

又《甌北集》卷二十《辰州弔諸桐嶼》："腸斷辰州放棹行，故人曾此擁專城。……君在西清最有聲。傲骨竟成招謗具，高才未就必傳名。沅江水駛流如箭，何限人間歎逝情。"

冬，招朱筠、王昶、程晉芳、曹仁虎、陸錫熊、趙文哲寓齋作消寒會。

《甌北集》卷十二《竹君述庵戢園來殷耳山璞函小集寓齋即事》："老屋三間聚屨綦，到來便擬夜歸遲。"（其一）"祇應轟醉過殘臘，此便消寒第一巡。"（其二）

冬，題錢大昕父錢方壺《歲寒小照》。

《甌北集》卷十二《題錢方壺歲寒小照爲令嗣辛楣學士》其一："正是閉門風雪候，爲翁題取《歲寒圖》。"

王昶《春融堂集》卷九亦有《題錢方壺先生_{桂發}歲寒三友圖_{曉徵尊人}》。

題王昶《蒲褐山房册子》。

《甌北集》卷十二《題述庵蒲褐山房册子》："吾友吏隱徒，買宅城南隅。不村又不郭，無丘亦無墅。但有槐柳三五株，綠陰滿庭似張幕。每日退直歸，下帷誦忍飢。_{齋名曰蒲褐}……我觀朝士遍臺省，往往好寫家園景。……丈夫未得立功立事賦遂初，又無買山錢可營田廬。聊復出了官事入讀書，糞除一室爲幽居。……知君已得其真詮。一蒲團上披老褐，……獨慚寄園本是吾家地，輸與高人占清閟。何當傃屋重結廬，彌勒同龕參妙義。_{地本家天羽給諫寄園故址也。己卯、庚辰間，余曾與君比鄰而居。}"

據嚴榮《述庵先生年譜》乾隆三十一年丙戌四十三歲條，王昶四月陞授刑部浙江司員外郎。

十一月，特授廣西鎮安知府。十二月十九日，挈家出都，心情複雜，有詩紀之。王昶、錢載、錢大昕等分別題《甌北耘菘圖》

趙翼年譜新編

爲先生送行。

《甌北集》卷十三《奉命出守鎮安歲杪出都便道歸省途次紀恩感遇之作》："館閣清班十載深，……鎮安與安南接壤，爲邊地要郡，向例在外調補。今以初任蒙特授，真異數也。作吏人猶重翰林。"（其二）"新歲高堂正七旬。……擬奉家母出游蘇、杭間。"（其四）"長安最樂是交知，文酒流連月有期。……王夢樓諸公出守時，同人爲演劇贈行。余則惟諸名士清尊祖餞，更番不休，自謂過之也。"（其五）"平生無一事堪豪，每到垂成易所遭。余爲教習三年，可得邑令，而考授中書；爲中書六年，可遷部曹，而成進士，官編修；今六年，可得坊局，而又出守。每垂成輒易地，殊不可解也。半世爲文憐未就，一行作吏更何操。舊翻殘帙留兒讀，不朽名山讓客高。多少蒼生待康濟，始憐試手乏牛刀。"（其六）"大考翰林，從未得與。"（其七自注）"株守頻年想壯游，從今景物豁吟眸。天教詩境開生面，人少題篇在上頭。"（其八）"獨傷驥子委京塵，小具黃腸載兩輪。未必有魂聊有魄，却憐歸骨不歸人。……痛絕骷髏餘一副，舊曾夜貼老夫身。"（其十）"過淮與同年阮吾山一晤，他無酬應也。有一門生已托故先避去。"（其十一自注）"詞臣此擢非常格，忍逐時趨宦海沉。"（其十二）詩作於乾隆三十一年，距乾隆二十年六月補授內閣中書，已十年，故云"館閣清班十載深"。廣西鎮安府府治天保縣，即今廣西德保縣。

《甌北集》卷四十六有《石庵相公一見即誦余出京赴鎮安任時有萬里風塵從此去百年天地幾人閑之句余久已忘之并未留稿因公誦及覺此一聯似屬可存爰補綴成篇錄之稿中》。

《甌北集》卷四十一有《舊籢中偶檢得在京時所畫甌北耘菘小照戲題卷後》，可知趙翼離京前曾繪《鷗北耘菘圖》。

王昶《春融堂集》卷九有《題趙雲松耘菘圖即送之鎮安守任》。

錢大昕《潛研堂詩集》卷八有《題趙編修鷗北耘菘圖》、《送趙雲松出守鎮安》等詩，後者有"臘月衝寒去"之句。

錢載《蘀石齋詩集》卷二十八有《趙編修翼出守鎮安屬題其所謂鷗

北耘菘圖即以送別》,該詩爲此集"乙酉"年最後一首,當是錢載誤記年份。

阮葵生,字安甫、寶誠,號吾山,淮安府山陽縣人,乾隆二十六年辛巳(1761)會試取中正榜,授内閣中書、軍機司員處行走,歷任刑部郎中、通政司參政等職,終刑部右侍郎。有《七録齋集》、《茶餘客話》。事具張維屏《國朝詩人徵略》卷三五、徐世昌《晚晴簃詩匯》卷八一及《清史稿》志一二九"藝文三"。

是年,吳嵩梁、席佩蘭、王引之生。

卷三
作牧地方與赴滇從軍
（乾隆三十二年至乾隆三十七年）

乾隆三十二年丁亥（1767）　四十一歲

正月抵家，奉母游蘇、杭，住西湖十餘日。兼請外家親友同舟
游春。

> 《甌北集》卷十三《奉太恭人游蘇杭間兼請外姑沈太君叔外姑張太君
> 及倬其母王太君同舟四老人白首相映各家子姓隨從扶掖樂事也》。
> 又《甌北集》卷二十五《西湖雜詩》：“六橋曾泛畫船過，十四年來一
> 刹那。”（其一）詩作於乾隆四十四年己亥（1779），距今已近十四
> 年。其六自注：“余昔攜家游湖，寓蓮池女庵。”又卷四十《西湖寓
> 樓即事》其一自注：“余丁亥歲初游西湖，奉太夫人寓蓮池尼庵。”
> 按：沈潛於乾隆二十六年辛巳（1761）成進士（《甌北集》卷九《送
> 倬其南還時方成進士以需次歸里》），至今《甌北集》中未見其謁選
> 補官，今年或亦隨從扶掖其母王太君游西湖。

過蘇州，張塤別船置酒請先生母劉氏同游石湖。

> 《甌北集》卷十三《吟薌邀游石湖》其一：“以我攜家累，勞君費酒
> 錢。春當修禊日，人上蕩湖船。”卷四十《瘦銅子孝彥來見泫然有
> 作》自注：“余赴鎮安任，過蘇州，瘦銅具舟邀游石湖。”

按：張壎《竹葉庵文集》卷二一《雲松集中有吟蒓邀游石湖詩向未
見也蓋亦後來補作是日別船置酒請其太夫人同游而予母以稺孫
出痘未與會今雲松與予俱爲無母之人緬懷舊事不覺雪涕補和原
詩寄之二首》："酒似百花蜜，榆吹三月錢。相尋一湖水，不見古人
船。詩誦田園興，山分寺郭烟。此時群屐會，獨我與君偏。"（其
一）"風光彈指過，畫燭滿湖風。姥共仙人馭，兒皆白髮翁。文章
半寥落，出處未全同。音信今頻斷，誰盟鷗鷺中。"（其二）對此次
請趙翼母同游蘇州石湖事補記甚詳。

母因粵西路遠，未偕往，弟汝霖侍養於家。

《原譜》乾隆三十二年丁亥（1767）條："太恭人以粵西路遠，不欲偕
往，乃令汝霖侍養於家。"

先生由水路出守鎮安，一路模山範水、詠懷古迹。經行路線，
由浙江歷江西、湖南，五月初抵桂林。舟發錢塘江起行，經富
春江、常山至江西鄱陽湖、贛江。至常山已三月。

《甌北集》卷十三有《舟發錢塘江》、《富春道中》、《釣臺》、《常山道
中》、《鄱陽湖懷古》、《滕王閣》等詩。《常山道中》："近南時令早，
三月已耕畬。"

《大清一統志》卷二一六："浙江，在府城東南。自嚴州府桐廬縣流
入富陽縣，爲富春江；經錢塘、仁和二縣界，爲錢塘江；又東至海寧
界海門入海。"卷二三四："釣臺，在（嚴州府）桐廬縣西富春山，漢
嚴子陵垂釣處。有東西二臺，各高數百丈。"卷二三八："鄱陽湖，
在新建縣東北，跨南昌、饒州、南康、九江四府之境，長三百里，闊
四十里，即古彭蠡也。一名宮亭湖。""滕王閣，舊在新建縣西章江
門上，西臨大江。……後頹廢，景泰中重構，在章江門外，額曰'西
江第一樓'。成化間葺治，復曰滕王閣，後再毀，本朝康熙中凡
三建。"

江西境內一路舟行，行徑樟樹鎮、袁州、萍鄉至湖南湘江。

《甌北集》卷十三《樟樹鎮爲王文成誓師地》、《袁州城外石橋最雄

麗相傳爲嚴世蕃所作》、《萍鄉》、《浮湘》。

《大清一統志》卷二四八："清江鎮,在清江縣東北三十里,亦名樟樹鎮,即古新淦縣址。"《讀史方輿紀要》卷八七:"樟樹鎮,正德中宸濠作亂,南贛撫臣王守仁起兵吉安,會軍於樟樹鎮,即此。"卷二五二:"萍鄉縣,在(袁州)府西一百四十里。"

沿湘江溯流而上,道經衡陽、祁陽、耒陽、永州至桂林灕江。至衡陽已四五月間。

《甌北集》卷十三《舟行》"衡陽四五月,人人打魚苗。"(其三)"泝流過祁陽,山緊江漸窄。"(其四)又《衡山》、《耒陽杜工部祠》、《永州道中》、《鏵觜爲湘灕二水分流處》諸詩。

《大清一統志》卷二八一:"衡山,在(衡州府)衡山縣西三十里,五岳之一也。"卷二七七:"杜甫墓,在(衡州府)耒陽北韓洲上。……按元微之《志》云:'子美歸葬偃師。'考韓愈詩及宋韓維詩,似柩雖遷而冢未嘗毀也。"卷二八二:"永州府,在湖南省治西南六百六十里。"

沿灕江南行,歷斗河、風洞山、陽朔山至桂林。

清金鉷《(雍正)廣西通志》卷十三《桂林府》:"灕江源出興安縣海陽山,至渼潭與衆流滙,乃分湘、灕二流。南流爲灕水,由靈渠經靈川縣會衆水,以至桂林,繞城之東北。南流至廣信入鬱江,行九百八十里,又名桂江。"

《甌北集》卷十三《斗河》:"歷盡上水灘,方快順流恰。建瓴瀉易竭,奔迸愁倒峽。於焉有斗門,制如北河牐。橫板司啓閉,用作蓄水匣。續者截之斷,闊者束之狹。下流得稍停,上流庶不乏。遂使楚粵交,血脈貫腰脇。"《風洞山爲瞿式耜張同敞殉節地》:"土囊風急尚豗喧,髣髴靈旗嘯旅魂。……尾箕一代殘星耀,梧桂三江怒浪翻。"《陽朔山》:"昔聞陽朔山,自非打人脣綻齒折不得見。我今却因典郡來,看盡峰巒勢詭變。"

雍正《廣西通志》卷十三《桂林府·陽朔縣》:"陽朔山在縣北

門外。"

五月初抵桂林，謁巡撫宋邦綏、布政使淑寶、按察使圖桑阿諸公。

《原譜》乾隆三十二年丁亥(1767)條："先生由浙江歷江西、湖南境，以五月初抵桂林。謁巡撫宋公邦綏及藩司淑寶、臬司圖桑阿諸公畢，由灘江舟行。"

據《清代職官年表·巡撫、布政使、按察使年表》，宋邦綏、淑寶、圖桑阿分別爲廣西巡撫、布政使、按察使。

宋邦綏，字逸才，號況梅、曉巖，江蘇蘇州府長洲縣人。乾隆三十五年(1770)正月卒。乾隆二年進士，改庶吉士，授翰林院編修，官至户部右侍郎。著《紅杏齋集》。事具《國朝耆獻類徵初編》卷八十三、王昶《湖海詩傳》卷七。

由灘江舟行，歷昭平峽、橫州、田州歸德峽，抵鎮安。

《甌北集》卷十三《過昭平峽》："開不得，已難繫，渴驥奔泉脱銜彎。忽然入峽勢迫束，萬疊盤渦滿江沸。水如强弩將柁送，石似怒牙向船伺。千丈深有蛟龍饞，一綫窄防劍矛利。"《歸德峽讀王文成平田州摩崖頌》："銘功彷彿紀平淮，手撫蠻酋鳥入懷。江戢怒濤供洗甲，天留絶壁待摩崖。"

《簷曝雜記》卷三"粤西灘峽"條："粤西灘與峽皆極險。府江之昭平峽，橫州之大灘，右江之努灘、雞翼灘，左江之歸德峽、果化峽，余皆身經其地，而昭平峽最險。余初至桂林，由水路赴鎮安任。先是大雨十七晝夜，是日適晴。巳刻自桂林發舟，日午已至平樂。舟子忽稼柁焉。余以久雨得晴，方日中何遽泊，趣放舟，而不知其下有峽之險也。舟子不得已，乃發舟。山上塘兵亟呼不可開，而舟已入峽不能止，遂聽其順流下。但見滿江如沸，有數千百旋渦。詢知下有一石，則上有一渦，余始憮然懼，然已無如何。幸而出峽，舟子來賀，謂：'半生操舟，未嘗冒險至此也。'余自是不敢用壯矣。後余調廣州，自桂林起程，百僚餞送，有縣令緱山鵬亦在座。余至廣十餘日，忽聞緱令溺死峽中矣。橫州大灘長三十里，舟行石縫中,稍不戒輒齏粉,亦奇險也。自黔江下至常德府,有清浪灘,略與橫州灘相等。兩處俱有馬伏波廟。而黔中之頭灘、二灘、三灘,共三灘,路雖短而險更甚。"

清陶煊《石溪詩鈔》其三自注:"昭平峽,一名撫江,昔皆徨人所踞。後楊光孝開之,至今炮壘尚存。"

清金鉷《(雍正)廣西通志》卷十一《南寧府·疆域》:"橫州至府城二百八十里。"

清潘衍桐《兩浙輶軒續錄》卷二十六《歸德峽》詩題下注:"界上林縣境。"

清金鉷《(雍正)廣西通志》卷十二《思恩府·疆域》:"田州土州至府城六百五十里。"

經橫州,晤莊忻。

《甌北集》卷十三《橫州晤莊似撰》:"京華風雨共蕭晨,握手驚逢粵水濱。詞客十年猶未遇,故人萬里倍相親。"

按:趙翼《甌北集》卷十一《莊似撰上舍吾鄉才士也三獻賦報罷今來試京闈又被黜於其出都也詩以送之》云乾隆三十年乙酉(1765)莊忻順天鄉闈又報罷事,故莊忻至橫州當在此年鄉闈被黜之後。

錢維喬《竹初詩鈔》卷四《送似撰甥之橫州》:"……依人君作隨陽雁,我亦南枝在旁縣。予不日將就館義興。桂嶺風高夕照遲,荊溪雨歇孤燈暗。……"卷五《懷似撰甥》:"故人一別橫州去,望斷離鴻信未真。歸路七千空遠夢,頭顱四十總依人。……"

七月初抵鎮安,多方瞭解風土人情。

《甌北集》卷十三《鎮安土風》:"與安南接壤。……明時土府岑姓,本朝始改流。……路從蓮花九峰嶺而入,最險仄。……城惟東南西三面,北則依山也。……所屬有四土司。……泉自鑒隘山穴中出,性極寒。四時無落葉,一雨或披裘。……中瘴則胸膈飽悶。……相傳府衙有肉毯、肉脚之異,見《府志》及《說鈴》。深宵蠱蠱放,白晝虎倀游。魈客從人雇,狙公作盜偷。……地多儂、韋二姓。儂則智高之後;韋則相傳淮陰侯少子,蕭相國以托南越王,其子孫散居蠻土，去韓之半，以韋爲姓者也。見《溪峝纖志》。點唇檳汁染，約臂釧紋鏤。
跳月墟爭趁，婁春俗善謳。……粵東賈此者多娶婦立家。村婦無弓足，
山農總帕頭。……貧民編槿作墙，塗以泥，多穿漏如籬落。……欄房上層人所
居，下層畜牛馬。……民皆采藍自染，無染匠也。……摘穗成把，不刈藁秸。……以諸
菜及牛羊骨實甕中，久則爛成汁，謂之窖菜，酸臭特甚，土人以爲美品。……墟場賣犬
以千百計。……山木供爨，雖紫檀不貴也。……石羊膽以在蹄心者爲貴，石羊即麞
也。……野豬豪似錐，能射人百步外。山羊因血捕，水獺爲皮搜。石斛花
論價，出奉議。桄榔麫可溲。出下雷。……向武有竹，其根似人面。……大箐
中多萬年藤，可以作杖。……掛魚官閣肅，羅雀訟庭幽。……署中獨秀山
半有亭，可以眺遠。"

《清史稿》卷五〇六土司列傳五"廣西"云："鎮安府：在省西。宋
時於鎮安峒建右江軍民宣撫司。元改鎮安路。明洪武元年，改
府，授土官岑天保爲知府。清順治間，土官故絶，沈文崇判據其
地；十八年，發兵撲滅之。康熙二年，改置流官通判。雍正十年，
改知府。"

《簷曝雜記》卷三"鎮安水土"條："鎮安故多瘴癘。鈕玉樵《粵述》
謂署中有肉毬、肉脚，時出現，而瘴毒尤甚，入其境者，遂無復生還
之望。及余至郡，未見有所謂肉毬、肉脚者，瘴亦不甚覺。問之父
老，謂'昔時城外滿山皆樹，故濃煙陰霧，凝聚不散。今人煙日多，
伐薪已至三十里外，是以瘴氣盡散'云。惟水最清削，極垢衣蕩漾
一二次，則膩盡去，不煩手摶也。是以不論貧富皆食豨脂以潤腸
胃。余嘗探其水源，在城西三十里，地名鑒隘塘。水從山腹中出，
有長石橫攔之，長三十餘丈。水從石上跌而下作瀑布，極雄壯。
城中望之，不啻數百疋白練也。滙而成川，繞城南而過。川皆石
底，無土性，故魚之肉甚堅而無味。又東流，亦從山腹中出左江。
蓋滇、黔、粵西諸水大半在山腹中通流，其見於溪澗者不過十之一
二而已。後余在貴州，探牟珠洞，秉炬入三里許，忽聞江濤洶湧
聲，以炬照，不知其涯涘，益可見水之行山腹中者，如長江、大河，

非臆説也。牟珠洞之水終歲在黑暗中,無天日光,水中生魚遂無目,尤見造化之奇。"

《甌北集》卷十六《土歌》:"春三二月墟場好,蠻女紅妝趁墟嬾。長裙闊袖結束新,不睹弓鞵三寸小。誰家年少來唱歌,不必與儂是中表。但看郎面似桃花,郎唱儂酬歌不了。……可憐歌闋臉波橫,與郎相約月華皎。曲調多言紅豆思,風光罕賦青梅摽。……始知禮法本後起,懷葛之民固未曉。"

《簷曝雜記》卷三"邊郡風俗"條:"粵西土民及滇、黔苗、猓風俗,大概皆淳樸,惟男女之事不甚有別。每春月趁墟唱歌,男女各坐一邊,其歌皆男女相悅之詞。其不合者,亦有歌拒之,如'你愛我,我不愛你'之類。若兩相悅,則歌畢輒攜手就酒棚,並坐而飲,彼此各贈物以定情,訂期相會,甚有酒後即潛入山洞中相昵者。其視野田草露之事,不過如内地人看戲賭錢之類,非異事也。當墟場唱歌時,諸婦女雜坐。凡游客素不相識者,皆可與之嘲弄,甚而相偎抱亦所不禁。並有夫妻同在墟場,夫見其妻爲人所調笑,不嗔而反喜者,謂妻美能使人悦也,否則或歸而相詬焉。凡男女私相結,謂之'拜同年',又謂之'做後生',多在未嫁娶以前。謂嫁娶生子,則須作苦成家,不復可爲此游戲。是以其俗成婚雖早,然初婚時夫妻例不同宿。婚夕,其女即拜一鄰嫗爲乾娘,與之同寢。三日内,爲翁姑挑水數擔,即歸母家。其後雖亦時至夫家,仍不同寢,恐生子則不能做後生也。大抵念四五歲以前,皆係做後生之時。女既出拜男同年,男亦出拜女同年。至念四五以後,則嬉游之性已退,願成家室,於是夫妻始同處。以故恩意多不篤,偶因反目,輒至離異,皆由於年少不即成婚之故也。余在鎮安欲革此俗,下令凡婚者不許異寢。鎮民聞之皆笑,以爲此事非太守所當與聞也。近城之民頗有遵者,遠鄉仍復如故云。"

鎮安政簡民淳,先生甚樂之。

《甌北集》卷十六《土俗》:"見日常須到巳牌,瘴深侵曉總陰霾。城中屋少惟官廨，牆上山多逼郡齋。俗有鬼神驅放蠱，夜無盜賊虎巡街。欣欣民意安吾拙，相愛渾如鳥入懷。"

《簷曝雜記》卷三"鎮安民俗"條："鎮安府在粵西之極西，與雲南土富州接壤，其南則處處皆安南界也。崇山密箐，頗有瘴。然民最淳，訟獄稀簡。縣各有頭目，其次有甲目，如內地保長之類，小民視之已如官府。有事先訴甲目，皆跪而質訊。甲目不能決，始控頭目。頭目再不能決，始控於官，則已爲健訟者矣。余初作守，方欲以聽斷自見，及至則無所事。前後在任幾兩年，僅兩坐訟堂，郡人已歎爲無留獄，則簡僻可知也。此中民風，比江、浙諸省，直有三四千年之別。余甚樂之，願終身不遷，然安得有此福也？"

《簷曝雜記》卷四"仕途豐嗇頓異"條："余出守鎮安，萬山中一官獨尊。鼓吹日數通，出門礮聲如雷。冬月巡邊，輿前騎而引者凡十餘，隊後擁纛驪騎又十餘，可謂極秀才之榮矣。然心竊自恐不能消受。一日方盥面，適內子對鏡曉妝，余瞥自見面目於鏡中，謂內子曰：'君睹此面，可稱此臕仕否？'"

《西蓋趙氏族譜·藝文外編》載趙翼《繼室程恭人行略》："歲丙戌，奉命出守鎮安，地與交趾連界。邊郡太守體制尊嚴，鳴鼓升堂，腦後接筆，京員一旦得此，如貧兒暴富，事出非望，而恭人仍不改其常。偶一日有鏡在旁，余顧自見其面，笑謂恭人曰：'窮措大能消受此耶？'恭人亦愀然者久之。"

初蒞任，祈雨成功。

《原譜》乾隆三十二年丁亥條："初蒞任，夜聞城外擊鼓聲，問，門吏曰：'小民因旱求雨也。'先生曰：'民既愁旱，官當祈雨。'遂命詰朝出祈。有府僚馬偉稟曰：'火日當雨，向來官祈雨必欲擇是日，否則恐徒勞也。'先生笑曰：'度是日有雨而後祈，此心已不可對神明，遑冀得雨乎？'詰朝步行至城南之馬鞍山，行禮畢，歸途即大雨如注，民皆神之。"

前守韋馱保因鎮安土民農付奉首亂逃逸案，被劾留郡緝拿首犯。

八月，先生派人緝獲農付奉子，知農死，具文申報結案，兩廣總督李侍堯不許。先生具文申辯，李公大怒，先生不爲所動。

《甌北集》卷十三《前守韋馱保緣事罷官羈留鎮郡者兩年茲得請還都詩以送別》其二："酒闌重話舊彈蕉，信有威權大吏操。喜怒所爭纔一芋，愛憎相反豈多桃。民猶爭誦廉公袴，我敢相矜范叔袍。"

姚鼐《甌北先生家傳》："先是，鎮民與安南民入雲南土富州爲奸，事發捕獲百餘人，而其魁農付奉顧逸去，前守以是罷官。已而付奉死於安南，獲其子并獲其屍，驗之良是。總督李公侍堯疑其爲前守道地，不之信，先生申辯，李怒，劾之。"

《清史稿》卷四八五《趙翼傳》："先是，鎮民付奉入雲南土富州爲奸，捕獲百餘人，付奉顧逸去，前守以是罷官。已而付奉死，驗其屍良是。總督李侍堯疑其爲前守道地，翼申辯，總督怒，劾之。"

據《清代職官年表・總督年表》，是年三月，李侍堯由刑部尚書授兩廣總督，至乾隆四十二年丁酉（1777）始改雲貴總督。

李侍堯，字欽齋、昭信，漢軍鑲黃旗人，乾隆初以蔭生授印務章京。乾隆五十三年（1788）十月卒。乾隆元年（1736）授六品蔭生。歷任兩廣總督、湖廣總督、雲貴總督、陝甘總督、閩浙總督。授武英殿大學士。屢以貪黷坐法，乾隆帝憐其幹才，爲之曲赦。諡恭毅。事具《清史稿》卷三二三、《清史列傳》卷二三。

昭槤《嘯亭雜錄》卷四"李昭信相公"條："李昭信相國侍堯，爲忠襄公永芳四世孫。少以世蔭膺宿衛。純皇帝見曰：'此天下奇才也！'立授滿洲副都統。部臣以違例尼之，上曰：'李永芳孫，安可與他漢軍比也？'後任廣東將軍，即轉兩粵制府，先後幾二十餘年。公短小精敏，機警過人，凡案籍經目，終身不忘，其下屬謁見，數語即知其才幹。擁几高坐，談其邑之肥瘠利害，動中窾要。州縣有陰事者，公即縷縷道之，如目睹其事者，故聲欬之下，人皆悚栗。然性驕奢貪黷，竭民膏脂，又善納貢獻，物皆精巧，是以天下封疆

169

大吏，從風而靡，識者譏之。任雲貴總督，以受納下屬賄賂故下獄。廷議大辟，上終憐其才，故緩其獄。復歷任陝甘、兩湖、浙閩諸制府，而貪黷仍如故。其督閩時，值臺灣之變，上以常青非將材，恐不能守臺郡，令其全師以歸，待福文襄王至，再籌進取。公以臺爲巋巖邑，一旦失守，非十萬兵不易取，恐有失機宜，因將諭節去數語，錄寄常青，然後具疏請罪。上大悅，以爲處置得宜，有古大臣風度，賜雙眼孔雀翎，褒諭獎之。其處大事，明決若此，亦未可徒責以素絲之節也。"

是冬照例巡邊，深山窮谷無不親歷。行邊至歸順州，觀鑒隘塘瀑布；至下雷州，望樹海奇觀；至田州，懷古坐嘯。

《甌北集》卷十三《行邊》、《鑒隘塘瀑布》、《下雷道中》、《樹海歌》、《田州》。

《簷曝雜記》卷三"樹海"條："鎮安沿邊，與安南接壤處，皆崇山密箐，斧斤所不到，老藤古樹，有洪荒所生，至今尚葱鬱者。其地冬不落葉，每風來萬葉皆颭，如山之鱗甲，全身皆動，真奇觀也，余嘗名之曰'樹海'，作歌記之。其下陰翳，殆終古不見天日，故虺蛇之類最毒。余行歸順州，途中有紫楠木七十餘株，皆大五六抱，莫有過而顧之者，但供路人炊飯而已。孤行者無炊具，以刀斫竹一節，實水米其中，倚樹根而炊，炊熟則樹根之皮亦燃，久之，火盤旋自外而入，月餘則樹倒矣。倒後，火仍不滅，旅炊者益便焉。使此木在江南，不知若何貴重，而遭此厄，可惜也。余嘗欲構一屋材，擬遣匠剫尺寸斷之，雇夫運出，終以距水次甚遠，一木須費數十千，遂不果。"

三月，伊犁將軍明瑞授雲貴總督。十二月，率師征緬甸，大破之。先生有詩志喜。

《甌北集》卷十六《聞經略出師老官屯水陸攻圍緬人乞降班師奏凱詩以志喜》其二自注："前歲有以招降之說進者，上力斥其非，決計用兵。"該詩作於乾隆三十四年己丑(1769)，"前歲"當指本年事。

據《清代職官年表·總督年表》，明瑞是年三月由伊犁將軍授雲貴

總督，旋改兵部尚書留任雲貴總督。十月以將軍管理總督事務。

是年，商盤、程廷祚、莊有恭卒。

乾隆三十三年戊子(1768) 四十二歲

相傳鎮安署後獨秀山黑猿，出則不利於太守。春，猿忽出穴，
良久乃入。先生無懼。

《甌北集》卷十三《署後獨秀山一穴甚深相傳中有黑猿出則不利於
太守頗有驗今春猿忽出穴良久乃入詩以志異》。

《簷曝雜記》卷三"獨秀山黑猿"條："鎮安府署東北有獨秀山，高百
丈。山之半一洞，深不可測。其中有黑猿，不輕出，出則不利於太
守。余在郡時，以詳請前守韋馱保回京事將被劾，上官檄余赴省，
而猿忽出，滿城人皆謂太守當以此事罷官矣。有老者熟視久之，
謂：'舊時猿出，多俯而下視，故官覆。今猿向上，當無慮，且得
遷。'未幾，余得旨赴滇從軍，遂免劾。然馳驅兩年，勞苦特甚，猿
蓋先示兆云。又天保縣令送一黑猿來，繫於楹。有門子嬲之，相
距尚七八尺，忽其右臂引而長，遂捉門子之衣，幾爲所裂，而猿之
左肩則已無臂，乃知左臂已併入右臂矣，即所謂通臂猿也。此猿
竟不爲人所狎，終日默坐。與之食不顧，數日遂餓死。"

時滇有征緬之役，兩廣總督李侍堯駐梧州督辦廣西協濟馬匹。
三月，先生即赴梧面見，反復辯論農案，觸其怒，幾被劾。適有
詔書搜求廢籍，韋馱保茲得請還都。

《甌北集》卷十三《前守韋馱保緣事罷官羈留鎮郡者兩年茲得請還
都詩以送別》："得歸已自勝懸車，官罷猶羈兩載餘。……余以詳請君
回籍，幾被劾。……最是臨分前令尹，肯將利弊爲余書。"(其一)"酒闌
重話舊彈蕉，信有威權大吏操。喜怒所爭纏一芋，愛憎相反豈多
桃。民猶爭誦廉公袴，我敢相矜范叔袍。會有詔書搜廢籍，新硎

171

且莫善藏刀。"(其二)

> 按：此詩爲《甌北集》卷十三的末章，此卷編年自注："起丙戌十二月，至戊子三月。"故送韋馱保還都當在乾隆三十三年戊子(1768)三月。

《甌北集》卷三十八《七十自述》其十："單車迢遞赴邊城，出守方嘗外吏輕。正欲拊循爲父母，豈知忼直忤公卿。水中見蟹猶生怒，杯底逢蛇得不驚？猶仗御屏題筆在，在京蒙恩記名，凡三次。彈章未敢斥歸耕。出守鎮安，以交南事幾被劾。"

五月，有旨令先生赴滇參軍事，始得免劾。

> 昭槤《嘯亭雜錄》卷五"緬甸歸誠本末"條："(乾隆三十三年三月)副將軍阿里袞等請調鄰近各省道、府來滇，辦理軍務，派出道三員，知府六員，其丞、倅、州、縣、佐雜每省各派四五員。"

> 王藻、錢林《文獻徵存錄·趙翼傳》："時緬甸方用兵，詔遴鄰省幹才助蒐軍實。"

> 姚鼐《甌北先生家傳》："適朝廷用兵緬甸，命先生赴滇贊畫，乃追劾疏還。"

> 《甌北集》卷十四《奉命赴滇從軍征緬甸》其二："一紙爰書忤上游，風聲早晚勒歸休。……劾疏幸因軍事免，朝衫終仗國恩留。男兒官不遭彈去，便合沙場灑血流。時方待劾，以奉旨從軍得免。"

> 按：此詩爲《甌北集》卷十四的首篇，此卷編年自注："起戊子五月，至是年十一月。"故先生赴滇從軍當在乾隆三十三年戊子(1768)五月。

> 《甌北集》卷十六《貴縣途次奉旨調守廣州感恩志遇兼寄別鎮安士民》其一自注："前歲赴滇從軍，及今次調守，皆奉特旨。"作於乾隆三十五年庚寅(1770)三月奉旨調守廣州之時，"前歲"當指本年事。

> 孔繼涵《紅榈書屋詩集》卷二《寄趙雲松》："聞到南征詔，故人寵命除。才原誇盾鼻，檄好看龍攄。儲偫窮檐政，羽毛軍府書。酉蠻

行藏執,詩雅奏何如。"

五月九日啟程赴滇,行至雲南土富州,竹橋十餘丈爲暴水衝斷,督土人接成,步行過之。

《原譜》乾隆三十三年戊子條:"先生於五月九日束裝赴滇。"

《甌北集》卷十四《行至土富州竹橋十餘丈爲暴水衝斷督土人接成步行過之用放翁度筰韻》。

按:據卷十五《土富州驛舍》其一自注:"出州境即鎮安治"知,鎮安與土富州緊鄰。

慶遠守博明亦奉命赴滇,先生至土富州,博明已先過數日。

《甌北集》卷十四《慶遠守博晰齋前輩亦奉命赴滇余至土富州晰齋已先過數日却寄》:"虎帳少年應共笑,粵西來得兩書生。"(其一)"詞垣資序數盧前,合讓先生快著鞭。"(其二)

按:趙翼與博明的交誼亦見《甌北集》卷十四《用晰齋韻送龔儀可觀察往普洱招輯番夷》、卷十五《晰齋以大理松烟製墨見贈賦謝》等詩。

陳康祺《郎潛紀聞初筆》卷十"博晰齋之頹放"條:"滿洲博晰齋,乾隆壬申進士,由編修外任府道,改官兵曹。博聞彊識,於京坼掌故、氏族源流,尤能殫洽。晚年頹放,布衫草笠,濶迹長安,僧舍酒樓,醉輒題詠,灑如也。人有叩其姓名者,答曰:'八千里外觀察使,三十年前太史公。'又云:'十五科前進士,八千里外監司。'"

博明,字希哲,號晰齋、西齋。滿洲鑲藍旗人。博爾濟吉特氏。乾隆五十四年(1789)生。乾隆十七年壬申(1752)進士,改庶吉士,授編修。歷官廣西慶遠守、雲南迤西道。事具《清代蒙古族人物傳記資料索引》。

參軍途中,生死未卜,眷戀老母妻子,黯然神傷,作《從軍行》。

《甌北集》卷十四《從軍行》:"半年菰邑管,拙政何所成。……遠行將何之? 滇南佐用兵。……獨念垂白母,聞信晝夜驚。妻孥又細弱,欲托無友朋。臨當出門去,不覺涕泗橫。……悲離何必諱,此

亦人至情。"（其一）"一身既從軍，生死那得保。此意暗自憐，未敢
向人道。作氣自振厲，命酒豁懷抱。山妻則已知，顧弗忍深考。
間出一語商，似預籌未了。亂之以他詞，中心各如擣。臨別復何
言，得歸不必早。寶我膝下兒，奉我堂上老。"（其二）"自粵入滇
路，處處皆瘴鄉。況當五六月，鬱蒸更為殃。……征途甫數日，一
僕病已僵。我行日惴惴，起居慎周防。……與其觸瘴死，何似作
國殤。"（其三）

《西蓋趙氏族譜·藝文外編》載趙翼《繼室程恭人行略》："時方有
征緬之役，余奉特旨赴滇從軍，恭人曰：'此固意中事也。'兵凶戰
危，生死未卜，恭人設酒祖餞。方慷慨以立功名相勉，間出一語似
預籌身後事者，余不言神傷，黯然而別。"

經特磨道中，夜宿蜈蚣箐。

《甌北集》卷十四《特磨道中》："不信人間有此途，特磨絕徼赴軍
符。萬山圍住天如井，六月蒸來客在爐。"

按：卷十五《蜈蚣箐》："憶昨將入滇，路指特磨道。前途駭傳聞，
使我心如擣。云有十里箐，蜈蚣大盈抱。……山妻輟箸愁，方書
遍搜討。……未幾宿其地，周防護頭腦。"作於乾隆三十四年己丑
（1769）六月返粵西途中，"憶昨將入滇"即指今年乾隆三十三年戊
子（1768）赴滇從軍行徑特磨道。

行二十餘日至滇城，無一故人。以將軍兼總督阿里袞駐永昌，
舍輿而騎，南行赴永昌。

《甌北集》卷十四《滇城》："獨客經過相識少，駊騱連夕過星郵。"
《原譜》乾隆三十三年戊子條："是年春，將軍明公瑞以征緬殉難於
小猛育。大學士果毅公阿里袞來為將軍兼總督，駐永昌。本軍機
大臣也。巡撫明德亦在永昌辦軍需，乃自滇城又赴永昌。以途中
夫役艱於雇，舍輿而騎。"
據《清代職官年表·總督年表》，是年二月明瑞戰死，阿里袞以戶
部尚書署雲貴總督。

阿里袞,字松崖,號補堂,鈕祜祿氏,滿洲正白旗人。乾隆三十四年(1769)十二月卒。乾隆二年,由二等侍衛授總管內務府大臣。遷侍郎,歷兵、户二部。署巡撫,歷湖南、河南、山西、山東諸省。授湖廣總督、兩廣總督。擢尚書,歷刑、工、户三部,兼鑲白旗漢軍都統。遷兵部尚書、正紅旗蒙古都統。累官至户部尚書、協辦大學士。征緬之役,授定邊副將軍,暫領雲貴總督。卒於軍,謚襄壯,追加封號果毅繼勇公。事具《清史稿》卷三一三、《清史列傳》卷二〇。

沿絕壁過瀾滄江,記瀾滄江鐵索橋。

《甌北集》卷十四《瀾滄江》:"絕壁積鐵黑,路作之字折。下有百丈洪,怒噴雪花熱。"

《簷曝雜記》卷四"雲南鐵索橋"條:"鐵索橋,多奔流急湍,不可累石爲柱,則以鐵索大如臂者,貫於兩岸之崖石。或十餘條、或二十條,用木絞使直,而建屋其上,鋪板作地平,翼以欄楯。橋長者或數十丈,望之如飛樓虛閣,往來者不知行於空中也。滇中以瀾滄江橋爲最。昔李定國燒斷以拒我師,吳三桂用竹筏過兵,至永昌。既逐定國,始動帑三千金修之。道旁今尚有碑記。而黔中盤江一橋,視瀾滄更勝。鄂文端節制三省時,改驛路於此所創建也。"

六月二十五日,兩淮鹽引案發,盧見曾被革職質訊,紀昀、王昶、趙文哲等受此案牽連,相繼革職查辦。

據《清高宗實錄》卷八一三至八一四,本年六月二十五日,兩淮鹽引案發,傳旨將盧見曾革去職銜,派員解赴揚州,并案質訊。七月,紀昀、王昶、趙文哲等受此案牽連,相繼革職查辦。八月十三日,盧見曾以隱匿提引銀兩私行營運寄頓之罪,照例擬絞刑監候,秋後處決。據盧文弨《故兩淮都轉鹽運使雅雨盧公墓志銘》,盧見曾本年九月二十八日,卒於獄中。

嚴榮《述庵先生年譜》乾隆三十三年戊子四十五歲條:"七月,兩淮鹽使提引事發,先生與趙君升之坐言語不密罷職。時緬甸未靖,詔以伊犁將軍阿公桂爲兵部尚書、定邊右副將軍，總督雲南、貴州，阿文勤公克敦子也，素知先生學問幹濟，由是請以從，詔許之。十月初十日發京師，十二月二十四日入滇境，二十七日始抵雲南府。"

參見王昶《春融堂集》卷一〇《奉命往雲南辦理靖邊左副將軍雲貴總督阿廣庭先生桂軍務許侍御穆堂寶善招集朱竹君曹來殷程魚門沈南雷世煒兩舍人暨梁孝廉兼士置酒餞別慨然有作三首》、《發京師二首》諸作。

復行十八日至永昌。將軍兼總督阿里袞召入幕，巡撫明德又令兼辦軍需局事。時同在幕府者爲員外郎明善、薩靈阿，按察使諾穆親，觀察馮光熊，皆軍機故人。

《甌北集》卷十四《果毅阿公以使相兼定邊將軍開幕府永昌命余參軍事時同在幕下者爲員外郎明公薩公按察諾公觀察馮魯巖皆軍機故人也天涯朋舊一時聚首詩以志遇》，永昌即今雲南保山。

據《清代職官年表・巡撫年表》，是年二月，明德由江蘇巡撫改雲南巡撫。據《清代職官年表・按察使年表》，諾穆親是年三月由驛鹽道遷雲南按察使。

《甌北集》卷四十三《閱邸報同年馮魯巖總憲病歿詩以哭之》其一自注："巡撫黔中。"其二自注："公先隨明將軍征緬，次年余亦奉旨從軍。……經略傅公，將軍兩阿公，幕僚劉竹軒、孫補山、錢充齋、趙璞函及公皆下世，存者惟王述庵、惠中丞及余耳。"

昭槤《嘯亭雜錄》卷五"緬甸歸誠本末"條："（乾隆三十三年二月），命協辦大學士阿里袞來滇協辦軍務，即授爲參贊，以鄂寧爲總督，調江蘇巡撫明德爲雲南巡撫。""三十三年二月丁亥，授大學士忠勇公傅恒爲經略，阿里袞、阿桂爲副將軍，舒赫德爲參贊。傅恒俟將次進兵再行前往，阿里袞已赴滇，舒赫德即馳驛遄行。……是月，副將軍阿里袞抵雲南，時幕府爲郎中明善、員外郎薩靈阿。"

明德，字峻庵，號實齋，輝和氏，滿洲正紅旗人。乾隆三十五年

（1770）七月卒。雍正十二年，由筆帖式補太常寺博士。累官至雲南巡撫。事具《清史列傳》卷二十三。

明善，字元復，滿洲正白旗人。雍正九年二月由內閣中書入直，官至西安副都統。乾隆四十九年（1784）五月於甘肅靜寧州高廟山陣亡。

諾穆親，字肇仁，正藍旗滿洲人，那拉氏。乾隆六十年（1795）十月卒。乾隆十七年繙譯科進士。歷官河南開歸道、驛鹽道，雲南按察使，鑲藍旗蒙古都統，刑部左侍郎。

永昌九龍山下觀易羅池、嘗珍珠泉。

《甌北集》卷十四《易羅池》題注：“在永昌九龍山下。池有珍珠泉，甚甘。”詩云：“我家住近九龍山，第二泉名播人寰。萬里吟鞭到金齒，誰知山名適相似。山下亦有泉涓涓，風味依稀比甘美。……龍泉之亭跨其上，……亭前琉璃三百畝，泉所流出匯作湖。……我來幕府參戎務，……偶然投轄出城來，拄笏看山輒日暮。”

《簷曝雜記》卷三“永昌府珍珠泉”條：“永昌府城外九龍山，亦名太保山。下有易羅池，方二丈許。池底常噴出如碎珠者萬顆斜而上，將至波面，輒散爲水不可見。池中有魚，其首皆俯趨。蓋泉初出時味最甘，故魚慣趨而下也。池水流出，又有一大池，可五六十畝，頗有烟波浩淼之致。傅文忠經略來滇，明中丞特構一亭於湖中，比杭之湖心亭，而架曲木橋以通之，頗可憩。惜堤上無樹，若植桃、柳數百株，當稱‘小西湖’也。”

秋作《王將軍拔柵歌》。

《甌北集》卷十四《王將軍拔柵歌》：“名連，以拔柵功，由步卒超擢游擊。”（題注）“千七百里到宋賽，緬地名。賊柵十六虎負嵎。……乘勢遂克賊柵四，其餘悉遁惟空巢。……小校超遷十二級。擢官游擊階將軍，孔雀修翎長一尺。”

《皇朝武功紀盛》卷三《平定緬甸述略》：“上命明瑞以將軍兼總督，……以（乾隆三十二年）九月二十四日出師，……詢知賊聚於蠻結,遂進蠻結。賊果立十六柵以待。⋯⋯兩軍相持未決,而顧賊柵甚堅。⋯⋯有黔兵王連者,先躍入,十餘人繼之。賊恇亂不知所爲,多被殺,遂破一柵。乘勢復攻得其三,而十二柵之賊乘夜盡遁。"

《清史稿》卷三二七《明瑞傳》:"有貴州兵王連者,舞籐牌躍入陣,衆從之,縱橫擊殺,馘二十餘,俘三十有四,賊遁走。"

霜降後,爲進兵計,隨阿里袞從潞江東巡邊,渡怒江,逾高黎貢山,歷龍陵、騰越,遍巡南甸、干崖、盞達、芒市、遮放諸土司及虎踞、萬仞、鐵壁等關。大軍曉發干溝,經潞江,逾高黎貢山。

《甌北集》卷十四《隨將軍果毅公出邊》其一:"箛鼓聲喧旭日紅,繡旐曉發潞江東。秋生霜露先驅瘴,人到邊關想立功。"《干溝》:"地阨多蒸鬱,催鞭趁嫋晨。"《潞江》:"一鞭曉渡潞江涯,瘴霧濛濛似落沙。不老青餘霜後葉,無名紅煞日南花。"《高黎貢山歌》:"高黎貢山潞江畔,萬仞孱顏插穹漢。我行起趁雞初啼,行至日午山未半。⋯⋯無端嵐氣蒸蘊隆,幻出白霧粥面濃。⋯⋯五十三參更難上,山上地名。線路盤旋躐榛莽。⋯⋯豈知氣運有開闢,形勝不得相關扃。至今漸成康莊坦,早有結屋層椒青。"

《甌北集》卷三十八《七十自述》其十:"山深應有藐姑射,路險且隨生女真。時與索倫兵同行。千檄淋漓常脫腕,一刀磨洗不離身。沙場戰死男兒事,多愧今猶作幸人。"

作《鬐華山殺賊歌》,補記去歲明瑞將軍征緬師回,殺賊於鬐華山事。巡邊至龍陵關,悼念去歲明瑞將軍戰死猛育山。經黑山門,明瑞軍戰處楞木寨,又有憑弔。

《甌北集》卷十四《鬐華山殺賊歌》題注:"去歲將軍明公征緬師回,殺賊於鬐華山,凡四五千人。"詩云:"征緬師回賊躡尾,紮營猶距七八里。一朝師駐鬐華巔,賊乃近逼山半眠。⋯⋯我軍啟行賊亦起,按蹤來擾殿後兵。詰旦仍吹三篳篥,銜枚卻伏箐林密。⋯⋯

忽然一炮驚轟雷，萬衆突出山爲開。刀如旋風矢如雨，賊駭欲退身難回。"《龍陵關》："龍陵關高鬱烟樹，去歲將軍出師路。……瘴氛將起始撤歸，蠻衆來追疾如鶩。……間關轉鬭兩閱月，鬢華山名。殺獲更無數。歸途行次猛育山，距龍陵關兩朝暮。默計將士皆可達，揮使速去我則住。……將星晝隕遂死綏，勃勃如生氣猶怒。嗚呼！將軍生平善用兵，西北戰功首都護。上馬殺賊下馬檄，武緯文經一身裕。南征狡虜雖稽誅，亦未敗衂償軍務。胡爲虎穴既拔歸，仍向蜂屯甘自仆。訃聞聖主痛輟朝，贈諡襃功衂典具。"

《甌北集》卷十五有《黑山門》、《楞木寨爲前歲戰處》詩。

《皇朝武功紀盛》卷三《平定緬甸述略》："上命明瑞以將軍兼總督，……以（乾隆三十二年）九月二十四日出師，……賊探知我兵不復向阿瓦，又我病兵有被掠者，詢知軍糧盡，乃糾衆來追，及我於章子壩。自是無日不戰，明瑞及觀音保、哈國興更番殿後。……三十三年春，乃取道大山土司以歸。……將至大山，又有蠻化之捷。先是，賊之綴我也，每夕駐營猶相距十餘里，不敢逼。至是，我兵營於蠻化山巔，而賊即營於山半。明瑞謂諸將曰：'賊輕我甚矣！若不決一死戰，益將肆毒於我，無噍類也。賊久識我軍號，每晨興，我三吹波倫而起行，賊亦起而追。我明日仍吹波倫者三，而我兵盡伏於箐以待，毋得有一人留營者。'令既下，翼日三波倫畢，賊果謂我兵已行也，爭蟻附而上。我兵萬衆突出，槍炮聲如雷，賊惶遽不及戰，輒反走，趾及頂背，自相蹴踏，死者無慮二千餘人，我兵乘勢擊殺，又一二千，坡澗皆滿。自是賊不敢近數日，每夜在數十里外轟大炮數聲而已。……明瑞行抵小猛育，賊已蝟集，不下四五萬人，我兵尚分七營，而環視四圍，皆賊也，……乃令諸將達興阿、本進忠等率軍士乘夜出，而身自拒賊。相從者領隊大臣觀音保、扎拉豐阿，總兵哈國興、常青、德福及巴圖魯侍衛數十人，親兵數百人。及晨血戰於萬賊中，無不一當百。……

明瑞身負數傷，亦慮落賊手，力疾行，距戰處已二十里，氣僅屬。乃從容下馬，手自割辮髮，授家人使歸報，而縊於樹下。家人以木葉掩其屍而去，二月之十日也。……余以乾隆三十三年奉旨赴滇，時果毅阿公爲將軍，命余參軍事，嘗從歷入關諸隘口。是冬雲巖阿公以總督兼將軍，二公同在一營，余兼直焉。其明年，大學士忠勇公傅文忠來滇經略，余以故吏又在幕下，故所記較親切。其於明將軍之事獨詳者，余至滇時，距將軍之殉節僅數月，滇民及從征之軍士，言及將軍無不墮淚者，其得人心，雖古名將不能過也。……惜將軍已歿，諸戰功遂不及見之奏牘，天下人無由知。余問之從征者，既得其詳，恐日久無復能記憶也，故不憚縷述云。"

按：昭槤《嘯亭雜録》卷五"緬甸歸誠本末"對明瑞征緬殉難亦有詳述。

明瑞，字筠亭，富察氏，滿洲鑲黃旗人。乾隆三十三年(1768)二月卒。乾隆十四年，由官學生襲世爵，授二等侍衛。累遷至伊犂將軍。乾隆三十二年二月，以雲貴總督兼兵部尚書，經略征緬軍務。三十三年二月孤軍深入，歿於陣。封一等誠嘉毅勇公。謚果烈。著《北窗吟稿》。事具《清史稿》卷三二七、《清史列傳》卷二十二。

十一月初八日亥時，子廷偉生於鎮安官舍，故字鎮安。妻程氏即買舟歸里。

《西蓋趙氏族譜・學亮公派北岸分支世表》："(趙廷偉)行五。初名廷良，字鎮安。縣學廩生。乾隆三十三年戊子十一月初八日亥時生。"

《西蓋趙氏族譜・藝文外編》載趙翼《亡兒廷偉小傳》："兒名廷偉。乾隆三十三年十一月八日生於鎮安官舍，即以鎮安爲字。時余已奉旨赴滇省從軍征緬，内子程恭人攜以歸。……平時内子曾爲余言，兒生時，官舍中異香滿室。"

按：據上可知，《原譜》乾隆三十三年戊子條云"是年十月，子廷偉生於鎮安官舍"，誤。

《甌北集》卷三十九《哭偉兒》其三:"兒生於鎮安官舍,時異香滿室。誰知兆也無憑準,只得頭銜廩膳生。"

《甌北集》卷四十《去歲偉兒就醫寓舍在伍相國祠東今來過此泫然有作》自注:"兒行五,家人呼爲五相公。"

《原譜》乾隆三十三年戊子條:"先生回鎮安,以從軍吉凶未可知,囑眷屬俟秋涼歸江南,而先生於五月九日束裝赴滇。"

按:《甌北集》卷十六《回鎮安官舍》其二:"到日妻孥已大歸。余以身在兵間,先遣家累歸。"作於乾隆三十四年己丑(1769)七月,趙翼回鎮安官舍後,可知,趙翼赴滇從軍時已先囑妻孥歸里。

《西蓋趙氏族譜·藝文外編》載趙翼《繼室程恭人行略》:"時方有征緬之役,余奉特旨赴滇從軍,……囑恭人先挈眷屬歸。由潯梧灘水,下瀟湘洞庭,出大江,灘峽之險,風浪之惡,有人生所未嘗經歷者。恭人以一女子,間關萬里,遠返江南,其危苦自不待言。"

十一月,大軍巡邊至猛卯。

《甌北集》卷十四《猛卯》:"猛卯江頭渡淺沙,出邊天更渺無涯。……秋入黃茅人避瘴,月寒白骨鬼思家。"

按:此詩爲《甌北集》卷十四的末章,此卷編年自注:"起戊子五月,至是年十一月。"故大軍巡邊至猛卯當在乾隆三十三年戊子(1768)十一月。

十二月,過虎踞關。

《甌北集》卷十五《虎踞關》自注:"寶井在猛密土司地,時聞緬賊以兵戍守。鬼哭山在金沙江外,王驥刻石處所謂'石爛江枯,爾乃得渡'者也。路皆從虎踞關出。"

按:此詩居於《甌北集》卷十五的卷首,此卷編年自注:"起戊子十二月,至己丑六月。"故大軍巡邊過虎踞關當在乾隆三十三年戊子(1768)十二月。

冬,阿桂以總督兼將軍亦來永昌,與阿里袞同駐一營,先生兼直二將軍間,凡兩將軍出行,守營、護印,一切緩急應援,便宜行事。

《簷曝雜記》卷三“緬甸之役”條：“余以鎮安守，於乾隆三十三年奉命至軍，時果毅公阿里袞方爲將軍，命余參軍事。未幾，今大學士誠謀英勇公雲巖阿公桂亦以總督兼將軍至。兩將軍合營，翼仍在幕府。”

孫星衍《趙甌北府君墓志銘》：“時阿文成公桂以總督來將軍，大兵停征，奉命以偏師剿南坎、頓拐等處。兩將軍出行，令先生守大營護將印，一切緩急應援，皆得便宜行事。”

據《清代職官年表·總督年表》，阿桂是年六月由兵部尚書授雲貴總督。

昭槤《嘯亭雜録》卷五“緬甸歸誠本末”條：“（乾隆三十三年）五月……革總督鄂寧職，奉旨鄂寧降補福建巡撫，以阿桂代。時阿桂在伊犁，總督印務以阿里袞署行。……九月，總督副將軍阿桂抵滇。……”

阿桂，章佳氏，字廣庭，號雲巖。初爲滿洲正藍旗人，改隸正白旗。康熙五十六年(1717)八月三日生，嘉慶二年(1797)八月二十一日卒。乾隆三年舉人。以父廕授大理寺丞，累遷吏部員外郎，充軍機處章京。征金川、緬甸，平定準噶爾回部、臺灣、廓爾喀暴亂有功，累官至武英殿大學士，管理吏部，兼正紅旗滿洲都統、翰林院掌院學士。封一等誠謀英勇公，贈太傅，謚文成。事具那彥成纂、王昶勘定、盧蔭溥增修《阿文成公年譜》，王昶《春融堂集》卷六二《太子太保武英殿大學士一等誠謀英勇公謚文成阿公行狀》，洪亮吉《更生齋文甲集》卷第四《書文成公阿桂遺事》，《清史稿》卷三百一十八和《清史列傳》卷二十六等。

駐軍騰衝關外盞達、遮放、平戛諸土司城。連日無蔬菜，駐軍平戛買得蘿蔔，大喜過望。邊外諸土司地，每清晨必起黑霧，咫尺不可辨，辰刻方散。

《甌北集》卷十五《駐軍盞達》：“騰衝關外土司城，好片川原似掌

平。……豈爲防邊勞勁旅，要令狐鼠懾威名。"《遮放》："蒼莽西南
路，軍行此駐騑。"《平戛》："茫施東去得平原，豁達天開箭笐
門。……年豐市有扶頭醉，冬暖人多曝背暄。"《連日無蔬菜至平
戛買得蘿蔔大喜過望而紀以詩》。

《甌北集》卷十五《邊外諸土司地每清晨必起黑霧咫尺不可辨辰刻
方散》："惟聞古用兵，天時必參酌。"

再駐盞達，臘月營仍熱不可耐，命驍卒砍竹環植帳外，聊以禦暑。

《甌北集》卷十五《臘月駐盞達營熱不可耐命驍卒砍竹環植帳外聊
以禦暑》："不見騰衝頂，積雪尚瑤嶼。盞達距騰越纔三百里，騰越山頂積雪
乃經春不散。"

《簷曝雜記》卷三"雲南天氣之暖"條："雲南天氣炎蒸。余在盞達
軍營度歲，布帳不敢南向，則面北以避日炙。然其地多西南風，則
又於帳南合縫處用橫木支一罅使透風。又令僕役伐僰夷村中大
竹數十，環植帳外，稍可禦暑。然其地距騰越不及三百里，遥望騰
越，山巓積雪乃經春不化，殊不可解。"

是時大兵暫停進征，有旨以偏師剿怵緬人，於是由盞達出師剿南
坎、頓拐、戛鳩。剿戛鳩凱旋途中邊外野人收得軍中逸馬來獻。

《甌北集》卷十五《剿南坎》："詔趣偏師出麓川，將軍傳箭肅中權。"
《剿頓拐》："頓拐岡前多僰族，雖非緬賊亦緬屬。賊來輒爲作鄉
導，賊去仍爲作耳目。……正罰既落敵牙距，立威兼作兵草木。
前途莫驚火燎原，有見幾者早投伏。"《戛鳩行》："戛鳩江心賊下
柵，四面憑水爲險阨。江岸僰人有三村，供賊芻糧應賊役。將軍
聞知夜點兵，輕騎疾馳五日程。……黎明抵江八十騎，同時舉火
發喊聲。……八十騎無一騎失，所殺約已八百餘。"《自戛鳩回萬
仞關馬上作》："小試軍鋒掃戛鳩，凱聲歡動入關秋。"又《邊外野人
有收得軍中逸馬來獻者》："邊外野人各聚族，中土外番兩不
屬。……終然氣類近雜種，往往爲賊作耳目。師出戛鳩所必經，
貌恭亦頗迎轅軒。大捷歸來路重過，威聲所加心膽破。……軍中

有馬逸不收，牽來一一獻前趨。……昔何觀望今惕息，乃知事固有威克。”

昭槤《嘯亭雜録》卷五“緬甸歸誠本末”條：“（乾隆三十三年）十月，副將軍阿里袞駐兵於騰越，遣待衛達里善至南坎，殺二百餘人，海蘭察至頓拐，亦殺二百餘人。襲戞鳩前鋒，抵江邊焚其寨柵，又殺賊六七百名，以馬力不足，未渡江而還。”

臘月，駐師蠻圻，有修竹萬竿，中隙地丈許，支帳宿。

《甌北集》卷十五《駐師蠻圻有修竹萬竿中隙地丈許支帳宿焉塵勞中一快也》：“天南臘月猶炎歊，赤日炙我皮毛焦。……深竹一塢離塵囂，中有隙地平不垚。”

是年，吳瓊仙生。

乾隆三十四年己丑（1769） 四十三歲

春，隨阿里袞、阿桂移駐騰越州。刑部郎中王昶、內閣中書趙文哲爲兩淮鹽運使盧見曾案牽累罷官從軍前，與先生相會。

《原譜》乾隆三十四年己丑條：“春，隨兩將軍駐騰越州。”

嚴榮《述庵先生年譜》乾隆三十四年己丑四十六歲條：“正月初三日由雲南府起程，十一日過下關，十八日抵永昌。……三月初三日往騰越，赴阿公招也。”

按：王昶《春融堂集》卷一一有《將往騰越先寄雲松四首》，先生答詩見《甌北集》卷十五《述庵璞函緣事罷官亦從軍來滇却贈》：“翻愁日下無名士，却喜天南有故人。株累驚心金齒戌，巢痕回首玉堂春。好將戎幕聯詩社，吟遍蠻鄉景物新。”《甌北集》卷三十《寄述庵按察》其二亦回憶了這段一起從軍的經歷：“蠻徼從戎鬢未皤，記曾聯騎挽雕戈。”

按：祝德麟《悅親樓詩集》卷四《趙璞函舍人文哲以事罷職從軍永昌送別三首》編年在“戊子”，即乾隆三十三年（1768），可知趙文哲於上年效命永昌。

昭槤《嘯亭雜録》卷五"緬甸歸誠本末"條："（乾隆三十三年）九月，總督副將軍阿桂抵滇，時幕府爲革職郎中王昶、中書趙文哲。""三十四年正月……阿里衮、阿桂俱授爲副將軍，其總督以明德補授，巡撫以喀寧阿補授。"

《甌北集》卷十五《璞函接余書中但有翻愁日下無名士却喜天南有故人二句其全首未寫寄也乃即用人字韻賜和四首欣荷之餘再次奉答》其一："浮蹤共踏日南春，喜到聯牀聽雨人。"據詩意，先生與趙文哲相會當在本年春。

李斗《揚州畫舫録》卷十"盧見曾，字抱孫，號雅雨山人，山東德州人。……公工詩文，性度高廓，不拘小節，形貌矮瘦，時人謂之'矮盧'。辛卯舉人，歷官至兩淮轉運使。築蘇亭于使署，日與詩人相酬詠，一時文宴盛于江南。……公兩經轉運，座中皆天下士，而貧而工詩者，無不折節下交。"

盧見曾，字抱孫，號雅雨、澹園，山東德州人。康熙二十九年（1690）生，乾隆三十三年（1768）九月二十八日卒。康熙六十年進士，雍正三年出爲四川洪雅縣知縣。乾隆元年累官至兩淮鹽運使，乾隆五年離任，乾隆十八年復調。後以"鹽引案"下獄，卒於獄中。一生多著述、樂刻書，著《雅雨堂集》等。事具盧文弨《抱經堂文集》卷三十三《故兩淮都轉鹽運使雅雨盧公墓志銘》、《清史列傳》卷七十一。

先生與趙文哲同游騰越州杜鵑園，王昶龍江道中墜馬。

《甌北集》卷十五《同璞函游杜鵑園作歌》："騰越之花多杜鵑，杜鵑園更花駢闐。我來戎幕暫無事，況有勝友同流連。相邀聯騎看花去，城東十里地最偏。"

王昶《春融堂集》卷一一有《龍江道中墜馬有作示錢黃與趙雲松》。

四月初一，保和殿大學士傅恒來永昌經略軍事，招先生入幕，與孫士毅等同直。

《甌北集》卷十五《春和相公經略來滇余以故吏仍直幕府敬呈四

律》："宰臣親出擁旄麾,金齒關前運握奇。……公曾經略金川,數月蕆事。……西陲平定,紫光閣圖畫功臣,公以獨贊大計,班居第一。……時久晴,公到後連日得雨。"(其一)"自京至永昌八千餘里,公以四十日至。……奉命經略,力辭臨遣禮。……御製詩送行。"(其二自注)"關勢尚傳銅鐵固,銅壁、鐵壁,二關名。軍威兼列鸛鵝雄。時增調福建水師。"(其三)"天南豈意得從行,六載曾隨禁地清。"(其四)述傅恒來永昌經略軍事甚詳。

《甌北集》卷十八《晤同年孫補山學使話舊》其一自注:"余與補山同在經略幕下,補山則隨渡戞鳩者也。"

《皇朝武功紀盛》卷三《平定緬甸述略》:"(乾隆)三十四年春,上命大學士公傅恒來滇經略兵事。以四月朔至永昌,越八日,至騰越州。兩阿將軍及將軍伊勒圖偕至。"

昭槤《嘯亭雜錄》卷五"緬甸歸誠本末"條:"(乾隆)三十四年……二月庚午,大學士忠勇公經略傅恒自京起程。是月,復派厄魯特兵一千餘名。三月……是月,經略抵滇,即馳赴永昌。先是滇省頒布謁見經略儀注,自平夷至永昌,修館舍、戒僕夫以待。時從行之幕府爲侍讀學士毓奇、侍讀孫士毅、給事中劉秉恬、郎中博卿額、主事惠齡。是役也,前後徵調本省兵一萬六千名,四川兵七千名有奇,貴州兵四千三百名,滿、漢兵共三萬有奇,議以九月二十日以前抵永昌,以待進取。……經略既至永昌,越八日,兩阿將軍及伊犁將軍伊勒圖偕至。"

孫士毅,字智冶,號補山,浙江杭州府仁和縣人。康熙五十九年(1720)生,嘉慶元年(1796)六月卒。乾隆二十六年進士,二十七年南巡召試,授内閣中書,充軍機章京。歷兩廣總督、兩江總督、四川總督,累官至文淵閣大學士。謚文靖。著《百一山房詩集》等。事具袁枚《小倉山房文集》卷三二《太子太保文淵閣大學士封一等公孫公神道碑》、《清史稿》卷三三〇、《清史列傳》卷二十六等。

時議偏師由普洱進軍，先生認爲其地距戛鳩四千餘里，難以與大軍聲援，應改從蠻暮、老官屯進軍，傅恒是之。四月，又隨傅恒駐騰越州。勸阻大軍冒暑興師渡戛鳩之議，傅恒不聽，竟因染瘴卒。

《皇朝武功紀盛》卷三《平定緬甸述略》："南徼地奪瘴，群議宜俟霜降後出師。經略遲之，……其進兵之路，……惟騰越州西有戛鳩江，即大金江之上流，過江則爲猛拱、猛養兩土司。前明王驥征麓川，追思機發至此，刻石江邊，所謂'石爛江枯，爾乃得渡'者也。由猛拱、猛養可搗緬酋之木疏老巢，由木疏至阿瓦又皆陸行，步騎可直抵城下。乃定議大兵渡戛鳩而西。其偏師先議在普洱遥爲聲勢，後改議從猛密路夾江而下，造舟於蠻暮以通往來。部署既定，七月二十日經略大兵起行，阿里袞從，留阿桂於蠻暮督造戰艦。"

《簷曝雜記》卷三"緬甸之役"條："明年（乾隆三十四年）四月，傅文忠公恒來滇經略，余以故吏又橐筆又從。時方議冒暑興師不必避瘴，大兵從騰越州西渡戛鳩江，經猛拱、猛養直抵緬酋所居之阿瓦。余在滇一年餘，知暑瘴不可不避，必俟霜降後瘴始退，軍行無疾病，始可展力。且大兵既渡戛鳩，全在江外，萬一不能如志，則歸路可虞。嘗力言之，而公意已定，不見納。惟偏師應援一節，公初議大兵渡戛鳩，別令提督五福統偏師五千，從普洱進，以分賊勢。時方閱地圖，余指謂公曰：'圖中戛鳩、普洱相距不過三寸許，其實有四千餘里。兩軍既進，東西遠隔，聲息不相聞，進退皆難遥斷。前歲明將軍之不返，由不得猛密路消息也。'公始瞿然，問計安出。余謂：'大兵既渡戛鳩之西，則偏師宜由江東之蠻暮、老官屯進取猛密，則夾江而下，造船以通往來，庶兩軍可互應。'公是之。乃罷普洱兵，改偏師循東岸以進。其後大兵西渡，遭瘴氣多疾病；而雲巖將軍所統江東一軍獨完，遂具舟迎公於猛養，渡而歸。又以此兵敗賊於蠻暮，攻賊於老官屯，得以藏事。余自愧在軍無所贊畫，惟此一節，稍可附於芻蕘之一得。憶昔直軍機時，公於漢員中最厚余，滿員中最厚雲巖。公今征緬之役，因余説而改偏師，因雲巖公統偏師而得善歸，此中似有機緣也。"

按：關於勸阻大軍冒暑渡戛鳩之議，《甌北集》中屢述之，卷十五《留別經略》其二："稍踏邊塵識險夷，忍辭苦口語臨歧。一江沉鎖公無渡，千里持糧士有飢。"卷十七《太保傅文忠公挽詞》卷三："憶曾勸改金江柁，腸斷炎風渡戛鳩。"卷十八《述庵璞函亦從軍入川余至威寧得一握手燭未跋即別去璞函有詩見寄依韻奉答》其三自注："狂生曾唱公無渡，謂前歲議戛鳩渡江事。勁旅終資將在謀。"卷四十《五哀詩·故相國贈郡王傅文忠公》："得復參末議，易地駐援兵。時議分偏師從普洱進，以余言改駐蠻暮，爲江外大軍應援。惟有渡江策，不能阻公行。公議渡戛鳩江，冒暑進兵。余以路險瘴盛，力阻其行，不從。冒瘴涉洪濤，人馬斃郵程。尚賴偏師完，隔江發櫂迎。阿雲巖將軍在蠻暮，具舟渡江迎公歸。公竟染危疾，還朝遽奠楹。"

姚鼐《甌北先生家傳》："始先生贊畫滇軍，傅文忠公爲經略，進征緬甸。議大兵由戛鳩江進，而命提督五福由普洱進。先生曰：'戛鳩、普洱按圖相距不過三寸，而實是四千里之遙。兩軍既進，聲息不相聞，進退維谷，此危道也。大兵欲渡戛鳩江，則偏師宜由蠻暮、老官屯進，夾江而下，庶兩軍可互爲聲援。'文忠從之。"

孫星衍《趙甌北府君墓誌銘》："及大學士傅文忠公來滇經略兵事，議以大兵渡戛鳩江進剿，即大金江上流也。令提督以偏師五千從普洱進，遙爲聲援。先生謂戛鳩、普洱相去四千餘里，大兵既渡戛鳩之西，則偏師宜由江東岸近地進取猛密，夾江而下，造船以通往來，庶兩軍可以互應。遂如先生言入告。其後渡戛鳩之兵遭瘴氣，多疾病，而阿文成公所統江東岸一軍獨完。又以此兵敗賊於蠻暮、老官屯，卒以蕆事。時三十四年也。"

五月，有旨鄰省官在滇者，各歸本任。五月九日，先生惜別傅恒，曉渡潞江返粵西。

《甌北集》卷十五《留別經略》：“愧向車前脫戰袍，……冒瘴公猶入不毛。或免道旁謀室誤，忍誇局外有棋高。十年恩舊臨分處，別淚難禁湧似濤。”（其一）“稍踏邊塵識險夷，忍辭苦口語臨歧。一江沉鎖公無渡，千里持糧士有飢。上將在謀爭要着，南人不反豎降旗。”（其二）《奉命回粵途次口占》：“詔許征人馬首東，呼船曉渡潞江風。”

按：此詩作於本年五月，距乾隆二十一年丙子（1756）夏選入軍機處行走，爲傅恒知遇已十餘年，故有“十年恩舊臨分處”句。

《原譜》乾隆三十四年己丑條：“先生乃以五月九日辭經略、將軍等，自騰越起行，六月三十日抵鎮安。”

先生由騰越州起行一路行徑大理州、安寧州、路南州、廣南州、土富州歸鎮安。路憩道旁靈官廟，感滇、黔民情最淳。

《簷曝雜記》卷四“滇黔民俗”條：“滇、黔民情最淳。征緬時，派滿洲、索倫兵各五千，每站過兵，須馬七百、夫二千，皆出之民間。上軫念民艱，按例加倍給僱價，然多爲有司移用，民之應差者未必得也。其夫、馬皆民間按田均派。余自滇歸，一日小憩道旁靈官廟。有生監及村老十餘人咸集，見余至，皆跪迎。余問其何事，皆不敢言，固詰之，則結算兵差費耳。問以費若干，則糧銀一兩科至六兩餘。余謂：‘朝廷給價已加倍，何至煩爾等出財？’皆云：‘藩庫例不先發，令有司墊辦，有司亦令民墊辦，俟差事畢始給。今差雖畢，而給與否未可知。且有司亦多他用，民等幸不誤差，不敢望給直矣。’其謹厚如此。至黔中苗人應徭役，一家出夫，則數家助之，故夫役尤多。第不肯與漢民同辦，必分日應差，恐漢民不公，或被虐使云。”

《甌北集》卷十六《聞經略出師老官屯水陸攻圍緬人乞降班師奏凱詩以志喜》其三自注：“恩給夫價皆加倍，每米一石，至騰越，費至三十金。”

六月，在大理見賣雪團。

189

《甌北集》卷十五《雪團》:"亦見雪作團,净白揉玉屑。一團賣一錢,筥籃滿街列。"

《簷曝雜記》卷三"雲南天氣之暖"條:"又大理府之下關,六月中常有雪團賣於市,暍行者以當飲冰焉。詢其由來,則取諸點蒼山最高處也。"

紆道浴安寧州湯池。

《甌北集》卷十五《安寧州湯池》:"安寧湯池名,入滇耳已屬。去年匆匆過,爲赴師期速。今來是歸途,……紆道得其處,平岡隱迴複。……內外判兩池,泉脈暗滲漉。解衣得磅礴,洗我塵十斛。熱未至炙手,深恰纔及腹。……知爲砂沐凝,其品擅所獨。……永昌珍珠泉,昨已曾手鞠。安寧砐砂泉,今更得身浴。滇南兩奇品,吾已兼其福。"

《簷曝雜記》卷三"安寧州溫泉"條:"滇南處處有溫泉,其熱者可以燖雞鴨,惜無人爲之甃池架屋,徒流注於野溝荒港而已。一夕駐師象達,見山麓亂草中煙氣騰上,探之則溫泉也。然氣息殊惡,蓋山下有石炭或硫磺,則泉雖溫而不離其母氣。惟下有砐砂者氣最正,兼可愈風濕之疾。滇城西六十里爲安寧州,前明楊文襄一清故里也,有溫泉極佳,有司已築室其上。余自滇回粵,紆道赴之。門外小石山數座,皆穿穴透漏,土人謂之'七竅通天'。款扉入,有內外兩池,皆正方,惜池底仍沙土,但四周甃磚,可坐而已。聞驪山之泉下有石版鋪底,此不及也。然官斯土者已爲此泉所累。每大吏出省,安寧其首驛也,必往浴焉,供張畢具。又相傳有某督者,日須此泉浴,姬妾亦效之,日費三十斛。知州者另製木桶,使氣不泄,常雇六十人,更番作水,遞至督署,尚暖可浴也。在大吏不過一盆水,而有司爲之憊矣。"

王昶赴滇途中亦有《浴安寧州溫泉在雲濤寺側》詩,見《春融堂集》卷一一。

六月三十日抵鎮安境。七月初入小鎮安,喜雨。

《原譜》乾隆三十四年己丑條:"先生乃以五月九日辭經略、將軍等,自騰越起行,六月三十日抵鎮安。"

《甌北集》卷十六《入小鎮安》:"一路炎蒸歷幾旬,到官甘澍灑程勻。"

按:此詩位於《甌北集》卷十六的卷首,此卷編年自注:"起己丑七月,至庚寅九月。"故趙翼入小鎮安當在本年七月初。

抵鎮安官舍,妻孥已歸。

《甌北集》卷十六《回鎮安官舍》:"兩載身隨勁旅屯,得歸廨舍總君恩。……篋中一卷《滇行草》,略記鴻泥指爪痕。"(其一)"到日妻孥已大歸。余以身在兵間,先遣家累歸。"(其二)

《原譜》乾隆三十三年戊子條:"先生回鎮安,以從軍吉凶未可知,囑眷屬俟秋涼歸江南,而先生於五月九日束裝赴滇。"

歸鎮安任後,破除官吏借發田照斂錢陰謀,作詩就任用官員有感。

《甌北集》卷十六《署齋偶得》:"由來出身異,意趣各自歧。……管庫必用士,不使吏爲之。"(其一)"自非同氣類,相遇必怒瞋。"(其二)"奈何齷齪流,目睫謀徒工。……君子務其大,意氣高於虹。"(其三)

《簷曝雜記》卷三"鎮安倉穀、田照二事"條:"又天保縣令某,先與署府某商謀,謂民間田土無所憑,故易訟,宜按田給照以息爭端,實則欲以給照斂錢也。而時未秋,民無所得錢,先使甲目造冊,將於秋收後舉行,而不虞余之自滇歸也。夏六月,余忽回郡,廉知之,以此令向日尚非甚墨,因語以此事固所以息爭,而胥役等反藉以需索,則民怨且集於官,不如自以己意出示罷之,尚全其顏面也。然計其所失,已不下萬餘金。某方銜次骨,而民間皆知以余故得免此橫錢,是以感最深。"

鎮安境內水路南巡,歷田州、橫州、桂平、端州、梧州、桂林至南寧。過田州南歸德峽,讀王守仁平田州摩崖頌。橫州大灘謁

伏波將軍廟。

> 《甌北集》卷十六《歸德峽》：“田州南去急流潺，峽束渾如勒馬
> 還。……曾是文成用師地，時清久撤戍旗殷。”
>
> 《甌北集》卷三十四《王文成公紀功碑》：“粵西歸德峽，見公摩崖
> 名。平田州所刻。今讀廬山碑，駿烈彌崢嶸。……滔天禍變劇，一月
> 手削平。……嗚呼豈異人，公亦一書生！”
>
> 《甌北集》卷十六《橫州大灘謁伏波將軍廟》其一：“功名非水戰，祠
> 祭乃江濱。直以將軍號，長爲水府神。”其二：“我來祠下過，江水
> 正蒼茫。”

寓端州閱江樓，喜蔣龍昌至。

> 《甌北集》卷十六《寓端州閱江樓喜蔣南村州牧至》：“飛簷角立倚
> 崧臺，樓基名。豁落晴江望眼開。百尺正慚豪士臥，一帆恰遇故人
> 來。……獨愧樓名故鄉似，金陵亦有閱江樓，見宋景濂記。天涯鴻爪首
> 同回。”

自端州隨周升桓觀察赴桂林江行有作。

> 《甌北集》卷十六《隨周山茨觀察赴桂林有作》其一：“于邁從公畫
> 舫移，江行消得上灘遲。……上司屬吏皆詞客，成此風流一
> 段奇。”
>
> 又《甌北集》卷三十七《題周山茨觀察老圃秋容圖》：“公昔登科最
> 少年，……遂乘露輧按五管，清風瘴掃蒼梧烟。我從詞垣早師事，
> 出守又爲公屬吏。……壬午秋同校京闈。……己丑自端州隨公至桂林。”“己
> 丑自端州隨公至桂林”即指本年事。

南寧敷文書院爲王陽明平田州時駐師講學處，宿其書院瞻拜
遺像。

> 《甌北集》卷十六《宿南寧敷文書院王文成平田州時駐師講學處也
> 瞻拜遺像敬志二律》其一：“清高遺像見名賢，講學臺空尚巋然。”
> 其二：“駐師邕管爲田州，談笑功成帖兩酋。”

冬收倉穀，革除大筐收稻穀陋規，並與秤桿六十斤處鑿孔貫秤砣繩，聽民自權。先生以事至南寧，歸順州民陳恂等赴寧控官吏收稻穀橫斂狀。先生立遣役痛懲之，各屬收穀遂不敢逾檢。

《甌北集》卷十六《秤穀嘆》："邊民怕官魚見獺，十月滌場齊納秸。斛不可量須秤稱，猾吏乃得施其猾。持衡高下總在手，手握錘繩緊不撒。……下令禁之未必止，按法誅之不勝殺。特從秤背穿一穴，貫以長緪掛錘砧。……平準聽民自權度，奸胥在旁眼空點。"

《簷曝雜記》卷三"鎮安倉穀、田照二事"條："余在鎮安，別無惠民處，惟去其病民者一、二事而已。常平倉穀，每歲例當春借秋還。其穀連穗，故不斗量而權以稱出。借時盛以竹筐，每稱連筐五十斤，筐重五斤，則民得穀僅四十五斤耳。及還倉，則五十斤之外加筐五斤，息穀五斤，又折耗五斤，共六十五斤爲一稱，民已加十五斤。然相沿日久，亦視爲固然，不敢怨。余赴滇從軍之歲，粵西購馬萬匹濟滇軍，有司不無所累，遂於收穀時，別製大筐可盛百二十斤者收之，民無可訴也。及明年，余自滇歸，已無購馬費，則仍循舊例六十五斤可矣，而墨吏意殊不足，然未敢開倉也。余府倉亦有社穀當收，即令於稱之六十斤處鑿一孔，貫錘繩於其中，不可動移，聽民自權。筐五斤，係前官放穀時所扣；息穀五斤，價交司庫，故六十斤爲一稱。於是民之以兩筐來者，剩一筐去，城內外酒肆幾不能容。余適以事赴南寧，而歸順州牧欲以購馬歲所收爲額，州民陳恂等赴寧來控。余立遣役縛其監倉奴及書吏，荷校於倉外，而各屬之收穀，皆不敢踰檢矣。……每余出行，各村民輒來昇輿至其村，巡歷而過，又送一村，其村亦如之，父老婦稚夾道膜拜，日不過行三十里。至宿處，土銼瓦盆、雞豚酒醴，各有所獻，不煩縣令供頓也。"

姚鼐《甌北先生家傳》："丙戌，由翰林編修授廣西鎮安知府。鎮居廣西極邊，民淳訟簡，而倉穀出入，吏緣爲奸。先生痛革其弊，鎮民悅服。每巡行，村民輒昇入其村，謂'我公至矣'！奉酒食爲恭敬。所治皆如之。"

孫星衍《趙甌北府君墓志銘》:"三十一年冬,授廣西鎮安府知府。府境極邊,民淳訟簡,而常社倉穀有出輕入重之弊。粵民償穀以竹筐,以權代概。有司因購馬濟滇軍,別製大筐斂穀,事罷遂以爲常,民苦之。先生開府倉,聽民用舊筐自權以納穀。於是民皆持羨穀以去,飲食醉飽,歡聲溢閭閻。屬城有控橫斂者,則縛其監倉奴及書吏,痛懲之。鎮安民由是感激。每出行,爭肩輿先生過其鄰,送歷他鄰亦如之。老弱饋餉雞豚酒醴,先生辭之不得,無煩縣令供頓矣。"

巡行至歸順州,過歸順州與小鎮安分界處照陽關,途中寫鎮安土俗民情;過獨秀山,作古榕樹歌;鑒隘塘驛舍小憩;上果化峽,歸順州龍潭觀打雨,羨華崗佳山水;至峒漢卡,檄安南官勘地;觀人面竹述異。

《甌北集》卷十六有《照陽關》、《獨秀山古榕樹歌》、《鑒隘塘驛舍小憩》、《上果化峽》、《歸順州龍潭觀打雨》、《華崗》、《峒漢卡檄安南官勘地》、《人面竹》等詩。

《甌北集》卷十六《土俗》:"見日常須到巳牌,瘴深侵曉總陰霾。城中屋少惟官廨,牆上山多逼郡齋。俗有鬼神蠱放蠱,夜無盜賊虎巡街。欣欣民意安吾拙,相愛渾如鳥入懷。"

《簷曝雜記》卷四"榕樹黃果樹"條:"閩、粵間榕樹最多,其材一無所用,而蔭極大,行者皆憩息焉。余嘗作詩詠之,所謂以無用而爲有用也。其根尤奇。昔在鎮安,府署後獨秀山有榕一株,根千百條,沿緣山腹,透入石罅,如鼠鑽穴、蛇入洞,固已奇矣。及至廣州,廳事後又有一株,根大五十抱,相傳有神。每太守到任,必瀝酒祭之。然皆無鬚也。又有一種有鬚者,其旁出之幹忽生鬚,如流蘇下垂,及著土則又成根。久之,千百根合成一根,故根益大,槎枒嵌空,不可名狀。土人謂無鬚者爲雄,有鬚者爲雌。余謂當反其名稱,如人之有鬚者必男也。"

聞傅恒出師老官屯，水陸攻圍，緬人乞降，班師奏凱，詩以志喜。

《甌北集》卷十六《聞經略出師老官屯水陸攻圍緬人乞降班師奏凱詩以志喜》："喜聞蠻徼已輸忱，束甲和門請獻琛。"

《皇朝武功紀盛》卷三《平定緬甸述略》："是時諸路軍皆大捷。會經略已病，諸將欲遂以此蔵事，阿里袞曰：'老官屯有賊栅，前歲額爾登額進攻處也，距此僅一舍，不往破之，何以報命？'策馬先行，經略以下皆隨之。賊栅據大坡，週二里許，自坡迤邐下插於江。栅木皆徑尺，埋土甚深，遇樹則橫貫之，以爲柱。栅之外掘深濠三層，濠外又橫臥木之多枝者，銳其末而外向，名曰木籤。守禦甚備，我軍阻旬餘不得進。先用大炮擊之，栅木堅不折，有折者，賊輒補之。哈國興斫箐中老籐長數百丈者，繫鐵鈎於端，募敢死士夜往鈎其栅，三千人曳籐以裂之。爲賊覺，斫籐斷而罷。經略又命火攻，先製攩牌禦槍炮，一牌可護數十人。以兩人舁而前，十數人各挾薪一束隨之。百餘牌同時並舉，如牆而進，拔籤越濠至栅下，方燃火，忽西南風起，火反燒我軍，遂却回。最後遣兵穴地至其栅底，實火藥轟之，栅果突然起高丈餘。賊驚擾，喊聲震天。我軍皆挺槍抽刀，待栅破而掩殺。無何，栅忽落而平，又起又落，如是者三，不復動，栅如故。蓋立栅之坡斜而下，而地道乃平進，故坡土厚不能迸裂也。然賊自是懼。其栅之插入江者，開水門以通舟，運糧械不絕。阿桂謂：'如是則賊終無坐困之日也。'撥戰櫂五十，越過其栅截之。時阿里袞已病甚，猶力疾督攻栅，視槍炮最多處輒當之。經略慮其傷，令統舟師以息勞。戰艦整列，賊糧械不得入栅，由是益懼。其酋帥曰眇旺模者，遣人來乞和，願結栅於兩軍適中地，請將軍等往苫，眇旺模親來面受要約。經略不許。諸將以兵多染瘴，日有死亡，爭勸受降撤兵。乃遣哈國興往，責眇旺模以進表、納貢、返土司地諸事。議未決，眇旺模左顧而去。哈國興單騎入其栅，責之，眇旺模不敢見，別遣人出，請如約。適緬酋懵駁亦遣使賷貝葉書來乞降，乃取其成而還，緬甸平。"

十二月，阿里衮病殁於軍。

《甌北集》卷十六《哭果毅阿公病殁於軍》：“攻心徼外勳垂就，距受降僅數日耳。曳足軍中志可哀。”(其一)“曾忝軍諮畫策長，血痕親見裹金瘡。可憐病到三遺矢，猶自身衝百戰場。”(其二)

王昶《春融堂集》卷一一有《阿副將軍里衮挽詩》。

《清史列傳》卷二十《阿里衮傳》：“(乾隆三十四年)十二月，以疾卒於軍。”

設法爲百姓消除虎患。

《甌北集》卷十六《土俗》：“俗有鬼神鹽放蠱，夜無盜賊虎巡街。”

按：《甌北詩鈔》七言古五《虎靷轀歌》題注：“鎮安郡舊作，偶檢出錄存。”該詩不見《甌北集》中，所述內容詳見《簷曝雜記》卷三“鎮安多虎”條：“鎮安多虎患。其近城者，常有三虎，中一虎已黑色，兼有肉翅。月明之夕，居人常於欄房上見之，蓋千年神物也。余募能殺虎者，一虎許償五十千。居人設阱擭及地弩之類，無不備，終莫能得。檻羊豕以誘之，弗顧也。人之爲所食者，夜方甘寢，忽腹痛欲出便，其俗屋後皆菜園，甫出門至園，而虎已銜去矣。相傳腹痛即虎倀所爲云。人家禾倉多在門外，以多虎故無竊者。余嘗有句云‘俗有鬼神鹽放蠱，夜無盜賊虎巡街’，蓋實事也。余在鎮兩年，惟購得一虎、五豹。豹皆土人擒來，虎乃向武州人鈎獲者。其法以木作架，懸鐵鈎，鈎肉以餌之。虎來搏肉，必觸機，機動而虎已被鈎懸於空中矣。聞山西岢嵐州在萬山中，最多虎，故居民能以一人殺一虎。……余在鎮安，曾以百千募湖南虎匠，至半年迄無一獲，安得岢嵐人來絕此惡孽也。”

冬，娶妾蔣氏，年十六。

《西蓋趙氏族譜·藝文外編》載趙翼《繼室程恭人行略》：“余既赴滇，隨果毅、雲巖兩阿將軍出邊，歷九關八隘，剿南坎，剿頓拐，剿戞鳩，最後傅文忠公來滇經略，兵事將蕆，始奏令回鎮安任。而眷屬已歸，管鑰亦無可託，乃置妾蔣氏。”

按：《甌北集》卷十六《回鎮安官舍》其二："到日妻孥已大歸。余以身在兵間，先遣家累歸。"作於本年七月，趙翼赴滇從軍回鎮安官舍後，妻程氏已於乾隆三十三年買舟歸里。

《原譜》乾隆三十四年己丑："是冬，先生娶妾蔣氏。"

《西蓋趙氏族譜·學亮公派北岸分支世表》："（趙翼）側室蔣氏，乾隆十九年甲戌七月二十六日未時生，道光十四年甲午十月三十日亥時卒，壽八十一"。

是年，張塤得官中書舍人，與趙懷玉同直，思念先生。

趙懷玉《亦有生齋集》詩卷十一《哀張三舍人塤》自注："君以己丑入中書，今二十年矣。""己丑"即本年。

趙懷玉《亦有生齋集》詩卷七《和張舍人塤同直西苑之作》："却憶故園臣叔老，謂家甌北先生。滄江歲晚屢心驚。"

是年，洪亮吉、趙懷玉訂交。

趙懷玉《亦有生齋集》詩卷二五《哭洪大亮吉》："我之先王姑，實爲君大母。君才長一齡，肩隨少相狃。中間迹稍疏，訂交始己丑。過從鮮虛日，親串兼密友。泛舟雲溪濱，褰衣林屋口。同叩鄉曲譽，牽連數某某。"

呂培《洪北江先生年譜》乾隆三十四年己丑條："（洪亮吉）與……中表莊上舍寶書、趙上舍懷玉唱和詩極多。……有贈趙表弟七言長歌。"

是年，蔣立中生。李兆洛、金逸生。沈德潛、邵齊燾卒。

乾隆三十五年庚寅（1770）　四十四歲

二三月間出巡觀風，歎鎮安土民不知貨銀牟利。

《甌北集》卷十六《土歌》："春三二月墟場好。"《山行》："雨過林巒分外蒼，筍輿晨起趁新涼。……共知太守無鞭扑，結隊來看滿路旁。"

《簷曝雜記》卷四"緬甸安南出銀"條："滇邊外則有緬屬之大山廠，

粤西邊外則有安南之宋星廠，銀礦皆極旺。……宋星廠距余所守鎮安郡，僅六日程。鎮安土民最懦鈍無用矣，然一肩挑針線鞋布諸物往，輒倍獲而歸。其所得銀，皆製鐲貫於手，以便攜帶，故鎮郡多鐲銀，而其大夥多由太平府之龍州出口。”

三月，由桂林歸鎮安，貴縣途次，特旨調守廣州。廣州之任，此前總督李侍堯曾派員暗示，先生拒受私恩。

《甌北集》卷十六《貴縣途次奉旨調守廣州感恩志遇兼寄別鎮安士民》：“詔除劇郡到番禺，嶺外雄繁第一區。……前歲赴滇從軍，及今次調守，皆奉特旨。……莫笑頭銜仍未換，官叨特簡此榮殊。”（其一）

“到任三年五出疆，在官曾未一年長。余抵鎮安，以事赴省凡四次，又從軍滇中兩閱歲。……最憐途次聞新命，不及公堂飲餞觴。”（其二）

按：該詩緊鄰其上爲《舟行》、《平江道中》、《元祐黨碑在桂林者今尚存沈魯堂太守搨一本見示援筆作歌》，可知趙翼此行已到桂林，特旨調守廣州當於由桂林歸鎮安行經貴縣途次。

姚鼐《甌北先生家傳》：“明年返鎮，李公乃示意監司，欲先生稍折節而移之守廣州自助。先生不肯，遂以他屬。而適奉特旨調先生廣州，監司乃服先生之有守也。”

先生即由貴縣水路赴廣州任，遣人往鎮安接取眷屬。

《簷曝雜記》卷三“鎮安倉穀、田照二事”條：“及余調廣州，時方赴桂林，途次得旨，即赴新任，不復回郡。時署中惟一妾，巾車出城，滿街人户無不設香案跪送。又留一族孫鶴沖在郡，交代畢來廣時，街民送亦如之。”

四月，至廣州。登鎮海樓、覽光孝寺南漢烏金塔諸勝。

《甌北集》卷十六《舟次三水縣》、《登鎮海樓》、《光孝寺南漢烏金塔》。又有《移守廣州在途次聞命即赴新任未得與鎮安士民一別也今到廣已五閱月鎮安老民陳恂等五十餘人不遠三千里送萬民衣傘到署爲感其意而作此詩》，據《簷曝雜記》卷三“鎮安倉穀、田照二事”條“及余調廣州，……是歲九月，陳恂等七十餘人又送萬民衣傘至廣”，知趙翼至廣州就任爲九月前五個月之四月。

迎母親、妻子、弟汝霖及其婦杭氏到廣州官舍。妾蔣氏始拜見妻程氏。闔家團圞，演劇爲慶。

《甌北集》卷十六《太恭人同舍弟夫婦及内子輩到官舍》其一：“廿口遂無虧缺處，十年多在别離中。……莫笑寒官作豪舉，梨園兩部畫欄東。”

《甌北集》卷十六《戲贈内子》：“薄宦齏鹽共苦辛，分攜三載粤江濱。不知今夕真何夕，得與新人伴故人。……與君追話從軍事，繡佛燈前禮拜頻。”

按：乾隆三十三年戊子(1768)十一月鎮安官舍生子廷偉後，程氏即買舟歸里，故詩有“分攜三載”之説；妾蔣氏首次拜見妻程氏，故有“得與新人伴故人”之説。

《西蓋趙氏族譜·藝文外編》載趙翼《亡兒廷偉小傳》：“越二年，余調守廣州，内子奉吾母丁太恭人來就養，余迎謁舟次。兒從未識父，初見，方怖而走，少頃，即就余膝呼爹，蓋天性也。”

七月，洪亮吉偕黄景仁來江寧鄉試。洪亮吉以詩謁袁枚，袁、洪訂交。

吕培《洪北江先生年譜》乾隆三十五年條：“七月，偕黄君景仁附瓜船至江寧鄉試。九月，榜發，薦而不售。有游京口三山及江寧雜詩。是秋，識錢塘袁大令於江寧。大令謂先生詩有奇氣，逢人輒誦之。”

洪亮吉《卷施閣文甲集·補遺》之《三與袁簡齋》：“禮吉自庚寅秋以後進之禮見先生，迄今六年。”可知洪亮吉與袁枚本年首次相會。

七月十三日，傅恒卒。

《甌北集》卷十七《太保傅文忠公挽詞》：“公以平金川入相，征緬甸歸告終。”(其一自注)“公在時，每日晚朝必召對。”(其二自注)“憶曾勸改金江柁，腸斷炎風渡戛鳩。”(其三)“我無私謁便投契，公不

199

談文乃愛才。"（其四）

據《清史稿》卷一三《高宗本紀》，傅恒卒於是日。

昭槤《嘯亭雜録》卷八"傅文忠之謙"條："傅文忠公恒以椒房勳戚，當朝軸者幾三十年，惟以尊奉前輩，引擢後進爲要務，故一時英俊之士多集於朝。如孫文定嘉淦、岳威信鍾琪、盧巡撫焯等皆起自廢棄田里，畢制府沅、孫文靖士毅、阿相國爾泰、阿文成桂皆公所賞識者，後皆爲封疆大吏。其子文襄王復以英年擁節，屢鎮邊隅。累世三公，門多故吏，殊有袁氏之風。聞公款待下屬，每多謙沖，與其同几共榻，毫無驕汰之狀。汪文端公死，公爲之代請，得蔭其子承霈爲部曹；舒文襄公籍没遣戍，公代贖其宅，俟其歸而贈之：故皆感佩其德，久之不衰。然於恩怨分明，有詆之者，務爲排擠。又頗好奢靡，衣冠器具皆尚華美，風俗因之轉移，視諸盧懷慎布衣脱粟、吕蒙正之休休有容者，殊有愧於昔也。"

袁枚《小倉山房詩集》卷二二亦有《傅文忠公挽詞》、《公愛誦枚哭襄勤伯詩一聯云男兒欲報君恩重死到沙場是善終蓋亦讖也托尹制府聘爲記室枚不能行感舊懷恩再書一首》。

九月，喜張塤至廣州，並有饋贈，兼懷蔣士銓。

《甌北集》卷十六《喜吟薌至時已得官中書舍人》："喜爾簪毫入鳳池。俗吏已無紅藥句，余考中書時，詩題係"紅藥當階翻"。故人來及荔支時。"（其一）"却憶平生對床友，等身著述已堪傳。謂心餘。"（其二）

趙懷玉《亦有生齋集》詩卷十一《哀張三舍人塤》自注："君以己丑入中書，今二十年矣。""己丑"爲乾隆三十四年（1769），可知張塤於上年官中書舍人。

按：張塤《竹葉庵文集》卷二一《趙雲松觀察刻詩廿五卷成予至廣州是九月今卷中喜吟薌至詩云故人來及荔支時當是刻詩時補作故記憶不真予別雲松十四年題此卷後寄懷》："君經兵備貴西去，卷裏新詩我未看。熟過荔支風雨思，老尋常棣弟兄寒。要能滴粉搓酥淨，原覺團花簇葉難。少有才名成大集，今如相對並衰殘"可知,張塤九月至廣州,而非趙翼所云"故人來及荔支時"。

九月初十日丑時,子廷俊生於廣州知府署,蔣氏出。

《西蓋趙氏族譜·學亮公派北岸分支世表》:"(趙廷俊)行六。字
海珊。廩貢生。候選通判。乾隆三十五年庚寅九月初十日丑時
生,道光十三年癸巳七月初七日未時卒,壽六十四……著有《侍游
草》一卷"。

《原譜》乾隆三十五年庚寅條:"子廷俊生,蔣氏所出也。"

《西蓋趙氏族譜·藝文外編》載趙申嘉等《先考海珊府君行述》:
"府君諱廷俊,字莙生,號海珊,姓趙氏"。

出巡蜑船。

《甌北集》卷十六《蜑船曲》其一自注:"蜑人世居水上,不得結廬於
岸也。"

《簷曝雜記》卷四"廣東蜑船"條:"廣州珠江蜑船不下七、八千,皆
以脂粉為生計,猝難禁也。蜑户本海邊捕魚為業,能入海挺槍殺
巨魚,其人例不陸處。脂粉為生者,亦以船為家,故冒其名,實非
真蜑也。珠江甚闊,蜑船所聚長七、八里,列十數層,皆植木以架
船,雖大風浪不動。中空水街,小船數百往來其間。客之上蜑船
者,皆由小船渡。蜑女率老妓買為己女,年十三、四即令侍客,實
罕有佳者。晨起面多黄色,傅粉後飲卯酒作微紅。七、八千船,每
日皆有客。小船之繞行水街者,賣果食香品,竟夜不絕也。余守
廣州時,制府嘗命余禁之,余謂:'此風由來已久。每船十餘人恃
以衣食,一旦絕其生計,令此七、八萬人何處得食?且纏頭皆出富
人,亦哀多益寡之一道也。'事遂已。聞潮州之綠篷船較有佳者。
女郎未笄,多扮作僮奴侍側,官吏亦無不為所染也。有'狀元夫
人'者尤絕出。某修撰視學粵東,試潮畢,以夏日回廣州,所坐船
不知其為綠篷也。夜就寢,忽篷頂有雨滲及枕邊,急呼群奴,奴已
各就妓船去,莫有應者。忽艙後一麗人踝而執燭至,紅綃抹胸,膚
潔如玉,褰帷來視漏處,修撰不覺心動,遂暱焉。船日行二、三十

里,十餘日至惠州,又隨至廣州。將別矣,而麗人誓欲相從,謂:
'久墮風塵中,今得侍貴人,正如蛻骨得仙。若復淪下賤,有死而
已。請隨人署,爲夫人作婢以歿世。'淚如雨不止。百計遣之不
去,贈以五百金始歸。而不知正其巧於索賚也。及歸,而聲價益
高,非厚幣不得見,人皆稱'狀元夫人'云。"

先生守廣州,勤於政務,雨後出城看耕,欲改粵東沙田浮報弊。

《甌北集》卷十六《雨後出城看耕》:"珠江彌望雨連畦,最喜郊原競
把犁。……禾忌海潮,粵東有一種能耐鹹浪,聽潮往來爲灌溉,謂之潮田。"

《簷曝雜記》卷四"粵東沙田"條:"粵東沿海地,往往有漲沙。居民
見水中隱隱有沙距水數寸,則先報陞科。俟其沙出水面,先種草
數年,然後築堤分畖,試種禾秋,又數年始成良田。然報墾者率以
多報少,如報一百畝,其所規度必數百畝。而粵東又有例,所墾田
浮於報額,而爲人首告,即以所浮田賞之。於是先報墾者方種草
築堤,黠者已睨其旁,知其有所浮,輒首而得之。而報墾家雖有欺
匿,實已費數年貨力,一旦爲旁觀奪去,其何能甘?於是每至收穫
輒相鬪,動至斃命。余謂宜改例,量以十之一賞告者,而所浮之田
仍令原墾者陞科,庶免爭奪。方欲請於大吏,會遷官去,遂不及竟
其事。"

省會酬應雜遝,先生日必坐堂斷獄,以八案爲率。會捕獲海盜
一百八人,按清律,江洋大盜不分首從皆斬,先生條別其輕重,
戮三十八人,餘遣戍敦煌。

《甌北集》卷十六《決囚嘆》:"伶仃洋,渺無際,昔文丞相過師
地。……胡爲化作群盜藪,剽掠公行肆無忌。……新來太守書生
弱,下令空嚴編保甲。……可憐三十八少年,慘似雞豚受刲膊。
其餘遣戍敦煌西,魂魄萬古委沙漠。……我今但快駢戮多,毋乃
不教而殺謂之虐!"

《簷曝雜記》卷四"茭塘海盜"條:"番禺縣茭塘十數村,世以海盜爲
業。其船曰'多槳船',蓋海船皆趁風使帆,此獨用槳,故不論風之

順逆皆可行，其槳有至三十六枝者。行劫皆以白晝。遙望他船如黑豆許，則不能追及；或大如鴨，則無有不追及者矣。至則兩頭用鐵鉤拽其船，而群盜持刀仗往劫。亦有盜船仍被盜劫者，此船一、二十人方劫得貨貲，又遇盜船三、四十人者，輒復爲所劫。此類甚多，幾莫能致詰也。其出海口，有水汛兵譏察，則例有私稅。以出海一度爲一水，率不過月餘。乾隆三十五年，盜魁陳詳勝者率其徒出海，久不歸。汛兵計其期已過，會出哨遇之，遂索補稅焉。盜乞緩期，俟厚獲當倍償。兵不許，則相爭。兵以鳥槍斃四盜，盜亦以壓船石擲傷兵。於是兵以拒捕告，而制府入奏，責有司速緝。購得同爲盜之黃姓者，許發覺後免其罪，始得陳詳勝等，而無左證，入其家，搜得分贓單一紙，不書姓名而有暗記，由是訊出二十餘人。又從二十餘人訊出他案八、九十人，共一百八人。《律》載江洋大盜不分首從皆斬，則俱鬼錄中數也。余念法不可逭，而諸盜未有殺人案，則情稍輕。因略爲條別：有懼而未敢從者；有患病伏於艙者；有被誘作火夫炊飯者；甚至年二十以下則指爲盜首之嬖童，初不肯服，尋知爲生路也，亦忍恥認之。案既定，立決者三十八人，駢戮於教場，地爲之赭。其餘皆遣戍絕徼，自是海盜稍清。然不數年盜又熾，巡撫李公湖乃殺至三百餘人云。"

姚鼐《甌北先生家傳》："在廣州，決獄平。獲海盜一百八人，按律皆當死，先生詳讞分別，殺三十八人，餘遣戍。"

《甌北集》卷三十《醉時歌贈春農同年》附蔣宗海和詩："身處脂膏能不染，海南到處仁風扇。"

九月，鎮安土民陳恂等不遠四千餘里，送萬民衣傘至廣州。後鎮安士民爲先生立生祠。

《甌北集》卷十六《移守廣州在途次聞命即赴新任未得與鎮安士民一別也今到廣已五閱月鎮安老民陳恂等五十餘人不遠三千里送萬民衣傘到署爲感其意而作此詩》。卷三十八《七十自述》其十三自注："移守廣州數月，鎮安民陳恂等不遠四千里送萬民衣繖至署。"

《簷曝雜記》卷三"鎮安倉穀、田照二事"條:"及余調廣州,……是歲九月,陳恂等七十餘人又送萬民衣傘至廣,計程四千餘里,距余出鎮安已六、七月矣。亦可見此邦民情之厚也。"

《甌北集》卷四十六《劉松嵐觀察大觀舊嘗宰鎮安之天保縣在余守鎮安後二十餘年矣茲過常州偕稚存來晤具言鎮民已爲余立生祠虔奉弗替感賦》:"自知無迹可留傳,只有硜硜不愛錢。始識愚民原易感,不爲貪吏即稱賢。"

孫星衍《趙甌北府君墓志銘》:"三十一年冬,授廣西鎮安府知府。……其後有爲先生立生祠者。"

秋,陸錫熊、簡昌璘主廣東鄉試,邀二人珠江泛舟、海幢寺賞菊。

《甌北集》卷十六《邀陸耳山簡玉亭兩主試泛舟珠江兼赴海幢寺賞菊》:"蘭譜交游迹未賒,分攜五載感蒼葭。"

按:趙翼與陸錫熊的上次相聚在乾隆三十年乙酉(1765)程晉芳招同的上巳會上,見《甌北集》卷十一《三月十三日程蕺園舍人招同錢籜石辛楣兩學士曹來殷編修王述庵比部吳白華庶常陸耳山家璞函舍人各攜壺榼陶然亭爲展上巳會分賦二律》,距今恰已五年。

據《清代職官年表·鄉試考官年表》,宗人府主事陸錫熊、户部主事簡昌璘爲廣東鄉試主考官。

簡昌璘,字玉亭、號理庵,湖南邵陽人。雍正元年(1723)生。歷官吏部、户部主事,署貴州貴陽府同知。事具《乾隆二十二年丁丑科會試同年齒録》。

翁方綱時任廣東學政,曾邀先生同賦甘泉瓦。

《甌北集》卷十六《侯官林侗所藏甘泉瓦王阮亭朱竹垞查初白皆有詩翁覃溪學士視學粵東侗子某復攜來乞詩覃溪既爲作歌又摹入素册書前人詩於左方而囑余續貂於後爰題長句就正》:"侯官林侗甘泉瓦,當代巨手皆賦詩。覃溪先生雅好事,又搨硬黃索我詞。"

據《清代職官年表・學政年表》，翁方綱乾隆二十九年甲申（1764）七月至乾隆三十六年辛卯（1771）九月任廣東學政。

九月，畢沅未遇時寵信之歌郎李桂官來謁。

《甌北集》卷十六《李郎曲》：“李郎昔在長安見，高館張燈文酒宴。烏雲斜綰出場來，滿堂動色驚絕艷。得郎一盼眼波留，千人萬人共生羨。……一個狀元猶未遇，秋帆時爲舍人。被郎瞥睹識英雄。每當舞散歌闌後，來伴書幃琢句工。……但申囓臂盟言切，並解纏頭旅食供。明年對策金門射，果然榜發魁天下。從此雞鳴內助功，不屬中閨屬外舍。五花官誥合移封，郎不言勞轉謙謝。……狀元官貴擁高牙，匹馬相從萬里賒。爲聽甘涼邊曲好，相從皋蘭官舍。當筵改學撥琵琶。主人酬贈千金橐，幸客莊嚴七寶車。送上雲程心事了，忽傷老大苦思家。思家泣與東君別，歸到姑蘇百花宅。……昔是玉人今玉客。時販玉玩至粵。謁儂恰趁放衙早，不覺相迎屣爲倒。……樽前軟語聊調笑，李下何妨一整冠。”

按：詩位於《甌北集》卷十六的卷尾，此卷編年自注：“起己丑七月，至庚寅九月。”故李桂官來謁當在本年九月。

按：畢沅與李桂官交好事，廣爲流傳。《簷曝雜記》卷二“梨園色藝”條：“庚午、辛未間，慶成班有方俊官……後寶和班有李桂官者，……畢秋帆舍人狎之，亦得修撰。故方、李皆有狀元夫人之目，余皆識之。二人故不俗，亦不徒以色藝稱也……而秋帆未第時頗窘，李且時周其乏。以是二人皆有聲縉紳間。後李來謁余廣州，已半老矣，余嘗作《李郎曲》贈之。”

祝德麟《悅親樓詩集》卷一一《贈李桂郎》小序云：“秋帆舊青衣也。”

吳長元《燕蘭小譜》卷五：“友人言蘇伶有號碧成夫人者，姓李名桂官，字秀章，吳縣人。昔在慶成部，名重一時。嘗與某巨公鄉誼，時佐其困乏，情好無間。後巨公涖外省，桂官亦脫身同往，於今十數年矣。聞其慷慨好施，頗無貲蓄，是伶中之勇於爲義者，是可識也。”此“巨公”即畢沅。

按：袁枚《隨園詩話補遺》卷三第二云：“吾鄉安樂山樵著《燕蘭小
譜》，皆南北伶人之有色藝者。蓋在古人《南部烟花録》、《北里志》
之外，別創一格。余采一二，以備佳話。其節義可風者，如張柯亭
爲某明府所暱，某以罪被誅，柯亭在戲場，奔赴市曹，一慟幾絕。
詩美之云……”知袁枚頗認同《燕蘭小譜》所載男風之事。又據上
述《甌北集》和《簷曝雜記》內容，趙翼對此事不提倡亦無反感。惟
蔣士銓對此似有微詞，見《忠雅堂詩集》卷八《京師樂府詞十六首》
其五《戲旦》：“朝爲俳優暮狎客，行酒鐙宴逞顏色。士夫嗜好誠未
知，風氣妖邪此爲極。古今嬖幸今主賓，風流相尚如情親。……
不道衣冠樂貴游，官妓居然是男子。”崔旭《念堂詩話》卷一曰：“近
日詩家，袁、蔣、趙同稱。心餘性情頗正，其詩有‘風氣妖邪此爲
極’之句，痛罵都下惡風。即此便爲扶持名教。《燕蘭小譜》、《衆
香國》等刻，開罪名教矣。”對於此事的態度，亦可見出袁、蔣、趙三
人性情之異。

十月，祭南海神廟。禮罷，登浴日亭、西洋船。

《甌北集》卷十七《祭南海廟禮成二十韻》：“秩祀南溟重，時維月
孟冬。”

按：《甌北集》卷十七《春祭再至南海神廟》作於乾隆三十六年辛
卯（1771）春，可知，秩祀爲春、冬兩祭南海神廟。

按：《甌北詩鈔》七言古五《銅鼓歌戲作》有句“南海廟曾見銅鼓”。

《甌北集》卷十七《登浴日亭》：“禮罷神祠肅炳蕭，振衣千仞躡岩
嶤。雞聲欲白三更日，漁火猶紅半夜潮。”

《簷曝雜記》卷四“斷水禦海寇”條：“余在廣，因祭南海神廟，適有
西洋船泊獅子洋，遂登焉。其高七八丈，入艙深亦如之。”

沈瀋送子沈景滄來就婚，女即先生長女，劉氏出。

《西蓋趙氏族譜·學亮公派北岸分支世表》：“（趙翼）女六：長適
乾隆辛巳進士萬安縣知縣沈瀋子國子監生景滄，劉恭人出。”

《甌北集》卷十七《倬其送子景滄來就婚》：“官憐需次後，倬其與余同年，今尚需次。交在議婚前。”（其一）“頭顱行漸老，婚嫁此纔初。往事懷鸞鏡，女爲余亡內劉恭人出。新妝勉鹿車。”（其二）卷二十四《哭沈倬其之訃》其二：“我有結髮妻，所生惟一女。君亦有佳兒，遂以女相許。我昨官廣州，訛傳君仙舉。有傳君已死者。正擬呼君兒，了此向平緒。君忽攜兒來，入門趣吹黍。……遂擇花燭期，一雙好仙侶。我歸君謁選，官程指江楚。兒婦相隨行，吾謂女得所。……婚嫁君已畢，吾苦乃更茹。”

巡視口岸外國商船。

《甌北集》卷十七《番舶》：“嗟爾海外人，豈愛魚腹葬。……重利而輕生，舉世固同恙。伊余過虎門，適遇碇五兩。梯登試一觀，心目得超曠。賈胡碧眼睛，魋曷迥殊狀。……免冠挾入腋，鞠躬作謙讓。……儒臣忝守土，行邊細諮訪。……亦貴撫馭宜，俾奉條約諒。……懷柔固在綏，暇豫亦須防。”

《簷曝雜記》卷四“西洋船”條：“西洋船之長深廣，見余所詠《番舶》詩，而其帆尤異。桅竿高數十丈，大十餘抱，一桅之費數千金。船三桅，中桅其最大者也。中國之帆上下同闊，西洋帆則上闊下窄，如摺扇展開之狀，遠而望之幾如垂天之雲，蓋闊處幾及百丈云。中國之帆曳而上袛一大緪著力，其旁每幅一小緪，不過攬之使受風而已。西洋帆則每緪皆著力，一帆無慮千百緪，紛如亂麻，番人一一有緒，略不紊。又能以逆風作順風，以前兩帆開門，使風自前入觸於後帆，則風折而前，轉爲順風矣，其奇巧非可意測也。紅毛番舶，每一船有數十帆，更能使橫風、逆風皆作順風云。”

《簷曝雜記》卷四“諸番”條：“廣東爲海外諸番所聚。有白番、黑番，粵人呼爲‘白鬼子’、‘黑鬼子’。白者面微紅而眉髮皆白，雖少年亦皓如霜雪。黑者眉髮既黑，面亦黔，但比眉髮稍淺，如淡墨色耳。白爲主，黑爲奴，生而貴賤自判。黑奴性最愨，且有力，能入水取物，其主使之下海，雖蛟蛇弗避也。古所謂‘摩訶’及‘黑崑嵞',蓋即此種。某家買一黑奴,配以粵婢,生子矣,或戲之曰:'爾黑鬼,生兒當黑。今兒白,非爾生也。'黑奴果疑,以刀斫兒脛死,而脛骨乃純黑,於是大慟。始知骨屬父,而肌肉則母體也。又有紅夷一種,面白而眉髮皆赤,故謂之'紅毛夷',其國乃荷蘭云。香山縣之澳門,久爲番夷所僦居,我朝設一同知鎮之。諸番家於澳,而以船販海爲業。女工最精,然不肯出嫁人,惟許作贅婿。香山人類能番語,有貪其利者,往往入贅焉。"

不喜奢華,散去府衙梨園紅雪班。妻程氏亦澹泊如故。

《甌北集》卷十七《席散偶作》:"小部梨園夜筵圖,……笙歌散後虛堂靜,危坐依然一老儒。"又《戲書》其一自注:"府衙舊有梨園一部,名紅雪班,今皆散去。"

《簷曝雜記》卷四"仕途豐嗇頓異"條:"忽調廣州,乃大豪富。署中食米日費二石,廚屋七間,有三大鐵鑊,煮水數百斛供浴,猶不給也。另設水夫六名,專赴龍泉山擔烹茶之水,常以足跰告。演戲召客,月必數開筵,蠟淚成堆,履舃交錯,古所謂鐘鳴鼎食,殆無以過。……統計生平臕仕,惟廣州一年。然在廣時,刻無寧晷,未嘗一日享華腴也。召梨園宴客,亦多命僚友代作主,而自向訟堂訊囚。每食仍不過鮭菜三碟、羹一碗而已。則固性所習,亦命所限也。"

《西蓋趙氏族譜・藝文外編》載趙翼《繼室程恭人行略》:"旋奉命調守廣州,距家較近,恭人始奉太恭人南來。都會之地,百物繁盛,恭人惟增一洋灰鼠裘,猶恐招官謗,其他率無改於舊,澹泊如故也。"

先生從軍歸鎮安後,曾寄詩存問蔣士銓,並有饋贈。今冬蔣士銓答詩亦到,先生繼和。

《甌北集》卷十七《次韻答心餘見寄》:"當代數人物,吾友江右士。瘦骨不勝衣,恂恂文弱子。……中歲早循陔,蟠龍驚決起。……憶昨初定交,中書制草擬。……尋春同隊魚,罵座觸邪廌。先後入詞苑，揮毫進綈几。……最是京兆闈，秋清風日美。……爰及兩山妻，情好亦如此。……年家來往頻，熟識到僕婢。一朝君買舟，攜家竟南徙。……而我出作郡，萬里操鞭箠。……戢山主講席，距家亦甚邇。_{君時主戢山書院}"此詩後附蔣士銓原作："皇帝甲戌春，識君矮屋底。巖電橫雙眸，共稱天下士。云出松泉門，捉刀冠餘子。……春官俄報罷，躓者旋復起。同時篷薇省，兩人訂交始。君俄入樞密，才望絕倫比。……辛巳對大廷，萬言移寸晷。換筆改波磔，恐有坡識鷹。……_{廷試時，君以讀卷官多素識，恐其避嫌見抑，遂變易字迹，竟莫有識別者，果以第一進呈。}……儱哉探花郎，不若徐公美。京兆壬年闈，偕君相汝爾。……平生匝月中，萬事無過此。可憐兩孟光，亦復如娣姒。……我病奉母歸，浮家數遷徙。……詎擁一麾出，遠落蠻夷鄙。……況復奉軍書，馳驟兵戈裏。……重開太守衙，眷屬久歸矣。……寄我雙南金，附以書以紙。……誦之歡解頤，旋復痛不止。君本著作才，夙擅班揚技。"惜詩中"寄我雙南金，附以書一紙"之具體內容今無法得知，不然，更能加深後人對蔣趙友情的認識。

按：《甌北集》卷十七編年自注："起庚寅十月，至辛卯七月。"該詩上有《劉王郊基》"衰草寒蕪一片秋"句，下有《春祭再至南海神廟》，故當作於本年冬至乾隆三十六年辛卯（1771）春之間。又該詩下有《太保傅文忠公挽詞》，據《清史稿》卷三〇一、《清史列傳》卷二十，傅恒卒於乾隆三十五年庚寅（1770）七月，趙翼既爲在職官吏又與傅恒交厚，因此得知傅恒訃告并爲作挽詞當在本年內概率較大。

《西蓋趙氏族譜·藝文外編》載趙翼《繼室程恭人行略》："（程恭人）親串往來，惟程氏嫂、高氏嫂、蔣氏妹，情誼真摯，久而不渝。其他雖女家，亦不一至。"此"蔣氏妹"當即指蔣士銓妻。

結識陳淮，題其《長林遠望圖》。

《甌北集》卷十七《題陳望之太守長林遠望圖》："中州詩派嫡，前代黨人孫。陳定生曾孫，徙居商丘。"

陳淮，字望之，號藥州，河南商丘人。雍正九年（1731）生，嘉慶十五年（1810）九月卒。由選拔貢生捐納知府。歷官湖北布政使、貴州巡撫、江西巡撫。後以貪瀆罪罷官。事具《國朝耆獻類徵初編》卷一八六、《清史列傳》卷二十七。王文治《夢樓詩集》卷二十有《寄懷陳望之》。

斷腸草毒甚，粵洩憤輕生者常服之。先生立約，輕罰聽輸草準折，一笞五斤爲例，輕生獄漸少。

《甌北集》卷十七《斷腸草》："滿把青蔥是何蘖，一枝三業戾氣結。……粵俗好逞一朝忿，往往服之腸斷裂。……我繙案牘何其多，大呼空勞戒諭切。……爰向訟庭立條約，輕罰聽輸草準折。一笞五斤未爲苛，草必連根勿留蘖。……邇來輕生獄漸少，或亦借資此例設。"

是年，宋邦綏卒。

乾隆三十六年辛卯（1771）　四十五歲

春祭，隨廣東巡撫德保再至南海神廟。

《甌北集》卷十七《春祭再至南海神廟》詩，又《中丞德公枉詩贈行敬次原韻志別》其一自注："春祭南海神，余從公往。"
據《清代職官年表·巡撫年表》，德保乾隆三十四年己丑（1769）十二月至乾隆四十年乙未（1775）十二月爲廣東巡撫。

四月，陞貴州分巡貴西兵備道。先生以母年高不能赴黔，欲解官終養，乞總督李侍堯代奏，不許。

《甌北集》卷十七《擢授貴西兵備道紀恩述懷六首》："珠江典郡一年多，又指郵程大渡河。在威寧州黔、滇分界處，近貴西道駐劄地。……長途但擬單車赴，遺愛慚無五袴歌。"（其一）"薦賢故是大臣爲，謂制府李公。……私室拜恩吾豈敢，祇應砥節報深知。"（其二）"擢官何事乞歸田？別有離懷黯自牽。……以黔路遼遠，老親不能偕行，乞制府李公代奏終養，公以余新擢官止之。"（其三）及卷十七《用德中丞韻奉別制府李公》其三："纔得除書匝月間，又從公欲乞身還。自因親舍皤雙鬢，敢爲官程落百蠻。……此情雖未蒙憐許，也識離懷滿海灣。"

又《甌北集》卷二十《壬辰冬仲以廣州讞獄舊事吏議左遷特蒙溫旨送部引見聖恩高厚蓋猶不忍廢棄而衰親年已七十有五書來望子甚殷諭令早歸一慰依閭望因呈乞開府圖公給假旋里擬即爲終養計途中無事感恩述懷得詩十首》其二："曾將烏鳥訴私情，大吏堅留計未成。謂去歲在粵乞歸養事。"詩作於乾隆三十七年壬辰（1772）十月辭官歸里途中，"去歲在粵乞歸養事"當即指本年事。

五月卸廣州任，七月交代畢，挾沈鳳翥秀才、畫士吳澐出游羅浮三日，游梅花邨、華首臺、黃龍洞、沖虛觀諸勝。

《甌北集》卷十七有《廣州侯代同沈秀才鳳翥吳畫士澐游羅浮》、《華首臺》、《題華首寺》、《宿沖虛觀》、《沖虛觀前有東坡亭傳是公遺迹也即用公游羅浮山示子過韻》、《羅浮歸途遇大風舟幾覆口占》、《羅浮紀游十首》諸詩。

《甌北集》卷首翁方綱序："予視粵東學政，而耘菘守廣州。辛卯秋，遷貴州兵備道，將受代，未行。一日獨與畫師吳水雲買小舟，探羅浮、華首、沖虛諸勝。予時試諸郡畢，日坐使廨藥州上，想君詩思眇眇在海天雲石間，亦欲於贈行時題記數語，又未得遂也。"

《甌北集》卷三十八《七十自述》其十四自注："廣州謝事，作羅浮之游。"

《甌北集》卷十七《翁覃溪學使用德中丞韻贈行即次奉答》後附翁方綱原作其一自注："今君將赴黔，先作羅浮之游。"

總督李侍堯設宴餞行，詩以別之。

《甌北集》卷十七有《用德中丞韻奉別制府李公》詩，其四云："初出承明爲守邊，量移幸得近名賢。不嫌論事千回瀆，每見當幾一著先。揮麈豈殊師弟對，書紳忍逐歲時遷。難忘更是臨分日，清誨倦倦絮別筵。"可見趙翼廣州任上的政績得到李侍堯的認可,兩人相處比較融洽。

廣東巡撫德保、學政翁方綱等同人爲先生賦詩贈行。

《甌北集》卷十七《中丞德公枉詩贈行敬次原韻志別》、《翁覃溪學使用德中丞韻贈行即次奉答》、《舒廣州陳韶州高肇慶三太守餞我於署園梨園兩部追歡惜別即席》。

哭鐵騾。

《甌北集》卷十七《哭鐵騾》小序:"騾爲余從軍時晨夕所騎,雖有副馬不用也。上下岡坂,曾無一失。色純黑,軍中呼爲鐵騾。事訖歸鎮安,移廣州,皆從。今將赴黔,水程遠,不能載往,爰贈番禺張令,甫去一夕死,詩以哭之。"

《簷曝雜記》卷四"騾馬與人性相通"條:"騾馬不能言,然性靈者能與人心相通。余在滇從軍,得一騾,色純黑,高五尺,甚瘦,雖加芻豆飼之不肥也。然力甚堅勁,日行百餘里,雖竟月不疲。性極靈,上下岡阪,宜左宜右,不待攬以轡,真如四體之不言而喻也。上峻嶺時,每數里輒勒住聽其稍喘,余或下而藉草坐,則騾侍立於旁,以頸相就,若相勞苦者。時有騾馬三十餘,歸粵時盡以贈同人,獨此騾不忍棄,隨至鎮安,青芻香秝,稍酬其勞。調守廣州,亦隨往。後余赴黔,上水四千里,不能載往,遂送番禺張令,甫一夕死矣。豈此騾宿世有所負於余,而使之償宿逋耶? 抑其性貞烈,不肯易主而自斃耶?"

八月,先生攜家由珠江溯流。

《甌北集》卷十八《珠江用東坡發廣州韻》:"水減珠江漲,征帆縱所如。路多曾歷過,水路從粵西,多舊所經地。官豈更求餘。計俸虛靡久,攜家惜別初。"

按:此詩爲《甌北集》卷十八的首章,此卷編年自注:"起辛卯八月,至壬辰二月。"故先生攜家由珠江溯流當在本年八月。

命汝霖夫婦奉母北歸,在三水與之分別。先生已有歸志,囑汝霖買地築室以待。

《甌北集》卷十八《三水送舍弟奉太恭人北歸》："畫舸行還泊,依依
送別情。江流將判路,宦迹亦分程。南國梅難寄,西風桂正榮。
古人親在日,息意事躬耕。"(其一)"不用規知足,將歸奉白頭。"
(其二)

八月,由珠江溯流至黔,途經端溪、努灘、柳州、懷遠縣雞翼灘、
牂江至貴州之古州。途徑潯州三界廟。

《甌北集》卷十八《端溪》、《努灘》、《柳州》、《懷遠縣雞翼灘》、《牂江
道中》、《苗樓》、《古州諸葛營》諸詩。

《簷曝雜記》卷四"三界廟"條:"粵西之梧、潯、南寧三府,有三界廟
最靈。鄺露《赤雅》云:神姓許,平南人,采樵得一衣,輕如葉,帶
内有字,能召風雨,知未來事。明弘治中,制府捕至,覆以洪鐘,積
薪燒之,至夕發之,不見,後人遂爲立廟曰'三界',亦曰'青蛇
廟'。……今廟之在梧州者,氣燄尤著。商賈之演戲設祭以申祈
報者,殆無虛日。……余初赴鎮安時,長兒廷英以病留南寧月餘,
幾不救矣。内子設祭於廟。時久旱甚暑,適是日大雨稍涼,兒病
遂霍然。後余自廣東赴貴西任,途次三兒廷俊甫周晬,忽患異證,
連日昏憒,不乳不哭,醫莫能愈也。過潯州,以羊豕祭三界廟,是
日五更即能哭出聲,數日大愈。此余所親驗者,不得謂鬼神之事
渺茫也。"

十月初一抵貴陽,會溫福、阿桂自滇赴蜀進剿金川,途經貴西
威寧、畢節等處。先生謁貴州巡撫李湖畢,即馳赴衙署威寧,
辦集夫馬,料理過兵。

《甌北集》卷十八《十月朔日抵貴陽聞官兵自滇入蜀路經威寧余未
及受代即赴寧料理過兵途次雜詠》:"出守鎮安未一年,赴滇從軍。
在滇年餘,回鎮安,甫九月,調廣州。在廣一年,今又入黔。每一
年輒易一地也。"(其一自注)"纔卸征鞍貴築城,正逢驛送入川

兵。"(其二)"羅甸羅施鬼國貧，貴東爲羅施鬼國，貴西爲羅甸鬼國，即古鬼方也。當初都是處流人。"(其三)"貴西署在山頂。"(其八自注)

又《甌北集》卷三十八《七十自述》其十五："露輞星旌到夜郎，漏天淫雨暑天霜。人來青瑣原仙吏，地入烏蠻是鬼方。黔東爲羅施鬼國，黔西爲羅殿鬼國。臣子敢論官美惡，君王自重治循良。祇因慈母當歸字，望斷吳雲萬里長。"叙述了初到威寧的感受。

據《清代職官年表·大學士年表》，是年十一月，溫福由理藩院尚書授武英殿大學士。據《清代職官年表·巡撫年表》，李湖乾隆三十五年庚寅(1770)十二月至乾隆三十七年壬辰(1772)四月任貴州巡撫。

溫福，字履綏，費莫氏，滿洲鑲紅旗人。自繙譯舉人授兵部筆帖式。累遷户部郎中，擢湖南、貴州布政使。坐事奪職，起内閣侍讀學士。擢内閣學士，遷倉場侍郎，予雲騎尉世職。外授福建巡撫，内遷吏部侍郎、軍機處行走，進理藩院尚書。乾隆三十六年，授定邊右副將軍征金川。擢武英殿大學士、定邊將軍。性剛愎，不廣咨方略。乾隆三十八年六月初十日，木果木兵潰死。事具《清史稿》卷三二六。

李湖，字又川，號恕齋，江西南昌人。康熙五十二年(1713)生，乾隆四十六年(1781)十一月卒。乾隆四年進士。歷官貴州、廣東巡撫。謚恭毅。事具《國朝耆獻類徵初編》卷一七九。

阿桂自滇入蜀從勦金川，於威寧得謁之。

《甌北集》卷十八《謁故將軍阿公時亦自滇入蜀從勦金川》。

王昶、趙文哲隨軍進勦金川，威寧匆匆一會。後閲邸抄，喜王昶、趙文哲復官。

《甌北集》卷十八《述庵璞函亦從軍入川余至威寧得一握手燭未跋即別去璞函有詩見寄依韻奉答》、《用璞函韻寄述庵兼柬松茂觀察查儉堂》。

按：嚴榮《述庵先生年譜》乾隆三十六年辛卯四十八歲條："六月，

214
趙翼年譜新編

阿公罷用理藩院尚書,溫公^福代之。八月,溫公至永昌,復奏留佐
軍事。會四川小金川土司,……上命溫公移師赴四川督辦,溫公
請以先生行。九月二十五日,與趙君升之暨中書舍人王君丹宸^日
^杏發永昌。"

王昶記三人相會事見《春融堂集》卷一三《夜半至雲松官舍飯畢又
行留別》。

《甌北集》卷十八《閱邸抄喜述庵璞函復官却寄》:"十年朋好劇關
心,喜見除書復舊簪。"

目睹威寧官齋,有感仕途豐嗇頓異。

《甌北集》卷十八《官齋》:"形勝西南控制遥,孤城百雉依山椒。一
條路縮滇黔蜀,諸種人分倮仡苗。"(其一)"浹月冥冥雨線懸,始知
吷日未虛傳。地連西蜀淋鈴棧,景是南宫潑墨天。"(其二)

《簷曝雜記》卷四"仕途豐嗇頓異"條:"余出守鎮安,萬山中一官獨
尊。鼓吹日數通,出門礮聲如雷。冬月巡邊,輿前騎而引者凡十
餘,隊後擁纛驪騎又十餘,可謂極秀才之榮矣。……既回鎮安,忽
調廣州,乃大豪富。……然僅一年,遷貴西,署在威寧萬山巔。冬
月極寒,下凌經月不止,彌望皆冰雪。自書吏、差役、門子、轎傘
夫,皆仰食於官,否則無人執役矣。書吏行文書,每日紙幾番、封
幾函,俱列單向官請給,天下無此貧署也。兩年之間,寒暄頓異
若此。"

《西蓋趙氏族譜・藝文外編》載趙翼《繼室程恭人行略》:"又一年,
恩擢貴州貴西兵備道。道署駐威寧州,極苦寒,不生五穀,六月猶
下霜雪,恭人亦安之,不以荒陋介意。"

續調黔兵赴川,先生至畢節料理過境。

《甌北集》卷十八《續調黔兵赴川余至畢節料理過境》其二自注:
"征緬之役,惟黔兵耐苦,上深嘉獎。"

時同年孫士毅任貴州學政,二人得以一晤。

《甌北集》卷十八《晤同年孫補山學使話舊》其一:"同是征南戎幕

客,那禁思舊淚滂沱。余與補山同在經略幕下,補山則隨渡亵鳩者也。"又卷
二十八《補山開府去歲在桂林寄詩存問今已移節粵東次韻奉答》
其二:"後先宦迹兩同年,處處相尋遍瘴烟。公自尚修前輩禮,我
偏不逮上官賢。滇徼用兵,與公同在征南幕下,公視學黔中,余適備兵貴西,復得
相聚。及公撫粵西東,亦余舊時作吏地,而余已告歸,不及作公屬吏矣。"卷三十四
《謁補山制府奉呈》其四:"滇徼黔疆忝弟昆,雲泥猶荷念寒溫。"可
知孫、趙二人在西南的宦迹相近。

據《清代職官年表·學政年表》,孫士毅乾隆三十五年庚寅(1770)
十月至乾隆三十九年甲午(1774)九月任貴州學政。

十一月十六日,安徽學政朱筠由京師抵太平,十七日履任。延
黃景仁入幕。十二月八日,洪亮吉亦入朱筠幕。

《明清檔案》朱筠乾隆三十六年十一月二十日所呈題報受印到
任日期折:"日講起居注官、翰林院侍讀學士、提督安徽等處學
政臣朱筠謹題,爲恭報微臣受印到任日期事:竊臣一介庸愚,學
識譾陋,荷蒙皇上天恩,簡任安徽學政。跪聆聖訓,誥誠諄切,
敢不矢公矢慎,以仰副我皇上教育人才、整飭士子至意。今臣
於乾隆叁拾陸年拾壹月拾陸日抵安徽太平府,準前任學政臣德
風差委太平府學教授吳雲步,賫送欽頒提督安徽學政關防壹顆
到臣。臣隨恭設香案,望闕叩頭謝恩祗領,於拾柒日到任
受事。"

朱錫庚《未之思軒雜著·黃余二生傳》:"當乾隆辛卯之歲,先大夫
奉使安徽。時高郵沈公業富知太平府事,黃生居其幕下,先大夫
聞其才,枉拜之,黃生入謁,因執弟子禮。黃生甫二十□,登堂賦
詩,意氣閑逸,旁若無人。"

呂培《洪北江先生年譜》乾隆三十六年條:"十一月,先生(洪亮吉)
以館穀不足養親,買舟至安徽太平府,謁朱學使筠。時學使尚未
抵任,沈太守業富素重先生,留入府署。未匝月,適安徽道俞君成
欲延書記,太守以先生應聘,已至蕪湖,有《留上朱學使書》。學使

得之甚喜，以爲文似漢魏，即專使相延入幕，以臘月八日復抵太平，黃君景仁已先在署。"

據《清代職官年表‧學政年表》，朱筠乾隆三十六年辛卯（1771）九月至乾隆三十八年癸巳（1773）九月任安徽學政。

本年，蔣士銓又有近作寄與先生。

《甌北集》卷十九《贈龔梧生郡丞》自注："去歲蔣心餘寄近作一本，中有《題龔侯所藏枝指生墨迹》，即君物也。"

是年，陳文述生。尹繼善卒。

乾隆三十七年壬辰（1772） 四十六歲

元夕，蔡應彪招同人宴集，酒後出街看燈。先生本年與蔡應彪詩酒唱酬交往密切。

《甌北集》卷十八《壬辰元夕蔡崧霞廉使招同龔醇齋觀察宴集酒後又出街看燈》："自是使君多逸興，要添佳話入新年。"同卷尚有《種竹詩爲崧霞作》、卷十八《偕補山崧霞游雪崖洞甲秀樓諸勝》，卷十九有《崧霞於署園分二十四景景各繫詩出以索和戲爲長歌答之》、《崧霞署園牡丹盛開連日招飲賦謝》、《哭崧霞之訃》諸詩。《韋約軒按察招飲即事》其二自注亦提到蔡崧霞："崧霞從此遷藩司，衙齋轉不及也。"

又《甌北集》卷二十《將發貴陽開府圖公暨約軒笠民諸公張樂祖餞即席留別》其三自注："傷蔡崧霞之歿也，是日又演《琵琶記》。"亦可見二人交誼。

據《清代職官年表‧按察使年表》，蔡應彪乾隆三十六年辛卯（1771）三月任貴州按察使，乾隆三十七年壬辰（1772）四月遷貴州布政使。

蔡應彪，字炳侯，號崧霞。浙江杭州府仁和縣人。康熙五十五年（1716）生，乾隆三十七年（1772）卒。官貴州按察使、布政使。事具《清代官員履歷檔案全編》卷十六。

正月初四日，乾隆帝詔訪遺書。

《清實録·高宗實録》卷九百"乾隆三十七年正月初四日"條："命中外搜集古今群書。諭：朕稽古右文，聿資治理，幾餘典學，日有孜孜。……今内府藏書，插架不爲不富，然古今來著作之手，無慮數千百家，或逸在名山，未登柱史，正宜及時采集，匯送京師，以彰千古同文之盛。其令直省督、撫會同學政等通飭所屬，加意購訪，除坊肆所售舉業、時文及民間無用之族譜、尺牘、屏障、壽言等類，又其人本無實學，不過嫁名馳騖，編刻酬唱詩文，瑣碎無當者，均無庸采取外，其歷代流傳舊書，内有闡明性學治法、關係世道人心者，自當首先購覓。至若發揮傳注，考核典章，旁暨九流百家之言，有裨實用者，亦應備爲甄擇。……在坊肆者，或量爲給價；家藏者，或官爲裝印。其有未經鋟刊，只係鈔本存留者，不妨繕録副本，仍將原書給還。并嚴飭所屬，一切善爲經理，毋使吏胥藉端滋擾。但各省搜輯之書，卷帙必多，若不加之鑒別，悉令呈送，煩復皆所不免。著該督、撫等先將各書叙列目録，注係某朝某人所著，書中要指何在，簡明開載，具折奏聞。俟匯齊後，令廷臣檢核，有堪備閲者，再開單行知取進。庶幾副在石渠，用儲乙覽，從此四庫七略，益昭美備，稱朕意焉。"是諭亦載《四庫全書總目》卷首。

《皇朝文獻通考》卷二二四"《欽定四庫全書總目》二百卷《簡明目録》二十卷"條："我皇上典學稽古，嘉惠藝林，乾隆三十七年詔求遺書，四方大吏悉心采録，江南、浙江好古之士，各以其藏書來獻。旋因安徽學政朱筠言《永樂大典》中多人間未見之本，命開《四庫全書》館，於翰林院遴選儒臣，詳審編核。又設局於武英殿，專司繕録之事。凡經史子集，條分得失，其善本則著録，其外間所稀覯者，則以聚珍板廣厥流傳，其餘則附見存目。"

正月十八日，偕孫士毅、蔡應彪游雪崖洞、甲秀樓諸勝。

《甌北集》卷十八《偕補山崧霞游雪崖洞甲秀樓諸勝》自注："上元後三日。"

詩賀阿桂擢授四川提督。

《甌北集》卷十八《聞故將軍阿公授四川提督却寄》其二："征南幕府半凋零，經略傅公、將軍果毅阿公，皆下世。碩果天留一將星。百戰勳名身未老，五丁開鑿路重輕。前次平金川時，公曾在戎幕。"

《皇朝武功紀盛》卷四《平定兩金川述略》："（乾隆）三十七年春，……先是故將軍阿桂以緬事罷官，在溫福軍從征，尋授提督。至是，上即軍中擢爲參贊大臣，赴南路代桂林進勦。"

正月，于役古州。滇黔道中多肩輿牽纜上山。

《甌北集》卷十八《于役古州途次雜詠》其一："曉赴龍場驛路遥，試燈風裏雪微飄。"其七自注："今來南中，肩輿上山必用人夫牽纜。"又《都江道中》："一綫路入青冥端，……可憐昂藏七尺軀，命托輿夫兩肩馱。幫以縴夫挽雙纜，百足彎環淖泥浣。"

《簷曝雜記》卷四"肩輿牽纜"條："揚帆、牽纜，皆行舟事。然雲、貴作吏者，肩輿上山，必用縴夫。其縴以色布爲之，承應上司或有用全帛者。蓋山路高，舁輿而上，須藉此得力也。余在貴州，山行亦用之。"

按：關於肩輿牽纜上山，王昶于役滇南亦有《洱海向多長風甚者至掔肩輿去輿夫每患之今晨過下關一名龍尾關微風偶作無憀怒狀詩以紀之》詩，見《春融堂集》卷一一。

晤黎平郡丞龔孫枝，懷蔣士銓。

《甌北集》卷十九《黎平王太守招同龔郡丞李明府宴集五榕山即事》。又《贈龔梧生郡丞》："苕生老友貽我詩，有爲龔侯題幀句。去歲蔣心餘寄近作一本，中有《題龔侯所藏枝指生墨迹》，即君物也。……豈期相見黔陽天，問里況共江南路。……知君卜築近秦淮，苕生亦在彼中住。預擬他年互來往，三老風流桃葉渡。"同卷尚有《懷心餘》。

按：據蔣士銓《清容居士行年録》乾隆三十七年條，是年三月蔣士銓辭紹興蕺山書院講席，轉主揚州安定書院。趙翼遠在貴西，得知此信較晚，故仍有"知君卜築近秦淮，苕生亦在彼中住"之句。

嘉慶《重刊江寧府志》卷三九《仕績》："龔孫枝，字梧生，江寧人，性沉摯，尤嫻武略。乾隆甲戌進士，授江西樂平縣知縣，以父喪歸。服闋，補榆次縣知縣。晉官山東曹州府桃源軍捕同知。……又以母憂歸，起復補貴州理苗同知……補授東昌府同知，尋坐事被議，河帥特疏奏留河工辦事，補授運河同知，調任曹單同知……未幾，以疾告歸。"

又按：袁枚在乾隆十年乙丑（1745）知江寧縣時，初見龔孫枝即訂交，見《隨園詩話》卷四第六一："乙丑余知江寧，救火水西門。見喧嚷時，一美少年着單縑衣，貌頗閑雅。異而問焉，曰秀才也，姓龔，名如璋，號雲若。次日，以文作贄，來往甚歡。後十年，中進士，改名孫枝。"

抵畢節，攝威寧牧崇士錦置酒梓潼閣，邀同福興總戎、龔醇齋觀察、蔣成章都閫、畢節令丘堂宴集。

《甌北集》卷十九《抵畢節攝威寧牧崇君士錦置酒梓潼閣邀同總戎福公興觀察龔公都閫蔣君成章畢節令丘君堂宴集即事》。

福興，鑲藍旗蒙古人。乾隆二十五年進士。歷官廣州都標副將、貴州南籠總戎、攝威寧鎮事。

繼廣州任後，威寧再爲福興上司，二人常相往來。

《甌北集》卷十九《偕福總戎湧珠亭宴集》："亭在威寧城北，山下有池，泉從池底噴出，大如葡萄，俗又名葡萄泉。"（題注）"借得林亭宴客來，羊城曾記日追陪。豈期好友還重聚，余守廣州時，君爲都標副將，晨夕相見。余至威寧，君又擢南籠總戎，來攝威寧鎮事。況值繁花正艷開。"

又《奉賀福總戎姬人到署之喜》其二自注："公常向余借書。"

先生在威寧多次游葡萄泉。

《甌北集》卷十九《再游葡萄泉作》、卷十九《再游葡萄泉道士玉宣乞詩書以付之》。

《簷曝雜記》卷三"永昌府珍珠泉"條："黔之威寧城外有葡萄泉，亦從池底湧出，其顆大如葡萄，色嫩綠，亦如之，惜無廊檻映其旁，但一破亭而已。余方欲經始，適去官，遂不果。"

六月，作《即景》等詩，歸志漸篤。

《甌北集》卷十九《即景》："半間屋小聊名舫，六月山深早着裘。才
思漸如強弩末，歸心已折大刀頭。"（其一）"厭聽俗吏趨時術，漸喜
名流晚歲詩。"（其二）《即事》："眼前除却鄉思外，何物能淆覺
觀澄。"

詠保儸。

《甌北集》卷十九《保儸》："昨從海舶詢番俗，白者爲主黑者奴。西
洋人白者貴種，黑者皆奴隸。水西保儸則反是，貴黑賤白等級殊。……
今來黔中更詭異，……儸人特其一種耳，……衣冠不與人世接，習
俗未可禮法拘。……就中馴鷙雖不一，嗜利好鬭性則俱。……不
如還他本色好，黔烏浴鵠毋乃迂。"

《簷曝雜記》卷四"黔中保俗"條："凡土官之於土民，其主僕之分最
嚴，蓋自祖宗千百年以來，官常爲主，民常爲僕，故其視土官，休戚
相關，直如發乎天性而無可解免者。粵西田州土官岑宜棟，即岑
猛之後，其虐使土民非常法所有。土民雖讀書，不許應試，恐其出
仕而脫籍也。田州與鎮安之奉議州一江相對，每奉議州試日，田
民聞砲聲但遙望太息而已。生女有姿色，本官輒喚入，不聽嫁，不
敢字人也。有事控於本官，本官或判不公，負冤者惟私向老土官
墓上痛哭，雖有流官轄土司，不敢上訴也。貴州之水西儸人更甚，
本朝初年已改流矣，而其四十八支子孫爲頭目如故。凡有征徭，
必使頭目簽派，輒頃刻集事。流官號令，不如頭目之傳呼也。儸
人見頭目，答語必跪，進食必跪，甚至捧盥水亦跪。頭目或有事，
但殺一雞，瀝血於酒，使各飲之，則生死惟命。余在貴西，嘗訊安
氏頭目爭田事。左證皆其所屬儸人，群奉頭目所約，雖加以三木，
無改語。至刑訊頭目已吐實，諸儸猶目相視不敢言，轉令頭目諭
之，乃定讞。"

《簷曝雜記》卷四"苗儸陋俗"條："苗、儸俗，惟男女之事少所禁忌。

兄死則妻其嫂，弟死則妻其婦，比比而然。水西安氏雖已改流，而其四十八支子孫仍爲頭目。頭目死，妻欲改嫁，而貲産不得將去，則於諸叔中擇而贅焉，叔亦利其産而樂爲婚也。故往往有妻年四十餘，而夫僅二十者。至家中婢女，率皆無夫，聽其與人苟合，生子則又爲奴僕，是以苗、猓家奴僕皆無父也。余嘗在畢節籍一馬户，家有老婢名大娃者，問其夫，則曰：'未嫁。'及點奴子，有二童，皆其子也，可爲一笑。然其俗大概如此，不爲異也。仲家苗已有讀書發科第者，而婦女猶不著袴。某君已作吏矣，致書其妻，謂到任作夫人須袴而入，其妻以素所未服，寧不赴任。滇之永昌城中，雖搢紳家亦聽婢女出外野合，每日納錢數十文於其主而已，俗名'青菜湯'，謂不能肉食，僅可買菜作湯也。嘉禾沈百門又言湖南苗俗亦相同，惟爲女時無所禁，既嫁，則其夫防察甚嚴，不許有所私云。"

舒位《瓶水齋詩別集》卷二《猓儸四首》："猓儸本盧鹿，而誤爲今稱。漢時有濟火者，從武侯破孟獲有功，封羅甸國王，即安氏遠祖。千餘年世長其土，勒四十八部。部之長曰頭目，其等有九，曰九扯。最貴者曰更苴，不名不拜，賜鏤銀鳩杖，凡有大事，取決焉。次則慕魁、勺魁，以至黑乍，皆有職守。亦有文字，類蒙古書。"（其一自注）"其酋死，則以錦緞裹屍，焚於野。子幼不能嗣，則妻爲女官。耐德，猓儸言妻也。其俗婦人用青布纏首，多帶銀梅花貼額。"（其二自注）"猓儸有黑白二種，黑者爲大姓，又曰烏蠻，白曰白蠻。俗皆尚鬼，亦稱羅鬼。好蓄駿馬，善馳驟擊刺，其兵爲諸苗冠。諺曰：'水西羅鬼，斷頭掉尾。'"（其三自注）"白爲下姓，居普定者曰阿和，多以販茶爲業。"（其四自注）

哈國興自滇入蜀進勦金川，路經威寧，與先生話舊。

《甌北集》卷十九《哈敬齋總戎自滇入蜀進勦金川路過威寧話舊》："老官屯之役，緬人乞和，公以單騎蒞其軍。"（其二自注）"曾共論兵幕府秋，何期重此話軍郵。"（其三）

哈國興，字敬齋，直隸河間人。乾隆三十七年（1772）十二月卒於底木達軍營。乾隆十七年武進士，授三等侍衛。官至西安提督，參贊大臣。謚壯武。事具《清史稿》卷三一一、《清史列傳》卷二十四。

接管咸寧、水程兩鉛廠，剔除剋扣廠丁工價、馬户運費諸弊。

孫星衍《趙甌北府君墓志銘》："咸寧、水程兩鉛廠舊由糧道管轄，大小官吏漁利虧空。案發，巡撫、司、道以下多罹重辟，因改令貴西道經理。先生以立法方始，凡短發工價運費諸弊盡剔除之。又催在途未運銅斤速抵蜀省。"

《甌北集》卷十八《十月朔日抵貴陽聞官兵自滇入蜀路經威寧余未及受代即赴寧料理過兵途次雜詠》其七自注："蓮華廠諸山出鉛礦，無樹木。"卷十八《凌》："一笑威寧州，鉛華産本擅。州産白鉛，歲八百萬。"卷十九《出巡媽姑福集二鉛廠》題注："歲運白鉛八百餘萬供鼓鑄，新改貴西巡道專司。"

先生所轄大定、黔西、平遠、威寧即水西地，百年以來皆成編户，經臨途次紀以詩。

《甌北集》卷十九《先輩查初白詩云亂山中有豺狼穴曲突何人議水西蓋其時雖已擒安坤改郡縣而僰鬼猶懷反側也余所轄大定黔西平遠威寧即水西地百年以來皆成編户矣經臨途次雜紀以詩》其一："濟火曾標蜀漢功，相傳羅鬼之始，有濟火者，從諸葛武侯征蠻立功，世有其地。千年兵號水西雄。斷頭掉尾諸羅鬼，今日都編保甲中。"

《簷曝雜記》卷四"黔粤人民"條："黔、粤土司地苗、僰、瑶、僮之類，前朝叛亂無寧歲，非必法令不善，實其勢盛也。黔東爲羅施鬼國，率苗人所居。黔西爲羅甸鬼國，率僰人所居。客民僑其間，不及十之一、二，故無以鈐制，而易於跳樑。然客民多黠，在其地貿易，稍以子母錢質其産蠶食之，久之，膏腴地皆爲所占。苗、僰漸移入深山，而凡附城郭、通驛路之處，變爲客民世業，今皆成土著，故民勢盛而苗、僰勢弱，不復敢蠢動云。惟粤西土民故瑶、僮種，今皆訓習畏法,蓋粵西土俗本柔懦也。"

《簷曝雜記》卷四"土例"條:"土民事事有土例。如出夫應役,某村民自某塘送至某塘,欲其過一步不肯也。凡交官糧及雜款,舊例所沿,雖非令甲亦輸納惟謹,彼固不知有所謂朝制,但祖父相傳,即以爲固然也。有流官不肖者,既徵數年,將滿任,輒與土民約:某例繳錢若干,吾爲汝去之。謂之'賣例'。土民欣然斂財饋官,官爲之勒碑示後。後官至,復欲徵之,土民不服,故往往滋事。"

按察使韋謙恒招飲。

《甌北集》卷十九《韋約軒按察招飲即事》其一:"使節臨滇僅隔旬,旋移露輞慰黔民。一科愧我稱前輩,萬里逢君是故人。"

據《清代職官年表·按察使年表》,韋謙恒是年四月由雲南按察使改貴州按察使,八月遷貴州布政使。

國棟過威寧後贈詩先生。

《甌北集》卷十九《國笠民觀察過威後枉贈佳章次韻奉答》。

據《清代職官年表·按察使年表》,國棟乾隆三十七年壬辰(1772)八月至乾隆四十二年丁酉(1777)二月爲貴州按察使。

國棟,字雲浦,號笠民、時齋,博爾濟吉特氏。鑲黃旗滿洲人。乾隆七年進士,歷官安徽布政使,貴州按察使、糧道。著《時齋偶存詩鈔》。

接汝霖書,知於舊居北買地將築室,喜歸計漸可成。

《甌北集》卷十九《舍弟書來於舊居之北買地將營草堂喜歸計漸可成作詩志意》:"丘壑胸中久未酬,喜聞小築俯明流。徙仍不出鄉同井,……新居終仗俸錢謀。"

十月,以廣州讞獄舊事,部議降一級調用,蒙旨送部引見。巡撫圖思德堅欲奏留貴州,學政孫士毅、布政使韋謙恒、糧道國棟咸來勸留,先生以養親爲由,辭官歸里。

《甌北集》卷二十《壬辰冬仲以廣州讞獄舊事吏議左遷特蒙温旨送部引見聖恩高厚蓋猶不忍廢棄而衰親年已七十有五書來望子甚殷諭令早歸一慰依閭望因呈乞開府圖公給假旋里擬即爲終養計途中無事感恩述懷得詩十首》："曾將烏鳥訴私情，大吏堅留計未成。謂去歲在粤乞歸養事。"（其二）"圖公堅欲奏留，補山、約軒、笠民諸公亦多敦勸。"（其五自注）"衙齋無事可消磨，一載閑情付詠歌。……不覺詩成真作讖，篇篇都是憶巖阿。"（其六）"生平報國堪憑處，終覺文章技稍長。"（其七）

據《清代職官年表·巡撫年表》，圖思德乾隆三十七年壬辰（1772）四月至乾隆三十九年甲午（1774）正月任貴州巡撫。時韋謙恒爲貴州布政使。

《西蓋趙氏族譜·藝文外編》載趙翼《繼室程恭人行略》："會有廣州讞獄舊案罣吏議，當降調，先帝命送部引見，而太恭人年已七十有五，乃乞假歸里，與恭人修子職。"

姚鼐《甌北先生家傳》："辛卯擢貴西兵備道，而以廣州他讞事降級調用。先生遂乞養親而歸。"

陳康祺《郎潛紀聞初筆》卷十四"官員親老陳情之例始於乾隆朝"條："令甲：文武官員，凡親年七十，雖有次丁，許陳情終養。自乾隆朝始，從湖南巡撫陸燿之請也。"

圖思德，滿洲鑲黃旗人。康熙五十五年（1716）生，乾隆四十四年十二月初二日（1780 年 1 月 8 日）卒。初自諸生授光禄寺筆帖式。累遷户部員外郎。外授江南常鎮道。再遷貴州布政使，擢貴州巡撫。署雲貴總督，兼署雲南巡撫。累官至湖廣總督。謚恭慤。事具《愛新覺羅宗譜》（己 640）。

畢節途次，接趙文哲軍營來書兼寄滇中詩八卷，内有自郎州至貴陽諸作，皆先生歸里所必經地，擬盡和之。

《甌北集》卷二十《畢節途次接璞函軍營來書兼寄滇中詩八卷内有自郎州至貴陽諸作則皆余今日所必經地也擬盡和之先此馳寄並

束述庵》:"西南萬里兩書生,參佐滇兵又蜀兵。……一時徐庾共知名。"

將發貴陽,巡撫圖思德暨布政使韋謙恒、糧道國棟諸公張樂祖餞。

《甌北集》卷二十《將發貴陽開府圖公暨約軒笠民諸公張樂祖餞即席留別》。

由貴陽陸行至施秉縣,自瀕陽泛舟歸。

《甌北集》卷二十《施秉縣》題注:"即偏橋。舊爲偏沅巡撫所在地。"詩云:"上游諸水至此由諸葛洞出,通鎮遠江。劇喜陸程今日盡,扁舟行泛碧波空。"《舟發瀕陽》其一:"瀕溪五溪源,淺碧俯見底。客行陸程盡,水程自茲始。"

舟行依次經湖南沅州、瀘溪、辰溪。於辰州弔諸重光。

《甌北集》卷二十《沅州道中》、《瀘溪道中沿江峭壁千仞其陡絕處多架木爲椽上下皆無路可入俗以爲仙人屋其說無稽徐季方見聞錄云舟行沅江見萬仞壁立猿猱不能到而懸崖之上有小舟一隻望之約丈許云云以爲奇幻及閱王新城尚書隴蜀餘聞及許纘曾滇行紀程乃知爲當時避兵者所居也查初白集亦稱初入黔境土人皆居懸崖峭壁間緣梯上下與猿猱無異又有詩云忽憶少年日南走五溪窮百蠻蠻人寄命巖洞裏多搆柴栅臨崢潺此亦一證璞函白沙灘詩中疑爲山鬼之類似未爲得實爰用其韻紀之》、《辰溪道中大雪》、《辰州弔諸桐嶼》諸詩。

除夕至郎州,與馬沅亭秀才同行唱和。明年初春,將至家,始送其歸里。

《甌北集》卷二十《將至郎州作》:"經年坐守深山幽,豈知山乃盡郎州。"《郎州除夕和馬沅亭秀才韻》:"除夕連更六異鄉,今朝游迹又瀟湘。"

《甌北集》卷二十又有《送馬沅亭歸里兼寄邵耐亭》:"萬里相隨久,

歸仍共一艖。詩多成筍束，人瘦似梅花。客窘慚爲主，途長喜到
家。"作於乾隆三十八年癸巳(1773)初春，據詩意可知，馬沉亭秀
才一直追隨先生，即罷官歸里時也一路隨行。他與邵齊熊同鄉，
或爲邵氏所薦。
是年，錢維城、哈國興卒。

下　編

卷一
暫留歸養與絕意仕進
（乾隆三十八年至乾隆四十六年）

乾隆三十八年癸巳（1773）　四十七歲

正月初一日自郎州啟行，歷洞庭湖、岳陽樓、赤壁、黄鶴樓、鸚鵡洲、琵琶亭、鄱陽湖、蕪湖、金陵諸名勝，一路題詠，毫無罷官淪落意。

《甌北集》卷二十有《洞庭阻風用查初白韻》、《題岳陽樓》、《甘將軍廟神鴉歌》、《赤壁》、《夜泊漢口》、《題黄鶴樓十六韻》、《鸚鵡洲弔禰正平》、《臨皋亭》、《泊舟琵琶亭作》、《廬山在望不及一游詩以解嘲》、《樅三舍人歌》、《黄石磯》、《小孤山》、《皖口謁余忠宣公墓》、《蠍磯靈澤夫人廟》、《牛渚磯》、《金陵》、《金川門懷古》、《守風登燕子磯》、《題永濟寺》、《舟至黄天蕩北風大作迴泊燕子磯》諸詩。《泊舟琵琶亭作》云：“香山四十六七歲，正是左遷江州日。我今亦以鐫秩過，計年亦是四十七。……獨疑公也本恬退，……胡爲仍抱淪落恨，商女歌前自陳述。……繫余罷官返故園，……絕無侘傺半點留，此意迢迢默可質。”述趙翼壯年歸隱心境甚悉。

《大清一統志》卷二七九：“洞庭湖，在（岳州府）巴陵縣西南，宋儒以爲《禹貢》九江也，爲湖南衆水之匯。……岳陽樓，在（岳州府）

巴陵縣城西門上。……《府志》：'岳陽樓，自明成化以後屢圮，本朝康熙二十二年重建，復舊觀。'"卷三五九："岳陽樓，在（岳州府）府城西門上。"卷三三八："赤壁山，在（漢陽府）漢川縣西。""漢口渡，在（漢陽府）漢陽縣東北，爲九省要津。"卷二五九："黃鶴樓，在（武昌府）江夏縣西。《元和志》：'江夏城西南角，因磯爲樓，名黃鶴。'《寰宇記》：'昔費文褘登仙，每乘黃鶴，於此樓憩駕，故名。'"卷二五八："鸚鵡洲，在（武昌府）江夏縣西南二里。……《寰宇記》：'鸚鵡洲，在大江中，與（漢陽府）漢陽縣分界。後漢黃祖爲江夏太守，祖長子射大會賓客，有獻鸚鵡於此洲，故名。'"卷三四〇："臨臯館，在（黃州府）黃岡縣南大江濱，亦名臨臯亭。"卷二四四："琵琶亭，在（江西九江府）德化縣西大江濱。唐白居易送客湓浦口，夜聞鄰舟琵琶聲，作《琵琶行》，後人因以名亭。……小孤山，在（江西九江府）彭澤縣北，屹立江中，俗名髻山。"卷三一八："廬山，在（九江府）德化縣南二十五里，與南康府接界。"卷一一八："黃石磯，在（安徽池州府）東流縣東北五十里，亦濱大江。"卷一〇九："小孤山，在（安慶府）宿松縣東南一百二十里。"："皖口鎮，在（安慶府）懷寧縣西十五里，皖水入江之口也，亦名山口鎮。"卷八五："靈澤廟，在（廬州府）無爲州蟂磯山，祀漢昭烈后孫氏。"

趙宏恩《（乾隆）江南通志》卷十一輿地志江寧府："燕子磯，在上元界觀音門外。磴道盤曲而上，丹崖翠壁，凌江欲飛。絶頂有亭，能攬江天之勝。聖祖仁皇帝南巡屢幸此。"

《大清一統志》卷七五："永濟寺，在（江寧府）上元縣北燕子磯，本名宏濟。明正統中建。緣崖結構俯臨大江。"卷七三："黃天蕩，在（江寧府）上元縣東北八十里。"

二月初六日，乾隆帝派軍機大臣爲總裁官，校核《永樂大典》。

《四庫全書總目》卷首："乾隆三十八年二月初六日奉旨：昨據軍機大臣議覆朱筠條奏内，將《永樂大典》擇取繕寫各自爲書一節，議請分派各館修書翰林等官前往檢查，恐責成不專，徒致歲月久稽，汗青無日。蓋此書移貯年深，既多殘闕，又原編體例係分韻類次，先已割裂全文，首尾難期貫串。特因當時采摭甚博，其中或有古書善本，世不恒見，今就各門匯訂，可以湊合成部者，亦足廣名山石室之藏。著即派軍機大臣爲總裁官，仍於翰林等官內選定員數，責令及時專司查校，將原書詳細檢閱，并將《圖書集成》互爲校核，擇其未經采録而實在流傳已少、尚可裒綴成編者，先行摘開目録奏聞，候朕裁定。其應如何酌定規條，即著派出之大臣詳悉議奏。至朱筠所奏，每書必校其得失，撮舉大旨，叙於本書卷首之處，若欲悉仿劉向校書序録成規，未免過於繁冗。但向閱內府所貯康熙年間舊藏書籍，多有摘叙簡明略節，附夾本書之內者，於檢查洵爲有益。應俟移取各省購書全到時，即令承辦各員將書中要指臠括，總叙厓略，粘貼開卷副頁右方，用便觀覽。餘依議。欽此。"

二月二十日抵里，以所築西干里新居未就，暫僦常州城中。

《原譜》乾隆三十八年癸巳條："二月二十日抵里。……初歸里，以所營新居未就，暫僦屋於城中。……十月，始至鄉，入新居，與弟汝霖仍同爨奉母，昕夕無間。"

按：《甌北集》卷二十《將至郎州作》："山平水軟江南路，屈指還須一月程。"作於乾隆三十七年壬辰（1772）除夕前，預計明年二月初抵家。但歸舟不斷遭遇逆風，見同卷《江岸守風》、《大通港守風遣悶》、《守風日久盤餐不給詩以遣悶》、《守風登燕子磯》、《舟至黄天蕩北風大作迴泊燕子磯》諸詩，故是年二月二十日始抵里。

按：《甌北集》卷二十三《楊獻章招同肇璜秋園諸同人近園雅集》自注："余寓齋與君家同在娑羅巷。"卷二十五《寓齋桂四株到日正放花留連句日得詩七首》其二自注："寓舍爲余外舅程雲塘相公第。相公買宅後未嘗歸，命余入城作寓。"此當即先生在常州城內寓所。

二月二十一日，乾隆帝擬將《永樂大典》整理後，依經史子集爲序,命名爲《四庫全書》。

《纂修四庫全書檔案》載《大學士劉統勳等奏議定校核〈永樂大典〉條列並請撥房添員等事摺》:"乾隆三十八年二月二十一日,奉旨:是。依議。將來辦理成編時,著名《四庫全書》。欽此。"

乾隆帝《御製詩集·四集》卷十一《命校永樂大典,因成八韻示意》詩序:"翰林院署庋有《永樂大典》一書,蓋自皇史宬移貯者,初不知其名也。比以搜訪遺籍,安徽學政朱筠以校錄是書爲請,廷議允行。……因命內廷大學士等爲總裁,掄選翰林官三十人,分司校勘。先爲發凡起例,俾識所從事,蕪者芟之,龐者釐之,散者裒之,完善者存之,已流傳者弗再登,言二氏者在所擯,取精擇醇,依經史子集爲部次,俟其成,付之剞劂,當以《四庫全書》名之。夫四庫之目,始於荀勖而盛於唐時,自來志藝文者,大都以是爲準。較原書斤斤於韻字之末者,純駁何啻霄壤! 於以廣金匱、石室之儲,用嘉惠來學,詎非萬世書林之津逮,而表章闕佚之餘,爲之正其名而訂其失,又詎非是編之大幸乎! 係以詩而序之,識始事也。"

陳康祺《郎潛紀聞初筆》卷一"四庫書成朱學士實其先河"條:"朱竹君學士筠爲翰林時,高宗方詔求遺書。公奏言:翰林院庫藏明《永樂大典》,中多逸書,宜就加采錄。上善之,亟下軍機大臣議行,復御製七言八韻詩紀其事,乃命纂輯《四庫全書》。凡海內僅有之本,得之大典中者,幾六百部,次第刊布,嘉惠士流。公又請做漢唐故事,擇儒臣校正《十三經》文字,勒石太學。奉硃批:'候朕緩緩酌辦。'當時聖主右文,詞臣稽古,鴻篇奧冊,出九淵而光九天。世皆以四庫書成,歸功紀、陸,不知學士其先河也。"

母已七十有六,遣人赴部具呈,乞留終養。着手編撰《陔餘叢考》。

據《西蓋趙氏族譜·學亮公派北岸分支世表》先生母丁氏"康熙三十七年戊寅三月初九日戌時生",本年七十六歲。

《甌北集》卷二十一《歸田即事》:"而今萬卷送浮生。……天留老筆非無用,要與熙朝寫太平。"(其四)"新葺茅廬在水南"(其五),

"幽棲敢便託鴻冥，閑裏工夫也不停。官罷已無分鶴俸，村居須講《相牛經》。"（其六）

又《甌北集》卷十九《舍弟書來於舊居之北買地將營草堂喜歸計漸可成作詩志意》："丘壑胸中久未酬，喜聞小築俯明流。徙居不出鄉同井，歸免權牽岸一舟。"結合上詩可知，汝霖所築新居當在西干里舊居之北、陽湖之南。

《陔餘叢考小引》："余自黔西乞養歸，問視之暇，仍理故業。日夕惟手一編，有所得輒劄記別紙，積久遂得四十餘卷。以其爲循陔時所輯，故名曰《陔餘叢考》。"又《甌北集》卷三十八《七十自述》其十九："買得湖干築草堂"其二十："里居何物可消閑，依舊書生靜掩關。……方輯《陔餘叢考》。"可知《陔餘叢考》在乞養後開始編撰。

春，蔣騏昌招同莊炘、趙懷玉吳門泛舟，同游虎丘、天平山、蘄王墓、館娃宮諸勝。

《甌北集》卷二十一《虎丘絕句》其一："山塘春早水微波，日日香風送綺羅。不是游人看山到，此山最是閱人多。"又有《虎丘寺玉蘭樹歌》、《天平山謁范文正公祠》、《韓蘄王墓》、《館娃宮》諸詩。

按：《甌北集》卷二十一尚有《莊似撰枉過草堂有詩投贈依韻奉答三首》，其一自注："去春同作姑蘇之游。"詩作於乾隆三十九年甲午（1774），"去春"即指本年春。

趙懷玉《亦有生齋集》詩卷四有《蔣上舍騏昌招同家觀察翼莊明經炘吳門泛舟》："浮名商略誰千古，勝日芳菲已十分。莫道春游容易合，年來多半是離群。"其下爲《三月十六日同人游峴山用顏魯公石尊聯句韻》，趙懷玉《收庵居士自訂年譜略》乾隆三十八年癸巳二十七歲條："三月，過桐鄉，與朱吉人丈、方蘭士、金雲莊同至湖州。泛舟碧浪湖，登峴山。"故趙翼同蔣騏昌、莊炘、趙懷玉吳門泛舟當在二月末三月初。

《大清一統志・蘇州府》："虎丘山，一名海湧山，在元和縣。《吳越春秋》：闔閭冢在閶門外虎丘，專諸魚腸之劍在焉。千萬人築治之,取土臨湖口。葬三日而白虎踞其上,故曰虎丘。……《吳地記》:秦始皇東巡至虎丘,求吳王寶劍,其虎當墳而踞,始皇以劍擊之不及,誤中於石,遺迹尚存,劍無復獲,乃陷成池,古號劍池。旁有石可坐千人,號千人石,……俗傳因生公講法得名。"《大清一統志》卷七七:"天平山,在(蘇州府)吳縣西。"卷七九:"韓世忠墓,在(蘇州府)吳縣靈巖山西。《吳中勝紀》:'韓蘄王墓旁立石甃數仞,石如之御書中興定國佐命元勳之碑。'"卷七八:"館娃宮,在(蘇州府)吳縣西南。《越絕書》:吳人於硯石山作館娃宮。"

閏三月十一日,《四庫全書》館開,劉統勳、劉綸、于敏中、福隆安、王際華、裘曰修爲正總裁,英廉、慶桂、張若溎、曹秀先、李友棠爲副總裁,紀昀、陸錫熊爲總辦,姚鼐、程晉芳、任大椿、汪如藻、翁方綱等爲纂修,余集、邵晉涵、周永年、戴震、楊昌霖等在分校上行走。

《清高宗實錄》卷九三〇本年閏三月十一日條:"諭:現在辦理《四庫全書》,……劉統勳、劉綸、于敏中、福隆安、王際華、裘曰修,俱著爲正總裁,英廉、慶桂外,并添派張若溎、曹秀先、李友棠爲副總裁……大學士劉統勳等奏:……請將現充纂修紀昀、提調陸錫熊,作爲總辦。原派纂修三十員外,應添纂修翰林十員。又查有郎中姚鼐,主事程晉芳、任大椿,學正汪如藻,降調學士翁方綱,留心典籍,應請派爲纂修。又進士余集、邵晉涵、周永年,舉人戴震、楊昌霖,於古書原委,俱能考訂,應請旨調取來京,令其在分校上行走,更資集思廣益之用。從之。"

翁方綱《翁氏家事略記》叙及本年修書情狀頗詳:"自癸巳春入院修書,時於翰林院署開《四庫全書》館,以內府所藏書發出到院及各省所進民間藏書,又院中舊儲《永樂大典》,日有摘抄成卷、匯編成部之書,合三處書籍分員校勘。每日清晨入院,院設大櫥,供給桌飯。午後歸寓,以是日所校閱某書,應考某處,在寶善亭與同修程魚門晉芳、姚姬川鼐、任幼植大椿諸人對案,詳舉所知,各開應考證之書目。是午，攜至琉璃廠書肆訪查之。是時，江浙書賈亦皆踴躍，邊徵善本足資考訂者，悉聚於五柳居、文粹堂諸坊舍，每日檢有應用者，輒載滿車以歸家中，請陸鎮堂司其事。凡有足資考訂者，價不甚昂，即留買之；力不能留者，或急寫其需查數條，或暫借留數日，或又僱人抄寫，以是日有所得。校勘之次，考訂金石，架收拓本，亦自減增。自朱竹君筠、錢辛楣大昕、張瘦同塙……時相過從討論。如此者，前後約將十年。自壬辰、癸巳以後，每月與錢籜石、程魚門、姚姬川、嚴冬友諸人作詩課。”

袁枚《小倉山房詩集》卷二三《聞魚門吏部充四庫館纂修喜寄以詩》。段玉裁《戴東原先生年譜》本年條：“上開四庫館，于文襄公以紀文達公、裘文達公之言，薦先生於上。上素知有戴震者，故以舉人特召，曠典也。奉召充纂修官。仲秋至京師。”

曹秀先，字恒所、芝田，號地山、冰持，江西新建人。顏其堂曰“知恩”。康熙四十七年（1708）生，乾隆四十九年（1784）六月卒。乾隆元年（1736）舉博學鴻詞試未就，是年成進士，改庶吉士，授編修。乾隆十年，擢浙江道御史，七遷至侍郎，歷工、戶、吏諸部。累官至禮部尚書、上書房行走、上書房總師傅。復罷總師傅。乾隆三十八年，充《四庫全書》館副總裁。諡文恪。著《賜書堂集》。事具彭元瑞《恩餘堂輯稿》卷二《墓誌銘》、《清史稿》卷三二一、《清史列傳》卷二〇。

姚鼐，字姬傳、夢谷，號惜抱先生，安徽桐城人。雍正九年十二月二十日（1732年1月17日）生，嘉慶二十年（1815）卒。乾隆二十八年（1763）進士，改庶吉士，授兵部主事，轉禮部。歷充山東、湖南鄉試考官，會試同考官。累官至刑部郎中，記名御史。乾隆三十八年《四庫全書》館開，充纂修官。告歸後主講揚州梅花、安慶敬敷、歙縣紫陽、江寧鍾山書院四十餘年。以古文名世。與方苞、劉大櫆皆籍桐城，世稱之爲桐城派。著《惜抱軒詩文集》，輯《古文辭類纂》等。事具鄭福照《姚惜抱先生年譜》、姚瑩《姬傳先生家狀》、《清史稿》卷四八五、《清史列傳》卷七二等。

邵晉涵,字與桐、二雲,號南江,浙江紹興府餘姚縣人。乾隆八年(1743)生,嘉慶元年(1796)六月十五日卒。乾隆三十六年會元,成進士。歷官翰林院編修、侍講學士。著《南江詩鈔》、《南江文鈔》、《爾雅正義》等。事具錢大昕《潛研堂文集》卷四三《日講起居注官翰林院侍講學士邵君墓志銘》、王昶《春融堂集》卷六〇《翰林院侍講學士充國史館提調官邵君墓表》、黃雲眉《邵二雲先生年譜》。

四月初一亥時,廷彥生於常州城僦屋中,蔣氏出。

《西蓋趙氏族譜·學亮公派北岸分支世表》:"(趙廷彥)行九。字西亭,號笏山。廩貢生。歷署常熟崇明縣教諭,長蘆候補鹽運司經歷,署滄州批驗所大使。乾隆三十八年癸巳四月初一亥時生,道光十年庚寅七月初七日亥時卒於天津,年五十八。……著有《笏山詩稿》一卷。"

《原譜》乾隆三十八年癸巳條:"初歸里,以所營新居未就,暫僦屋於城中。子廷彥生,亦蔣氏出。"

晤老友杭杏川。

《甌北集》卷二十一《晤杏川老友》:"少小相隨共論文,歸田重見倍情殷。人添白髮身還健,業在青箱課益勤。……幾家宿草感同群。謂白峰、廷宣。"

喜莊位乾明經過訪。

《甌北集》卷二十一《喜莊位乾明經過訪》:"步屧來過不坐船。……容顏壯似廿年前。……曾仰斫輪叨合轍,敢徒體貌禮華顛。"

過史翼宸明經故居。先生終身感念史翼宸早年的知遇之恩。

《甌北集》卷二十一《過史翼宸明經故居》:"少年此地一經橫,賓主流連最有情。……也比西州門外路,經過不覺淚如傾。"

按:《甌北集》卷五十三《經史翼宸故居》:"城東經過舊青門,天尺軒猶綠蔭繁。"作於先生臨終前一年,可見對史翼宸的知遇之恩終

238
趙翼年譜新編

身感念。

題錢維喬所藏錢維城畫卷。

《甌北集》卷二十一《爲錢曙川孝廉題所藏令兄茶山司寇畫卷係臨王麓臺筆麓臺則仿元季四大家者也》："國朝繪事擅山水，前有麓臺後茶山。麓臺得元四家法，曾合衆長寫青屛。茶山仿之作此卷，儤直偶趁西清閑。……我亦當年辱素知，論文樽酒開心期。……即今一別淚如雨，其人與畫俱成古。……題罷還君好什襲，莫共麓臺長卷徒炫名畫譜。"

呂培《洪北江先生年譜》乾隆三十八年癸巳條："時錢文敏公維城居憂在里，見先生詩文，奇之，徒步過訪焉。"

趙懷玉《亦有生齋集》詩卷五《爲錢孝廉維喬題哲兄文敏公維城畫卷》。又卷二八《題錢文敏維城畫卷》自序："吾鄉畫家自惲正叔後，惟錢茶山尚書足以接武。正叔以韻勝，尚書以魄力勝也。此卷渾厚華滋，合元四家爲一手。以較麓臺魄力，殆欲過之。乾隆甲午，尚書弟季木維喬屬題，爲賦五言古詩一首。庚子召試，出南昌彭文勤元瑞門下。文勤猶述及此詩，以爲知余者，先在此也。今爲休寧汪氏承變藏，棄物得所歸，亦可無憾。惟卷中人，墓俱宿草，存者獨予與家甌北先生翼爾。披展數四，殊深今昔之感，因成二絕云。"

按：《甌北集》卷五有《題王麓臺畫册》詩，可知先生於王原祁之畫亦有瞭解。

趙文哲歿於金川之役。

《甌北集》卷二十一《哭璞函之訃》其一："纔欣薄宦遷華省，復官後，以積勞，恩擢部曹。何意書生死戰場。"

按：哭趙文哲詩衆多，如錢大昕《潛研堂詩續集》卷一《哭趙損之》："可惜文章真滿腹，不曾四庫校書來。"張塤《竹葉庵文集》卷六《戶部主事趙君文哲哀詩》、王昶《春融堂集》卷一四《將之西路道出成都南明留宿官齋縷陳近事並悼升之鑑南家太守丹辰日杏三

239

君》等。

八月十三日萬壽節，同在籍官艤舟亭行禮。

> 《甌北集》卷二十一《萬壽節同在籍官艤舟亭行禮》："又把簪裾裹釣翁，鳧趨仍似禁廷中。"
>
> 《簷曝雜記》卷一"大戲"條："中秋前二日爲萬壽聖節。"
>
> 洪亮吉《洪亮吉集》之《卷施閣詩》卷第十《里中十二月詞》："艤舟亭、紅梅閣、迎春堂皆在城東。"（《三月》自注）"中秋前二日，恭值萬壽聖節，居民皆結采爲棚，張燈至五晝夜，大街及西瀛里尤盛。"（《八月》自注）
>
> 《大清一統志》卷六十："艤舟亭，在（常州）府治東南三里，宋蘇軾常繫舟於此，後人因以名亭。亭前有池如偃月，相傳蘇軾洗硯處。"

接顧雲來書，回信表相思之意。

> 《甌北集》卷二十一《接顧北墅書却寄》："握别京華十載餘……江南江北無多路，何日相過慰索居？"（其一）"射雉城東别業偏，……家有先人負郭田。"（其二）
>
> 按：先生官内閣中書、軍機章京、翰林院編修時，顧雲均爲同人，兩人在此之前的最後一次交往見《甌北集》卷十《題顧北墅蒲團小照》，該詩繫年在乾隆二十九年甲申（1764），故此云"握别京華十載餘"。
>
> 又《題顧北墅蒲團小照》其三自注："有别業在如皋之白蒲鎮。"或即顧雲歸隱後所居。

十月，移居西干里新居，與弟汝霖同爨奉母，昕夕無間。陽湖旁買魚塘三十畝，中有廿畝地，欲築堂爲終老居。

> 《原譜》乾隆三十八年癸巳條："十月，始至鄉，入新居，與弟汝霖仍同爨奉母，昕夕無間。自是里居不出者數年。"
>
> 《西蓋趙氏族譜》卷八《故迹志》一《魚塘》："（趙翼）購安尚鄉千圻村東南二里許魚塘三十畝。"
>
> 《甌北集》卷二十一《買得魚塘三十畝在陽湖之旁將營草堂爲終老

計詩以張之》：“傾囊買碧流。地堪營蟹舍，吾欲老莵裘。……漣
漪三十畝，氣已壓滄州。”《漁塘即事》：“曲池五百弓，周圍作疆圉。
中有廿畝地，幽僻似蘭渚。於焉結茅屋，綠陰就老楮。種竹竹能
笑，蒔花花欲語。便作佚老堂，此福天已許。”（其一）“種桑四百
株，栽柳三千椿。……寒燠各有資，此亦經濟方。濟物則已矣，聊
保身其康。”（其六）《行園》：“卅畝池中廿畝田。”

《甌北集》卷二十三《五十初度》其六：“買得漁莊一畝宮，閑攜竹杖
掛詩筒。十圍有樹參雲表，四面無鄰在水中。”

《甌北集》卷三十八《七十自述》：“仕宦歸鄉修孝弟，文章報國頌昇
平。祇餘六載循陔處，稍慰烏私一片情。”（其十六）“買得湖干築
草堂，疏籬曲檻水中央。誇張有絹千頭橘，防備無衣百本桑。”（其
十九）

錢泳《履園叢話》七“產業”條：“凡置產業，自當以田地爲上，市廛
次之，典與鋪又次之。然田地有水旱之患，市廛、典鋪有風火之
虞，俱要看主人家運，家運好則隆隆日起，家運壞則漸漸消磨。而
亦要看主人調度，調度得宜，自能發大財，享大利；調度不善，雖朝
夕經營，越做越窮而已。”

秋，同徐秋園、劉欽諸人再游艤舟亭、訪東坡洗硯池。初歸里，
與徐秋園過從密切。

《甌北集》卷二十一《同徐秋園劉敬輿諸人再游艤舟亭》其一：“秋
光又到木樨時。……來訪蘇公洗硯池。東坡洗硯池，舊在顧塘橋，近年
移此。”

按：先生與徐秋園乾隆十五年同考取禮部義學教習，歸里後交游
頻繁，見《甌北集》卷二十二《同秋園步郊外》、《偶入郡城湯蓉溪徐
肇璜談恬深家緘齋招同徐秋園爲看花之會排日轟飲漫紀以詩》、
《蔣蓉龕前輩招同肇璜秋園秀筠緘齋爲消暑之飲即席口占》，卷二
十三《楊獻章招同肇璜秋園諸同人近園雅集》，卷二十四《秋園預
製斂具詩以調之》，卷二十七《將入都留別蓉龕蓉溪秋園敬輿緘齋

諸人》、卷三十五《揚州哭秋園之訃》諸詩。

徐秋園，江蘇常州府陽湖縣人。康熙五十八戊戌（1719）生，乾隆五十七年壬子（1792）卒。

蔣士銓上年來主揚州安定書院，講習期間常居江春秋聲館。

據蔣士銓《清容居士行年録》乾隆三十七年條，是年三月蔣士銓辭紹興蕺山書院講席，轉主揚州安定書院。

梁章鉅《浪迹叢談》卷二"小玲瓏山館"條："康山，爲江鶴亭方伯所居，其園最晚出，而最有名，乾隆間翠華臨幸，親御丹毫。……蔣心餘先生常主其園中之秋聲館，所撰九種曲，内《空谷香》、《四絃秋》，皆朝拈斑管，夕登氍毹，一時觴宴之盛，與汪蛟門之百尺梧桐閣、馬半槎之小玲瓏山館，後先媲美，鼎峙而三。"據《清容居士行年録》，蔣士銓《空谷香》撰於乾隆十九年。《清容居士行年録》乾隆四十六年條："在安定書院時，有《四絃秋》、《雪中人》、《香祖夢》、《臨川夢》各院本，並前填詞數種。"

蔣士銓《忠雅堂詩集》卷二一有《康山宴席酬鶴亭主人并邀邊都轉霽峰袁觀察春圃陳太守體齋家舍人春農江大令階平同作》繫于乾隆三十八年秋。

是年，裘曰修、温福、趙文哲、王日杏、吳璜、劉綸、劉統勳、杭世駿卒。

乾隆三十九年甲午（1774）　四十八歲

詩寫鄉居耕讀生活。

《甌北集》卷二十一《漁塘即事》其六："種桑四百株，栽柳三千椿。"《漫興》："一歸茬苒兩經春，彌識田園氣味真。……也有閑中晨夕課，此身原是一勞薪。"（其一）"猶有壯心無處耗，付他萬卷去消磨。"（其二）又《書齋即事》等。

送沈濬官萬安知縣，子沈景滄夫婦隨行，子婦即先生長女。

《甌北集》卷二十一《送倬其之官萬安》其一："十年通籍未專城，今日繞看綃緩行。十八灘即在萬安境。"

《甌北集》卷二十四《哭沈倬其之訃》:"我有結髮妻,所生惟一女。
君亦有佳兒,遂以女相許。……我歸君謁選,官程指江楚。兒婦
相隨行,吾謂女得所。"(其二)"讀書三十年,中歲始一第。需次又
十載,臨老方作吏。謂可營饘粥,兼爲買山計。"(其三)

按:沈潯乾隆二十六年辛巳(1761)成進士,以需次歸里(見《甌北
集》卷九《送倬其南還時方成進士以需次歸里》),距今乾隆三十九
年甲午(1774)已十四年。

詩寄常熟邵齊熊續交,邵氏早已歸隱著述。

《甌北集》卷二十一《戲爲疊字體寄邵耐亭》:"憶昔與君初結交,僝
直薇垣情最密。……無端居者送行者,君也掉頭歸著述。……如
今我也返江村,與君相近肯相失。"

按:邵齊熊歸田在乾隆三十一年丙戌(1766),時先生官編修,有
詩送之,見《甌北集》卷十二《題邵耐亭萬卷樓圖即送其南歸》:"有
官不補竟歸去,云有萬卷之書樓。君家住近虞山麓……無端居者
送行者,君也掉頭歸著述。"

黃月山與先生爲兩世之交,歸里後與黃氏交游。

《甌北集》卷二十一《柬黃月山文學》:"里社交知半在亡,巋然獨見
魯靈光。……晨星吾敢輕前輩,莫惜頻煩過草堂。"

按:《甌北集》卷二十四《哭黃月山》:"里社數交游,惟翁誼最舊。
曩與先子交,及見余童幼。"(其一)"士之困不遇,未有若此翁。讀
書七十年,苦如食蓼蟲。……弱冠早授徒,生計落此中。一日罷
館穀,便愁粥不供。晚更雙耳聵,難復求童蒙。"(其二)"伊余歸江
村,誰與談詩篇。皤皤有此老,時復踰陌阡。"(其三)"翁有詩數
冊,欲刻苦無資。期我刻集日,並爲料理之。酒間已心許,力乏仍
需時。遂令翁生前,不及卷帙披。……斯事吾諾責,幽明當弗
欺。"(其四)對黃月山生平履歷及與趙翼兩世的交誼述之甚詳。

莊炘秋試又報罷將就丞尉職,過訪,先生爲其不得志而憂愁。

《甌北集》卷二十一《莊似撰枉過草堂有詩投贈依韻奉答三首》：
"客來涼露兼葭水，家住寒烟橘柚秋。……去春同作姑蘇之游。却將
出處頻商榷，又向尊前動暮愁。君秋試報罷，將就丞尉職。"（其一）"空負
翱翔千仞志，漸收汗漫九垓游。衙官屈宋終非據，君或空言我已
愁。"（其二）"前身漫比王摩詰，晚節惟思馬少游。安得辦裝錢百
萬，招君偕隱慰離愁。"（其三）

時彭元瑞督學江南，留飲江寧澄江使院。因蔣士銓請，彭元瑞
差滿還朝入奏，在揚州爲史可法建梅花嶺祠堂。

《甌北集》卷二十一《彭蕓楣閣學留飲澄江使院即席奉呈》："曩在
都，與公爲詩社。"（其一自注）"少曾選佛初禪地，老覺驚心舊戰
場。余於乙丑試此補諸生，至今幾三十年矣。"（其三）

按："乙丑試此補諸生"即乾隆十年乙丑（1745）趙翼應童子試事，
距今已二十九年。

據《清代職官年表·學政年表》，彭元瑞乾隆三十六年九月至三十
九年八月任江南學政。

據蔣士銓《清容居士行年錄》本年條，彭元瑞來視學江南，蔣士銓
以史可法畫像家書授之，彭元瑞差滿還朝入奏，在揚州爲史可法
建梅花嶺祠堂和御書樓。

陳康祺《郎潛紀聞二筆》卷五"江陰學使署之燕喜堂"條："江陰學
使者署有'燕喜堂'，爲彭文勤公侍母繆太夫人之所。簷聯云'母
福逮兒身，八歲辭家，七旬就養'，紀實也。堂內額'萱輝頤祉'四
字，嘉慶九年，相國劉文清公母太夫人九旬時所賜。後義寧萬文
恪督學江蘇，奉母抵署，亦居此堂。文恪《思不辱齋集》，有《燕喜
堂詩》。"

洪亮吉肄業於揚州安定書院，蔣士銓時爲書院山長。

呂培《洪北江先生年譜》乾隆三十九年條："正月，赴江陰補壬辰年
歲試。先是，錢文敏公曾語學使彭閣學元瑞，謂先生爲昌黎復生，
由是閣學亦久知先生。十三日補試，準附一等三名，後又次蔣編

修士銓元韻贈先生七古一篇,薦入常鎮通道袁君鑒署授徒,歲修百二十金,并令在揚州安定書院肄業,膏火費亦及百金,自此將母稍裕。"

按:據《清容居士行年錄》,蔣士銓乾隆三十七年三月至乾隆四十年正月主安定書院。據呂培《洪北江先生年譜》乾隆三十七年壬辰條:"是冬,以所負多,訪蔣編修士銓、汪孝廉端光於揚州,編修解橐金助之,乃得歸,已迫除夜矣。"洪、蔣約於此年訂交。

嘉慶《重修揚州府志》卷十九:"安定書院,在(揚州)府東北三元坊,康熙元年鹽使胡文學建,祀宋儒胡瑗,後圮。雍正十一年,鹽使高斌、運使尹會一建,有御書'經術造士'額懸堂內。生徒額缺,初定六十人,後增至百人。乾隆二年,運使朱續晫復增二十人,合梅花書院生徒共百二十人。四十三年仍分設梅花書院。"

李斗《揚州畫舫錄》卷三"安定書院在三元坊,建于康熙元年,巡鹽御史胡文學創始,祀宋儒胡瑗。雍正間,尹鹽使增置學舍,爲郡士肄業之所,延師課藝,以六十人爲率,並合梅花書院一百二十人。聖祖南巡,賜'經術造士'額懸其上。……今之郡城校課士子書院,惟安定、梅花兩院。……若校課童生書院,今存者惟廣陵書院而已。"

孫星衍肄業鍾山書院,懷詩往謁袁枚,袁枚有"奇才"之目。

張紹南《孫淵如先生年譜》卷上乾隆三十九年條:"肄業鍾山書院。君通《說文》,主講盧學士文弨常與考證古學。洪君亮吉、楊君芳燦俱館於金陵,時相過從。袁簡齋太史枚居隨園,主持風雅。君懷詩往謁,倒屣迎之,閱君詩,跋其卷曰:'天下清才多,奇才少。讀足下之詩,天下之奇才也。'恨相見之晚,亟薦之當道,相與爲忘年之交。……是科下第,九月歸常州。"

孫星衍,小名喜,字淵如、伯淵、苑如、季仇,號芳茂山人。室名問字堂、嘉穀堂、平津館、五松園、岱南閣、廉石居等。江蘇常州府陽湖縣人。王采薇夫。乾隆十八年(1753)九月初二日生,嘉慶二十三年(1818)正月十二日卒。乾隆五十二年(1787)一甲二名進士，授編修，充《三通》館校理，改刑部主事。歷官山東兗沂曹濟道、山東督糧道、山東布政使。早年是"毗陵七子"之一，中年以後深究經史、文字、音訓，旁及諸子百家，不復爲詩。晚年去官後主講南京鍾山書院、杭州詁經精舍等書院。好藏書，於圖書分類不限於四部。著《芳茂山人詩録》、《孫淵如外集》、《岱南閣集》等。事具張紹南《孫淵如年譜》、阮元《揅經室二集》卷三《山東糧道孫君星衍傳》、《清史稿》卷四八一、《清史列傳》卷六十九。

是年，洪亮吉、孫星衍、黃景仁、趙懷玉、楊倫、呂星垣、徐書受在里時作文會，稱毗陵七子。

《清史稿》卷四八五《趙翼傳》："其同里學人後於翼而知名者，有洪亮吉、孫星衍、趙懷玉、黃景仁、楊倫、呂星垣、徐書受，號爲'毗陵七子'。"

呂培《洪北江先生年譜》乾隆三十九年甲午條："是歲，始與孫君星衍訂交，同里則孫、黃、趙諸君外，復偕楊君倫、呂君星垣、徐君書受唱酬無間，里中號爲七子。"

楊倫，字敦五、西河(禾)，號羅峰，江蘇常州府陽湖縣人。乾隆十二年(1747)三月二十日生，嘉慶八年(1803)閏二月二十八日卒。洪亮吉外姊子，孫淵如堂姊夫。乾隆四十六年進士。歷官廣西蒼梧、荔浦知縣。晚主武昌江漢、江西白鹿洞書院。著《九柏山房集》、《杜詩鏡詮》等。事具趙懷玉《亦有生齋集》文卷十八《廣西荔浦縣知縣楊君墓志銘》及民國《安陽楊氏族譜》卷十。

呂星垣，字叔訥、叔諾，號湘皋、映薇、應尾。江蘇常州府武進縣人。乾隆十八年(1753)生，道光元年(1821)卒。廩貢生。乾隆五十年召試一等一名，選訓導，后知直隸邯鄲、贊皇、河間諸縣。工詩古文辭，善書畫，長於詞曲。著《白雲草堂詩稿》、《白雲草堂文鈔》等。事具《毗陵呂氏族譜》卷十四趙懷玉《墓志銘》、《清史稿》卷四八五。

徐書受,字留封,一字尚之,江蘇常州府武進縣人。乾隆十七年(1752)生,嘉慶十年(1805)卒。乾隆四十五年(1780)副貢生。歷知河南尉氏、蘭陽、南召、葉縣等縣。著《教經堂詩集》、《教經堂文集》、《教經堂談藪》等。事具洪亮吉《更生齋文續集》卷二《敕授文林郎河南南召縣知縣候補知州徐君墓志銘》、《清史稿》卷四八五。按:《明清檔案》載嘉慶十年五月二十九日河南巡撫馬慧裕題本:"題請以一等舉人、試用知縣胡萬年,署理南召縣知縣徐書受在任病故所遺員缺。"徐書受或即卒于是月。

是年,觀保、錢陳群卒。

乾隆四十年乙未(1775)　四十九歲

新春試筆。先生自歸田後,每歲元旦多有賀詩且必望闕行禮。

《甌北集》卷二十二《乙未新春試筆》。

《甌北集》卷五十一《己巳元旦》自注:"余歸田後,每歲元旦必望闕行禮。"

欲往鄧尉看梅,向郡城結伴,莫有應者,適有賣花船到,遂以游資買梅十餘本,歸而自賞。

《甌北集》卷二十二《欲往鄧尉看梅向郡城結伴莫有應者適有賣花船到遂以游資買梅十餘本歸而自賞焉》其一:"擬邀伴侶探梅花,百里爭嫌道路賒。"

又同徐秋園出郭尋春。

《甌北集》卷二十二《同秋園步郊外》其一:"天因久雨開新霽,我與繁花共好春。"

春,偶入常州城,湯大賓、徐肇璜、談恬深、趙繩男輪番招同徐秋園爲看花會,流連十日。趙懷玉出示《雲溪樂府》,先生後題贈二首,大爲贊賞。先生歸里初與湯大賓、徐肇璜、徐秋園、趙繩男等交往密切。

《甌北集》卷二十二《偶入郡城湯蓉溪徐肇璜談恬深家緘齋招同徐秋園爲看花之會排日轟飲漫紀以詩》："經年足不入城市,……黃昏發舟擁衾臥,夢回城鼓已五撾。城中親知喜我至,更番治具邀看花。……映川侄孫出示近作。……轟醉十日忘還家。"

《甌北集》卷二十二《閱映川族孫雲溪樂府題贈二首》："吾家真有駒千里,時輩徒喧貉一丘。……我歸正少聯吟侶,何幸潘張不外求。"(其一)"清德尚書澤故長,恭毅公。韋經累葉續青箱。百年門第存喬木,一甲科名有瓣香。殿撰裘尊公。……家聲望汝光蘭錡,吾老惟耽杞菊莊。"(其二)

按:關於湯大賓,《甌北集》介紹過他長壽、幸福的生活,見卷二十七《題湯蓉溪家慶圖》、卷三十五《程霖巖湯蓉溪楊靜叔汪屏周四人皆甲午生舉同甲會繪圖紀盛次韻奉答》、卷三十六《蓉溪八十壽詩》、卷三十七《賀蓉溪湯翁得玄孫之喜》。

湯大賓,字名書,號蓉溪,江蘇常州府陽湖縣人。康熙五十三年(1714)生,嘉慶元年(1796)八月二十五日卒。諸生。援例授浙江紹興府同知,歷任玉環同知、山陰知縣、雲南徵江知府、廣西潯州知府兼梧州知府等。五十歲丁母憂辭官。與修《開化府志》。事具趙懷玉《亦有生齋集》文卷一七《廣西潯州知府湯府君大賓墓志銘》。

趙繩男,字來武,號緘齋,江蘇常州府武進縣人。趙懷玉父。雍正二年(1724)正月初六日生,嘉慶八年(1803)五月二十二日卒。由貢生歷官刑部福建清吏司郎中,乾隆三十四年,已截取知府,以不耐繁劇歸田。事具趙懷玉《亦有生齋集》文卷一二《奉改大夫刑部福建清吏司郎中先考趙府君事狀》、吳錫麒《有正味齋駢體文》卷二三《奉政大夫刑部郎中趙公墓志銘》。

感金川之役捷報難傳,報國雄心勃發。

《甌北集》卷二十二《感事》:"邛崍關西賊負固,征討連年關山路。春來聽說將凱旋,何以至今遲露布。野老心殷望捷旗,咄咄空庭夜獨步。……挑燈雄心忽飛動,廿年身受君恩重。邊疆有事早抽身,國家要此人何用。亟賣黃牛買長劍,去斫賊頭大如甕。"

苦旱,憂慮生計。

《甌北集》卷二十二《池荷盛開而天旱殊甚感歎作詩》:"却望四野
中,農夫汗流血。翻車如渴蛇,欲吸長河竭。已看浜港斷,陽湖亦
涸轍。"《苦旱》:"黃梅天,常年大雨水没田。……胡爲自我歸田
後,三年已遭旱兩年。……如今家累且十倍,謀生更比貧時艱。
豈天嗔我去官早,將飢來驅使著鞭。"

五月廿八日,河水將竭,忽得大雨。

六月二日之夜,復得小雨。雨後漁塘閑眺。《甌北集》卷二十二《五
月廿八日河水將竭忽得大雨歡聲遍野而作是詩》:"正值黃梅後,河
枯待澤忙。……檐溜粗於柱,蛙聲沸似湯。"《甌北集》卷二十二《六
月二日之夜復得小雨而陰雲四布其勢似猶未止口占待之》:"一雨
群情散鬱陶,尚愁河淺不容刀。……癡翁却被山妻笑,一夕看雲
起幾遭。"《漁塘閑眺》:"一帶垂楊映綠蕪,平池拍拍浴群鳧。"

送內弟劉芳赴沛縣教諭任。

《甌北集》卷二十二《送內弟劉可型赴沛縣教諭任》:"今春未上禮
闈。"(其一自注)"五十未爲晚,看君鬢始華。官閑堪課子,路近便
攜家。"(其二)

邀虞萬峰、莊茂良、黃月山爲池荷之飲。黃月山失期不至,後
二日過訪投詩。

《甌北集》卷二十二《池荷盛開而天旱殊甚感歎作詩》:"去春始濬
池,種藕四五節。……今年夏苦旱,弗暇覓清悦。……園丁忽來
報,滿池炫紅襯。"《與虞萬峰莊茂良小飲荷池上》:"池荷花正開,
高下百餘朵。"又《池荷之飲約月山翁失期不至後二日枉過有詩見
投依韻奉答》。

《西蓋趙氏族譜》載趙曾向《叔祖母節孝莊孺人事略》:"孺人姓莊
氏,同縣茂良先生之季女。莊氏居坂上,爲世族。茂良先生業儒,
爲縣學生,性敦樸,家範卓然。"

蔣和寧招同徐肇璜、徐秋園、蔣秀筠、趙繩男爲消暑會。蔣秀
筠取其叔祖勸學詩“瘠土正須勤力補，及時自有好花開”句，繪
爲學圃圖索題。

《甌北集》卷二十二《蔣蓉龕前輩招同肇璜秋園秀筠緘齋爲消暑之
飲即席口占》、《蔣秀筠取其叔祖弱六君勸學詩瘠土正須勤力補及
時自有好花開之句繪爲學圃圖索題爲書長句於後》。

蔣和寧，字耕叔，號用安、蓉龕，世爲江蘇常州府武進縣人，雍正二
年分縣後爲陽湖人。洪亮吉從舅。康熙四十八年(1709)生，乾隆
五十一年(1786)九月初六日卒。乾隆十七年(1752)進士，改庶吉
士、授編修，充方略館、武英殿纂修官，改湖廣道監察御史。工詩，
能文。曾爲董潮續成《武進縣志》、《陽湖縣志》。事具盧文弨《抱
經堂文集》卷三二《湖廣道監察御史蔣公墓表》、袁枚《小倉山房文
集》卷三一《誥授奉政大夫湖廣道監察御史蔣公墓志銘》及洪亮吉
《卷施閣文乙集》卷五《湖廣道監察御史蔣先生別傳》。

編《甌北集》，準備付梓。

《甌北集》卷二十二《編詩》：“閒居靜無事，編閲生平詩。常苦少作
多，老去漸見疵。割愛心不忍，改爲力已疲。……名山傳其人，斯
語亦自欺。人亦未必讀，讀亦吾弗知。不如還自賞，我我相娛嬉。
昔我即伯牙，今我即鍾期。本從性情出，仍來養心脾。……生平
辛苦報，消受惟此時。”

按：趙翼此時所編詩，當爲乾隆四十三年戊戌(1778)刊刻的《甌
北集》二十四卷本作準備，參是年譜。

秋旱被災，歲收極歉，雖發帑加賑，而人多米貴，猶恐不支，先生
偕在籍紳士勸分賑，卹得錢二萬六千餘緡，約可濟十五萬人。

《甌北集》卷二十二《秋旱被災歲收極歉皇仁加賑户慶更生而人多
米貴猶恐不支桑梓誼難坐視敬偕在籍紳士勸分賑卹得錢二萬六
千餘緡約可濟十五萬人將蕆事呈同事諸公》其二：“慳囊破盡僅壺

殣,難滿田家老瓦盆。爲巧婦炊誰有術,慷他人慨我何恩。尚愁
餓死填溝壑,敢説陰功到子孫。"《即景》:"發帑頻聞至再三,歲功
雖歉國恩覃。"

趙懷玉《收庵居士自訂年譜略》乾隆四十年乙未二十九歲條:"是
夏,大旱。從郡人禱雨白龍庵。入秋,鄉人爭以榆屑爲粥。"

按:此次秋災,常州地方官亦辦賑甚力,《甌北集》卷二十二《送邑
侯周中峰病假旋里》自注:"君辦捐賑事最力,事將竣,以病去官。"

秋,袁枚序趙懷玉《亦有生齋集》成,托洪亮吉轉交。

按:趙懷玉《亦有生齋集》樂府卷首袁枚序署"乾隆乙未秋錢塘袁
枚",此序未見袁枚《小倉山房文集》、《小倉山房外集》。

洪亮吉《卷施閣文甲集》補遺《與袁簡齋書》:"昨奉手書,寄到趙君
樂府,并爲作序。"

是年,袁枚《小倉山房全集》編成,陸續付梓。

袁枚《小倉山房詩集》卷二四《全集編成自題四絶句》。

乾隆四十一年丙申(1776)　五十歲

門人費淳舊守常州,先生自黔歸時,丁外艱將去,僅一握手而
別。服闋,正月赴京補官,過訪留連信宿,先生以詩贈行。

《甌北集》卷二十三《門人費芸浦畬爲吾郡守余自黔歸君已丁外艱
將去僅一握手而別今赴京補官枉道過訪留連信宿詩以贈行》:"時
以龍井茶見餉。"(其一自注)"余與君先後入直軍機。"(其二自注)

按:此詩編年在"丙申",《年表》將此事繫於乾隆四十年乙未
(1775)正月,誤。

《西蓋趙氏族譜·藝文外編》載費淳《甌北老夫子七十壽序》:"淳
前守毘陵,去任時先生宦游甫歸。"作於嘉慶元年丙辰(1796)趙翼
七十壽時。

去秋大旱被災,今春,仍與趙繩男等營里中賑事甚力。

趙懷玉《亦有生齋集》詩卷六《奉贈家觀察翼》其四自注:"丙申春,

先生營里中賑事甚力。"

趙懷玉《收庵居士自訂年譜略》本年條:"歲大祲,里中設局賑濟。先考(趙繩男)既自爲倡,又與鄉先生竭力勸募,任勞任怨,寒暑勿恤,里人咸服其公。"

二月,兩金川平定。四月,乾隆帝巡幸天津,召試各省士子,二十一日榜發,黃景仁、吳蔚光等列二等。

黃景仁《兩當軒集》卷十二《平定兩金川大功告成恭紀》小序:"以乾隆四十一年二月,大功告成,百禮咸備,史官載烈以筆,詩人著美於頌。"

按:趙翼由於鄉居,得知金川平定的消息在下年,見《甌北集》卷二十三《聞金川奏凱詩以志喜》。

又《欽定南巡盛典》卷七十五:"乾隆四十一年,聖駕巡幸天津,恩許外籍諸生一體進獻詩賦。"

《清實錄·高宗實錄》卷一千七:"(乾隆四十一年四月)壬戌,以平定兩金川,遣官告祭永陵、福陵、昭陵。諭:朕因平定兩金川告成,闕里回鑾,舉行郊勞盛典。蹕途經過津門,直隸及各省士子祗迎道左,忭頌抒誠,進獻詩賦者甚多。因照此次在山東召試之例,就其文義,量加甄録。所有列在一等之進士、舉人邱桂山、祝塈、洪榜、戴衢亨、關槐,俱著以內閣中書補用;萬年、方起莘、張曾太、俱著賞給舉人。其列在二等之舉人、貢監生員周光裕、陸滋、李蔚觀、王奉曾、郭緯鑾、葉汝蘭、薛蓉、張元楷、張景運、王績著、黃繼光、周贊、錢敬熙、黃駢、吳蔚光、蔣傳馨、周嘉猷、王丕烈、黃景仁、邱桂芬,俱著賞緞二疋,以示慶惠士林之至意。"

吳蔚光,字哲甫,號竹橋、執虛、湖田外史,江蘇蘇州府昭文縣人。乾隆八年(1743)八月十五日生,嘉慶八年(1803)八月二十三日卒。妻邵齊芝爲邵齊燾妹。乾隆四十五年(1780)成進士。分校四庫,官禮部主事,旋以病歸。工詩詞,富藏書,好交友,家居二十餘年,著述不輟,著《素修堂詩集》、《小湖田樂府》等。事具法式善

《存素堂文集》卷四《例授奉直大夫禮部主事吳君墓表》。

五月二十六日,乾隆帝諭准此次召試二等者可充四庫謄錄生,黃景仁始傭書四庫。

《纂修四庫全書檔案》乾隆四十一年五月二十六日,内閣奉上諭:"此次巡幸山東、天津兩處,召試所取二等之舉人、貢監生員等,著照上屆巡幸天津召試二等各生之例,有願在四庫全書處效力者,俱准其謄錄上行走。欽此。"

洪亮吉《更生齋文乙集》卷二《平生游歷圖序》:"君(仲則)以天津召試二等,在三館繕寫。"

接蔣士銓書,知其上年遭母喪,已辭安定書院講席,扶柩歸里。先生惋惜二人失之交臂。

《甌北集》卷二十三《聞心餘銜恤歸里悵然有作却寄》:"閑居數交游,蔣詡我好友。京華一録別,君歸我出守。迹同鴻爪散,書但魚腹剖。前年返江村,寂寞嘆寡偶。聞君客邗上,竊幸得聚首。君亦遣僕來,開函筆如帚。約我平山堂,一握開笑口。……無端意因循,謂近在腋肘。……因之遂蹉跎,忽忽兩年後。今朝郵書至,知君慘喪母。煢煢銜恤歸,計日到江右。吁嗟君遂遠,不得更執手。相距兩驛餘,相思十年久。"

據蔣士銓《清容居士行年録》,乾隆三十七年三月,蔣士銓應兩淮鹽運使鄭大進聘主揚州安定書院。乾隆四十年正月,母卒。蔣士銓辭講席,六月扶櫬歸里。

題畢沅《高秋陟華圖》。

《甌北集》卷二十三《題秋帆開府高秋陟華圖》:"我聞太華山高五千仞,……是時秋旱秦地赤,……公也爲民虔請命,……興夫驪卒盡屏却,手挽垂虹升青穹。……始知公自有霖雨,坐令華嶽作岱宗。……興來更踏層椒陡,一時賓從皆勝友。……憶昔相隨直禁廬,探幽每趁扈從餘。曾同立馬興安嶺,得句輒欲摩崖書。"卷二十四《秋帆中丞聞余銜恤之信遠致厚賻詩以志感》其二自注:"舊題公《陟華圖》,過蒙獎許。"卷二十五《去歲莊似撰自陝回秋帆開府寄聲慰唁且約余作陝游今似撰赴陝與余結伴行有日矣會時將伏暑遂不果寄詩述懷》其二自注:"公昔禱雨華山,輒應,嘗繪《陟華圖》,余爲題句。"

按:此圖題者甚多,見張塤《竹葉庵文集》卷一三《題畢秋帆中丞高秋陟華卷子》、錢維喬《竹初詩鈔》卷一〇《爲畢中丞秋帆寫高秋登華圖并繫長歌》等。

史善長《弇山畢公年譜》乾隆四十一年丙申四十七歲條:"三月,署理陝甘總督印務。夏四月,抵蘭州。"

十月二十二日五十初度,第一次作自壽詩,滿意循陔四年著述生活。

《甌北集》卷二十三《五十初度》:"里居荏苒四經春,忽作平頭五十人。"(其一)"買得漁莊一畝宮,閑攜竹杖掛詩筒。十圍有樹參雲表,四面無鄰在水中。"(其六)"閑翻青史覽窮塵,歷歷前聞觸緒頻。一代文章誰作者,古來出處幾完人?雕蟲祇與蟬供飽,畫虎多爲狗寫真。不覺又增身世感,摩挲髀肉暗傷神。"(其八)"除却親闈侍藥醫,更餘何事足縈思。輸官租稅完常早,……妻妾無爭兒互乳,弟兄垂老爨同炊。"(其九)"學佛求仙枉費功,年來漸覺總成空。"(其十)

按:趙翼强項爲吏,鎮安、廣州知府任上政績頗多,該詩其五有"徒誇謝事歸能早,回首當官愧已多"之句,謙抑過甚,不明真相之讀者易認爲趙翼在自貶自悔,造成不必要的誤會。《甌北詩鈔》將此二句改爲:"不曾白髮歸雖早,無補蒼生愧已多。"同樣寫歸"早",前爲誇耀,後爲遺憾;同樣寫"愧",前爲己而愧,後爲民而愧。改句較原句立意高遠,境界闊大,相當成功。

乾隆四十二年丁酉(1777)　五十一歲

正月十五前,自常州城爲母買燈及紅梅等節物歸。

《甌北集》卷二十三《自郡城歸》："一葉扁舟映曉霞，……人疑舊雨來尋友，我與春風共到家。……船頭紅載小梅花。上元節物惟燈事，略與高堂賞歲華。"

二月，趙懷玉應江陰科試，爲第一。

趙懷玉《收庵居士自訂年譜略》乾隆四十二年丁酉三十一歲條："二月，赴江陰科試。學使者爲謝侍郎墉。先試詩古。侍郎賞余《燕睄賦》，拔置第一。"

二月，蔣士銓序《甌北集》二十二卷。

蔣士銓《甌北集序》："吾友趙甌北觀察自黔中解官歸，閑居奉母，以其暇哀輯平生所爲詩約二千首，將付梓，郵寄示余，屬爲其序。……然君詩則自出都後且益工。蓋天才踔厲，其所固然，而又得江山戎馬之助，以發抒其奇。當夫乘軺問俗，停鞭覽古，興酣落筆，百怪奔集，故雄麗奇恣，不可逼視，雖欲不傳，不可得也。余與君相識在甲戌會試風簷中，已而同官中書，先後入詞館。九衢人海，車馬喧闐，吾兩人時復破屋一燈，殘更相對，都無通塞升沉之想。今握別十餘年，而大集之序，不以他屬而以屬余，蓋以酸醎之嗜，兩人有同味焉。"

按：據《清容居士行年錄》，蔣士銓乾隆四十年六月丁母憂由揚州歸里，時居南昌，蔣序末署"乾隆四十二年丁酉二月同年弟鉛山蔣士銓拜撰"。

汪承霈書來，述去冬十二月十四日，乾隆帝垂詢先生再三，吏部以先生乞假侍母病入奏，先生感激不已。

《甌北集》卷二十三《汪時齋民部書來述去冬十二月十四日上垂詢臣翼再三並問何故在籍飭部查奏吏部以翼乞假侍母病奏入報聞臣感激之餘恭紀二律》其二："知己難逢況聖君。……終期了却循陔願，頂踵還抒報國殷。"

春，夜飲徐肇璜家。本年，徐肇璜以腹疾歿。

《甌北集》卷二十三《夜飲肇璜家》、卷二十四《哭徐肇璜》其二自

注:"今春曾囑余作生志,臨殁前四日猶饌客。"

按:《甌北集》卷二十四《哭徐肇璜》其一:"兩耳聾常怕客嘲……君以腹疾卒。那禁腸斷雲溪渡,步屨頻過話寂寥。"《甌北詩鈔》七言古五《余既答稚存黃金之嘲乃又有詩來索戰再作長句報之》自注:"徐肇璜通判食品最精。"可知徐氏家白雲溪,好美食,耳聾,以腹疾卒。

《甌北集》卷二十四《肇璜殁後其子以君手植杜鵑一本見貽感賦》。

楊獻章招同徐肇璜、徐秋園諸同人近園雅集。

《甌北集》卷二十三《楊獻章招同肇璜秋園諸同人近園雅集》自注:"園爲令祖符蒼孝廉別業。……余寓齋與君家同在娑羅巷。"可知趙翼雖於乾隆三十八年癸巳(1773)十月,移入西干里新居,但在常州城內有寓齋。

按:光緒《武進陽湖縣志》卷二:"(近園)在武進子城廂二圖,國朝楊兆魯建。"楊兆魯,字青巖、泗生,順治九年進士,官至福建延平道按察副使,以病歸,後建此園,見楊兆魯《遂初堂文集》卷四《近園記》:"自抱疴歸來,於注經堂後買廢地六七畝,經營相度,歷五年於兹,近似乎園,故名近園。"又楊倫《九柏山房詩集》卷一《同孫大淵如蔣大匯吉游近園》題注:"園爲先學使公別業。"近園在今常州市長生巷常州賓館內。

慰蔣龍昌謫戍新疆。

《甌北集》卷二十三《寄蔣南村新疆戍所》其一:"驚聞謫戍出陽關,……未白烏頭鬢早斑。曾是同官兼世好,相思但有淚頻潸。"

延老友毛穎士爲塾師課兒輩。

《甌北集》卷二十三《贈毛今吾文學時下榻草堂課兒輩讀》:"舊與君及時景巖孝廉有三才子之目。"

顧光旭由莊涼奏調入蜀辦軍需,蕆事後,乞養歸里,以所著《響泉詩集》見貽。

《甌北集》卷二十三《顧晴沙觀察由莊涼奏調入蜀辦軍需既蕆事乞

養歸里以所著響泉詩集見貽奉題二首》。

按：《年表》認爲趙翼與顧光旭交在乾隆四十年乙未（1775），但該詩編年在“丁酉”，且此前《甌北集》中並未見與顧有關的記載。《甌北集》卷三十九《顧晴沙挽詩》其二自注：“君歸田後我一年。”趙翼循陔歸里在乾隆三十八年癸巳（1773），“後一年”爲乾隆三十九年甲午（1774），亦非乾隆四十年乙未（1775），不知《年表》何據，姑繫此事於此。

又按：《甌北集》卷三十九《顧晴沙挽詩》其一：“曾爲才子先登第，要作高人早去官。遺愛尚留秦蜀道，吟情欲闢杜韓壇。君詩另成一家。”追憶了顧光旭的仕履和詩歌“另成一家”的風格。

顧光旭，字華陽，號晴沙、響泉，江蘇常州府無錫縣人。雍正九年（1731）生，嘉慶二年（1797）閏六月二十六日卒。乾隆十七年（1752）進士，由戶部主事歷官浙江道監察御史，甘肅寧夏府、平涼府知府，甘肅涼莊兵備道。乾隆三十七年，金川用兵，署四川按察使，司三路餽餉。乾隆四十一年，金川平，乞病歸，年方四十六，主東林書院十餘載。工詩，尤精書法。著《響泉集》，選《梁溪詩鈔》。事具王昶《春融堂集》卷五四《甘肅涼莊道署四川按察使司顧君墓志銘》、顧光旭《響泉年譜》、《清史稿》卷三三六及《清史列傳》卷七十五。

夏，賦詩三首題袁枚《小倉山房集》，并和《小倉山房集》中詠物九首。

《甌北集》卷二十三《題袁子才小倉山房集》二首、《再題小倉山房集》一首，此三詩今見袁枚《小倉山房詩集》卷首，題作《讀隨園詩題辭》。其中第一首字句同，第二、第三首小異。

按：《甌北集》卷二十三編年自注：“起丙申正月，至丁酉六月。”且上詩在該卷尾部，《門人祝芷堂編修典試閩中旋奉視學陝甘之命道經常州枉詩投贈依韻以答》緊隨此詩之後，據《清代職官年表·學政年表》，祝德麟改陝西學政在乾隆四十二年八月。可知該詩當作於本年夏。

《甌北集》卷二十三《小倉山房集中有詠物九首戲用其韻》。

夏，門人祝德麟典試閩中，旋視學陝甘，道經常州來訪不值，以所刻時文見貽。

《甌北集》卷二十三《門人祝芷堂編修典試閩中旋奉視學陝甘之命道經常州枉詩投贈依韻以答》所附祝德麟原作：“睽隔十年久，離愁安可論。……歐公門下士，近亦頗推袁。”《再寄芷堂二首》其二自注：“君以所刻館課見貽。”

祝德麟《悅親樓詩集》卷八《過毗陵不得見甌北先生奉懷十二韻》：“睽隔十年久，離愁安可論。今朝持使節，假道過恩門。立雪情彌切，占星意枉敦。遥知絳紗帳，秖在白雲村。簿采陔蘭潔，多栽玉樹繁。階應留故鶴，庭或少懸狟。出處九重問，詩篇四海尊。可曾添白髪，未欲戀朱轓。我亦神僊侶，難忘河海源。行游敬草木，入里式車軒。此去叨衡鑑，斯文識本原。歐公門下士，今有幾人存。”與《甌北集》所附者小異。

按：祝德麟《悅親樓詩集》卷八編年自注：“丁酉五月，至七月。”即乾隆四十二年（1777）五月至七月。卷首有《六月初八日出都二首》，《過毗陵不得見甌北先生奉懷十二韻》下有《立秋日石門道中書懷》、《匝月以來思慮澹泊無所入懷七月十三日夜忽夢與夢樓游甘露寺覺後枕上成一律寄之》二詩，據《近世中西史日對照表》，本年立秋在七月五日。據此可推測，祝德麟來訪不值大約在六月末七月初。

據《清代職官年表·學政年表》，祝德麟乾隆四十二年丁酉（1777）八月至乾隆四十五年庚子（1780）八月爲陝西學政。

按：據《甌北集》所附祝德麟原作及趙翼《甌北集》卷二十三《題袁子才小倉山房集》、《再題小倉山房集》及《小倉山房集中有詠物九首戲用其韻》諸詩，可見袁枚爲時人推崇的程度。

六月二十三日戌時，母丁氏卒，壽八十。在家守制，近半年無詩。

《西蓋趙氏族譜・學亮公派北岸分支世表》：“（趙惟寬）……配丁氏……乾隆四十二年丁酉六月二十三日戌時卒，壽八十。”

《甌北集》卷二十四《哭黃月山》其一：“堊廬方居憂，復驚喪者耇。”

按：《甌北集》卷二十四《戊戌春日》：“北堂夢杳痛難追，春露驚心又一悲。從此遂無爲子日，初心長負去官時。絳跌忍讀循陔句，墨食猶遲負土期。苦塊餘生感中夜，淒風颯颯縋帷披。”“戊戌春日”即乾隆四十三年（1778）春，母卒已半年。

冬，哭黃月山殁，願爲其詩集付梓。

《甌北集》卷二十四《哭黃月山》其四：“翁有詩數册，欲刻苦無資。期我刻集日，並爲料理之。酒間已心許，力乏仍需時。遂令翁生前，不及卷帙披。……斯事吾諾責，幽明當弗欺。”

是年，蔣士銓丁母憂家居，葺藏園。

蔣士銓《清容居士行年録》乾隆四十二年丁酉條：“家居，葺藏園。”《忠雅堂詩集》卷二三有《憶藏園》、《藏園二十四詠》、《自題藏園圖》諸詩，均繫于本年。

是年，戴震、張曾敞、秦大士卒。

乾隆四十三年戊戌（1778）　五十二歲

春，汪承霈奉母喪歸里，道經常州，與先生相見，以父汪由敦遺集《松泉集》囑先生編訂付梓。

《清史列傳》卷二十八《汪承霈傳》：“（乾隆四十一年）是年十一月，丁母憂，回籍。四十四年十二月，服闋，赴京。”

《甌北集》卷二十四《汪時齋民部奉太夫人喪歸里道經常州相見道故兼以文端師遺集囑余編訂付梓即事感懷泫然有作》：“十載驚相見，停舟古驛旁。麻衣俱似雪，蓬鬢各成霜。”（其一）“時齋曾兩選郡守，皆以親老辭罷。”（其二自注）“余鄉試出文端公門，時齋兄弟又從余受業。”（其三自注）“吾師遺集在，今喜付雕鐫。……雅裁詞館式，割愛靜臣權。”（其四）《編校文端師集感賦》其三：“後世誰知定文者,老夫合讓出頭來。公在日,余曾爲編輯文稿,公頗許可,二語皆酒間戲笑之詞也。"二詩上有《戊戌春日》,下有《肇璜殁後其子以君手植杜鵑一本見貽感賦》,故與汪承需相見當在春日。

按:乾隆二十年己亥(1755),趙翼補授内閣中書後仍居汪宅,是年開始編訂《松泉集》,見《甌北集》卷四《汪幼泉民部新闢書室招飲索賦》其二自注:"時方編司空師集。"

家境稍窘,賣田百畝。

《甌北集》卷二十四《鬻田》:"況我作吏僅四載,銖積能得幾俸錢? ……書券遂去一百畝,免被債家子母權。……自我得之自我失,捫心亦復何憾焉。"

春,蔣士銓攜二子知廉、知讓入都赴補,六月,復官翰林院編修。

蔣士銓《清容居士行年錄》乾隆四十三年戊戌條:"六月買舟攜知廉、知讓北上。游廬山,過揚州,運使朱孝純爲畫《攜二子游廬山圖》。七月至京,病痢,兩月而愈。"

蔣知廉,字用耻、修隅,號隅齋、香雪。江西鉛山人。蔣士銓長子。乾隆十七年(1752)十一月十日生,乾隆五十六年(1791)八月二十一日卒。年四十。乾隆四十三年,爲選拔貢生。鄉試屢不錄,以膳錄勞授山東臨清州同知。以履勘振濟,得疾卒。能文工書。著《佛(一作弗)如室詩鈔》。事具王昶《湖海文傳》卷五七梁同書《蔣君脩隅墓志銘》、姚鼐《惜抱軒文集》卷十一《蔣君墓碣》及《清史列傳》卷七十二。

蔣知節,字冬生,號秋竹,江西鉛山人。蔣士銓次子。乾隆二十年(1755)生,嘉慶十八年(1813)卒。年五十九。乾隆四十四年(1779)年舉人。乾隆六十年(1795)赴楚南軍幕。後主安徽紫陽、揚州廣陵兩書院。著《冬生詩鈔》。事具蔣士銓《清容居士行年錄》乾隆二十年、同治《鉛山縣志》卷十六《人物·文苑》本傳、王昶《國朝文錄》卷六十二《翰林院編修蔣君墓志銘》、樂鈞《青芝山館集》卷五《送秋竹赴楚南軍幕》等。

徐秋園預製斂具，詩以調之。

> 《甌北集》卷二十四《秋園預製斂具詩以調之》其一："胡爲君六十，先料理及此。"

與平聖臺別已十六七年，忽接手書，知在平江掌教，兼招先生游姑蘇。

> 《甌北集》卷二十四《同年平姚海別已十六七年忽接手書知在平江掌教兼招余姑蘇之游先以詩答》："一封書慰廿年思，知在吳門絳帳披。……歷歷前塵重觸緒，寄園燈火夜深時。"（其一）"余與君同庚午鄉試，君以甲戌館選，前余三科，例稱前輩。君官粵時，曾攝廣州之東莞縣，及余守廣州，君已謝事歸矣。"（其二自注）
>
> 按：平聖臺與趙翼的上次相見在乾隆二十九年甲申（1764），見《甌北集》卷十一《同年平姚海明府保薦入都賦贈》，故"別已十六七年"。

李侍堯時任雲貴總督，屢書垂問，書三律寄呈。

> 《甌北集》卷二十四《使相李公屢書垂問敬賦三律寄呈》："屢頒芳訊到蒿盧，遠自滇雲萬里餘。此意益增知己感，當年況忝薦書賢。"（其一）"廿年嶺嶠浹恩膏，又見滇南駐節旄。"（其二）"閱歷已深逾近道，丰裁雖峻自多情。却憐滇徼曾游地，不及追隨聽履聲。"（其三）
>
> 據《清代職官年表·總督年表》，李侍堯乾隆四十二年丁酉（1777）正月至乾隆四十五年庚子（1780）二月任雲貴總督。

沈濬歿於萬安知縣任上，哭之。

> 《甌北集》卷二十四《哭沈倬其之訃》其二："我歸君謁選，官程指江楚。"其三："讀書三十年，中歲始一第。需次又十載，臨老方作吏。謂可營饘粥，兼爲買山計。……豈期落衝要，未嘗一饜味。……死尚遘縲絏，眷屬羈彼地。"

四月初，蔣氏所生幼女、侄阿恩均以痧症殤，哭之。由人及花，聯想到難成而易敗。

《甌北集》卷二十四《幼女以痧症殤哭之》:"多女雖多累,生之則欲存。……恰是春歸後,四月朔日。空餘花落痕。"《是夕葬女畢忽吾侄阿恩隨母在舅家亦以痧殤櫬至此侄吾家千里駒也痛之尤甚》其二:"從伯生官舍,兒生廣州官舍。隨娘死舅家。"《獨坐》:"獨坐中宵眠不得,小妻哭女弟呼兒。"《山茶》:"誰知不十日,花落毋煩摧。難成而易敗,即事使我哀。"

按:《甌北集》卷十六《太恭人同舍弟夫婦及內子輩到官舍》作於乾隆三十五年庚寅(1770),卷十八《三水送舍弟奉太恭人北歸》作於乾隆三十六年辛卯(1771)秋,故阿恩之生於廣州官舍,當在乾隆三十五年至乾隆三十六年秋之間,生年約九歲。

舟泊鎮江,晤王文治,二人已十五年未見。王文治置酒江閣,邀游北固山、蒜山諸勝,流連竟日而返。

《甌北集》卷二十四《舟泊京口王夢樓前輩邀游北固山蒜山諸勝置酒江閣流連竟日即席有作》:"握別京華十五年,故鄉重喜履綦聯。人曾泛海隨星使,家住臨江作水仙。老境風流猶顧曲,儒門淡泊忽逃禪。"(其一)"孤亭俯瞰大江濱,箕踞狂談岸幘巾。"(其三)

按:《甌北集》卷十《送王夢樓侍讀出守臨安》作於乾隆二十九年甲申(1764),故有"握別京華十五年"句。

《大清一統志》鎮江府:"北固山,在丹陽縣北一里。……下臨長江,其勢險固,因以為名。……西有五聖巖、秋月潭,潭側有蝦蟇池、走馬澗,澗東有海涵河,西南有鳳凰池、天津泉、試劍石、很石、鰻井。其後石壁臨江,有鐵柱峰,一名石帆,觀音洞。"

詩賀德保六十壽,時自漕運總督移節撫閩,援尹繼善年七十拜大學士為祝。

《甌北集》卷二十四《德定圃中丞六十壽宴詩時公自淮南漕帥移節撫閩夫人亦同壽》:"祝延近有儒臣例,黃閣榮加七秩觴。"

據《清代職官年表·巡撫年表》,德保乾隆四十一年丙申(1776)十

月授福建巡撫,署漕運總督,乾隆四十三年戊戌(1778)九月遷禮
部尚書。

五月,錢大昕出任鍾山書院院長,與袁枚、嚴長明等爲文酒會。
先生時就書院辯論文史。

> 錢大昕《錢辛楣先生年譜》乾隆四十三年戊戌年五十一歲條:"夏
> 初,總督高文端公延請爲鍾山書院院長。居士雅不喜爲人師,而
> 家居貧約,不無藉束脩以供甘旨。江寧去家不遠,歲時便於定省,
> 乃勉應之。五月到院與諸生講論古學,以通經讀史爲先。課試之
> 暇,與袁簡齋、嚴冬友諸公爲文酒之會,城內外諸名勝屐齒幾遍。"
> 錢東壁、錢東塾《顯考竹汀府君行述》:"戊戌夏,制府高文端公奏
> 延府君爲鍾山書院院長。……府君在鍾山四載,……四方賢士大
> 夫,下逮受業生徒,咸就講席,折中辯論文史。如盧學士文弨、袁
> 太史枚、趙觀察翼、孫觀察星衍、段大令玉裁……"
> 嚴長明,字道甫,號東友、東有、冬友,江蘇江寧人。雍正九年
> (1731)生,乾隆五十二年(1787)八月卒。乾隆二十七年(1762)南
> 巡召試,賜舉人,授內閣中書,入直軍機處。歷充《通鑒輯覽》、《一
> 統志》、《熱河志》、《平定準噶爾方略》纂修官。乾隆三十六年擢侍
> 讀。工於奏牘,幹敏異衆。以憂歸,不復出。主合肥廬陽書院。
> 著《歸求草堂詩文集》等。事具錢大昕《潛研堂文集》卷三七《內閣
> 侍讀嚴長明傳》、姚鼐《惜抱軒文集》卷十三《嚴冬友墓志銘》、《清
> 史稿》卷四八五、《清史列傳》卷七十二。

與銜恤歸里的莊炘相見。

> 《甌北集》卷二十四《莊似撰銜恤歸里相見之下泫然有作》。

陝西巡撫畢沅遠致厚賵慰先生銜恤。此後,先生屢接畢沅遠
寄錢物等資助。

> 《甌北集》卷二十四《秋帆中丞聞余銜恤之信遠致厚賵詩以志感》:
> "誰肯官高還念舊,此情須向古人求。"
> 《甌北集》卷二十五《去歲莊似撰自陝回秋帆開府寄聲慰唁且約余

作陝游今似撰赴陝與余結伴行有日矣會時將伏暑遂不果寄詩述
懷》作於乾隆四十四年己亥(1779)、卷二十八《屢接秋帆開府手書
兼寄珍裘賦謝》作於乾隆四十九年甲辰(1784)、卷三十五《秋帆制
府遠寄文幣珍裘詩以志謝》作於乾隆五十七年壬子(1792)。

據《清代職官年表·巡撫年表》,畢沅乾隆三十八年癸巳(1773)十
一月至乾隆四十四年己亥(1779)十二月任陝西巡撫。

鄉居,與趙懷玉唱和,兼及本年賑災事。先生歸養後,凡遇災
害,捐賑甚力。

《甌北集》卷二十四《次韻酬族孫映川題贈之作》其四自注:"今遂
入夏以來百餘日無雨。……雪塘相公聞家鄉被旱,寄聲囑余預籌
捐賑,如乙未故事。"附趙懷玉原作其四自注:"先生嘗賑里中災
甚力。"

按:"乙未故事"即乾隆四十年乙未(1775),趙翼賑濟鄉里秋旱災
害事。趙懷玉《亦有生齋集》詩卷六《奉贈家觀察翼》其四自注:
"丙申春先生營里中賑事甚力。""丙申"即乾隆四十一年(1776),
乾隆四十年乙未(1775)常州秋旱影響到來年春的鄉民生活,故趙
翼乾隆四十一年丙申(1776)春,依舊力營里中賑事。

湯大奎以近作就商,送其赴京補官,并題其《吟秋圖》。

《甌北集》卷二十四《湯緯堂以近作就商敬題二律兼送其赴京補
官》其二:"仙令才名兩浙聞。"《題緯堂吟秋小照》。

據《清代官員履歷檔案全編》,湯大奎乾隆四十四年三月二十九日
至都進呈履歷片,後赴福建連江知縣任。

按:據湯大奎《炙硯瑣談》卷上:"黃上舍仲則景仁詩才橫溢,俯視
一切,性亦落拓不羈。在都門,爲余題《吟秋圖》橫卷……卷中名
作如林。君故以填詞取勝。"湯大奎《吟秋圖》同題之作甚多,如黃
景仁《兩當軒集》卷二十二《邁陂塘·題湯緯堂吟秋圖》詞,洪亮吉
《附鮚軒詩》卷三《贈湯大令大奎即題吟秋圖卷子》詩(約作於乾隆
三十七年九月),趙懷玉《亦有生齋集》詩卷四《爲湯大令大奎題吟

秋圖卷子兼送北行》詩（作於乾隆三十八年三月）。

湯大奎，字曾輅，號緯堂，江蘇常州府武進縣人。雍正六年（1728）
三月十一日生，乾隆五十一年十二月十三日（1787年1月31日）
卒。乾隆二十八年（1763）進士。歷知河南柘城、浙江德清、福建
連江。後知福建鳳山縣，秩滿候代，會林爽文起事，死之。著《緯
堂詩鈔》、《炙硯瑣談》等。事具洪亮吉《卷施閣文乙集》卷第七《福
建鳳山縣知縣贈雲騎尉世襲死節湯君墓表》、趙懷玉《亦有生齋
集》文卷一六《福建鳳山縣知縣世襲雲騎尉湯君墓表》、《清史稿》
卷四八九。

楊煒中進士，庶吉士館選後，南歸省親。先生賦詩致賀。

《甌北集》卷二十四《楊星園館選南歸賦賀》："少日曾稱七才子，去
年猶是一諸生。……君以拔貢偭失赴北闈，遂聯捷入翰林。秋到南歸趁
雁程。"

洪亮吉《北江詩話》卷四："楊兵備煒，少余三歲，與其從兄大令倫，
皆童年舊交也。以戊戌庶常起家，官至南昌太守。公事去官，復
緣衡工例，需次道員，今已發廣東，到日即署肇羅道矣。"

楊煒，字槐占，號星園。江蘇常州府陽湖縣人。乾隆十四年
（1749）八月初四日生，嘉慶十九年（1814）正月二十八日卒。乾隆
四十三年（1778）進士，改庶吉士。歷任河南柘城知縣，江西饒州、
南昌知府，廣東道員等。工詩，善書，通醫。著《西溪草堂文集》、
《方義指微》等。事具趙懷玉《亦有生齋集》文卷一六《墓表》。

九月，刊刻汪由敦遺集《松泉集》後，《甌北集》二十四卷付梓。

汪由敦《松泉文集》卷首趙翼乾隆戊戌秋九月《松泉文集序》："憶
乙亥、丙子之間，翼在公邸第嘗稍爲裒輯。公歿，而公子時齋奉持
弗敢失墜……今年春，奉太夫人諱歸里，道經毗陵，以翼從公游最
久，習聞緒論，且亦讀禮家居，得以暇悉心持擇也，乃出公集并具
貲，俾審訂刻之。……惟斯集之刻遲之又久，若有待於翼家居暇
日，得因時齋之屬藉手校勘，以附名不朽。"

《甌北集》卷二十四《刊刻汪文端師集既就兒輩勸以拙集付梓勉狗其請書以志愧》："師資幸托棗梨酬，愧以蕪詞續選樓。閑惜半生心力瘁，老思一卷姓名留。"

又《甌北集》卷二十六《和晴嵐贈別原韻》所附程沆原作其三自注："公手刻汪文端公集。"作於乾隆四十五年庚子（1780），說明此時汪由敦《松泉集》已刊刻完成。

按：據祝德麟《甌北集序》："房師趙雲菘先生刻向者所爲詩二十四卷成，名曰《甌北集》，於己亥春郵示"可知，《甌北集》二十四卷本當於乾隆四十四年（己亥）春前已經付梓。《年表》把受託編校刊刻《松泉集》和付梓《甌北集》繫于乾隆四十四年己亥（1779），有誤。

是年，湯貽汾生。申甫、呂熾卒。

乾隆四十四年己亥（1779）　五十三歲

服闋後親友多勸赴官，顧慮重重。

《甌北集》卷二十五《服闋後親友多勸赴官作詩志意》其二："此身敢便托高雲，實以迂疏怯組繡。苦筍味堪差致仕，甘蔗生怕受彈文。我需於世原無幾，客望斯人恐太殷。多少田間身再出，聲名往往損清芬。"

春，郵示祝德麟《甌北集》二十四卷。該集附刻祝德麟《悅親樓詩集》。

《甌北集》卷首祝德麟序署"乾隆乙巳秋八月既望受業祝德麟謹序"，序云："房師趙耘菘先生，刻向者所爲詩二十四卷成，名曰《甌北集》，於己亥春郵示。越三年，又益以近藁三卷，命德麟事校讐之役。"

祝德麟《悅親樓詩集》卷一〇《甌北先生枉貽大集捧誦之餘敬題四律》："四海騷壇各鬭強，縱觀今古正茫茫。如公已就千秋業，愧我難傳一瓣香。滿眼雲山惟泰岱，盈門桃李有荒莊。平生感激論知遇，不遣彭宣到後堂。"（其一）"館閣階資得外除，蒼生濟了狎樵漁。眷深每荷天言問，親老難教子舍虛。胸有甲兵從戰後，氣無蔬筍罷官餘。萬株楊柳千竿竹，好與先生伴著書。"（其二）"根柢原從惠子車，精金鍛鍊絶麤砂。獨開面目無前哲，不立藩籬是大家。史事翻瀾都貫穿，俗情點筆便高華。化工肖物曾何意，一番風來一番花。集凡廿四卷。"（其三）"此集人間快睹先，傳衣忽到海東偏。竊欣附尾顔淵鑄，集中附刻拙作。不待從頭李漢編。風雅體裁終未喪，門墻氣運本相連。先生於癸巳終養歸里，至丁酉與余先後丁內艱，此一年中，余同館及門以喪告者凡三人。挑燈重展循陔什，獨對寒檠意惘然。"（其四）

張維屏《聽松廬詩話》卷："芷塘詩以性靈爲主，亦能驅遣故實，蓋欲力追其鄉先輩查初白及其房師趙甌北兩先生。"

三月，游浙乞食。

《甌北集》卷二十五《浙游口占》："七年不出邑東門，忽買扁舟去故園。……東風三月落花村。……貧則求人稍貶尊。落魄江湖重載酒，倦游情緒總難論。"

按：結合同卷上詩《服闋後親友多勸赴官作詩志意》，此行似在爲重新出仕作準備。先生自乾隆三十七年壬辰（1772）十月罷官歸里，至今已七年。

舟過無錫晤顧光旭，適陸燿乞養歸，亦以是日至梁溪，遂同游惠山。

《甌北集》卷二十五《舟過無錫晤顧晴沙觀察適同年陸朗甫方伯乞養歸亦以是日至遂同游惠山用前歲題晴沙響泉集韻》："千里關心出處身，……歸田同此循陔願，歡我今偏不逮親。"（其一）"朗甫以所著《運河考》見貽。……晴沙善論詩。"（其二自注）後附顧光旭《再和詩》："長吟甌北三千首，細數江南六七人。"（其一）"其人如玉美無瑕，與客揚帆採石華。"（其二）

《甌北集》卷三十《哭陸朗夫開府》其二自注："己亥歲，公奉母歸，與余相遇於梁溪。"

據《清代職官年表·布政使年表》，陸燿乾隆四十三年戊戌(1778)閏六月由山東按察使遷布政使，十二月乞養歸。故本年春，趙翼與之相遇于梁溪。

昭槤《嘯亭雜錄》卷七"陸中丞"條："陸中丞諱燿，字朗夫，吳江蘆墟人。生即端慤。六歲受《孝經》、《論語》，以古賢聖自期。乾隆壬申舉京兆，補中書。入軍機房，傅文忠公倚爲左右手。屢遷州郡，以廉直稱。公風骨秀整，靜氣迎人，雖恂恂謙謹造次必於儒者，而臨大事則屹不可動。甲午，壽張王倫作亂，距運河甚近，人情洶洶。有欲閉城者，公不可，曰：'寇未至先閉城門，是示之怯也。且鄉民爭入城，何忍棄之？'乃募鄉兵拒守，而身坐城闉，彈壓稽察。賊知濟南有備，乃不敢南向。已而官兵奏捷，一城雞犬不驚焉。後屢遷至湖南巡撫。公事母孝，初選守大理府，再遷甘肅監司，俱以親老調近省。撫楚時，見屬吏有篤老親猶來赴補，惻然憫之，奏官員凡親年七十，雖有次丁，俱許終養，一時中外人歸養者千餘人。臨終前一月，猶奏湖南社倉穀業已敷用，其息穀請免徵收，奉旨允行。批到日，方伯秦承恩捧劄子啟告柩前，慰公泉下愛民之心，時公已歿二十餘日矣。公所著《切問齋叢書》，皆選本朝諸名臣疏見諸施行者，各分門類，其注疏尤詳備，爲後世之繩墨焉。"

陳康祺《郎潛紀聞初筆》卷七"推恩錫類"條："吳江陸朗夫中丞燿外任時，母已年高，上稔知之。初選大理府，爲改登州；升西寧道，復爲調運河。及爲方伯，母夫人以痰疾顛狂益甚，必中丞侍側，少息叫號，乃上疏陳情，即蒙溫綸垂允。純皇帝之推恩錫類，體恤臣工，史書未之有也。"

《大清一統志》常州城："梁溪，在無錫縣西門外。源出惠山。相傳古溪極隘，梁大同中重浚，故名。或以梁鴻居此而名。"

乾隆《江南通志》卷十三："惠山，在無錫縣錫山之西。一作慧，一

名古華山，又曰歷山，又名西神山。山有九隴，蜿蜒如龍，故又名
九龍山。南北連亘百餘里，磅礴甚遠。舊《志》謂其北十里爲龍山
者，誤也。山上爲九峰，下有九澗，有惠山寺、第二泉在焉。"

到杭州後，寓門人沈世燁宅。時沈氏服闋將赴補。

《甌北集》卷二十五《到杭州寓門人沈南雷儀部宅却贈》："浙水分
攜十四春，重來相見倍情親。"（其一）"清風廉使舊留貽，謂尊人椒園
按察。……君屢膺典試分校之役，今以服闋將赴補。"《西湖雜詩》其十八："僧
寮楹帖彩鮮明，墨寶争詫翰苑名。却是醉翁門下士，者番方覺老
夫榮。諸寺院多南雷、芷堂楹帖。"

按：沈世燁爲乾隆三十一年丙戌科會試，趙翼充同考官時所取
士，故云"浙水分攜十四春"、"却是醉翁門下士，者番方覺老夫
榮"。

《兩浙輶軒録》卷三一："沈世燁，字吉甫，號南雷，又號沈樓，仁和
人。廷芳子。乾隆丙戌進士，官儀制司郎中，保舉御史。著《澹俱
齋詩集》。"

二月下旬，游西湖，於三竺路上不期而遇第一次面晤袁枚，兩
人相談甚歡。

《甌北集》卷二十五《西湖晤袁子才喜贈》："不曾識面早相知，良會
真成意外奇。才可必傳能有幾？老猶得見未嫌遲。蘇堤二月春
如水，杜牧三生鬢有絲。一個西湖一才子，此來端不枉游資。"（其
一）"携家來住武林春，君携眷屬寓湖樓。書畫隨身集等身。與我相逢
三竺路，此翁頗似六朝人。酒間贈妓題團扇，雨後尋詩墊角巾。
他日西湖游覽志，或應添記兩閑民。"（其三）

袁枚《小倉山房詩集》卷二六《謝趙耘菘觀察見訪湖上兼題其所著
甌北集》："乍投名紙已心驚，再讀新詩字字清。願見已經過半世，
深談争不到三更。花開錦塢登樓宴，竹滿雲棲借馬行。待到此間
才抗手，西湖天爲兩人生。"（其一）"集如金海自雕搜，滿紙風聲筆
未休。生面果然開一代，古人原不占千秋。交非同調情難密，官

到殘棋局可收。我倘渡江雙槳便,定來甌北捉閑鷗。"(其二)

據詩意,此次三竺路上的偶遇爲袁、趙二人第一次相會。

又《甌北集》卷二十八《聞袁子才游嶺南歸詩以寄問並約其明春來平山堂》其二:"春水一航人兩個,此情不減浙游時。記己亥同游西湖事。"該詩作於乾隆四十九年甲辰(1784),"己亥同游西湖事"即指本年與袁枚在西湖的不期而遇。

按:先生《西湖晤袁子才喜贈》三首其一云"蘇堤二月春如水",袁枚《謝趙耘菘觀察見訪湖上兼題其所著甌北集》二首列於清明後游紹興諸詩後。據《近世中西史日對照表》,本年清明在二月十九日。兩人相遇似當在二月下旬。

又按:《西湖晤袁子才喜贈》詩後附袁枚《見酬之作》,與《小倉山房詩集》中詩,字句略有出入。先生此詩於袁枚《續同人集·投贈類》中爲《湖上初晤簡齋先生有贈》四首,第四首未見於《甌北集》,其他三詩於趙翼此詩亦有小異。

錢維喬招飲,得晤同鄉沈佩蘭孝廉、呂星垣秀才,二人同客錢氏寓所。

《甌北集》卷二十五《晤沈佩蘭孝廉呂映微秀才》:"吾黨推才彥,清狂兩少年。……呂多識奇字,沈被黜後再發解。故鄉留不住,都在越江邊。"(其一)"迹喜聯牀近,閑來好唱酬。俱客錢竹初寓舍。謀生無半畝,放眼有千秋。"(其二)及卷二十五《西湖雜詩》其三自注:"子才、夢樓、竹初更番治具,連日泛湖。"

浙江鹽驛道陳淮招同袁枚、王文治、顧光、張諤庭等宴集。

《甌北集》卷二十五《陳望之觀察招同袁子才王夢樓顧涑園張諤庭宴集即席賦呈》其一:"扁舟訪舊浙江邊,寵荷佳招櫻筍天。"

袁枚《隨園詩話》卷三第四五:"己亥,省墓杭州。王夢樓太守來云:'商丘陳藥洲觀察,願見甚切。'……因有兩重世好,歡宴月餘。"

顧光,字彥青,號涑園,又號河干先生,晚號梅東老人,浙江杭州府仁和縣人。康熙五十六年(1717)生，嘉慶五年(1800)十月二十七日卒。乾隆三年(1738)舉人，乾隆十七年(1752)揀發直隸清豐知縣，調盧龍，改貴州郎岱同知，擢廣東廣州府知府，以事引疾歸。事具《碑傳集》卷一〇八秦瀛《廣州府知府顧光墓表》。

袁枚招飲，題閑雲女郎小照。

《甌北集》卷二十五《子才席上遇閑雲女郎以小照乞題醉後書三絕句》其一："靈心慧眼嫩腰肢，二月東風楊柳絲。這個女郎殊不俗，手持畫卷乞題詩。"

按：袁枚《小倉山房詩集》卷二六有《與嚴立堂諸公湖樓小集題折花圖贈高校書》其一云："先從畫裏認真真，再向風前見洛神。真個嬋娟人絕代，桃花顏色柳花身。"可知所題《折花圖》即高校書小照，或即先生詩中"閑雲女郎"小照。

游覽靈隱寺、虎跑泉、石屋洞、龍井諸名勝。

《甌北集》卷二十五《靈隱寺》、《虎跑泉》、《石屋洞》、《龍井》。

同年孫嘉樂招同袁枚、沈世煒宴集家園。

《甌北集》卷二十五《同年孫星士侍講家有園林之勝招同子才南雷宴集即事》。

按：孫嘉樂爲趙翼乾隆二十六年辛巳(1761)進士同年。

孫嘉樂，字星士、令宜，浙江杭州府仁和縣人。雍正十一年(1733)生，嘉慶五年(1800)七月二十六日卒。其女孫雲鳳、孫雲鶴爲袁枚詩弟子。乾隆二十六年進士。歷户部主事、員外、郎中，督雲南學政，四川按察使，擢廣東雷瓊道、筆羅道。後因事降職，告歸主餘姚龍山、紹興蕺山、諸暨暨陽諸書院。事具《國朝耆獻類徵初編》卷一八六、王昶《春融堂集》卷五十四《墓志銘》。

連日與袁枚、王文治、錢維喬等排飲甚歡。某日晚袁枚偕先生泛舟歸，其姬人正倚湖樓撫琴，袁枚有防客窺伺之意，先生賦詩調之。

《甌北集》卷二十五《西湖雜詩》其三自注:"子才、夢樓、竹初更番治具,連日泛湖。"

按:據袁枚《小倉山房詩集》卷二六《連日》可知,袁枚本年在杭,連日歡宴。

《甌北集》卷二十五《與子才泛舟歸其家姬正倚湖樓子才大有防客窺伺之意詩以調之》。

王文治在杭製新曲教梨園,招飲,與其夫人談禪而別。

《甌北集》卷二十五《西湖雜詩》:"夢樓茹素奉佛,其夫人來游湖,與談禪而別。"(其十一自注)"夢樓在杭製新曲教梨園。"(其十二自注)

袁枚在杭過訪錢維喬,跋其《竹初詩鈔》。

袁枚《小倉山房詩集》卷二六《贈錢竹初明府》。

錢維喬《竹初詩鈔》卷首袁枚跋語後署"己亥四月子才跋"。又卷一一《喜袁簡齋太史見過因至湖樓話舊賦呈六首》。

將離杭,喜遇邵齊熊。

《甌北集》卷二十五《喜遇邵耐亭話舊》:"故鄉不見見他鄉,此會真非意敢望。……君尚未有子,今以令弟杭守君之喪來杭。……余將發舟而君至。"

又《甌北集》卷三十六有《與邵松阿耐亭改字別幾三十年中間雖邂逅近杭州交語未及寸燭也今夏始至虞山奉謁承招同蘇園公吳竹橋鮑景略諸名流宴集撫今追昔即席奉呈》,卷四十二《哭邵松阿》:"省垣好友一松阿,晝共清游夜共歌。……余兩人先後歸田,一晤君於杭州,一訪君於虞山。"均述及本年與邵齊熊在杭州的短暫偶遇。

將由西湖歸里,作《西湖雜詩》十九首以志別。

《甌北集》卷二十五《西湖雜詩》其一:"六朝曾泛畫船過,十四年來一剎那。今歲重游春較晚,錢塘門外落花多。"

先生於乾隆三十二年春游西湖,有《奉太恭人游蘇杭間兼請外姑沈太君叔外姑張太君及悼其母王太君同舟四老人白首相映各家

子姓隨從扶掖樂事也》等詩,距今將十四年,故有"十四年來一剎
那,今歲重游春較晚"句。

寄詩尹繼善子慶霖。

《甌北集》卷二十五《寄慶雨峰觀察蕪湖》:"尊人尹文端公節制兩
江最久,君嘗隨侍。"(其一自注)"己巳、庚午間余客君家頗
久。……相思甚欲來相訪,著慣漁蓑怕曳裾。"(其二)考詩意,或
有希冀援引之意。

孫士毅自滇南寄書並錄路過曩宋關之作見示。

《甌北集》卷二十五《孫補山藩伯自滇南遠寄手書並錄路過曩宋關
之作見示關在騰越州外昔征緬時經略傅文忠公出師路也補山以
余曾同在幕下故錄寄焉接讀之下情見乎詞感舊懷人敬次來韻》。

據《清代職官年表·巡撫年表》,孫士毅乾隆四十四年己亥(1779)
七月至乾隆四十五年庚子(1780)三月任雲南巡撫。

去歲莊炘自陝回,畢沅寄聲慰唁且約先生作陝游,今莊炘赴
陝,與先生結伴將行,會時將伏暑,遂不果。

《甌北集》卷二十五《去歲莊似撰自陝回秋帆開府寄聲慰唁且約
余作陝游今似撰赴陝與余結伴行有日矣會時將伏暑遂不果寄詩
述懷》。

洪亮吉《北江詩話》卷四:"憶乙卯冬,余以黔中使竣入都,時畢尚
書沅在辰陽籌餉,邀留數日,出其所定《靈巖山館集》屬題,官移一
嶽,即編一集,蓋尚書自陝西、河南擢督湖廣,旋降撫山東,不久仍
復舊尚書,一生愛才如命。"

疽發於背,以刀割治。

《甌北集》卷二十五《疽發於背醫來以刀割治作詩志痛》、《病起》。

病多時,痊愈後望秋野述懷。

《甌北集》卷二十五《野望》:"瘦削多時減帶圍,……節物關心秋色
老,……試拈詩筆猶強在,醉墨塗鴉又一揮。"

王昶從軍滇蜀七八載,凱旋後超擢廷尉,乞假歸葬畢,九月初一日,還朝道經常州,停舟話舊。適逢袁枚將南還金陵,過常州訪先生,遂並招蔣和寧、趙繩男、錢伯坰等宴集寓所。

《甌北集》卷二十五《王述庵從軍滇蜀閱七八年凱旋後超擢廷尉茲乞假歸葬事畢還朝道經毘陵停舟話舊賦贈》:"公蒙恩賜孔雀翎。……新搆第宅。"(其二自注)"文苑才偏臨陣勇,戰場歸又著書多。"(其三)"主盟壇坫集吟朋,……群情爭赴如流水"。(其四)《述庵到常適袁子才亦至遂並招蓉龕緘齋魯斯宴集寓齋即事》其二自注:"述庵赴京,子才還金陵。"

嚴榮《述庵先生年譜》乾隆四十四年己亥五十六歲條:"(王昶本年乞假葬母畢返京)九月初一日至常州,集趙緘齋郎中_{繩男}味辛書屋。"

錢伯坰,字魯思,又作魯斯,一字協光,號漁坡、樵坡、僕射山樵,江蘇常州府陽湖縣人。乾隆三年(1738)生,嘉慶十七年(1812)年六月十七日卒。錢維城侄,呂星垣表兄。以國子監生終。工書善畫,能詩,著《僕射山房詩》,李兆洛輯《舊言集》收其詩128首。游學京師,從桐城劉大櫆受古文義法,并傳師説於其鄉惲敬、張惠言,遂有陽湖派古文之目。善書法,論者謂自劉墉歿,正、行書以其爲第一。事具惲敬《大雲山房文稿二集》卷四《國子監生錢君墓志銘》、包世臣《齊民四術》卷六《錢魯斯傳》、《清史稿》卷五〇三。

九月二日,袁枚、王昶并舟離常,至北固山賦詩話別。

袁枚《小倉山房詩集》卷二六《京口遇王蘭泉廷尉舟中見贈四章即與其數答之》。

王昶《春融堂集》卷一六《北固山舟次與子才話別》其一:"樽酒前宵接後塵,_{前夜在蘭陵蔣蓉龕侍御諸君會飲}征途重喜并征艫。"可知袁、王二人聯舟離常在宴集之次日。

袁枚離常後,先生又賦詩相贈,盛推袁枚詩才。

《甌北集》卷二十五《再贈子才》:"老夫隻眼不輕許,此事曾經歷甘苦。……不覺私心大屈服，欲爲先生定千古。”

常州郡城內寓齋有桂四株，到日正放花，先生留連旬日，得詩
七首。

> 《甌北集》卷二十五《寓齋桂四株到日正放花留連旬日得詩七首》：
> “最是今年時令正，中秋節候恰開花。”（其一）“寓舍爲余外舅程雲
> 塘相公第。相公買宅後未嘗歸，命余入城作寓。”（其二自注）

與客談黔中牟珠洞覽勝經歷。

> 《甌北集》卷二十五《與客談黔中牟珠洞之勝補記以詩》：“自從攬
> 勝牟珠洞，乃知人物與今同一樣。”王昶入滇從軍途中亦有《游牟
> 珠洞》詩，見《春融堂集》卷一〇。

> 《簷曝雜記》卷三“鎮安水土”條：“蓋滇、黔、粵西諸水大半在山腹
> 中通流，其見於溪澗者不過十之一二而已。後余在貴州，探牟珠
> 洞，秉炬入三里許，忽聞江濤洶湧聲，以炬照，不知其涯涘，益可見
> 水之行山腹中者，如長江、大河，非臆說也。牟珠洞之水終歲在黑
> 暗中，無天日光，水中生魚遂無目，尤見造化之奇。”

同年儲祕書罷官歸，僑居常州城，與先生寓舍相對，晨夕過從。

> 《甌北集》卷二十五《同年儲玉函罷官歸僑居郡城與余寓舍相對晨
> 夕過從賦贈》：“長安履舄日從游，故里相逢已白頭。”（其一）“望衡
> 對宇兩閑身，贏得論文共夕晨。”（其二）

常州郡城喜晤門人江烺并送其赴補。

> 《甌北集》卷二十五《喜晤門人江淑齋郎中即送赴補》：“君爲余壬
> 午鄉闈所取士，今以御史記名。”（其一自注）“君掌武選，力杜請
> 托，退直後輒課子弟文。”（其二自注）
> 按：該詩作於乾隆四十四年己亥（1779）。詩中“壬午”即乾隆二
> 十七年壬午（1762），江烺爲趙翼此年充會試同考官時所取士。
> 又《甌北集》卷二十七有《江淑齋出守福寧便道枉過出其房師祝芷
> 堂贈別詩册見示君壬午鄉試既出余門而芷堂又余癸未所得士也
> 故芷堂詩中有香奉歐陽一瓣齊之句展玩之餘即次原韻送別兼寄

芷堂》,作於乾隆四十七年壬寅(1782),可知江烺後補官福建福
寧守。

閑居無事,取好友袁枚、蔣士銓、王昶、顧光旭、吳省欽、儲祕
書、趙文哲諸君詩,手自評閱。

《甌北集》卷二十五《閑居無事取子才心餘述庵晴沙白華玉函璞函
諸君詩手自評閱輒成八首》:"蕭齋日與諸君見,可惜諸君不得
知。"(其一)"才名官位本殊科,此事由來有折磨。滿案詩篇排束
笥,冗官常比達官多。"(其三)"心賞不關交厚薄,此中我自最分
明。"(其四)"穠李夭桃麗色殊,端相終欠幾分臞。"(其五)"少時學
語苦難圓,只道工夫半未全。到老始知非力取,三分人事七分
天。"(其七)

按:據詩意,先生此時或爲編詩話做準備。

洪亮吉《北江詩話》卷一:"詩固忌拙,然亦不可太巧。近日袁大令
枚《隨園詩集》,頗犯此病。"

數月内頻送沈世煒、王昶、江烺赴京補官,自述願作野夫,歌詠
昇平。

《甌北集》卷二十五《數月内頻送南雷述庵淑齋諸人赴京補官戲
作》其三:"野夫歌詠昇平處,或亦清時不可無。"

蘇州喜晤丁憂歸里之祝德麟。與湯大賓、祝德麟同游玄妙觀、
獅子林諸勝。

《甌北集》卷二十五《蘇州喜晤祝芷堂》:"十四五年纔得見,故應一
面也論緣。"(其一),"多煩懇款停舟話,剪燭還商出處途。"(其二)
又《同蓉溪芷堂游獅子林題壁兼寄園主同年黃雲衢侍御》。

按:趙翼爲祝德麟乾隆二十八年癸未科會試房師,故云"十四五
年纔得見"。《甌北集》卷首祝德麟序云:"房師趙耘菘先生,刻向
者所爲詩二十四卷成,名曰《甌北集》,於己亥春郵示。"故趙翼此
處有"承指出拙集中訛字"之說。又趙翼此次與祝德麟偶遇論到

出與處的問題，故有"剪燭還商出處途。"句。

祝德麟《悦親樓詩集》卷一〇《薄游吳門邂逅甌北先生於胥江舟次遂陪游玄妙觀獅子林諸勝二首》："鴻爪乖離十四年，歸心宦迹兩茫然。但披大筆玄亭字，如對春風絳帳前。海國閉門雲滿屋，漁莊覓句月澄川。豈期交臂平江路，天爲人留頃刻緣。"（其一）"我老公將白髮毿，關心詩法要深談。路經指點迷方悟，興到追陪夢亦甘。十笏獅林尋錫杖，林爲元僧維則所搆，倪瓚作圖。三層鶴觀訪琅函。如何七載陽湖畔，竟未相從舁筍籃。"（其二）

按：祝德麟此卷編年爲"庚子三月盡一年"，即乾隆四十五年。但上詩"鴻爪乖離十四年"謂趙翼乾隆三十一年出守鎮安，距乾隆四十四年恰十四年；"如何七載陽湖畔"謂趙翼乾隆三十八年循陔歸里，距乾隆四十四年恰七年。故趙、祝蘇州偶遇當在本年，祝德麟此詩編年恐誤。又同卷有《甌北先生枉貽大集捧誦之餘敬題四律》，其四自注："先生於癸巳終養歸里，至丁酉，與余先後丁内艱。此一年中，余同館及門以喪告者凡三人。""丁酉"即乾隆四十二年（1777），回顧"此一年中"事，當於乾隆四十四年己亥（1779），而非乾隆四十五年庚子（1780），故此二詩均當作於本年。

據《清代職官年表·學政年表》，祝德麟乾隆四十二年丁酉（1777）八月至乾隆四十五年庚子（1780）八月爲陝西學政。

錢泳《履園叢話》二十"獅子林"條："獅子林在吳郡齊女門内潘樹巷，今畫禪寺法堂後牆外。元至正間，僧天如惟則延朱德潤、趙善長、倪元鎮、徐幼文共商疊成，而元鎮爲之圖，取佛書獅子座而名之，近人誤以爲倪雲林所築，非也。明時尚届寺中，國初鞠爲民居，荒廢已久。乾隆廿七年，純皇帝南巡，始開闢薙草，築衛牆垣。其中有獅子峰、含暉峰、吐月峰、立雪堂、卧雲室、問梅閣、指柏軒、玉鑒池、冰壺井、修竹谷、小飛虹、大石屋諸勝，湖石玲瓏，洞壑宛轉，上有合抱大松五株，又名五松園。後爲黄小華殿撰府第，其北數百步有王氏之蘭雪堂、蔣氏之拙政園，皆爲郡中名勝。每當春

二三月,桃花齊放,菜花又開,合城士女出游,宛如張擇端《清明上
河圖》也。"

梁章鉅《浪迹續談》卷一"獅子林"條:"客有招余重游獅子林者,余
笑謝之,蓋余於吳郡園林,最嫌獅子林之逼仄,殊悶人意,故前官
蘇藩時,亦曾偕友往游一次,而並無片語紀之。或謂此園爲倪雲
林所築,則亦誤也。曾聞之石竹堂前輩云:'元至正間,僧天如惟
則延朱德潤、趙善長、倪雲林、徐幼文共商疊成,而雲林爲之圖,取
佛書獅子座而名之耳。'明時尚屬畫禪寺,國初鞠爲民居,荒廢已
久。乾隆二十七年,南巡莅吳,始開闢蔓草,築衛牆垣。中有獅子
峰、含暉峰、吐月峰、立雪堂、卧雲室、問梅閣、指柏軒、玉鑒池、冰
壺井、修竹谷、小飛虹、大石屋諸勝,又有合抱大松五株,故又名五
松園,則人所鮮知也。"

秋,應寅保招作淮游,觀劇爲戲。

《甌北集》卷二十五《淮游》其一:"菊花時節別東籬。"《榷使寅和齋
枉招過淮賦贈》:"招到野夫來座上。"又《觀劇即事》。

按:據《甌北集》卷二十五《榷使寅和齋枉招過淮賦贈》及《晤陳蘭
江同年賦贈》詩意,寅保欲招先生入幕。

又《甌北集》卷二十六《送別陳蘭江龔東知》自注云:"二君皆寅和
齋上客也,時和齋已去世。"詩作於乾隆四十五年,其下有《送春》
等作,則寅保當殁於乾隆四十五年庚子(1780)春。

寅保,字虎侯,號和齋、東賓、芝圃,漢軍正白旗人,唐氏。乾隆四
十五年(1780)春卒。乾隆十三年進士。官翰林院檢討、安徽盧
鳳道。

王杰典浙試,事竣還朝,相遇淮上話舊。王杰浙江學政任上延
洪亮吉校文,二人遂訂交。

《甌北集》卷二十五《同年王惺園少宰典浙試事竣還朝相遇淮上話
舊別後却寄》其一自注:"公歷膺視學典試之命,皆在閩浙。"

據阮元《王文端公年譜》,王杰乾隆三十七至三十九年一任浙江學

政,四十一至四十二年再任浙江學政,四十四年典試浙江。

據呂培《洪北江先生年譜》乾隆四十一年丙申條:"時浙江學使王公杰欲延先生校文。七月,往謁學使於紹興,值其屆試,例不當通刺,資斧幾至乏絕,及試畢往謁,學使一見先生如舊相識,遂偕往試台州處州二府。"洪、王訂交當於此年校文時。

在寅保處晤陳鳳翥同年,與之訂交,并結識龔東知。明年寅保歿後,送別二人。

《甌北集》卷二十五《晤陳蘭江同年賦贈》:"何期客裏迹重聯。對牀此地同眠夕,一榜當時最少年。……君更歸田在我先。君宰寶雞一年。"(其一)"過江書劍壯游新,倒屣爭營首路塵。議論盡傾登座客,英雄故在捉刀人。……却恨相從何太晚,定交記取古淮濱。"(其二)

《甌北集》卷四十六《接同年陳蘭江書知其官金華教授喜而有寄》自注:"曾同客淮關榷使寅公幕。"即指本年事。

按:《甌北集》卷二十六《送別陳蘭江龔東知》:"縞紵相逢淮水濱,論交方喜對牀新。"自注云:"二君皆寅和齋上客也,時和齋已去世。"作於乾隆四十五年庚子(1780),寅保歿後送別陳、龔二人。

陳鳳翥,字蘭江,浙江杭州府錢塘縣人。乾隆二十六年進士。歷官寶雞知縣、金華教授。

九月服闋,將赴補。卜葬母,以時日不利,暫厝馬迹山新塋。

《原譜》乾隆四十四年己亥(1779)條:"是年九月服闋,將赴補。先卜葬太恭人,以時日不利,暫厝於馬迹山之新塋。"

《大清一統志》卷八六"馬迹山"條云:"在陽湖縣東六十里。《輿地紀勝》在州東太湖中。巖壁間有馬迹隱然。"

翁方綱、蔣士銓、程晉芳、吳錫麒、張塤等結都門詩社,邀洪亮吉、黃景仁入社。

呂培《洪北江先生年譜》乾隆四十四年己亥條:"五月初二日,抵都,居黃君景仁寓齋。時四庫館甫開,讎校事繁,座師董公誥爲總裁官,屬總校江寧孫舍人溶延先生至打磨廠寓齋……時翁學士方綱、蔣編修士銓、程吏部晉芳、周編修厚轅、吳編修錫麒、張舍人塤,共結詩社,首邀先生及黃君入會。每一篇出,人爭傳之。"

吳錫麒,字聖徵,號穀人,浙江杭州府錢塘縣人。乾隆十一年(1746)生,嘉慶二十三年(1818)卒。乾隆四十年(1775)進士,由翰林院編修累官至國子監祭酒。以親老乞養歸,主揚州安定、真州樂儀諸書院。工駢體,善倚聲。浙中詩派,前有朱彝尊、查慎行,繼之者杭世駿、厲鶚。二人殂謝後,推錫麒,藝林奉為圭臬。著《有正味齋集》。吳鼐輯錄邵齊燾、洪亮吉、吳錫麒、劉星煒、袁枚、孫星衍、孔廣森、曾燠文為《八家四六》。兼工書,尤善行、楷。事具《清史稿》卷四八五、《清史列傳》卷七十二、《國朝先正事略》卷四二。

是年,于敏中、劉大櫆、毛穎士卒。

乾隆四十五年庚子(1780)　五十四歲

二月,乾隆帝五次南巡,渡淮河迎駕於宿遷順河集。

《甌北集》卷二十六《迎鑾曲》:"三十年來凡五見,天容還似乍來時。"(其四)"黃詔普鬯天下漕,輪年今恰到江南。"(其五)"誰知別有關情處,半為河防半海防。"(其七)"詔書頻下所進過,不許沿途粉飾多。"(其八)"渡江波暖峭帆開,二月風光取次催。"(其九)"豫游佳話人誰信,七十春秋尚據鞍。"(其十)"詔書為念蠶忙月,不遣移舟碧浪湖。"(其十三)"仁皇六度駐鑾和,……祖孫已是百年多。"(其十四)《丹陽道中》:"曉發丹陽郭,……迎鑾何敢後,廿載俸錢叨。"《順河集迎駕恭紀》其一:"拂露晨排駕,披星夜整冠。……千里此迎鑾。"

據《清高宗實錄》卷一〇九九至卷一一〇四,本年正月十二日,乾隆帝開始第五次南巡。二月十四日抵揚州,二十三日抵蘇州;三月二日抵海寧,四日抵杭州,十三日自杭州回鑾,十七日抵蘇州,二十三日抵江寧;四月初一日回鑾北上。

二月初五日,乾隆帝以五次南巡在即,諭江浙水陸經過地方,本年應徵地丁錢糧,蠲免十分之三。

> 《欽定南巡盛典》卷三十三:"乾隆四十五年二月初五日,上諭內閣曰:朕因東南黎庶望幸情殷,爰舉舊章,五巡江浙。茲當入疆伊始,慶澤宜敷,所有江南浙江水陸經過地方,本年應徵地丁錢糧,俱著加恩蠲免十分之三。該部即遵諭行。"

三月,乾隆帝五次南巡,分別於杭州、江寧召試浙江、江蘇、安徽、江西四省士子。

> 《清高宗實錄》卷一一〇二"三月己丑"條、卷一一〇三"三月丁未"條。

三月二十七日,乾隆南巡鍾山書院,召試兩江士子。二十八日,趙懷玉等特賜舉人,授內閣中書,蔣知讓等賞給舉人。孫星衍獻賦報罷。

> 趙懷玉《收庵居士自訂年譜略》本年條:"二月,至蘇州射瀆進獻詩冊。三月,至江寧,寓方氏甘園,旋移慈願庵,二十七日,召試鍾山書院。……越日,恩賜舉人,授內閣中書。"
>
> 《欽定南巡盛典》卷七十四:"乾隆四十五年三月二十八日,上諭內閣曰:江蘇、安徽進獻詩冊諸生,……趙懷玉,……俱著特賜舉人,授爲內閣中書學習行走,與考取候補人員挨次補用。江西省考試一等之蔣知讓、裘元復,著照直隸、山東召試之例,賞給舉人,准其一體會試。"
>
> 蔣士銓《清容居士行年錄》乾隆四十五年庚子條:"是年皇上南巡,兒子知讓於江寧行在所應召試,欽取第一,賞給舉人。"
>
> 趙懷玉《亦有生齋集》詩卷七《三月二十七日聖駕駐蹕江寧召試鍾山書院越日恩授內閣中書恭紀三首》。
>
> 按:《甌北集》卷二十六《億生獻賦行在召試入等得官中書舍人詩

以寄賀》其二自注：“余出內閣已廿二年。”趙翼乾隆二十五年庚辰（1760）二入軍機處，出內閣。

張紹南《孫淵如先生年譜》乾隆四十五年條：“二月，高宗純皇帝御蹕南巡，君至金陵，與召試。報罷。”

蔣知讓，字師退，號藕船。蔣士銓第三子。江西鉛山人。乾隆二十三年（1758）二月生，嘉慶十四年（1809）十月二十三日卒。乾隆四十一年入府庠，四十五年南巡召賜舉人。官河南唐縣知縣。著《妙吉祥室詩鈔》。事具蔣士銓《清容居士行年錄》乾隆二十三年、同治《鉛山縣志》卷十五《人物·宦業》本傳、《清史列傳》卷七十二。

春，漕運總督鄂寶延主淮陽書院。

《甌北集》卷二十六《漕帥鄂公延主淮陽講席賦呈》：“金川用兵，公在行間。……短鬢還欣雪未侵。粵嶠鈐轅覯一拜，公撫粵西時，余守鎮安，爲公屬吏。以從軍滇省，不獲趨謁。何期得侍在淮陰。”

按：該詩同卷下有《寓齋即事》、《在淮無事搜得軼事二則各繫以詩》、《寓齋》、《送春》等詩。又其下有《到家》：“榆柳湖干社，俄驚五月初。去纔飛燕子，歸幸及鱸魚。”爲本年辭淮陽書院歸里所作。據以上諸詩詩題及詩意，可推知應聘淮陽書院當在本年春。

據《清代職官年表·總督年表》，鄂寶乾隆四十一年丙申（1776）十月至乾隆四十八年癸卯（1783）二月任漕運總督。

鄂寶，字霽堂，滿洲鑲黃旗人，自官學生授內閣中書，再遷戶部員外郎。歷官奉天府尹、廣西巡撫、湖南巡撫及漕運總督。乾隆五十二年丁未（1787）卒。事具《清史稿》列傳一一九。

在淮陽書院，程沆招飲荻莊。

《甌北集》卷二十六《程晴嵐太史招飲荻莊即事》：“是村仍近郭，有水可無山。……主人頭半白，養靜作禪關。”（其一）“墻垣全不設，但以竹爲籬。”（其二）“園真依淥水，人已脫華簪。”（其三）“客裏無交舊，欣君此結廬。”（其四）

《揚州畫舫録》卷一五:"程沆,字晴嵐。進士,官庶吉士。弟洵,字邵泉,官舍人。爲午橋(按:揚州筱園主人程夢星字)侄孫,皆工詩文。"

程沆,字琴南,號濯亭、晴嵐。安東人。康熙五十五年(1716)生。乾隆二十八年進士,改庶吉士,授編修。事具《江蘇詩徵》卷七五。

阿桂平金川後治河河南,事畢趨赴行在,道經淮陰,相見話舊。

《甌北集》卷二十六《大學士雲巖阿公平金川後治河豫省事畢趨赴行在道經淮城相見話舊敬呈三律》其一:"十年重見頭還黑。"

據《清代職官年表·大學士年表》,阿桂乾隆四十二年丁酉(1777)六月任武英殿大學士直至嘉慶二年丁巳(1797)八月卒。

四月末,辭淮陽書院講席,與程沆贈別,舟行還鄉。經高郵,渡長江,歷金、焦二山,晚泊京口,五月初到家。

《甌北集》卷二十六《和晴嵐贈別原韻》其三:"十載分飛履舄塵,偶然聚首也良因。……臨分那禁離懷惡,一帶淮堤柳正新。"程沆原作其三:"瑶島追思步後塵,雲分萍合信前因。……何當握手旋分手,添入離愁一番新。"表明趙翼即將離淮。

按:此詩前有《寓齋》:"笑比齋堂偶掛單,無端留滯到春殘。浪游誤了看花眼,開過丁香又牡丹。"已有歸意。此後有《渡江》:"計日鄉園看梅雨。"後《舟行》、《高郵道中即目》、《渡江》、《晚泊京口》均應爲歸途道中作。《到家》:"榆柳湖干社,俄驚五月初。去纔飛燕子,歸幸及鱸魚。……人生生處樂,何事別鄉間?"《偶筆》:"阻風中酒幾江程,卸却征衫節物更。久客乍歸家犬吠,故人招飲樹雞烹。……老愛投閒無遠志,鄉園風味倍關情。"《喜晤嵇蘭谷賦贈》其二自注:"'半空'一聯,乃自淮歸途次無意中所得。"《甌北集》此後不再提及淮陽書院,故可知,趙翼在與程沆贈別時或已辭講席。

據《到家》"俄驚五月初"之句,先生辭淮陽書院講席應在四月末。

抵常州城,喜晤嵇承謙以公事來郡城。

《甌北集》卷二十六《喜晤嵇蘭谷賦贈》:"故人何幸一尊同,良會真非意計中。家世相門還有相,鄉閭公事所言公。君以公事來郡城。趨庭共羨斑衣綵,迎輦新題御筆紅。看爾少年今亦老,阿兄那得不成翁。"(其一)"君官滇時,辦軍郵點蒼山下,余從軍過之,談竟夕。……半空有路聞雞犬,六月如冬下雪霜。……君辦軍需獨以恤民稱。……'半空'一聯,乃自淮歸途次無意中所得。憶生平所歷,惟點蒼山有此景,擬足成之,補入《滇南》卷中。適抵郡城而蘭谷至,則昔從軍滇南時,相遇點蒼山下班荊道故光景,宛然在目也。遂補綴成篇奉贈,覺此事亦有宿緣矣。"(其二)

嵇承謙,字受之、蘭谷,號晴軒,江蘇常州府無錫縣人。雍正十年(1732)生,乾隆四十九年(1784)卒。乾隆二十六年進士,改庶吉士,官至翰林院侍讀。著《一枝》、《直廬》、《燕雨》諸集。事具《江蘇藝文志·無錫卷》、王昶《湖海詩傳》卷二五。

游蘇,會畢沅丁母憂歸里,晤莊炘,并在戲劇家夏秉衡處觀《竇娥冤·法場》演出。畢沅邀蔣和寧、錢大昕、先生、孫星衍等游靈巖山館。

《甌北集》卷二十六《吳門雜詩》:"握手依然舊雨親,十年京國對牀人。畢秋帆開府奉諱歸里,相見道故。"(其一)"開府別十五年,鬢鬚無一莖白者。"(其二自注)"莊似撰連日有烟花之會。"(其六自注)"誰知南部烟花地,也唱山陽竇孝娥。夏谷香觀察出梨園宴客,演竇娥法場,滿座無不下淚者。"(其八)

據《清代職官年表·巡撫年表》,畢沅乾隆四十四年己亥(1779)十二月以丁憂免陝西巡撫。史善長《弇山畢公年譜》乾隆四十五年庚子五十一歲條:"春正月,奉太夫人靈櫬歸里。"

按:據張紹南《孫淵如先生年譜》乾隆四十五年條"二月,高宗純皇帝御蹕南巡,君至金陵,與召試。報罷……十月歸杭州,游吳門。……陝西撫部畢公沅時以母憂家居,聞君名,延之里第,與錢明經坫同修《關中勝迹圖志》。時蔣侍御和寧、錢少詹大昕、趙觀察翼來吳門,畢公邀游靈巖山館,君與錢君皆在坐"所述,畢公邀游靈巖山館在十月。《甌北集》同卷下有《哭外舅大學士程文恭

公》、《庚子秋仲恭逢皇上七十聖壽微臣伏處田里不能詣闕叩祝敬
偕在籍紳士艤舟亭行禮恭紀四詩》諸詩,據《清史稿》程景伊卒於
是年七月、乾隆帝生於八月十三日,故趙翼與畢沅相會當在本年
八月前,與《孫淵如先生年譜》所載有異,姑存疑。

夏秉衡,字平千,號香閣、谷香、谷香子,江蘇松江府華亭縣人。雍
正四年(1726)生。乾隆十七年(1752)舉人,二十八年(1763)任山
西蒲城縣知縣,三十年(1765)遷陝西盩屋縣知縣。乾隆十六年
(1751),嘗刻所輯《清綺軒詞選》三十卷。著《清綺軒初集》等。所
撰傳奇三种:《八寶箱》、《雙翠圓》、《詩中聖》,今存,合稱《秋水堂
傳奇》。

歸舟過無錫,嵇承謙留飲觀劇。

《甌北集》卷二十六《舟過無錫蘭谷留飲觀劇即席醉題》:"吳趨連
日聽迴波,又向梁溪顧曲多。"(其一)"蘭谷以余所贈詩扇付歌郎
惲華持上場。"(其二自注)

與杭杏川、杭念屺兩渡太湖至馬迹山,爲母營葬地。

《甌北集》卷二十六《渡太湖登馬迹山》:"離家纔廿里,垂老始躋
攀。"(其一)"地是夫椒舊,兵戈久已弢。漁歌秋水香,人影夕陽
高。"(其二)《與杏川念屺再渡太湖至馬迹山》:"又指夫椒泛蔚藍,
共嗤此老近游貪。……時爲先母營葬地。"

《大清一統志》蘇州府:"太湖在府境西南。……《周禮》,揚州藪曰
具區,漫曰五湖。"

七月,外舅程景伊病卒。

《甌北集》卷二十六《哭外舅大學士程文恭公》其二自注:"公以侄
爲嗣,晚年常有乞身之思,以恩重不敢請。"

按:《甌北集》卷五十二《昨歲除夕香遠内弟得一子書以奉賀》:
"外舅文恭公望孫最切。"(其一自注)"長君培斯亦有添丁之信。"
(其二自注)作於程景伊歿後的嘉慶十五年庚午(1810),據上可
知,程景伊無子,以侄程香遠爲嗣。

285

據《清史稿》卷三二○《程景伊傳》,程景伊卒於是年七月。

袁枚《小倉山房詩集》卷二六有《哭陽湖相公十六韻》。

八月十三日,乾隆帝七十壽,偕在籍紳士艤舟亭行禮。

《甌北集》卷二十六《庚子秋仲恭逢皇上七十聖壽微臣伏處田里不能詣闕叩祝敬偕在籍紳士艤舟亭行禮恭紀四詩》。

本年秋順天鄉試,洪亮吉、楊倫領鄉薦,徐書受中副車。

據呂培《洪北江先生年譜》乾隆四十五年庚子條,是科洪亮吉中順天鄉試第五十七名舉人。

據趙懷玉《亦有生齋集》文卷一八《廣西荔浦縣知縣楊君墓志銘》,是科,楊倫以增監生得中舉人。

洪亮吉《更生齋文續集》卷二《敕授文林郎河南南召縣知縣候補知州徐君墓志銘》:“歲庚子,(徐書受)舉京兆試,充副榜貢生。時君已以四庫全書館謄録當得官,癸卯鄉試又報罷,遂遵例以本班分發河南。”

秋,袁枚邀畢沅、趙懷玉、嚴長明諸人隨園雅集。

趙懷玉《亦有生齋集・詩集》卷一一《寄袁丈枚》二首其一:“小倉山色秋來好,置酒前塵漫十年。歲庚子,與畢尚書沅、嚴侍讀長明宴集隨園。”作於乾隆五十四年己酉(1789),詩中所言即本年事,該詩亦見袁枚《續同人集・寄懷類》,題爲《盼簡齋先生不至》。

是年,張塤得長毋相忘漢瓦,倩同人題詩。

《湖海文傳》卷二吳省蘭《漢長毋相忘瓦賦》序:“張舍人塤瘦銅游秦市,得古瓦,其當銘曰‘長毋相忘’。以漢建初尺度之,高七分,徑六寸三分,圍尺九寸八分。舍人寶焉,刻‘漢瓦頭張塤造爲研’八字於左側。”

錢泳《履園叢話》卷二《閱古》:“長毋相忘,此張舍人所得,亦出於漢城,不知何宮所施。案《長安志》引宮殿名有相思殿者,不知所在。此疑爲後宮所用也。”

按:此事同題之作頗多,如蔣士銓《忠雅堂詩集》卷二五《長毋相忘漢瓦歌》、翁方綱《復初齋詩集》卷十七《長毋相忘漢瓦後歌》詩，作於乾隆四十三年十月；吳錫麒《有正味齋詩集》卷五《漢長毋相忘瓦歌爲張瘦銅賦》詩，作於乾隆四十五年春；趙懷玉《亦有生齋集》詩卷七《長毋相忘漢瓦歌爲張舍人塤賦》詩作於乾隆四十六年秋冬。張塤後又倩羅聘爲寫竹葉庵看瓦賦詩之圖，見翁方綱《復初齋詩集》卷二十《瘦同既摹長毋相忘瓦圖又倩兩峰繪册曰竹葉庵看瓦賦詩之圖屬題》。

冬，蔣士銓乞假欲南歸。

祝德麟《悅親樓詩集》卷一〇《與蔣心餘前輩別十數年矣昨相遇於三硯齋席上喜甚長句奉簡》自注：“時心餘已乞假，待冰泮南歸矣。”

按：祝德麟此卷編年在“庚子三月盡一年”。

是年，張維屏生。程景伊卒。

乾隆四十六年辛丑（1781）　五十五歲

正月十五夜，與蔣和寧同泊舟毘陵驛看燈，迎陳輝祖。

《甌北集》卷二十七《上元夕毘陵驛前泊舟與蓉龕前輩看燈》：“聯舟小泊運河濱，正是元宵節物新。……官符不下城門鎖，使節猶遲驛騎塵。冠帶迎賓尚游戲，可知都是野鷗身。時陳玉亭制府將過，同出迓之。”

據《清代職官年表・總督年表》，陳輝祖乾隆四十六年辛丑（1781）正月由南河總督改閩浙總督，兼管浙江巡撫，乾隆四十七年壬寅（1782）九月革職被逮。

初春，再游杭州。時王杰任浙江學政，留飲杭州試院。

《甌北集》卷二十七《浙游晤王惺園少宰留飲試院即贈》：“簜節頻臨浙水邊，聲名官職兩巍然。才收東箭無遺美，官與西湖有宿緣。剪韭一樽欣此夕，踏花三騎記當年。”此詩所附王杰和韻：“君以著書消永日，我因將母記行年。”

據《清代職官年表·學政年表》，王杰乾隆四十五年庚子(1780)三月至乾隆四十七年壬寅(1782)四月三任浙江學政。

在杭拜謁阿桂。

《甌北集》卷二十七《謁雲巖公賦呈》："去年見公淮陰城，公方底績河堤平。今年謁公浙江驛，公又專膺捍海責。……南征北討西平後，又奏河清海晏功。……感公念舊迎倒屣，問我家居近何以。腐儒前身是蠹魚，寢食不離文字裏。自知學海尚迷津，妄想名垂著述身。當公百戰戰强敵，我亦百戰戰古人。堪笑毛錐不自量，遂欲與公爭千春。公遇狂生亦磅礡，肯出奇篇倒行橐。"

按：是次拜謁阿桂，或爲商討再次出山的問題。

劉欽題《甌北集》，先生有和作。

《甌北集》卷二十七《和敬輿見題拙集之作》："身到罷官如敗將，詩因遇敵想交兵。……多愧故人虛獎借，尚嫌熟處未求生。"(其一)"同是忘機息漢陰，尚嫌衡宇費招尋。余與君相距五十里。……吾州故事傳皮陸，曾共蓉湖泛水深。"(其三)此詩所附劉欽原作："奇思每未經人道，快句常先得我心。"(其三)"稱詩談藝齒齗齗，誰探玄珠學有津。不立戶庭真廣大，如逢敵壘轉精神。"(其四)

四月初一日，於馬迹山葬父母。

《甌北集》卷二十七《四月初一日營葬事於馬迹山禮成敬志三律》："頻歲憂窀穸，今纔搆一阡。湖山傳馬迹，塋兆得牛眠。丙舍營猶待，瀧崗表僅鐫。可憐安厝日，已是服除年。"(其一)"多謝術家言，佳城蔭後昆。敢因藏父母，更想福兒孫。祭掃編家法，哀榮紀國恩。他年吾祔葬，死亦奉晨昏。"(其二)

同卷下《途次先寄京師諸故人》其一自注："四月初間，營先母葬事畢。"

四五月間，爲長兒廷英娶婦方氏。

《甌北集》卷二十七《爲長兒娶婦》："五十始稱翁，今朝喜氣重。"

按：此詩編年在乾隆四十六年辛丑(1781)，且上有《四月初一日營葬事於馬迹山禮成敬志三律》，下有五月作《將入都留別蓉龕蓉溪秋園敬輿緘齋諸人》，故爲廷英娶婦方氏當在本年四五月間，《原譜》繫於乾隆四十六年冬，有誤。

《西蓋趙氏族譜・學亮公派北岸分支世表》："（趙廷英）……配方氏，乾隆甲戌進士、山東館陶縣知縣汝謙女。乾隆二十六年辛巳十月初九日戌時生，嘉慶二十四年己卯九月二十四日巳時卒，年五十九。"

五月，起程赴部補官。將入都，留別蔣和寧、湯大賓、徐秋園、劉欽、趙繩男諸友人。途次先寄京師諸故人，聲明補官原由。

《甌北集》卷二十七《將入都留別蓉龕蓉溪秋園敬輿緘齋諸人》："幽棲十載穩江鄉，忽被鑼聲催上場。"《途次先寄京師諸故人》："身托循陔十載閑，本期再出玷朝班。"（其二）"歸田幾度荷垂詢，此誼難安作隱淪。千里火雲衝暑路，滿頭蒜髮出山人。迹同熱客心殊愧，恩在寒儒感最真。"（其三）"一出春明廿載遥，衰遲敢復逐時髦。……仕宦幾家收局好？聲名平日在山高。祇應晚節供描畫，共笑巢由下拜勞。"（其四）"喫過鰣魚始出門，問渠何事戀江村。家貧婦或勞兼婢，身老兒還小似孫。"（其五）"計拙謀生事事癡，年來漸少宦餘資。……腐儒終仗俸錢支。"（其六）

按：乾隆三十七年壬辰（1772），先生辭官歸里，距今恰十年，故有"幽棲十載穩江鄉"、"身托循陔十載閑"句。又據"喫過鰣魚始出門"句，先生此次赴補當在五月。據"歸田幾度荷垂詢，此誼難安作隱淪。千里火雲衝暑路，滿頭蒜髮出山人。迹同熱客心殊愧，恩在寒儒感最真"及"計拙謀生事事癡，年來漸少宦餘資。……腐儒終仗俸錢支"等句，先生此次出山原因有二，一爲感乾隆帝知遇之恩，二爲歸田日久經濟拮据。據該詩其七"最憶天南邑管城，淳風回首有餘情。……一氓若得教重菿，或有樂公社酒清。懷鎮安也。里人余存謙宰是郡之天保縣歸，具道士民見憶，故及之"，及卷三十四《忽夢鎮安舊游》"只慚我自難忘處，未必民猶念我頻"，可知先生此次補官,亦望補一政簡民淳之地。

將至臺莊,兩臂忽患風痹,客中無醫,乃返舟歸里。

《甌北集》卷二十七《將至臺莊忽兩臂頓患風痹客中無醫徹夜酸痛回舟歸里感成四律情見乎辭》:"陸程正擬上征鞍,忽中風痹兩手攣。人笑暮年重出仕,天將衰殘教休官。曲肱已礙牀安臥,折臂翻如石自殘。灼艾連朝凡幾炷,可憐徹骨夜呼酸。"(其一)"辦裝約略百金纍,已是寒家一歲資。窮命錢常爲小祟,旅途病恐誤庸醫。聊欣回棹成歸路,從此將官換作詩。"(其二)"來往郵程一月期,歸航仍繫綠楊枝。"(其四)

《甌北集》卷三十八《七十自述》其十七自注:"赴京補官,兩臂頓患風痹,自臺兒莊回舟。"

按:《原譜》將赴部補官、行至臺莊病歸事繫於乾隆四十五年庚子(1780),但《甌北集》卷二十七依次有與相關三詩:《將入都留別蓉龕蓉溪秋園敬輿緘齋諸人》、《途次先寄京師諸故人》、《將至臺莊忽兩臂頓患風痹客中無醫徹夜酸痛迴舟歸里感成四律情見乎辭》編年均在乾隆四十六年辛丑,《原譜》誤。

歸舟過淮,曉程沅,預訂秋間並游西湖。夜過京口抵家。

《甌北集》卷二十七《歸舟過淮曉程晴嵐留別》自注:"預訂秋間並游西湖。"《夜過京口》:"還鄉正是黃梅候,且喜連朝澍雨零。"

在家養疾未愈,堅定隱居著述之志。

《甌北集》卷二十七《養疾未愈書感》:"經時衰疾臥江天,芒角空煩到酒邊。老我頭顱將壓雪,看人圖畫到凌烟。……自是書生貧薄命,晚途只許托林泉。"(其一)"御屏曾荷記微臣,何忍江湖作隱淪。如許百年空付我,徒將萬卷去驚人。"(其二)

尚鎔《持雅堂續鈔·趙翼傳》:"後服闋入都,至半途病返,竟不復出。"

是年,與顧光旭、蔣熊昌、蔣和寧、莊繩祖交游。

《甌北集》卷二十七《舟過無錫再曉晴沙》自注:"預訂明春惠山之

游。《蔣立庵太守自潁川歸相見話舊》：“廿年重此對清尊，披豁依然氣誼真。詩社正憐無好友，宦途今見有歸人。”（其一）“謂尊人曉滄師。……令兄南莊自塞外歸。……令弟雲驤新宰醴泉。”（其二自注）“余初識君時，君尚未冠，今君公郎且抱子矣。”（其三自注）《贈蓉龕》：“年壽疑彭祖，肌膚似藐姑。我尋高士傳，君豈列仙儒。……曾典試貴州。……故應鄉祭酒，領袖此枌榆。”（其一）“前輩風流在，吾鄉只此翁。無錢偏作達，每事必求工。具饌常留我，論詩輒憶公。何當一爐火，相守歲寒中。”（其二）《莊蚩英同年索詩戲贈》：“里社尋同榜，南華有散仙。居官甘下考，娶婦已中年。食是書中粟，歸無俸外錢。曾嫌折腰苦，偏折鏡臺邊。”

莊繩祖，字蚩英，號樂閑居士。江蘇常州府武進縣人。康熙五十六年（1717）生，乾隆五十六年辛亥（1791）卒。乾隆十五年（1750）順天舉人。歷署山西交城知縣、夏縣知縣、平陽府同知。年六十引病歸里，常與程景傅、蔣熊昌、趙懷玉及族人莊勇成、莊選辰、莊宇逵等爲詩酒會。著《樂閑詩鈔》。事具趙懷玉《亦有生齋集》文卷一三《山西交城縣知縣莊君繩祖別傳》。

冬，哭杭杏川之歿。

《甌北集》卷二十七《哭杏川老友》：“五人兩已入重泉，白峰、廷宣俱早世。此友何堪復棄捐。序齒本推君巨擘，賭文曾飽我粗拳。……太息舊交誰得比，看儂出仕到歸田。”（其一）“末路身爲村學究，多年伴似老夫妻。尚貪舉業三條燭，今夏尚赴歲試。遂了儒餐百甕齏。痛絕夷槃臨合處，一燈如豆朔風淒。”（其二）“殘牙能啖肉盈斤，方謂天教健補貧。誰料汝爲長夜客，始驚我亦暮年人。”（其三）

歎生事不足。

《甌北集》卷二十七《生事》：“生事漸蕭然，年荒剩石田。薪燒連葉樹，飯待作碑錢。僮少將兒使，家空恣犬眠。”

歲暮感歎復出爲畫蛇添足，杜門專心著述之志遂決。

《甌北集》卷二十七《歲暮雜詩》：“頻年出處兩躊躇，病廢今真守敝

廬。身退敢談天下事,心齋惟對古人書。"(其一)"屏迹無端羨宦
游,天將衰疾遣回舟。此行本是蛇添足,垂老何堪馬絡頭。……
祇餘金闕難忘處,夢斷時還一淚流。"(其二)"歌舞戲場無樂地,英
雄歸路有儒門。勤抄先訓編家法,虔祝豐年報國恩。青史他年傳
人物,少微星倘在江村。"(其四)

《西蓋趙氏族譜・藝文外編》載趙翼《繼室程恭人行略》:"……迨
服闕赴都,已十餘年矣。行至臺莊,忽兩臂中風,幾不治,乃回舟。
又年餘,病始愈,親友多勸再出山,恭人曰:'退閑已久,更添一蛇
足耶?'余笑謂恭人頗能道意中事,於是杜門之志遂決。余息機摧
橦,鉛槧之外不問世事,恭人實有助焉。"

本年,袁枚作論詩絕句三十八首,論詩兼懷人,所論者凡六十
九人,論及先生。

袁枚《小倉山房詩集》卷二七《仿元遺山論詩》其十八:"雲松自負
第三人,除却隨園服蔣君。絕似延平兩龍劍,化爲雙管鬪風雲。蔣
苕生、趙雲松。"

是年,蔣士銓在京充國史館纂修官,作《懷人詩》四十八首、《後
懷人詩》十九首、《續懷人詩》十九首。

蔣士銓《清容居士行年録》乾隆四十六年辛丑條:"充國史館纂修
官,專修《開國方略》十四卷。"

蔣士銓《忠雅堂詩集》卷二五《懷人詩》其三十懷念先生:"挺挺鐵
中書,盛氣鬪丞相。文昌第三星,秉鉞邊雲壯。歸種萬竿竹,芳塘
釣春漲。趙雲松觀察翼。"

昭槤《嘯亭續録》卷一"國史館"條:"國初沿明舊制,惟修列聖實
録,附載諸勳臣於内,祇履歷官階而已。康熙中,仁皇帝欽定功臣
傳一百六十餘人,名曰《三朝功臣傳》,藏於内府。雍正中,修《八
旗通志》,諸王公、大臣傳始備,然惟載豐沛世家,其他中州士族勳
業茂著者,仍缺如也。其所取材,皆憑家乘,秉筆詞臣,又復視其
好惡,任意褒貶。……純皇帝夙知其弊,於乾隆庚辰,特命開國史

館於東華門内，重簡儒臣之通掌故者司之。將舊傳盡行删薙，惟遵照實録、檔冊諸籍所載，詳録其人生平功罪，案而不斷，以待千古公論，真修史之良法也。後又重修《王公功績表傳》、《恩封王公表》、《蒙古回部王公表傳》等書，一遵是例焉。嘉慶庚申，上復命補修列聖本紀，及天文、地理諸志乘，儒林、烈女等傳附之，一代之史畢具矣。其續録者，以十年爲則，陸續修之，以爲萬禩之計也。"

是年，周濟生。朱筠、李湖卒。

卷二
書院講習與贊畫軍需
（乾隆四十七年至乾隆五十七年）

乾隆四十七年壬寅（1782）　五十六歲

正月二十一日，《四庫全書》第一部繕録告成，貯文淵閣。

> 翁方綱《復初齋詩集》卷二十四《四庫全書第一部繕録告成正月廿
> 一日奉貯於文淵閣臣以校理與觀陳設敬歌以紀》：“三萬六千括象
> 數，二十八舍環星辰。凡三萬六千册，六千一百餘函，每架四層，爲函四十
> 有八。”

> 錢載《籜石齋詩集》卷四十五《恭和御制〈經筵畢文淵閣賜宴以四
> 庫全書第一部告成庋閣内用幸翰林院例得近體四律首章即疊去
> 歲詩韻〉元韻》編年在“壬寅”。

初春，門生江烺出守福寧，便道來常，出其房師祝德麟贈别詩册
見示，江烺壬午鄉試出先生門下，而祝德麟又先生癸未所得士。

> 《甌北集》卷二十七《江淑齋出守福寧便道枉過出其房師祝芷堂贈别
> 詩册見示君壬午鄉試既出余門而芷堂又余癸未所得士也故芷堂詩
> 中有香奉歐陽一瓣齊之句展玩之餘即次原韻送别兼寄芷堂》。

趙懷玉於中書舍人任乞假南歸，京華故人程晉芳、孫士毅、張
塤俱寄聲存問先生，兼聞蔣士銓中風病卧，先生感念寄贈。

《甌北集》卷二十七《億生乞假南歸京華故人程葺園孫補山張吟薌諸公俱寄聲存問兼聞蔣心餘中風病臥即事感賦》、《寄葺園》、《寄補山》、《寄吟薌》、《寄心餘》。

按：蔣士銓《清容居士行年錄》乾隆四十九年甲辰條："按先曾祖《行年錄》止于癸卯秋，自甲辰以下皆闕。今考甲辰《述懷詩》有云'三年支離身，所欠土一抔'，則公風痺之疾，當起于癸卯也。""癸卯"即乾隆四十八年，"甲辰"則乾隆四十九年，據蔣士銓"三年支離身"句逆推，蔣士銓患風痺當起於乾隆四十七年，而非乾隆四十八年癸卯；又據趙翼上諸詩，《清容居士行年錄》記此事有誤。

趙懷玉以其高祖趙申喬詩冊屬題。

《甌北集》卷二十七《億生以其先高祖恭毅公中丞世德詩册屬題敬書二律於後詩册是公門下士項溶集千字文舊帖所製以頌公者》："巧翻舊帖出新篇，爲頌中丞世德綿。……公官浙及湖南兩地，民皆立祠。……上南巡，必遣官致祭。"（其一）"百年門第映朝霞，……子孫能保筴傳家。……自公至緘齋皆臚仕，今映川又官中書舍人。"（其二）

陳康祺《郎潛紀聞二筆》卷三"趙恭毅政績"條："趙恭毅起家牧令，刻苦自勵，清不近名。開藩吾浙，謂欲令州縣無虧帑，當先革藩司陋規；故有錢糧加平、時節餽送、兵餉掛發、奏銷部費，諸款一切禁絕，僚屬凜凜奉法律。由浙撫調湖南，禁州縣額外加派，裁頓擾、硬駝、公費、脚價諸名色。時苦鹽貴，公諭商人，盡革諸衙門陋規，自巡撫始，司道以下視之，毋得更高價累民。入長臺垣，因萬壽恩詔，請免官地民房新舊租稅。奏使陝西，請蠲潼衛大同府本年應徵米豆草束，皆報可。公生平政迹難僂指，其大旨不外損上益下，扶弱抑强，助聖天子培樹國脈，蓋古所謂社稷臣也。"又"趙恭毅不畏彊禦"條："康熙季年，優人徐采給事藩邸，嗾傭者殺人，事下九卿，議者欲脫采以傭抵。趙恭毅公獨據刑部讞，論采主使、坐絞，已而采竟減死充邊。及世宗即位，仍逮采於邊，論如律，下詔襃公。一時豪彊大猾，爲之悚慄。"

昭槤《嘯亭續錄》卷一"趙恭毅"條："趙恭毅申喬登第後，以古道自居，人爭厭之。公托疾歸，曾買妾媵，其家故宦族女，以負債故賣之。公覘知之，愀然曰：'吾奈何乘人之急以污其節，馮商之舉不可爲之繼乎！'乃立送女歸家。事漸聞於朝，仁皇帝知之曰：'此古誼之士也！'公聞命出，洊至公卿，以廉直著。任司寇時，廉邸伶人殺人，欲倩公出其罪，公謝曰：'天子之法，不能爲王屈也。'憲皇帝重其人，登極後，屢獎譽之，以爲人臣之式云。"

趙申喬，字慎旃、世德，號松伍，江蘇常州府武進縣人。順治元年（1644）生，康熙五十九年（1720）十一月卒。趙懷玉高祖。康熙九年進士。官至戶部尚書。諡恭毅。著《趙中毅公賸稿》等。事具《清史稿》卷二六三、《清史列傳》卷一二。

延同年時元福教兒侄，時莊茂良客授先生家七八載後辭館。

《甌北集》卷二十七《贈時月圃同年時下榻荒齋次章兼示兒侄》："余少與君及毛今吾有三才子之目。老來子侄幸登龍。……最喜蕭齋踪迹近，塵談晨夕得相從。"（其一）"黑頭兄弟鬢俱皤，……碩果漸看同輩少，傳薪有待此翁多。論文已出金針度，績學終期鐵硯磨。得侍扶風絳紗帳，青燈何忍更蹉跎。"（其二）《贈莊茂良先生》："自少推都講，名家學有源。已探諸藝苑，猶限一黌門。……扶搖終有日，拭目看游鷗。"（其一）"年久不更師，齋規肅可知。相留七八載，歷課兩三兒。"（其二）

題湯大賓家慶圖。

《甌北集》卷二十七《題湯蓉溪家慶圖》："四代同堂樂事紛。……恭謹家風藹如睹，畫圖便可作庭聞。"

按：關於湯大賓的大家庭，《甌北集》中還有兩處提到。作於乾隆五十八年癸丑（1793）的卷三十六《蓉溪八十壽詩》其一："寶珈同拜三霄誥，繡褓行看五代孫。"以及次年的卷三十七《賀蓉溪湯翁得玄孫之喜》。

又按：先生乾隆四十三年戊戌（1778）亦爲湯大賓題過畫，見《甌北集》卷二十四《題湯蓉溪洗硯圖》。

五月初六日入常州城，蔣熊昌昆仲邀客看競渡，拉先生同舟。
同會有程景傅、莊映、莊勇成、莊繩祖、趙繩男諸公。蔣熊昌示
詠物近作四首，以文房之珍爲韻，先生戲和之。

《甌北集》卷二十七《端午後一日入城適蔣南莊立庵昆仲邀客看競
渡拉余同舟即事紀勝兼呈同會程六丈霖巖莊學晦勉餘蜚英家緘
齋》、《立庵又示詠物近作四首以文房之珍爲韻戲和如其數》。

程景傅，字命三，號霖巖，江蘇常州府武進縣人。康熙五十三年
(1714)生。程景伊弟。以貢授安徽宣城縣訓導。年六十辭歸，徙
宅爲家祠，以引進後學爲己任。年逾八旬，偕湯銘書、汪萍州、楊
靖叔爲四老同甲會。有《靈巖雜著》等。

莊映，字兼訥，晚號學誨，江蘇常州府武進縣人。莊勇成兄。康熙
五十七年(1718)年生，嘉慶六年(1801)九月十七日卒。壬申中順
天舉人。歷官至陝西臨潼縣知縣。事具趙懷玉《亦有生齋集》文
卷一八《陝西臨潼縣知縣陞商州直隸州知州莊府君墓志銘》。

莊勇成，字勉餘，號復齋，江蘇常州府武進縣人。雍正元年(1723)
生，嘉慶五年(1800)九月卒。邑庠生，屢試不第。以坐館授徒爲
生。乾隆三十年(1765)與修邑志。著《杜詩解》等。事具趙懷玉
《亦有生齋集》文卷一八《文學莊君墓志銘》。

時屆插秧，河水將竭，忽連日澍雨。

《甌北集》卷二十七《時屆插秧河水將竭忽連日澍雨詩以志喜》。

《陔餘叢考》仍在編撰中。

《甌北集》卷二十七《即事》其二："閉門寧厭寂寥居，亂帙縱橫獺祭
魚。拙句點金成巧句，古書翻案出新書。一燈紅餤花常吐，兩袖
烏痕墨未除。業就敢期傳不朽，或同小說比虞初。方輯《陔餘叢考》。"

七月初八日，乾隆帝擬雇書手再繕寫《四庫全書》三份，分置江南。

《欽定南巡盛典》卷七十四："乾隆四十七年七月初八日，上諭內閣

曰：朕稽古右文，究心典籍，近年命儒臣編輯《四庫全書》，特建文淵、文溯、文源、文津四閣以資藏庋。現在繕寫頭分告竣，其二三四分，限於六年內按期藏事，所以嘉惠藝林，垂示後世，典至巨也。因思江浙爲人文淵藪，朕翠華臨莅，士子涵濡教澤，樂育漸摩，已非一日。其間力學好古之士，願讀中秘書者，自不乏人，兹《四庫全書》允宜廣布流傳，以光文治。如揚州大觀堂之文匯閣、鎮江金山寺之文宗閣、杭州聖因寺行宮之文瀾閣，所以藏書之所，著交四庫館再繕寫全書三分，安置各該處，俾江浙士子得以就近觀摩、謄錄，用昭我國家藏書美富、教思無窮之盛軌。至前者辦理《四庫全書》，考募各謄錄，皆令自備資斧，五年期滿，給予議叙，至爲優渥，但人數衆多，未免開倖進之門。且現在議叙者尚慮壅滯，若因此致礙選途，又非朕策勵人才之本意。此次續繕《四庫全書》三分，俱著發內帑銀兩，雇覓書手繕寫。在鈔胥等受值備書，自必踴躍從事，而書成不致濫邀議叙，亦於銓政無礙。所有應辦各事宜，及添派提調、校對等官，著交四庫全書館總裁悉心妥議具奏，以副朕振興文教、嘉惠多士之至意。"

昭槤《嘯亭雜錄》卷十"三分書"條："乾隆中，上既開四庫全書館，分發京師諸處。甲辰春，翠華南幸，念江、浙爲藝林之藪，其天府秘本，多有貧士難購辦者，因命續錄三部，分置揚州大觀堂之文匯閣、鎮江口金山寺之文宗閣、杭州聖因寺之文瀾閣，俾江、浙士子得以就近觀摩謄錄。實藝林之盛事也。"

送人入都謁選。

《甌北集》卷二十七《送客歸戲書》："卸却漁蓑一整冠，送人謁選上長安。惹他僮僕私相笑，既愛山林又愛官。"

近作詩二卷，蔣熊昌爲作評點，勸並入梓，先生乞序。

《甌北集》卷二十七《近作二卷立庵親爲評點勸並入梓戲答》："才名敢望杜韓齊，多謝詞綜爲品題。老訂詩文餘敝帚，閑看今古似層梯。吾斯未信心方愧，君已相推價肯低。虎帥以聽誰敢犯，從今不怕後生詆。"(其一)"萬事俱爲過眼雲,只餘殘藁未能焚。老年不向人求序,後世誰知子定文。……天涯詩友都星散,歲晚情懷盡屬君。"(其二)

按:《甌北集》卷二十七《寄蔣園》其一:"我亦一編將脫藁,何時相質草玄亭。"亦作於乾隆四十七年壬寅(1782),可知此"一編"當含"近作二卷",即乾隆五十年乙巳(1785)刊刻之《甌北集》二十七卷。

金雲槐同年來守常州,相見話舊。

《甌北集》卷二十七《同年金蔣亭來守吾郡相見話舊》:"君由翰林改御史。金川用兵時,發蜀省以府道用。丁内艱歸,以尊人吏部公老,終養不仕,今服闋始補官。"(其一自注)"余與君同直軍機。"(其二自注)

九月,與趙懷玉同游宜興,舟行往返七日,乃歸。

趙懷玉《收庵居士自訂年譜略》乾隆四十七年壬寅三十六歲條:"九月,同家雲松先生翼作陽羨之游。渡西氿,游善卷、龍池、南嶽諸勝。欲游張公洞,土人云:'潦水未涸,不能入。'遂止。舟行往返七日,得詩十六首。"

趙懷玉《亦有生齋集》詩卷八《與家貴西翼爲陽羨之游舟行往返凡七日拉雜成詩其得十首》。

秋,阿桂赴浙治陳輝祖盜贓案,經常州,召先生面晤,先生求薦一講席。

《甌北集》卷二十七《雲巖相公奉使再過常州舟次趨謁敬賦》:"公方赴浙江治苞苴之獄。"(其一自注)"時乞公薦書院一席。"(其二自注)

十一月初九日亥時,長孫公桂生,先生詩以志喜。

《甌北集》卷二十七《第一孫生志喜》:"冬月方驚桂蘂新,院中桂樹冬至前大作花。欣聞子舍報生申。可能名應無雙士,且喜家添一輩人。……洗兒盆上添佳話,虎子生年恰在寅。"(其一)"中歲縷經嫁娶期，未游五岳鬓先絲。家貧聊喜添丁富，孫早差償得子遲。……笑他白髮程文海，七十平頭始抱兒。程蔽園年近七旬，今歲始得子。"（其二）據《近世中西史日對照表》，本年冬至在十一月十七日。

《西蓋趙氏族譜·學亮公派北岸分支世表》："（趙廷英子趙公桂）行一。字馥軒。國子監生。直隸候補縣丞。乾隆四十七年壬寅十一月初九日亥時生。"

回憶耕讀十年況味。

《甌北集》卷二十七《壬寅元日》："紀歲又從元日起，歸田恰是十年初。"《十年》其一："十年耕讀守江村，漸喜家風布素敦。……翻幸在官時日淺，未將華臙染成根。"

按：趙翼乾隆三十七年辭官歸里，距今恰已十年。

莊繩祖、崔龍見兩同年及莊夫人董蘭谷、崔夫人錢孟鈿皆工詩，兩家又同居一宅，先生欽羨之餘奉贈八絕句。

《甌北集》卷二十七《莊樂閑崔曼亭兩同年皆工詩莊夫人董蘭谷崔夫人錢浣青亦皆工詩兩家又同居一宅閨閣韻事近代罕有欽羨之餘奉贈八絕句》："樂閑折腰鏡臺，韻事流傳人口。"（其三自注）"錢爲文敏公女。"（其四自注）"郡城近日詩社最盛。"（其七自注）

按：《甌北集》卷三十五《題岫雲女史雙清閣詩本》其五云："繡閣才名錢孟鈿，吾鄉錢文敏公女孟鈿，最工詩。何當旗鼓對鳴甄。玉臺他日編新詠，江北江南兩女仙。"可知錢孟鈿當時詩名之高。又卷四十九《喜同年崔曼亭觀察歸賦贈》自注："君方悼亡。"詩作於嘉慶十二年丁卯（1807），崔夫人錢孟鈿歿於嘉慶十一年丙寅（1806）。

洪亮吉《北江詩話》卷一："崔恭人錢孟鈿詩，如沙彌升座，靈鷲異常。"

崔龍見，字翹英，號曼亭、蓮坪、萬迴居士。錢孟鈿夫。祖籍山西永濟，江蘇常州府陽湖縣人。乾隆六年（1741）八月初八日生，嘉慶二十二年（1817）十一月十四日卒。乾隆二十六年（1761）成進士。官至湖北分巡荊宜施兵備道。室名敬葉堂。著《茞坪詩草》、

《萬迴小草》等。事具趙懷玉《亦有生齋集》文卷一九《誥授中憲大夫分巡湖北荆宜施道崔府君墓志銘》。

錢孟鈿，字冠之，一字浣青，崔龍見妻，錢維城女。江蘇常州府陽湖縣人。乾隆四年（1739）生，嘉慶十一年（1806）十月卒。與方芷齋夫人同隨宦楚北，齊名一時。詩宗浣花、青蓮，故以"浣青"自號。著《浣青詩草》等。嫻於史事、通音律、善繪畫。事具趙懷玉《亦有生齋集》文卷一九《崔恭人錢氏權厝志》、施淑儀《清代閨閣詩人徵略》卷五。

是年，錢大昕撰《二十二史考異》成。

錢大昕《錢辛楣先生年譜》乾隆四十七年壬寅年五十五歲條："居憂，足迹不出戶。撰次《廿二史考異》成，凡百卷。"

乾隆四十八年癸卯（1783）　五十七歲

重過城東小桃園，感歎人面桃花不在。

《甌北集》卷二十八《過城東小桃園》："重過桃園迹已陳，花塍依舊錯如鱗。傷心紅雨亭邊路，只見桃花不見人。"

《甌北集》卷二十八《南村》："簾影春風一笑情，重來門巷已全更。回思四十年前事，獨立蒼茫似隔生。"

《甌北集》卷四十六《再過城東小桃園》："少年曾此屢經過，腸斷韋娘一曲歌。今日重來頭已白，不知何事淚猶多。"

按：品上三詩，似寓意相同，追憶當年一段情。

春，緣大學士阿桂薦，應儀徵樂儀書院聘。

《甌北集》卷二十八《赴真州樂儀書院即事》："白髮蕭蕭已滿簪，忽膺講席赴江潯。……老來踏遍人間路，終覺青氊味較深。"（其一）"鵝湖鹿洞古陶成，此席人情已漸輕。略似老沾宮觀禄，稍貪名主坫壇盟。一江相接家猶近，孤館無喧地自清。"（其二）

按：上年謁阿桂，先生求薦一講席，由此詩可見，真州樂儀書院講席，應爲大學士阿桂所薦。

樂儀書院講席任上,記儀徵風物甚夥。

> 《甌北集》卷二十八《寓齋東偏古樹二株高六七丈風聲特甚》、《仙掌路》、《大儀鎮》、《龜山》、《訪真州館故址》。

梅雨時節,由儀徵樂儀書院歸。

> 《甌北集》卷二十八《真州歸途作》:"空濛細雨落如沙。"
>
> 按:該詩下一首《秧針》亦有句云:"引他梅雨絲絲縷,繡出豳風幅幅圖。"可知由儀徵樂儀書院歸在梅雨時節。

秋,游蘇州山塘邂逅周長庚,作《雜感》、《蓑衣仙歌》諸詩。

> 《甌北集》卷二十八《山塘》、《雜感》、《蓑衣仙歌》、《周長庚舊於坊刻詩選中見余名以爲古人也今邂逅山塘具述傾注之意答詩志愧》。
>
> 《山塘》其四:"山塘滿路皆脂粉,可少秋風俠骨香。"同卷上一首《太湖暮歸》:"天連秋水碧,霞借夕陽紅。"可知趙翼游山塘當在秋季。
>
> 《大清一統志》蘇州府:"山塘水,在長洲縣西北。上承運河,自城西北沙盆潭折而北,繞虎丘,又西至滸墅入運河。"

常州城顧塘橋有一入官房,同年金雲槐郡守勷先生以官價購之。秋,乃移居,宅西爲東坡舊居,宅後爲白雲渡。西干里田宅由弟汝霖居守。

> 《甌北集》卷二十八《自西干村移居郡城顧塘橋即事》:"江鄉久已剪蒿萊,忽慕遷喬入郡來。……本入官屋,蔣亭太守勷買。成蔭樹感昔人栽。宅有山茶一株,大合抱,爲郡城之最。"(其一)"城中程霖巖、蔣立庵輩詩社甚盛。……坡公晚年歿於顧塘橋孫氏宅,居余舍僅十餘丈。……宅後爲白雲渡,每歲午節龍舟畢集,有水閣可坐觀。"(其二自注)卷三十八《七十自述》其十九:"無端失計移城市,貪慕東坡住顧塘。坡公舊寓顧塘橋,遺址尚存,余居與之鄰近。"卷四十八《追憶宦游陳迹雜記以詩》其二十三:"爲慕東坡住顧塘。"《西蓋趙氏族譜·藝文外編》載李慶來《恭和甌北世伯大人重赴鹿鳴原韻》其二

自注："宅西即東坡流寓,洗硯池尚存。"

按:據趙翼後裔趙争《讀史求疵》,趙翼顧塘橋宅後被盛傳爲"探花第",在"今常州市前北岸一至十六號"(《趙翼研究》創刊號)。趙翼終老於此。趙翼現存著作大多在宅內"湛貽堂"撰成并刊刻,故刻本均署"湛貽堂藏板"。"湛貽堂"前天井裏有一株一百多年山茶樹,"滿城一樹獨,老幹百年多。餤奪燒丹赤,光增酒顏酡"(《甌北集》卷四十六《山茶花開即事》其一)。宅後有座水閣,臨白雲渡,"吾家水閣雲溪上,壟斷華胥極樂天"(《甌北集》卷三十六《偕介眉廷叔立庵曉東鞏溪小巖香遠保川諸同人連日看競渡》其四)。

按:《年表》本年條作"夏,移居常州城內顧塘橋附近"。但《甌北集》卷二十八《自西干村移居郡城顧塘橋即事》上有《太湖暮歸》、《山塘》、《夜醒得句》諸詩均明言是年秋所作,下有《過青山莊故址已犁爲田但有老樹四株而已》亦爲秋作,《年表》誤。

又按:先生此宅臨近白雲溪。洪亮吉幼年居白雲溪外家五年,吕培《洪北江先生年譜》乾隆十七年壬申條:"(洪亮吉父卒)貧無所依,隨蔣太宜人及姊弟寄居外家,外王母龔太孺人之意也。"乾隆二十一年丙子條:"蔣太宜人率先生歸興隆里舊宅。"

黃景仁、趙懷玉、楊倫和蔣青曜亦曾居白雲溪畔。黃景仁《兩當軒集》卷十五《題洪稚存〈機聲燈影圖〉》詩:"君家雲溪南,我家雲溪北。"卷二十一《醉題寄洪華峰》詩:"我家君家不半里,中間只隔白雲渡。"趙懷玉《亦有生齋集》詩卷六《〈雲溪一曲圖〉爲洪大禮吉題》詩:"我家五世居雲溪,君遷雲溪亦三世。環溪居人半君識,載酒游踪日相繼。"《亦有生齋集樂府序》:"白雲溪爲郡城之勝,先人之敝廬在,飲食沐浴於此,遂以名吾篇。"洪亮吉《附鮎軒詩》卷二《元夕詞寄里中諸子》其二自注:"趙大懷玉、蔣二青曜皆居雲溪。"二人皆洪亮吉外家表弟。

本年,《甌北集》二十五卷刊刻。

張塤《竹葉庵文集》卷二十一有《趙雲松觀察刻詩廿五卷成予至廣

州是九月今卷中喜吟蕤至詩云故人來及荔支時當是刻詩時補作故記憶不真予別雲松十四年題此卷後寄懷》詩，該卷自注：“卷二十一，詩二十一，《乞假集》下，癸卯八月迄十二月。”知此詩作於乾隆四十八年癸卯（1783），則《甌北集》二十五卷即當於此年刻成。

詩題云：“予至廣州是九月……予別雲松十四年……”《甌北集》卷十六有《喜吟蕤至時已得官中書舍人》，作於乾隆三十五年庚寅（1770）先生官廣州知府任上張塤來訪時，距今恰十四年，可證時間無誤。

按：張塤此詩同卷下《雲松集中有吟蕤邀游石湖詩向未見也蓋亦後來補作是日別船置酒請其太夫人同游而予母以穉孫出痘未與會今雲松與予俱爲無母之人緬懷舊事不覺雪涕補和原詩寄之二首》，可見張塤已展讀《甌北集》。

是年，黄景仁、孔繼涵、陳輝祖卒。

乾隆四十九年甲辰（1784）　五十八歲

二月二十六日，乾隆帝六次南巡，駕抵揚州，先生到揚州迎駕，頌萬壽重寧寺。

《甌北集》卷二十八《萬壽重寧寺五十韻》：“揚州天寧寺，寺後皆荆杞。翠華將南來，歡騰遍婦子。冀仗佛緣慈，仰邀天顏喜。於茲創蘭若，頃刻幻紺紫。廣殿俯城闉，重簷接象緯。……胡爲茲傑搆，蕆事半年裏。……特因望幸忱，成功戒弗毀。嘉名錫重寧，義取繼前美。前爲天寧寺，有聖祖御題。”

據《清高宗實錄》卷一一九七至卷一二〇二，乾隆帝正月二十一日開始第六次南巡，二月二十六日抵揚州，三月六日抵蘇州，十七日抵杭州，二十五日自杭州回鑾，閏三月六日抵江寧，十三日渡江北上。故《年表》、《詩證》繫迎駕時間爲三月初，誤。

李斗《揚州畫舫錄》卷四：“重寧寺在天寧寺後，本‘平岡秋望’故址，爲郡城八景之一。”

三月，袁枚過南昌，訪蔣士銓。蔣士銓已中風臥病，手書生平事略，乞墓銘，并請序《藏園詩》。

《甌北集》卷首袁枚序云：“然去春過南昌，心餘病，握余手誣諉詩序，一如耘菘，擷卷首一序並無，然後知此二人者，交滿海內，而孤睨隻視，惟余是好。”“去春”當指本年春，“握余手誣諉詩序”當指《小倉山房文集》卷二八《蔣心餘藏園詩序》所云：“去年余過匡廬，過君家，君半體枯矣。聞余至蹶然起，力疾遮留，手仡仡然授，口吃吃然托曰：‘《藏園詩》非先生序不可。’”又《小倉山房續文集》卷二八亦有《蔣心餘藏園詩序》。

袁枚《小倉山房文集》卷二五《翰林院編修候補御史蔣公墓志銘》：“余前春過西江，君已半體枯，聞余至，喜，力疾歡飲。臨別時，手平生事略見示。余知其意，泣而頷之。”

袁枚《隨園詩話》卷八第七：“甲辰三月，余赴粵東，過南昌。心餘病風，口不能言，猶以左手書此數聯。”

蔣士銓《忠雅堂詩集》卷二六《述懷》：“感激再出山，宦海如沈浮。二豎忽相厄，末疾醫莫瘳。右體從此廢，語言爲呻嚘。三年支離身，所欠土一抔。故人難往復，交親稀接酬。即今六十歲，速死吾寧愁。”作於本年。

閏三月六日，乾隆帝駕抵江寧，九日召試江蘇、安徽、江西士子，蔣知廉考取二等。

《清高宗實錄》卷一二〇二“閏三月甲子”條：“諭曰：江蘇、安徽進獻詩册，……其江蘇、安徽、江西三省考列二等之周愛蓮……蔣知廉……，着各賞緞二匹。”

由揚州歸，贈詩書販施漢英。

《甌北集》卷二十八《贈販書施漢英》：“我昔初歸有餘俸，欲消永日借吟誦。汝從何處聞信來，滿載古書壓船重。我時有錢欲得書，汝時有書欲得錢。……我今老懶罷書課，囊中錢亦無幾個。愧汝猶認收藏家，捆載來時但空坐。”

305

洪亮吉《北江詩話》卷三:"藏書家有數等:得一書必推求本原,是
正缺失,是謂考訂家,如錢少詹大昕、戴吉士震諸人是也。次則辨
其板片,注其錯譌,是謂校讐家,如盧學士文弨、翁閣學方綱諸人
是也。次則搜采異本,上則補石室金匱之遺亡,下可備通人博士
之瀏覽,是謂收藏家,如鄞縣范氏之天一閣、錢唐吳氏之瓶花齋、
崑山徐氏之傳是樓諸家是也。次則第求精本,獨嗜宋刻,作者之
旨意縱未盡窺,而刻書之年月最所深悉,是謂鑒賞家,如吳門黃主
事丕烈、鄥鎮鮑處士廷博諸人是也。又次則於舊家中落者,賤售
其所藏,富室嗜書者,要求其善價,眼別真贋,心知古今,閩本蜀
本,一不得欺,宋槧元槧,見而即識,是謂掠販家,如吳門之錢景
開、陶五柳、湖州之施漢英諸書估是也。"

奉答孫士毅去歲在桂林寄詩。孫士毅知先生賣文自給,勸先
生在今春乾隆帝南巡迎駕後隨入都。

《甌北集》卷二十八《補山開府去歲在桂林寄詩存問今已移節粵東
次韻奉答》:"節鉞百蠻天外鎮,鬚眉千叟會中人。來春入與千叟會。"
(其一)"後先宦迹兩同年,處處相尋遍瘴烟。公自尚修前輩禮,我
偏不逮上官賢。滇徼用兵,與公同在征南幕下,公視學黔中,余適備兵貴西,復得
相聚。及公撫粵西東,亦余舊時作吏地,而余已告歸,不及作公屬吏矣。"(其二)
此詩後附孫士毅原作其一自注:"……近聞賣文自給。……來春
在籍臣工例應迎駕,君夙荷主知,當隨入都也。"其二自注:"君曾
任粵西鎮安府,民至今謳思不忘。……前年聞君北上補官,中途
返棹。……去臘今春,余請急歸葬,往返皆五更過君里,遂失
良晤。"
據《清代職官年表・巡撫年表》,孫士毅乾隆四十九年甲辰(1784)
正月由廣西改撫廣東,直至乾隆五十一年丙午(1786)五月授兩廣
總督。

春,喜同年陸錫熊過訪。

《甌北集》卷二十八《喜同年陸耳山廷尉過訪有贈》。

冬，兩淮鹽運使全德請主揚州安定書院講席，遂辭樂儀書院，詩贈揚州在籍翰林詞館前輩謝溶生、秦黌、張坦、吳以鎮。張坦、吳以鎮皆有和作，先生又依次奉答。秦黌後又招飲話舊。

《甌北集》卷二十八《自樂儀書院移主揚州安定講席呈在籍謝未堂司寇秦西巖觀察張松坪吳涵齋兩編修皆詞館前輩也》：“踪迹頻年寄樂儀，邗江復忝廩虛縻。……聞者或疑騎鶴背，生來只慣擁烏皮。却嗤林下斯文席，也似官階有量移。”（其一）“名都人物萃朝簪，居里猶餘四翰林。……到此自慚年輩晚，論科都比野夫深。”（其二）此詩後附秦黌和詩：“天南萬里經層險，《甌北》千篇蘊六奇。”（其一）“憐吾衰也支離狀，喜子鏗然金玉音。從此三冬文酒約，好憑寒月話更深。”（其二）

按：趙翼該詩編年在乾隆四十九年甲辰（1784），《年表》乾隆四十八年癸卯（1783）條云：“春，緣大學士阿桂薦，往真州樂儀書院任教。五月，辭教職回鄉。”但該詩明言“踪迹頻年寄樂儀”，說明當年未曾辭去樂儀書院教席，《年表》誤。

《甌北集》卷二十八《松坪前輩枉和前詩再疊奉答》、《吳涵齋前輩亦和儀簪二韻見贈再疊奉酬》、《西巖前輩招飲話舊再疊前韻奉贈》。

李斗《揚州畫舫録》卷三“劉重選建梅花書院，親爲校士，而無掌院。迨劉公後，歸之有司，皆屬官課。朱公修復，乃與安定同例，均歸鹽務延師掌院矣。安定書院自王步青始，梅花書院自姚鼐始。安定掌院二十有三人：……蔣士銓，字心餘，號清容，乾隆丁丑進士。……趙翼，字雲崧，號甌北，乾隆辛巳進士。”

全德，號惕莊，滿洲人，戴佳氏，雍正十一年（1733）四月八日生，嘉慶七年（1802）卒。歷官兩淮鹽運使、蘇州織造、九江榷運使、滸墅關監督。著《紅牙小譜》。

謝溶生，字未堂，號容川。江蘇揚州府儀徵縣人。康熙五十四年（1715）生，嘉慶六年（1801）卒。乾隆十年進士，改庶吉士，授編

修。歷官禮部左侍郎、刑部侍郎、江西學政,左遷太常寺卿。著
《賜書堂集》。事具《中國歷代人物年譜考錄》卷九。

張坦,字苣田,號松坪、蓮勺,江蘇揚州府江都縣人。雍正元年
(1723)八月十五日生,乾隆六十年(1795)冬卒。乾隆十七年
(1752)進士,改庶吉士,授編修。著《寒氊笑傲》等。事具章學誠
(代)畢沅《章氏遺書》卷十六《墓志銘》。

吳以鎮,字涵齋,安徽徽州府歙縣人。乾隆五十六年(1791)卒。
乾隆十七年進士,改庶吉士,散館後即不仕歸。

蔣宗海同年別三十年,揚州相見話舊。

《甌北集》卷二十八《蔣春農同年別三十年相見邗上話舊有贈》:
"聯步同趨朵殿東,推君詩筆最豪雄。早收宦迹原奇士,老仗才名
作寓公。對榻青燈新夜雨,翻階紅藥舊春風。‘紅藥當階’,甲戌與君同
試中書題。"

按:據"甲戌與君同試中書題"句可知,趙翼與蔣宗海爲乾隆十九
年甲戌(1754)同考内閣中書同年,距今乾隆四十九年甲辰(1784)
恰已三十年。

按:《甌北集》卷三十八有《蔣春農同年挽詞》:"秘省抽毫麗綺霞,
遂初中歲別東華。"可知蔣宗海中歲歸隱。

蔣宗海,字星巖,號春農,晚號歸求老人。江蘇丹徒人。康熙五十
九年(1720)生,嘉慶元年(1796)卒。乾隆十七年(1752)進士,授
内閣中書,旋入軍機。後以母老告歸終養。主書院講席,學者稱
春農先生,能文之士多出其門。著《蔣春農文集》等。事具光緒
《丹徒縣志》卷三二《儒林》、王昶《湖海詩傳》卷十五。

主安定書院期間,子延俊隨,多爲代筆墨之役。

《西蓋趙氏族譜・藝文外編》載趙申嘉等《先考海珊府君行述》:
"府君諱廷俊,……中憲公主講揚州安定書院,府君隨侍,所著《剳
記》、《叢考》諸書,悉府君手自繕寫,書法顏魯公,寖入松雪、香光
兩家,每日能作小楷萬八千字,無一脱誤。……揚州人文輻輳,乞

中憲公詩文者踵相接，每脱稿，輒命府君書之，府君仿中憲公書法，人不能辨。”

揚州重晤唐思。

《甌北集》卷二十八《晤唐再可明府余昔從軍滇南君方攝騰越州也》：“忽見天南一故人，隔江相望久馳神。曾經共踏黄茅瘴，何幸俱留白社身。旅館影孤欣舊雨，戰場事往付前塵。喜君鬚鬢還如漆，高臥平山已十春。”後附唐思和詩：“年來踪迹與君同，歷盡關河逐轉蓬。萬里相從征戰後，半生多在別離中。何期此日登龍客，共惜當時失馬翁。東閣官梅初放處，好將文物坐春風。”

又《甌北集》卷三十五《挽唐再可》：“自我來揚州，徵逐半舊雨。能詩唐子西，相識自軍府。余從軍滇南，君方官騰越州，即相識。天南一以別，重逢快傾吐。”可知趙翼從軍入滇時結識了唐思。

唐思，字再可，號鵠巢，江蘇揚州府江都縣人。康熙五十四年(1715)生，乾隆五十七年(1792)卒。官廣西騰越州知縣。事具《淮海英靈集小傳》、《國朝耆獻類徵》卷二三八。

安定書院講席，結識李保泰，遂成莫逆。先生著述多有李保泰參與編校。

《甌北集》卷二十八《贈李嗇生郡博》：“列宿胸羅不可闚，才鋒横溢立談間。……通籍早辭塵吏俗，君成進士，即就教職。著書翻愛冷官閑。”

《原譜》乾隆四十九年甲辰(1784)條：“是冬兩淮鹽使全公德請主安定書院講席。……自是兩年，皆在揚州。”則與李保泰之相交即在安定書院講席間。

關於李保泰的學識，另見《甌北集》卷三十四《壽嗇生郡博五十初度》其一：“婁東古學有遥津，一瓣香傳著述身。”卷四十一《揚州留別諸同人》：“工詩玉溪生，高論每創獲。嗇生郡博。”

關於李保泰的人生追求，見《甌北集》卷三十四《壽嗇生郡博五十初度》：“早歲便成名進士，中年漸作老詩人。”(其一)“通籍先辭作

吏緣，一官甘就廣文氈。……吟稿歲增詩一寸，購書日損俸千錢。錦江春色邘江月，總與先生琢句傳。"（其二）

關於二人的友誼，見《甌北集》卷三十四《壽嗇生郡博五十初度》其一自注"拙刻數種皆君訂正"及卷五十三《哭李嗇生郡博》："朋簪回數幾心交，腸斷揚州廿四橋。步屧過從無半里，盤餐留話動連宵。"

李保泰，字景三，號嗇生，江蘇寶山人。乾隆七年（1742）生，嘉慶十八年（1813）卒。乾隆四十五年（1780）成進士，例授知縣，改官揚州府教授，遷國子監博士。博綜經史，善詩古文詞，于宋人文集最熟。著《嗇生居文集》等。事具邵淵耀《小石城山房文集》下《李嗇生先生家傳》和光緒《寶山縣志》卷九《人物志·列傳》。

謝墉二督江蘇學政，過揚州，先生賦詩相贈。

《甌北集》卷二十八《謝金圃少宰視學過揚賦贈》"手持玉尺領風騷，兩度江南駐節旄。"又卷三十有《送金圃少宰視學期滿還朝》，作於乾隆五十一年丙午（1786）。

據《清代職官年表·學政年表》，謝墉乾隆四十八年癸卯（1783）八月由吏部左侍郎差江蘇學政，直至乾隆五十一年丙午（1786）八月。第一次督學江南時間爲乾隆三十九年甲午（1774）九月至乾隆四十二年丁酉（1777）七月。

按：據卷三十《送金圃少宰視學期滿還朝》其二自注："公辛未召試中書，附庚午鄉科，故與余爲同年。"可知，二人可謂乾隆十五年庚午（1750）鄉試同年。

陳康祺《郎潛紀聞初筆》卷七"謝金圃憐才愛士"條："嘉善謝金圃侍郎墉，……嘗館大學士傅文忠公家，額駙尚書忠勇公暨文襄王，皆沖齡受業。九掌文衡，而在江南則典試、督學皆再任。……其甄擢名士，卓識宏量，尤爲近代公卿之所難。三元錢棨，鄉會試皆出公門，殿試公與讀卷，世稱盛事。……陽湖孫觀察星衍、甘泉焦明經循，皆由公識拔成名，經術文行，表表稱江淮間儒者。汪明經

中，方貧困遭侮，受公知，充丁酉科江都拔貢。公嘗語人：'予之上
容甫，爵也；如以學，予於容甫北面矣。'自是明經文譽始大起。阮
文達公始應童子試，公極口獎勵，召入第讀書，卒爲鉅儒賢相。嗚
呼！直省督學十八人，越三年一更易，典試數且倍之，憐才愛士如
謝公，今何人哉！秀才初出貢，許其才學足爲侍郎、學政師，雖自
知素明者恐未易毅然出諸口，公於是乎不負所職矣。"

謝墉，字崑城、金圃，號東墅、崑臣。浙江嘉善人。康熙五十八年
(1719)生，乾隆六十年(1795)四月九日卒。乾隆十六年南巡召
試，賜舉人，授內閣中書。乾隆十七年進士，改庶吉士，授編修。
歷官工、禮、吏部侍郎，兩督江蘇學政。因事復降編修，直上書房。
乾隆六十年休致，尋卒。著《安雅堂詩文集》。事具《清史稿》卷三
〇五。

詩贈金兆燕國博。

《甌北集》卷二十八有《贈金棕亭國博》及金兆燕和詩。

李斗《揚州畫舫錄》卷十"……兆燕幼稱神童，與張南華詹事齊名。
工詩詞，尤精元人散曲。"

金兆燕，字鐘樾，號棕亭、全椒蘭皋生、蕪城外史。安徽滁州府全
椒縣人。康熙五十七年十二月三十日(1719年2月18日)生，乾
隆五十六年(1791)卒。乾隆三十一年進士，官國子監博士，揚州
府學教授。晚年館於康山草堂。工詩詞，尤精元人散曲，著《國子
先生全集》等。事具陸萼庭《金兆燕年表》、《清史列傳》卷七十一。

蔣士銓曾掌教安定書院，今病廢歸江西。安定書院堂扁楹帖
皆蔣士銓掌教時手迹，先生悵然不得一晤。

《甌北集》卷二十八《蔣心餘曾掌教安定今病廢歸江西余來承乏院
中堂扁楹帖皆君手迹日與相對而不得一晤深可恨也詩以寄之》：
"邛驉相依兩散材，晚途俱作老書獃。君留鴻爪仍何往，我爲猪肝
亦此來。……可憐處處看遺迹，不得同時一舉杯。"（其一）"病歸
聞說泊江邊，故舊來看共愴然。口不一言常撟舌，身先半死但吟

肩。聞去歲自京病風,歸舟過揚州如此。……得復一燈相對否,平山南望
淚如泉。"(其二)

詩贈梅花書院山長吳珏,并題其《青崖放鹿圖》。

《甌北集》卷二十八《贈吳並山中翰》:"君選刻制藝,盛行於時。……座前
請業多登第,門牆最盛。海內論文幾作家。"該詩題注:"前曾掌教安
定,今主梅花書院。"二人之交往,參見同卷《題並山青崖放鹿圖》。

吳珏,字並山,安徽徽州府歙縣人。乾隆二十八年(1763)進士。
乞歸後主講揚州安定、梅花書院。

了凡禪師來主萬壽重寧寺,詩以贈之。

《甌北集》卷二十八《贈了凡禪師》自注:"新建萬壽重寧寺,甚鉅
麗,師來主方丈。"

李斗《揚州畫舫錄》卷四:"開山僧了凡,陽羨人,幼以梵學著名,與
萬應馨友善,學者依之。甲辰主寺講席,每一出,擁輿者百餘人,
巷陌聚觀,喧闐雞犬,酬唱妙語,不減蓮社。了凡後,蓮性寺僧傳
宗主之。了凡以善相稱,傳宗以善數稱,皆絕技。"

袁枚弟子范起鳳投詩拜謁,題其詩卷。

《甌北集》卷二十八《范瘦生枉訪並投佳什次韻奉答》:"君以遲徼
禁書得罪擬遣,賴恩旨得免。"(其一自注)"君師袁簡齋,友王西
莊。"(其二自注)此詩所附范起鳳原作:"公身原是玉堂仙,上苑探花
舊著鞭。生面獨開千載下,大名群仰廿年前。詩傳後世無窮日,吟
到中華以外天。"(其一)二人之交往,參見同卷《題瘦生詩卷》。

按:據范起鳳原作詩意,趙翼詩歌當時已傳至海外。

冬,聞袁枚游嶺南歸,以詩邀其明春作揚州之游。

《甌北集》卷二十八《聞袁子才游嶺南歸詩以寄問並約其明春來平
山堂》:"纔從雁蕩攬烟蘿,前年君游雁蕩。又上羅浮百級峨……聞攜眷
往游。"(其一)"七十老翁何所事,二分明月久相期。……春水一航
人兩個,此情不減浙游時。記己亥同游西湖事。"(其二)

作《論詩》詩,講創新、自成一家在詩歌創作上的重要性,反駁

"詩窮而後工"的觀點。

    《甌北集》卷二十八《論詩》:"滿眼生機轉化均,天工人巧日爭新。
預支五百年新意,到了千年又覺陳。"(其一)"李杜詩篇萬口傳,至
今已覺不新鮮。江山代有才人出,各領風騷數百年。"(其二)"隻
眼須憑自主張,紛紛藝苑漫雌黄。矮人看戲何曾見,都是隨人説
短長。"(其三)"詩解窮人我未空,想因詩尚不曾工。熊魚自笑貪
心甚,既要工詩又怕窮。"(其四)

揚州書院講席任上,與祝德麟書,表相思之情。之前,祝德麟
以庚子以來詩囑先生點定。

    祝德麟《悦親樓詩集》卷一五《得甌北先生書云昨過潤州見夢樓相
與道足下蹤迹悵望者久之先是趙映川懷玉歸毘陵麟以庚子以來
近稿寄質並請先生點定後付夢樓評閱師弟朋友數千里外眷眷之
意有若相印合者爰賦是篇》。

    按:祝德麟《悦親樓詩集》卷一五編年"起甲辰十月訖乙巳五月",
該詩上有《節臨冬至盆菊未凋漫賦》,下有《歲暮雜詠六首》。據
《近世中西史日對照表》,本年冬至在十一月十日,故該詩當作於
乾隆四十九年(1784)十一月至十二月間。

歲暮,由揚州書院歸里,瓜洲夜泊。

    《甌北集》卷二十八《瓜洲夜泊》:"歸舟月黑宿空灘,……殘冬風雪
逼袁安。……笑檢腰纏太豪富,滿囊詩句壓裝寒。"

是年,彭啟豐、程晉芳、曹秀先、明善卒。

乾隆五十年乙巳(1785)　五十九歲

二月二十三日,壽菊士招同金兆燕、唐思、朱森桂諸公泛舟至
平山堂,得晤朱森桂。與金兆燕唱和并請其序《甌北集》二十
七卷。

    《甌北集》卷二十九《清明前二日壽菊士招同棕亭再可立堂諸公泛

舟至平山堂即事》："我昔曾訪平山堂，己巳歲。……坐中有客唐子西，偏嫌脂粉非天姿。再可持論如此。此論未公吾不取……"

據《近世中西史日對照表》，本年清明在二月廿五日。

《甌北集》卷二十九《余因菊士招飲湖舫得晤朱立堂即承柱和長篇欣荷之餘敬酬以志雅意》："名流何意遇芳郊，春到垂楊綠滿梢。"

《甌北集》卷二十九《題椶亭見和長篇後並乞其為拙集作序》其二："叢殘舊稿偶成編，敢説人間快睹先。數十暑寒吾輩老，萬千著述幾人傳。幸逢皇甫思求序，既有鍾期肯絶弦。廿載相思一朝見，也應不吝筆如椽。"

錢泳《履園叢話》二十"平山堂"條："揚州之平山堂，余於乾隆五十二年秋始到，其時九峰園、倚虹園、筱園、西園曲水、小金山、尺五樓諸處，自天寧門外起直到淮南第一觀，樓臺掩映，朱碧鮮新，宛入趙千里仙山樓閣中。今隔三十餘年，幾成瓦礫場，非復舊時光景矣。"

李斗《揚州畫舫錄》卷十二："壽腹公，號菊士，浙江會稽人。方伯總辦東巡，差菊士任其事。時朱思堂都轉守太安，事多繁劇，菊士為之謀畫，朱深服其才。"

二月二十四日，蔣士銓卒。袁枚賦詩哭之，并函告先生。

《甌北集》卷二十九《子才書來驚聞心餘之訃詩以哭之》："斯人遂已隔重泉，腸斷袁安一幅箋。"（其一）"十年館閣每隨行，角逐名場兩弟兄。"（其三）

據《清容居士行年錄》，蔣士銓是年二月二十四日卒於南昌藏園。

按：蔣士銓與趙翼交誼極深，為通家之好。《甌北集》卷十《心餘復以歸舟安穩圖索題惜別送行為賦十二絶句》："年家娣姒往來親，内子披圖省識真。"（其五）"館閣相隨近十年，送君踪迹感夔蚿。"（其十二）卷十七《次韻答心餘見寄》："爰及兩山妻，情好亦如此。……年家來往頻，熟識到僕婢。一朝君買舟，攜家竟南徙。"詩後附蔣士銓原作："可憐兩孟光，亦復如娣姒。……我病奉母歸,浮家數遷徙。"《西蓋趙氏族譜·藝文外編》載趙翼《繼室程恭人行略》:"(程恭人)親串往來,惟程氏嫂、高氏嫂、蔣氏妹,情誼真摯,久而不渝。其他雖女家,亦不一至。"可見蔣趙兩家交誼。

二月二十六日,張坦招同秦黌、吳以鎮、金兆燕湖舫雅集。

《甌北集》卷二十九《清明後一日松坪前輩招同西巖涵齋棕亭湖舫雅集》:"多煩折簡到潛夫,出郭尋春興不孤。千樹桃花萬楊柳,揚州城外小西湖。"(其一)"香雪飄殘萼綠華,平山堂有梅千株,號'小香雪'。旁人笑我願空賒。"(其三)"紅橋修禊客題詩,三十年前盧雅雨爲運使時事。傳是揚州極盛時。"(其五)

李斗《揚州畫舫錄》卷十:"盧見曾,字抱孫,號雅雨山人,山東德州人……辛卯舉人,歷官至兩淮轉運使。築蘇亭于使署,日與詩人相酬詠,一時文宴盛于江南。乾隆乙酉,揚州北郊建'拳石洞天'、'西園曲水'、'虹橋攬勝'、'冶春詩社'、'長堤春柳'、'荷浦薰風'、'碧玉交流'、'四橋烟雨'、'春臺明月'、'白塔晴雲'、'三過留蹤'、'蜀岡晚照'、'萬松疊翠'、'花嶼雙泉'、'雙峰雲棧'、'山亭野眺'、'臨水紅霞'、'綠稻香來'、'竹樓小市'、'平岡艷雪'二十景。……乙酉後,湖上復增'綠楊城郭'、'香海慈雲'、'梅嶺春深'、'水雲勝概'四景。……公兩經轉運,座中皆天下士,而貧而工詩者,無不折節下交。後趙雲崧觀察弔之,有詩云:'虹橋脩禊客題詩,傳是揚州極盛時。勝會不常今視昔,我曹應又有人思。'其一時風雅,可想見矣。"

詩贈兩淮鹽運使全德。

《甌北集》卷二十九《贈鹺使全惕莊》:"禁林曾記附班行,今日相逢各老蒼。"

吳紹澯、吳紹浣兄弟招同秦黌飲梅花屋下。

《甌北集》卷二十九《吳澂塋編修杜村中翰招同西巖前輩飲梅花屋下十韻》:"澂塋以總校四庫書,恩授翰林。校書天祿閣,卜宅廣陵濤。暫衣還鄉繡,猶焚繼晷膏。開樽聯雅集,結契爲風騷。船屋三間小,

315

瓶花一丈高。瓷盆養老梅一柯，大盈屋。……家多藏書。"

《甌北集》卷四十《揚州哭澂埜編修》其二自注："君成進士後，以總校四庫書，特賜翰林。"

吳紹澯，一名紹燦，字素泉、澂野、澂埜。安徽徽州府歙縣籍，江蘇揚州府儀徵縣人。吳紹浣兄。乾隆九年（1744）生，嘉慶三年（1798）六月一日卒。乾隆四十年進士，授知縣，以校四庫全書改庶吉士，散官授編修。

吳紹浣，字杜村，號秋嵐。安徽徽州府歙縣籍，江蘇揚州府儀徵縣人。乾隆四十三年進士，改庶吉士，授內閣中書。官至河南南汝光道。卒於官。精于賞鑒，所藏法書名畫甚多。

游孝女文元測字養親，詩以彰之。

《甌北集》卷二十九《游孝女測字養親詩》："何哉游氏女，亦復矜弄筆。設案闤闠中，風吹面如漆。……親老鮮兄弟，藉此養衰疾。……揚州銷金窩，動擲千萬鎰。……何不涓滴分，憫此嬋媛質。"該詩題注："名文園，年十七，以測字養親。"

李斗《揚州畫舫錄》卷十一："游孝女，字文元，以賣卜、拆字養其親。金棕亭國博見之，率其子臺駿、孫璀同作《游孝女歌》。一時縉紳如秦西巖觀察、汪劍潭國子、潘雅堂戶部，皆有和詩。倉轉運聖裔聞之，招入使署，令教其女，爲擇婿配之。棕亭詩中有'試覓赤繩爲系足'之句，謂此。"

按：《陔餘叢考》卷三十四有《測字》考一篇。

清明後，招管幹貞、王文治、了凡重寧寺齋食，了凡代治具。後泛舟至平山堂，游平遠樓諸勝。

《甌北集》卷二十九《招管松崖漕使王夢樓前輩了凡禪師重寧寺齋食後泛舟至平山堂游平遠樓諸勝松崖有詩即次原韻》。《贈夢樓》："後輩舊隨前輩第，庚辰、辛巳廷試，名次相同。在家今作出家僧。君持齋已十餘年。……是日了凡代治具。……君書名擅一時。"《贈了凡》："伊蒲宴客梵筵豐，方外豪華另一宗。"及李斗《揚州畫舫錄》卷四："方丈在大殿西廊。門內四圍皆竹，中有方塘，水木明瑟，繚白縈青，松幢葆蓋，清香透毛骨。山門右廊，沿塘入方丈門內，前堂後閣，右爲禪堂、僧廚。沿塘至對面爲飯堂。"卷七："甲辰，管松崖幹珍巡視南漕，駐揚州。謝未堂司寇、秦西巖觀察、沈既堂轉運、吳杜村翰林、趙雲崧觀察公宴是園（按：九峰園），各賦詩以紀其勝。"卷十六："平遠樓，仿平遠堂之名爲名也。樓本三層，最上者高寺一層，最下者矮寺一層，其第二層與寺平，故又謂之平樓。尹太守爲之記。汪滌崖於此樓畫'黃山諸峰'，稱神品。樓建後關帝殿，旁爲東樓，樓下便門通小香雪，即題'松嶺長風'處。"

管幹貞，初名翰，成進士時，禮部改"貞"爲"珍"，乾隆六十年，命仍原名。字陽復，號松崖，江蘇常州府陽湖縣人。雍正十二年（1734）十一月二十二日生，嘉慶三年（1798）四月二十五日卒。乾隆三十一年（1766）進士，改庶吉士，授編修。考選貴州道御史，累遷至光禄寺卿。擢工部侍郎，授漕運總督。後奪官。工詩文，善畫花鳥。著《松崖詩鈔》等。事具趙懷玉《亦有生齋集》文卷一八《資政大夫兼兵部侍郎都察院右副都御史總督淮陽等處地方提督漕運海防軍務兼理糧餉管公幹貞墓志銘》。

鰣魚初出，張坦即購以見貽，又招同吳以鎮、金兆燕、唐思雅集。

《甌北集》卷二十九《鰣魚初出松坪前輩即購以見貽賦謝》、《松坪於齋頭遍插芍藥招同涵齋棕亭再可雅集即事》。

端午前後，家居，苦旱。

《甌北集》卷二十九《苦旱》："正是龍舟競渡時，傾城士女出遨嬉。……午節前後，常州龍舟甚盛，觀者如堵。時將屆插秧，而河水已漸枯耗，游人初不念及也。"（其一）"五月二十以後，各處支港已竭，無水可戽。農民不能插秧，皆束手坐待。"（其四自注）又《旱坐遭悶》。

《甌北集》二十七卷刊刻，請袁枚、王鳴盛、翁方綱、吳省欽、祝德麟等作序。祝德麟并參與校讎之役。

《甌北集》卷首袁枚序署"乾隆五十年乙巳夏五隨園老人袁枚拜序"，

317

此序亦見袁枚《小倉山房文集》卷二八,題爲《趙雲松甌北集序》。

《甌北集》卷首王鳴盛序署"乾隆乙巳長夏同學弟王鳴盛西莊氏拜撰",序云:"(耘菘)歸田以來,編刻所爲詩約二千篇寄予序之。予雒誦一周,其在朝之作,所交之友皆吾友,所歷之境皆吾境,予語所不能道者,耘菘若代吾道之。……耘菘之才俊而雄,明秀而沉厚,所得於天者高,又佐以學問,故言之短長與聲之高下皆宜。……有境以助其才,有才以寫其境,而耘菘之詩出焉,能不爲近時一大宗哉!"

按:《甌北集》卷三十二《閶門晤王西莊話舊》其二自注:"前歲曾爲拙集序。"作於乾隆五十三年戊申(1788),"前歲"即指本年請序事。

《甌北集》卷首翁方綱序署"乾隆歲次乙巳秋九月既望同學弟大興翁方綱拜書",序云:"今耘菘之詩衮然成帙,既登於梓者二十七卷,郵寄示予,且屬以一言。君方掌教邗江之上,而予於二千里外披誦前後諸什,……如見先生雙眸射人,搖膝髭於煙月之間。"

按:據清吳修《昭代名人尺牘》卷二十三趙翼與趙懷玉書札:"拙詩承覃溪謬賞,意欲乞其一序。賢再姪亦不可無一序,乞一并寄歸是荷。并候近好不一。味辛賢再姪。愚翼拜手"知,趙翼求序於翁方綱是托趙懷玉轉達之。

《甌北集》卷首吳省欽序署"乾隆乙巳六月二十一日館侍南匯吳省欽撰",序云:"陽湖趙君耘菘,爲予館閣前輩,……因合向所爲詩曰《甌北集》者,刻成示予,而徵序至再。……姑以其名集之義測之。"

《甌北集》卷首祝德麟序署"乾隆乙巳秋八月既望受業祝德麟謹序",序云:"房師趙耘菘先生,刻向者所爲詩二十四卷成,名曰《甌北集》,於己亥春郵示。越三年,又益以近藁三卷,命德麟事校讎之役。"

《甌北集》卷二十七《寄葅園》其一:"我亦一編將脫藁,何時相質草玄亭。"作於乾隆四十七年壬寅(1782)，"一編"當即指本年乞衆人作序之《甌北集》二十七卷。

秋白露後，金兆燕治具招同秦黌、張坦、唐思爲湖舫之游。

《甌北集》卷二十九《棕亭治具招同西巖松坪再可爲湖舫之游》："秋方過白露，人總是華顛。"

據《近世中西史日對照表》，本年白露在八月四日。

詠秦黌齋頭自鳴鐘。

《甌北集》卷二十九《西巖齋頭自鳴鐘分體得七古》："化工豈許人捉摸，忽被巧匠偷秘鑰。……先生何處購求得，位置高齋映筆格。"

《簷曝雜記》卷二"鐘表"條："自鳴鐘、時辰表，皆來自西洋。鐘能按時自鳴，表則有針隨晷刻指十二時，皆絕技也。今欽天監中占星及定憲書，多用西洋人，蓋其推算比中國舊法較密云。洪荒以來，在璿璣，齊七政，幾經神聖，始洩天地之秘。西洋遠在十萬里外，乃其法更勝，可知天地之大，到處有開創之聖人，固不僅羲、軒、巢、燧已也。鐘表亦須常修理，否則其中金線或有緩急，輒少差。故朝臣之有鐘表者，轉悮期會，而不誤者皆無鐘表者也。傅文忠公家所在有鐘表，甚至傔從無不各懸一表於身，可互相印證，宜其不爽矣。一日御門之期，公表尚未及時刻，方從容入直，而上已久坐，乃惶悚無地，叩首階陛，驚懼不安者累日。"

昭槤《嘯亭續錄》卷三"自鳴鐘"條："近日泰西氏所造自鳴鐘表，製造奇邪，來自粵東，士大夫争購，家置一座以爲玩具。純皇帝惡其淫巧，嘗禁其入貢，然至今未能盡絕也。按《唐書‧天文志》云：'渾天銅儀，立木人二于地平。其一上置鼓以候刻，刻至一刻，則自擊之；其一前置鐘以候辰，辰至一辰，亦自擊之。皆於櫃中各施輪軸鈎鍵，關鑰交錯相持，置於武成殿前以示百官。'然其制作亦有所仿矣。"

蔣士銓《忠雅堂詩集》卷四亦有《自鳴鐘》。

秋，先生接袁枚所作《甌北集》序，謝書自稱"第三人"，而以袁枚爲"第一人"。

《甌北集》卷首袁枚序云："晉温嶠恥居第二流，而耘菘觀察獨自居第三人，意謂探花辛巳，而於詩則推伏余與蔣心餘二人故也。……今年以《甌北集》來索序，擷之祇心餘數行，而他賢不與焉。然後知耘菘于余果有偏嗜耶？抑其詩別有獨詣之境，己不能言，他人不能言，必假余與心餘代爲之言耶？……然去春過南昌，心餘病，握余手諈諉詩序，一如耘菘，擷卷首一序並無，然後知此二人者，交滿海內，而孤睨隻視，惟余是好。"此序亦見袁枚《小倉山房文集》卷二八《趙雲松甌北集序》。

袁枚《續同人集・文類》卷四趙翼《上簡齋先生書》："賜拙稿一序，及看出訛謬之處，捧之不勝狂喜。……生平不敢自信，今轉因公之獎借而堅其信也。……抑第三人尚如此，則第三人所推爲第一者更不待言可知。而譽人正以自譽耶？……至文字之險橫蒼辣，以七十老翁尚如此凌紙怪發，不可逼視，益以此服公之天，豈真《楞嚴》所謂'年老成精'者耶？……平山公舊游地，秋涼時節，能果此約否？肅先佈謝。"此書末有袁枚注云："雲松常稱海內才人，子才第一，心餘第二，自己第三，且本係探花，故有'第三人'之説。"

袁枚答書見《小倉山房尺牘》卷六《覆雲松觀察》："尊作《自壽》詩'家無半畝憂天下，胸有千秋愧此生'一聯，此種胸襟氣象，雖大聖賢，何以加焉？不料末句以'年老成精'作結，有如虞庭《簫韶》鈞天廣樂之地，忽跳出沐猴一舞，怪鴟一鳴，趣則趣矣，類耶，不類耶？"可知，袁枚頗不喜"年老成精"之典。前引趙翼來書亦稱袁枚"年老成精"，袁枚此論，亦或因此而發。

按：袁枚所論趙翼《自壽》詩見於《甌北集》卷三十《六十自壽》其八，從今所見《甌北集》可知，袁枚去書後，趙翼并未從其説進行修改。

阿桂來淮勘清口河工，召先生往晤。

> 《甌北集》卷二十九《清口謁雲巖相公》："古稀雖屆神逾壯，平格天教贊化鈞。"（其一）"連歲治河豫省。……今年被旱，洪澤湖水涓滴不能出清口，轉藉黃河水倒灌入運河。公並議清口築壩蓄水，以備明春刷黃濟運之用。"（其二自注）"不關求仕還來謁，此意區區稍不同。"（其三）

畢沅移撫河南，賑荒靖變有政績。

> 《甌北集》卷二十九《秋帆開府移撫豫省賑荒靖變勳績特異作詩寄頌》："巍科取第一，出手便不同。……十年分陝寄，頌聲遍秦風。汴宋古中州，災沴有獨鍾。……監門圖莫上，帝早切瘝痌。詔公速移節，往拯哀嗷鴻。……柘城有乞活，蟻聚猶剽攻。……公又亟提兵，迅發霜蹄驄。……不出旬日內，誅渠散脅從。……落落兩大事，炳麟耀高穹。"
>
> 據《清代職官年表·巡撫年表》，畢沅是年二月由陝西巡撫調河南巡撫。
>
> 呂培《洪北江先生年譜》乾隆五十年乙巳條："時畢公調撫河南，趣先生至開封，遂於月杪由陝入汴。至則豫省方積旱，又河工事填委，不復有關中唱酬之樂矣。"

秋，過淮晤程沆，值其七十壽，賦詩稱祝，兼訂平山堂之游。

> 《甌北集》卷二十九《過淮晤程晴嵐值其七十壽賦詩稱祝次章兼訂平山堂之游》："廿年館閣稱前輩，十畝園林作退翁。天上蓮花紅燭炬，淮南桂樹小山叢。"（其一）"倦游那擬到淮濱，意外重逢似宿因。千里來當黃葉候，五年前已白頭人。……先札西巖，覓余續刻。……舊贈君詩，尚在屋壁。老去益思多見面，期君同醉蜀岡春。"（其二）

秦霤招同沈業富、王文治宴集。沈業富以臀癬不能坐，長跪終席。以王文治持齋故，秦霤治具全用素食。王文治作素食歌，先生調之，王文治寄示祝德麟和。

《甌北集》卷二十九《西巖招同沈既堂王夢樓兩前輩宴集既堂以臀癖不能坐長跪終席戲用西巖語作詩奉粲》、《西巖治具全用素食以夢樓持齋故也作素食歌見示亦作一首答之並調夢樓》自注："是日即用夢樓庖人。"

王文治《夢樓詩集》卷十六有《素食歌答趙甌北》。又祝德麟《悅親樓詩集》卷一五《和夢樓素食歌》小序："夢樓長齋奉佛，秦西巖觀察邀之，素食具特精美。甌北先生亦在座，作歌嘲謔。夢樓解之，錄詩寄示，并謂余當瞿然於戒殺。師友之間不必左右袒也，因和一篇。"

又《甌北集》卷四十五《到揚州沈既堂前輩留飲話別兼訂蘇杭之游先索和章爲券》自注："公自號味燈老人，日以詩牌集字得句。"可知，沈既堂自號味燈老人。

三元錢棨來訪，贈詩一首及《三元考》一篇。

《甌北集》卷二十九《贈三元錢湘舲》："滿街爭擁看三元，三元肯來訪衰朽。……累朝如君十一個，唐張又新、崔元翰，宋孫何、王曾、宋庠、楊寘、王巖叟、馮京，金孟宗獻，元王宗哲，明商輅。事迹半在青史留。贈君一篇《三元考》，更期進步百尺竿上頭。時以所著《三元考》一篇奉贈。"該詩題注："己亥解元，辛丑會元、狀元。"

按：該《三元考》見《陔餘叢考》卷二十八《三元》。

昭槤《嘯亭續録》卷四"錢三元"條："錢三元棨登第時，爲謝金圃所援，故人多輕之。學問膚淺，不識古今事。聞成哲王言，嘗與談戲文，彼以滿床笏爲實事，是不知郭汾陽爲何人，亦可詫也。"

陳康祺《郎潛紀聞四筆》卷十"三元及第錢棨"條："本朝以三元及第者，自長洲錢湘舲閣學棨始，其人品亦克副巍科。幼以孝聞，其母高太夫人病篤，嘗刲臂肉和藥以進，應手而愈。大魁後，以修撰直上書房，敬恭匪懈。值和珅當事，欲羅致之，堅不爲奪。故詩文楷法並精，屢司文柄，而終無由進一階。和敗，時内直諸臣黨於和者，皆被連染，公獨翛然事外，時論高之。睿皇帝嘉公介直，遂連擢至内閣學士。考公墓志銘，爲同郡石琢堂廉訪所作，於公不入和黨之大節獨遺之，又叙官階祇及修撰，其後開坊至閣學均略焉。《獨學廬文集》本不諳古文義法，疏漏至此，尤所未喻。"

錢棨，字振威，號湘舲，江蘇蘇州府長洲縣人。乾隆七年（1742）生，嘉慶四年（1799）八月卒。乾隆四十四年解元，乾隆四十六年會元、狀元。乾隆四十六年一甲一名進士，授修撰。官内閣學士、雲南學政。

公宴錢棨於謝溶生第，同席秦黌、張坦、吳以鎮、沈業富、吳紹浣等皆翰林詞館同人。謝溶生出歌姬侑酒。

《甌北集》卷二十九《公宴湘舲於未堂司寇第自司寇以下西巖松坪涵齋既堂杜村及余皆詞館也江鄉此會頗不易得司寇出歌姬侑酒以張之屬余賦詩記勝即席二首》其一自注："女郎顧四娘乞名於湘舲，湘舲贈以霞娛二字。"

又《甌北集》卷三十五有《未堂司寇招同陳繩武郡丞宴集二八女郎清歌侑酒因憶前歲亦與繩武就司寇花酒之飲今侍客者非復舊人問知或嫁或死矣即席感賦》，作於乾隆五十七年壬子（1792），詩題"前歲"當指本年事。

李斗《揚州畫舫録》卷九"顧姬，行四，字霞娛，工詞曲，解詩文，住姜家墩天心庵旁。會錢湘舲三元棨過揚州，于謝未堂司寇公宴席中品題諸妓，以楊小保爲女狀元，霞娛爲女榜眼，楊高爲女探花。趙雲崧觀察有詩云：'酒緑燈紅紺碧花，江鄉此會最高華。科名一代尊沂國，絲竹千年屬謝家。拇陳酣摧拳似雨，頭銜艷稱臉如霞。無雙才子無雙女，並作人間勝事誇。'"

接廣東巡撫孫士毅詩，寄答。

《甌北集》卷二十九《寄補山開府》："公昨寄我詩，險韻手自排。……公送袁簡齋，復齒及余。"（其一）"同直多膴仕，可傳只數人。朗夫近乎隘，持論殊斷斷。卓立千仞壁，不受一點塵。秋帆近乎通，才氣實絶倫。中州救荒績，手活百萬民。公兩兼其長，和介備一身。……承平論經濟,豈必爭奇新。即此入列傳,已足爲名臣。"
(其二)"滇徼既聯鑣,黔疆復并轡。獨至兩粵交,迹同時則異。凡
我作守邦,皆公管内地。我在公不來,我歸公始至。"(其四)

與同年白秋齋總戎交。

按:趙翼與白秋齋交游《甌北集》中凡三見,《甌北集》卷二十九
《贈同年白秋齋總戎》:"將軍家世中州人,馬槊清談並絶倫。起家
科第官宿衛,擁旄歷遍江南春。……最是淮關權使銜,庫金夜劫
鼓空摛。將軍被檄去捕盜,……正好凌烟入畫圖,如何辭病求閑
曠。……將軍聞之笑不止,手指白鬚吾老矣。"及卷三十《秋齋爲
都閫時桂林陳文恭公方撫吳深相器重嘗手札獎勉今文恭殁已十
餘年秋齋裝潢其札屬題敬書於後》、卷三十三《白秋齋總戎挽詞》。
《甌北集》卷三十三《白秋齋總戎挽詞》作於乾隆五十四年己酉
(1789),可知白秋齋殁於是年。《甌北詩鈔》七言律七《教場壩懷
故將白秋齋同年》應作於白秋齋殁後,該詩題注:"君庚午武鄉試
與余同年,官至副將,有賢聲。曾爲常州游擊,教場壩其演武地
也。"該詩不見《甌北集》。

是歲大旱,運河日涸,附近州郡米價日昂,鄉民掘河底黑泥,和
麩作餅。

《甌北集》卷二十九《年飢》、《米貴》。

按:《甌北集》卷三十九《雨不止》其二:"曾經乙巳年荒旱,不敢嫌
他雨過多。"作於嘉慶二年丁巳(1797),"乙巳"當指本年。
《簷曝雜記》卷四"河底古木灰"條:"歲丙午,江南大旱。余鄉河港
皆赤裂百餘日,居民多赴煙城濠中掘黑泥,和麩作餅。相傳此城
本沈法興聚糧處,年久化爲泥也。鄉人以各河底皆有黑泥,亦掘
之。至五、六尺許,輒得泥如石炭者,然不可食,以作薪火,乃終日
不熄。"乙巳後爲丙午,乾隆五十年乙巳(1785)江南大旱,波及乾
隆五十一年丙午(1786)生產生活,故《簷曝雜記》云"歲丙午,江南
大旱"的情況,在乾隆五十年乙巳已經出現。

按：據《西蓋趙氏族譜‧藝文內編》載趙翼《致費中堂書》："今（嘉慶十二年丁卯）已交大暑，并不能補種矣。看來今歲旱荒較乾隆五十年更甚。（乾隆）五十年麥收大熟，民有半年之糧，且插蒔遍野，其中尚有一二分收成者。"嘉慶十二年旱災甚於乾隆五十年，但即便如此，乾隆五十年餓莩遍野的慘狀，在當時很多文集中皆有體現，如孫原湘《天真閣集》卷八以《泥滑滑》、《架架格格》、《脫却布褲》、《婆餅焦》、《情急了》、《得過且過》六種《禽言》作小樂府，記常熟農家此年遭旱後生活。范來宗《洽園詩稿》卷五《榆皮行》述江南旱況："今年十室九啼飢，食榆之皮甘如飴。"

錢泳《履園叢話》一"米價"條："康熙四十六年，蘇、松、常、鎮四府大旱，是時米價每升七文，竟長至二十四文。次年大水，四十八年復大水，米價雖較前稍落，而每升亦不過十六七文。雍正、乾隆初，米價每升十餘文。二十年蟲荒，四府相同，長至三十五六文，餓死者無算。後連歲豐稔，價漸復舊，然每升亦祇十四五文爲常價也。至五十年大旱，則每升至五十六七文。自此以後，不論荒熟，總在廿七八至三十四五文之間爲常價矣。"

因先生建議常州知府取消平糶令，吸引外地糧船，以解常州饑荒，致使常州米價驟增。鄉民不解，相聚數百人至先生宅搶米。常州守欲置重辟，先生示以薄懲即可。

《原譜》乾隆五十年乙巳（1785）條："六月初，自常州至蘇州，已不得行船。蘇州米價日貴，撫藩大吏出示有米之家減價平糶。攝常州守夏某亦彷行之。而不知自鎮江至常州尚可行舟，正當高價以來米船，使地方買以儲備，則價雖增而米尚不缺，此趙清獻救荒法也。會先生自揚州歸，見途次米船反由常州往鎮江，問之，因常州有平糶之令，故不敢泊而却回耳。先生亟告於夏守，夏守使人探市河，果無一船停泊，乃自知其誤，亟弛其禁。於是市價驟增，每升賣至二十六七文。小民無知，謂先生一言使我輩食貴米，遂相聚數百人至先生家肆掠。先生姑避之。律以城市聚衆劫掠，罪當置重辟，先生憫其無知，轉語地方官薄懲之。而弛禁後河已涸，雖高價以招，米船不能至矣。未幾市價每升至五十文而不可得，於是始服先生見。倘初貴時無此厲禁，則米船到常者多，地方收買充裕，當不至如此之缺而益貴也。"

十一月十八日，謝塘試揚甫畢，謝溶生招同江春、蔣宗海，奉陪謝塘夜宴，觀舞燈。

《甌北集》卷二十九《冬至前三日未堂司寇招同鶴亭方伯春農中翰奉陪金圃少宰夜宴即事二首》："少宰試揚甫畢。"（其一自注）及卷二十九《觀舞燈》："滿野流移似凍蠅，華堂猶列炬千層。臨觴敢謂非豪舉，如此今年看舞燈。"

據《近世中西史日對照表》，本年冬至在十一月二十日。

李斗《揚州畫舫錄》卷十二："江方伯名春，字穎長，號鶴亭，歙縣人。初爲儀徵諸生，工制藝，精於詩，與齊次風、馬秋玉齊名。先是論詩有'南馬北查'之譽。迨秋玉下世，方伯遂爲秋玉後一人。體貌豐澤，美鬚髯，爲人含養圭角，風格高邁，遇事識大體。居南河下街，建隨月讀書樓，選時文付梓行世，名《隨月讀書樓時文》。於對門爲秋聲館，飼養蟋蟀，所造製沉泥盆，與宣和金戧等。徐寧門外鬻隙地以較射，人稱爲江家箭道。增構亭榭池沼，藥欄花徑，名曰'水南花墅'。乾隆己卯，芍藥開並蒂一枝；庚辰開並蒂十二枝，枝皆五色。盧轉使爲之繪圖徵詩，錢尚書陳群爲之題'襲香軒'扁。自著有《水南花墅吟稿》。東鄉構別墅，謂之'深莊'，著《深莊秋詠》。北郊構別墅，即是園。有黃芍藥種，馬秋玉爲之徵詩。丁丑改爲官園，上賜今名。移家觀音堂，家與康山比鄰，遂構康山草堂。郡城中有'三山不出頭'之諺：三山謂巫山、倚山、康山是也。巫山在禹王廟，倚山在蔣家橋今茶葉館中，康山即爲是地，或稱爲康對山讀書處。又于重寧寺旁建東園，凡此皆稱名勝。方伯以獲逸犯張鳳，欽賞布政使秩銜；復以兩淮提引案就逮京師，獲免。曾奉旨借帑三十萬，與千叟宴，其際遇如此。方伯死，泣拜於門不言姓氏者，日十數人。或比之陳孟公之流，非其倫也。"

陳康祺《郎潛紀聞四筆》卷四"豪商黃筠"條："乾隆間，兩淮商總江春，揚州人，世所稱'鶴亭主人'者。富甲東南，慕悅風雅，一時經生墨客，多與聯縞帶之歡。其投贈詩文，見於前輩集中者，可指數也。"

江春，字穎長，別字鶴亭。康熙六十年（1721）生，乾隆五十四年（1789）卒。安徽徽州府歙縣人，後徙居揚州。諸生。以業鹽富，先後承辦六次南巡采辦事。乾隆二十二年以辦治淨香園稱旨，賞奉宸苑卿銜。乾隆二十七年陞布政使銜。兩淮鹽引案發，慨然一身當之，乃特赦之。著《黃海游錄》、《隨月讀書樓集》。事具袁枚《小倉山房文集》卷三二《誥封光祿大夫奉宸苑卿布政使江公墓志銘》。

冬，在揚州探梅。

《甌北集》卷二十九《探梅》："客孤歲晚易生哀，且喚湖航泛綠洄。……地連北郭纔三里，蕊拆南枝恰半開。"

管幹貞留任巡漕，再到揚州。

《甌北集》卷二十九《松崖留任巡漕再到揚州喜贈》："巡漕例一年報滿，今特旨令君留任。持節兩年衣短後，轉漕萬舸纜争先。……我以避荒公奉使，客中頻聚也良緣。"

書所見凍餓而死者甚眾。

《甌北集》卷二十九《書所見》："霜威似刀風似鏃，五更齊趁賑廠粥。廠猶未開冷不支，十三人傍野垣宿。……肩背相帖臂相抱，一團翻似屏風肉。……天明過者赫然駭，都作僵屍尚一簇。……豈天欲盡窮黎命，奇荒奇冷併一年。……災來偏殺無罪人，更從何處論公道！掩埋方悲無敞帷，有人又剝屍上衣。……明知旋亦供人剝，且救須臾未死皮。"

避荒，揚州度歲。唐思餽油酢生果及糖蹄。廷英歸里，廷偉、廷俊、廷彥隨侍。

《甌北集》卷二十九《揚州度歲》：“故鄉不忍聽號呼，度歲今宵在客途。……指吾鄉乙未勸賑事。今復舉行，余老矣，不復能身任也。……桑梓千村半溝壑，此身敢獨歎饑驅。”(其一)“旅窗風味一燈寒，聽到江城爆竹殘。薄產不收聊旅食，奇荒難救但旁觀。繞庭兒勸迎年酒，大兒已回，餘三兒皆侍。款戶人來餽歲盤。”(其二)

《甌北集》卷二十九《松崖留任巡漕再到揚州喜贈》：“我以避荒公奉使，客中頻聚也良緣。”

《甌北集》卷二十九《唐再可以油醉生果及糖蹄餽歲賦謝》其二自注：“糖蹄以蘇州製者爲上，君夫人宋本蘇人，故所製極精也。”

是年，潘德輿、陳沆、姚瑩、林則徐生。陸燿卒。

乾隆五十一年丙午(1786)　六十歲

在揚州，作《六十自述》詩。

《甌北集》卷三十《六十自述》：“人羨見聞增宦轍，天如成就作詩家。”(其三)“平山堂似繡屏開，好友相招月幾回。地有歐陽遺迹在，人疑杜牧後身來。樓臺兩岸名園接，燈火中流畫舫迴。他日紅橋志修禊，老夫曾此屢銜杯。”(其七)“身無半畝憂天下，眼有千秋愧此生。米貴恰宜師辟穀，好教年老漸成精。”(其八)

寄詩懷王昶。

《甌北集》卷三十《寄述庵按察》：“廉訪三秦拜特除，早聞風動百城餘。……君由副憲出外。……遙知結習仍文字，讀律纔完又讀書。”(其一)“蠻徼從戎鬢未皤，記曾聯騎挽雕戈。”(其二)

時江南旱災，米價徒增，旅食不免節縮。二月十二日大雨如注，後數日，知乾隆帝遣副都統阿彌達賚香至黃淮各廟祈雨，正以是日行禮。

《甌北集》卷三十《米價日增旅食不免節縮書此一笑》、《二月十二日大雨如注一年來所未見也後數日知皇上遣副都統阿彌達賚香至黃淮各廟祈雨正以是日行禮乃知此雨實帝心所感召也春麥得滋饑羸可活草莽微臣欣感不已敬記以詩》："經年不聽簷端溜，旱災比戶飢腸吼。……今朝甘澍何滂沱，……殺盡百花吾不惜，有人忍死待春麥。雨過旋聞淮信報，朝廷遣官禱諸廟。……君不見御香一到雨滲漉，至誠格天抑何速。"

四月，謝溶生、秦黌、張坦、沈業富、吳紹浣招陪管幹貞宴集九峰園，並爲湖舫之游。九峰園之宴，園主人汪茂修未在座，後聞先生有詩，來索書。

《甌北集》卷三十《未堂西巖松坪既堂悔庵杜村招陪松崖漕使宴集九峰園並爲湖舫之游作歌》："半年不上游湖艇，爲怕出城見荒景。四月麥熟已食新，適遇佳招吾可領。巡漕使者將還京，此間地主皆多情。九峰園中大設宴，招陪折簡到老傖。……酒闌乘醉泛淥洄，去探芍藥開未開。……黃昏歸來再曲宴，興酣忘却街鼓催。"又《湖上》、《九峰園之宴園主人汪茂修未在座也後聞余有詩以素冊來索書書罷戲題於後》。

《揚州畫舫錄》卷七："乾隆辛巳，得太湖石九于江南，大者逾丈，小者及尋，玲瓏嵌空，竅穴千百。衆夫輦至，因建'澄空宇'、'海桐書屋'，更圍'雨花庵'入園中。以二峰置'海桐書屋'，二峰置'澄空宇'、一峰置'一片南湖'，三峰置'玉玲瓏館'，一峰置'雨花庵'屋角，賜名九峰園。御制詩二……注云：園有九奇石，因以名峰，非山峰也。"

錢泳《履園叢話》二十"九峰園"條："揚州九峰園，奇石玲瓏，其最高者有九，故以名園，相傳皆海嶽庵舊物也。高宗南巡見之，選二石入御苑，止存七峰，近又頹廢，不過四五石而已。"

揚州觀劇，爲名旦郝天秀作《坑死人歌》。

《甌北集》卷三十《坑死人歌爲郝郎作》："乃知男色佳，本勝女色姣。揚州曲部魁江南，郝郎更賽古何戡。……廣場一出光四射，歌喉未啓人先憨。……遂令天下父母心，不重生女重生男。以是

329

得佳號，坑死人，滿城噪。……古來掘地作塹坑，或殺腐儒或降兵，不謂烟花有長平。……老夫老來怕把坑字説，況聞美男能破舌。……豈知一見也低迷，不許廣平心似鐵。目成幾忘坎窞凶，有人從旁笑此翁。驅而納之莫知避，教書人未讀中庸。"

李斗《揚州畫舫錄》卷五"郝天秀，字曉嵐，柔媚動人，得魏三兒之神。人以'坑死人'呼之，趙雲松有《坑死人歌》。"

按：《甌北集》卷二十九《冬至前三日未堂司寇招同鶴亭方伯春農中翰奉陪金圃少宰夜宴即事二首》其二自注："歌者郝金官色藝傾一時，有坑人之目，故云。"及卷三十八《計五官歌》："揚州樂府聚風華，陳寶陳大寶。秦坑郝金官有坑人之稱。人共誇。"所云"郝金官"即郝天秀。

大學士阿桂在淮勘清口堤工，第二次招晤，先生淮游謁之。書所見道旁慘象。

《甌北集》卷三十《淮游》："又沂長淮一道斜，沿堤垂柳尚飛花。河通估舶仍交路，運河築壩蓄水，今已盡開，船皆暢行。麥熟流民漸返家。"

《自嘲》："久謝時榮養病身，却因知己上淮濱。黠奴竊笑幽棲客，又出山來謁貴人。時因雲巖相公至清口，寄聲招晤，故往謁。"

《甌北集》卷三十《所見》："行屍諧語本荒唐，不謂相逢滿道旁。皮骨僅存人似腊，知無粒米在他腸。"又有《柳枝詞》。

端午節泊淮城憶揚州兒輩，再晤程沆。毓奇招同全德、程沆置酒過節，高宴竟夕。

《甌北集》卷三十《午日泊淮城憶兒輩揚州》："豈謂逢佳節，翻教在旅途。"《再晤晴嵐》："豈意重過漂母亭，扁舟暫爲故人停。一年再見逾頭白，千載相期有汗青。……恰逢佳節來相訪，省爾匆忙治食經。"《是日竹溪漕帥招同愓莊晴嵐置酒過節高宴竟夕賦詩志雅》："恰逢笙管娱佳節，誰肯雲霄念故人。……舊從公同在滇南戎幕。……是日演屈原龍舟故事。欲知留客情深處，宴罷歸來已響晨。"

據《清代職官年表·總督年表》，毓奇乾隆四十八年癸卯（1783）二月至乾隆五十四年己酉(1789)六月任漕運總督。

毓奇,字鍾山,號竹溪。滿洲鑲黃旗人。乾隆二年(1737)生,乾隆五十六年(1791)卒。官漕運總督。著《静怡軒集》。

先生此次淮游近十日。

《甌北集》卷三十《將至揚州口占》:"濃陰添緑上楊枝,來往俄驚十日期。"

在揚州,作《醉時歌》贈蔣宗海,宗海和之。時蔣宗海亦主講安定書院。

《甌北集》卷三十《醉時歌贈春農同年》:"春農先生我老友,武庫胸中無不有。……江北江南四十年,乞文車馬滿門前。……有官不補主壇坫,龍門聲望青雲巔。一年一年風氣變,米價日高文日賤。……明知雞肋已無味,老矣肯改花樣繡。"

該詩所附蔣宗海和詩:"興酣落筆推我友,嬉笑怒罵無不有。有時揮作醉時歌,却是曾遮西日手。昔在京華最少年,公卿倒屣候王前。……與君相見在揚州,山長頭銜殊不謬。示我新詩三百篇,爽氣朝來溢户牖。我亦諸仙一導師,金針錯把鴛鴦繡。閉門十日祇尋常,不須裹飯來相救。"

江春招同管幹貞、謝溶生、張坦、金兆燕和蔣宗海游康山。江春席上,遇歌者王炳文、申同標,皆二十年前京師梨園中最擅名者。

《甌北集》卷三十《江鶴亭方伯招同松崖未堂蓮庵松坪棕亭春農游康山即事》:"揚州城外園無數,探奇須約出城去。城中乃有好巖阿,傳是對山流寓處。對山已往池館空,誰擅此勝鶴亭翁。……後歸蘄王子孫手,結構遂甲三吴中。主人開筵大召客,邀我來游覽名迹。……對山當日彈琵琶,未必有此境奇闊。鶴亭特借對山名,自寫胸中丘壑情。對山翻藉鶴亭力,風流從此垂徽聲。豈惟游人盡仰止,並邀御筆題軒楹。……然諾雖徇李崆峒,才調未逾

331

何大復。倘非素熟權閹門,安能一言解危獄。可知人品亦草草,何以獨幸播芳躅。由來此事有宿緣,異代偏逢地主賢。"

《甌北集》卷三十《康山席上遇歌者王炳文申同標二十年前京師梨園中最擅名者也今皆老矣感賦》。

李斗《揚州畫舫錄》卷五"大面王炳文,說白身段酷似馬文觀,而聲音不宏。朱道生工《尉遲恭》揚鞭一齣,今失其傳。二面姚瑞芝、沈東標齊名,稱國工。東標蔡婆一出,即起高東嘉於地下,亦當含毫邈然。趙雲崧《甌北集》中有《康山席上贈歌者王炳文沈東標》七言古詩。"

錢泳《履園叢話》二十"康山"條:"康山在揚州徐寧闕口兩門之間,相傳爲明狀元康對山讀書處,故名。余每至邗上,必偕友游康山,作半日清談。其主人爲江鶴亭,名春,初爲儀徵諸生,能詩,工於制藝,當時與天台齊次風齊名,風格高邁,一時名士,皆從之游。余於嘉慶二年始到康山,鶴亭已没,見其子古雲。今閱三十年,復見其孫守齋矣。"

梁章鉅《浪迹叢談》卷二"小玲瓏山館"條:"康山爲江鶴亭方伯所居。……以康對山來游得名。"

和唐思立秋日感懷之作。

《甌北集》卷三十《和再可立秋日感懷之作》:"《秋懷》兩首見心期,頓使羈人起旅思。……支撐荒歉多餐粥,愛惜精神少作詩。"

據《近世中西史日對照表》,本年立秋在七月十四日。

壽阿桂七十。

《甌北集》卷三十《壽雲巖公七十》:"使節來當介壽期,老人星正耀南維。……從知天下蒼生幸,平格方增福履綏。"(其一)"最高官爵最勞身,三十年來驛騎塵。鐵甲平戎荒徼外,金堤障水大河濱。白頭勳舊朝無輩,青史功名代幾人。一德堂廉真盛事,古稀天子古稀臣。"(其二)

阿桂爲先生立"古學津梁"碑或在此前後不久。

《西蓋趙氏族譜·故迹志》二《牌坊》:"古學津梁"(乾隆□年雲巖阿桂爲甌北老先生立)。阿桂歿於嘉慶二年丁巳(1797),趙翼《甌北集》卷三十《壽雲巖公七十》詩爲《甌北集》中阿桂挽詞前的最後一首。另據阿桂上年與今年在淮勘清口河工,兩次招先生往晤會談災情,想見器重之深,可推測阿桂爲先生立"古學津梁"碑或在此前後不久。

哭陸燿。

《甌北集》卷三十《哭陸朗夫開府》其一:"紫薇紅藥老同年,開府纔登訃已傳。……遙識湖湘清德在,有人墮淚峴碑前。"

按:《甌北集》卷三十九《揚州遇陸朗夫中丞子文駉感賦》:"士龍子弟見無因,忽遇飢驅邗水濱。廉吏可爲兒作客,故人已死鬼成神。_{湖南人傳公爲全省城隍神,質之謝薀泉侍御,亦云。}……_{蘇州人傳公調江南城隍,王夢樓云。}"作於嘉慶二年丁巳(1797),陸燿卒後,其子文駉作幕揚州與趙翼相遇時。

兒侄三人赴江寧鄉試,先生欲以送考往游,以事羈揚州,不果。先生年十九補諸生,廷偉亦年十九補弟子員,賦詩勉之。兒廷英、侄廷賢俱應科試。

按:《甌北集》卷三十《兒侄三人赴江寧鄉試余欲以送考往游適俗事羈揚州不果》:"四十年前試建康,喜看赴舉又諸郎。"其"四十年前試建康"謂乾隆十二年丁卯(1747)江寧鄉試事。

《甌北集》卷三十《扁舟到家適次兒廷偉補弟子員賦以勉之》:"買舟歸故里,挾册念諸郎。_{大兒廷英、侄廷賢俱科試,廷偉童子試。}兒敢來迎楫,吾知已在庠。……年恰符衣鉢,_{余年十九補諸生,兒今年亦十九。}……阿咸名早擢,_{廷賢前歲補諸生。}……也勞諸友賀,欲起老夫狂。角粽堆盤滿,襴衫製服忙。最憐癡阿母,似辦嫁新娘。初級登雖捷,前程赴正長。……勉矣修途奮,而翁願待償。"

《西蓋趙氏族譜·藝文外編》載趙翼《亡兒廷偉小傳》:"余歸里後,始令就學,頗聰悟。年十九,補弟子員。"

《西蓋趙氏族譜·藝文外編》載趙忠弼等《先妣謝太恭人行述》:"先府君(趙廷偉)幼嗜學問,自丙午補弟子員,益刻苦奮發爲文章。"

《西蓋趙氏族譜·學亮公派西干圻分支世表》:"(趙汝霖長子趙廷賢)行一。又名亮采,字苕溪。嘉慶戊寅歲貢生。候選訓導。"

《西蓋趙氏族譜·藝文外編》載趙翼《繼室程恭人行略》:"(程恭人)撫廷俊、廷彥,愛均而惠,無稍歧視。視侄廷賢、廷雄亦然。"

兩臂風痹復發,自春及秋療治不效。

《甌北集》卷三十《兩臂風痹復發自春及秋療治不效殆將痼疾矣》:"昔年發幸痊,今年纏不了。……療治亦已工,依然折臂翁。由來衰至疾自攻,一葉落可知秋風。"

秋,袁枚揚州過訪先生,備談武夷、天台、雁蕩、黃山、廬山、羅浮山諸勝,先生不禁見獵心喜。劉志鵬同舟來謁,先生賦詩贈之。

《甌北集》卷三十《子才過訪草堂見示近年游天台雁蕩黃山匡廬羅浮諸詩流連竟夕喜賦》、《劉霞裳秀才美姿容工詩嘗偕子才爲名山之游今又同舟來謁喜而有贈并調子才》。

又《甌北集》卷三一有《去歲袁子才自武夷歸以勝游誇於余不覺見獵心喜適制府欽齋李公以兵事入閩過常州邀余偕往遂襆被從行先以詩報武夷》,作於乾隆五十二年丁未(1787),"去歲"即指本年袁枚過訪事。

按:袁枚偕劉志鵬同游天台,見作於乾隆四十七年壬寅(1782)之《小倉山房詩集》卷二八《贈劉霞裳秀才約爲天台之游》、《正月廿七日出門五月廿七日還山》,《小倉山房文集》卷二九《浙西三瀑布記》諸詩文;偕劉志鵬同游黃山,見作於乾隆四十八年癸卯(1783)之《小倉山房詩集》卷二九《同霞裳游黃山……》、《四月六日出門六月五日還山》,《小倉山房文集》卷二九《游黃山記》諸詩文;偕劉志鵬同游廬山、羅浮山、桂林,見作於乾隆四十九年甲辰(1784)之《小倉山房詩集》卷三十《花朝後三日作嶺南之游留別隨園六首》、《到廬山開先寺讀王文成公紀功碑二十四韻》、《病起游羅浮得詩五首》,《小倉山房文集》卷二九《游廬山黃厓遇雨記》、《游桂林諸山記》諸詩文;偕劉志鵬同游武夷山,見作於乾隆五十一年丙午(1786)春,《小倉山房詩集》卷三一《八月二十八日出游武夷》、《小倉山房文集》卷二九《游武夷山記》諸詩文。

秋,再過淮上,程沆留飲荻莊旬日,爲先生六十稱祝。程吾廬司馬招飲觀劇。

《甌北集》卷三十《再過淮上晴嵐留飲荻莊即事》:"潦後重來訪荻莊,西風踏葉遍籬墙。"《連日飲晴嵐家賦贈》:"良晤連旬日,深叨地主賢。家多佳子弟,身是老神仙。……晚香風味好,正在菊花天。"又《晴嵐以余六十枉詩稱祝次韻奉答》。

《甌北集》卷三十《程吾廬司馬招飲觀劇賦謝》:"淮水秋風暫泊船,敢勞置酒枉名箋。……去歲因訪晴嵐,誤造君宅,遂成相識。"

程易,字聖則,號吾廬。雍正五年丁未(1727)生,嘉慶十四年己巳(1809)十月二十二日卒。官至候補兩浙鹽運使,誥授奉政大夫,封朝議大夫。

秋,全德內遷熱河總管,先生失援,冬,辭安定書院講席。

《甌北集》卷三十《送愓莊齚使內遷熱河總管》:"淮南秋老雁飛時,正送嚴裝謁玉墀。"

《甌北集》卷三十《歲暮將歸留別揚州諸同好並示院中諸生》:"近游忽已兩年淹,歸思頻隨白髮添。"(其一)"時過官更新令尹,客孤我亦故將軍。"(其二)

原譜乾隆五十一年丙午(1786)條:"先生年六十,辭揚州講席歸。"

廷偉就婚於河南固始縣知縣謝聘署,以明年挈眷歸。

《甌北集》卷三十《兒偉就婚固始謝明府署中已諏吉成禮喜賦》:"千里書傳合卺杯,琴堂花映繡屏開。家貧不免爲齊贅,婦好原來是謝才。"

《西蓋趙氏族譜·學亮公派北岸分支世表》:"(趙廷偉)……配謝氏,乾隆丙戌進士、河南固始縣知縣諱聘女。乾隆三十二年丁亥

335

十月十二日巳時生，咸豐六年丙辰八月二十三日丑時卒，壽九十。……有《林下詩稿》一卷。合葬金壇游仙鄉夏宵村中丑山未向……子二……女二。"

《西蓋趙氏族譜·藝文外編》載趙翼《亡兒廷偉小傳》："兒名廷偉。……娶謝氏婦，頗有奩贈，兒不以屑意，凡兄弟親友有緩急，勿靳僌助。"

《西蓋趙氏族譜·藝文外編》載趙忠弼等《先妣謝太恭人行述》："太恭人謝氏，世居武進之羅墅灣。晉太傅安四十七世女孫。外王父諱聘，乾隆丙戌進士，歷任河南鎮平、固始縣知縣。……先大父甌北先生，與外王父交莫逆，遂為先府君納聘焉。丙午，府君就婚固始，太恭人時年二十。明年，偕回里第，婉娩愛敬，得先大父母歡。先大父有'家貧不免為齊贅，婦好原來是謝才'之句。……先府君幼嗜學問，自丙午補弟子員，益刻苦奮發為文章，而體素羸，太恭人每聞府君讀書聲，不能喘緩，心竊憂之，至是六困鄉舉，常失意不復自聊，遂鬱鬱成疾，太恭人不解帶，不安席者三載。疾革時，起謂太恭人曰：'堂上二老，膝下諸孤，今累汝矣。'言已目遂瞑。……（太恭人）幼秉外王父庭訓，工吟詠，自先府君見背，即摒棄不為。既不孝等稍克自立，乃復為之，然未嘗出以示人，亦不常作也。"

呂培《洪北江先生年譜》乾隆五十年乙巳條："十一月，自豫南回，枉道至固始謝大令聘署齋，盤桓旬日，方還里門。"

謝聘，乾隆三十一年（1766）進士，歷任河南鎮平、固始縣知縣。

作《雜書所見》，述早年歸隱友人袁枚、蔣士銓、錢大昕、王鳴盛皆足以千秋。

《甌北集》卷三十《雜書所見》："文章與政事，並營必鹵莽。吾友三四人，俱早辭塵網。績學推王錢，西莊、辛楣。工詞數袁蔣。子才、心餘。"（其二）

《甌北集》卷四十八《哭王述庵侍郎》："江天落落幾作家，袁蔣王錢皆巨擘。"

尚鎔《三家詩話》："於同時諸人，只以'千秋'二字推袁、蔣、王、錢四人，蓋自以詩歌與袁、蔣鼎立，考據與王、錢鼎立也。"

九月六日，蔣和寧卒於杭州，先生、袁枚等分別賦詩哭之，袁枚後爲作墓志銘。

盧文弨《抱經堂文集》卷三二《湖廣道監察御史蔣公墓表》："（蔣和寧）以乾隆五十一年九月初六日卒於杭州之寓館，年七十有八。"

《甌北集》卷三十《哭蓉龕前輩病歿杭州》。

袁枚《小倉山房詩集》卷三一《哭蔣用庵侍御》、《小倉山房文集》卷三一《誥授奉政大夫湖廣道監察御史蔣公墓志銘》。

趙懷玉《亦有生齋集》詩卷九《哭侍御蔣丈和寧》。

趙懷玉《收庵居士自叙年譜略》五十一年丙午四十歲條："是歲九月，蔣用安侍御卒。祥琴後始爲詩哭之。侍御家頗貧，而宮室輿馬衣裘飲饌無不求精，人或以此病之。不知宏獎後進、愛才若渴，一談諧間，聽者忘倦。侍御歿而鄉里之風流盡矣。"

秋，門人管南英落解後，謝墉特舉優生貢入禮部。後送謝墉視學期滿還朝。

《甌北集》卷三十《門人管南英落解後金圃少宰特舉優生貢入禮部喜賦》："秋老方悲落葉聲，別膺薦牘謁承明。"

《甌北集》卷三十《送金圃少宰視學期滿還朝》："使旌兩度莅江關，手挽斯文正始還。四海共瞻壇坫峻，七旬猶未鬢毛斑。"（其一）"公辛未召試中書，附庚午鄉科，故與余爲同年。……管南英在余書院中，歷試高等，公遂舉優貢。"（其二自注）

據《清代職官年表·學政年表》，乾隆四十八年癸卯（1783）八月至乾隆五十一年丙午（1786）八月，謝墉二任江蘇學政。

陳繩武司馬招同蔣宗海寓齋宴集。

《甌北集》卷三十《陳繩武司馬招同春農寓齋宴集女樂一部歌板當筵秉燭追歡即事紀勝》其一："紅紙簽名喚主謳，使君要占老

337

風流。"

按：趙翼與陳繩武的交往亦見《甌北集》卷三十五《未堂司寇招同陳繩武郡丞宴集二八女郎清歌侑酒因憶前歲亦與繩武就司寇花酒之飲今侍客者非復舊人問知或嫁或死矣即席感賦》。

十月二十九日，三弟汝霖卒。

《西蓋趙氏族譜‧學亮公派北岸分支世表》："（趙汝霖）……乾隆五十一年丙午十月二十九日卒，年五十四歲。……配杭氏，旌表孝子世榮孫女。乾隆二年丁巳十二月二十一日生，乾隆四十一年丙申五月二十四卒。……繼配毛氏，乾隆十年乙丑六月初三日寅時生，嘉慶三年戊午卒。"

十一月二十七日，臺灣林爽文起義爆發。

趙懷玉《亦有生齋集》文卷一六《福建鳳山縣知縣世襲雲騎尉湯君墓表》："乾隆五十一年冬，臺灣民賊林爽文起彰化。"

《皇朝武功紀盛》卷四《平定臺灣述略》："乾隆五十一年，彰化縣有林爽文者，恃其所居大理杙地險族繁，恣爲盜賊，囊橐閩廣間。故有所謂天地會者，爲奸徒結黨名目，爽文借以糾約群不逞之徒，嘯聚將起事。太守孫景燧至彰化，趣縣令俞峻及副將赫生額、游擊耿世文率兵役往捕。不敢入，駐營於五里外之大墩，諭村民擒獻，否則村且毀。先焚數小村怵之，被焚者實無辜也。爽文遂因民之怨，集衆夜攻營，全軍盡没，赫、耿、俞皆死焉。時十一月二十七日也。明日，賊乘勢陷彰化，孫守及都司王宗武、同知長庚、前同知劉亨基、典史馮啓宗，悉爲所殺。十二月六日，又陷諸羅，縣令董啓埏死之，淡水同知程峻亦爲群賊所害。鳳山縣有莊大田者，亦盜魁，乘亂起。十三日陷縣城，縣令湯大奎自刎死。惟府城有總兵柴大紀及監司永福、同知楊廷理等率兵民固守，賊屢攻不能破。而彰化之鹿港，賊已遣僞官來監稅，有泉民林湊等起義，擒之。是以府城、鹿港兩海口俱未失。"

林爽文，福建漳州平和縣人，寓居臺灣彰化縣大里杙莊。乾隆二

338
趙翼年譜新編

十一年(1756)生,乾隆五十三年(1788)三月初十日卒。臺灣天地會起義領袖。成年後即充縣衙捕快,被斥革後在家耕田并趕車度日。慷慨好結納,凡系於獄者,皆脱囊資之,以是傾動其鄉人。乾隆四十八年(1783),福建平和縣人嚴烟來到彰化,以賣布爲業,秘密傳播天地會。乾隆四十九年八月,爽文在溪底阿密里與嚴烟相識,後在其主持下入會,乾隆五十一年,成爲臺灣北路天地會的首領。乾隆五十一年十一月二十日,清兵大肆搜捕天地會成員。十一月二十七日,林爽文起義。二十九日攻克彰化縣城,建號"順天",自稱盟主大元帥。十二月上旬,相繼攻克諸羅、淡水縣城。乾隆五十二年八月初,陝甘總督、協辦大學士福康安爲將軍,偕參贊大臣海蘭察等前往臺灣征剿。乾隆五十三年(1788)正月初四日,爽文等在老衢崎被俘,并於三月初十日(1788年4月15日)在北京菜市口被殺。事具《天地會》之《平臺紀事本末》。

是年,梅曾亮、陳奐生。湯大奎、梁國治卒。

乾隆五十二年丁未(1787)　六十一歲

正月,湖廣總督李侍堯調閩浙總督,負責督辦赴臺官兵糧餉,道經常州,邀先生入幕。

《甌北集》卷三十一《去歲袁子才自武夷歸以勝游誇於余不覺見獵心喜適制府欽齋李公以兵事入閩過常州邀余偕往遂襆被從行先以詩報武夷》。

據《清代職官年表·總督年表》,本年正月,李侍堯由湖廣總督調閩浙總督。

祝德麟《悦親樓詩集》卷一八《聞甌北先生隨制府李公入閩先生爲李公屬吏曾受薦剡時方有事臺灣李公奉命駐節泉州籌辦軍務路出毘陵邀先生入幕固辭不獲乃强起就道焉奉寄一首》。

姚鼐《甌北先生家傳》:"丁未,臺灣民林爽文作亂,李公赴閩辦軍事,道過常,邀先生偕往。"

《甌北集》卷三十一《賦呈李制府》:"莫笑掛冠翻入幕,報師恩即報君恩。"(其一)"萬里寒暄懷袖字,公在滇南及蘭州皆有書見寄。八驄臨訪駐郊坰。……憑仗臨淮平賊早,歸程要踏武夷高。"(其三)

按:《甌北集》卷三十二《嚴灘》:"今來過嚴灘,我向子陵誚。披裘迹近衒,加腹氣非傲。特特故人恩,巧立高士操。縶余慕武夷,隨人入閩嶠。適當有軍事,借箸聊一效。非特酬知交,兼藉國恩報。事定仍拂衣,一路快登眺。出不爲求名,歸不失高蹈。比君弔詭處,稍覺襟懷浩。湖天有一曲,去披綠簑釣。"作於臺灣軍事已蔵,由閩北歸,道經嚴灘時,詳細叙述了此次入李侍堯幕府的動機。

赴閩途中過仙霞嶺,經漁梁驛,過建陽市,渡延津,訪王審知墓、萬安橋畔夏將軍廟諸古迹。

《甌北集》卷三十一《仙霞嶺》:"閩越此扃鑰,界畫天所判。……信哉形勝地,一夫劍可按。古來割據幾,往往藉撝扦。寳應及審知,乘時劃疆畔。……國初取閩,鄭芝龍早有降意,仙霞嶺不留一兵,故大兵得長驅入。……耿逆之變,李武定兵扼此關,賊不得出。"又《漁梁驛韓蘄王擒劉正彥處也》、《建陽市謝疊山賣卜處》、《延津》、《王審知墓》、《萬安橋畔有夏將軍廟即傳奇所稱入海投文之醉隸夏得海也事見明史蔡錫傳中戲書其事於壁》。

按:《甌北集》卷三十二《山行雜詠》其一:"我歸江南道,應出仙霞關。時當兵凱旋,喧哄滿市闠。乃遵海而北,路入千萬山。"作於乾隆五十三年戊申(1788),可知由閩歸,趙翼未經仙霞嶺。

《簷曝雜記》卷四"洛陽橋"條:"少時見優人演蔡忠惠修洛陽橋,有醉隸入海投文之事,以爲荒幻。及閱《明史》,則鄞人蔡錫守泉州時事也。余至泉州,過此橋,果壯麗。橋之南有忠惠祠,手書碑記猶在。旁有夏將軍廟,即傳奇所謂醉隸夏得海也。橋名萬安而曰洛陽者,其地有洛陽社,此水亦名洛陽江也。按《閩書》以此事屬蔡錫,並記橋圮時有《石讖》云'石頭若開,蔡公再來',以爲錫之證。而《堅瓠集》、《名山記》皆亦以爲忠惠事。……而《府志》兩存之。究未知其爲襄與錫也。今按忠惠手書碑記一百五十二字，但志其長三百六十餘丈、廣丈五尺，洞四十有七，用錢一千四百萬有奇，而其他不及焉。使其奉母命，且有海神相之，則安得不志親惠而著神庥？然則醉吏一事，非忠惠可知也。至橋之長三、四百丈固雄壯，然閩橋如此者甚多。……蓋閩多海漢而又有石山，漢闊而取石易，故規製如此。余所見天下橋樑，滇、黔之用鐵索，閩之用石，皆奇觀也。"

二月十七日，抵泉州，籌劃軍需，爲李侍堯倚重，屢欲奏起先生在閩補官，先生堅辭。

《甌北集》卷三十八《七十自述》其二十二："烽火遙傳海上洲，故人邀我作閩游。也因國事來焦額，豈必邊功自出頭。人命死生三寸筆，軍儲贏縮五更籌。誰知大戟長槍裏，薄有書生一得謀。臺灣用兵，佐閩督李欽齋幕府一年。"卷三十一《留別湖莊莪洲百門諸同人》："主人官高能下士，相依不殊手左右。"

《甌北集》卷三十一有《李公欲奏余再起入官敬辭志意》，卷四十八《追憶宦游陳迹雜記以詩》其二十一自注："使相李欽齋以軍事邀余入閩，屢欲奏余補官，余堅辭乃止。"

孫星衍《趙甌北府君墓志銘》："五十二年，閩督李公侍堯征臺灣，過常州，邀先生贊畫軍事，偕至泉州。李公故精嚴，事少寬假。先生閱歷兵事久，謂惜費則成功遲而費轉多，不惜費則成功速而費轉少。凡軍裝口糧，一切擘畫從寬濟軍。爲李公繕摺，奏請得旨，軍皆挾纊。時賊初起，提督等率兵過海。前督常公青來將軍督師，咸謂不日蕩平。先生難之。告李公宜以實情上達，并函書廣督調兵待用。及大兵不利，總兵爲賊所陷，游擊被戕，果賴粵兵以濟。李公以是服先生預策之善。事平欲奏起，先生堅辭乃止。"

《清史稿》卷四八五《趙翼傳》："五十二年，林爽文反臺灣，侍堯赴閩治軍，邀翼與俱。時總兵柴大紀城守半載，以易子析骸入告。帝意動，諭大紀以兵護民內渡。侍堯以詢翼，翼曰：'總兵欲內渡

341

久矣，憚國法故不敢。今一棄城，則鹿耳門爲賊有，全臺休矣！即大兵至，無路可入。宜封還此旨。'侍堯悟，從之。明日接追還前旨之諭，侍堯膺殊賞；而大將軍福康安續至，遂得由鹿耳門進兵破賊，皆翼計也。"

姚鼐《甌北先生家傳》："丁未，臺灣民林爽文作亂，……時兵將雲集，咸謂不日蕩平。先生詢察情形，亟請李公密調粵兵爲備。既而總兵郝壯猷敗遁，游擊鄭嵩被殺，賊勢大振，而粵兵適至，人心始安。已乃籌海運，增雇值，給衣裝，奏輒報可。李公夙以綜核爲政，先生每事濟以寬大，迄事平，先生之力居多。"

《皇朝武功紀盛》卷四《平定臺灣述略》："閩督李侍堯甫蒞任，即預約廣督孫士毅調兵四千，備緩急。而鳳山再陷之信至，立即趣兵往，遂以三月末悉抵臺。賊方攻城急，賴以不陷。"

弔湯大奎殉難鳳山。

《甌北集》卷三十一《弔湯緯堂殉難鳳山》："絶徼巖疆城守責，名場詞客陣亡身。……挺劍殺賊而死。"（其一）"生前詩有《題襟集》，君集近人句，作詩話數卷。……漫讀《孝經》堪退賊，可憐兒死父屍邊。長君荀業從死。"（其二）

《皇朝武功紀盛》卷四《平定臺灣述略》："鳳山縣有莊大田者，亦盜魁，乘亂起。（乾隆五十一年十二月）十三日陷縣城，縣令湯大奎自刎死。"

自泉州至漳州道中作，記泉州井水灌田。

《甌北集》卷三十一《自泉州至漳州道中作》其三："不信澆田仗井泉，汲竿懸斗似秋千。一田一井禾都灌，此是閩南古井田。"

《簷曝雜記》卷四"井水灌田"條："灌田或用桔橰，或用戽斗，有急流處則用水車，未聞恃井汲也。山左人間用轆轤汲水，不過灌畦蔬而已。泉州則禾田亦以井灌。田各有井，井之上立一石柱，而橫貫一小木爲關捩。橫木之上，繫一長木，根縛石而杪懸竿。竿末有桶，挂其竿下，汲滿，則引而上之，木根之石方壓而下，則桶趁勢出矣。其用略如罾魚之架，而俯仰更捷。或井深而桶大，石之力不能壓使出，則又一人緪於木之根以曳之。余嘗有句云'一田一井澆禾遍，此是泉南古井田'，亦異聞也。蓋泉州在海邊，地之下皆水所滲，故汲之不竭云。然久旱則井亦涸。"

沙溪旅館有八仙繪圖成軸，而題詩於上者，詞不雅馴，先生因改書於後。

《甌北集》卷三十一《戲本所演八仙不知起於何時按王氏續文獻通考及胡氏筆叢俱有辯論則前明已有之蓋演自元時也沙溪旅館有繪圖成軸而題詩於上者詞不雅馴因改書數語於後》。

《簷曝雜記》卷六"八仙"條："俗以鍾離權、呂洞賓等爲八仙。後蜀孟昶生日，道士張素卿進八仙圖，乃李耳、容成、董仲舒、張道陵、嚴君平、李八百、范長壽、葛永瓊也。詳見黃休復《茅亭客話》。《圖畫見聞志》作李阿、長壽仙。《居易錄》。"

按：《陔餘叢考》卷三十四有《八仙》一篇。

是年，漳州民暴動屢起，皆隨李侍堯從征定變。

《甌北集》卷三十一《自泉州至漳州道中作》、《同安道中遇雨》、《漳州木棉庵懷古》、《龍溪曉行》、《廈門水師提督署昔靖海侯施襄壯公琅駐師地也公平金廈兩島及臺灣後鎮此凡十餘年署後有涵園公所手闢余來登覽慨然想見其爲人因賦二詩》、《海上》、《鷺島大風即事》諸詩。

《原譜》乾隆五十二年丁未條："是歲漳州有草賊竊發者再，先生皆隨李公往定變。"

《簷曝雜記》卷四"閩俗好勇"條："閩中漳、泉風俗多好名尚氣。凡科第官閥及旌表節孝之類，必建石坊於通衢。泉州城外，至有數百坊，高下大小駢列半里許。市街綽楔，更無論也。葬墳亦必有穹碑，或距孔道數里，則不立墓而立道旁，欲使人見也。民多聚族而居。兩姓或以事相爭，往往糾衆械鬥，必斃數命。當其鬥時，雖翁婿、甥舅不相顧也。事畢，則親串仍往來如故，謂鬥者公事，往來者私情,兩不相悖云。未鬩之前,各族先議定數人抵命,抵者之妻子給公產以贍之。故往往非凶手而甘自認,雖刑訊無異同。凡械鬩案,頂凶率十居八、九也,其氣習如此。使良有司能鼓之以忠義,緩急用之,可收有勇知方之效。惜乎官其地者率以斂賄爲事,爲民所積輕且深怨。於是有身家者尚不敢妄爲,而慓悍之徒相率而爲盜矣。"

作《諸羅守城歌》。

《甌北集》卷三十一《諸羅守城歌》題注:"上以諸羅士民力守孤城,特改縣名嘉義,以示獎勵。今仍舊名者,守城時尚未改名也。"

《皇朝武功紀盛》卷四《平定臺灣述略》:"上念諸羅被圍久,特改名嘉義,以旌士民。"

作《擬老杜諸將五首》、《再擬老杜諸將五首》。

見《甌北集》卷三十一,蓋感臺灣軍事而作。

《擬老杜諸將五首》其二:"絕島桑麻久太平,僑居人總買田耕。但存清吏埋羹節,那有奸民歃血盟?"與《皇朝武功紀盛》卷四《平定臺灣述略》將臺灣朱一貴、林爽文起義主要原因歸結爲"官斯土者又日事朘削",也即官逼民反,如出一轍。

《皇朝武功紀盛》卷四《平定臺灣述略》:"臺灣之變,總督欽齋李公赴閩,道過常州,邀余偕行佐其幕事,凡一年有餘,此編即幕中所記也。事皆與《方略》合,故不復刪改。林爽文本漳人,其將反也,當漳、泉二府人械鬩之後,恐泉人不同亂,乃邀泉人劉志賢共起事,欲使爲泉人倡。劉志賢自署里番同知,至鹿港收貨稅,有泉民林湊等起義,擒之,鹿港得無恙。是時賊方蠭起,漳人仗賊之勢嘗凌泉人。及黃、任兩提督率兵至,賊稍斂,則泉人又仗官兵之勢凌漳人。迨官兵久頓不進,賊勢日熾,脅各村民從之,不從者輒焚劫,於是泉人亦皆弭首附於漳矣。……蓋賊本烏合,非真有不可撲滅之勢,故福將軍等兵至,一鼓即敗之。乃知前此諸將之過於謹慎,未免重視賊也。"

按：《甌北集》卷三十一有《擬老杜諸將五首》、《再擬老杜諸將五首》，卷四十一又有《擬老杜諸將之作》，詩題明顯太過重複，《甌北詩鈔》將《再擬老杜諸將五首》改爲《聞官兵屢捷志喜》也較切題。

在李侍堯幕，與章銓、沈百門、李莪洲諸同人交游。

《甌北集》卷三十一《廈門偕章湖莊沈百門游小普陀萬石巖虎鹿洞諸勝》：“人間千萬山，莫如廈門醜。禿髫無寸草，亂石堆作阜。……我來好浪游，筍輿共良友。初到小普陀，琳宮不盈畝。……言尋萬石巖，精藍頗不苟。……再訪虎鹿洞，兩庵互環紐。虎乃石琢成，其威不如狗。……僧雛來導行，路出層椒後。……二客不能從，老夫氣獨赳。……境盡興亦闌，歸途及日酉。……此地無名山，卷石遂居首。……誰知千里來，踏此一培塿。”

按：《甌北集》卷三十一《贈李莪洲孝廉》述李莪洲事迹甚詳：“交誼從來在生死，世間乃有真義士。贊皇出築籌邊樓，中有參謀同姓李。……一朝劇賊起隴東，殺吏攻城捷若風。書生袴褶催上馬，馬蹄血滑頭顱紅。……此時守臣惟一死，散遣賓朋盡雨泣。不曾食禄爾何人，乃願同膏寶刀澀。……詔按封疆失律誅，檻車連夜趣追符。……夕陽亭下人揮涕，慷慨從行更高誼。……緩死爰書下九閽，更從請室慰生存。論詩消遣纍臣寂，降氣周旋獄吏尊。……直待賜環方告別，已經四百五晨昏。義聲從此流傳遍，多少公卿求一見。……豈知今日一班荆，弱不勝衣太瘦生。”又《再贈莪洲》：“海内爭傳短李詩，論交今喜豁心期。慕爲俠客應名蘭，買得佳人恰姓施。君買妾施姓。連蠻叮隨千里遠，對牀常話五更遲。誰知使節開戎幕，專爲吾曹聚履綦。”

《甌北集》卷三十一《莪洲以陝中游草見示和其五首》、《又和荆州詠古四首》、《又和三垂岡韻》、《戲書》、《裙帶魚臭如醃鮝莪洲百門乃酷嗜詩以調之》。

按：《甌北詩鈔》七言律四《莪洲以陝中游草見示和其六首》不見《甌北集》。

345

奉賀李侍堯蒙恩賜雙眼孔雀翎。

《甌北集》卷三十一《欽齋李公蒙恩賜雙眼孔雀翎奉賀》。

十月,將軍福康安渡海,解諸羅圍,乘勝攻破林爽文營壘,林爽文遁。

《皇朝武功紀盛》卷四《平定臺灣述略》:"(乾隆五十二年)六月中即調陝督福康安爲將軍,及内大臣海蘭察來統兵,並發明詔,聲言調兵十餘萬來滅賊。冬十月,所調蜀番及粤西兵共五千先至,有旨官兵不必至府城,當即往鹿港進。會颶風不得渡,守風於崇武澳。二十八日忽得順風,一晝夜數百艘盡抵鹿港海口……十一月八日,福將軍等起行。……即以是日抵嘉義。……有山名小半天者,四面陡絶,賊遁而聚於此。十八日,百道仰攻,又克之。賊自倡亂以來,狃於官兵之持重,不虞此次之難抗也,遂遁歸大里杙。……二十四日,官兵至,賊猶數萬出拒,退而復集者數次。……黎明遂克其城。林爽文已攜孥走,據守集集埔。其地前臨大溪,溪之上就高岸壘石爲陡牆,長數里,其所預營扼險處也。十二月五日,官兵騰而上,殺千餘人,於是賊黨皆潰。林爽文先匿其孥於番社,惟與死黨數十人竄窮谷叢箐中。"

據《清代職官年表·大學士年表》,福康安乾隆五十一年丙午(1786)閏七月授協辦大學士,吏部尚書,陝甘總督留任。乾隆五十二年丁未(1787)七月赴臺鎮壓林爽文起義,八月授將軍,十二月封公爵。

福康安,字瑶林,號敬齋,富察氏,滿洲鑲黄旗人。傅恒子。嘉慶元年五月十三日卒。乾隆三十二年,由閑散襲雲騎尉,授三等侍衛。初征金川,論功,封三等嘉勇男。授正白旗滿洲都統,出爲吉林、盛京將軍。屢充將軍征臺灣、定廓爾喀、平貴州苗民起義,歷官雲貴、四川、陝甘、閩浙、兩廣總督。累官至武英殿大學士,進封貝子。嘉慶元年五月,染瘴卒於征苗軍。追封嘉勇郡王,從傅恒配太廟,諡文襄。事具《清史稿》卷三三〇、《清史列傳》卷二十六。

是年,嚴長明、曹仁虎卒。

乾隆五十三年戊申(1788)　六十二歲

正月,擒獲林爽文,檻送過泉州。福康安移兵南剿。二月,先生以軍事已畢,辭李侍堯欲歸,留別章銓、李莪洲、沈百門諸同人。

《皇朝武功紀盛》卷四《平定臺灣述略》:"(乾隆五十二年十二月)林爽文先匿其孥於番社,惟與死黨數十人竄窮谷叢箐中。十三日,先獲其孥。五十三年正月四日,林爽文潛出覓食,遂擒之。而莊大田之在南也,雖與林爽文同逆,又各自號召不相下。乘官兵未南下,益焚掠聚糧爲旅拒計,已又思出降。計未定而將軍已於十六日至牛莊,大田倉猝出拒,敗而走。官軍連蹴之,⋯⋯累戰皆捷。極南有地名郎嶠者,負山臨海,最遼阻,莊大田力不支,與其黨潛匿焉。將軍先遣水師由海道繞而截之於水,自以大兵環山圍之。賊衝突不能出,陣殺者數千,溺海者數千,擒而戮者亦千餘。莊大田亦就獲,臺灣平。"

《甌北集》卷三十一《軍事將蒇余歸有日矣詩以志喜》:"鄉夢迢迢千里外,塵踪碌碌一年餘。"(其一)《軍中擒獲逆首林爽文檻送過泉紀事》:"海東賊本一細民,豈讀兵書習部勒。⋯⋯後先航海諸宿將,持重養威示不測。⋯⋯一夔乃煩千鈞弩,此事誰當任其罰。"《臺灣俘囚絡繹檻送内地再作凱歌》:"初疑海外人,琵琶之腿碌磚身。⋯⋯誰知入蒐獮,猜猜一群犬。⋯⋯當時若早勤搜爬,⋯⋯易帥添兵始就擒,已費經年檄旁午。"

《甌北集》卷三十一《留別湖莊莪洲百門諸同人》:"荔枝花開蘭草秀,一曲驪歌別交舊。⋯⋯憶昨相隨時節來,正值海東嘯群寇。⋯⋯幾番乞歸歸不得,要待鐃簫凱歌奏。⋯⋯諸君皆浙人。"

以三月十一日起行,獨游武夷諸名勝。

《甌北集》卷三十二《北歸》其一:"屢改歸期始定期,郵亭露布正班師。千軍萬馬紛馳處,一個閑人訪武夷。"《武夷山》:"生平踏遍天

347

南戒,一隅尚缺甌閩界。武夷欠我游山緣,我欠武夷作詩債。天風借我便羽翰,雙舄飛墮來崇安。正當春水發,刺篙可以泝急湍。"又《夜行曲》、《沖右宮》、《仙蛻巖》、《煉丹臺》。

姚鼐《甌北先生家傳》:"臺灣既定,李公欲奏起,先生固辭之,因游武夷,遍歷浙東山水之勝,一發之於詩。"

錢泳《履園叢話》六"耘松觀察"條:"五十二年,臺灣林爽文作亂,李公侍堯奉命赴閩,過常時邀先生爲參贊。事既平,李公欲入奏起用,先生固辭之。遂由建寧分道,游武彝九曲,過常玉山,遍歷浙東山水之勝,與當世賢士大夫相唱酬以爲樂。"

因凱旋兵滿途,先生乃遵海而北,自福州、寧德、福寧山行。以先生從制府來,歸途一路舟車有司供設頗具。

《甌北集》卷三十二《山行雜詠》其一:"我歸江南道,應出仙霞關。時當兵凱旋,喧哄滿市闤。乃遵海而北,路入千萬山。"又《至福州有一僕來見自道姓名乃余昔在京師未第時童奴張忠也蒼顏白髮幾不可識撫今追昔感嘆久之》、《鼓山》、《李忠定公墓在福州懷安桐口大安山》、《寧德道中》、《至福寧江淑齋太守方孝亭總戎陳迪庵明府更番設宴兼同游望海樓諸勝》、《題淑齋官署》、《一路舟車有司供設頗具以余從制府來也書以一笑》。

過分水嶺入浙境,改作舟行,歷溫州、處州、樂清、青田、麗水、金華,泛舟錢塘江,游覽山水歸。

《甌北集》卷三十二《分水嶺》:"峻嶺名分水,……方言鄰越俗,入耳已堪聽。"又《永嘉舟行》、《自温赴處泝流作》、《樂清北境可入天台歸途不及往游賦以解嘲》、《青田道中》、《過青田訪劉誠意故居土人云在南田山頂去地千百丈其上平疇千頃村落相望皆公子孫也質之縣令趙君亦云惜匆匆不及往游賦此以志》、《麗水題却金亭》、《桃花隘》、《金華換江山船》、《嚴灘》、《江行》、《同鄉陸遷庵觀察招游天竺龍井諸勝午後泛舟游湖即事》、《西湖雜事》、《顧藩伯歸按察陸運使枉招佳宴梨園皆蘇州子弟也一年來不見此景色矣即席有作》、《宗陽宮》。

錢泳《履園叢話》十八"天台山"條："天台山在浙東三百里，自古來游天台者，要皆得之耳食，或蹈前人紀載，未必皆親歷其境也。惟本朝王太初、王季重、潘稼堂、齊巨山四公爲得其詳。然此山周圍數百里，一丘一壑，一溪一澗，風雲之出没，花木之興衰，古今不同，隨時變幻，移步換形。即四公者，亦不過領略其大概，豈能窮幽歷險，一一筆之于書？"

庚午同年平聖臺、孫嘉樂、葉古渠、陳受粢招飲於杭州吴山丁仙閣。

《甌北集》卷三十二《庚午同年平姚海孫星士葉古渠陳受粢招飲於吴山丁仙閣姚海有詩即用其韻》其一："白首同年尚五人，那禁握手倍情親。……山皆道觀，無一佛寺。"詩後附平聖臺原作二首。

《讀史方輿紀要》卷九○杭州府："吴山在府治南。《圖經》云春秋時爲吴南界，故名。或曰以子胥名，譌伍爲吴也。亦名胥山。左帶大江，右瞰西湖。紹興末，金亮聞其勝概，欲立馬吴山，遂南寇。"

《大清一統志》杭州府："吴山在府城西南隅，本朝康熙三十八年，聖祖仁皇帝南巡，御製《登吴山》詩。"

至蘇州，晤闊別二十餘年之王鳴盛。夜泊虎丘。

《甌北集》卷三十二《閶門晤王西莊話舊》："握手論交紫塞塵，春明一出見無因。每逢後進思前輩，喜聽貧官作富人。君生事頗足。"（其一）"愧我沉冥空廿載，如公著述已千秋。……前歲曾爲拙集序。"（其二）又《虎丘夜泊》。

按：趙翼自從乾隆二十五年庚辰（1760）第四次扈從木蘭與王鳴盛論交以後，闊別二十餘年才得再見，故云"握手論交紫塞塵，春明一出見無因"。"前歲曾爲拙集序"指乾隆五十年乙巳（1785）王鳴盛曾序《甌北集》二十七卷。

五月初五抵家，同鄉蔣熊昌、余佩珩、程香遠、趙繩男諸人於雲

窩閣爲先生置酒洗塵。適顧光旭至常州，並邀入會，會後泛舟作竟日之游。

《甌北集》卷三十二《抵家觀競渡》及《同鄉蔣立庵余佩珩程香遠家緘齋諸人爲余洗塵置酒雲窩閣適顧晴沙至郡並邀入會又泛舟作竟日之游即事紀勝》："遠歸正及五月五，素心爲我相勞苦。"

自題閩游詩草。

《甌北集》卷三十一《十載》："人疑白首何輕出，我爲青山未遍游。……憑添一卷《閩南草》，翠壁題名處處留。"卷三十二《題閩游草後》。

適逢全德再任兩淮鹽使，先生復主安定書院講席，再遊紅橋。

《甌北集》卷三十二《再到揚州游紅橋》："兩年不見廣陵春，依舊紅橋景色新。"

《揚州畫舫錄》卷十："虹橋即紅橋，在保障湖中。《府志》云：'在北門外。一名虹橋。朱闌跨岸，綠楊盈堤，酒簾掩映，爲郡城勝游地。'《鼓吹詞序》云：'在城西北二里，崇禎間形家設以鎖水口者。朱闌數丈，遠通兩岸，彩虹臥波，丹蛟截水，不足以喻。而荷香柳色，曲檻雕楹，鱗次環繞，綿亘十餘里。春夏之交，繁弦急管，金勒畫船，掩映出没於其間，誠一郡之舊觀也。'文簡《游記》云：出鎮淮門，循小秦淮折而北，陂岸起伏，竹木蓊鬱，人家多因水爲園亭溪塘，幽窈明瑟，頗盡四時之美。挐小艇循河西北行，林下盡處，有橋宛然，如垂虹下飲於澗，又如麗人靚妝照明鏡中，所謂紅橋也。紅橋原係板橋，橋椿四層，層各四椿；橋板六層，層各四板。南北跨保障湖水口，圍以紅欄，故名'紅橋'。丙辰黃郎中履昂改建石橋。辛未後巡鹽御史吉慶、普福、高恒相次重建。上建過橋亭，'紅'改作'虹'。"

過淮哭程沆，子程蔭堂以父遺稿屬定。

《甌北集》卷三十二《過淮哭晴嵐老友》："攜手河梁僅隔年，荻莊亭館故依然。……令嗣蔭堂以君遺稿屬定，謂臨歿遺言也。"

按:《甌北集》卷四十五有《到揚州值松坪子次生新抱西河之痛至淮安問晴嵐子蔭堂久下世矣感賦》,作於嘉慶八年癸亥(1803),可知程蔭堂歿於是年前。

蔣士銓第三子蔣知讓來謁。

《甌北集》卷三十二《心餘第三子師退來謁少年雋才英英欲發心餘爲不死矣感賦》自注:"心餘詩稿尚未刻。"

接袁枚書,知袁蔣趙三家並稱之說。傳聞程拱字愛袁枚、趙翼、蔣士銓三家詩,手繪《拜袁揖趙哭蔣圖》,程拱字後賦詩否認此事。

《甌北集》卷三十二《子才書來有松江秀才張鳳翬少年美才手繪拜袁揖趙哭蔣三圖蓋子才及余並亡友心餘也自謂非三人之詩不讀可謂癖好矣書此以復子才並托轉寄張君》。此詩亦見《甌北詩鈔》,題中"松江秀才張鳳翬"改作"桐鄉秀才程拱字","張君"亦作"程君"。

又《甌北集》卷三五有《浙二子歌贈張仲雅程春盧兩孝廉》,自注:"程君即繪拜袁、揖趙、哭蔣圖者。"作於乾隆五十七年。《甌北詩鈔》卷前載二題辭一爲張雲璈仲雅《謁趙雲崧觀察歸復展讀甌北集爲長歌奉簡》,自注云:"桐鄉程孝廉拱字,畫《拜袁揖趙哭蔣圖》,謂公及簡齋、心餘兩太史也。事見集中。"一即程拱字春盧《拱字少時喜讀簡齋雲崧心餘三先生詩嘗欲繪三人真張之座右未果也他日讀甌北集見有古詩一首題曰得子才書述拱字曾手繪拜袁揖趙哭蔣圖此不知何人所傳果若此亦佳話也行當作一圖以實其事先次韻奉答》。趙翼及當時一些人似認爲浙江桐鄉程拱字即繪《拜袁揖趙哭蔣圖》者,但程予以否認。

按:袁枚原書不可考,但關於繪圖者《隨園詩話》卷四有記載,"松江張夢喈之妻汪氏,名佛珍,能詩而有才幹。……兩子興載、興鏞,皆能詩。興載云:'桐鄉有程拱宇者,畫《拜袁揖趙哭蔣圖》,其人非隨園、心餘、雲松三人之詩不讀。'想亦唐時之任華、荆州之葛清耶？程字墨浦，廩膳生。"此處程拱宇或即程拱字。

崔旭《念堂詩話》卷三："乾隆中袁、蔣、趙稱爲鼎足，此說不知起於何人。《拜袁揖蔣圖》，程春宇力辯無其事。余嘗謂袁之情多，蔣之詩正，趙之氣盛。"又《甌北集》卷四十四《前接雨村觀察續寄詩話有書報謝並附拙刻陔餘叢考廿二史劄記奉呈兹又接來書並詩四章再次寄答》後附李調元《得趙雲松前輩書寄懷四首》其四自注："時有程秀才拱辰繪《拜袁揖趙哭蔣圖》，甚傳於世。""程春宇"、"程拱辰"音與"程拱宇"、"程拱字"接近或爲耳食之故。

袁枚《隨園詩話》卷一一第一八："戊申八月，年家子許香岩告余云：其同鄉程薇園明府宰武進。六月望後，苦熱，移榻桑影山房，讀《小倉山房詩》而愛之。《夜夢題後》云：'吟壇甌北及新畬，盟主當時讓本初。……'薇園名明憬，孝感人。"程明憬《密齋詩集》卷一《同文少時喜讀簡齋雲崧心餘三先生詩嘗欲繪三人像張之座右未果也他日讀甌北集見有古詩一首題子才書述同文曾手繪拜袁揖趙哭蔣圖此不知何人所傳果若此亦佳話也行當作一圖以實其事先次韻奉答》詩與《甌北詩鈔》卷前載程拱字題辭只有少量字詞有異。

程明憬《密齋詩集》卷首梁章鉅序："先生詩不名一格，大要以多讀書易見事爲主，無空虛蹈襲之弊。方爲諸生時，江以南盛行袁、趙、蔣三家詩派，或謂先生瓣香奉之，至托諸圖畫者。先生不與辨，作詩寄趙，辭意俶詭，而他日序方長青詩專闡性靈之說，且謂所學本於長青，則其卓然自立不肯隨俗遷轉可知矣。"結合其詩作，程明憬應爲被傳繪圖者。但據《甌北集》卷三五《浙二子歌贈張仲雅程春盧兩孝廉》及程拱字的答詩，又說明趙翼與程拱字有過直接的交往，程拱字當也是被傳繪圖者之一。無論意欲繪圖者是浙江桐鄉程拱字或是湖北孝感程明憬，均說明至此三家並稱之說已經非常盛行。

《甌北集》卷三十六《和尊古題原韻》附鮑印原作，"拜袁哭蔣尚未

然，餘論紛紜何足數。先生得名不知榮，先生作詩不知苦。"可知
先生對待三家並稱淡然處之的態度。又尚鎔《持雅堂續鈔·趙翼
傳》云："初交蔣士銓於京師，極重其詩。里居後，與袁枚交最密。
遂自稱爲袁蔣趙三家。枚喜而和之，於是三家之名震天下。"以先
生先自稱"三家"，誤。

又按：另有袁枚、王文治、蔣士銓、趙翼四家並稱之說，見洪亮吉
《北江詩話》卷五："乾隆中葉以後，士大夫之詩，世共推袁、王、蔣、
趙矣。然其詩雖各有所長，亦各有流弊。"又有以袁枚、王文治、趙
翼、李調元爲四家者，見李調元《童山文集》卷十《答趙耘菘觀察
書》："余婿廣漢孝廉張懷湉亦有《四家選集》之刻，謂子才、夢樓兩
先生及君與愚也。……此書蜀中盛行，不知可曾見否？"張懷湉
《四家選集》刊刻於嘉慶元年，見其自序。

夏末秋初，張坦足生熱癤未愈，近復火燒旁舍數間。

《甌北集》卷三十二《松坪足生熱癤未愈近復火燒旁舍數間詩以調
之》："君欲與燒處開池。計日秋風掃殘暑，瘢痕灰迹總無餘。"

壽畢沅六十。

《甌北集》卷三十二《寄畢秋帆制府六十》其一自注："公生辰八月
十八日。"

據《清代職官年表·總督年表》，畢沅乾隆五十一年六月、五十三
年七月兩任湖廣總督，時在湖廣總督任上。

呂培《洪北江先生年譜》乾隆五十三年戊申條："八月，畢公擢督兩
湖，先生偕行，以九月五日抵武昌節署。"

前輩錢琦寄詩四首，對先生極表推重。

《甌北集》卷三十二《錢璵沙方伯爲余十科前輩余入詞館方伯已敭
歷於外未及一謁也今致政家居不知從何處見拙集繆加激賞輒成
四詩從子才處轉寄通懷宏獎令人想見前輩風流而八十老翁才思
橫溢尤所未見也敬次原韻奉復》其一自注："公年七十餘，以終養
歸里。"所附錢琦原作其一："登壇老將推袁久，不道重逢大敵來。"

按：錢琦與趙翼的交往，《甌北集》中凡兩見，第二處爲作於下一年的《哭錢璵沙先生》：“不曾識面荷推袁，此意真令感弗諼。……八旬人尚江淹筆，二品官無庾信園。”（《甌北集》卷三十三）可知，錢琦與趙翼未謀面而神交。

錢琦，字相人，號璵沙、述堂，晚自號耕石老人，浙江杭州府仁和縣人。康熙四十八年（1709）年生，乾隆五十五年（1790）卒。乾隆二年（1737）進士，改庶吉士，授編修。補河南道監察御史，劾江南總督黃廷桂。歷官工科掌印給事中、江安督糧道、江蘇按察使、四川布政使，官至福建布政使。著《澄碧齋集》等。事具袁枚《小倉山房文集》卷二六《福建布政使錢公墓志銘》、王昶《湖海詩傳》卷七。

作《兒舩歸趙歌》，賀趙者庭七十壽。

《甌北集》卷三十二《兒舩歸趙歌》小序：“舩爲吾宗常熟文毅公劾江陵廷杖出都時許文穆贈行物，……翁覃溪詹事以告文毅五世孫者庭。……余故者庭父謹凡先生門下士，……爰爲作歌。”

按：此事當時文人題詠頗多，如，洪亮吉《更生齋詩》卷第二《兒舩還趙歌爲趙大令貴覽賦》、趙懷玉《亦有生齋集》詩卷一一《兒舩歸趙歌用翁詹事方綱韻爲家大令王槐》、潘奕雋《三松堂集》卷一五《兒舩歸趙歌》題注：“爲常熟趙者庭明府作。”

按：據《甌北集》中作於乾隆五十三年戊申（1788）之《和者庭見贈韻兼祝其七十壽》（卷三十二）及作於嘉慶三年戊午（1798）之《族兄者庭八十壽詩》（卷四十）可推知，趙者庭生於康熙五十七年（1719）。

十月九日，周小濂買菊千株，邀同李保泰、葉芝山、毛泰交爲展重陽會。

《甌北集》卷三十二《十月九日周小濂買菊千株邀同嗇生暨葉芝山毛泰交爲展重陽會即事》自注：“君蘇人，僑寓揚州。”

按：趙翼與周小濂的交往，亦見於《甌北集》卷三十三《周小濂挽詞》：“誰遣多貲擁，而能好句拈。年華猶未老，才福本難兼。有母翻營襪,無兒可寢苫。故應臨殁日,愁鎖兩眉尖。"該詩作於乾隆五十四年己酉(1789),可知周小濂殁於是年。

是年,廷俊十九歲,補諸生。廷英捐職府同知。

《西蓋趙氏族譜·藝文外編》載趙申嘉等《先考海珊府君行述》:"府君諱廷俊,字苕生,號海珊,姓趙氏。……府君秉性淵粹,讀書不屑爲章句學,治舉業,原本經訓,一以先正爲宗,受業白大令鳳、吳贈公士模、楊太守清輪之門,於經史詩古文詞外,尤篤嗜《人譜》、《呻吟語》、《四書反身錄》等書,身體力踐,言動必揆諸義。年十九,受知學使平湖尚書沈文恪公,初補常州府學生,後爲學使長沙相國劉文恪公權之所賞,試高等,食餼。"

《原譜》乾隆五十三年戊申(1788)條:"是年廷英捐職府同知,廷俊補弟子員。"

是年,莊存與、吳泰來卒。

乾隆五十四年己酉(1789) 六十三歲

正月,錢大昕主蘇州紫陽書院。

錢大昕《錢辛楣先生年譜》乾隆五十三年戊申年六十一歲條:"在婁東,十一月,巡撫閔公延請明年主蘇州紫陽書院。"乾隆五十四年己酉年六十二歲條:"正月到紫陽書院。"乾隆五十八年癸丑年六十六歲條:"主講紫陽書院。公在紫陽最久,自己酉至甲子凡十有六年。一時賢士受業於門下者,不下二千人,悉皆精研古學,實事求是。"

攜兒侄五人至安定書院讀書。

《甌北集》卷三十三《攜兒侄五人俱至安定書院讀書》:"客授仍攜子侄多,館人先爲掃庭莎。……如何身自誇恬退,偏望兒曹早決科。"

瓜洲江上遇李侍堯歸柩,哭之。

《甌北集》卷三十三《瓜洲江上遇欽齋制府歸柩哭奠以詩》:"告別

355

纔春暮,哀音到及冬。……身遍八州督,官還五等封。奉旨給還昭信
伯爵。"(其一)"胸次有千卷,目中無一人。面常寒似鐵,鬢已白如
銀。料事洞觀火,防奸濕束薪。生平師太岳,或果是前身。公嘗慕
張江陵之爲人。"(其二)"公兩入詔獄。"(其三自注)"公以背疽歿。"
(其四自注)

據《清代職官年表·總督年表》,李侍堯乾隆五十三年戊申(1788)
十月廿七日病,副將魁倫署閩浙總督。十一月卒,謚恭毅。

戲嘲賣文得錢。

《甌北集》卷三十三《賣文》:"賣文錢稍入慳囊,欲破休糧秘密方。
揚子江中水雖淺,舀他一勺亦何妨。"

夏,趙懷玉賦詩寄贈袁枚,稱譽"先生獨占性靈多"。

趙懷玉《亦有生齋集·詩集》卷一一《寄袁丈枚》二首繫于"己酉",
緊隨《閏五日》後,可知當作於本年夏。

刊刻《甌北集》三十三卷本。

《甌北集》卷三十三《廉船老友不見者三十年矣茲來晤揚州流連旬
日喜其來而又惜其將去也斐然有作情見乎詞》自注:"君爲編訂拙
集。"詩後附張舟《讀甌北集題贈》:"頭黑歸田雪半簪,閉門時作瘦
蛟吟。險真破鬼應寒膽,奇必驚天欲嘔心。薦達當時輕狗監,購
求他日重雞林。如何一管生花筆,祇向江淹夢裏尋。"(其一)"扛
鼎龍文氣食牛,珊瑚鐵網更縋幽。何人許易千金字,有爾能輕萬
戶侯。瑜亮生前真勁敵,心餘。應劉逝後少同儔。心餘、吟薌俱下世。
故交剩有寒郊在,石鼎城南與唱酬。"(其二)

又《甌北詩鈔》卷首張舟《甌北詩鈔跋》:"己卯歲,別雲崧先生於都
門,忽忽三十餘年。今來相晤揚州,得盡讀先生所刻《甌北詩集》
三十三卷。"知本年《甌北集》三十三卷已刊刻。

按:《詩證》據《甌北詩鈔》卷首李保泰乾隆五十六年序"雲崧先生
既刻其《甌北集》三十三卷成"語,認定《甌北集》三十三卷刊於乾
隆五十六年,恐誤。華夫主編《趙翼詩編年全集》據《甌北集》卷首

錢大昕乾隆五十五年四月序,認爲《甌北集》三十三卷刊刻於乾隆
五十五年,亦誤。另外,本年,趙翼要請李保泰分體重編《甌北集》
爲《甌北詩鈔》,《甌北集》先編成後才好鑒裁以便取捨。《甌北集》
卷三十三《酬嗇生郡博見贈韻》後附李保泰原作:"三十卷詩編年
成,傳觀不異璧連城。"觀李保泰乾隆五十六年《甌北詩鈔序》"雲
崧先生既刻其《甌北集》三十三卷成"云云,此所謂"三十卷"乃舉
其成數,實即爲三十三卷。

分體重編《甌北詩鈔》,邀李保泰鑒裁。

《甌北集》卷三十三《酬嗇生郡博見贈韻》:"甌北老生好吟者,墨瀋
淋漓快奔瀉。作詩不到古人處,正坐貪多難割捨。……先生鑒裁
擅隻眼,苦心肯爲披沙揀。……編成更贈琳琅篇,榮逾四明呼謫
仙。"該詩題注:"時擬分體重編拙稿,嗇生代爲訂正。"

按:該詩編年在乾隆五十四年己酉(1789),《年表》將分體重編
《甌北詩鈔》繫於上年,恐誤。

《甌北集》卷三十四《壽嗇生郡博五十初度》其一自注亦云:"拙刻
數種皆君訂正。"

《甌北詩鈔》前有李保泰乾隆五十六年序。

與轉運使鹿馥園交。

《甌北集》卷三十三《贈運使鹿馥園》自注:"公前爲鎮江守。"

按:乾隆五十七年壬子(1792),鹿馥園病歿,趙翼作有挽詞,見
《甌北集》卷三十五《鹿馥園運使挽詞》:"生從燕趙悲歌處,力瘁江
淮轉運中。病久十圍腰帶減,……誰知身處脂膏地,易簣幾難備
飾終。"

是年,題洪亮吉《寒檠永慕圖》,始與洪亮吉交。

按:據呂培《洪北江先生年譜》乾隆五十四年己酉條:"三月,應禮
部會試,榜發,不售。五月八日,抵里。"

《甌北集》卷三十三《題洪稚存寒檠永慕圖》:"慈母機上絲,孤兒案
上書。併入寒檠影,映壁光黝如。此是景盧舊流寓,老屋三間白

357

雲渡。……非是母不生是子,始信義方教有素。我來買宅雲溪濱,君已別移通德門。里中老嫗尚能説,君家籧火連朝曛。悔不早遷依孟母,師他家法教兒孫。"

按:洪亮吉《附鮚軒詩》卷第一爲《機聲鐙影集》。錢維喬《竹初詩鈔》卷十三《寒籬永慕圖爲洪孝廉稚存作并係以詩》:"同里陸君維南爲繪《機聲燈影圖》,名公巨卿題詩已滿卷矣。"

陳康祺《郎潛紀聞初筆》卷八"機聲燈影圖"條:"洪稚存太史亮吉,幼孤貧,母太夫人教之讀書。一日,太史從受《儀禮》,至'夫者,妻之天',太夫人慟絶良久,呼曰:'吾何戴矣!'遂廢此句。太史貴後,繪《機聲燈影圖》,遍求名輩詩筆表揚。同時鉅人長德,咸有題詠,見之嘉、道詩文集中甚多。"洪亮吉《卷施閣文乙集》卷第七《南樓憶舊詩序》關於此事叙述甚詳。

同題之作,如黄景仁《兩當軒集》卷十五《題洪稚存〈機聲燈影圖〉》詩,作於乾隆四十六年;翁方綱《復初齋詩集》卷二十二《洪稚存〈機聲燈影圖〉三首》詩、畢沅《靈巖山人詩集》卷三十一《爲洪稚存題〈機聲燈影圖〉》詩,作於乾隆四十七年;徐書受《教經堂詩集》卷九《題〈機聲燈影圖〉爲洪稚存母蔣夫人》詩,作於乾隆五十一年;趙懷玉《亦有生齋集》詩卷一〇《題洪大亮吉寒檠永慕圖》詩;吳錫麒《有正味齋駢體文》卷九《洪稚存同年〈機聲燈影圖〉序》文等。

夏,張塤殁於京邸,其子張孝方扶柩過揚州,先生滮棺哭奠。

《甌北集》卷三十三《吟薌殁於京邸其子孝方扶柩過揚廿年老友遂成永別滮棺漬酒不自知涕之無從也》:"歸櫬來千里,嗟乎我瘦銅。君改字。神清如叔寶,詩峭學涪翁。"(其一)"久趨薇省直,終乏草堂貲。……稍幸名山業,刊成廿卷詩。"(其二)"余在廣州時,君來數月,別後遂不復見。"(其三自注)"平生數交契,張蔣最綢繆。忽忽俱黄土,茫茫剩白頭。"(其四)

按:趙懷玉《亦有生齋集》卷十一《哀張三舍人塤》自注:"君以己丑入中書,今二十年矣。""己丑"爲乾隆三十四年(1769),"二十年"

後即當乾隆五十四年(1789)。又此詩前有《己卯春與……予年才十三迨今己酉蓋三十一載矣……》及《閏五日》：“余年四十三，三逢閏端陽。”“己酉”即本年；據趙懷玉《收庵居士自叙年譜略》，“四十三歲”亦爲本年。又潘奕雋《三松堂集》卷七《去年張瘦銅卒于燕今春孔谷園逝于魯孔有玉虹樓墨刻張有竹葉庵詩集閑窗檢閱慨焉成詠》：“去夏瘦銅京邸逝。”編年在“庚戌”即乾隆五十五年(1790)，“去夏”即本年夏。

據上所述，足徵張塤歿於本年，《年表》記張塤卒於乾隆五十三年戊申(1788)，誤。

十月初七日辰時，孫忠弼生，廷偉出。

《西蓋趙氏族譜》：“(趙忠弼)行一。初名和羹，字作梅。國子監生。嘉慶戊寅恩科順天鄉試挑取謄録。國史館議叙，授安徽徽州府婺源縣知縣，加三級，誥授奉直大夫。……乾隆五十四年己酉十月初七日辰時生，咸豐六年丙辰十一月十六日酉時卒，壽六十八。……著有《山茶室詩稿》一卷。……子六……女二。”

趙曾逵等《先考作梅府君行述》：“(趙忠弼)自攻舉業時，讀諸經注疏有所心得，輒録其要者，稿盈尺許。晚年嘗箋注曾大夫遺集，已十舉其七八，尚未編次成帙。”

時張舟將赴畢沅湖廣總督幕，過訪，邀其參訂《甌北詩鈔》。

《甌北集》卷三十三《廉船老友不見者三十年矣兹來晤揚州流連旬日喜其來而又惜其將去也斐然有作情見乎詞》其二自注：“君爲編訂拙集。”詩後附張舟原作《讀甌北集題贈》。

《甌北詩鈔》卷首張舟《甌北詩鈔跋》述《甌北詩鈔》編訂始末甚詳，“己卯歲，別雲崧先生於都門，忽忽三十餘年。今來相晤揚州，得盡讀先生所刻《甌北詩集》三十三卷。……而先生以卷帙繁多，屬余料簡。余惟先生詩引人入勝，讀者方恐其不多，奚事過爲刪節？惟斯集乃隨年編次，古今體散布於卷帙中，長篇短章參差錯出，尚難使各體精神一一顯露，不如分體刻之，則一體有一體之工力，承

359

學之士得易識指歸。且交游中如袁簡齋明府、祝芷堂侍御、李嗇生郡博,皆於斯集有深嗜,加以評點,語極精當,應並刻之,以志一時詩文交契之雅,兼令讀者益醒眉目也。先生欣然諾之,遂命余與校訂之役。刪存舊刻十之五六,分體重編,名曰《甌北詩鈔》,並載諸君子評語,而鄙見謬商之處,亦附一二焉。”

按:趙翼上次與張舟相會在乾隆二十四年己卯(1759),故云“廉船老友不見者三十年矣”。

按:趙翼該詩附有張舟所作《至廣陵喜晤甌北》、《讀甌北集題贈》、《次韻留別》詩。據張舟《讀甌北集題贈》其二自注:“心餘、吟蕷俱下世”知,張舟來訪在張塤是年夏歿後。據趙翼該詩其二自注:“將作楚游。”及張舟《次韻留別》其二自注:“秋帆中丞囑游靈巖山館。……時方爲余作書致秋帆制府”知,張舟將去湖廣總督畢沅幕府。

據《清代職官年表·總督年表》,畢沅乾隆五十三年戊申(1788)七月由河南巡撫遷湖廣總督,至乾隆五十九年甲寅(1794)八月降山東巡撫。

是年,德保、江春、白秋齋卒。

乾隆五十五年庚戌(1790)　　六十四歲

兵部尚書慶桂、刑部右侍郎王昶奉使高郵讞獄,挐舟晤之。

《甌北集》卷三十三《樹齋大司馬述庵少司寇奉使秦郵扁舟往晤流連永日別後却寄三十韻》。

按:《甌北集》卷三十三編年自注:“己酉、庚戌。”該詩上一首爲《青陽陳豹章秀才訪余揚州詩以贈別》,有“廣陵春老柳絲風”之句,故該詩當作於本年春。

據《清代職官年表·部院大臣年表》,慶桂是年爲兵部尚書。據《清代職官年表·部院漢侍郎年表》,王昶是年爲刑部右侍郎。

按:王昶《蒲褐山房詩話》曰:“乾隆辛亥夏,余與慶樹齋尚書奉使讞事高郵,君(趙翼)時主揚州書院。拏舟見訪,銜杯促膝,竟日而返,蓋其篤舊交嗜譚藝如此。""乾隆辛亥"即乾隆五十六年(1791),王昶於三人相晤時間恐記憶有誤。

秦蕙子秦恩復得其鄉先輩汪懋麟《少年三好圖》長卷,康熙間名流多有題句,秦恩復來屬先生題。先生又用三言體題其《調鶴坐花圖》。

《甌北集》卷三十三《秦敦夫編修得其鄉先輩汪蛟門少年三好圖長卷題句者孫豹人杜于皇施愚山梁清標尤西堂朱竹垞陳迦陵諸人皆在焉亦近時一名迹也編修來屬題爲書於後》自注:"蛟門康熙丁未進士,敦夫乾隆丁未進士。……尊人西巖先生壬申館選。"

按:此圖品題甚多,如姚鼐《惜抱軒詩集》卷十《汪蛟門少壯三好圖康熙間題詠數十家今藏秦編修敦夫處屬題其末》、王昶《春融堂集》卷二三《追題汪蛟門先生少壯三好圖長卷》。

李斗《揚州畫舫録》卷十六:"汪懋麟,字季角,號蛟門,生於前明。城破日,母赴井死,家人縋出之。及父死,李氏自課其子,茹素五十餘年,稱賢母。蛟門幼聰慧,童時登蜀岡憑弔歐陽文忠公游賞勝概,慨然有復古之志。及冠,與兄耀麟請於守令議復,以他事見阻。尋蛟門以康熙丁未進士官舍人,每入直,攜書卷竟夜展讀。有楚人朱二眉,號神仙,傾動公卿。蛟門著《辨道論》,力詆其妄。夢十二硯入懷,遂以名齋,朱竹垞爲之記。自號覺堂居士。癸丑中,汝守金長真以移知揚州府事來京,寓蛟門。遂請以復山堂爲急務。……值蛟門丁母憂歸里,膺薦舉博學不赴,遂捐貲修復山堂。蛟門以八分書平山堂額……服闋,以主事銜入史館與修《明史》,三年補刑部,著《百尺梧桐閣集》二十三卷,復以鄭樵《通志》浩繁,手爲删訂。死後葬於山堂側。"

《甌北集》卷三十三《題敦夫調鶴坐花圖》。

秦恩復,字近光,號敦夫、澹生,晚自號狷翁,江蘇揚州府江都縣人。秦蕙子。乾隆二十五年(1760)九月三十日生,道光二十三年

(1843)卒。乾隆四十八年(1783)舉人,五十二年(1787)進士,改庶吉士,授編修。丁内艱,家居幾十載。藏書甚富,顏其室曰"五笥仙館"。嘉慶十一年入都補官,逾歲歸。主杭州詁經精舍十四年、樂儀書院二十年,後聘校刊《欽定全唐文》。嘉慶二十三年復入都,四年後仍乞假歸。喜填詞,著《享帚詞》三卷等。精鑒藏,校刊著作多種。事具秦贊編、秦恩復錄《石研齋主年譜》乾隆二十五年條、同治《續纂揚州府志》卷六《秩官志》。

三月,洪亮吉禮部應會試,以一甲二名及第。五月一日,授翰林院編修。

> 呂培《洪北江先生年譜》乾隆五十五年庚戌條:"三月,應禮部會試。四月初九日,榜發,獲雋。⋯⋯殿試,⋯⋯欽定第一甲第二名。五月初一日,引見,授職翰林院編修。七月,派充國史館纂修官。"

送曹文埴以慶祝入都。

> 《甌北集》卷三十三《送曹竹虛大司農以慶祝入都》:"儒臣優遇冠朝端,得請循陔詠采蘭。一品歸來親尚健,九如入慶帝尤歡。"詩後附曹文埴《見酬之作》:"甌北一編吟已熟,閩南二卷見尤歡。"
>
> 據《清代職官年表·部院大臣年表》,曹文埴乾隆五十年乙巳(1785)五月由戶部右侍郎遷戶部尚書,乾隆五十二年丁未(1787)正月乞養歸。
>
> 曹文埴,字近薇,號竹虛、薋原,安徽徽州府歙縣人。雍正十三年(1735)生,嘉慶三年(1798)十二月卒。乾隆二十五年二甲一名進士,改庶吉士,授編修。歷官侍讀學士、詹事府詹事、左副都御史,遷侍郎,歷刑、兵、工、戶部,兼管順天府尹,擢戶部尚書。謚文敏。著《石鼓研齋詩文鈔》。事具《清史稿》卷三二一。

同年胡高望視學江南,與先生相見話舊。

> 《甌北集》卷三十三《同年胡豫堂閣學視學江南相見話舊賦呈》自注:"在京時,兩家内子相往來。今公夫人及令子俱歿。"

卷四十《哭胡豫堂總憲》："公辛巳一甲第二。……直內庭寫御製詩。"(其一自注)"蘭譜論交四十春,旌麾南莅倍情親。"(其二)

按:《甌北集》卷三十七《送豫堂學使還朝》其一自注:"視學凡兩任。"作於乾隆六十年乙卯(1795),可推知胡高望任江蘇學政兩任,共六年。

據《清代職官年表·學政年表》,乾隆五十四年己酉(1789)八月至乾隆六十年乙卯(1795)七月任江蘇學政。

四月十三日,袁枚杭州掃墓,西湖湖樓大會女弟子十三人。

《隨園女弟子詩選》卷一孫雲鳳《湖樓送別序》:"我隨園夫子行年七十,……庚戌四月十三日,因停掃墓之車,遂啓傳經之帳。鳳等摳衣負笈,問字登堂。"《小倉山房詩集》卷三二《庚戌春暮寓西湖孫氏寶石山莊臨行賦詩紀事》其十一自注:"女公子張秉彝、徐裕馨、汪姍等十三人以詩受業,大會於湖樓。"

燈下翻閱張塤詩集。

《甌北集》卷三十三《燈下翻閱瘦銅詩集》:"君昔寓余京邸,但以詞擅場。及訪余廣州回始作詩,故集中首卷即海南集。"(其二自注)"地下黃壚應話舊,謂心餘。墓前青草又經春。"(其三)

張塤《竹葉庵文集》卷三《題五家詩後三首五家者鎮洋畢沅江寧嚴長明昆山諸由器徐德諒及予也》其二:"同時蔣士銓趙翼亦詩豪,格律非偷各自高。近日與誰吟石鼎,蒼蠅小窠最悲號。"

暑,汪啓淑過訪先生寓齋。

《甌北集》卷三十三《汪秀峰駕部過訪寓齋賦贈》:"暑窗却掃靜烟蘿,忽喜汪倫款戶過。老友應劉京國少,亡友心餘、瘦銅皆與君交厚。才人王李部曹多。"(其一)"厲樊榭、杭堇浦諸公皆君少年社友。……君刻《擷芳集》,選本朝閨媛詩已八十卷。……四庫館徵天下書,君所進至五百餘種。上以其能藏書,特賜《古今圖書集成》一部。……收藏古銅玉印數千,成《印譜》百餘卷。"(其二自注)

李斗《揚州畫舫錄》卷十:"汪啓淑,字秀峰,浙江杭州人。官刑部員外郎。性情古雅不群，刻有許氏《説文繫傳》、鄭樵《通志》、《緝芳集》一百卷，漢印圖書譜無算。因《緝芳集》少二十卷，徵詩來揚州，持論與汪中多所抵捂，拂衣而去。”

汪啟淑，字慎儀、秀峰，號訒菴，安徽徽州府歙縣人。雍正六年(1728)生，嘉慶五年(1800)卒。監生。以貲官刑部、户部員外郎，兵部職方司郎中。性情古雅不群。刻《説文繫傳》、《通志》、《緝芳集》，著《訒菴詩存》、《水曹清暇録》、《續印人傳》等。事具金天翮《皖志列傳稿》卷四《汪啟淑傳》。

題袁枚《新齊諧》。

《甌北集》卷三十三《題子才續齊諧小説》：“一編點鬼簿荒唐，更爲香魂寫艷妝。神女夢爲雲引誘，素娥奔竟月窩藏。文人自戲禪三昧，陰府將持算九章。我爲懺除犂舌獄，佛前稽首一爐香。”

《國朝名家遺墨·袁枚·二》：“（乾隆五十三年）九月二十四日，……附上新鎸《子不語》一部，其説怪談奇，不在《聊齋志異》之下。”袁枚《小倉山房尺牘·輯補·答趙味辛》：“枚今年七十有四矣，……拙刻《新齊諧》，妄言妄聽，一時游戲。”《小倉山房文集》卷二八《子不語序》：“書成，初名《子不語》，後見元人説部有雷同者，乃改爲《新齊諧》云。”可知至乾隆五十四年，袁枚已將《子不語》改名《新齊諧》，故趙翼本年所題爲《新齊諧》。

寄詩顧光旭。

《甌北集》卷三十三《寄晴沙》其一：“循陔迹早還。詩兼雙井派，家傍二泉山。”

蘇州晤錢大昕，請其爲《甌北集》三十三卷作序。

《甌北集》卷三十三《晤錢竹汀宫詹話舊》其一：“握别京華廿五春，相逢彌覺白頭新。手成百卷專門學，身是千秋列傳人。海外購書來賈舶，門前著録遍儒紳。故交也得餘光乞，一序《三都》價便珍。承惠拙集序言。”

錢大昕《錢辛楣先生年譜》乾隆五十五年庚戌年六十三歲條：“又

按……序《甌北集》。”

《甌北集》卷首錢大昕序署“乾隆庚戌四月既望同年弟嘉定錢大昕序”，序云：“夫惟有絕人之才，有過人之趣，有兼人之學，乃能奄有古人之長，而不襲古人之貌，然後可以卓然自成爲一大家。今於耘菘先生見之矣。……最耘菘所涉之境凡三變，而每涉一境，即有一境之詩以副之。……而獨成爲耘菘之詩也。……予謂古人論三不朽，以立言居立功之次。然功之立，必憑藉乎外來之富貴，無所藉而自立者，德之外唯言耳。姚、宋、郭、李諸公，非身都將相，則一田舍翁耳，吾未見言之次於功也。‘書有一卷傳，亦抵公卿貴’，耘菘嘗自道之矣。知難而退，從吾所好，耘菘蓋自信其材、其趣、其學之足傳，而不欲兼取，以托於老氏之知止焉耳。”

贈常州邑侯譚大經。

《甌北集》卷三十三《贈邑侯譚紅山》自注：“君廣州新會人。余昔守廣時，君方爲諸生。今宰吾邑，余又爲部民。”

譚大經，字敷五，廣東新會人。乾隆四十年進士。官松江府奉賢縣知縣、常州府知府。

題王嵩高《松石間小照》。

《甌北集》卷三十三《題王少林郡丞松石間小照》其一：“相君面合在巖廊，廣顙豐頤食萬羊。”

祝德麟《悅親樓詩集》卷二二亦有《少林以松石閑意小照屬題留行笈中船窗醉後率成》。

趙懷玉《亦有生齋集》詩卷一二《寶應訪王太守嵩高話舊有感時王方奉母諱》自注：“君任河西時著述甚富。”

姚鼐《惜抱軒詩集》卷二《王少林嵩高讀書圖》：“我初訪子在揚州，天寒攜手王夢樓。破窗鐙暗風颼颼，擁褐無伴聲伊優。推闔徑入驚仰頭。王君戲子令子求。指我君識是子不？多君曾未一面謀。道我姓字能探喉，王君撫掌笑合眸。一朝省試同見收，無錫尚書賓館稠。朝退論經幾客留，召我與子時從游。王君先達居上頭，

365

我才於世真一鰤。俯仰郎署斑生髟，尚書零落今山丘。王君放浪江湖舟，邈然罷郡歸幾秋。笑我滯迹猶貪媮，君如百鍊不改鏐。名在吏部將鳴騶，偉建功業爲民休。正當容我狂不羞，少日讀書老壯猷，回思故迹真雲浮。夢樓、少林及鼐皆出秦文恭公之門，而夢樓爲前輩。”

王嵩高，字少林，號海山，晚號慕堂，江蘇揚州府寶應縣人。曾祖王式丹。雍正十三年(1735)生，嘉慶五年(1800)卒。乾隆二十七年(1762)年舉人、二十八年(1763)進士。歷官湖北利川、武昌、潛江、漢陽、應城知縣。補河間、天津等府同知，授平樂府知府。丁母憂，不復出。先後主泰興、沭陽、六安、霍丘、安定、樂儀諸書院。著《小樓詩集》等。事具劉臺拱《平樂府知府王先生傳》、王昶《蒲褐山房詩話》。

八月二十七日，祝德麟辭官南回，十月間過揚州謁先生，先生招游平山堂諸勝。

祝德麟《悦親樓詩集》卷二二編年在“庚戌”，依次有詩：《庚戌八月廿七日攜家南下留别都中諸戚友四首》、《行次臨清計出都已二旬矣感賦》、《生日用坡翁流年已似手中蓍爲起句》、《與甌北師簡齋夢樓兩前輩别十年矣明當渡河計相見有日喜而作詩》、《舟次維揚將謁補山制府於金陵先之以詩四首》、《甌北師召游平山堂趙緘齋亦適自常州至》。

《甌北集》卷三十三《芷塘南回謁我於揚州喜贈》：“憶君二十登蓬瀛，……分得餘光到裴皞，門生門下見門生。……書生命不到公卿，且擁萬卷當百城。……死後榮名生前福，二者未知孰重輕。……東南吟社自此開，一笑人間誰健者。”

法式善寄詩推許先生。

《甌北集》卷三十三《法時帆學士素未識面遠惠佳章推許過甚愧不敢當敬酬雅意》後附法式善原詩：“吏治海南盛，詩才甌北强。江湖閑嘯咏，天地大文章。下筆有袁蔣，子才、心餘。讀書無漢唐。東坡在門下，芷堂。公不愧歐陽。"

陳康祺《郎潛紀聞初筆》卷七"乾隆朝已重字不重文"條："時帆祭酒初名運昌，乾隆五十年升庶子時，命改法式善。法式善者，國語黽勉上進也。祭酒雄文邃學，清班二十載，未嘗一與文衡。兩應大考，俱左遷。相傳書法甚古拙，知乾隆朝已重字不重文矣。"

昭槤《嘯亭續錄》卷四"時帆之吝"條："法時帆祭酒與予交最篤，計論天下事，頗識竅要，屢領書局，考證詳明。嘗更正前人錯誤，辨論終日，鮑雙五嘗笑曰：'老翁何認真至此，真可謂書蠹也。'"

法式善，本名運昌，乾隆帝命改今名，字開文，號時帆、梧門、陶廬、小西巖居士。蒙古烏爾濟氏，內務府正黃旗人。乾隆十八年(1753)正月十七日生，嘉慶十八年(1813)二月五日卒。乾隆四十五年進士，改庶吉士，授檢討，擢司業。性好文，以宏獎風流爲己任。然官至四品即左遷。其後兩爲侍講學士，一以大考改贊善，一坐修書不謹貶庶子，遂乞病歸。搆詩龕及梧門書屋，主盟壇坫三十年。著《存素堂初集》、《二集》、《續集》三十三卷，《詩龕詩稿》二卷，《存素堂文集》七卷，《梧門詩話》十六卷，《八旗詩話》一卷，另著《清秘述聞》、《槐廳載筆》、《陶廬雜錄》等。事具《清史稿》卷四八五、《清史列傳》卷七十二。

蔣士銓詩已在京師刊刻，謝啓昆覓以寄先生。

《甌北集》卷三十三《心餘詩已刻於京師謝蘊山太守覓以寄示展閱累日爲題三律》："邢尹同時要比妍，今朝得睹豹斑全。……凌雲意氣談天口，仿佛音容尚眼前。"(其一)"談忠說孝氣峻峋，卅卷詩詞了此身。……三年刻楮成何事，六博呼盧大有人。"(其二)"蓋棺難更句雕搜，後死應堪勝一籌。歉我亦將成弩末，比君仍未進竿頭。……詩草兩家俱在世，不知他日孰長留？"(其三)

秋，駱綺蘭寄書袁枚，願列門牆。

駱綺蘭《聽秋軒詩集》卷首袁枚序："庚戌之秋，京江駱夫人佩香走幣來，曰：'蘭幼讀先生詩而愛之，且學爲之。顧私淑不如親炙之益也,先生其許之乎?'余念孀悲無介而闒然而至,殆奇女子耶?"
《隨園詩話補遺》卷三第四五:"有秋亭女子名綺蘭者,嫁於金陵龔
氏,詩才清妙。……辛亥冬,從京口執訊來,自稱女弟子,以詩受
業。"所載駱綺蘭受業時間有異,今以詩序爲準。

駱綺蘭,字佩香,號秋亭,別號句曲女史,江蘇句容人。乾隆二十
一年(1756)生。江寧龔世治室,早寡,無子。課螟蛉女,嘗繪《秋
燈課女圖》徵題。少耽文史,好吟詠,喜畫蘭。中歲學佛。舊居廣
陵,移家丹徒。袁枚、王文治俱以爲女弟子。著《聽秋軒詩集》等。
事具駱綺蘭輯《聽秋軒閨中同人集》自序、施淑儀《清代閨閣詩人
徵略》卷六、《墨林今話》卷六。

冬,袁枚過揚州,索先生和其生挽詩。

袁枚《隨園詩話補遺》卷六第二八:"庚戌冬,余有感於相士壽終七
六之言,戲作生挽詩,招同人和之。"

《甌北集》卷三十三《子才到揚州預索挽詩戲和其韻意有未盡又贈
二首》(五首)附袁枚原作三首,即袁枚《小倉山房詩集》卷三十二
《諸公挽章不至口號四首催之》的第一、二、三首,第四首未見。

按:袁枚《續同人集·生挽類》錄和詩者三十二人詩作,如姚鼐
《惜抱軒詩集》卷九《簡齋年七十五腹疾累月自憂不救邀作豫挽詩
四首》、洪亮吉《卷施閣詩》卷第十《袁大令枚病中以自挽詩索和率
賦一篇寄呈》、錢維喬《竹初詩鈔》卷一五《袁簡齋年七十六以曩日
相士之言決其當死自作挽詩走札索酬爲賦長句廣其意》、潘奕雋
《三松堂集》卷八《袁簡齋生挽詩》等。

爲廷俊娶婦湯氏。廷彦補弟子員。

《原譜》乾隆五十五年庚戌(1790)條:"是年爲廷俊娶婦湯氏,廷彦
補弟子員。"

十二月,刊刻《陔餘叢考》四十三卷。

趙翼《陔餘叢考小引》:"余自黔西乞養歸,問視之暇,仍理故業。
日夕惟手一編,有所得輒劄記別紙,積久遂得四十餘卷。以其爲

循陔時所輯,故名曰《陔餘叢考》,藏篋衍久矣。……兒輩從敝篋
中檢得此編,謂數年心力未可抛棄,遂請以付梓。"末署"乾隆五十
五年庚戌嘉平月"。

祝德麟《悅親樓詩集》卷二九《甌北先生七十壽詩三篇》其二自注:
"先生著有《陔餘叢考》四十三卷,今續編又將告成,體例與顧亭林
《日知錄》略相似。"詩繫於嘉慶元年丙辰(1796),則《陔餘叢考》續
編約於此年告成。

是年,《隨園詩話》正編付梓。

《隨園詩話》小倉山房自刻本正編内封題"乾隆庚戌　翻刻必究
隨園詩話　小倉山房藏版"。

是年,周小濂、錢琦卒。

乾隆五十六年辛亥(1791)　六十五歲

正月十五日後,揚州賀秦黌七十壽。

《甌北集》卷三十四《西壖前輩七十壽詩》:"燈節纔過月未斜,長筵
燕喜泛流霞。廿科臺館真前輩,兩世蓬瀛有幾家。……<small>新買別業在
城南。</small>……<small>巡漕查映山爲公門下士。</small>"(其一)"每與同人酬唱必數疊韻,近
日又謝絕宴會,皆實事也。……<small>前曾觀察湖南。</small>"(其二自注)

春,至江寧,首次游隨園,題壁。

《甌北集》卷三十四《游隨園題壁》其一:"名園欲訪屢愆期,到及梅
花正滿枝。"梅花正滿枝通常在早春時節,姑繫趙翼首次游隨園在
本年春。

錢泳《履園叢話》二十"隨園"條:"隨園在江寧城北,依小倉山麓,
池臺雖小,頗有幽趣。乾隆辛亥春二月初,余始游焉。時簡齋先
生尚健,同坐蔚藍天,看小香雪海,梅花盛開,讀畫論詩者竟日。
至道光二年九月,偶以事赴金陵,則樓閣傾隤,秋風落葉,又是一番
境界矣。其舊僕某尚識余姓名,真所謂'猶有白頭園叟在,斜陽影裏
話當年'也。近年聞先生長君蘭村又葺而新之,游人雜遝矣。"

江寧拜訪兩江總督孫士毅，時孫氏受任協辦大學士，將入京。

《甌北集》卷三十四《謁補山制府奉呈》："官高一品尚書生。"（其一）"鬚髯繚蒼面渥丹，天人姿稟世驚看。"（其三）"滇徼黔疆忝弟昆，雲泥猶荷念寒溫。書來問訊皆親筆，話到存亡有淚痕。謂經略傅文忠公。……公過常州，枉訪敝廬。趨承能不心盡傾，半爲勳高半誼敦。"（其四）

據《清代職官年表‧總督年表》，孫士毅乾隆五十五六月三日任兩江總督，至入相時未及一載。

按：據袁枚《小倉山房詩集》卷三三《送補山宮保作相入都》及姚鼐《惜抱軒文集》卷一四《江上攀轅圖記》"仁和孫公總督江南，歲未及期，綱紀上張，惠澤下布。……而上召公入爲協辦大學士。夏四月，旌旆首途，耆艾壯稚，撫攜追送慕懷而不欲其發。於是袁君樹爲之圖，又有袁簡齋、蒲柳愚兩君，作詩以詠其事，持以視鼐"知，袁樹繪《江上攀轅圖》，袁枚、蒲銑賦詩，姚鼐作記送別孫士毅，趙翼應與焉。

四月，與吳錫麒唱和，詠美人風箏各六首，兼請其爲《陔餘叢考》四十三卷作序。

《甌北集》卷三十四《美人風箏》六首及吳錫麒和作。

吳錫麒《陔餘叢考序》："若雲崧先生者，其今世之深寧叟乎！……成《叢考》四十三卷，標以'陔餘'，紀實也。"末署"乾隆五十六年辛亥四月望前三日"。

昭槤《嘯亭續録》卷四"吳穀人"條："吳穀人先生，性爽闊，修髯偉貌，類市畫鍾離權像。詩宗樊榭而清暢過之。駢體兼唐、宋之長，五言排律，格律精嚴，筆意秀勁，爲古今絶作。嘗館阿文成公宅，教今繹堂尚書，師範嚴肅。其他權要，杜絶往來，故倘佯詞苑二十餘年始至祭酒。先生曰：'得爲國子宗師，吾願足矣。'即日請假歸，人爭羨之。惟以索米故，門牆過廣，市儈子皆爭致束脩，爲盛德之玷云。"

蘇州晤王鳴盛、錢大昕。作反矐目篇爲王鳴盛七十壽。

《甌北集》卷三十四《吳門晤西莊竹汀》："朋簪最羨居相近，同在吳門步屧過。"自注："二公皆有目疾。"

《甌北集》卷三十四《反矐目篇壽西莊七十》："所以耽文史，亦名爲書淫。……晝竭一線曷，宵盡五寸檠。……乃招天公妬，强奪雙青睛。……由來禁好色，莫禁相思情。還他正法眼，炳燭追荀卿。"

題查瑩漕使《學書圖》。

《甌北集》卷三十四《題漕使查映山侍御學書圖》："先生金閨彥，臨池數十年。……卓然自成家，健筆凌雲烟。擁節來揚州，行臺依老禪。令肅政多暇，楷法彌精專。丐書戶屢滿，不取潤筆錢。"

呂培《洪北江先生年譜》乾隆五十五年庚戌條："是秋，先生與仲弟移寓三里河清化寺街，饒有竹木之勝，查給事瑩舊宅也。"

查瑩，字韞輝，號映山、竹南逸士、息静龕、聖雨樓，浙江杭州府海寧州人，寄籍山東海豐。乾隆八年（1743）生，嘉慶八年（1803）卒。乾隆三十一年進士，改庶吉士，授編修。官吏科給事中。秦蕙門生。事具《海寧查氏族譜》卷四《世次三集》。

《甌北詩鈔》編成刊刻，李保泰序、張舟跋。

《甌北詩鈔》卷首李保泰序署"乾隆五十六年歲次辛亥四月望後三日寶山後學李保泰拜跋"，序云："雲崧先生既刻其《甌北集》三十三卷成，……先生重違多士意，裒集編次，得全集十之五，而分體録之，並命保泰繫以言。……集中七律尤多，是編持擇特嚴。心之精微，口不能言也，讀者合《甌北全集》觀之，知先生精心孤詣，直躋古作者堂奧。"

《甌北詩鈔》卷首張舟《甌北詩鈔跋》："（先生）命余與校訂之役。刪存舊刻十之五六，分體重編，名曰《甌北詩鈔》。……刻既成，謹志其顛末。"

初夏，游廬山途中，詠滁陽王廟、清流關、大柳驛、淝水諸古迹。

371

《甌北集》卷三十四《滁陽王廟》、《清流關》、《大柳驛相傳爲趙韓王授徒處》、《淝水》。

按：據《甌北集》卷三十四《黃梅驛遇雨》："行盡灊山天宇空，地名物候巧相同。黃梅時節黃梅雨，正在黃梅驛路中。"可知先生游廬山應在三四月間。

先生廬山之行主要游覽了瞻雲、秀峰、萬杉、棲賢四禪寺，尋訪了東林寺、昭明讀書臺、棲賢寺瀑布、白鹿洞書院、王文成公紀功碑、岳母墓、剥皮山諸名勝。

《甌北集》卷三十四《廬山雜詩》其一："二十年前過九江，未曾廬阜躡飛淙。那知未了清緣在，垂老來償屐一雙。"

按："二十年前過九江"即指乾隆三十八年癸巳(1773)趙翼由貴西兵備道辭官歸養途中，《甌北集》卷二十《廬山在望不及一游詩以解嘲》其一所述，"鄉心連夕促歸舟，咫尺匡廬不一游"。

《甌北集》卷三十四《廬山紀游》："廣陵濤接潯陽濤，夜夢五老來相招。趣辦芒鞋青朱杖，要我去踏廬山高。……江西詩派江西人，大都少肉多骨筋。廬山亦復犯此病，青孱片片摩穹旻。……必逢蘭若始一憩，不是游山是游寺。四禪林乃各擅奇，瞻雲、秀峰、萬杉、棲賢。占盡泉聲與嵐翠。……我來歷遍諸方丈，移步換形莫名狀。輿夫十二健騾九，如此游山太豪放。當年李青蓮。白香山。歐陽蘇，未必有此行色壯。獨愧前賢寂寞游，其人已往名長留。未知今日扶筇叟，可有人傳趙倚樓。"又《東林寺》、《昭明讀書臺》、《題秀峰寺即古開先寺所藏十王預修經圖並陀羅尼經後》、《棲賢寺瀑布》、《白鹿洞書院》、《王文成公紀功碑》、《岳母墓》、《剥皮山》。

洪亮吉《北江詩話》卷四："廬山甲於東南，然最勝者則文殊臺之峭、佛手巖之奇、黃龍寺之古樹、開元寺之飛瀑，可稱四絶。"

《大清一統志》九江府："東林寺，在德化縣南廬山麓。晉太元九年慧遠所創建。"

《讀史方輿紀要》卷八三："開先寺在府西十五里廬山麓，本梁昭明太子棲隱處，南唐主李璟建寺。廬山之南，瀑布以十數，而開先之雙瀑爲最勝。"

《大清一統志》南康府："棲賢寺，在星子縣五老峰下。南齊參軍張希之建，唐李渤嘗讀書於此。"

由廬山歸揚州道中登庾樓，九江宿能仁寺、訪橋公墓，舒城有感於周公瑾道南推宅事。

《甌北集》卷三十四《歸途連日大雨》、《庾樓》、《九江宿能仁寺》、《橋公墓》、《舒城有感於周公瑾道南推宅事》。

《大清一統志》九江府："潯陽江，在府城北，亦名九江，即大江也。"

秋，賀李保泰五十壽。

《甌北集》卷三十四《壽嗇生郡博五十初度》："婁東古學有遙津，一瓣香傳著述身。早歲便成名進士，中年漸作老詩人。門因問字常多客，壁可分光肯借鄰。拙刻數種皆君訂正。黃菊正催新釀熟，爲君釃酒祝長春。"（其一）"通籍先辭作吏緣，一官甘就廣文氊。已無賒願騎揚鶴，曾有游蹤訪蜀鵑。曾作蜀游。吟稿歲增詩一寸，購書日損俸千錢。錦江春色邗江月，總與先生琢句傳。"（其二）

按：據"黃菊正催新釀熟，爲君釃酒祝長春"可知，李保泰壽辰在秋季。

春作反矐目篇爲王鳴盛七十壽，尚未寄，秋初接王鳴盛書，知目疾竟已霍然，自喜爲頌禱之功。

《甌北集》卷三十四《春間晤西莊於吳門因其兩目皆盲歸作反矐目篇祝其再明詩成尚未寄秋初接來書知目疾竟已霍然能觀書作字鄙人不禁沾沾自喜竊攘爲拙詩頌禱之功再作詩以貽之西莊當更開笑眼也》。自注："時方排纂《蛾術（篇）[編]》。"

祝德麟《悅親樓詩集》卷二九《和別眼鏡詩》自注："近甌北先生作反矐目篇壽王西莊光祿。光祿瞽目重明。"

趙懷玉《亦有生齋集》詩卷一二《王光祿鳴盛今年正七十書來云失明三載遇閔生鍼治得痊賦此志喜兼以爲壽》。

昭槤《嘯亭雜錄》卷十"王西莊復明"條:"王光禄鳴盛,家居時,目已瞽者數年。後遇高郵醫曾某,以金針撥其翳,雙目復明。趙甌北曾以詩傳其事云。"

賀錢維喬移新居有林壑之勝。

《甌北集》卷三十四《賀錢竹初移新居有林壑之勝》。

廷彦婦徐氏童養於家,是年完婚。徐氏年三十卒,無子。

《甌北集》卷三十四《彦兒完婚》:"男婚已畢女猶遲。"

《原譜》乾隆五十六年辛亥條:"廷彦婦徐氏童養於家,是年完婚。"

《西蓋趙氏族譜·學亮公派北岸分支世表》:"(趙廷彦)……配徐氏,福建福州府通判熊占女,乾隆三十八年癸巳十二月二十一日辰時生,嘉慶七年壬戌三月初七日未時卒,年三十。"

是年,蔣知廉、莊繩祖、吳以鎮卒。

乾隆五十七年壬子(1792)　六十六歲

正月十五日前,招程景傅、湯大賓、莊映、趙繩男宴集觀燈。

《甌北集》卷三十五《新春招程霖巖湯蓉溪二丈暨莊學晦家緘齋小集》:"新春例宴客,折簡首耆艾。里中有皓首,數叶商芝四。年皆開八秩,程、湯皆七十八,莊七十五,緘齋亦七十。惟我齒猶未。……維時近上元,滿城簫鼓沸。寒家少長物,華侈獨燈事。紈縠薄若空,玻璨透無滓。料珠與明角,一一出新製。……眼前此數翁,看似無關繫。庸知履舄交,中有昇平瑞。一葉知秋風,一花驗春氣。自非仁壽期,曷此耆蓍萃。作詩傳他年,或可洛社繼。"

按:《甌北集》中,兩次記載買燈事。第一次見《甌北集》卷二十三《自郡城歸》:"上元節物惟燈事,略與高堂賞歲華。"作於乾隆四十二年丁酉(1777)正月十五日前,趙翼爲母買燈及紅梅等節物歸時。第二次爲乾隆五十一年丙午(1786),《甌北集》卷三十《買燈十二掛皆舊家物也書示兒輩》其二自注:"家居買燈,最爲不急之務,及稍貧,則此物先賣矣。"

正月十八日，辭官後居松江之門生祝德麟專程看望先生，與其訂歲歲過訪。十九日，王文治自鎮江亦不期而至。

《甌北集》卷三十五《上元後三日芷堂過訪草堂次日夢樓亦至皆未有夙約也喜而有作後二首專簡芷堂》："芷堂自雲間來，夢樓自京口至。"（其一自注）"夢樓書、芷堂詩，皆必傳也。……芷堂以言事改官。……夢樓長齋奉佛已久。"（其二自注）"官似游僧早打包，初衣今遂返江郊。……君家葆光居牡丹有名浙中，今屋將圮，攜家住雲間書院。"（其三）

按：據該詩其三可知，祝德麟辭官後攜家主松江雲間書院。

祝德麟《悅親樓詩集》卷二五《謁甌北師於毗陵適夢樓亦自京口至賦呈二十韻》。

按：祝德麟《悅親樓詩集》卷二七《甌北先生書來約往鄧尉看梅以事阻滯恐花信已過遂不果游擬於旬日後赴常修謁詩以先之三首》其三自注："前年造訪，曾訂歲歲往謁。"詩作於乾隆五十九年甲寅（1794），"前年"即指本年來訪事。

正月十九日招蔣熊昌、趙繩男同集，皆王文治、祝德麟京師舊友。

《甌北集》卷三十五《是日招立庵緘齋同集皆王祝二君京師舊友也立庵有詩次韻》、《用立庵韻再寄夢樓芷堂》。

祝德麟《悅親樓詩集》卷二五《謁甌北師於毗陵適夢樓亦自京口至賦呈二十韻》："阮咸猶健飯，令侄緘齋今年政七十。蔣詡更連舍。立庵。粲然衆星羅，瞥爾一鶴下。良晤意不期，奇緣天所借。"

袁枚七十六歲不死，作除夕告存詩遍遺親友，先生接其詩，戲和之。

《甌北集》卷三十五《子才舊遇相士胡炳文決其六十三生子七十六考終後果如期生子一驗宜無不驗矣去歲七十六遂飾巾待期者一年並預索同人挽詩及歲除竟不死乃又作除夕告存詩遍遺親友爰戲贈八絕句》。

按：袁枚《小倉山房詩集》卷三三《除夕告存戲作七絕句》和者甚

多,如洪亮吉《卷施閣詩》卷第十《袁大令以辛亥除日復作告存詩七首索和戲加二絕奉答》、趙懷玉《亦有生齋集》詩卷一二《昨歲爲袁丈枚作生挽詩今春三月喜晤於吳門復出告存詩見示漫成五首》、錢維喬《竹初詩鈔》卷一五《袁簡齋年七十六以曩日相士之言決其當死自作挽詩走札索酬爲賦長句廣其意》等,二十二人詩作收入《續同人集·告存類》。

偕蔣熊昌艤舟亭看梅小飲。

《甌北集》卷三十五《偕立庵艤舟亭看梅小飲次韻》。

二月,《皇朝武功紀盛》四卷編成,詳述編寫始末。

趙翼乾隆五十七年壬子二月《皇朝武功紀盛序》:"幸皇上頒發《四庫全書》於江、浙之文匯、文宗、文瀾三閣,内有前數件《方略》,共四百六十四卷,備載用兵始末。……臣幸與文匯裝訂之役,敬謹尋繹於聖祖之平三逆,平朔漠,既得推究原委;而我皇上平準夷、回部,時臣正直軍機,繕寫諭旨,鈔録奏摺,一切皆得與知。其後從征緬甸,又身在行間。已而將軍臣温福、阿桂自滇赴蜀討兩金川,道經臣貴西官舍論兵事,夜分乃別。黔、蜀接壤,軍中聲息,旦夕得聞。臺灣之役,臣又爲督臣李侍堯延入幕府,首尾一年餘,始終其事。故於此數次用兵,見聞較切。征緬時,曾即軍中粗有記述,餘未及隨時載筆也。歸田後擬一一追叙,而閱時已久,年月件繁,記憶不無稍訛。今得《方略》以證前事,益覺歷歷如繪。用不揣冒昧,節繁撮要,各爲《述略》一篇,總名曰《皇朝武功紀盛》。"

壽全德六十。

《甌北集》卷三十五《壽全惕莊齹使六十》其一:"一片廣陵歌舞地,滿城誰不祝蕃禧。"自注云:"公與夫人生辰在四月八九兩日。"

四月十三日,袁枚再會女弟子七人於杭州湖樓,時王文治在座。

袁枚《隨園詩話補遺》卷五第四五:"今年,余在湖樓,招女弟子七人作詩會。"及其下録潘素心爲詩會所作排律自注:"閏四月,……來者七人。"

按:《隨園女弟子詩選》卷三孫雲鶴《隨園先生再游天台歸招集湖樓送別分韻得臨字》自注:"庚戌先生來杭,亦以是日宴於此樓。……時夢樓年伯在座作書。""庚戌"即乾隆五十五年(1790)四月十三日,袁枚招集十三女弟子首次湖樓大會。

謝啟昆遷官揚州,先生題其《種梅圖》。

《甌北集》卷三十五《題謝蘊山觀察種梅圖》:"先生文章氣,朝日晃九英。家傍大庾嶺,官歷揚州城。與梅有夙緣,遷宦心仍縈。搆軒曰補梅,署中軒名。健步移幾程。繪圖志韻事,課種趁曉晴。……況有三嬌兒,差肩花下行。……官梅與野梅,固難一例評。"

送查瑩漕使入都。

《甌北集》卷三十五《送查映山漕使入都》自注:"君曾祖聲山宮詹,康熙中直南書房。……管松崖巡漕三年,即洊擢漕督;今君亦巡漕兩年,最績久邀宸鑒,故云。"

在揚州結識浙二子張雲璈、程拱字,歌以贈之。

《甌北集》卷三十五《浙二子歌贈張仲雅程春盧兩孝廉》:"張郎裾屐名卿後,閉戶披吟失昏晝。……程郎才大臨九州,萬斛泉不擇地流。……程君即繪《拜袁揖趙哭蔣圖》者。……一言聊爲作嚆矢,天下人才浙二子。"

按:此詩亦載於張雲璈《簡松草堂詩集》卷前,題作《浙二子歌贈錢塘張仲雅暨桐鄉程春盧》,與上詩稍異。是集嘉慶八年刻本前有先生所作序,末署"嘉慶丁卯九秋陽湖趙翼",其序云:"余客揚州,識張仲雅孝廉於寓公,茗碗談詩,遂成莫逆。曾題拙集長古,余已弁之卷端。今過江枉訪,以所著《簡松草堂集》問序於予。予先叩其草堂名何義,孝廉曰:'……某生平酷嗜袁子才及先生之詩,袁號簡齋,先生字雲松,合二公字號,適符此松名,遂以顏吾齋,聊志景附之意焉。'"

又按:該序中"曾題拙集長古,余已弁之卷端"即指《甌北詩鈔》卷前張雲璈題辭《謁趙雲崧觀察歸復展讀甌北集爲長歌奉簡》。

張雲璈,字仲雅,號簡松居士,晚號三影閣主人,浙江杭州府錢塘縣人。乾隆十二年(1747)二月二十七日生,道光九年(1829)正月四日卒。乾隆三十五年(1770)舉人。嘉慶十二年(1807)選湖南安福知縣,後調湘潭。居官有惠政,頗得民心。長於詩,無寒苦穠纖之習,著《簡松草堂詩集》二十卷等。歸隱後,以著述自娛,爲清代重要的《文選》研究者,著《選學膠言》。事具《簡松草堂詩集》卷首張雲璈曾孫張上尊《敕授文林郎晉奉直大夫湖南湘潭知縣曾大父仲雅府君行狀》、姚椿《晚學齋文集》卷八《墓志銘》、《清史列傳》卷七二。

慨歎文人仰屋著書,不數百年終歸湮没。

《甌北集》卷三十五《有以明人詩文集二百餘種來售余所知者乃不及十之二三深自愧聞見之陋而文人仰屋著書不數百年終歸湮没古今來如此者何限既悼昔人亦行自歎也感成四律》。

徐秋園卒,年七十八。

《甌北集》卷三十五《揚州哭秋園之訃》:“憶我初歸田,君已臥林壑。都講兩同年,庚午與君同考教習,亦稱同年。……寓齋與君鄰,……我尋客揚州,累君感離索。……我歸必相訪,漸滅舊嚘嚛。……憶君六十時,早自治衾椑。君六十歲即製斂具,余嘗有詩戲之。今又十八年,已非意所度。”

蔣宗海寓張氏檺園,芍藥盛開,邀先生及謝溶生、秦黌、張坦、沈業富、吳紹澯諸同人宴集。

《甌北集》卷三十五《春農寓張氏檺園芍藥甚開招同未堂西塽松坪既堂澂塗諸同人宴集》、《松坪疊檺園韻見貽仍次奉答》、《春農寓齋窗外忽生新竹一枝賦詩自誇戲贈》。

錢泳《履園叢話》二十“檺園”條:“檺園在廣儲門内。”

壽張坦七十。

《甌北集》卷三十五《壽松坪前輩七十》:“館閣清班廿載深,恬懷中歲早抽簪。二分月下清游地,十七科前老翰林。……耆英自有長

年相,壽骨崢嶸貫頂心。"(其一)"笠屐圖中另一班,茶烟禪榻愛蕭
閑。……關西人占江南樂,千載風流繼對山。"(其二)《松坪七旬
稱慶余已有詩奉賀嗣君次生又索屏風詞爰補前詩所未及》:"已抒
長句侑瓊卮,又索屏風介壽詞。"(其一)"早登仕籍早歸田,不用持
籌但使錢。詩酒笙歌娛到老,始知世有地行仙。"(其二)"館閣常
疏步屨塵,轉於林下得相親。十年邗水過從久,我亦隨公作老
人。"(其四)

連日翻閱前人詩,效子才體戲作。本年,法式善招洪亮吉等人
於京師積水潭觀荷,并效"隨園體"賦詩。

《甌北集》卷三十五《連日翻閱前人詩戲作效子才體》。

袁枚《續同人集·文類》卷四法式善《答簡齋先生·又》:"京中隨
園著作,家弦戶誦。有志觀摩者,無不奉爲圭臬。凡一傳記成,一
詩成,甚佳者,輒謂'此隨園法也'、'此隨園格也'。南來人士,相
晤於文酒宴會間,必曰'吾隨園受業弟子'、'吾隨園私淑弟
子'。……立秋日,約陶生及識先生者數人,在城北積水潭看荷花
雅集,效'隨園體'賦詩,以志景慕。"據《近世中西史日對照表》,本
年立秋在六月二十日。

按:法式善《存素堂詩初集録存》卷四《立秋後一日招同人積水潭
看荷花》、《積水潭看荷歸兩峰留宿詩龕》與洪亮吉《卷施閣詩集》
卷一一《立秋前一日法庶子式善邀諸同人至積水潭匯通寺泛舟觀
荷分韻得學字》皆繫於本年,但二人所記日期有異。

吕培《洪北江先生年譜》乾隆五十六年辛亥條:"(洪亮吉)在京供
職。……是歲,偕法學士士善……唱酬甚多。"

七月初七日寅時,孫慶齡生,廷俊出。

《西蓋趙氏族譜·學亮公派北岸分支世表》:"(趙廷俊子趙慶齡)
行一。初名發震,字孟符。國子監生。道光乙酉科副榜貢生,丙
戌考取八旗官學教習。乾隆五十七年壬子七月初七日寅時生,道
光九年己丑十一月二十日卯時卒於京邸,年三十八。"

《西蓋趙氏族譜·藝文外編》載李兆洛《趙君孟符墓志銘》。

挽唐思。

《甌北集》卷三十五《挽唐再可》："自我來揚州，徵逐半舊雨。能詩唐子西，相識自軍府。余從軍滇南，君方官騰越州，即相識。天南一以別，重逢快傾吐。……江城多素心，晨夕共樂數。……荏苒七八年，風流映江滸。就中君最健，逐隊勇獨賈。蕭閑七十翁，髮不白一縷。"

畢沅湖廣總督任上遠寄文幣珍裘。

《甌北集》卷三十五《秋帆制府遠寄文幣珍裘詩以志謝》其一："故人高誼足千秋，雙鯉書來道阻修。……愧我空傳倚樓號，不來黃鶴一登樓。"

程景傅、湯大賓、楊靜叔、汪屏周四人皆甲午生，舉同甲會繪圖紀盛。

《甌北集》卷三十五《程霖巖湯蓉溪楊靜叔汪屏周四人皆甲午生舉同甲會繪圖紀盛次韻奉答》。卷三十六《壽汪屏周八十》自注："四老人同甲會，君生辰最遲。"又卷四十二《挽汪屏周》自注："程霖巖、湯蓉溪、楊靜叔與君同甲午生，皆八旬以外，有四老人會。"

趙懷玉《亦有生齋集》詩卷一〇《里中重舉同甲四老會和程丈景傅用文潞公韻》其二："甲午會初開丙午，霞觴再設已三年。生符木火推原壽，四老皆甲午。序占春秋降是仙。四老生日三春一秋。"可知四老同甲會三年一次，初開在"丙午"，即乾隆五十一年(1786)。

按：趙懷玉此詩緊鄰其上依次爲《丁未十二月客桐鄉肝氣大作病起呈同人》、《除夕和程廣文》、《元日喜晴次韻》、《攬鏡》，"丁未"當爲乾隆五十二年(1787)，"元日"謂乾隆五十三年(1788)元日，故詩所記里中重舉同甲四老會當在乾隆五十三年(1788)，後里中同甲會依次當在乾隆五十五年、五十七年舉行，本年正屆其期，當爲第四會。

改舊作《題長椿寺九蓮菩薩畫像》。

《甌北集》卷三十五《題長椿寺九蓮菩薩畫像》題注:"改舊作。"詩云:"城西南寺名長椿,中有寶繪姿天人。……當日隆稱觀自在,至今遺像儼生存。……獨有前朝家法嚴,尤推孝定性和恬。……璇室提躬四十春,九蓮菩薩本前身。"

吳長元《宸垣識略》卷十"外城二":"長椿寺在土地廟斜街,明慈孝皇后建,以居水齋禪師。其大弟子爲神宗替修,賜千佛衣及姑絨衣各八百件,米麥等物動千石。有二庫,以二中官專貯三宮布施金錢。有滲金多寶佛塔,高一丈五尺。有萬曆中工部郎中米萬鍾書水齋禪師傳碑。本朝乾隆二十一年重修,有兵部尚書宋德宜碑。""長椿寺大殿旁藏佛像十餘軸,中二軸黃綾裝裱:一繪九朵青蓮花,捧一牌,題曰九蓮菩薩之位,明神宗母李太后也;一繪女像,具天人姿,戴毘盧帽,衣紅錦袈裟,題菩薩號,下注崇禎庚辰年恭繪烈皇帝生母孝純劉太后。二圖不知何時安奉寺內,今乃委積塵埃中。考按:今祇女像戴毘盧帽一軸,九蓮花一軸無,並無字樣。"

詠桐鄉金德輿岳祠銅爵。

《甌北集》卷三十五《岳祠銅爵》小序:"桐鄉金德輿得一銅爵,口內鑴'精忠報國'字,旁鑴'岳珂建造'。蓋宋阜陵賜岬岳忠武後,珂所製祠中祭器也。詠者甚多,爲賦四律。"

趙懷玉《亦有生齋集》詩卷三二《哀金生》自序:"生名承蔭,父德輿,字少權,外姑朱太安人遺腹產也。太安人撫孤教子,賢著六嬭。少權少余三歲,視余如兄,官刑部主事一年,宅母憂,遂不仕。生甫就塾,余嘗課之。魯鈍不能成學,年二十一,父沒,益難自存。鬻桐鄉舊廬,遷嘉善依其章氏姊。又不能有其屋,再遷而室愈陋。少權故善賞鑒、富收藏,亦盡舉去之。抑鬱無聊,溺於酒,以病酒死。妻汪,無子,立從祖伯父壽彭孫若澄爲後。"詩自注:"生於乾隆庚子。生是年,少權進畫,恩賚緞匹。余亦以奏賦得官,故小字駢福。"

盧文弨作重逢入泮詩，先生以詩相賀，并請其爲《皇朝武功紀盛》四卷作序。

《甌北集》卷三十五《盧抱經學士以雍正壬子補弟子員今歲壬子又見諸生游庠作重逢入泮詩紀事敬賀四律》其一："六十年前泮水塘，又逢擢秀蔚成行。"

趙懷玉《亦有生齋集》詩卷一二《前輩盧學士文弨以雍正壬子始游膠庠今六十年矣以自紀詩見示時余亦將北上率成四百二十字既志盛事兼申別懷》。

盧文弨《皇朝武功紀盛序》："陽湖趙觀察雲崧，夙具史才，起家中書舍人，入直軍機房，旋以高第登館閣。……其素來既博徵典故，隨事紀載，而近事尤親得之見聞。頃來掌教揚州，《四庫全書》之頒也，其郡當謹藏於行宮内之文匯閣，一切整齊次比，實與其事。故自聖祖之平定三逆，以暨今上臺灣之役，凡夫歲年月日以及山川道里，與夫在事諸臣之功過，得所徵信，一一皆有據依。於是以四卷之書括之。"末署"乾隆五十七年九月"。

盧文弨，初名嗣宗，字紹弓，號磯漁、檠齋、抱經、檠齋，晚號弓父。浙江杭州府仁和縣人，祖籍紹興府餘姚縣。康熙五十六年（1717）六月三日生，乾隆六十年（1796）十一月廿八日卒。乾隆十二年（1747）考授内閣中書。乾隆十七年一甲三名進士，授編修，上書房行走。歷官左春坊左中允、翰林院侍讀學士、廣東鄉試正考官、湖南學政。乾隆三十三年乞歸後，歷主江、浙各書院講席。潛心漢學，與戴震、段玉裁友善。精校勘，所校諸善本，鏤板惠學者。又苦鏤板難多，則合經史子集三十八種而名之曰《群書拾補》。其校書參合各本，擇善而從，頗引他書改本書，而不專主一説，故被詆。以所校勘、注釋的經子諸書匯刻爲《抱經堂叢書》。著《抱經堂集》三十四卷等。事具《碑傳集》卷四八段玉裁《翰林院侍讀學士盧公文弨墓志銘》、《清史稿》卷四八一、《清史列傳》卷六十八。

題沈業富女沈在秀《雙清閣詩本》。

《甌北集》卷三十五《題岫雲女史雙清閣詩本》:"沈既堂先生女。"(題注)"憶婿思親點筆遲,蘭荃香入墨痕滋。始知閨閣真風雅,不在《香奩》艷體詩。"(其三)"略識之無便目存,生平未上學堂門。由來惠業關天授,待有人教已鈍根。"(其四)"繡閣才名錢孟鈿,吾鄉錢文敏公女孟鈿,最工詩。何當旗鼓對鳴甄。玉臺他日編新詠,江北江南兩女仙。"(其五)此詩所附沈在秀和詩其一:"於人今喜見歐陽,風雅淵源教澤長。一部新詩傳萬口,得聞夫子是文章。"

八月,於揚州安定書院送趙懷玉入都補中書舍人,附書請王昶鑒定《皇朝武功紀盛》四卷并作序。

《甌北集》卷三十五《送憶孫入都補中書》:"是我歸田歲,看君出仕纔。……秋風方颯爽,十幅布帆開。"(其一)"鄉國稀同調,惟君結契深。文章千古事,甘苦兩人心。"(其四)

趙懷玉《收庵居士自叙年譜略》乾隆五十七年壬子四十六歲條:"於八月就道,……時家觀察翼主安定講席。"

趙懷玉《亦有生齋集》詩卷一〇《過揚州訪家觀察翼於安定講院》。

民國吳長瑛輯《清代名人手札》甲集趙翼與王昶書札:"趙翼謹稟述庵大人閣下:去歲范生南回,奉到手書并普茶、藏香諸珍,具仞高誼。……翼老病日增,考訂之事本非所長,惟詩中七律,工夫稍就熨帖。而年來氣力不加,日漸頹惹,終歸於無聞而已。因舍侄孫懷玉赴京之便,手肅附請台安,附上近刻《詩鈔》,以博一笑。另有《皇朝武功紀盛》一本,係從《四庫書·方略》內摘叙者。恐或有關礙,故未刷印送人,特先密呈,乞爲鑒定。倘或可存,并乞賜序一篇。以近時諸戰,大人俱親在戎行,尤覺甘苦備嘗也。如不可示人,則不必賜序矣。尚俟指示到日再定,是以不勝顒望。……翼再頓首上。"

浙江古籍出版社《香書軒秘藏名人書翰》趙翼與王昶書札:"趙翼頓首謹稟述庵大人閣下:范生南來,得手示并藏香、鹿膏諸珍,不勝感謝。……茲上近刻《詩鈔》以乞斧政,并乞賜序尤感。……侄孫懷玉月底回南，如有賜示，命其帶來。"

據《清代職官年表·部院漢侍郎年表》，王昶乾隆五十四年二月至
五十八年三月任刑部右侍郎。

按：《甌北詩鈔》前有李保泰乾隆五十六年辛亥序，故《甌北詩鈔》
付刊在上年。本年，借趙懷玉赴京補內閣中書之便，請王昶爲《甌
北詩鈔》、《皇朝武功紀盛》作序。今見《甌北詩鈔》、《皇朝武功紀
盛》均無王昶序，說明王昶認爲《皇朝武功紀盛》有關礙，但趙翼後
來還是把《皇朝武功紀盛》與其他著述一併刷印，見作於嘉慶七年
壬戌（1802）的《甌北集》卷四十四《呼匠刷印所著詩文戲作》自注：
"余所著《陔餘叢考》四十三卷，《廿二史劄記》三十六卷，《甌北集》
四十四卷，唐宋以來十家詩話十卷，《皇朝武功紀盛》四卷，雜記四
卷，共一百四十卷。"及嘉慶十三年戊辰（1808）《甌北集》卷五十
《書賈施朝英每年就我刷印拙刻甌北詩鈔陔餘叢考廿二史劄記十
家詩話等各數百部書以一笑》。

八月，送兒輩江寧赴考，鎮江訪王文治，江寧與張洽同游棲霞山。

《甌北集》卷三十五《京口訪夢樓聽其雛姬度曲》。《游棲霞》："生
平慕棲霞，登覽苦不早。諸兒赴鄉闈，水行乃便道。我出遂有名，
借題曰送考。路循新開河，扁舟一帆嫋。"（其一）"近時尹相公，實
始剔巖藪。爲邀翠華臨，意匠運不苟。"（其四）《游金陵雜詩》："十
幅蒲帆兩草鞋，借名送考到秦淮。老夫別有西來意，半爲棲霞半
簡齋。"（其一）"欲騎驢游棲霞，老不能跨鞍，仍呼筍輿。"（其二自
注）"老友張玉川精繪事，久寓棲霞，是日同游。"（其三自注）

張洽，字玉川，江蘇常州府武進縣人。康熙五十七年（1718）生，嘉
慶四年（1799）卒。精繪事，久寓棲霞。事具《毘陵名人疑年錄》
卷二。

游棲霞之次日順風出江，泊燕子磯，游永濟寺，作詩辯正雞鳴
山蔣侯廟後殿塑像事，詠金川門、靈谷寺、水晶屏、報恩寺塔諸
古迹。

《甌北集》卷三十五《泊燕子磯游永濟寺》。《游金陵雜詩》："游棲霞之次日順風出江。"（其四自注）"燕子磯頭落日懸，支筇重到廿餘年。阻風中酒曾游地，垂老經過倍惘然。余昔自黔歸，守風燕子磯，凡九日。"（其七）

按："余昔自黔歸，守風燕子磯，凡九日"即《甌北集》卷二十《守風登燕子磯》及卷二十《曉過儀真》其一"九日江干住，今辭燕子磯"所述乾隆三十八年癸巳（1773）春由貴西兵備道辭官歸里途中事。

《甌北集》卷三十五《雞鳴山蔣侯廟後殿塑仙姝蓋即其眷屬也不知何年訛爲織女遂有織造使者葺而新之並蔣侯像亦加飾焉天神人鬼混爲一家可發一笑戲爲詩正之》。又《金川門》、《靈谷寺》、《水晶屏》、《報恩寺塔二十四韻》。

余賓碩《金陵覽古阿育王塔》："北下南城岡出長干里，抵聚寶門，入大報恩寺。寺中殿宇一準大內，有浮圖高一百四十丈，九層，五色瑠璃合成。……在梁名長干寺，在宋名天禧寺。"

江寧袁枚招飲，先生以隨園客多辭謝。

《甌北集》卷三十五《游金陵雜詩》："十幅蒲帆兩草鞋，借名送考到秦淮。老夫別有西來意，半爲棲霞半簡齋。"（其一）"子才招飲，余以其客多，故不赴。"（其六自注）又《留別子才》。

內弟劉芳自甌寧罷官歸，詩以慰之。

《甌北集》卷三十五《可型內弟自甌寧罷官歸慰贈》："出宰縱三載，匆匆似掛單。"（其一）"只道琴堂好，全家可食租。翻無臺避債，幾置獄追捕。……妻孥滯甌越，典賣到天吳。"（其二）"憶曾官沛上，頗耐廣文貧。臺有歌風迹，門多立雪人。……諫果多回味，知君念昔因。"（其三）"令侄合州牧印全代償數千金始得歸。"（其四自注）

常州城菊花盛開，與蔣熊昌、蔣雲驤、高光啓、趙繩男爲看花會，流連匝月。

《甌北集》卷三十五《郡城菊事甚盛與立庵雲驤曉東子蕃緘齋更番

治具爲看花之會流連匝月不可無詩》。

蔣雲驤,蔣熊昌弟,江蘇常州府陽湖縣人。

高光啟,字曉東,江蘇常州府武進縣人。嘉慶五年庚申(1800)八月十六日殁。歷官萊州掖縣知縣,捐陞府同知。

題錢維喬《竹初庵圖》。

《甌北集》卷三十五《題錢曙川竹初庵圖》。

趙懷玉《亦有生齋集》詩卷一一《題錢大令維喬竹初庵圖》。

奇豐額擢江蘇巡撫,袁枚爲作《江左歡聲圖》索先生題,先生始與奇豐額交。

《甌北集》卷三十五《奇中丞麗川由江南藩伯擢撫本省子才爲作江左歡聲圖索題即次子才韻》其二自注:"公在江南,翼從未投謁,不知賤名何以得達於左右,見屬吏輒誦鄙詩,並寄聲垂問。今秋始謁公於舟次。"

按:袁枚賀詩見《小倉山房詩集》卷三四《聞奇麗川方伯實授巡撫喜而有作》。

據《清代職官年表・巡撫年表》,奇豐額乾隆五十七年(1792)五月至乾隆六十年乙卯(1795)五月七日任江蘇巡撫。

奇豐額,字麗川,黃氏,正白旗滿洲人,乾隆十年(1745)生,嘉慶十一年(1806)卒。乾隆三十四年進士,以主事用,乾隆五十二年調江蘇布政使,五十七年擢江蘇巡撫,累官至葉爾羌辦事大臣。事具袁枚《小倉山房文集》卷三四《三賢合傳》、《國朝耆獻類徵初編》卷一八八。

九月七日,袁枚儀徵購蕭美人點心三千,以一千贈奇豐額,奇豐額作詩贊蕭美人點心,先生記其事。

《甌北集》卷三十五《真州蕭娘製糕餅最有名人呼爲蕭美人點心子才覓以餽中丞中丞寵之以詩一時傳爲佳話余亦作六絕句》其三:"已是徐娘半老時,年已五十餘。芳名猶重美人貽。"

袁枚《小倉山房詩集》卷三四《九月七日以真州蕭美人點心餽麗川

中丞蒙以詩謝敬答一章》附奇豐額和作自注"先生命人過江購得
三千，而以一千餉余。"

按：袁枚極愛蕭美人點心，《袁隨園紀游冊》乾隆六十年二月初三
日條載袁枚過儀徵時，"張碧川送蕭美人點心十簍"。

袁枚《隨園食單·點心單》"蕭美人點心"條："儀真南門外，蕭美人
善治點心，凡饅頭、糕、餃之類，小巧可愛，潔白如雪。"

九月初，祝德麟接袁枚論詩書，欲心師之。

袁枚《續同人集·文類》卷四祝德麟《上簡齋太史》："(乾隆五十七
年)九月初，劉生自金陵回。病中接奉復函，洋洋灑灑，往復數千
言。訓辭之深厚、語氣之謙沖，可謂誨人不倦矣。反復披誦，不覺
五體投地。凡針砭處，蓋如良醫，洞徹脈理。臨症又多，故能切中
病根如此。……生平文字知己，惟一夢樓，猶嫌其持論有過當處，
有任性處。若拙集所短，非不自知之，自知而不能改，且不能言。
己不能言，而先生代言之。其詞平正通達，其旨剴切詳明，實爲得未
曾有。區區佩服之誠，即擔簦執贄，亦有所甘心。特以十四科老翰
林，不好與青衫、紅粉同列門牆，直以心師可耳。義山云：'平生風義
兼師友。'工部云：'師資謙未達，鄉黨敬何先。'此之謂也……"

初游高旻寺，詩贈清涼上人。

《甌北集》卷三十五《游高旻寺贈清涼上人》："來往頻年數，禪關總
未登。誰知三寶地，獨有一詩僧。"(其一)"是夕觀僧坐禪。"(其三
自注)

按：趙翼後多次游高旻寺，如作於嘉慶八年癸亥(1803)的《甌北
集》卷四十五《途中雜詩》其五自注："至高旻寺，清涼上人設齋，指
院中牡丹數十本，皆別後添種，惜已開過矣。"

李斗《揚州畫舫錄》卷七："三汊河在江都縣西南十五里，揚州運河
之水至此分爲二支，一從儀徵入江，一從瓜洲入江。岸上建塔名
天中塔，寺名高旻寺，其地亦名寶塔灣，蓋以寺中之天中塔而名之
者也。""高旻寺大門臨河，右折，大殿五楹，供三世佛，殿後左右建

御碑亭,中爲金佛殿。殿本康熙間撤内供奉金佛,遣學士高士奇、内務府丁皂保,賫送寺中供奉,故建是殿。殿後天中塔七層,塔後方丈,左翼僧寮。最後花木竹石,相間成文,爲郡城八大刹之一。是寺康熙間賜名高旻寺。"

冬,至揚州約同人作青魚會,會將遍,袁枚應陳熙之邀赴淮過揚州,先生等人又更互設饌,迭相招陪。

《甌北集》卷三十五《至揚州約同人作青魚會會將遍適子才至又更互設饌迭相招陪今年口福殊勝也戲呈子才及諸同人》:"此魚宜冬不宜夏,及冬不食復何待。"據詩意,此會當在冬季。

袁枚《續同人集·投贈類》儲潤書《壬子仲冬喜隨園先生至邗過舍小飲》其三自注:"時陳梅岑司馬遣人迎先生赴淮。"《續同人集·投贈類》有陳熙《喜隨園夫子莅臨淮浦》。

冬,辭安定書院講席,自此不再應人聘。

《甌北集》卷三十五《白頭》:"白頭何復傍人門,口舌徒爭覆水盆。……只有掩關澄水觀,任他塵事日囂喧。"

按:《甌北集》卷三十六《去冬已辭安定講席今麗川中丞又欲挽留詩以志意》作於乾隆五十八年癸丑(1793),"去冬"即指本年冬。

十二月,作《重建天寧萬壽寺前殿碑記》。

江蘇常州天寧寺前殿外壁間刻有趙翼《重建天寧萬壽寺前殿碑記》:"常州東門外天寧寺崇敞宏偉,爲一郡梵刹之冠。……前殿設彌勒龕及四天王像,規制視正殿稍殺,然闊六楹,高九尋有奇,勢穹廣亦相稱。自正統後至今又三百五六十年,梁柱構櫨日益朽腐,縛木以撐之,岌乎不可終日,瞻禮者恒有猝然之慮。顧以工費繁夥,莫敢議改造。乾隆五十一年,僧了月來主方丈,慨然以興建爲己任。……乃以誦經所得,積埃滙涓凡三年,先有貲力十之三四,然後廣爲勸募,……今了月一瓶一拂,蕭然苦行僧,無勢力之助,乃能於數年間成數萬金工作,俾三百餘年將圮之殿宇一旦鼎新,亦可謂難矣。是役也,興工於乾隆辛亥八月,越壬子八月始上梁，將以癸丑冬落成。了月先來請記，用識其顛末於石。"

按：該記署"乾隆五十七年歲次壬子十二月　日立"，蔣熊昌書丹，莊通敏篆額。

是年，龔自珍生。錢載、陸錫熊、鹿馥園卒。

卷三
交游覽勝與致力著述
（乾隆五十八年至嘉慶七年）

乾隆五十八年癸丑（1793）　六十七歲

元日，兵部尚書慶桂奉命赴浙，道經常州，先生偕劉欽、劉芳等
迎謁舟次。袁枚聞訊，亦迎謁於揚州；慶桂還朝，袁枚復至鎮
江相送。

《甌北集》卷三十六《癸丑元日樹齋大司馬奉使過常余偕達夫敬輿
可型迎謁舟次皆少時與公同筆硯友也別後却寄》。

按：袁枚《小倉山房詩集》卷三四編年自注“壬子、癸丑”，《九月七
日……》、《正月二十七日出門二月二十四日還山》之間，依次有詩
《慶樹齋尚書別三十年今春奉命赴浙余迎謁揚州出聽其所止圖命
題》、《樹齋事畢還朝余到京口送行即用乙酉年送文端公作相原
韻》、《尚書別後五日復有赴浙辦公之命老人正欲還山聞信欣喜即
泊金焦山下詩約同游》、《接尚書和詩疊韻再答》、《在焦山與尚書
別後聞其行至望亭詔徵還朝及舟抵高郵而仍有赴浙之命蒙寄新
詩五首文琦八端余不能渡江再送賦長句六章寄之》。據詩題“今
春”之語，可知，“正月二十七日出門”即袁枚揚州迎謁慶桂之事。

據《清實錄·高宗實錄》，本年正月，兵部尚書慶桂赴浙治兩淮鹽

運使柴楨私挪課銀彌補浙江鹽道庫藏案。

壽湯大賓、程景傅八十。

《甌北集》卷三十六《蓉溪八十壽詩》、《壽程霖巖丈八十》。

去冬已辭安定講席，是春奇豐額巡撫又欲挽留，先生去意已決。張燾、吳錫麒繼主安定書院。

《甌北集》卷三十六《去冬已辭安定講席今麗川中丞又欲挽留詩以志意》："平山堂下幾沿洄，一覺揚州夢已回。豈可待人麾使去，且休勸我食嗟來。驪駒駕或催王式，駿骨求空寵郭隗。小別竹西歌吹路，好風吹處片帆開。"

據《甌北集》卷三十六《同年張慕青侍讀來主安定講席喜贈》："曲江宴罷久離群，邗水相逢話舊殷。……君曾視學湖北，近赴盛京校《四庫書》歸。今日揚州同作客，一尊好共細論文。"及作於嘉慶十九年甲戌(1814)之吳錫麒《挽甌北老前輩》(《西蓋趙氏族譜·藝文外編》載)其二自注："公先主揚州安定講席，後麒繼之，今十餘載矣"知，張燾、吳錫麒繼趙翼後主安定書院。

張燾，字慕青、號涵齋，安徽寧國府宣城縣人。乾隆二十八年(1763)進士，歷官戶部主事、翰林院侍讀、湖北學政、禮部員外郎。乞休後主揚州安定、南通州諸書院，與姚鼐交厚。事具光緒《宣城縣志》卷十八《文苑》。

袁枚命其厨子拜先生家厨子爲師學蒸鴨。

《甌北集》卷三十六《奴子陸喜善蒸鴨子才食而甘之命其庖人用門生帖拜喜爲師遂授法而去戲調子才》。

《甌北集》仍在編校中，作《編詩》有感。

《甌北集》卷三十六《編詩》："舊稿叢殘手自編，千金敝帚護持堅。可憐賣到街頭去，盡日無人出一錢。"

是春，張坦招飲樗園，張燈演劇。蔣宗海招集樗園看牡丹。

《甌北集》卷三十六《松坪招飲樗園適有歌伶欲來奏技遂張燈演劇

夜分乃罷》、《樗園牡丹盛開春農招集即事》。

按：據錢泳《履園叢話》卷二〇所記揚州各園林，樗園在揚州廣儲門內。

王昶新刻《春融堂集》，先生爲題長句兼懷亡友趙文哲。

《甌北集》卷三十六《述庵司寇新刻大集見貽展誦之餘爲題長句兼懷亡友璞函》："塞翁失馬何足惜，先生奇遇在削籍。紫薇郎剩白衣身，萬里從戎歷重譯。當日都門送臨賀，分歧誰不悲遷斥。豈知官秩從此高，詩亦從此窮風騷。滇南三載蜀五載，踏遍徼外地不毛。……乃知絕域烽烟中，正是玉成大名古。……璞函從軍滇、蜀，有《娵隅集》十卷，近亦刻成。"

四月初，常熟訪邵齊熊，邵氏招同蘇園公、吳蔚光、鮑景略諸名士宴集。

《甌北集》卷三十六《與邵松阿耐亭改字別幾三十年中間雖邂逅杭州交語未及寸燭也今夏始至虞山奉謁承招同蘇園公吳竹橋鮑景略諸名流宴集撫今追昔即席奉呈》："車笠論交誼最親，別來常恐見無因。紫薇共直如前日，白首同年尚幾人。"（其一）"未甘身享容容福，或避名呼觸觸生。君名齊熊，故以熊安生事爲戲。"（其二）

按：據詩題"今夏"之語及同卷下詩《嘉禾道中》"長水塘邊四月天"、《將入雲棲十餘里修篁夾路人行綠陰中清景獨絕肩輿中不得曠矚乃以奴輩所乘馬騎而游》"維時四月初"句，可知常熟訪邵齊熊當在四月初。

又據《甌北集》卷四十二《哭邵松阿》："省垣好友一松阿，晝共清游夜共歌。……余兩人先後歸田，一晤君於杭州，一訪君於虞山。"可知此爲趙、邵歸田後第二次相會。

邵齊熊孫邵匏風攜其六歲兒出見，先生於邵氏已閱四世。邵齊熊出示匏風妻鮑印題《甌北集》長句，先生和之。鮑印爲鮑景略之妹。

《甌北集》卷三十六《松阿孫匏風攜其六歲兒出見余於邵氏已閱四世矣口占贈之》。《匏風夫人鮑尊古有題拙集長句松阿出以相示欣荷之餘走筆爲謝》："敢憑下里索鍾期，意外知音有翠眉。始識故人交誼厚，一家都誦老夫詩。"（其一）"若遇隨園拾唾珠，定應誇作女高徒。子才輯《詩話》，多閨秀詩，輒稱女弟子。老夫不敢銜官屈，稽首仙臺拜鮑姑。"（其三）"劉三娘子詩情麗，句法原從孝綽傳。謂令兄景略。"（其五）

《甌北集》卷三十六《和尊古見題原韻》後附鮑印原作："拜袁哭蔣尚未然，餘論紛紜何足數。先生得名不知榮，先生作詩不知苦。……先生先生詩必傳，今之甌北古老杜。"

自常熟游杭州，謁移官至此的兼理織造全德。

《甌北集》卷三十六《嘉禾道中》："長水塘邊四月天，女桑秃似小兒拳。"又《觀煮繭》。《杭州謁惕莊鹺使時由兩淮調任兼理織造》其二自注："在揚州以劾奏虧帑事，亦有小警。"

按：該詩同卷下依次爲游西湖詩，其中有《將入雲棲十餘里修篁夾路人行綠陰中清景獨絕肩輿中不得曠矚乃以奴輩所乘馬騎而游》云："維時四月初，正抽新篁蕸。"故趙翼又游杭州亦在四月初。

寓西湖十日，湖山之游略遍。

《甌北集》卷三十六《德生庵夜坐》、《靈隱寺》、《寓西湖十日湖山之游略遍雜記以詩》、《登六和塔》、《將入雲棲十餘里修篁夾路人行綠陰中清景獨絕肩輿中不得曠矚乃以奴輩所乘馬騎而游》。

五月苦雨，放晴後，邀孫介眉、莊通敏、蔣熊昌、高光啟、蔣騏昌諸同人水閣連日看競渡。

《甌北集》卷三十六《苦雨》。《偕介眉廷叔立庵曉東瑩溪小巖香遠保川諸同人連日看競渡》其四："吾家水閣雲溪上，壟斷華胥極樂天。"

莊通敏，字濟盛，一作霽辰，又字亭叔，號迂甫、澹迂。江蘇常州府武進縣人。莊存與次子。乾隆三年戊午（1738）生，嘉慶十五年庚午(1810)卒。乾隆二十一年(1756)舉人,三十七年進士,改庶吉士,授編修,升左春坊左中允。歷充文淵閣校理,三通館纂修、四庫館分校、國史館纂修。著《澹香齋詩集》、《雙鶴軒唱和詩稿》等。事具《清代毗陵名人小傳》卷五、《詞林輯略》卷四。

蔣騏昌,字瑩溪,江蘇常州府武進縣人。蔣麟昌弟。乾隆五年(1740)八月七日生,嘉慶十五年(1810)十月九日卒。由貢生歷官陝西興安府漢陰通判。有《列岫山房詩草》等。事具趙懷玉《亦有生齋集》文卷一三《陝西興安府漢陰通判蔣君家傳》。

夜夢從軍爲賊所執,不能遽自引決,瞿然而悟生平未有定力。

《甌北集》卷三十六《夜夢從軍爲賊所執不可不死又不能遽自引決瞿然而悟汗已滿身乃知生平此中未有定力也》:“噩夢無端破膽寒,兵氛闖入大槐安。平時每作千秋想,臨事方知一死難。名義重應甘白刃,頭顱痛又顗黃冠。醒來始覺吾生幸,生長昇平免據鞍。”

秋,壽汪屏周八十、劉欽內弟七十。

《甌北集》卷三十六《壽汪屏周八十》:“早抛簪紱寄高蹤,養福林泉樂事重。……四老人同甲會,君生辰最遲。……步屧看花不倚笻。最喜稱觴秋正好,金天露浥酒杯濃。”

《甌北集》卷三十六《壽敬輿內弟七十》:“金粟香浮介壽卮,老人星正耀昌期。”

蔣業晉癖好先生詩,托吳紹浣、楊充之代致企慕之意。

《甌北集》卷三十六《長洲蔣立崖明府最愛拙詩曩曾托杜村中翰具道企慕之意今遇吾鄉楊充之州牧又囑代致殷勤其于我可謂癖好矣自惟謏劣愧不敢當而厚意殊可感也貽之以詩》:“有此神交蓋未傾,一人知己足平生。他時不用青蠅弔,此日應先白犬盟。多恐推袁非定論,得毋慕藺誤虛名。衰年久擲吟毫禿,重爲桓譚剔短檠。”(其一)“頻煩芳訊致纏綿,想見殷懷愛我偏。賈島豈堪呼作佛,知章竟已許爲仙。近來風氣輕前輩,老去聲名仗後賢。甚欲

與君傾肺腑，相期虎阜菊花天。"(其二)

又《甌北集》卷五十有《哭蔣立崖之訃》，自注云："君緣事遣戍烏魯木齊，從奎林將軍處得拙詩，歸遂謁我定交。"

蔣業晉，字紹初，號立崖，江蘇蘇州府長洲縣人。雍正六年戊申(1728)生，嘉慶十三年戊辰（1808）卒。乾隆二十一年舉人，官至黃州同知。緣事遣戍烏魯木齊。著《立崖詩鈔》。事具蔣業晉《立崖詩鈔》卷七《自題天遠歸雲圖》序、王昶《湖海詩傳》卷二〇。

吳蔚光、黃燮鼎等贈詩先生，盛推袁、蔣、趙三足鼎分。

《甌北集》卷三十六《次韻答吳竹橋別後見寄之作》所附吳蔚光原作："三分鼎足稱袁蔣，旗鼓相當盡必傳。"《寶山黃平泉秀才遠訪草堂枉詩投贈又出其舊題子才心餘及鄙人詩以見平日瓣香所托雅意愧不敢當敬次奉答》："猥充鼎足三分數，豈有毫端萬丈光。"後附黃燮鼎原作："三家詞壘屹相望，旗鼓中原孰對當。"

按：趙翼亦津津樂道三家並稱。《甌北集》卷三十九《袁子才挽詩》其二："三家旗鼓各相當，十載何堪兩告亡。"卷四十三《丹陽狄秀才夢環以余與子才心餘舊有鼎足之目而幸余之獨存也寄詩推重愧不敢當賦此奉答》："江湖同調人千里，旗鼓相當彼一時。今日翻增鎩翮感，折餘一足豈能支。"卷四十四《前接雨村觀察續寄詩話有書報謝並附拙刻陔餘叢考廿二史劄記奉呈茲又接來書並詩四章再次寄答》其四自注："來詩以白、元、劉比袁、蔣、趙。"

題余鵬年《黃鶴樓圖》。

《甌北集》卷三十六《題余伯扶孝廉黃鶴樓圖》。

李斗《揚州畫舫錄》卷三"余鵬飛，字伯扶，安慶懷寧人。丙午順天舉人。豪飲能詩，善拳勇擊刺之狀，著《曹州牡丹譜》。弟鵬沖，字少雲，工詩畫，朱笥河太史、翁覃溪侍郎稱其詩不讓古人，年未三十而卒。"

余鵬年，原名鵬飛，字伯扶，安徽安慶府懷寧縣人。余鵬翀兄。乾隆五十一年舉順天鄉試。官山東曹州府學教授，年四十餘卒。豪飲能詩，善山水、工篆刻。著《枳六齋詩稿》、《夢箋詩屋詩》、《曹州牡丹譜》等。事具葉銘《廣印人傳》卷二。

湯樸齋仿錢維喬《竹初庵圖》，貌己像於其中，更名爲春曉圖，索先生題。

《甌北集》卷三十六《錢曙川竹初庵圖景色極芳潤湯樸齋仿之爲春曉圖而貌己像於其中一圖遂作兩人景曙川不得獨擅其勝矣樸齋索題爲書長句》："《竹初庵圖》本錢家，取義竹萌桃始華。玉茗主人自寫照，景物乃與之逼肖。"

秋，鎮江焦山探勝，訪詩僧巨超、練塘。

《甌北集》卷三十六《游焦山贈巨超練塘兩詩僧》其一："有天無地處，過暑未寒時。……盤旋雲磴迴，百級此探奇。"《再題焦山寺壁贈兩僧》："修篁密樹綠陰連，不著樓臺得自然。對面金山太寒乞，傲人生活勝焦先。"（其二）"巨超詩最工，練塘兼能書。"（其三自注）"一庵似怕人來借，先自名呼作借庵。巨超又字借庵。"（其五）

《甌北集》卷三十九《題謝薌泉侍御自焦山放舟金山觀月圖》其一自注："焦山詩僧巨超，號借庵。"

洪亮吉《北江詩話》卷一："僧巨超詩，如莕葉制羹，藉清牢醴。"

《甌北集》卷四十五《途中雜詩》其六自注："練塘書學夢樓，逼肖。"

《讀史方輿紀要》卷三五鎮江府："春秋時吳地，秦爲會稽郡地。三國吳曰京口鎮，唐曰潤州，宋爲鎮江府。"

《大清一統志》鎮江府："焦山，在丹徒縣東九里大江中，與金山對峙。亦名譙山。以後漢處士焦先隱此而名。一名浮玉。山巔盤礴處曰焦仙嶺，西曰觀音巖，南曰羅漢巖，西南曰瘞鶴巖。"

梁章鉅《浪迹叢談》卷一"焦山"條："初到邗上，知好即欲招游焦山。憶官蘇藩時，以開壩催漕諸役，蓋無歲不登金、焦；又於乙未年，曾偕逢兒、暎兒信宿焦山松寥閣，備領山中勝事，輒爲神往。或言焦山古名樵山，因漢處士焦光隱此，故名。羅茗香曰：'聞之江鄭堂藩言，樵字當作譙，不知其義何居？'余曰：'杜佑《通典》載京口有譙山戍,《太平寰宇記》亦以譙山爲戍海口之山,《嘉定鎮江府志》云,江淹《焦山詩》舊本作譙山,是皆鄭堂所據,知北宋以前,尚名譙山。譙有望遠之義,故戍樓名譙樓,戍山亦名譙山也。宋以後始以焦孝然之事附會之。孝然避兵娶婦於揚州,見《三國志》注。彼時孝然年尚幼,未必即有隱焦山被三詔之事。且孝然爲魏以後人,蔡伯喈卒于漢末,在孝然之前,焦君之贊,當別是一焦君,似蔡亦無爲孝然作贊之事。但因孝然而名山,相傳已久,而古字之從譙,似我輩不可不知耳。'茗香甚以爲然。焦山水晶庵中有長沙陳恪勤手書一聯云:'山月不隨江水去,天風時送海濤來。'跋云:'此山中舊聯,不知爲何人所作,今久無存,山僧數爲吟誦,余甚愛之,以屬對不甚工,或亦傳述之譌,因以江月易作山月,流水易作江水'云云。而自然庵中林少穆尚書亦書此聯,作'江月不隨流水去,天風直送海濤來。'跋云:'此朱文公句,陳恪勤不審所出,易江月爲山月,流水爲江水,又誤以直作時,今重書以正之。'按陳恪勤固以意輕改舊句,而少穆亦偶未審也。此宋趙忠定公汝愚同林擇之、姚宏甫游吾鄉鼓山詩句,朱子喜之,爲摘'天風海濤'四字,大書磨厓於屴崱峰頂,後人又爲建天風海濤亭,今亭久圮,而摩厓字猶存,此句亦長在人口,不知者遂誤以爲朱子詩。今趙詩載《鼓山志》,厲樊榭《宋詩紀事》亦錄之。此聯以題鼓山固佳,今若移題焦山,則情景尤真切,故樂爲辨之。記得水晶庵壁又有'入室果同水晶域,開門正對石公山'一聯,殊工雅,忘却何人所題。石公山即象山,正與焦山相對也。又記得丁未夏,余游焦山時,借庵詩僧猶健在,前一年是其八十誕辰,借庵索余補贈聯句,時從游者已停橈相待,乃手揮十四字與之云:'山中鶴壽不知紀,世上詩聲早似雷。'句雖未工,而意頗切,借庵稱謝不絕口,而余則久忘之,今此聯尚懸海西庵壁,閲之如同隔世矣。"

清恒,字巨超,號借庵,本姓陸。浙江桐鄉人。康熙四十六年(1707)生,卒年不詳。先主鎮江焦山定慧寺,後爲山陰玉笥山方丈。工詩。著《借庵詩鈔》。事具王昶《湖海詩傳》卷四六。

達英，字慧超，號練塘，江蘇丹徒人。主棲霞寺。工詩能書，書學王文治。著《旃檀閣詩鈔》。事具王昶《湖海詩傳》卷四六。

是秋，重游西干故里。

《甌北集》卷三十六《西干故里》："野景農家好，西成候薄寒。"《湖村》："水落溪平長岸痕，爲看紅葉到湖村。"

深秋，馬迹山省墓。

《甌北集》卷三十六《馬迹山省墓》："先塋頻歲別，今日手椒漿。……秋深葉漸黃。……幽宅差無憾，他年祔壟旁。"

先生家赤貧，以孤兒奮鬥成名，重視兒孫教育，作《課兒輩》詩，培養書香家風。

《甌北集》卷三十六《課兒輩》："惟將前輩事，説與後生知。……籯金定何物，徒益汝曹癡。"又卷四十五《送彦兒赴崇明教諭任》："此官多暇日，莫忘讀書劬。"

先生孫申嘉有《題作梅兄攜子讀書圖》："兄在孩鬌即失怙，伶仃備極孤兒苦。賴有大父深護持，教兄讀書論今古。"

汪屏周招同宣聰、楊恒夫、湯大賓、程景傅、莊映、趙繩男、蔣熊昌諸人宴集作十老會。

《甌北集》卷三十六《汪屏周二尹買菊作花當招同宣莪士檢討楊恒夫明府及蓉溪霖巖學晦緘齋諸人宴集凡八十以上者五人餘皆七十以上余年六十七得與焉立庵更小於余再後至以末座讓之合座十人共七百七十歲鄉社中盛事也不可無詩》。

宣聰，字莪士，奉天府承德人，乾隆四十年進士。官翰林檢討。

高光啟、程香遠等邀先生神仙館午飯，至則坐客已滿，再往半山、玉流諸館亦然，作詩志奢靡俗。

《甌北集》卷三十六《曉東小巖香遠邀我神仙館午飯至則坐客已滿再往半山玉流諸館亦然作詩志感》："歸田二十年，市脯未入腹。

吾友貪養頤，誘我作近局。云有神仙館，珍味擅所獨。……入門擬大嚼，座客乃滿屋。……館館盡如斯，日費錢幾斛。……已幸生遭繁盛時，惜無力挽奢靡俗。"

張坦見先生近詩，以爲不如舊作，先生深荷良友規益，書以志愧。

《甌北集》卷三十六《松坪見余近詩以爲不如舊作深荷良友規益而精力日衰不能副所望書以志愧》："老尚作詩人，已貽士林辱。詩人亦不成，致煩良友勖。枉期精進幢，已入倒迴谷。聞言汗自泚，擬更下帷讀。笑撫白髭鬚，老矣中書禿。"

前輩商盤、嚴遂成、袁枚諸公詩久已刊布，盧文弨、王鳴盛、錢大昕考古之書及吳省欽、趙文哲、顧光旭、蔣士銓、張塤、王又曾、錢載、王昶、吳錫麒詩文亦先後刻成，先生羅列案頭，仔細研讀。

《甌北集》卷三十六《前輩商寶意嚴海珊袁簡齋諸公詩久已刊布近年來盧抱經王西莊錢竹汀考古之書及吳白華趙璞函顧晴沙蔣心餘張瘦銅王穀原錢籜石王述庵吳穀人詩文亦先後刻成羅列案頭足資欣賞率題四律》："插架新編燦列眉，一堂風雅總吾師。臨流欲唱公無渡，及席先愁某在斯。此事不關官大小，斯文真繫世興衰。許燕手筆高岑調，都是開元極盛時。"（其一）"如此寰區十數人，可憐力已竭爭新。一時尚恐遭揚觶，他日知誰更積薪。"（其二）"論文竊幸及諸賢，酒海花天共擘箋。標榜恥爲前七子，精神各注後千年。"（其三）"汗馬無功且汗牛，又增滄海幾浮漚。縱教後輩能饒舌，敢禁斯人不出頭。已覺通都增紙貴，頗聞賈舶出金求。中華文字難通處，還有人間大九州。"（其四）

昭槤《嘯亭續錄》卷五"近代詩人"條："詩之正宗，自沈歸愚尚書沒後，日見其衰，嗜學之士，皆以考據見長，無復爲騷壇祭酒。袁子才、蔣心餘、趙甌北三家，恃其淵博，矜才騁辯，不遵正軌。毗陵諸家，自立旗幟，殊少剪裁。惟吳穀人株守浙西故調，不失查、朱風範。其餘皆人各爲學，正變雜陳，不相統一。近日惟吳蘭雪舍人詩才清雋,落筆超脱,古詩原本道淵,近體取裁范、陸,實爲一時獨步。他若鮑雙五之繼躅七子,陳雲伯之接踵西昆,法時帆之規摹王、孟,翁覃溪之瓣香蘇氏,非不各有所長,然於正宗法眼,殊無取焉。"

嚴遂成,字崧瞻,號海珊。浙江烏程人。康熙三十三年(1694)生。雍正二年進士。官雲南嵩明州知州。與厲鶚、錢載、王又曾、袁枚、吳錫麒并稱爲"浙西六家"。著《海珊詩鈔》。事具《清代官員履歷檔案全編》卷十一。

到揚州,謝溶生、秦黌、張坦、沈業富、蔣宗海、張燾連日邀飲觀劇。王嵩高自寶應來,並入近局。

《甌北集》卷三十六《到揚州未堂西墅松坪既堂春農慕青連日邀作近局詩以志好》、《近局之會諸公皆有詩見和再次奉酬》、《第四會再疊前韻》、《王少林太守自寶應來並入近局再疊奉贈》、《近局將遍計日言旋再疊留別》。

王嵩高舊爲陳輝祖屬吏,具述陳輝祖最愛先生詩,嘗誦先生送其出守句"市虛何客過廉頗,廷辨惟君是魏其"。蓋昔時與陳輝祖同直軍機,先生爲人中傷被擯輟直,陳輝祖獨爲不平,故詩中及之。事隔三十餘年,此詩不復記憶,而陳輝祖緣事見法,老母幼子流落無歸,先生補綴舊句哭之。

《甌北集》卷三十六《王少林舊爲陳玉亭制府屬吏具述玉亭最愛拙詩嘗誦余送其出守有市虛何客過廉頗廷辨惟君是魏其之句蓋昔時與玉亭同值軍機余爲人中傷被擯輟直玉亭獨爲不平故詩中及之事隔三十餘年此詩亦已删却不復記憶因少林轉誦不覺前塵影事重觸於懷而玉亭緣事見法老母幼子流落無歸尤可傷痛爰補綴舊句哭之想少林亦同此感也》。

《簷曝雜記》卷四"湖南祝由科"條:"余與陳玉亭同直軍機時皆少年,暇輒手搏相戲。玉亭有力,握余手輒痛不可忍,余受侮屢矣。

一日在郊園直舍，余憤甚欲報之，取破欖一枃，語玉亭：'吾閉目相擊，觸余枃而傷，非余罪也。'余意閉目，則玉亭必不敢冒險來犯，而玉亭又意冒險來，余必不敢以枃擊也。忽聞枃端摺一聲，驚視，則玉亭已血滿面，將斃矣，蓋枃著唇間也。急以湯灌之，始甦，呼車送入城。是日下直，余急騎馬往視玉亭，而馬忽跳躍，亦跌余死，半刻方醒。及明日見玉亭，玉亭故無恙。"蓋先生自述入直軍機時與陳輝祖之交誼。

爲王嵩高題其曾祖王式丹《十三本梅花書屋圖》。

《甌北集》卷三十六《王樓村先生十三本梅花書屋圖爲其曾孫少林賦》："君家故事吾能説，文采風流自古昔。巾箱家學七葉中，人人有集光史册。墨寶況蓄高曾書，二十七人總名迹。……圖已失去，少林重購得之。……少林擬仿圖作屋以實之。"

按：前後題此圖者甚多，錢載《籜石齋詩集》卷三三《王進士嵩高屬題其曾祖樓村修撰十三本梅花書屋圖》、錢大昕《潛研堂詩續集》卷一《王樓村先生十三本梅花書屋圖其曾孫少林進士屬題》、翁方綱《復初齋詩集》卷一〇《爲王小樓進士題其曾祖樓村先生十三本梅花書屋圖用蔡忠惠夢詩韻四首》、吳錫麒《有正味齋曲》有《王少林太守嵩高屬題令祖樓村先生十三本梅花書屋圖》套曲、《湖海詩傳》卷三六江德量《題王樓村先生十三本梅花書屋圖用查初白先生韻》、金兆燕《國子先生集棕亭詞鈔》卷四《醉太平題王少林十三本梅花書屋圖》、祝德麟《悦親樓詩集》卷一八《十三本梅花書屋圖歌爲少林題其曾祖樓邨先生遺照》等。

洪亮吉《北江詩話》卷二："王新城《居易録》載鼎甲之衰，未有如康熙丁丑者……余謂康熙癸未亦然：狀元王式丹以江南科場事牽涉卒於罪所……"

王式丹，字方若，號樓村。江蘇揚州府寶應縣人。順治二年（1645）生，康熙五十七年（1718）卒。康熙四十二年（1703）一甲一名進士，授修撰，旋告歸。居宋犖刻《江左十五子詩選》之首。年

六十,入翰林,分修《皇輿表》、《佩文韻府》、《一統志》。著《樓村
集》等。事具《清史列傳》卷七十一。

寄漕運總督管幹貞六十壽詩。

　　《甌北集》卷三十六《寄壽管松崖漕帥六十》。

　　據《清代職官年表·總督年表》,管幹貞乾隆五十四年己酉(1789)
　　六月至嘉慶元年丙辰(1796)五月任漕運總督。

江蘇巡撫奇豐額奉使過分水鋪,定山東江南洋面,寄觀海詩,
先生次韻奉和。

　　《甌北集》卷三十六《麗川中丞奉使過分水鋪定山東江南洋面有觀
　　海詩次韻奉和》。

是年,錢載卒。

乾隆五十九年甲寅(1794)　六十八歲

正月,約祝德麟鄧尉看梅,不果。

　　祝德麟《悅親樓詩集》卷二七《甌北先生書來約往鄧尉看梅以事阻
　　滯恐花信已過遂不果游擬於旬日後赴常修謁詩以先之三首》其三
　　自注:"先生家顧塘橋,比鄰即宋時孫氏宅,坡公所嘗寓居者
　　也。……前年造訪,曾訂歲歲往謁。"

　　按:祝德麟《悅親樓詩集》卷二七編年自注:"起甲寅正月至六
　　月",該詩位於卷首,故繫於此。

到揚州觀劇。

　　《甌北集》卷三十七《揚州觀劇》。

　　按:李斗《揚州畫舫錄》卷九"顧阿夷,吳門人,徵女子為崑腔,名
　　雙清班,延師教之。……是部女十有八人,場面五人,掌班教師二
　　人,男正旦一人,衣、雜、把、金鑼四人,為一班,趙雲崧《甌北集》中
　　有詩云:'一夕綠尊重作會,百年紅粉遞當場。'謂此。"所述先生詩
　　不是該詩。

二月初九日子時，孫申嘉生，廷俊次子，初名發科。

《西蓋趙氏族譜·學亮公派北岸分支世表》："（趙廷俊子趙申嘉）
行二。初名發科，字藟酉。嘉慶丙子科舉人。截取引見，以教職
用。乾隆五十九年甲寅二月初九日子時生，咸豐元年辛亥閏八月
初五日申時卒於濟寧幕舍，年五十八。……卒後選吳縣教
諭。……著有《藟酉室詩文遺稿》各一卷。"

《西蓋趙氏族譜·藝文外編》載趙曾向《從祖叔父藟酉先生行略》。

二月，祝德麟來謁。連雨，留湛貽堂六日，趙繩男、蔣熊昌、劉
種之、莊通敏更番治具招飲。

祝德麟《悦親樓詩集》卷二七《常州連雨留湛貽堂六日絾齋立庵劉
存子莊亭叔更番治具排日招集飲饌之美甲於他郡臨發呈甌北先
生并別諸子二首》。

按：祝德麟《悦親樓詩集》卷二七編年"起甲寅正月至六月"，該詩
緊鄰其上為《花朝雨霽昆山道中作二首》。花朝節之具體日期說
法不一，吳自牧《夢粱録》言在二月十五日，《翰墨記》云在二月二
日，楊萬里《誠齋詩話》以為在二月十日。北地寒，故多以二月十
五為花朝，南方和暖多以二月十二日。要之，花朝節南北均在二
月，因此祝德麟來訪當在二月。

劉種之，字存子，號檀橋。江蘇常州府武進縣人。乾隆六年
（1741）生，嘉慶十五年（1810）卒。劉星煒次子，劉綸侄。乾隆三
十一年(1766)進士，改庶吉士，授編修。官至河南學政。著《檀橋
文鈔》、《檀橋試帖》等。事具趙懷玉《亦有生齋集》文卷二十《哀
辭》、《武進西營劉氏家譜》卷三。

二月二十一日，袁枚抵常州，與先生、劉種之、錢維喬、巴拙存
等交游。

《袁隨園紀游册》乾隆五十九年甲寅二月廿一日："飯後到常州，往
拜趙雲松觀察、劉種之贊善，後至巴太守處，留吃晚飯。……太守
又請雲松、霞裳來署同敘，暢談至三鼓而散。"

巴拙存招飲，先生戲作控詞述袁枚游蕩之事，袁枚亦有訴詞，太守不能斷，錢維喬乃作息詞了案。

《甌北集》卷三十七《題竹初爲袁趙兩家息詞後》："余戲述子才游蕩之迹，作呈詞控於巴拙存太守，子才亦有訴詞。太守不能斷，竹初以息詞了此案。"（題注）"一重公案起無因，太守筵前訟牒陳。"（其一）

按：《詩證》認爲此事之後，袁趙關係出現裂痕。但下一年《甌北集》卷三十七有《寄壽子才八十》："跋扈詞場一代雄，白鬚如雪氣如虹。儒仙句曲陶弘景，詩叟山陰陸放翁。地占六朝金粉後，名高九老畫圖中。錯疑天寵才人極，福壽都教付此翁。"（其一）"早拋袍笏罷登場，換得林居歲月長。到老未除才子氣，多情猶昵美人香。門下多女弟子。詩篇海內知名姓，科第人間少輩行。得不降心投地拜，此生幾見魯靈光。"（其二）對於袁枚評價極高。又嘉慶二年丁巳（1797）十一月袁枚病歿之前，先生有《答子才見寄之作》、《子才昔年預索挽詩竟無恙今以腹疾就醫揚州又索生挽戲再作以遲其行》（《甌北集》卷三十九）二詩，亦可見情誼。故不當以此一次戲作控詞，即以爲袁趙多年的友誼出現裂痕，《詩證》恐誤。

又梁紹壬《兩般秋雨庵隨筆》卷一"甌北控詞"條："趙雲松觀察戲控袁簡齋太史於巴拙堂太守，太守因以一詞爲袁、趙兩家息訟，并設宴郡齋以解之，想見前輩風趣。其控詞云……其羅織之詞，雖云游戲，亦實事也。"此處"巴拙堂"即先生詩中"巴拙存"之誤。梁紹壬認爲"其羅織之詞，雖云游戲，亦實事"，由此事可以"想見前輩風趣"，并未言二人因此不睦。

洪亮吉《北江詩話》卷一："'老尚多情覺壽徵'，商太守盤詩也；'若使風情老無分，夕陽不合照桃花'，袁大令枚詩也。二公到老，風情不衰，於此可見。"

陳康祺《郎潛紀聞二筆》卷二"隨園女弟子湖樓請業圖"條："康祺以謂隨園風流放誕，充隱梯榮，詩格極卑，碑版亦多不根之作；其著述,惟駢體文差強人意,駢文才氣縱橫,洵足自成一家,惟隸事多强古就我,若《劉霞裳詩序》、《上黄太保書》等篇,佻達荒唐,未免肆無忌憚。餘無足觀。其攀附公卿,提倡騷雅,志不專在獵名。蔣苕生蠅營獺祭之詞、趙耘菘虎帳蛾眉之檄,同時隽彦,都已窺破此老心肝。惟生際承平,天假耆壽,文名蓋代,福慧雙修,殊爲文人難得之遭遇。湖樓請業一圖,香粉琴尊,丹青焌暎,不可謂非湖山韻事也。"

二月,趙懷玉補内閣中書。

趙懷玉《收庵居士自叙年譜略》乾隆五十九年甲寅四十八歲條:"二月,補内閣中書。自庚子至此已十五載,自來補闕未有如是之遲,蓋在家之日久也。"

三月十七日午時,孫趙起生,廷偉次子,初名鳴盛,又名和鳴。

《西蓋趙氏族譜·學亮公派北岸分支世表》:"(趙廷偉子趙起)行二。初名鳴盛,又名和鳴,字於岡,號約園。縣學增生,道光己亥科副榜貢生,庚子恩科舉人。……乾隆五十九年甲寅三月十七日午時生,咸豐十年庚申四月在籍守城,初六日城陷殉難,壽六十七……著有《約園詞稿》。"

《西蓋趙氏族譜·藝文外編》載趙壽仁《先祖考於岡府君行略》:"爲先高祖兵備公所鍾愛……府君隨侍,得其傳,尤覃精經世之學……(府君)爲學,不拘守章句,而記聞該洽,諸經子史外,旁及陰陽醫藥堪輿之書,靡不通貫。書法米董,逸氣縱橫。繪事精嚴,有北宋人筆意。爲文才思鋒發,頃刻就千言,遭亂散佚,惟《約園詞稿》十卷宗,僅僅得存。"

《西蓋趙氏族譜·藝文外編》載趙起《亡妻葉孺人墓志銘》。

六月中旬,有謂張問陶詩學袁枚者,張問陶笑以否認。

張問陶《船山詩草》卷一一《頗有謂予詩學隨園者笑而賦此》編年在"甲寅",位於《六月九日……》、《聞蟬六月十五日作》之間,故當作於六月中旬。

陳康祺《郎潛紀聞初筆》卷三"張船山風節"條:"船山先生世多以

詩人目之。官諫垣時，連上三疏：一劾六部、九卿，一劾外省各督撫，一劾河漕、鹽政。嘗畫一鷹贈人，自題云：'奇鷹瞥然來，攬身在高樹。風勁乍低頭，沈思擊何處！'風采如此，詩人也歟哉。按船山詩，霸才豪氣，仍是袁、趙濫觴。格律風骨，均未入古，雖久席盛名，未敢附和。"

陳康祺《郎潛紀聞二筆》卷九"老船"條："張船山太守在都，沉酣詩酒，豪狂不可羈絏。一時朝士，上至諸王公，識與不識，稱爲老船。"

張問陶，字仲冶、柳門、樂祖，號船山，四川遂寧人。張顧鑒子。乾隆二十九年（1764）五月二十七日生，嘉慶十九年（1814）三月四日卒。乾隆五十五年進士，由檢討改御史，復改吏部郎中。屢充鄉會試同考官，官至山東萊州府知府，以忤上官乞病歸，旋游吳越，卒於蘇州。以詩名，書畫亦俱勝。著《船山詩草》等。事具《清史稿》卷四八五、《清史列傳》卷七十二。

七月，序謝啟昆《補梅軒草》詩集。

謝啟昆《樹經堂集》嘉慶間刻本《樹經堂詩初集》有先生《補梅軒草序》，末署"乾隆五十九年秋七月趙翼序"。

是年，壽謝溶生八十、奇豐額五十。

《甌北集》卷三十七《謝未堂司寇八十壽詩》、《壽麗川中丞五十》。

秦贊已歿半年，到揚州追悼。

《甌北集》卷三十七《到揚州追悼西巖前輩》："半年遲作生芻弔，來補橋玄酒一澆。"（其一）"十年來往揚州路，哭到先生第五人。金棕亭、白秋齋、吳涵齋、唐再可已先下世。"（其二）

十二月，趙懷玉充文淵閣檢閱。

趙懷玉《收庵居士自叙年譜略》乾隆五十九年甲寅四十八歲條："十二月，充文淵閣檢閱。向例，檢閱皆以分校奏充。自四庫館書告成，分校者日少，遂多濫列。時惟余與盛依中惇大曾預分校，章佳文成公遂以二人充焉。"

錢大昕、王鳴盛、王昶退居後有"江南三老"之目。

錢大昕《錢辛楣先生年譜》乾隆五十九年甲寅年六十七歲條："十月，至朱家角訪王少司寇。時少司寇予告回籍養痾，謝客。公至，登其臥樓，談竟日。公與王光禄、王少司寇爲總角之交，又甲戌同年進士。公歸田時，光禄先以居憂在家，服闋不出又二十年，而少司寇在籍。青浦相距不百里，興至輒扁舟互訪，聚首之歡不啻同官京華時也。吳中文酒宴會延公及兩王公爲領袖，時有江南三老之目。"

是年，魏源生。汪中、嵇璜卒。

乾隆六十年乙卯（1795）　六十九歲

寄詩賀袁枚八十。三月二日爲袁枚八十壽誕，袁枚先有自壽詩，和者如雲。袁枚掄其佳者刻《隨園八十壽言》六卷。

《甌北集》卷三十七《寄壽子才八十》。

袁枚《小倉山房詩集》卷三六《八十自壽》十首、《三月二日》、《自壽詩亦嫌有未盡者再賦四首》。

徐殿颺、湯大奎皆先生同鄉舊識，一死金川之難、一死臺灣之難，已邀恤廕，今兩家子弟又送栗主入忠義祠，常州郡邑有司及鄉之搢紳咸來襄事。

《甌北集》卷三十七《徐殿颺湯緯堂兩明府皆余同鄉舊識也一死金川之難一死臺灣之難已邀恤廕今兩家子弟又送栗主入忠義祠郡邑有司及鄉之搢紳咸來襄事哀榮兼備二君爲不死矣詩以紀之》。

一燈孤館，《廿二史劄記》撰寫不輟，先生滿足插架圖書手一編的生活。

《甌北集》卷三十七《一燈》："出身早脱子衿青，堪笑丹鉛尚不停。頭白一燈孤館裏，廿三部史十三經。欽頒《舊五代史》刊行，故有二十三史。"又《插架》。

三月，《廿二史劄記》初稿告成，付梓。

按：《原譜》嘉慶元年丙辰（1796）條：“冬杪，先生所著《廿二史劄記》告成”，《年表》從之。但據《廿二史劄記》卷前趙翼《廿二史劄記小引》署“乾隆六十年三月”，說明此時初稿已寫成，後該書繼續增訂。嘉慶五年庚申五月，李保泰序稱“方先生屬稿時，每得與聞緒論，及今始潰於成，竊獲從編校之役，反覆卒讀之”，說明此時該書最終寫定，并請李保泰編校。該書前錢大昕序於嘉慶五年庚申六月十日，故《廿二史劄記》最終告成當在嘉慶五年。據錢大昕序“今春訪予吳門，復出近刻《廿二史劄記》三十有六卷見示”知，此前該書已被刊刻，故《廿二史劄記》初稿和最終定稿均非嘉慶元年。《原譜》、《年表》皆誤。

三月，與謝溶生、張坦、沈業富、蔣宗海游揚州紅橋。

《甌北集》卷三十七《紅橋》：“花明柳暗春三月，白髮蒼顔友五人。味堂、松坪、既堂、春農及余皆鬚鬢皓白。”

按：此處“味堂”即“未堂”，指謝溶生。

先生家有寶珠山茶一株，數百年物，萬花艷發，其光絳天，邀蔣熊昌、蔣騏昌、高光啟、趙繩男諸人賞之。

《甌北集》卷三十七《齋前寶珠山茶一樹數百年物也萬花艷發其光絳天邀北溪謙齋蓉湖立庵瑩溪曉東緘齋諸人賞之賦詩以紀》：“山茶難得千瓣妍，況復老幹數百年。吾家獨擅此奇古，其根拔地枝摩天。胚胎含英隔年結，繭栗春來始綻裂。……不知何物染得成，世間無此猩猩血。”

題周升桓《老圃秋容圖》。

《甌北集》卷三十七《題周山茨觀察老圃秋容圖》：“公昔登科最少年，……遂乘露輞按五管，清風瘴掃蒼梧烟。我從詞垣早師事，出守又爲公屬吏。……壬午秋同校京闈。……己丑自端州隨公至桂林。彈指俄驚三十春，雪鴻往迹不堪論。公曾出塞悲流徙，我亦歸田作隱淪。……公今才望隘九州，書法況埒虞褚歐。煌煌碑板照四裔，宦雖未達名長留。此正暮年着力處，不徒占盡老風流。只憐同作揚州客,幕府沉沉幾重隔。……公方客軄使幕中。"

時交夏至,久晴難以翻犂,地方有司方斷屠祈雨,忽甘霖連至,
喜而有作。

《甌北集》卷三十七《時交夏至久晴難以翻犂地方有司方斷屠祈雨
忽甘霖連至喜而有作》。

據《近世中西史日對照表》,本年夏至在五月五日。

夏,至揚州,張坦招同葉生柏秀才高詠樓看荷花。

《甌北集》卷三十七《松坪招同葉生柏秀才高詠樓看荷花五首》:
"延緣一棹過紅橋,早有荷香陣陣飄。"(其三)"余己巳過揚州,惟
平山堂及法海寺,餘皆斷溝古墓而已。今湖山樓閣則皆庚午後開
闢搆造者也。"(其四自注)"高詠樓前飲碧筩,憑欄千朵絢晴空。"
(其五)

按:據同卷下《張松坪挽詩》其一:"何期高詠樓前宴,夏間事。遽作
黃壚感隔生。"可知,同張坦高詠樓看荷花是本年夏間事。

李斗《揚州畫舫錄》卷十五:"高詠樓本蘇軾題《西江月》處,張軼青
登三賢祠高詠樓詩云:'享祀名賢地最幽,新刪修竹起高樓。岡形
西去連三蜀,山色南來自五洲。可惜典型徒想像,若經觴詠更風
流。人間行樂何能再,聊倚欄杆散暮愁。'張喆士詩云:'蕭穆靈祠
一水傍,更深層搆納秋光。竹間雲氣隨吳岫,簾外松聲下蜀岡。
異代同時俱寂寞,西風落木正蒼涼。登臨不盡千秋感,獨憑花欄
向夕陽。'今樓增枋楔,下甃石階。樓高十餘丈,樓下供奉御賜'山
堂返棹留閒憩,畫閣開窗納景光'一聯。樓上聯云:'佳句應無敵,
崔桐。蘇侯得數過。杜甫。'是園(作者注:筱園)池塘本保障湖旁蓮
市,塘中荷花皆清明前種,開時出葉尺許,葉大如蕉,周以垂柳冪
罳,廣廈窈窱,避暑爲宜。高詠樓後,築屋十餘楹如弓字,一曰'含
青室',樓角小門通之……室旁小屋十數間,曰'眺聽煙霞軒'……
一曰'初日軒',本名承露軒,今仍用其舊。"

與蔣莘、蔣蔚徵昆仲交。

409

《甌北集》卷三十七《題蔣于野秀才一莊水竹數房書圖》。《答蔣蔣山秀才》："歷數名場幾作家，後生中有此才華。白頭老嫗看新婦，恨不親爲插鬢花。"

李斗《揚州畫舫録》卷十："莘工詩文，著有《水竹莊詩鈔》。讀書好客，有《水竹莊圖》，東南文人，染翰殆遍。""徵蔚自天文地理、句股算術、詩文詞曲，無所不通。年方弱冠，沈心疑格，雙耳遂聾。于經史之學尤邃。以鄭康成爲漢末大儒，所注《三禮詩箋》及《周易》、《今文尚書》，近今有通之者；而《論語》、《孝經》無人闡發，雖有惠氏所集《王厚齋古注》，而因陋就簡，不足以當闡發之目。因作《論語鄭注疏證》十卷。又有《天學難問》二卷、《北齊書證誤》二卷，補注《周髀算經》、《穆天子傳》、《吳語解嘲》諸書，阮芸臺閣學爲刻其寫經室詩文集。"

陳康祺《郎潛紀聞二筆》卷十六"阮文達愛才"條："乾嘉間，元和三蔣：伯莘於野，仲徵蔚蔣山，季夔希甫，皆工詩，人各一集，幾乎王謝家風矣。蔣山尤淵博，治經史小學，兼通象緯，著述甚精，詩文才力雄富，無所不有。弱冠游浙江，阮文達公一見傾倒，留之學使署，約爲兄弟之交。公復序其《經學齋詩》，謂研精覃思，夢見孔、鄭、賈、許時，不失顔、謝山水懷抱也。"

蔣莘，字覺夫，號于野，江蘇蘇州府元和縣人。諸生。蔣業晉從子。於袁枚、錢大昕、王昶均自稱弟子。事具王昶《湖海詩傳》卷四三、《國朝耆獻類徵初編》卷四四〇。

蔣徵蔚，字蔣山，江蘇蘇州府元和縣人。蔣莘弟。

門人費淳任江蘇巡撫，驄騎造訪，先生詳叙通省利弊，餘不置一詞。

《甌北集》卷三十七《芸浦中丞昔守吾常今來撫三吳枉駕過存修及門禮榮及老夫多矣長句賦贈》："中丞昔日守常州，……廿年再到頭還黑，五馬今看換八驄。……三移晉斾兩滇藩，……遂膺節鉞莅江天。"

按：該詩前一首爲《入冬日飲牛乳一升以代朝粥戲成絕句》，據《近世中西史日對照表》，本年立冬爲九月二十六日，故費淳過訪事當在此後。《年表》繫于五月，誤。

《西蓋趙氏族譜·藝文外編》載費淳《甌北老夫子七十壽序》："淳前守毘陵，去任時先生宦游甫歸；昨歲來，則先生優游林下已二十餘年。聰強純固，曾不減昔時；而名山著作，已自壽于無窮。"作於嘉慶元年丙辰（1796）趙翼七十壽時，"昨歲"即本年事。

據《清代職官年表·巡撫年表》，費淳本年五月由安徽巡撫改江蘇。

胡高望江蘇學政兩任期滿，送其還朝。

《甌北集》卷三十七《送豫堂學使還朝》其一自注："視學凡兩任。"

按：《甌北集》卷三十三有《同年胡豫堂閣學視學江南相見話舊賦呈》，作於乾隆五十五年庚戌（1790），胡高望江南視學之初。

劉權之繼胡高望視學江南，話舊賦贈。

《甌北集》卷三十七《劉雲房少宗伯視學江南話舊賦贈》："典江南鄉試，即拜視學之命。"（其一自注）"記壬午同校京闈事。"（其二自注）

洪亮吉《北江詩話》卷三："本朝一百餘年，湖南士子成進士，未有入進呈十本中者。有之，自乾隆庚辰，今劉參相權之始。暨嘉慶乙丑，劉充殿試讀卷官，而狀元探花皆在湖南矣。"

據《清代職官年表·學政年表》，劉權之乾隆六十年乙卯（1795）八月至嘉慶三年戊午（1798）七月任江蘇學政。

讀邸抄知九月三日皇上册立皇太子，以明年丙辰元旦舉行歸政大禮、紀元嘉慶、普蠲天下地丁正賦、又全免漕糧，先生恭紀以詩，并有謝呈。

《甌北集》卷三十七《恭讀邸抄九月三日皇上册立皇太子以明年丙辰元旦舉行歸政大禮紀元嘉慶普蠲天下地丁正賦又全免漕糧大慶洪施曠古未有歡忭莫罄恭紀以詩》："御製《十全老人説》。"（其二自注）"預敕臣工不得上徽號。……宮內仍以乾隆紀年。"（其五

自注)"郊廟大禮,皆嗣皇帝親行。"(其六自注)

《西蓋趙氏族譜·藝文内編》載趙翼《普免錢糧謝呈》:"具呈在籍　等爲恭謝天恩敬祈詳奏事:乾隆六十年　月　日,奉上諭:以丙辰元旦,舉行歸政典禮,將嘉慶元年各省地丁錢糧,普行蠲免。職等跪誦之下,感抃難名。伏以景運當郅治之世,鉅典肇興;洪禧有普被之庥,殊恩特沛。慶會既超於千古,隆施遂遍於九垓,何幸親逢,豈勝欣戴。欽惟我皇上健行不息,純嘏有常。久道化成,越羲軒之上壽;繁祉永錫,邁堯舜之博施。通免田賦者四番,普蠲漕粟者三度。固已湛恩汪濊,合萬姓以騰歡;化日舒長,無一夫不被澤。兹以寶圖久御,適符周甲之期;特教神器有歸,創舉紹庭之典。元良默選,寓傳賢於傳子之中;禪授親行,看後聖接前聖之統。卜以龍辰上日,行大禮以光昭;乃於鳳紀初元,降新禧而遍錫。比户丁錢胥免,何論中黄;九州壤賦悉蠲,無分高下。數至於百千萬億而不靳,廣及於東西南朔以靡遺。無事輸將,群安耕鑿。扶杖而觀明詔,歸來共樂恬熙;釀酒而飲大脯,醉後惟餘歌舞。蓋國家有非常之慶,爲開闢所未聞;故閭閻有非分之施,出意望所不及。職等曾叨仕宦,歸享昇平。盛事欣遭,觀千載難逢之會;覃恩均被,頌萬年有道之長。爲此合詞具呈,伏乞賜詳代奏。"

本年,張坦去世。先生賦挽詩。

《甌北集》卷三十七《張松坪挽詩》其一:"宦迹曾兼館閣清,遂初早賦見閑情。生來獨占中秋月,君以中秋夕生。老去猶高第五名。君行第五。與我清談交最久,畏君白戰句先成。何期高詠樓前宴,夏間事。遽作黄壚感隔生。"

是年,謝塘、盧文弨、諾穆親卒。

嘉慶元年丙辰(1796)　七十歲

二月初,應門生費淳巡撫請偕蔣莘往鄧尉袁墓看梅,王文治、祝德麟先在蘇州相待。歸途於虎丘山塘買牡丹四盆,海棠一株。

《甌北集》卷三十八《蕓浦中丞邀我鄧尉看梅夢樓芷堂先在蘇相待遂同游連日並偕蔣于野秀才》："廿年此願今纔果。"（其一）"燈節前頭雪壓枝，梅花今歲較開遲。花神大似留相待，二月初來正及時。"（其二）"中丞枉作梅花主，只讓人看不自看。中丞以事不得同游。"（其八）"虎丘買牡丹四盆，海棠一株。"（其九自注）

按：由上可知，此爲趙翼首次赴鄧尉看梅，時間在二月初，費淳因事未游。

祝德麟《悅親樓詩集》卷二九《同年費蕓浦中丞招陪甌北師袁墓看梅邂逅夢樓至蘇遂拉同游得詩四首并呈蕓浦》。

作《七十自述》詩。

《甌北集》卷三十八《七十自述》，共三十首。

按：梁章鉅《樞垣記略》卷二十詩文一"趙翼詩六首"之《七十自述》："東華初步軟塵紅，移直樞曹地位崇。五夜趨朝雞唱月，九秋出塞馬趨風。沈沈鎖院聽鈴索，漠漠周陔挽角弓。六載微勞差自慰，西師及見告成功。補中書，入直軍機，前後凡六年，時方用兵西陲。"（其一）"歷歷巢痕記憶真，一時風景一時人。曾因儤直深嚴地，及事當朝老大臣。門館無私心似水，衣冠有慶物皆春。只今回首平津閣，慚愧曾充上座賓。謂傅文忠、汪文端二公。"（其二）爲《甌北集》其五、其六兩首。

又按：《甌北集》卷三十八《七十自述》其十："單車迢遞赴邊城，出守方嘗外吏輕。"《甌北詩鈔》將下句改爲"出守天南萬里程"。"外吏輕"，是先生由京官外放時牢騷不滿情緒的體現；改句僅作客觀叙述，可能更切合實際（見《簷曝雜記》卷四《仕途豐嗇頓異》），語義也更平和，但失去了詩歌真情實感的抒發，使我們難以瞭解詩人當時的真實感情。

題駱綺蘭《聽秋軒詩集》。

《甌北集》卷三十八《題女史駱佩香聽秋軒詩集》："故應數遍樵陽籍，只替常儀作後身。集中《女游仙詩》第一首云：'不是姮娥甘獨處，何人領袖廣寒天？'蓋以自況也。"（其一）"倘著冠巾試萬言，也應第一領詞垣。如何不學黃崇嘏，去作人間女狀元？"（其二）"此豈宜居弟子行，詩翁漫詡在門牆。上元燈下千詞客，方待昭容玉尺量。簡齋、夢樓皆誇爲女弟子。"（其四）

按：題此集者甚多，如祝德麟《悅親樓詩集》卷三〇《句曲女史駱佩香嫁於龔而寡寓居潤州工吟詠爲簡齋夢樓兩公女弟子往歲女史曾介簡齋求余題秋燈課女圖茲夢樓復以其所著聽秋軒詩刻本見貽舟中讀之清微澹遠佳處直逼王孟絕句亦頗近王仲初當爲近日閨秀之冠爰題三絕以志歎賞不必示佩香也》、王昶《春融堂集》卷二二《閨秀駱佩香綺蘭贈聽秋軒集因題其後》等。

再題駱綺蘭《秋燈課女圖》。

《甌北集》卷三十八《再題佩香秋燈課女圖》："豈知深閨讀書種，也要傳心度針孔。佩香女史絕世才，忍使清芬無接踵？手撫么弦傷《寡鵠》，巾箱況少遺孤續。一個嬌娃解語花，綺窗親課秋宵讀。……《風》詩誦到《柏舟》篇，女未知悲娘暗哭。……可憐一樣丸熊苦，他課男兒此女兒。"

按：題此圖者眾多，如潘奕雋《三松堂集》卷一〇《題駱佩香女史秋燈課女圖》、祝德麟《悅親樓詩集》卷二七《題女史駱佩香秋燈課女圖》等。

游揚州、蘇州、金山、焦山，與高旻寺達澄等人交。

《甌北集》卷三十八《高旻寺鑑公房夜看牡丹戲書》、《揚州買芍藥攜歸而齋前寶珠山茶已開過矣》、《蘇州玄妙觀登三層樓》、《偕澂埜嗇生宿高旻寺次日鑑公同游金焦遇趙偉堂縣博及巨超諸僧作詩會又同往甘露寺》。

達澄，字如鑑，號古光，江蘇江寧人。住持揚州高旻寺。事具王昶《湖海詩傳》卷四六。

四月，閩省虧空大獄成，咨追各省。先生內弟原任甌寧令劉芳、次婿金恭壽父原任尤溪令金拱閭皆坐重罪，先生力爲營救，並助金令繳官，皆得免罪。

《原譜》嘉慶元年丙辰條："夏四月，閩省虧空大案，咨追各省。先生內弟原任甌寧令劉芳友、婿原任尤溪令金拱閶皆坐重罪，先生力爲營救，皆得免罪。金令無力，先生並助以六百金繳官。"

按：先生內弟名劉芳，《原譜》記爲"劉芳友"，誤。又據《西蓋趙氏族譜·學亮公派北岸分支世表》："（趙翼）女六……次適尤溪縣知縣金拱閶子庠生恭壽……程恭人出。"次女適金拱閶子金恭壽，《原譜》亦誤。

陳康祺《郎潛紀聞四筆》卷九"魁倫興福建虧空大案"條："乾隆末年，福建虧空之案，人皆歸咎魁將軍，不誣也。時閩省吏治極敝，倉庫皆空，福州將軍魁倫鎮閩久，洞知其弊，偶與督撫有小嫌，遂決意舉發。魁幕中有閩人林喬蔭，爲草奏摺，敷陳詳盡，大動上聽，即授魁倫代總督，使窮治其獄。獄成，州縣罹大辟者二十餘人，藩司先以驚怖死，道府俱褫職，總督伍拉納、巡（捕）［撫］浦霖並逮問入京。純廟震怒，廷訊日施大刑。越日，即押赴市曹正法。通省大吏，惟臬司在事外，同時適以冤殺七命爲人舉發，時甫擢陝藩，已起程，亦奉部文追回正法。而魁倫旋授四川總督，以教匪偷渡嘉陵江失機，亦膺顯戮，洵可駴矣。相傳當時設立清查局，鉤稽出入，皆就現虧爲斷，又以匆促了事，就中應抵應除者，均未及詳慎分明，以致撤局後，總計庫款乃浮出數十萬金，而死者不可復生矣。有古田令塔倫岱者，滿洲舉人，官聲素好，虧項俱有款可抵，未及查出，亦擬絞決，人尤冤之。是可見魁倫賦性慘刻，其興此大獄，不盡出於顧惜國帑之公心。異日軍前失律，同伏天誅，殆所謂請君入甕歟！"

按：《甌北集》卷三十五《可型內弟自甌寧罷官歸慰贈》："出宰纔三載，匆匆似掛單。"（其一）"只道琴堂好，全家可食租。翻無臺避債，幾置獄追捕。……妻孥滯甌越，典賣到天吳。"（其二）"令姪合州牧印全代償數千金始得歸。"（其四自注）作於乾隆五十七年壬子(1792)劉芳甌寧令被罷官時,嘉慶元年丙辰(1796)闔省虧空大獄成時又有追究。

聞知湖南苗民、湖北白蓮教起義,官兵攻勦尚未殄滅,詩以遣憂。

《甌北集》卷三十八《湖南逆苗湖北邪教先後滋事官兵攻勦尚未殄滅江村聞信詩以遣憂》:"一百餘年息戰爭,此生久擬老昇平。誰知栗里人扶杖,忽聽潢池盜弄兵。"《聞湖南苗首就誅軍事告蒇詩以志喜》其二:"千里荊襄尚盜區,湖北教匪。繡衣持斧未全誅。"

按:趙翼認爲"百年安堵享升平,誰肯輕生兆亂萌。死有餘辜貪吏害,鋌而走險小人情"(卷三十九《閱明史有感於流賊事》),"但須牧宰皆廉吏,何至川原作戰場"(卷四十四《閱邸抄殘賊剿除將盡志喜》),即史治腐敗造成官逼民反。這幾乎是當時士大夫們對白蓮教等流民起義原因的一致看法。洪亮吉就認爲,"始則惑于白蓮、天主、八卦等教,欲以祈福;繼因受地方官挾制萬端,又以黔省苗氛不靖,派及數省,賦外加賦,橫求無藝,忿不思患,欲借起事以避禍。邪教起事之由如此。"(《卷施閣文甲集》卷十《征邪教疏》)紀昀亦認爲,"故非常之事不應有而忽有,其釀之必非一朝,知其所以亂,即知其所以治矣。……惟皇上光明心鏡,四照無方,知民氣之悖悍由於民志之怨讟,民志之怨讟由於官役之侵蝕。封疆大吏或簠簋不飭,竟藉以增郿塢之藏;或潔己有餘,詰奸不足,務持忠厚之論,使貪墨者益無所忌,鋌而走險。此其故在官不在民。"(《紀文達公遺集》卷十《御制〈平定三省紀略〉恭跋》)

贈詩邵齊熊、錢維喬。

《甌北集》卷三十八《邵松阿落一齒已而落處更生所謂兒齒也走筆奉賀》、《竹初用導引之術面有少容蓋已學道有得矣戲贈》。

近日刻詩集者又十數家,先生嘲之。

《甌北集》卷三十八《近日刻詩集者又十數家翻閱之餘戲題一律》。

題徐大榕《皖杭游草》。

《甌北集》卷三十八《題徐惕庵皖杭游草》:"惕庵年少一博徒,兄事

爰絲弟灌夫。……一麾出守劍出匣，强項不爲權勢壓。……三年
秩滿佇遷官，忽厭黃堂思粉署。遂換頭銜畫省郎，暫歸奉母《閑居
賦》。……半年吟成二百首，西游皖上東餘杭。……獨惜君饒濟
時策，萬里折衝人辟易。……即今荆襄方轉戰，正需公等好
膽力。"

徐大榕，字向之、惕庵。江蘇常州府武進縣人。乾隆十二年
（1747）生，嘉慶八年十一月十九日（1804 年 1 月 1 日）卒。徐書受
從兄。乾隆三十七年（1772）進士。歷任户部浙江司主事、山東萊
州府、濟南府知府。著《硯齋集》等。事具洪亮吉《更生齋文甲集》
卷第三《誥授朝議大夫山東濟南府知府改補京員徐君家傳》、孫星
衍《平津館文稿》卷下《濟南府知府改補員外郎徐君大榕傳》。

閱邸抄，知傅恒以子福康安勳封郡王，追贈如其爵。

《甌北集》卷三十八《傅文忠公以子嘉勇公勳封郡王追贈公如其爵
江鄉故吏恭閱邸抄國恩私誼感涕交頤敬成四律》："相門兼有將，
異姓特封王。"（其一）"六年東閣吏，兩世北平交。"（其二）

據《清代職官年表·大學士年表》，福康安乾隆五十七年壬子
（1792）八月授武英殿大學士，乾隆六十年乙卯（1795）九月封貝
子，嘉慶元年丙辰（1796）五月卒，追封嘉勇郡王，謚文襄。

題蔣士銓《攜子游廬山圖》，爲其子蔣知讓孝廉作。

《甌北集》卷三十八《題蔣心餘攜子游廬山圖爲令嗣師退孝廉作》：
"我昔游廬山，孤行少伴侶。……今朝讀君《廬山》詩，乃知先我探
其阻。……況復鶴鳴有子和，登高作賦非凡材。或疑二兒异陶
令，籃輿閑赴近局杯。不然坡公石鐘泊，與邁同步凌崔嵬。……
惜我曩時鞭獨控，先後十年成各夢。……天爲徐凝藏惡詩，不使
與君相伯仲。……慰君幸有《斜川集》，能寫匡廬面目真。"

按：蔣士銓《清容居士行年録》乾隆四十三年條："彭芸楣疊書促
入京，以上數問臣名。乃於六月買舟，攜知廉、知讓北上。游廬
山。過揚州，運使朱孝純爲畫《攜二子游廬山圖》。"後蔣士銓將廬

417

山作詩與長子知廉、三子知讓所作及知節追和裝成長卷,倩師友題詠,如錢載《籜石齋詩集》卷四十《蔣編修<small>士銓</small>去歲北上攜其子明經<small>知廉</small>秀才<small>知讓</small>道南康游廬山作記與詩其子皆賦古詩而季子秀才<small>知節</small>亦於家賦寄古詩過揚州朱都轉爲之圖既合裝成卷先以佳醞屬爲之題己亥試燈夜》、陳鴻寶《學福齋詩稿》卷六《題蔣苕生太史攜二子游廬山圖詩卷》、張塤《竹葉庵文集》卷一六《蔣心餘編修攜二子游廬山繪圖合詩記裝長卷屬題卷後》等。

綿州刺史劉蔭萱遠寄藏佛一尊,賦詩致謝。

《甌北集》卷三十八《綿州刺史劉蔭萱駐藏回蜀遠寄藏佛一尊賦謝》:"綿州刺史劉孝威,從軍絕域窮奔馳。……歸途又餉駐藏師。<small>君從征廓爾喀,歸途留藏辦糧,三年期滿始回蜀。</small>購得一尊遠寄我,名以長壽代祝詞。"卷五十三《內侄劉慕陔運副自潮州致政歸里喜贈》自注:"先曾駐西藏三年。"

劉蔭萱,字慕陔,江蘇常州府陽湖縣人。趙翼內侄。從征廓爾喀,駐西藏辦糧三年。歷官四川綿州刺史。嘉慶十六年辛未(1811)自潮州運副致仕歸里。

讀白居易、方干、蘇軾三家詩有感。

《甌北集》卷三十八《讀香山詩》:"我讀香山詩,曠懷真灑落。顧皆預防死,所以早尋樂。是其方樂時,中懷已作惡。何如無成心,悲喜隨所托。悲則有呻吟,喜則有歌咢。"

《讀方干詩》:"我讀方干詩,求進一何躁。處處乞薦章,誓以殺身報。豈知要路人,高居但暗笑。曾無一文持,徒有百篇噪。區區螻蟻命,願殺亦誰要?"

《讀東坡詩》:"我讀東坡詩,十首九懷歸。至竟八州督,因循未拂衣。晚遭瘴海行,徒飽毒手威。若早奉身去,或免蹈禍機。始知勇退難,達人貴知幾。"

因子廷偉病須用參,感參價變昂之速,詩以慨歎。

《甌北集》卷三十八《人參詩》小序:"偉兒久病,需用參劑。市價甚貴,白金三百兩易一兩,尚不得佳者。曩閲國史,我朝初以參貿高麗,定價十兩一斤。……迨定鼎中原,售者多,其價稍貴。……一云'一兩黄參直五千',一云'十金易一兩',皆康熙五十年後事也。……乾隆十五年,余以五經應京兆試,恐精力不支,以白金一兩六錢易參一錢。二十八年,余病服參,高者三十二換,次亦僅二十五換,時已苦其難買。以今較之,更增十餘倍矣。市值愈貴,購之益艱,詩以志嘅。"

又《甌北集》卷五十有《俊兒以我年邁强進參劑其價四百八十換此豈吾輩所宜》。

梁章鉅《浪迹叢談》卷八"參價"條:"人參之價,至今日而貴極矣。嘗讀趙雲崧先生詩序云:……詩中所云:……良可慨也。揚州每年有奉發參觔,向由内務府按盛京等處所進參觔,分別奏明,發交兩淮變價,其參有四等、五等以及泡丁、渣末各項名目,其價由四百以至一、二十換,多寡不等,約計每年應繳變價銀十三四萬兩,例皆按年遞繳。所得之參,除呈送督部、運司外,餘按各商家引數分派。聞近年因英夷滋擾,將所發粤海關參觔,又分派於各省關道變價,報解亦略同淮商之例,而外省之參,因此充足而不乏,但不甚佳耳。"

七月七日,陳奉兹調任安徽布政使,先生題其《敦拙堂詩集》或在此前後不久。

據《清代職官年表·布政使年表》,陳奉兹由江寧布政使改任安徽在嘉慶元年七月七日,十一月又由安徽布政使改江蘇。

《甌北集》卷三十八《題陳東浦藩伯敦拙堂詩集》:"曠代有東浦,孤詣戞獨造。淵源沂《雅》《騷》,根柢本忠孝。……以追少陵作,磁鐵兩孚召。得皮兼得骨,在神不在貌。……先生甫筮仕,即泛錦江櫂。……新詩十二卷,精心躪堂奥。……傳語學杜人,津梁此先導。"

袁枚《小倉山房詩集》卷三六有《送陳東浦方伯調任皖江》。

陳奉茲,字時若,號東浦,江西德化人。蔣士銓鄉試同榜解元。雍正四年(1726)生,嘉慶四年(1799)正月二十三日卒。乾隆二十五年進士,授四川閬中縣知縣,擢茂州、直隸州知州。晉嘉定府知府及建昌道,擢四川按察使,在蜀二十七年。調河南,又調江蘇,遷江寧布政使,官江南九年。著《敦拙堂集》。事具姚鼐《惜抱軒文集》卷十三《江蘇布政使德化陳公墓志銘》、《清史列傳》卷七十二。

七月八日,孫士毅卒。袁枚爲作神道碑,并賦詩挽之。先生明年聞訊後,追悼。

袁枚《小倉山房詩集》卷三六《孫補山相公挽詩》、《小倉山房文集》卷三二《太子太保文淵閣大學士封一等公孫公神道碑》。

《甌北集》卷三十九《追悼補山使相》:"萑苻纔起將星亡,丹旐飄飄出屬疆。……恩封伯爵。贏得口碑議論在,公存不至賊披猖。"(其一)"石稜眼焰戟鋒鬚,節鉞威名懾萬夫。……開邊倖亦書生膽,按部聲先墨吏誅。今日平心論人物,封疆籌略似公無。"(其二)作於嘉慶二年丁巳(1797)。

昭槤《嘯亭雜錄》卷十"孫文靖"條:"孫文靖相公士毅卒時,余嘗作四律挽之,或有譏譽非其人者,因焚其稿。……嗟夫!文靖雖有交結權要、殞師安南之咎,然其遇事明斷,下屬震畏。當其時,貪吏如李侍堯輩布滿天下,而公獨以廉著。每出巡,輕車減從,不擇飲食。嘗郵傳至江西,時余業師程蓉江先生爲縣令,往謁之,公即呼與對食,惟蔬食數簋而已。又連劾巴延三、富勒渾二滿洲貪吏,皆時人之所難能者。余嘗比之明周忱、胡宗憲,信非阿諛,反有勝於絳也。"

十月十六日,李調元婿四川廣漢孝廉張懷泩選袁枚、王文治、先生與李調元詩爲《四家詩選》成。其中《甌北選集》五卷錄自《甌北詩鈔》。

李調元輯《函海》第二十七函收張懷泩《四家詩選》,依次爲《小倉選集》八卷、王文治《夢樓選集》四卷、趙翼《甌北選集》五卷、李調元《童山選集》十二卷。《小倉選集》卷首張懷溎序末署"乾隆六十年正月初十日",其餘選本,張懷溎序均署"嘉慶元年",可見《四家詩選》成書在嘉慶元年。

張懷溎嘉慶元年十月既望《甌北選集序》:"先生原有《甌北集》,晚居林下十餘年,又自删爲《甌北詩鈔》,今就其鈔之全,以録其半,名曰《甌北選集》,雖不足盡先生之集,而先生之真面目盡在於是矣。"

據李調元《童山文集》卷十《答趙耘菘觀察書》:"嘉慶五年九月三十日,……忽綿州刺史劉公遣人持書至。……余婿廣漢孝廉張懷溎亦有《四家選集》之刻,謂子才、夢樓兩先生及君與愚也。……此書蜀中盛行,不知可曾見否?……愚刻有《函海》,今寄《童山詩集》,伏乞查收。"可知,嘉慶五年之前,《四家詩選》已在蜀中流行。

十月二十二日,先生七十壽,大江南北諸名士祝壽詩凡二百餘首。

《原譜》嘉慶元年丙辰條:"先生初度之辰,門下士江蘇巡撫費淳、山西巡撫蔣兆奎及副憲汪承霈、侍御祝德麟各製錦遣使稱祝。大江南北諸名士亦無不以詩爲壽,凡二百餘首。"

如,趙懷玉《亦有生齋集》詩卷一五《家觀察翼七十初度詩以寄祝即用壬子秋送別元韻》、祝德麟《悦親樓詩集》卷二九《甌北先生七十壽詩三篇》等。

《西蓋趙氏族譜·藝文外編》載費淳《甌北老夫子七十壽序》、汪承霈《嘉慶元年欣逢甌北恩師大人七旬榮誕霈以奉職霜臺不克登堂鞠躬敬賦長律用展頌忱》。

費淳、蔣兆奎分別立碑爲趙翼賀壽,見《西蓋趙氏族譜·故迹志》二《牌坊》:"頤養書腴"(嘉慶元年江蘇巡撫受業費淳爲甌北老夫子立)、"斗南耆宿"(嘉慶元年山西巡撫受業蔣兆奎爲甌北老夫子立)。

是年,福康安、蔣宗海、邵晉涵、湯大賓卒。

嘉慶二年丁巳(1797) 七十一歲

正月,祝德麟自松江來爲先生補七十壽。

> 《甌北集》卷三十九《丁巳正月芷堂自雲間來爲余補稱七十之殤次
> 留別韻》。

三月,攜次子廷偉往蘇州就醫,蔣業晉拙政園梅厂置酒,招同
王昶、范蔚林宴集,蔣莘、蔣徵蔚兄弟並侍。

> 《甌北集》卷三十九《吳梅村所詠陳相國拙政園今爲蔣氏所有立崖
> 梅厂置酒招同王述庵侍郎范蔚林秀才宴集于野兄弟並侍焉詩以
> 志好》自注:"是日微雨,游園者少。……述庵先一日至蘇。"又王
> 昶《春融堂集》卷二二有《蔣紹初招集拙政園次趙雲松韻》。
> 錢泳《履園叢話》二十"拙政園"條:"拙政園在齊門內北街,明嘉靖
> 中御史王獻臣築,文待詔有記。御史歿后,其子好摴蒱,一夕失
> 之,歸于徐氏。國初爲海寧陳相國之遴所得,未幾,以駐防兵圈封
> 爲將軍府。園內有連理寶珠山茶一樹,吳梅村祭酒有詩紀之。迨
> 撤去駐防,又改爲兵備道行館,既而爲吳三桂婿王永康所居。三
> 桂敗事,乃籍入官。康熙十八年改蘇松常道新署,旋復裁缺,散爲
> 民居,後歸蔣太守棨,改名復園。春秋佳日,名流觴詠,有《復園嘉
> 會圖》,太守歿後,非復舊時景象。嘉慶中,爲海昌查憺餘孝廉所
> 得,修葺年餘,頓還舊觀。今又歸當湖吳蓉圃相國家,爲質庫矣。"

蔣業晉用東坡游虎丘韻索和,先生讀杜甫《壯游》詩,知杜甫亦
曾游虎丘,遂倡建懷杜閣於虎丘。江蘇布政使陳奉兹、蘇州守
任兆炯、江寧守李堯棟襄助之。中秋前夕,懷杜閣落成。與仰
蘇樓、白公祠總稱"三賢祠"。

> 《甌北集》卷三十九《和蔣立崖虎丘用東坡韻之作》、《和立崖詩後
> 檢杜少陵壯游篇有東到姑蘇臺闔廬丘墓荒劍池石壁仄等句是子
> 美先已游此而今莫有稱者爰再次韻以諗立崖仰蘇樓畔更築一懷

杜閣以傳遺迹可乎》、《前和立崖虎丘詩勸築懷杜閣以配仰蘇樓蓋一時偶見及此未敢必有成也不一月立崖書來已與同志諸公擇花神廟旁地擬即日營構可謂好事矣疊前韻以堅其約》、《立崖諸公方營杜閣東浦藩伯暨李松雲任曉村二太守聞之共誇盛事適虎丘有蔣氏園求售共捐俸千六百金買爲閣基任君並以虎丘本白香山守郡時築塘開路遂又祠白公於其中懷賢好古皆名流韻事也書來促余往觀厥成先疊韻奉寄》、《中秋後曉村太守招游懷杜閣閣在左偏已塑少陵像中爲白公祠設香山栗主右別有樓遂並移東坡像於此仍榜爲仰蘇總名曰三賢祠虎丘從此更增一勝地矣再疊前韻題蘇樓下》。

按:《甌北集》卷三十九編年自注"丁巳",且上述諸詩詳述了懷杜閣從倡議到落成的全過程。《原譜》將此事繫於嘉慶三年戊午,誤。

潘奕雋《三松堂集》卷一二有《立崖司馬用蘇東坡虎丘寺詩韻繪圖作詩同人既和之矣趙雲崧前輩據杜少陵壯游篇謂宜作懷杜閣以配仰蘇樓復作一首立崖邀和再用蘇韻》。

任兆炯,山東聊城人,乾隆四十五年(1780)舉人。官江蘇蘇州府知府。

李堯棟,字東采,號松雲。浙江山陰人。乾隆十八年(1753)生,道光元年(1821)九月初八日卒。乾隆三十七年進士,改庶吉士,授編修。歷官常州、紹興、江寧等府知府,晉貴州按察使,調江蘇,署江寧布政使,官至湖南巡撫,署雲貴總督。著《寫十四經堂詩集》。事具陳用光《太乙舟文集》卷八《資政大夫前湖南巡撫李公神道碑銘》。

三賢祠落成後,先生多次寄題。

《甌北集》卷三十九《戲題任太守書後》、《用少陵壯游篇韻寄題懷杜閣兼呈東浦藩伯松雲曉村兩太守暨立崖明府》、《用白傅虎丘寺路韻題白公祠》、《三賢祠在塘北舟行從斟酌橋入可直到門然橋低不能過大舟也曉村語余今年六月十日祠將落成忽風雨大作雷擊

橋碎遂可改造大橋以通官舫謂非三賢之靈欲昌其遺迹乎補記以
詩》、《再題懷杜閣》。卷四十《至蘇州寓懷杜閣後樓即事》、《三賢
祠成皆曉村之力詩酒游宴足繼前輩風流洵虎丘佳話也再作詩以
諗後人》。卷四十一《重過虎丘題三賢祠》。

按：此事士人亦多有品題，如王昶《春融堂集》卷二三《題任太守
曉林兆炯虎邱白公祠長卷》、潘奕雋《三松堂集》卷一二《白公祠成
趙雲崧前輩李松雲太守皆次公虎丘寺路韻作詩輒和二首》、姚鼐
《惜抱軒詩集》卷十《蘇州新作唐杜公白公宋蘇公祠於虎丘嘉慶戊
午八月鼐及陳方伯諸公游宴祠內作四絕句》等。

關注西南兵氛。

《甌北集》卷三十九《閱明史有感於流賊事》、《書感》、《聞秦蜀兵夾
勦流賊奏捷喜賦》、《荊襄》、《閱邸抄賊至利川邑令尹英圖約鄰邑
周景福糾集鄉勇截殺數千大獲全勝喜賦》、《聞賊入蜀將軍明公統
索倫吉林兵追及擊殺萬餘自此逆黨震懾葳功當有日矣喜賦》。

汪屏周宅喜晤畫士張玉川，昔年同客汪由敦邸第，握手道故，
欣感交集。

《甌北集》卷三十九《汪屏周宅喜晤畫士張玉川昔年同客文端師邸
第者也二君今皆八十餘余亦七十一矣握手道故欣感交集兼寄時
齋副憲》："四十年前踏軟塵，春明邸舍記靈椿。邸在椿樹衙衚。……時
齋弱冠時常共談宴。"

按："時齋"即汪由敦子汪承霈字。

《甌北集》卷四十二《挽汪屏周》自注："庚午、辛未與君同館文端
師第。"

時常州知府胡觀瀾禁妓，袁枚作詩解之，先生戲題其後。

《甌北集》卷三十九《子才以雙湖太守禁妓作詩解之戲題其後》。

胡觀瀾，字露涵，號雙湖，安徽廬江人。乾隆二十四年舉人，官浙
江松陽、慈溪知縣，擢湖北隨州知州，江蘇蘇州知府。補常州府
府，擢江西督糧道，後告老居金陵。事具光緒《廬江縣志》卷八

《宦績》。

题李保泰《徐州勘灾散赈詩卷》。

《甌北集》卷三十九《題嗇生徐州勘災散賑詩卷》。

李斗《揚州畫舫録》卷七"癸丑秋，曾員外燠轉運兩淮，脩禊是園（按：九峰園）。……轉運涖揚州，旦接賓客，夕誦文史，部分如流。觴詠多暇，著有《邗上題襟集》，《秋禊詩》載其中。至於北郊諸名勝，轉運燕游唱和……皆傳誦一時。"

錢泳《履園叢話》卷八："南城曾賓穀中丞以名翰林出爲兩淮轉運使者十三年。揚州當東南之衝，其時川、楚未平，羽書狎至，冠蓋交馳，日不暇給，而中丞則旦接賓客，晝理簡牘，夜誦文史，自若也。署中闢題襟館，與一時賢士大夫相唱和，如袁簡齋、王夢樓、王蘭泉、吳谷人、張警堂、陳東浦、謝薌泉、王葑町、錢裴山、周載軒、陳桂堂、李嗇生、楊西禾、吳山尊、伊耐園，及公子述之、蒲快亭、黃賁生、王惕甫、宋芝山、吳蘭雪、胡香海、胡黃海、吳退庵、吳白庵、詹石琴、儲玉琴、陳理堂、郭厚庵、蔣伯生、蔣藕船、何豈匏、錢玉魚、樂蓮裳、劉霞裳諸君時相往來，較之《西崑酬倡》，殆有過之。中丞嘗於九峰園作秋契之會，賦詩……"

曾燠，字庶蕃，號賓谷。江西南城人。乾隆二十四年（1759）六月二十三日生，道光十年（1830）卒。乾隆四十六年進士，改庶吉士，授戶部主事。歷官兩淮鹽運使，湖南、湖北按察使，廣東布政使，貴州巡撫，累至兩淮鹽政。著《賞雨茅屋集》，輯《江西詩徵》等。事具包世臣《藝舟雙輯》卷七下《別傳》及《碑傳集三編》卷十三《番禺縣續志·宦績傳》。

吳縣訪張塤家人，無知者。

《甌北集》卷三十九《訪張瘦銅家人無知者感賦》："吳會坊邊巷路斜，重來腹痛幾迴車。孤魂不第方三拜，才氣無雙溫八叉。尚有

425

《絎詞》歌北里，並難葛帔訪西華。傷心三十年前事，夜夜深談剪燭花。_{君昔在京，嘗寓余邸。}"

讀王巖《白田存稿》。汪由敦出王巖門，古人以親受業者爲弟子，弟子轉授者爲門人，先生於王巖淵源有自。

《甌北集》卷三十九《讀王予中先生白田存稿敬書於後吾師汪文端公嘗出先生門古人以親受業者爲弟子弟子所轉授者爲門人余於先生淵源故有自也》："白田王先生，學獨務根柢。……蘇湖初教授，名高特薦起。……一朝讀公書，不覺投五體。……著錄稱門人，例在通德里。"

王巖，字予中，號白田、築夫，江蘇揚州府寶應縣人。萬曆三十三年（1605）生。特賜翰林院編修，上書房行走。

顧光旭選《梁溪詩集》成，瘞其舊稿於惠山之麓，立碑亭其上，名曰詩塚，先生爲賦七古一首。顧光旭旋歿。

《甌北集》卷三十九《顧晴沙選梁溪詩成瘞其舊稿於惠山之麓立碑亭其上名曰詩塚爲賦七古一首》："晴沙妙選《梁溪詩》，二千餘年盡羅致。一將功成萬骨枯，所餘殘稿將焉置。同志有人出奇策，文塚筆塚可援例。……遂使此邑千才人，詩魂上天魄歸地。"

《甌北集》卷三十九《顧晴沙挽詩》："《詩塚》篇纔付夜航船寄去，是日即聞君訃。"（其一自注）"誰知手選《梁溪集》，自殿群賢押後車。_{君選《梁溪詩集》甫刻成。}"（其二）

爲錢泳題其尊人《養竹山房圖》。

《甌北集》卷三十九《爲錢梅溪題其尊人養竹山房圖》。

錢泳，初名鶴，字立群，號梅溪，江蘇常州府金匱縣人。乾隆二十四年（1759）生，道光二十四年（1844）卒。諸生。一生以訪碑、刻帖、著述爲事。精研金石碑版之學，善篆書。歷畢沅、秦震鈞、張井等幕。與翁方綱、湯貽汾、包世臣等亦有交誼。著《履園金石目》、《履園叢話》等。事具胡源、褚逢春《梅溪先生年譜》及《疑年錄彙編》卷一二。

廷偉自上年四月患病，一直未愈。本年三月，先生挈往蘇州就醫，亦不救。六月十四日急買舟歸，十六日辰時卒，先生痛甚，祝德麟慰之。

《甌北集》卷三十九《哭偉兒》："未必興家且保家，少年早自戒豪奢。"（其二）"兒生於鎮安官舍，時異香滿室。誰知兆也無憑準，只得頭銜廩膳生。"（其三）"拮据參苓恐不供，但愁病劇敢愁窮。一年心力枯何補，囊到空時命亦終。"（其四）"身病堪醫心病難，生來心性慣憂煎。……臨歿前半月，通夕不眠。"（其五）"就醫吳苑半年淹，勢急歸舟夏正炎。……吳門就醫半年，到家僅六時即屬纊。"（其六）"到家臥其房不安，速呼移就余牀而歿。"（其七自注）"兩孫丱角尚兒嬉，他未知悲我更悲。"（其九）。

《西蓋趙氏族譜·學亮公派北岸分支世表》："（趙廷偉）……嘉慶二年丁巳閏六月十六日辰時卒，年三十。著有《鎮安詩稿》一卷。配謝氏……合葬金壇游仙鄉夏宵村中丑山未向……子二……女二。"

《西蓋趙氏族譜·藝文外編》載趙翼《亡兒廷偉小傳》："兒名廷偉。……年十九，補弟子員。二十四，歲試列一等，例得食餼爲廩膳生。試鄉闈不售。會有詔舉賢良方正，兒意欲籍爲進身地，以年少難入薦剡，遂鬱鬱不得志。未幾成疾，沉緬歲餘，百方治不效。余攜往□□就醫，亦不救，急買舟歸。甫抵家，一夕而歿，嘉慶二年又六月十六日也。平時內子曾爲余言，兒生時，官舍中異香滿室。余方以爲吉徵，期以遠大，而年僅三十，以一衿死，悲夫！兒性勤學，無膏粱習。……病革時，自知不起，見余，猶強作歡笑，而淚已漬眶，輒以衾覆面，懼余之見而傷懷也。"

《西蓋趙氏族譜·藝文外編》載趙忠弼等《先妣謝太恭人行述》："先府君幼嗜學問，自丙午補弟子員，益刻苦奮發爲文章，而體素羸，太恭人每聞府君讀書聲，不能喘緩，心竊憂之。至是六困鄉舉，常失意不復自聊，遂鬱鬱成疾，太恭人不解帶，不安席者三載。

疾革時，起謂太恭人曰：'堂上二老，膝下諸孤，今累汝矣。'言已目遂瞑。"

按：《西蓋趙氏族譜‧學亮公派北岸分支世表》、《西蓋趙氏族譜‧藝文外編》載趙翼《亡兒廷偉小傳》均云趙廷偉卒於嘉慶二年六月十六日，《原譜》本年條記爲"七月十四日買船歸，次日抵家。十六日巳時遂不起"，恐誤。

祝德麟《悅親樓詩集》卷三〇《常州呈甌北先生》其二自注："時五郎疾，病故。"據《西蓋趙氏族譜‧學亮公派北岸分支世表》"（趙廷偉）行五"、《甌北集》卷四十《去歲偉兒就醫寓舍在伍相國祠東今來過此泫然有作》自注"兒行五，家人呼爲五相公"可知，祝德麟所言"五郎"即廷偉。

聞畢沅墜馬得風疾，寄慰。

《甌北集》卷三十九《聞秋帆制府墜馬得風疾寄慰》："烽烟楚蜀正橫戈，失足驚傳馬注坡。戎幕共推更事久，軍麾終仗發蹤多。……得與古人同力疾，半人不啻萬人過。"

據史善長《弇山畢公年譜》嘉慶二年丁巳六十八歲條，是年五月二十三日，畢沅偶失足仆地，侍者掖起之，左手足微不仁，遂病。

七月，袁枚寄詩先生，有死生之慨。

《甌北集》卷三十九《答子才見寄之作》。

夢中懷亡兒廷偉。

《甌北集》卷三十九《夢中》。

按：趙翼對廷偉的鍾愛，於《甌北集》中可見一斑。卷三十九《哭偉兒》、《七月爲偉兒三七之期》、《再哭偉兒》，卷四十《去歲偉兒就醫寓舍在伍相國祠東今來過此泫然有作》、《吳江舟次忽夢見偉兒惝悅間又有傳其泛海去者不覺心痛如割》、《昔歲曾與偉兒同登金山扁舟重過泫然有作》、《草塘河爲偉兒覓葬地》，卷四十一《爲偉兒覓葬地》，卷四十二《爲偉兒得葬地於金壇夏蕭村感賦》，卷四十三《偉兒葬金壇夏蕭村哭以送之》，卷五十二《夢偉兒》，卷五十三

《忽得偉兒遺扇感賦》。

七月三日,畢沅卒。先生作挽詞。

史善長《弇山畢公年譜》嘉慶二年丁巳六十八歲條:"七月三日丑刻,卒於辰州行館。"

《甌北集》卷三十九《秋帆制府挽詞》:"初聞末疾困炎陬,誰料騎箕碧落游。"

袁枚《小倉山房詩集》卷三七有《哭兩湖制府畢秋帆先生》,趙懷玉《亦有生齋集》詩卷一五《哭畢尚書沅》,祝德麟《悅親樓詩集》卷三〇《哭秋帆尚書二首》等。

昭槤《嘯亭雜錄》卷十"畢制府"條:"畢制府沅,庚辰狀元,歷任兩湖總督。性畏懦無遠略。教匪之始,畢受相國和珅指,不以實入告,致使蔓延日久,九載始靖,人爭咎之。姚姬傳先生至曰:'戮畢沅之屍,庶足以謝天下。'其受謗也若此。然好儒雅,廣集遺書,敬重文士,孫淵如、洪稚存、趙味辛諸名士,多出其幕下。嘗歲以萬金遍惠貧士,人言宋牧仲後一人,信不虛也。"

于鰲圖自婁東來攝守常州,婁民送者滿道,先生繪圖以記,爲題四絕句。

《甌北集》卷三十九《滄來刺史自婁東來攝守吾常婁民送者滿道繪圖以記爲題四絕句》:"常州太守例詩人,恰替誠齋作後身。楊誠齋曾守常州"(其三)"君曾祖襄勤公,康熙中名臣。"(其四自注)

錢維喬《竹初詩鈔》卷一五有《于刺史來攝毗陵郡婁東人士繪圖送之彙成吟卷因次家竹汀詹事元韻題贈》。

據于鰲圖《滄來自記年譜》,其官太倉在乾隆五十七年至嘉慶二年間。

于鰲圖,字伯麟,號滄來,漢軍鑲紅旗人。于宗瑛子。乾隆十五年(1750)生,嘉慶十六年(1811)卒。乾隆三十五年舉人,歷知江蘇震澤、昭文、金山、常熟、長洲等縣,遷太倉州知州、徐州府知府,擢徐州、淮陽等道及江蘇按察使。著《習靜軒文集》。事具于鰲圖

429

《滄來自記年譜》、法式善《存素堂文續集》卷四《墓志銘》。

詩挽阿桂。

《甌北集》卷三十九《公相阿文成公挽詩》："百戰功名圖像早，九重恩禮乞骸遲。老成殂謝何勝感，不但羊曇哭故知。"（其一）"祇應一事還留憾，未見荊巫靖陸梁。"（其三）"每見余族孫味辛中翰，必問余近狀。"（其四自注）

趙懷玉《亦有生齋集》詩卷一五有《太保大學士誠謀英勇公章佳文成公挽詞》。

昭槤《嘯亭雜錄》卷二"阿文成公用人"條："阿文成公屢膺撻伐，平定絕域，爲近日名臣之冠。其拔擢人才，或於散僚卒伍以一二語賞識，即登薦牘，故人皆樂爲之用。興將軍奎以將校從事，公奇其貌，曰：'此將材也。'因與之副將劄，命其攻剋某嶺，即日克捷。其后卒爲名將。如王述庵司寇昶、韓桂舲司寇對、百菊溪制府齡、朱白泉觀察爾賡額皆以微員賞識，其後皆爲卿相。聞其於軍務倥傯間，惟於幕中獨坐飲酒吸烟，秉燭竟夜。或拍案大呼，愀然長嘯，持酒旋舞，則次日必有奇策。其驅使將士，如發蒙振落，其成功者，或獎以數語，或償以糕果，而其人感激終身，甘與效死。其薨數日前，自知死期，於其誕辰，置酒作樂終日。訓其子孫，勵以綱常名節，曰：'余從此長訣，不復訓教爾等矣！'病篤時，將其兵書詩文稿盡命焚之，曰：'無以此誤後人也！'余嘗往弔，見其廳第湫隘，居然儒素，較之當時權貴萬廈巍然者，薰蕕自別，比之李文靖廳前僅容旋馬者，未爲過也。"

梁章鉅《樞垣記略》卷二十八雜記二："乾隆末年，阿文成公與和坤不相能，凡朝夕同直軍機，必離立十數步外。和坤亦知公意，故就公語，公亦泛答之，然未嘗移立一步。公嘗臥直廬，軍機章京管世銘入省之，公素所厚也，忽呼語曰：'我年八十，可死；位將相，恩遇無比，可死；子孫皆已佐部務，無所不足，可死。所忍死以待者，實欲俟犬馬之意得一上達，死乃不恨。'然竟不果。《更生齋文集》。"

八月，袁枚以腹疾就醫揚州，復索生挽於先生，先生戲再作。

《甌北集》卷三十九《子才昔年預索挽詩竟無恙今以腹疾就醫揚州又索生挽戲再作以遲其行》。

袁枚《小倉山房詩集》卷三七有《就醫揚州江口阻風》等詩。

寄題法式善《詩龕圖》。

《甌北集》卷三十九《寄題法梧門祭酒詩龕圖》："作詩必以龕，毋乃拘心旌。豈知渺衆慮，端在嚴關扃。……詩龕之築無多楹，虛白一室涵空明。……聞公家世本沙漠，契苾勳門垺褒鄂。即今西南戰伐殷，何不奮戈就戎幕。……緣知風雅味獨深，嗜好與世酸醎各。……公才十倍此數人，已爆高名動寥廓。惟有《湛然居士集》，耶律文正公。經濟文章胸可拓。好當彌勒結同龕，一瓣心香寄所托。"

王昶《春融堂集》卷二一亦有《題法庶子開文式善詩龕圖》。

昭槤《嘯亭雜錄》卷九"詩龕"條："蒙古法祭酒式善，榜名運昌，中式時，純皇帝曰：'此奇才也。'賜改今名。祭酒居淨業湖畔，門對波光，修梧翠竹，饒有湖山之趣。家藏萬卷，多世所罕見者。好吟小詩，入韋、柳之室，頗多逸趣。家築詩龕三間，凡所投贈詩句，皆懸龕中，以志盍簪之誼。任司成時，惟以獎拔後進爲務。同汪瑟庵先生選《成均課士錄》，其取售者率一時知名之士，海内遂爲圭臬。己未春，上疏請旗人屯田塞外事，上以爲故違祖制，降官編修，因引疾去官以終。先生慕李西涯之爲人，訪其墓田，代爲葺理，又邀朱石君太傅、謝薌泉侍御等鳩工立祠，歲時祭享焉。先生與余最善，每相見，勵以正身明道之詞，坐談終日不倦，實余之畏友也。"

姚元之《竹葉亭雜記》卷五："滿洲、蒙古由翰林出身者，不數年必至閣學、侍郎，若至十餘年則不多有。蒙古法學士梧門先生，名式善，能詩，性情灑落，有飄然出世之態。……先生喜與文士游，所居爲李西涯之故居。蘇齋翁閣學顔其西室曰'詩龕'，人因稱爲詩

431

翁先生。晚喜食山藥，又名其齋曰‘玉延秋館’。性不能飲，然有看花飲酒之約，雖風雨必至。又愛畫，朱青上、素人、野雲時往來其門，號‘三朱’。嘗要三朱作《詩翁圖》，青上寫太湖石，素人、野雲分司竹樹亭樹焉。詩畫之會，一時稱勝。嘗蓄王麓臺山水小卷，前爲南齋諸公題詠，因凡入南齋者，俱請之題。……暮年好學益篤。卒以學士終。……先生壯而無子，夫人病瘵者已若干年。買妾久不育，一歲有娠，先生夢窗前桂花大開，然實無有桂也，喜而醒，則家人叩扉報公子誕生矣，因名曰桂馨。未弱冠成進士。……桂以進士授中書，群謂先生平生學問爲文人領袖，公子將光大以食其報也。不三歲亦病瘵卒，復無嗣。天道不可知也。猶記詩翁一聯十六字，錢梅溪隸書，云‘言論大蘇，性情小謝；襟懷北海，風度西涯’，可作先生像贊。”

九月二十九日未時，孫公樾生，廷英出。是歲，廷俊續娶黃氏。

《原譜》嘉慶二年丁巳條：“是歲孫公樾生，廷英出。廷俊續娶黃氏。”

《西蓋趙氏族譜·學亮公派北岸分支世表》：“(趙樾)行二，又行七。初名絡，字絡生。嘉慶二年丁巳九月二十九日未時生，道光二十四年甲辰十二月二十六日巳時卒，年四十八。”

費淳移節閩疆，八月到閩，九月即回任江南。

《甌北集》卷三十九《芸浦中丞移節閩疆不數月復奉命來撫江南吳民歡聲載道爰紀以詩即贈》：“來往郵籤兩月期，……仲秋到閩，孟冬即調任。”(其二)“自七月不雨，公到任日乃大雪五寸。”(其三自注)

按：據《清代職官年表·巡撫年表》，費淳本年七月三日由江蘇巡撫改福建，九月十八日回任，故趙翼云“仲秋到閩，孟冬即調任”不確。

題謝振定自焦山放舟金山觀月圖。

《甌北集》卷三十九《題謝薌泉侍御自焦山放舟金山觀月圖》其一：“焦廬探勝躡青屛，吟到黃昏月一彎。何事借庵庵不借，聽君放櫂向金山。焦山詩僧巨超，號借庵。"

昭槤《嘯亭雜錄》卷二"謝薌泉之疏闊"條："謝薌泉先生焚車事，另載後卷。其人大節不苟，然性疏闊，其居處几榻，塵積數寸，不知拂拭。院中花草紛披，殊有濂溪不除階草之意。財物奢蕩，一任僕人侵盜，毫不介意。性復多忘，嘗新置朝衣，借法時帆祭酒著之，罷官後遂不復取。及官儀部，當有祭祀，復欲市取。時帆聞之，故意問之曰：'吾記君嘗於某時新置朝衣，去日未久，何得遂無？'謝茫然曰：'此等物，棄諸敝笥，安可索取？'法復曰：'或君曾假諸人乎？'謝仍不復記憶。法笑曰：'君於某日曾假余著之，今尚在余笥中，君果忘乎？'謝乃恍悟，其不屑細故若此。"

昭槤《嘯亭雜錄》卷十"謝薌泉"條："謝薌泉侍御性豪宕，嘗蓄萬金，遨游江、浙間，拋棄殆盡。嘗曰：'人生貴適意耳，銀錢常物，何足惜也？'與余交最善，嘗屢戒余之浮妄躁進，余愨服之。嘗曰：'君子之交，可疏而厚，不可傾蓋之間頓稱莫逆，其交必不久也。'嘉慶初，和相當權時，其奴隸抗縱無禮，無敢忤者。公巡南城，遇其妾兄某，馳車衝驄從，公立命擒之，杖以巨杖，因焚其轂，人爭快之。王給諫鍾健希和相意，劾罷公官，管御史世銘笑曰：'今日二公各有所失。'有問之者，答曰：'謝公失官，王公失名。失官之患，不過一身，失名之患，致傳千古矣。'今上親政，復特召爲祠部主事。"

陳康祺《郎潛紀聞初筆》卷七"燒車御史"條："和珅柄國時，其家奴多乘高車，橫行都市無所憚。湘鄉謝侍御振定方巡城，遇焉，捽而鞭之，火其車於衢，世稱'燒車御史'。後二十餘年，侍御子興嶤以固始縣令膺卓薦，召見，上從容問曰：'汝即燒車御史之子乎？'不數月，特旨擢成都知府。"亦見陳康祺《郎潛紀聞四筆》卷四"再書燒車御史謝振定"。

謝振定，字一齋，號薌泉，湖南湘鄉人。乾隆十八年(1753)五月初四日生，嘉慶十四年(1809)五月十五日卒。乾隆四十五年進士，改庶吉士,授編修。考選江南道監察御史,遷兵科給事中、禮部主事,擢禮部員外郎。著《雲將山草》等。事具法式善《存素堂文續集》卷二《墓表》、秦瀛《禮部員外郎前監察御史謝君振定墓志銘》、《碑集傳》卷五七吳雲《禮部員外郎江南道監察御史謝公墓表》、張士元《湘鄉謝公述》及《清史稿》卷三二二。

素食招王文治、駱綺蘭小集寓齋。

《甌北集》卷三十九《素食招夢樓佩香小集寓齋》:"客中破寂賴吟朋,小治伊蒲饌尚能。"

十一月十七日,袁枚病故。先生賦詩挽之。

《甌北集》卷三十九《袁子才挽詩》:"死應仍去爲猿嘯,生不留看賦鹿鳴。"

姚鼐《惜抱軒文集》卷一三《袁隨園君墓志銘》:"君卒於嘉慶二年十一月十七日,年八十二。"

陳康祺《郎潛紀聞二筆》卷六"姚姬傳爲袁簡齋作墓志"條:"姚姬傳先生主講鐘山時,袁簡齋以詩號召後進,先生與異趨而往來無間。簡齋嘗以門人某屬先生,願執贄居門下,先生堅辭之。及簡齋死,人多勸先生勿爲作墓志,其人率皆生則依託取名,歿而窮極詬厲。先生曰:'設余康熙間爲朱錫鬯、毛大可作志,君許之乎?'曰:'是固宜也。'先生曰:'隨園正朱、毛一例耳,其文采風流有可取,亦何害於作志。'按:秀水、蕭山二先生,其學問有根柢,其立身處世,亦未肯隨波逐流,隨園似微有不類,然而姚先生之言,公言也。"

十二月,王鳴盛歿。爲作挽詩。

《甌北集》卷三十九《王西莊光禄挽詩》:"公甲戌榜眼。……雙瞽後再明。"(其一自注)"公最精鄭學。"(其二自注)"風趣長康半點癡,牙籤不諱手親持。出門誤認儀同宅,築室遥催録事貲。皇甫《三都》求作序,李邕《四裔》乞書碑。即論致富惟文字,前輩高風亦可思。"(其三)

王昶《春融堂集》卷二二有《聞鳳喈訃》。

昭槤《嘯亭續録》卷三"王西莊之貪"條:"王西莊未第時,嘗館富室家,每入宅時必雙手作摟物狀。人問之,曰:'欲將其財旺氣摟入己懷也。'及仕宦後,秦誄楚謹多所乾没,人問之曰:'先生學問富有,而乃貪吝不已,不畏後世之名節乎!'公曰:'貪鄙不過一時之嘲,學問乃千古之業。余自信文名可以傳世,至百年後,口碑已没而著作常存,吾之道德文章猶自在也。'故所著書多慷慨激昂語,蓋自掩貪陋也。"

感懷孫士毅、畢沅、阿桂、顧光旭、袁枚、王鳴盛等相繼下世,淒然有作。

《甌北集》卷三十九《年來孫補山畢秋帆兩制府阿雲巖相公相繼下世林下則顧晴沙袁子才王西莊又物故生平交舊一時俱盡淒然感懷》其二:"武緯文經將相功,儒林文苑亦宗工。此皆數十年成就,何意淪亡一歲中。"

趙懷玉《收庵居士自叙年譜略》嘉慶二年丁巳五十一歲條:"是歲,史觀察夢琦、畢尚書沅、章佳文成公阿桂相繼殂謝。是數公者,或戚友之同情,或平生之知己,不勝華屋山丘之感焉。"

十二月,蔣騏昌納姬。

《甌北集》卷三十九《戲贈蔣瑩溪納姬》:"買得嬋娟鬢已絲。"(其一)"曾是瑤臺第一仙,舞衫歌扇最翩翩。可應一念回頭岸,甘與維摩結淨緣。"(其二)"鵃舫魚軒送到家,臘前春早綻梅花。"(其三)"令兄立庵不許見客,故云。"(其六自注)又卷四十一有《蔣瑩溪別駕館愛妾於揚州過江來寓戲贈》。

除夕,思念偉兒、彦兒。

《甌北集》卷三十九《除夕》:"年年除夕醉深卮,今歲屠蘇但酒悲。思子臺邊何限淚,一兒死別一生離。時彦兒以考館入都。"

是歲,醖釀寫作《甌北詩話》。

《甌北詩話》卷首趙翼嘉慶七年五月《甌北詩話小引》有記。

435

按：《甌北集》卷三十九有《讀杜詩》、《題周松靄杜詩雙聲疊韻譜
括略》，卷四十一有《讀白香山陸放翁二集戲作》，卷四十二有《書
劍南集海棠詩後》、《書放翁詩後》、《批閱唐宋詩感賦》諸詩，可知
先生每閱讀完一位詩人的詩集，便着手撰寫一個專題。

是歲，先生作題畫詩甚多。

《甌北集》卷三十九《題蔡義士永清柳陰閑坐圖》、《題沈既堂前輩
載書移居圖》、《題瓊花觀圖長卷》、《爲人題畫》、《題洞庭尉程前川
三百首梅花詩本》、《爲錢梅溪題其尊人養竹山房圖》、《滄來刺史
自夔東來攝守吾常夔民送者滿道繪圖以記爲題四絕句》、《題鄒蓮
浦小照》、《題崔景高積書圖》、《又題景高小照》、《題程晴巖小照》、
《題查惕存檢書圖》、《題張敬業小照》、《寄題法梧門祭酒詩龕圖》、
《題佩香畫桃花小幅》、《題汪轚懷比部松溪漁唱圖》、《題謝薌泉侍
御自焦山放舟金山觀月圖》、《題周竹樵國博抱琴聽泉圖》、《題程
湛之漁樵雙照》、《題陳樹齋軍門瓣禪圖小照》、《題周松靄杜詩雙
聲疊韻譜括略》。

嘉慶三年戊午(1798)　七十二歲

仲春，出游蘇州。

《甌北集》卷四十《春仲出行》、《至蘇州寓懷杜閣後樓即事》、《去歲
偉兒就醫寓舍在伍相國祠東今來過此泫然有作》、《游網師園贈主
人瞿遠村》、《題短簿祠》。

張塤子張孝彥來見，泫然有作。

《甌北集》卷四十《瘦銅子孝彥來見泫然有作》：“葛帔相看淚滿衣，
貧官門户已全非。……一驂脱贈終何補，慚愧論交共瘠肥。”

先生此次蘇州之游寓懷杜閣，得晤王昶、錢大昕、吕星垣及吴
下諸生。

《甌北集》卷四十《述庵司寇竹汀宮詹過懷杜閣寓齋小集》、《三月
十日寓齋前牡丹纔試一花次日半開者數朵十二日曉村太守宴東

浦藩伯湛露廉使柳亭觀察于此則百朵競放矣以後士女游觀連日雜沓雜記以詩》、《曉村太守連日宴客於三賢祠余以寓客屢作座賓賦詩志雅》、《三賢祠成皆曉村之力詩酒游宴足繼前輩風流洵虎丘佳話也再作詩以詒後人》、《春蘭禁體和呂叔訥廣文》、《吳下諸生聞余至多以詩來謁頗費應酬率賦》、《將別寓樓題壁》。

尚鎔《持雅堂續鈔・趙翼傳》："翼爲詩好富麗，袁、蔣既没，主盟騷壇十餘年，獨雄一時。"

又游杭州，晤同年謝啟昆、馮應榴。序謝啟昆《樹經堂詠史詩》。謝啟昆勸先生儘快付梓《廿二史劄記》。題馮應榴《夢蘇草堂圖》，時馮著蘇詩合注已成。

《甌北集》卷四十《杭州晤同年謝藴山藩伯》："汾晉移旌僅一年，重來浙士奏旬宣。"（其一）"退衙無事擁牙籤，補史亭前畫下簾。……勳業文章都佔盡，使君毋乃取傷廉。"（其二）

按：謝啟昆《樹經堂詠史詩》道光五年刻本前有先生序云："乃去歲赴山右時，出此編見示，不過數十首。今自晉移浙，僅閱一歲，已遍詠二千年史事，裒然成集。"據《清代職官年表・布政使年表》，謝啟昆嘉慶元年丙辰（1796）十一月由山西布政使改浙江，嘉慶四年己未（1799）八月遷廣西巡撫。可知，趙翼當於此年游杭時，序謝啟昆《樹經堂詠史詩》。又謝啟昆此刻本前翁方綱亦有序。

按：據《清代職官年表・巡撫年表》，謝啟昆嘉慶四年己未（1799）八月由浙江布政使遷廣西巡撫，嘉慶七年壬戌（1802）七月十一日卒於任。《甌北集》卷四十四《謝藴山中丞挽詩》其一："君見余《廿二史劄記》，以爲必傳，趣付梓。……正喜書生開府貴，曾招老友對床眠。西湖游宴渾如昨，誰料歡場即別筵。"所述即本年游杭時謝啟昆催勸付刊《廿二史劄記》事。

《甌北集》卷四十《晤同年馮星石》："瓊林同赴日初寅，彈指幾將四十春。……君補注蘇詩，七年告成。……榜下未交林下見，相從那不白

437

頭新。"

《甌北集》卷四十《題星石夢蘇草堂圖時著蘇詩合注已成》："眉山詩一編，箋疏良不易。一在援舊典，一在考時事。景盧但博觀，放翁亦引避。辛苦王梅溪，集注尚未備。施本稍後出，綿津加補綴。近時初白翁，精心更排次。……君也讀書多，一覽見疵纇。遂獨出手眼，訂訛辨同異。……七年果訖功，……君今買草堂，恰傍西湖滸。坡昔游詣宦鄉，歲或一再至。"

王昶《春融堂集》卷二一亦有《爲馮郎中星實_{應榴}題夢蘇草堂圖》。

錢泳《履園叢話》二十二"注蘇詩"條："桐鄉馮星實先生應榴，中乾隆辛巳恩科進士，歷官至四川布政使。告養回籍，從事蘇詩，羅百氏之説，以證王、施、查三家之訛，勤心博考，朝夕不輟者至七年。先是，己酉十二月，忽夢文忠公來，高冠長髯，相視而笑，自此益力成之，凡五十卷。大約精誠所至，便形夢寐，其理然也。"

馮應榴，字星實，號詒曾，晚號踵息居士，浙江桐鄉人。乾隆五年(1740)生，嘉慶五年(1800)閏四月二十四日卒。乾隆二十六年(1761)進士，乾隆三十年(1765)南巡召試，授内閣中書，遷宗人府主事。屢充鄉、會試考官，歷官至鴻臚寺卿。肆力於詩，以蘇詩注本疏舛尚多，因爲《蘇文忠公詩合注》五十卷并《附録》五卷。錢大昕爲其作序，稱王注長於徵引故實，施注長於臧否人倫，查注詳於考證地理，惟應榴實兼三家之長。著《學語稿》等。事具秦瀛《小峴山人文集》卷五《鴻臚寺卿星實馮君墓表》、《清史列傳》卷七一。

謝啟昆招同馮應榴湖舫游宴，吳嵩梁同游數日。

《甌北集》卷四十《蘊山招同星石湖舫游宴》、《禁體詠西湖》。《西湖寓樓即事》："虎丘游罷虎林游，人巧天工各擅優。"(其二)"蘊山方伯具舟游湖，次日錢塘蔣新次明府具輿游靈隱、天竺諸勝。"(其四自注)"吳蘭雪年少奇才，同游數日。"(其六自注)又卷四十四《吳蘭雪過訪枉贈佳章即次送別》自注："昔與君別於西湖。……下第南歸。……西湖之游，謝蘊山中丞、馮星石鴻臚同宴集，今二公皆下世。"

姚元之《竹葉亭雜記》卷五："同年吳中翰蘭雪嵩梁舊官國子博士，善詩。有姬名綠春，姓岳氏，山西文水縣人也，善墨蘭。……姬年十五歸吳，十九而夭。蘭雪傷之。姬生時最喜梅，家有梅將花，嘗曰：'梅不但花可愛，影亦可愛也。'及花開而姬卒。蘭雪乃作《梅影》詩。……法時龕學士讀之，曰：'可稱"梅影中書"。'""琉球國遣官生入監讀書，自康熙二十二年部議准行，無年限。……嘉慶十年，其子弟來，吳蘭雪時以博士教之，頗聰穎。……蘭雪衣缽傳之海外矣。後蘭雪爲候補中書，嘗作詩云：'鳳凰未識池邊樹，桃李先栽海外花。'亦韻事也。""其國以得蘭雪詩爲珍寶。嘗得詩，藉子弟寄禮物謝之，刀、扇、雪酒、花布、蕉布、銅壺、護壽、□□八種。護壽者，紙也。□□者，煙也。得吳姬墨蘭，亦酬以八種，刀以團扇易之。"

吳嵩梁，字子山，號蘭雪、澂翁，別號蓮花博士、石溪老漁，室名香蘇山館、石溪舫、聽香館。江西東鄉人。乾隆三十一年（1766）生，道光十四年（1834）卒。嘉慶五年（1800）舉人，由內閣中書官貴州黔西州知州。與黃景仁並稱。繼蔣士銓後，爲清代江西詩壇著名詩人。以詩受知於翁方綱、王昶、法式善等。著《香蘇山館全集》、《石溪舫詩話》等。聲播外夷，朝鮮吏曹判書金魯敬以梅花一龕供奉之，稱爲"詩佛"。日本賈人斥四金購其詩扇。事具《清史稿》卷四八五、《清史列傳》卷七二。

爲王曇作《梁製觀世音像歌》。

《甌北集》卷四十《梁製觀世音像歌》小序："王仲瞿孝廉得古銅佛像一軀，……與世所塑釋迦像螺髻袒胸跏趺坐者不同。……其爲蕭梁舊物無疑也。爰爲作歌。"

陳康祺《郎潛紀聞初筆》卷四"秀水王曇仲瞿，負才任俠，不喜繩檢。客游京師，名滿公卿間。值川楚教匪不靖，其座主吳總憲省欽薦曇知兵，能作掌心雷。睿皇帝斥其誕妄，吳遂罷廢，而曇亦連

439

塞終其身。或曰：省欽本和黨，窺新政肅然，和珅且敗，自詫於駭不解事，冀以微咎去官也。<u>謹按：《嘉慶東華錄》仁宗諭旨亦謂吳省欽恐被人彈劾，故避重就輕。</u>”

錢泳《履園叢話》卷二二“西華山神”條：“秀水王仲瞿曇，乾隆甲寅科舉人，載籍極博，落拓不羈。嘉慶丙子七月，與余同游雲臺山，看其病重，因促之歸杭州寓館。丁丑八月初一日，果死。”

王曇，又名良士，字仲瞿，號蠡舟、瓶山，又號昭明閣外史，浙江秀水人。乾隆二十五年(1760)生，嘉慶二十二年(1817)卒。乾隆五十九年(1794)舉人。好游俠，兼通兵家言，善弓矢，慷慨悲歌，尤工駢體文，著《烟霞萬古樓文集》、《烟霞萬古樓詩集》等。事具李元度《國朝先正事略》卷五《王仲瞿事略》、陳文述《頤道堂文鈔》卷八《王仲瞿墓志銘》、龔自珍《定庵續集》卷四《王仲瞿墓志銘》、《清史列傳》卷七二等。

蘇守任兆炯於虎丘三賢祠橋北構萬丈樓祀李白，先生寄題萬丈樓。

《甌北集》卷四十《寄題虎丘萬丈樓》小序：“曉村太守既構三賢祠，立崖又於文苑英華檢得李青蓮虎丘宴游序一篇，知青蓮亦曾游此。曉村聞之大喜，證之潛確類書及獨孤及毗陵集，俱載此序，遂又於三賢祠橋北買地，別構一樓以祀青蓮。取昌黎所云‘光燄萬丈’之意，榜爲萬丈樓。從此虎丘名迹表彰無遺矣，寄題四首。”

四月，往鎮江看都天會，王文治、駱綺蘭盛情款待。

《甌北集》卷四十《四月廿二日鎮江看都天會因雨阻改期夢樓招飲出家伎奏樂即席二首》其二：“<u>君少年曾隨册使封琉球。……君奉佛已廿餘年，而酷好音樂。……君書法名海内。</u>臨汝亡來誰作達，<u>謂袁子才。</u>讓君游戲閻風岑。”又《佩香女史聞余至折簡枉招余以事不得赴蒙惠珍饌侑以佳章次韻奉謝》、《佩香疊韻索和再次奉酬》。

按：《佩香女史聞余至折簡枉招余以事不得赴蒙惠珍饌侑以佳章次韻奉謝》原爲七律二首，《甌北詩鈔》將原第一首前四句與原第二首後四句合併爲七律一首,亦見位置得宜。

九言題吳蔚光《小湖田樂府》。

《甌北集》卷四十《九言題吳竹橋小湖田樂府》:"吳君貽我《小湖田樂府》,不過文人游戲消長晝。豈知靈心慧眼竊化工,又將突出白石屯田右。……詩餘本不足登大雅堂,乃爾鏤目鉥肝苦結構。我思一切文字皆拇駢,除却經史法律不必究。……兹編長調小令色色新,渲出水碧金膏光照牖。"

自新開河至南京送兒輩秋試,南京晤慶霖。

《甌北集》卷四十《自新開河至金陵送兒輩秋試》:"乾隆四十五年,因南巡濬此河。……五十年前曾此役,可堪彈指白頭時。"

按:"五十年前曾此役"謂乾隆十二年丁卯(1747)秋赴江寧鄉試事。

《甌北集》卷四十《慶晴村爲尹文端師第五子舊與余同學自都門別後不相見者三十餘年矣今以將軍來鎮江寧握手道故敬呈三律》:"文端師節制兩江時,君尚隨侍。"(其一自注)"不繫舟,文端節制署中園名。"(其二自注)"袁子才嘗出入文端幕,與君最密。"(其三自注)

棲霞寺訪竹濤上人不值,題棲霞寺桃花澗。

《甌北集》卷四十《棲霞訪竹濤上人不值留贈》、《題桃花澗》。

冬,哭祝德麟歿。

《甌北集》卷四十《哭祝芷堂侍御》:"君以封事罷官。"(其二自注)"講席寥蕭海一隅,聊同祠禄養閑儒。……更憐旅殯華亭館,知復何時返故區。"(其三)"費中丞致厚賻。……所著《悦親樓集》,今夏刻成。"(其四自注)詳述了祝德麟的生平履歷。

汪承霈子汪紱林已得恩廕,南歸省墓,過訪。

《甌北集》卷四十《時齋副憲子紱林已得恩廕南歸省墓枉道過存話舊感賦》其一:"荷衣出拜記垂髫,頭角今看鳳有苞。……甲辰歲余與時齋別於荻花浦,今已十五年。"

壽費淳六十。

《甌北集》卷四十《費中丞壽詩》。

十二月,草塘河爲廷偉覓葬地。

《甌北集》卷四十《草塘河爲偉兒覓葬地》:"朔風淒緊逼殘年,枯木寒鴉欲雪天。"

按:據"朔風淒緊逼殘年"詩句及其上《費中丞壽詩》其一"冬月早回春月暖"可知,草塘河爲廷偉覓葬地,當在十二月。

作《五哀詩》,詳述與已有知遇之恩者五人,杭應龍、汪由敦、傅恒、觀保、阿桂。

《甌北集》卷四十《五哀詩》小序:"杜少陵作《八哀詩》,以寓歎舊懷賢之意。余少也賤,多藉老成獎拔,得稍聞於時。中歲歸田,不能躋高官顯秩以報恩施,副期許,此心常耿耿焉。今老矣,若不及身記述,則諸公高誼將付之漠然,何以自安也。爰仿少陵體作五哀詩,使子孫識之。"

按:《甌北詩鈔》五言古四之《六哀詩》,則是將《甌北集》卷四十六《與少司馬追述文正公相業及余登第事感賦》改題爲《故相劉文正公》,而併入《五哀詩》爲《六哀詩》。

又作《四哀詩》,傷同輩友已歿四人,杭白峰、張塤、趙文哲、徐秋園。

《甌北集》卷四十《四哀詩》小序:"前五公皆於余有知遇之恩,故記述稍詳。而同輩中文字性情之友已歿者尚有四人,各記五律一章,爲《四哀詩》。"

是歲,亦作題畫詩多首。

《甌北集》卷四十《題印淞汀同年隱几觀書遺照》、《題單竹軒山水知音圖》、《題錢嶁田林屋夜游圖兼呈尊人竹汀宮詹前輩》、《題瞿花農洞庭泛月圖》、《題甘雨應期圖》、《題邑侯周石雲戲馬圖》、《題孫子瀟望子重生圖》。

是年,管幹貞、管世銘、胡高望、吳紹澯、祝德麟、曹文埴卒。

嘉慶四年己未(1799)　七十三歲

正月初三,乾隆帝駕崩。先生賦挽詩。

《甌北集》卷四十一《大行太上皇帝升遐恭挽四章》其四:"每叨除授皆親筆,歸免飢寒尚俸錢。搏顙有哀頻搶地,攀髯無路但號天。"

閱邸抄知,正月十八日,嘉慶帝處治和珅等人。

《甌北集》卷四十一《感事》其一:"相星忽報坼中臺,恩寵由來是禍胎。……姓名久屬千夫指,氣焰俄消一寸灰。"《邸抄》其二:"九霄默運斗杓旋,第一先收佞倖權。"又《連日大僚多暴亡相傳爲失奧援懼株累也口語無稽書以一笑》。

聞汪承霈遷秩刑部右侍郎,喜賦即寄。

《甌北集》卷四十一《聞時齋副憲遷秩少司寇喜賦即寄》:"子公氣力可推輪,不傍權門自致身。遲却十年爲宰相,要教兩世作名臣。"(其二)

據《清代職官年表·部院漢侍郎年表》,汪承霈本年四月由左副都御史改刑部右侍郎,十月又改工部右侍郎。

哭劉欽內弟。

《甌北集》卷四十一《哭敬輿內弟》:"十日以前猶過我,七旬相伴更何人?"(其一)"早年科目壯年官,猶帶書生一味酸。舊譜不翻爲政易,古妝雖雅入時艱。……那得披帷無一慟,白頭林下最交歡。"(其二)

五月十五日辰時,廷俊婦湯氏病歿,年二十六。先生哀歎與弟汝霖兩房病歿子、婦。

《甌北集》卷四十一《五月望日俊兒婦湯病歿老年人頻見此事何以遣懷感賦》:"西河痛隔兩年春,又報蘭階撤瑟晨。"《老境》:"兩房八個孫男女,一半稱孤一半哀。無父稱孤,無母稱哀,見《溫公書儀》。"

按：該詩作於嘉慶四年己未(1799)，"西河痛隔兩年春"句謂嘉慶二年丁巳(1797)六月十六日廷偉病殁事。

《西蓋趙氏族譜·學亮公派北岸分支世表》："（趙廷俊）……配湯氏，候選郎中紹業女。乾隆三十九年甲午六月初九日丑時生，嘉慶四年己未五月十五日辰時卒，年二十六。"

八月二十四日，洪亮吉上書成親王極陳時政，二十七日被戍伊犁。

呂培《洪北江先生年譜》嘉慶四年己未條："四月，派充實錄館纂修官。……八月，第一分《實錄》告成，先呈御覽。先生以春初束裝匆遽，……擬於九月初二日叩送高宗純皇帝梓宮後南行。時川陝餘匪未靖，湖北、安徽尚率兵防堵。時發諭旨籌餉調兵。先生目擊時事，晨夕過慮，每聞川陝官吏偶言軍營情狀，感嘆焦勞，或至中宵不寐，自以曾蒙恩遇，不當知而不言，又以翰林無言事之責，不應違例自動章奏，因反覆極陳時政數千言，於二十四日上書成親王及座師吏部尚書朱公珪、左都御史劉公權之，冀其轉達聖聽。發書後，始以原稿示長子飴孫，告以當棄官待罪。……奉旨免死，發往伊犁，交將軍保寧嚴行管束，二十七日即行。"

趙懷玉《收庵居士自叙年譜略》嘉慶四年己未五十三歲條："八月，洪稚存以言事得罪，部擬斬決。上宥其死，改發伊犁。余第一日慰之於都虞司，第二日探之於刑部獄，第三日送之於廣寧門外，典衣爲贈焉。"

王昶《春融堂集》卷二三《聞稚存遺伊犁》。

昭槤《嘯亭雜錄》卷七"洪稚存"條："洪稚存編修亮吉，陽湖人。中庚戌探花。性狂妄，嗜酒縱飲。善考訂，其著《乾隆中府廳圖志》及《東晉疆域考》、《南北朝疆域考》，學問淵博。戊午，大考翰林，公上《平邪教疏》，深中當時窾要，人爭誦之。朱文正公招之入都，欲薦於朝，先生乃於朱座首斥其崇信釋道爲邪教首領之語，朱正色曰：'吾爲君之師輩，乃敢搪突若爾？'先生曰：'此正所以報師尊也。'又譏王韓城相公爲剛愎自用,劉文清公爲當場鮑老,一時八座,無不被其譏者。後裹裝欲歸,復上書於成王及朱石君、劉雲房二相公,多誹謗朝廷語。成王以其書上聞,上憫其書生迂魯,戍於伊犁。未逾年,即放歸田里,以其書常置御座旁,曰:'此坐右良箴也。'上之寬大也若此。先生既放還,亦縱酒自娛,不數載,卒於家。其所著古文,多載本朝名臣嘉言善行,有裨於世教焉。"

先生亦憂念西南動亂事。

《甌北集》卷四十一《邸抄》其四:"頻年烽火熾三巴,睿照今周萬里賒。……新設經略,以專責成。"又《感事》、《閱邸抄官軍連捷擒戮賊首多人餘賊可次第勦除矣志喜》)。

蔣兆奎中丞致政後,特詔起總督漕運,與先生淮堧相晤。時費淳任兩江總督,蔣兆奎任漕運總督,二人同列門牆,同在江南,然先生惟以地方利弊告,未嘗干以私。

《甌北集》卷四十一《蔣時南中丞致政後特詔起總督漕運淮堧相晤敬賦奉呈末章兼寄費芸浦制府二公皆余門下士也》其三:"桃李門牆樾蔭叨,三江節度八州漕。……一莊兩督增光處,不在官高在品高。"及卷四十五《自袁浦歸途作》:"一堤三十里,八座兩門生。蔣時南漕督駐淮城,費筠浦制府駐清江。"

據《清代職官年表‧總督年表》,蔣兆奎本年二月由前山西巡撫授漕運總督,十二月解任。費淳本年二月由蘇州巡撫遷兩江總督。

孫星衍《趙甌北府君墓志銘》:"兩江總督費公淳、漕督蔣公兆奎皆出先生門。每過存,先生咨詢風土,言不及私,兩公益重先生。"

戲題白居易集。

《甌北集》卷四十一《戲題白香山集》:"風流太守愛魂消,到處春游有翠翹。想見當時疏禁網,尚無官吏宿娼條。"

錢泳《履園叢話》二十一"官妓"條:"唐、宋時俱有官妓,如白香山之與元微之、歐陽永叔之與蘇東坡皆所不免。近時無官妓,而竟有太守監司俱宿娼者。余笑曰：'此無他，亦行古之道也。'趙甌北先生有《題白香山集後》云：'風流太守愛魂消，到處春游有翠翹。想見當時疏禁網，尚無官吏宿娼條。'"

自嘲"半世詩名滿天下，老來改喚逆風翁"。

《甌北集》卷四十一《逆風翁》："閑居無事，屢作近游。然每出必遇逆風，操舟者遂呼爲逆風翁。此聲既揚，凡雇船必索倍價，書以一笑。"（小序）"半世詩名滿天下，老來改喚逆風翁。"（其一）"馬卿情緒倦游中，豈復貪争破浪雄。"（其四）

再爲廷偉覓葬地。

《甌北集》卷四十一《爲偉兒覓葬地》："我昔葬母夫椒巔，今又爲子尋牛眠。……一塚地堪一人食，廢却耕稼爲塋阡。地下人多於地上，更千百載將無田。古聖創法安體魄，惜未慮久但目前。伊余豈能矯俗例，百里川原遠擇地。"

重過畢沅靈巖山館，感賦。

《甌北集》卷四十一《重過靈巖山館》。

錢泳《履園叢話》二十"靈巖山館"條："靈巖山館在靈巖山之陽西施洞下，乾隆四十八九年間，畢秋帆先生所築菟裘也。營造之工，亭臺之勝，凡四五載而始成。至五十四年三月，始將扁額懸掛其門，曰'靈巖山館'，先生自書，下有一聯云：'花草舊香溪，卜兆千年如待我；湖山新畫障，卧游終古定何年。'二門曰'鍾秀靈峰'，乃阿文成公書。又一聯云：'蓮嶂千重，此日已成雲出岫；松風十里，他年應待鶴歸巢。'自此蟠曲而上，至御書樓，皆長松夾道，有一門甚宏敞，上題'麗燭層霄'四大字，是嵇文恭公書。樓上有楠木櫥一具，中奉御筆扁額福字及所賜書籍、字畫、法帖諸件，樓下刻紀恩詩及謝表稿，凡八石。由樓後折而東，有九曲廊，過廊爲張太夫人祠，由祠而上，有小亭曰澄懷觀道，左有三楹，曰'畫船雲塹'、'三面石璧'、'一削千仞'。其上即西施洞也。前有一池水，其清冽，游魚出没可數，其中一聯云：'香水濯雲根，奇石慣延採硯客；

畫廊垂月地,幽花曾照浣紗人。'池上有精舍曰硯石山房,則劉文清公書也。其明年庚戌二月十四日,余與張君止原嘗邀王夢樓太守、潘榕皋農部暨其弟雲浦參軍及陸謹庭孝廉輩,載酒攜琴,信宿其中者三日,極文酒之歡。至嘉慶四年九月,忽有旨查抄,以營兆地例不入官,此園尚無恙也。自是日漸頹圮,蒼苔滿徑,至丙子年間,爲虞山蔣相國孫繼焕所得,而先生自出鎮陝西、河南、山東、兩湖計二十餘載,平泉草木,終未一見,可慨也。"

梁章鉅《浪迹續談》卷一"靈巖山館"條:"過蘇州時,有客約余游靈巖山館,余以前游未暢,且欲考悉其顛末,因欣然拏舟前往。歷覽久之,蓋不過相隔十餘年,而門庭已大非昔比矣。按山館即在靈巖山之陽西施洞下,乾隆四十八九年間,畢秋帆先生所購築,營造之工,亭臺之侈,凡四、五年而始竣。計購值及工費不下十萬金。至五十四年三月,始將扁額懸掛其頭門,曰'靈巖山館'。聯云:'花草舊香溪,卜兆千年如待我;湖山新畫障,卧游終古定何年。'皆先生自書,而語意凄惋,識者已慮其不能歌哭於斯矣。二門扁曰'鍾秀靈峰',乃阿文成公書,聯云:'蓮嶂千重,此日已成雲出岫;松風十里,他年應待鶴歸巢。'自此蟠曲而上,至御書樓,皆長松夾路,有一門甚宏敞,上題"麗燭層霄"四大字,是嵇文恭公書。憶昔游時,是處樓上有楠木櫥一具,中奉御筆扁額'福'字,及所賜書籍、字畫、法帖諸件,今俱無之。樓下刻紀恩詩及謝恩各疏稿,凡八石。由樓後折而東,有九曲廊,過廊爲張太夫人祠。由祠而上,有小亭,曰澄懷觀道。左有三楹,曰'畫船雲墊'、'三面石壁'、'一削千仞',其上即西施洞也。前有一池,水甚清冽,游魚出没可數,中一聯云:'香水濯雲根,奇石慣延采硯客;畫廊垂月地,幽花曾照浣紗人。'池上有精舍,曰硯石山房,則劉文清公書也。嘉慶四年九月,忽有旨查抄,以營兆地例不入官,故此園至今無恙。至嘉慶二十一年,始爲虞山蔣相國後人所得。而先生自鎮撫陝西、河南、山東,總制兩湖,計二十餘年,平泉草木,終未一見。"

本年夏，吴中有杖責書生之獄。

  昭槤《嘯亭雜録》卷十"王述庵書"條："己未夏，吳中有杖責諸生之獄，今得王述庵少司寇《與平恕書》，文甚遒勁，故具載之。書云：'……弟以鼎湖大故，匍匐入都，前日始回吳下，備知諸生獲罪，深爲駭異。諸生寒士居多，求貸于富户，乃事理之常。伊等或以教課爲業，或以筆墨爲生，無力償還，亦其常分。賴有父母師保之責，正宜加之憐惜，或代爲寬解，或再爲分限，俾得從容措繳。即使伊語言粗率，亦何至不能稍貸？乃至撲責寒士，以媚富户，實無情理。此非該令平日與富户交結往來，受其餽略，即係意存庇奸爲事後得錢之計，情事顯然，不待推求而可見。諸生之不平則鳴，有何足怪？惟是時承審之員，非該令平日結納之上司，即係狼狽爲奸之寅好。通梟將赴湖南，不顧其後，而撫軍初莅新任，以至四出查拏，牽連數十，掌嘴鎮項，凌辱不堪，成何政體？當今律令内，從未有生員借貸不還遂致責革之條。若以聚衆爲名，亦當視其應聚與否耳！……'其文亦真可與韓、歐諸文並傳而不朽矣。"

  昭槤《嘯亭雜録》卷十"嘉慶初年諫臣"條："沈公琨，歸安人。江蘇生員之獄，巡撫宜興庇護屬員；又信任管門家人，致使苞苴日進；特造嚴刑以訊告者，有小夾棍、頭腦箍諸名目；又於國喪中任意演劇，無所忌憚。琨皆一一陳之，乃罷興職。"

是年，與李調元通音訊。

  《甌北集》卷四十一《接同年李雨村觀察書乃嘉慶二年十一月朔日自綿州封發兼附雨村詩話十六卷採拙詩獨多感賦四律寄答》："來原經萬里，到已歷三年。"（其一）"天各一方遠，年皆七秩餘。……採詩偏我厚，百首累抄胥。"（其二）"此書前歲發，蜀土尚無虞。豈意魚凫國，今成豺虎區。……莫是將軍號，真教展壯圖。君京寓日，人呼爲小李將軍。"（其三）又《雨村書中謂督學廣東時余子以贄謁厚貺而去僕初未有子入粵也蓋他人假名干謁耳書以一笑》。

  李調元《童山文集》卷十載趙翼《與李雨村書》："同年至好，一别三十餘年，萬里相望，無由通問。……忽從姚姬傳處遞到《雨村詩話》一部，載拙作獨多。……伏念弟與足下出處大略相同。……惟是年來海內故人多半零落，袁子才、王西莊俱於前歲物故，祝芷塘去冬又卒於雲間。……弟所著詩集外，已刻者尚有《陔餘叢考》四十三卷，未知曾得呈覽否？近有《廿二史劄記》三十六卷，今歲可以刻成，此後亦不能再有所撰述矣。《雨村詩話》中有趙雲崧子叩謁於廣東學署一段。足下提學粵東時，小兒年僅勝衣，從未有游粵者。此不知何人假冒干謁，遂使弟有此乾兒，可發一笑，并縷及之，想足下亦爲捧腹也。聞蜀中流匪充斥，而綿州獨晏如，可爲遙賀。然烽煙倏擾中，恐亦不免戒心，昔日將軍之稱，或將弄假成真。……州牧劉君，係弟內侄，聞其居官頗有循良之譽。倘地方有守禦之事，尚祈協力佽助爲禱。"

按：袁枚、王鳴盛歿於嘉慶二年丁巳（1797），祝德麟歿於嘉慶三年戊午（1798）冬。據"袁子才、王西莊俱於前歲物故，祝芷塘去冬又卒於雲間"句，可證先生接李雨村書并函覆皆在本年。

據《清代職官年表·學政年表》，李調元督學廣東在乾隆四十二年八月至四十五年八月。據《西蓋趙氏族譜·學亮公派北岸分支世表》先生長子早夭，次子廷英"乾隆二十九年甲申四月二十九日亥時生"，在李調元提學廣東時年僅十四至十七歲。

按：趙翼《與李雨村書》："近有《廿二史劄記》三十六卷，今歲可以刻成。"但該書李保泰序署嘉慶五年庚申五月，錢大昕序於嘉慶五年庚申六月十日，故《廿二史劄記》最終刻成應在嘉慶五年庚申。且據李調元《童山文集》卷十《答趙耘菘觀察書》："嘉慶五年九月三十日，……則我故人毘陵耘菘先生同年手書，並寄《陔餘叢考》四十三卷。"李調元於嘉慶五年九月三十日僅接到趙翼回信和《陔餘叢考》，嘉慶四年己未（1799）《廿二史劄記》三十六卷若已刊刻，斷無不隨同寄示之理。《原譜》、《年表》僅據趙翼《與李雨村書》皆云嘉慶四年己未（1799）《廿二史劄記》刻成，誤。

是年,和珅、陳奉茲、羅聘、錢棻、黎簡、張洽卒。

嘉慶五年庚申(1800)　七十四歲

蔣兆奎於漕督在兩疏乞休,得旨赴京另用,書來言別,寄詩送行。

> 《甌北集》卷四十一《時南漕督兩疏乞休得旨赴京另用書來言別寄
> 此送行》其一:"正看榮作八州督,漕督總理八省運務。誰肯輕抛一品
> 官。……初衣莫是傳衣誤,效我中年早掛冠。"(其一)"丙戌榜後
> 一別直至今。"(其二自注)
>
> 據《清代職官年表‧部院漢侍郎年表》,本年正月,蔣兆奎由前漕
> 運總督授工部右侍郎,旋改山東巡撫。

裕瑞、邵廣仁、歸懋儀各以詩來乞序,同日寄到。題歸懋儀《繡
餘集》。

> 《甌北集》卷四十一《宗室公思元主人虞山女史歸佩珊各以詩來乞
> 序同日寄到感賦》。
>
> 錢泳《履園叢話》八"以人存詩"條:"輔國公裕瑞爲豫親王弟,自號
> 思元主人,所居曰樊學齋,有亭臺花木之勝,一時名士如楊蓉裳、
> 吳蘭雪輩皆與之游。所著有《棗香軒吟草》一卷,十額駙豐紳殷德
> 稱其詩清華幽艷,是能鎔鑄長吉、飛卿而自成一家者。記其《灤陽
> 道中》云:'一馬長驅掛玉鞭,清秋風景倍蕭然。野蛾亂落荒林雪,
> 山鳥斜衝古寺烟。雀舌宜烹疏雨夜,豆棚欲話晚涼天。無眠靜對
> 寒檠影,起視雲邊月正圓。'殊清新可喜。"
>
> 《甌北集》卷四十一《題女史歸佩珊繡餘集即寄》:"惟有才女吟,脫
> 口易傳遍。……虞山歸佩珊,高門烜江甸。學從母氏授,情諧夫
> 婿倩。……貽我《繡餘集》,兩詩乘韋先。氣兼鬚眉雄,學窮《騷》
> 《雅》變。……何須女道學,塞默守庭院。愛名本同情,掞藻有獨
> 擅。行看《玉臺詠》,增入《列女傳》。"
>
> 洪亮吉《北江詩話》卷一:"閨秀歸懋昭詩,如白藕作花,不香
> 而韻。"

錢泳《履園叢話》二十四"閨秀詩"條："虞山女史邵秋士名廣仁,五六歲時,祖母蘇太恭人授以詩,即能吟誦。後歸仁和家小謝廷烺,爲謝庵吏部之媳,卒年二十六。有《詠白秋海棠》云:'閑房寂寂掩重門,相伴冰肌玉一盆。涼月西風成獨對,花光人影共消魂。頗多慘綠凄清態,絕去嫣紅點染痕。妝閣不須銀燭照,斜陽亭院未黃昏。'題黃仲則《悔存齋詩稿後》云:'纔去愁魔又病魔,詩人心力漸消磨。才如李賀天還忌,哭比唐衢淚更多。入坐無言惟嬾慢,挑燈有得費吟哦。吾家衣鉢相傳後,_{自注:仲則先生曾受業於先伯祖叔宣}公。彩筆從今嘆逝波。'著有《吟秋閣遺稿》,吳山尊學士爲之序。"

裕瑞,字思元,號棗窗、思元主人,宗室、愛新覺羅氏。乾隆三十六年(1771)生,道光十八年(1838)卒。事具《愛新覺羅宗譜》(丙6000)。

歸懋儀,字佩珊,號繡餘,江蘇蘇州府常熟縣人。上海監生李學璜室。著《繡餘吟》。其母名心敬,字一銘,有《蠹魚草》。詩集與母氏合刻,曰《二餘草》。與席佩蘭爲閨中畏友,互相唱和。往來江浙間,爲閨塾師,晚年卜居滬上。有《繡餘草》等。事具施淑儀《清代閨閣詩人徵略》卷六。

至楊舍別業,城北登望海樓。

《甌北集》卷四十一《楊舍城北登望海樓》:"暨陽城北皆洪流,尚是江尾已海頭。何人好事欲窮覽,傍涯築起凌霄樓。我來拾級快登望,六十里沙爲外障。"

重過蘇州虎丘題三賢祠;偶見小龕塑像。

《甌北集》卷四十一《重過虎丘題三賢祠》、《偶見》。

補葺老屋。

《甌北集》卷四十一《葺屋》:"老屋多年滿壁塵,一番補葺稍從新。_{……東坡舊寓孫氏宅,距余舍數十步。……後有水閣,臨白雲渡。……山茶一株,大合抱,爲常城第一。}"

自題小照。

《甌北集》卷四十一《自題小照》:"官至四品不爲小,富過千金不爲少，壽逾七秩不爲夭。此亦書生之極，乃猶不免撫心自悼者，則以出無可紀之績，處無可傳之稿。竟與屠沽輩流，同冉冉以終老。"

按：該詩與《西蓋趙氏族譜·藝文内編》載趙翼《自題畫像》："官至四品不爲小，富過千金不爲少，壽逾七秩不爲夭。此亦書生之極，乃猶不免撫躬而自悼者，則以出無可紀之績，歸無可傳之稿。竟與尋常輩流，同冉冉以終老。"題注"庚申"，小異。

又按：陳詩庭爲錢大昕畫"竹汀先生小像"，錢大昕亦有《潛研老人自題像贊》："官登四品，不爲不達；歲開七秩，不爲不年；插架圖籍，不爲不富；研思經史，不爲不勤。因病得閑，因拙得安。亦仕亦隱，天下幸民。"

春，游揚州，爲馮集梧題田山薑大通橋秋泛圖，酒間與謝溶生追話都門舊事。

《甌北集》卷四十一《田山薑大通橋秋泛圖爲馮鷺庭編修作》、《酒間與味堂司寇追話都門舊事感賦》。

《甌北集》卷四十一《揚州留別諸同人》："我初客揚州，詞流盛裾屐。……四海魯靈光，端推謝安石。未堂司寇爲詞館二十科前輩，年八十有六。東陽雖稍瘦，其氣實嘍嗌。既堂運使。吳均正强仕，行即赴朝籍。杜村員外。工詩玉溪生，高論每創獲。嗇生郡博。……憶自來邗江，所交皆素識。前後十餘年，不曾添一客。……年年看花時，來此一浮白。"

馮集梧，字桐圃、軒圃，號鷺庭、貯雲居，浙江桐鄉人。乾隆十七年壬申（1752）七月初八日生，嘉慶十二年丁卯（1807）卒。

泊高旻寺，達澄邀游放生河別業，時達英、竹濤兩詩僧皆居此。

《甌北集》卷四十一《泊高旻寺鑑公邀游放生河別業時練塘竹濤兩詩僧皆居此》："別業官塘外，……有兩鶴不食蟲魚。何當來結夏，萬竹綠雲凝。"又《放生河戲贈練塘竹濤二上座》。

中庭坐月，忽一女孫言月大如酒杯，不覺駭聽，因歷詢諸孫及婢僕輩，言人人殊，乃知眼光各自不同也。先生有感年七十四向未知此，今因小兒女語乃得之，然則近在目前而所不知者多矣，作詩志之。

《甌北集》卷四十一《中庭坐月忽一女孫言月大如酒杯不覺駭聽因歷詢諸孫及婢僕輩言人人殊有同謂如杯者有如鏡如碟者甚至有大如盆盎者乃知眼光各自不同也余年七十四向未知此今因小兒女語乃得之然則近在目前而所不知者多矣作詩志之》。

有感秦蜀亂離，兵氛難靖。

《甌北集》卷四十一《秦蜀》、《閑極》、《梅雨》、《夜不寐作》、《紀夢》、《秋成》、《讀史》、《厭聞》諸詩。

春，再至蘇州，游山塘。訪錢大昕，囑其爲《廿二史劄記》作序。

《甌北集》卷四十一《山塘》。

錢大昕《錢辛楣先生年譜》嘉慶五年庚申年七十三歲條：“序《廿二史劄記》。”

錢大昕《廿二史劄記序》：“今春訪予吳門，復出近刻《廿二史劄記》三十有六卷見示。”末署“嘉慶五年歲次庚申六月十日”。

李保泰協助編校下，《廿二史劄記》三十六卷、補遺一卷最終告成。

《甌北集》卷四十一《再題廿二史劄記》：“一事無成兩鬢霜，聊憑閱史遣年光。敢從《棋譜》論新局？略仿《醫經》載古方。千載文章寧汝數，十年辛苦爲誰忙？祇應紙上空談在，留享他時醬瓿香。”

《放歌》：“撐腸五千卷，縱目廿二史。”

按：《原譜》、《年表》皆云嘉慶四年己未(1799)《廿二史劄記》刻成，但李保泰爲該書所作序時間爲嘉慶五年五月，錢大昕序於嘉慶五年庚申六月十日，故《廿二史劄記》最終刻成應在嘉慶五年，《原譜》、《年表》誤。

李保泰《廿二史劄記序》：“方先生屬稿時，每得與聞緒論，及今始潰於成，竊獲從編校之役，反覆卒讀之。”

因編《陸放翁年譜》，是年所作詩多與陸游有關。夏，《陸放翁年譜》告成。

> 《甌北集》卷四十一《讀白香山陸放翁二集戲作》、《書劍南集海棠詩後》、《書放翁詩後》、《閑居效放翁體》。

> 《原譜》嘉慶五年庚申條："先生年七十四。長夏消暑，編成《陸放翁年譜》一卷。"

金子友來乞楹帖，其家住太平寺旁，門臨大池，先生爲書"鳥宿池邊樹，僧敲月下門"一聯。適有尼庵亦來乞桃符，童奴不知，即以此付之，一時見者傳爲笑資。

> 《甌北集》卷四十一《金子友來乞楹帖其家住太平寺旁門臨大池余爲書鳥宿池邊樹僧敲月下門一聯適有尼庵亦來乞桃符童奴不知即以此付之一時見者傳爲笑資賦此懺解》。

夏，喜洪亮吉由新疆戍所被赦回。

> 呂培《洪北江先生年譜》嘉慶五年庚申條："二月初十日，抵伊犁惠遠城。自八月二十七日由都起程，至是凡行百六十一日，始抵戍所。……是年四月，京師亢旱。……閏四月初三日，……本日親書諭旨，將去年違例上書發往新疆之編修洪亮吉立予釋回，宣諭中外，并將其原書裝潢成卷，常置座右，以作良規。……是月二十七日，先生在伊犁，欽奉諭旨，……以五月初一日東還。統計居伊犁僅及百日。……九月初七日，抵里。……因自號更生居士。"

> 趙懷玉《收庵居士自叙年譜略》嘉慶五年庚申五十四歲條："是夏，洪稚存得旨赦還。"

> 《甌北集》卷四十一《洪稚存編修以言事遣戍伊犁蒙恩赦回志喜》："遣歸不待烏頭白，起廢行遷鶴頂丹。"

> 按：洪亮吉《北江詩話》卷一："詩有後出而愈工者，余自伊犁赦歸，有紀恩詩云：'一體視猶同赤子，十旬俗已悉烏孫。'人以'烏孫''赤子'爲工。後趙兵備翼見贈一聯云：'足以烏孫途上繭，頭

幾黃祖座中梟。'則可云奇警矣。後同年韋大令佩金亦自伊犂赦
回,余登揚州高明寺浮圖望海并懷韋中一聯云:'夢裏烏孫疑鬼
國,望中黑子是神山。'亦爲揚州人傳誦。然卒不能及趙也。"洪亮
吉所云趙翼贈詩,見《甌北集》卷四十四《閔稚存百日賜環集再題》。

吳錫麒《有正味齋外集》賀洪亮吉遇赦歸里,譜贈北曲新水令
一套。

**詩贈徐書受。先生乾隆二十八年癸未得傷寒甚危,其父徐季
常攜醫王又寧來治始愈。今徐季常已下世,而徐書受以才士
作宰,有聲梁宋間。**

《甌北集》卷四十一《贈徐尚之明府余癸未歲得疾甚危其尊人季常
先生攜醫來治始愈今先生已下世而尚之以才士作賢宰有聲梁宋
間俯仰今昔不覺悲喜交集也》。

**五月初五日競渡本舊俗,是歲郡城好事者增飾更盛,有控官禁
止者,諸好事遂糾集數十百人連毀控禁之十二家,先生感囂風
可慮。**

《甌北集》卷四十一《午日競渡本舊俗今歲郡城好事者增飾更盛有
控官禁止者諸好事遂糾集數十百人連毀控禁之十二家囂風殊可
慮也》。

按:《甌北集》卷四十二《競渡》:"去年禁水嬉,謂是當遏密。愚頑
竟何知,譟起戕巨室。雖然置獄懲,謗讟尚未畢。"又《連日競渡再
賦》其七:"欲禁奢靡意本良,翻教毒手奮交相。指去年事。"皆作於
嘉慶六年辛酉(1801),"去年禁水嬉"、"去年事"即指本年禁競渡
之事。

又按:洪亮吉《更生齋詩續集》卷五《哭錢三維喬三十韻》自注:
"君(錢維喬)以禁競渡,致遭里中毀折房屋。"當指此年事。

洪亮吉《洪亮吉集》之《卷施閣詩》卷第十《里中十二月詞·五月》
自注:"每歲競渡時,一龍舟例支滸墅關稅銀十餘兩。常州城有六

門，舊號六龍城。余所見龍舟，有大、小青，大、小白及烏龍、金龍、五色龍，凡七。午節後，篙工取大石沉舟身于河底，而以龍頭藏廟中，至用時乃迎取焉。"

題史次星小照。

《甌北集》卷四十一《題史右張小照》："毘陵城東兩奇士，沈佩蘭與史右張。佩蘭跅弛不自檢，千金散盡餘酒狂。晚官嶺嶠作良吏，至今妻子飽黎糠。右張生無立錐地，一枝健筆凌風霜。讀書兼學計然術，金錢湧比詩盈囊。人言不如瘦沈郎，身未縋組垂銀黃。我不謂然士貴氣，饑寒未免趨路旁。昔人相士問生產，無求乃可自激昂。君今力能致溫飽，千頭木奴百本桑。平原乞米書不作，骨力自挺百煉鋼。其才況復老益橫，六十尚如四十強。會當晚達出山去，不撓不讋展所長。回視少時舊同學，功名行將過東陽。未須便圖青蒻笠，方當袍笏催登場。"

趙懷玉《收庵居士自叙年譜略》乾隆三十四年乙丑二十三歲條："是歲，與同人結文社。時侍御蔣用安先生和寧罷官里居，好獎人才，余與史右張次星、董惠疇思駒、洪華峰蓮俱有國士之目。"

史次星，字右章、右張、和叔，號霍堂，江蘇常州府武進縣人。乾隆六年（1741）生，道光六年（1826）卒。諸生。以課徒爲業。著《霍堂詩鈔》六卷等。事具《清代毗陵名人小傳》卷五本傳、李兆洛《養一齋文集》卷一三傳記。

舊簏中偶檢得乾隆三十一年所畫小照，題卷後。

《甌北集》卷四十一《舊簏中偶檢得在京時所畫鷗北耘菘小照戲題卷後》："灌園閑與白鷗親，四十年前舊寫真。只有老妻還認得，兒孫俱不識何人。"

挽汪屏周。

《甌北集》卷四十二《挽汪屏周》："吾鄉四老人，近年失其二。程霖巖、湯蓉溪、楊靜叔與君同甲午生，皆八旬以外，有四老人會。楊、湯今已故。……何期大耋嗟，捨我竟長逝。"

六月下旬，紀浙東舟山海事。

　　《甌北集》卷四十二《紀事》題注："六月下旬。"詩云："浙東舟山多
　　海澳，海賈經由必收權。向來清晏少萑苻，近數十年始有
　　盜。……今年六月趔趄風，十日不斷聲大嘯。……可憐賊艘雖習
　　流，至此亦把天妃叫。……從此妖氛當稍寧，縱有漏遺已衰耗。
　　若非天遣風濤誅，竊恐今秋有閧鬧。……秦蜀蟻賊肆剽屠，西顧
　　亦應垂痛悼。"

書綿州牧劉蔭萱守城事。先生與李調元通音訊皆賴劉蔭萱
傳遞。

　　《甌北集》卷四十二《書綿州牧劉蔭萱守城事》："綿州有舊城，地扼
　　潼川渡。……蜀賊方蔓延，州守早却顧。……城成賊隨到，殺氣
　　振烟霧。……相持三晝夜，救至始解去。……書之風百僚，武功
　　出儒素。"
　　《簷曝雜記續》"書劉慕陔綿州救難民事"條："綿州爲蜀省最衝要
　　地。……嘉慶五年，忽有白蓮教匪徒俶擾，偷渡嘉陵江，漸逼潼、
　　綿，肆搶掠。適毘陵劉慕陔以名進士來牧是州，歎曰：'是不可以
　　徒手障也。'乃先捐米五百石、錢千緡爲士民倡。士民見公爲民保
　　護如此，無不踴躍樂捐。不數月，得白金六萬兩。鳩工庀材，不匝
　　月工成，屹然崇墉。士民扶老攜幼入城，俱得倚庇，無一被戕者。
　　將軍魁公亦領兵萬餘駐綿之金山驛，相距僅三十里。恐有匪徒混
　　入難民內，城下有船數十艘，不許撥往濟渡。慕陔目擊阽危，不忍
　　以非己部民遂恝視。請於將軍，不得，繼以涕泣跪求，願供具軍令
　　狀，如有不測，惟州牧是問。於是萬餘人咸得生路。其自舊綿赴
　　新任也，迎者、送者，父老旌幢，兒童旗傘，幾於錦天繡地。在籍李
　　翰林調元曾有句云：'百堞能容千戶住，一航先救萬人生。'今竟稱
　　劉使君城，蓋自古官民之相愛未有盛於此時者，僉曰：'生我者父
　　母，活我者劉使君也。'予嘗讀《明史》宋禮、周忱等傳，謂皆能殫公
　　心以集事，而其才又足以濟之。然事之有迹者易以傳，而事之因

人者難爲繼。如慕陔之築城、濟渡二事，實兼昔人之長，行當與漢之樂公社、唐之狄梁公生祠並垂不朽矣。"

按：李調元《童山文集》卷十載先生《與李雨村書》："州牧劉君，係弟內侄，聞其居官頗有循良之譽。倘地方有守禦之事，尚祈協力伙助爲禱。"作於嘉慶四年己未(1799)，蓋二人中斷聯繫三十餘年後，又互通音訊。李調元《答趙耘菘觀察書》："嘉慶五年九月三十日，……忽綿州刺史劉公遣人持書至。急啓之，則我故人毗陵耘菘先生同年手書。"《甌北集》卷四十四《前接雨村觀察續寄詩話有書報謝並附拙刻陔餘叢考廿二史劄記奉呈兹又接來書並詩四章再次寄答》其一自注："余內侄劉慕陔牧綿州，兩人書札往來，皆慕陔轉遞。"

先生內兄高光啓素強壯，六月中，左掌忽患疔毒，八月十六日歿，哭之。

《甌北集》卷四十二《哭內兄高曉東》其一自注："醫藥費千餘金。……以臂疽歿。"其二自注："癸未歲，余在京得危疾，君力爲調護。……歿以八月十六日。"又《曉東內兄素強壯無死法也六月中左掌忽患一疔醫者但治以解毒散不急拔其根遂蔓延四布已而腕間潰成一孔膿血涓滴不斷馴致滿身氣血盡從此流盡而歿嗚呼事之類此者多矣爰再作詩哭之》。

壽劉種之六十。

《甌北集》卷四十二《劉檀橋編修六十壽》："尊公少司空，授經上書房。……令兄樸夫，官樞曹。……平子歸田早，……絲竹寫中年。……稱觴誰不羨？富貴又神仙。"(其一)"官職聲名兩並全，少登館閣老歸田。"(其二)

中秋前後半月之內，纔哭內兄高光啓，老友潘震峰、杭念屺又相繼下世，不數日，又聞常熟邵齊熊之訃，賦詩哭之。

《甌北集》卷四十二《纔哭曉東忽鄉間信至老友潘震峰杭念屺又相繼下世不數日又聞常熟邵松阿同年之訃計期皆在中秋前後半月

之内生平交契一時盡矣淒然顧影何以爲懷》：“半月間亡四故人，品流雖異誼皆親。”《哭邵松阿》：“剩我白頭無藉在，寢門那禁泪滂沱。”

九月初七日，洪亮吉遇赦抵里後，與先生同住一街，二人時相過從。先生題其《萬里荷戈集》。

呂培《洪北江先生年譜》嘉慶五年庚申條：“九月初七日，抵里。”

《甌北集》卷四十二《稚存歸里賦贈》：“握手相逢萬里身，入關衣尚帶征塵。去時拚作他鄉鬼，歸日幾同再世人。才士例爲遷謫客，聖朝終恕直言臣。生還應捧恩綸泣，教住冰天只十旬。”（其一）“生平豪氣隘寰區，事不驚人不丈夫。出塞始知天地大，題詩多創古今無。”（其二）

按：《甌北詩鈔》七言律六將上詩其一重新改寫爲：“已分長流萬里程，豈期絕徼得歸耕。命逃柴市歐刀血，夢應天山老樹精。君幼時屢夢至萬松林，今過天山，千里皆松，恍如夢中所見。文士例嘗遷客味，聖朝不忌直臣名。賜環應捧恩綸泣，不待三年召賈生。”改作較原作在藝術上更加含蓄婉轉，比較成功。

卷四十六《戲簡稚存》：“青鞵布襪過從頻，一道橫街作近鄰。”《甌北集》卷五十一《哭洪稚存編修》其四自注：“余與君共一條街。”

洪亮吉《更生齋詩續集》卷一《題趙兵備翼秋山晚景長卷》其四：“哦詩長日許隨肩，一巷東西屋接連。”卷四十二《招檀橋廷叔稚存三編修董暎珊庶常荒齋小集皆同館也江鄉此會頗不易得作詩志雅》。

《甌北集》卷四十二《題稚存萬里荷戈集》：“人間第一最奇境，必待第一奇才領。”按：此詩亦見洪亮吉《更生齋詩》卷第二《趙兵備翼以長篇題余出塞詩後報謝二首》詩後附。

洪亮吉《北江詩話》卷一：“余自伊犁蒙恩赦回，以出關入關所作，編寫《荷戈》、《賜環》二集，海內交舊作詩題集後者，不下百首，惟同年曾運使燠一絕最爲得體云……”

九月三十日，李調元接先生答書與《陔餘叢考》四十三卷，回寄

459

《童山詩集》和增補本《雨村詩話》。李調元來書提及張懷淶《四家詩選》以袁枚、王文治、趙翼、李調元四家並稱,在蜀中流行情況,并講述了萬卷樓被焚緝兇經過及蜀中白蓮教盛行之原因。

李調元《童山文集》卷十《答趙耘菘觀察書》:"嘉慶五年九月三十日,……忽綿州刺史劉公遣人持書至。急啓之,則我故人毗陵耘菘先生同年手書,並寄《陔餘叢考》四十三卷。……以三十年前素相接愜之人,又以千古而後第一傾服之人,久絕音問而忽得消息,此何異喜從天降也。憶自辛壬之間得附譜末,同居京師椿樹三條衚衕,門僅斜對,過不數武,日與唱酬往返。……見有持《甌北集》來謁者,……然因此而得君詩集,故《雨村詩話》中所選獨多,亦其力也。詩人皆稱袁蔣,而愚獨黜蔣崇趙,實公論也。余婿廣漢孝廉張懷淶亦有《四家選集》之刻,謂子才、夢樓兩先生及君與愚也。……此書蜀中盛行,不知可曾見否?……今年老運乖蹇,忽遭達州餘匪飛逼涪江,倉卒攜眷避寇成都,……所惜者家有萬卷樓,昔在通永道任所抄《四庫全書》附本及歷年所購宋本并古器,俱貯於樓上。自四月初三日教匪過涪江,竊幸可免。不意初六日爲土賊所焚,片物無存。不燬於教匪而燬於土賊,心實難甘。時在成都,即奔赴藩臬諸公,並呈《哭書詩》三十韻,無不代爲痛惜,許以嚴治。隨令入赴州呈報,蒙劉公即賞差傳喚,並承枉駕親驗,然至今猶未質訊,但微問大略而已。……蜀中教匪之多,其來有二。一,嘓匪處分甚嚴,官吏率多諱盜,不敢明正典刑,皆暗行處死,賊遂謂官怕嘓匪,故反。一,按糧派民,疊加無已,以至民無論貧富,皆辛苦終年不能足食,故從賊反者衆。今日之土賊,即將來之教匪,愚所以竊爲寒心也。愚刻有《函海》,今寄《童山詩集》,伏乞查收。"

又據作於嘉慶六年辛酉(1801)之《甌北集》卷四十三《雨村觀察自蜀中續寄詩話比舊增多戲題於後》知,此次李調元還給趙翼寄出了增補本《雨村詩話》。

蔣叙和秀才在湖北得《甌北集》，寄詩述傾慕之意。

《甌北集》卷四十二《蔣叙和秀才在湖北得拙集枉寄詩八章具述傾
慕之意賦此奉酬》。

是年，馮應榴、孫嘉樂、顧光、莊勇成、王嵩高卒。

嘉慶六年辛酉（1801）　七十五歲

正月十八，作《苦寒行》，關注西南綏靖之事。

《甌北集》卷四十二《苦寒行》："我歌《苦寒行》，歲在辛酉上元後三
日。……細思或是天降福，要滅賊氛靖楚蜀。"此前尚有《閱邸抄
有感》、《閱邸報殘賊剿除將盡蕩平有日矣志喜》諸詩，蓋先生對此
始終關心。

題裕瑞《風雨快游圖》。

《甌北集》卷四十二《題宗室公思元主人風雨快游圖》："甌北老人
老貪逸，風不出，雨不出，好景往往端坐失。思元主人乃好奇，御
宿川邊輪傈直。興來起步林塘幽，盡屏騶導去呵叱。是時六月趁
晚涼，綠禾碧葦如江鄉。千株榆柳幕成幄，旁有萬柄荷花香。盛
游竟爲天所妒，雄雷忽鳴雲四佈。童奴警告風雨來，亟請沿堤就
歸路。豈知游覽興正濃，雨自雨，風自風，安得張威作勢嚇乃公！
方將披蓬勃，澒空濛，果然淋漓濕衣領，灞橋風雪無此猛！詎有魂
壘煩澆胸，恰比醍醐快灌頂。入夜歸來黑無火，帶水拖泥泥没踝。
童奴不免有怨言，主人呵呵大笑解衣磅礴裸。"

正月將交驚蟄之時，連日寒雨，旱情緩解，米價稍平，和洪亮吉
積雨見懷之作。洪亮吉歸里後與先生唱和尤數。

《甌北集》卷四十二《和稚存積雨見懷之作》："將交驚蟄。……如何
咫尺城東路，隔絕幾同越適秦？"

據《近世中西史日對照表》，本年驚蟄在正月二十二日。

461

洪亮吉《更生齋詩》卷第三《積雨簡趙兵備翼》：“三月不雨當如何，內河水漏連外河。……忽然一雨即五日，怒雷聲聲喧不歇。人言未蟄先啓蟄，一百廿日晴畫失。西鄰翁，歌苦寒，昨見示《苦寒歌》。束手三日書難觀。東鄰叟，歌苦雨，隔巷招邀期亦阻。皇天有意寬災黎，米價不復能居奇。……米價稍平，惟蔬價甚昂，市沽常雜泥出糶。”

按：洪亮吉詩云“昨見示《苦寒歌》”即前引《苦寒行》。

正月二十四日午後暫霽，翌日又雨。雨後，洪亮吉來晤，出雨日相憶之詩，先生再和。

洪亮吉《更生齋詩》卷第三《廿四午後暫晴翌日復有雨意再柬趙兵備》。

《甌北集》卷四十二《雨後稚存枉過復出二詩見示再次其韻》。

詩僧巨超自焦山過訪，以詩投贈兼饋蔬筍，時焦山寺《瘞鶴銘》已重刻。

《甌北集》卷四十二《詩僧巨超自焦山過訪枉詩投贈兼惠嘉蔬次韻奉答》：“《瘞鶴銘》已重刻。……余舊贈詩，尚掛寺壁。”（其一自注）“已是山中辟穀仙，翻將蔬筍饋新年。”（其二）

蔣士銓《忠雅堂詩集》卷二一有《瘞鶴銘》，曹仁虎《宛委山房集》卷一有《焦山瘞鶴銘歌》。

吳錫麒《有正味齋駢體文》卷一六《游焦山記》：“《瘞鶴銘》在大雄殿之右，所稱華陽真逸撰，上皇山樵書者也。舊刻焦山之足，適當大江之衝，波濤怒撞，久而繃墜，其石常沒於水，俗因有雷轟石之名矣。好事者伺水落時揭而傳之，往往僅得其數字云。……陳鵬年罷郡中吳，僑居京口。天寒水縮，始募工於山下遷而出之。”

巨超將歸，以詩托寄鎮江駱綺蘭。

《甌北集》卷四十二《巨超將歸托寄京口佩香女史》：“香閣論詩又兩年，遙知净業已皈禪。”

二月十七日，邀洪亮吉賞山茶花。

洪亮吉《更生齋詩》卷第三《十七日趙兵備翼蔣少府廷曜疊邀賞山茶及杏花薄晚歸看燈作》：“趙家茶花甲城郭，赤繳當空日華薄。”

按：洪亮吉此詩上有《辛酉元夕燈詞十首》、《二月二日獨行至城東北……》、《十三日……》、《十五夜獨至雲溪步月》，故趙翼招洪亮吉賞花應爲二月十七日。

又按：據《甌北集》卷三十七《齋前寶珠山茶一樹數百年物也萬花艷發其光絳天邀北溪謙齋蓉湖立庵瑩溪曉東緘齋諸人賞之賦詩以紀》：“山茶難得千瓣妍，況復老幹數百年。吾家獨擅此奇古，其根拔地枝摩天。胚胎含英隔年結，繭栗春來始綻裂。”及卷四十一《葺屋》自注：“山茶一株，大合抱，爲常城第一。”可知先生家山茶最盛。

寒食巳刻，招蔣熊昌、劉種之、莊通敏、洪亮吉、陳賓、趙繩男賞山茶花，蔣熊昌、洪亮吉皆有詩。

《甌北集》卷四十二《寒食日招蔣立庵太守劉檀橋贊善莊迂甫中允洪稚存編修陳春山明府家緘齋比部小集山茶花下立庵稚存皆有詩即和其韻》：“同人年皆六七十以上，惟稚存五十五。”（其一自注）“坐間預訂牡丹開時再邀諸君小飲。”（其二自注）

洪亮吉《更生齋詩》卷第三《寒食巳刻趙兵備翼招同趙比部繩男蔣太守熊昌莊宮允通敏陳大令賓劉宮贊種之小飲山茶花下即席賦贈》：“才奇恥著《談龍錄》，席間主人論及近時人詩，議極平允。屋廣仍餘旋馬廳。……坐中客自八十至六十，惟余年僅五十餘。”

呂培《洪北江先生年譜》嘉慶六年辛酉條：“自二月以後，偕里中耆宿爲壺碟之會。每逢花辰令節，與趙觀察翼、莊宮允通敏、徵君宇逵、蔣通守騏昌、吳封君端彝、陳大令賓、蔣表兄廷耀等，往還唱酬無間，每歲皆然。”

三月二日，趙繩男邀同人味辛齋看海棠。

《甌北集》卷四十二《三月二日緘齋作海棠之會即席索同人和》。

洪亮吉《更生齋詩》卷第三《初二日味辛齋看海棠作》。

三月上旬,洪亮吉牡丹未開遽爾召客,先生與之迭相戲詠。

《甌北集》卷四十二《同人預訂牡丹之會稚存不待花開輒折簡邀集作此戲之索和》。

按:據洪亮吉《更生齋詩》卷第三《趙兵備詩來嘲余牡丹未開遽爾召客因走筆用原韻作四百二十字報之并邀同作》:"前日上巳過,後日穀雨至。……遲延至月望,花迺遍甲第。"與下一首《趙兵備以十四日招客宴牡丹花下先期以花朵絕小作詩解嘲因用原韻復得五百八十字答之》:"我家一叢花,發自月初九。將開及全放,自卯看至酉。……將傾十家產,約此數執友。"洪亮吉招同人牡丹之會應在三月九日至十四日之間。

春,為廷偉得葬地於金壇夏蕭村。

《甌北集》卷四十二《為偉兒得葬地於金壇夏蕭村感賦》:"頻年謀葬子,今始得佳阡。……_{距大茅峰十餘里}。"(其一)"數年來兒久不入夢,是夕忽夢見之,而買地成券之信適至。"(其二自注)"余葬地已定於馬迹山先母塋內,距此二百餘里。"(其三自注)

按:該詩前有《同人預訂牡丹之會稚存不待花開輒折簡邀集作此戲之索和》,後有《牡丹既開邀同人小集而花色不艷朵亦差小作詩解嘲》,說明為廷偉得葬地在本年春。

《西蓋趙氏族譜》卷八《祠墓志·金壇祖墳》:"貤贈朝議大夫、福建候補同知加一級、邑廩生鎮安府君,主穴在金壇縣游仙鄉薛埠鎮東北花山下夏霄村中。"《西蓋趙氏族譜·學亮公派北岸分支世表》:"(趙廷偉)……配謝氏……合葬金壇游仙鄉夏霄村中丑山未向。"

題比鄰楊元錫詩卷,兼為之送行。

《甌北集》卷四十二《題楊雲珊詩卷》:"吾黨楊盈川,力學不好弄。家聲八花磚,才氣九雲夢。示我一編詩,出語必驚衆。呼風萬馬來,奔騰不可控。歙心貫一蟲,又作車輪中。因之入名場,莫敢相伯仲。我忝紀群交,更喜衡宇共。光許鑿壁分,醪堪過牆送。_{與余鄰並}。忽焉賦壯游,難挽青絲鞚。得句早寄歸,資我晨夕諷。"

楊元錫，字雲珊。江蘇常州府陽湖人，撰《覽輝閣詩鈔》六卷。

三月十四日，召客宴牡丹花下，以花色不艷朵亦差小作詩解嘲。

《甌北集》卷四十二《牡丹將開作布幔護之戲題》、《牡丹既開邀同人小集而花色不艷朵亦差小作詩解嘲》。

洪亮吉《更生齋詩》卷第三《趙兵備以十四日招客宴牡丹花下先期以花朵絕小作詩解嘲因用原韻復得五百八十字答之》。

劉種之紅牡丹盛開，邀同人小集賦詩。

《甌北集》卷四十二《花會將遍檀橋最後治具牡丹既多貴種而肴饌特精酒間用緘齋語成篇》、《檀橋席上賦紅牡丹》。

洪亮吉《更生齋詩》卷第三《劉中允種之齋頭紅牡丹盛開招同人小集即席賦贈》。

洪亮吉《北江詩話》卷二："紅牡丹詩，前人絕少。余前在同鄉劉宮贊種之席上，賦牡丹詩，中二聯云：'神仙隊裏仍耽酒，富貴叢中獨賜緋。影共朝霞相激射，情於紅袖最因依。'僅敷衍題字，不能工也。"

按：洪亮吉此詩上一首爲《十五夜小飲牡丹花下……》，下一首《古藤歌》小序曰："三月十九日，湯公子招同人宴集花下，即席賦此。"可知，劉種之邀約賞紅牡丹當在三月十五日至十九日之間。

三月十九日，湯樸齋邀十客飲紫藤花下。

《甌北集》卷四十二《湯樸齋邀飲紫藤花下》。

洪亮吉《更生齋詩》卷第三《古藤歌》小序曰："藤，相傳爲宋蘇文忠公寓孫氏宅時手植。今宅歸湯方伯雄業。三月十九日，湯公子招同人宴集花下，即席賦此。"其詩自注："坐中十客，年共計六百餘。……東坡洗硯池，本在藤花側。四十年前，始移至檥舟亭。"

洪亮吉謂古來牡丹詩少有作正面文字者，先生戲成四首索和。

《甌北集》卷四十二《稚存謂古來牡丹詩少有作正面文字者戲成四首索和》。

洪亮吉《北江詩話》卷二："作牡丹詩自不宜寒儉，即如前人詩：'國色朝醣酒,天香夜染衣。'比體也。'一叢深色花,十戶中人賦。'諷諭體也。外如'看到子孫能幾家','一生能得幾回看',皆是空處著筆,能實詮題面者實少。……余自少至今,牡丹詩不下數十首,然實詮題面者,亦殊不多,今略附數聯於後。辛酉年《三月十五日在舍間看牡丹》詩:'得天獨厚開盈尺,與月同圓到十分。'壬子年《京邸國花堂看牡丹》……今歲《培園看牡丹》……及少日里中《騰光館看牡丹》……與本日所作六首,不知可有一二語能仿佛花王體格否?"

按:洪亮吉於"辛酉年"即本年所作的牡丹詩見《更生齋詩》卷第三《十五夜小飲牡丹花下待崔三景侃不至》,並非是《三月十五日在舍間看牡丹》,洪氏此處記錄有誤。原詩爲:"燕燕鶯鶯久作群,牆頭入夜望如雲。得天獨厚開盈尺,與月同圓到十分。何處更容傾國見,此香先已上樓聞。誰憐露白燈紅夜,倚遍熏爐待鄂君。"

題蔣業晉《天遠歸雲圖》。

《甌北集》卷四十二《題蔣立崖天遠歸雲圖》其一:"誰知二十年前畫,預兆輪臺萬里還。"

洪亮吉《更生齋詩》卷第三《蔣州守業晉寄天遠歸雲圖索題》其一自注:"余兩至楚中,一詣塞外,與君略同,而路較遠。"

五月初五日,洪亮吉寄詩二首,先生答詩,均以爲競渡未可遽禁。

《甌北集》卷四十二《競渡》:"去年禁水嬉,謂是當過密。愚頑竟何知,謠起戕巨室。雖然置獄懲,謗讟尚未畢。今年又聞禁,萬口早籍籍。由來舊俗沿,未可一旦革。……是誰解鈴手,來效開網績。……今年有四龍舟。"

洪亮吉《更生齋詩》卷第三《端五日偶成二首即柬趙兵備》其一:"古人稱禁烟,不聞禁競渡。……書生縱憂俗,施設當有素。調劑得其中,貴在審時務。……余昨歲入嘉峪關,即知里中因禁龍舟至興大獄。"

洪亮吉詩注"余昨歲入嘉峪關,即知里中因禁龍舟至興大獄"與先生詩云"去年禁水嬉"事,參上年譜。

連日競渡,邀同人泛舟。

《甌北集》卷四十二《連日競渡再賦》:"上至邗江下虎丘,龍船總不及常州。"(其二)"欲禁奢靡意本良,翻教毒手奮交相。指去年事。挽回風氣非吾事,且逐酣嬉舉國狂。"(其七)"綵幔高張俯碧流,豪門坐召四龍舟。東門醼商孫氏。蒲鞵船上常州盧篷船,號蒲鞵船。茅柴酒,慚愧書生作冶游。是日邀同人舟泛。"(其八)

洪亮吉《更生齋詩》卷第三《雲溪競渡詞十二首》其九自注:"趙兵備所居前後皆枕溪。"

五月十三日相傳關壯繆生辰,常城例具雲車數十座作神會,今歲屆期大雨竟日,雲車遂不能出,龍舟亦停。

《甌北集》卷四十二《五月十三日相傳關壯繆生辰常城例具雲車數十座作神會今歲屆期大雨竟日雲車遂不能出龍舟亦停戲賦》自注:"俗以是日雨謂壯繆磨刀雨。"

洪亮吉《北江詩話》卷三:"吾鄉雲車,相傳爲隋司徒陳杲仁守城時所製,不知即古雲梯遺製也。《墨子》'公輸班爲雲梯'……今吾鄉雲車,高亦與雉堞齊。惟古法以數十人推挽而前,今則以有力者一人肩之,爲不同耳。"

夏,屢以地理數事詢洪亮吉,戲言喜得行秘書,擬問一事贈酒一壺。

《甌北集》卷四十二《偶有遺忘問之稚存輒錄示原委老夫欣得此行秘書矣無以爲報擬質一事即勞以酒一壺戲書此爲券》。

洪亮吉《更生齋詩》卷第三《趙兵備以地理數事見訪因走筆奉答猥蒙長篇獎假并目爲行秘書因率成四截句酬之即戲效其體》其四:"三伏將臨九夏長,不辭揮汗走門坊。"

爲洪亮吉題其曾祖洪璟《秋山讀書圖》。

《甌北集》卷四十二《題洪崑霞秋山讀書圖爲其曾孫稚存編修作》

467

其三自注:"圖久失去,稚存復得之於揚州。"

吕培《洪北江先生年譜》卷前:"三十六世,至先生高祖千運府君,……生子二。長爲先生曾祖秋山府君,諱璟,康熙戊寅拔貢生,山西大同知府,崇祀交城大同名宦祠。"

趙懷玉《亦有生齋集》詩卷一四《洪大亮吉以其曾祖大同君璟秋山讀書圖見示蓋康熙癸未作於京師禹鴻臚之鼎筆也中更遺失乾隆己酉洪之族人於廣陵購得乃復歸焉先侍讀與君爲兒女姻圖中獨無題句因系一詩於後》。

送兒輩赴試江寧,夜泊鎮江無眠。

《甌北集》卷四十三《夜泊京口》:"濤聲如沸撼江城,旅泊孤舟睡不成。雲上月光雲下雨,漏穿終夕不分明。"

按:據《甌北集》卷四十三開篇諸詩意,趙翼詳細地記述了嘉慶六年辛酉(1801)試期迫近,自己送兒輩南京赴考的全過程。

鎮江題駱綺蘭新築小園壁。

《甌北集》卷四十三《佩香女史新築小園戲題疥壁》:"居然樓閣造空中,曲檻迴廊結搆工。創景直摹仙境界,論才亦算女英雄。人疑精衛親銜石,我欲爰居借避風。距避風館纔數十步。恰傍西津往來路,早傳勝迹滿江東。"

由棲霞港出江,風便,到燕子磯不及三刻,感賦。

《甌北集》卷四十三《棲霞港出江風便到燕子磯不及三刻》:"棲霞出江適天幸,逆水順風力相等。……果然快剪剪江行,纔瞥一峰又一嶺。前驅只有飛鳥疾,後追那許奔馬騁。神香半炷未燒殘,四十里程到俄頃。……惜我老來心膽怯,身雖晏坐心暗警。"

江寧游孫星衍園亭,題其《萬卷歸裝圖》。

《甌北集》卷四十三《游孫淵如觀察園亭愛其松石古秀正欲題詩疥壁適觀察以萬卷歸裝圖索題遂率綴成篇請正》:"詞館才人畫省郎,出膺使節暫還鄉。"(其一)"買得亭池一畝宮,恰堪排列萬籤雄。子才已被園林誤,只恐園林又誤公。"(其二)

姚鼐《惜抱軒詩集》卷十亦有《孫淵如觀察星衍萬卷歸裝圖》。

洪亮吉《北江詩話》：“孫兵備星衍，少日詩才爲同輩中第一。……中年以後，專研六書訓詁之學，遂不復作詩。即間有一二篇，亦與少日所作如出兩手矣。”（卷一）“吾友孫君星衍，工六書篆籀之學，其爲詩似青蓮、昌谷，亦足絶人。然性情甚僻，其客陝西巡撫畢公使署也，嘗眷一伶郭芍藥者，固留之宿，至夜半，伶忽啼泣求歸，時載轅已鎖，孫不得已，接長梯百尺，自高垣度過之，爲邏者所獲，白於節使，節使詢知其故，急命釋之，若惟恐孫知之也。後酒間凌肆益甚，同幕者不勝其忿，爲公檄逐之。檄中有‘目無前輩，凌轢同人’諸語，節使見而手裂之，更延孫別館，有加禮焉。……孫後以乾隆丁未第二人及第，自編修改部，今官山東督糧道。”（卷四）

陳康祺《郎潛紀聞初筆》卷二“孫淵如洪稚存氣節”條：“陽湖孫淵如先生星衍、洪稚存先生亮吉，丱角訂交，並負才望，世稱孫洪。乾隆丁未、庚戌兩科，皆以一甲進士授編修。孫丁未科第二，洪庚戌科第二。孫散館屬志賦，用《史記》‘恂恂如畏’語，和珅指爲別字，抑置二等。蓋和方當國，朝官多趨走其門，先生獨不往來，和銜之，故有是舉。顧舊例鼎甲散部，可奏請留館，即改官亦可得員外郎。時和掌院事，欲先生面謁，先生卒不往，毅然曰：‘天子命，何官不可爲。某男子，不受人惠也。’卒以主事分刑部，出爲兗沂曹濟道，權臬事，告歸。洪留館後，一視黔學，以言事謫戍伊犁。踰年，特詔放還。夫際乾嘉全盛之時，卓卓如兩先生者，幸捷巍科，猶不能久於館職，豈天上玉堂，果不許文人廁足與。然而兩先生文章經術，衣被士林，其出而服官，一則力避權門，一則昌言主德，清操亮節，體用兼賅。彼拾許、鄭唾餘，竊班、揚貌似，通儒自命，氣節靡然者，豈能望其肩背哉？”卷八“非科甲人員不得與聞秋讞”條：“淵如先生官直隸司主事時，領部務者相國阿文成公桂、大司寇胡莊敏公季堂，皆刮目相待，派辦秋審。先生獨傳古亭疑，多所全活。”

江寧游莫愁湖。

《甌北集》卷四十三《莫愁湖》。

《大清一統志》江寧府："莫愁湖,在江寧縣三山門外。明時爲中山王徐達園。府志:相傳爲莫愁舊居,因名。"

隨園弔袁枚。

《甌北集》卷四十三《隨園弔袁子才》："小倉亭館記追攀,訪舊重來淚暗潸。勝會不常今宿草,名園無恙尚青山。詩文一代才人筆,花月平生散吏班。我亦暮年難再到,爲君多駐片時間。"

與孫星衍、汪爲霖同游江寧牛首山,越宿而返。汪爲霖後先生二十年作鎮安太守,述先生守鎮安事甚悉。

《甌北集》卷四十三《偕孫淵如汪春田兩觀察游牛首山春田後余二十年作鎮安太守述余舊事甚悉故末章及之》。

汪爲霖,字傅三,號春田,江蘇如皋人。乾隆二十八年(1763)生,道光二年(1822)卒。武進士,歷廣西鎮安府知府、官至兗州守備。著《小山泉閣詩存》。事具《江蘇藝文志·南通卷》。

《江南通志》卷十一輿地志山川一江寧府："牛首山在府南三十里。舊名牛頭山。兩峰峙如雙角,即佛書所稱江表牛頭者也。"

與洪亮吉相訂同游江寧,先生以兒輩赴試期迫,遂送考先往,及洪亮吉到,而先生已歸。

《甌北集》卷四十三《與稚存相訂同游金陵余以兒輩赴試期迫遂送考先往及稚存到而余已歸茲各述游迹率賦》自注:"稚存未到牛首,其所游覽燕子磯一帶巖洞余亦未到。"

九月,喜張舟過訪兼以志別。

《甌北集》卷四十三《喜廉船老友過訪兼以志別》："邗江悵別久離群,白首重逢誼倍殷。……聞笛還傷歟逝文。心餘、瘦銅。"(其一)"弱齡才調早翩翩,何意飢驅到暮年。……君家軍籍僉作運丁。……約五年後再來,爲余慶八十也。"(其二)

洪亮吉《更生齋詩》卷第四《喜張上舍舟過訪口占以贈》自注："君祖有衛籍，曾簽運糧艘五年。……畢尚書沅，毛州守大瀛，與君最善，今先後歿於王事。"

按：洪亮吉此詩上有《生日自述》，下有《九月十三日越來谿見燕》，據《洪北江先生年譜》，洪亮吉生日在九月三日，張舟過訪先生、洪亮吉當在九月三日至十三日之間。

秋，葬廷偉。

《甌北集》卷四十三《偉兒葬金壇夏蕭村哭以送之》："不忍將兒遽掩藏，五年棺尚殯維堂。愛深翻惑《青鳥》說，遠送枯骸葬異鄉。"（其一）"地近華陽古洞天，宿緣應許侍茅仙。此阡或便當尸解，好認前身已蛻蟬。"（其二）"諸子中惟汝肯堂，儒家本色陋膏粱。"（其三）

按：廷偉卒於嘉慶二年丁巳（1797）六月十六日，故有"五年棺尚殯維堂"之句。

該詩作於本年江寧送兒輩赴考歸來諸詩後，其後爲《今歲桂花甚遲九月望前始大開而菊花已爛熳矣戲效香山體簡稚存》，故葬廷偉應在本年秋。

是歲桂花甚遲，九月望前始大開，而菊花已爛熳，先生戲效香山體簡洪亮吉。

《甌北集》卷四十三《今歲桂花甚遲九月望前始大開而菊花已爛熳矣戲效香山體簡稚存》："或爲吾二人，同處寂寥內。……得句篋互賡，談心牀共對。相期保歲寒，論交久可耐。"

費淳久病清江，秋聞將回江寧，故往鎮江候晤，而費淳尚未至，遂同駱綺蘭游招隱寺、獅子窟、八公洞、綠蓋樓諸勝。

《甌北集》卷四十三《京口同佩香女史游招隱寺獅子窟八公洞綠蓋樓諸勝》："費制府久病清江，聞將回江寧，故往京口候晤，而費公尚未至，遂作此游。"（其一自注）"夢樓已散去歌伶。"（其二自注）"夢樓老病春農死，得不相從駱佩香。"（其三）"稚存半月前偕巨超、練塘僧游此。"（其四自注）《綠蓋樓題壁》："綠蓋樓何處？層椒路幾彎。若無千好樹，也只一荒山。"

據《清代職官年表‧總督年表》，費淳嘉慶四年己未（1799）二月至嘉慶八年癸亥（1803）六月任兩江總督。

爲翁悟情作《石女歌》，兼束駱佩香。

《甌北集》卷四十三《石女歌爲翁悟情作兼束佩香》："生小揚州邗水濱，曾隨阿姊入朱門。其姊爲和督妾，因隨入京。……既負奇軀要出奇，芙蓉面粉從今洗。……改作男子裝，習騎射。……和督病歿於湖南軍中，其姊聞之即自經。南還故里已無家，踪迹飄零似落花。已作健兒縛袴褶，肯同商婦抱琵琶。只有空門堪送老，擬皈淨業誦楞伽。一朝邂逅吟紅女，莫逆論交水投乳。……佩香招與同居京口。……遂把俗緣勾一筆，悟情兩字換芳名。"

錢泳《履園叢話》二十三"悟情"條："悟情女士姓翁氏，揚州人。其姊雲卿爲和希齋大司空側室，和歿後，雲卿殉節。時悟情年十五六，同在京師，親見其事。忽悟曰：'人生富貴功名，一死便了，又何必作葵藿之傾心，楊花之飄蕩耶！'乃慨然出京，相依京口駱佩香夫人，以守貞自誓。嘉慶甲子十月，余偶過丹徒見之，悟情狀如男子，意氣豪放，善吹簫，能填詞，尤嫻騎射，上馬如飛，一時名公卿皆敬其爲人，真奇女子也。後出家爲比丘尼，趙甌北先生有詩贈之。"

送趙懷玉赴青州司馬任。

《甌北集》卷四十三《送味辛族孫赴青州司馬任》："十載前頭送出山，風烟相望渺江關。……由中書俸滿遷官，今乞假省親。"

秋，鎮江晤費淳。

《甌北集》卷四十三《京口晤制府費公》其一："河堤千里駐驂騑，防過秋濤始奏歸。"

隨園弟子孫韶自南京來訪不值，留詩集見示。

《甌北集》卷四十三《孫九成秀才自金陵來訪不值留詩集見示即題其後》："隨園諸弟子，君最擅清裁。上下千秋業，東南一代才。名高鸚鵡賦,家傍鳳凰臺。枉訪偏相左,空留屐齒苔。"

孫韶,字九成,號蓮水居士。江蘇江寧人。乾隆十七年(1752)生,
嘉慶十六年(1811)卒。副貢生。先後客先福黃州、阮元山東學政
與浙江巡撫幕,卒於先福江西巡撫幕。著《春雨樓詩集》。事具阮
元《揅經室三集》卷五《孫蓮水春雨樓詩序》與阮元《小滄浪筆談》
卷二,惲敬《大雲山房文稿二集》卷四《墓志銘》,陳文述《頤道堂文
鈔》卷三《孫蓮水傳》。

九月,吳錫麒終養南回,過訪。

《甌北集》卷四十三《吳大司成穀人終養南回枉過草堂即席送別》:
"陳情一疏返江皋,六館諸生悵望勞。……餘杭山喜雲歸岫,通潞
亭先水落槽。九月中發舟,大水已退。"

王杰有感《廿二史劄記》所述前朝荊楚流氛事,手書遠訊。

《甌北集》卷四十三《同年王惺園相公見余廿二史劄記有感於前朝
荊楚流氛事手書遠訊敬賦奉酬》。

據《清代職官年表·大學士年表》,王杰時任東閣大學士。

去歲,秦淮旅次有江寧張紫瀾秀才以詩贊謁,今又寄長篇一千
三百餘字,又抄其亡友蔡蘭谿秀才舊題《甌北詩鈔》之作見示。

《甌北集》卷四十三《去歲秦淮旅次有江寧張紫瀾秀才以詩贊謁攜
歸展玩尚未報命今又枉寄長篇一千三百餘字盛相推挹愧不敢當
又抄其亡友蔡蘭谿秀才舊題拙集之作見示並見其篤於風義爰賦
奉答》。後附蔡湘《題甌北詩鈔》其一:"拍案忽狂叫,其人世所無。
天教爭一代,名早重三吳。……試看排蕩處,非陸亦非蘇。"

接李調元自蜀中續寄《雨村詩話》比舊增多,先生以《陔餘叢
考》、《廿二史劄記》回贈。

《甌北集》卷四十三《雨村觀察自蜀中續寄詩話比舊增多戲題於後》。

按:《甌北集》卷四十四《前接雨村觀察續寄詩話有書報謝並附拙
刻陔餘叢考廿二史劄記奉呈茲又接來書並詩四章再次寄答》作

於嘉慶七年壬戌(1802)，詩題"前接"云云當指本年事。本年，《甌北詩話》尚未付梓，故接李調元續寄《雨村詩話》，只以《陔餘叢考》、《廿二史劄記》回贈。《年表》繫於嘉慶七年壬戌(1802)，誤。

又按：《甌北集》卷四十三《雨村觀察自蜀中續寄詩話比舊增多戲題於後》爲三首七律，《甌北詩鈔》七言律六將詩題增一"李"字，把一、二兩首重作爲："牛腰長卷廣搜羅，都是名流句琢磨。一代幾家傳世久，千秋兩字騙人多。編如釀蜜黃蜂採，來比函經白馬駄。贏得老夫消晝永，披吟不惜一丸螺。"（其一）"何來爵里刺爭投，履歷偏勞記憶周。采諸詩人名號、科第、官位，無不詳核。人各造車期合轍，君能集腋便成裘。採兼鹿苑高僧座，購到雞林賈客舟。兼採高麗人李德懋所著《清脾錄》。真個將軍不好武，盡將風雅入旁搜。君舊有小李將軍之號，故戲及。"（其二）面目一新。

應汪輝祖請，前後題贈蕭山汪氏王徐雙節母者甚多，先生亦有作。

《甌北集》卷四十三《蕭山汪氏王徐雙節母詩爲其子輝祖進士作》："寸草春暉報恐遲，一編《霜哺》乞題詩。白頭孤子榮親意，絕似吳門袁重其。"

錢大昕《潛研堂文集》卷十七《雙節門銘》："乾隆二十有九年十有二月，禮部言：'故淇縣典史、蕭山汪楷繼妻王氏守節二十四年，側室徐氏守節二十三年，同志撫孤，孝義兼備，應如例旌表。'制曰：'可。'明年，禮部移文浙江巡撫，巡撫檄所屬，有司承詔從事，建雙節坊於縣東四十里大義村聚奎橋北。"

姚鼐《惜抱軒文集》卷十四《記蕭山汪氏兩節婦事》："蕭山汪君輝祖之母曰王孺人，其生母曰徐孺人。汪君考爲淇縣尉。淇縣君沒，兩孺人皆少，遺孤十一歲，而上有七十之姑，門無族戚之助。或謀殺其孤以奪其貲，忌兩孺人，日欺陵困辱。兩孺人不爲動，卒奉姑保育孤子，教之成立，登第爲聞人。是時有司既疏兩孺人之節而旌其門矣，汪君顧悲傷兩母少所處危苦，遍走士大夫，求爲文章,褒揚其行義,所致凡數百篇。又自越以書遺余,請記其事,汪君志亦勤矣。"

阮元《揅經室集二集》卷三《循吏汪輝祖傳》:"(汪輝祖)性至孝,痛父早歿,兩母孤苦撫己成立,撰父母行狀,乞天下能文章者,以没身爲期,凡傳、志、銘、誄、賦、詩數千百篇,匯爲《雙節堂贈言集》,多至六十二卷。"

洪亮吉《更生齋文續集》卷二《賜進士出身敕授文林郎晉封奉直大夫湖南寧遠縣知縣加三級蕭山汪君墓志銘》:"亮吉年二十餘,客安徽學使者署,始與餘姚邵學士晉涵訂交。甫二日,即出《雙節堂啓》索詩曰:'此吾鄉蕭山汪孝子輝祖爲二節母乞言也。'亮吉讀竟,悚然異之,亦曾作一詩郵寄。"按:該詩未見今存洪亮吉集中,《更生齋文甲集》卷第二有其所作《跋汪大令輝祖所撰二節母行狀後》。

黃景仁《兩當軒集》卷五《汪孝廉輝祖雙節母詩》。

汪輝祖,幼名鼇,字焕曾,號龍莊,晚號歸盧,浙江紹興府蕭山縣人。雍正八年十二月十四日(1731年1月21日)生,嘉慶十二年(1807)三月二十四日卒。作幕三十餘年,精於幕學。乾隆四十年(1775)進士。官湖南永州府寧遠知縣,署道州知州。著《龍莊先生詩稿》、《佐治藥言》、《學治臆説》、《元史本證》、《二十四史同姓名錄》等。故世後,其著作合爲《汪龍莊先生遺書》刊行。事具汪輝祖口授、汪繼培等記錄《病榻夢痕錄》、《夢痕餘錄》,洪亮吉《更生齋文續集》卷二《賜進士出身敕授文林郎晉封奉直大夫湖南寧遠縣知縣加三級蕭山汪君墓志銘》,阮元《揅經室集二集》卷三《循吏汪輝祖傳》,《清史稿》卷四七七、《清史列傳》卷七五等。

挽謝溶生。

《甌北集》卷四十三《謝未堂司寇挽詩》自注:"公里居將四十年。"

内侄劉懷英自綿州歸,述川中已無賊,賊皆聚郎陽山中,其勢漸衰,官兵亦四面堵截,數月内可掃平。

《甌北集》卷四十三《内侄劉懷英自綿州歸述川中已無賊賊皆聚郎

陽山中其勢漸衰官兵亦四面堵截數月內可掃平矣詩以志喜》。

秋，將所撰唐宋金七家詩話出示洪亮吉，洪亮吉反對以查慎行配作八家，先生未從。洪亮吉亦在編撰《北江詩話》。冬，十卷本《甌北詩話》寫作完成。

《甌北集》卷四十二《批閱唐宋詩感賦》。

按：現存《甌北詩話》共十二卷，嘉慶七年壬戌（1802）只刊行前十卷，即論述李白、杜甫、韓愈、白居易、蘇軾、陸游、元好問、高啟、吳偉業、查慎行十位詩人。其中卷七爲陸游年譜，元好問和高啟合爲一卷，其他詩人每人一卷。第十一、十二卷爲其後增補而成。

洪亮吉《更生齋詩》卷第四《趙兵備翼以所撰唐宋金七家詩話見示率跋三首》編年在本年，且該詩位於《九月十三日越來溪見燕》與《消寒第一會……爲賦長句時長至前一日》之間，故該詩當作於九月十三日至冬至之間。該詩其三自注："君意欲以查初白配作八家，余固止之。"知洪亮吉所見僅"唐宋金七家"，尚未論到元明；先生的詩話寫作還沒有殺青，他和洪亮吉討論過將查慎行入選詩話，遭到後者強烈反對。先生沒有採納洪亮吉的意見，卻因此調整了寫作計劃，不單添上查慎行，還將明代的高啟、明末清初的吳偉業也一併列入，所以成書時既非洪亮吉所見"七家"，也非計劃中的"八家"，而是"唐宋以來十家"。

又按：十卷本《甌北詩話》的成書當在本年冬，據《甌北集》四十三《稚存見題拙著甌北詩話次韻奉答》"論人且復先觀我，愛古仍須不薄今"（其二）、"從此國門懸呂覽，聽他辯舌騁儀秦"（其三）詩意可知，《甌北詩話》十卷本寫作本年已完成。據該詩詩題可知，該書本來命名《甌北詩話》，因爲評論了十家，亦名《唐宋以來十家詩話》）。

丹陽狄夢環秀才以先生與袁枚、蔣士銓舊有鼎足之目，寄詩推重先生之獨存。

《甌北集》卷四十三《丹陽狄秀才夢環以余與子才心餘舊有鼎足之目而幸余之獨存也寄詩推重愧不敢當賦此奉答》："江湖同調人千

里,旗鼓相當彼一時。今日翻增鐺脚感,折餘一足豈能支。"

是年,爲長孫公桂娶婦查氏。

《甌北集》卷四十二《爲長孫公桂娶婦》題注"辛酉",即謂嘉慶六年
辛酉(1801)。

《西蓋趙氏族譜·學亮公派北岸分支世表》:"(趙公桂)……配查
氏,候選同知戀仁女。乾隆五十年乙巳三月十八日寅時生,嘉慶
十一年丙寅十一月十四日寅時卒,年二十二。"

是年,馮光熊、章學誠卒。

嘉慶七年壬戌(1802) 七十六歲

初春,外出游玩。

《甌北集》卷四十四《春游》:"尋春只道吾游早,已有游人在我先。"

常州天寧寺佛事甚盛,有做預修者,謂爲來生祈福,先生戲書
於壁。

《甌北集》卷四十四《天寧寺佛事甚盛中有曰做預修者蓋爲來生祈
福也戲書於壁》。

春,偕蔣熊昌、蔣騏昌兄弟艤舟亭看辛夷花。

《甌北集》卷四十四《偕立庵瑩溪艤舟亭看辛夷花》:"流連遲夕
照,笑咏答春風。"

正月,送洪亮吉主旌德洋川書院。

《甌北集》卷四十四《送稚存寧國之游》:"步屐過從一載餘,忽教行
色動征裾。里中漸少看花會,海内猶傳《諫獵書》。"

呂培《洪北江先生年譜》嘉慶七年壬戌條:"旌德譚君子文居下洋
鎮,自建洋川書院,延課諸郡生童。聘先生主講席,遂以二月攜第
三子符孫、婿繆梓至洋川,與諸生講經談藝,每至宵分。遠近聞風
從游者日衆。"

按:洪亮吉《更生齋詩》卷第五《將至洋川書院先詣郭北謁別先

埠》上二詩依次爲《壬戌新正九日……》、《十八日……》，下有《過東埧》、《花朝日阻風江口……》，故洪亮吉動身至洋川書院當在正月十八日至二月中旬花朝日之間。

二月，洪亮吉在洋川書院，約端午前同游黃山。

洪亮吉《更生齋詩》卷第五《將至旌德趙兵備翼枉詩相餽未暇報也山館無事戲作長句柬之并約同游黃山》："我餐黃獨纔匝月，君跨青驄去何所。時聞有吳門之行。"

按：此詩後有《三月三日憶里中雲溪諸勝》，故洪亮吉邀趙翼游黃山當在二月。

壽全德七十。

《甌北集》卷四十四《全惕莊織造七十壽詩》。

山茶盛開，邀去年諸同人小集，時洪亮吉遠出，劉烜新入會。

《甌北集》卷四十四《山茶盛開邀去年諸同人小集時稚存遠出劉瀛坡總戎新入會》。

劉烜，字巽行，號瀛坡。江蘇常州府武進縣人。雍正十二年（1734）二月生，嘉慶十四年（1809）七月卒。乾隆二十一年（1756）武舉人。選貴州銅仁協鎮守備，累遷至浙江衢州鎮總兵官，旋移鎮福建汀州、漳州。著《瀛坡詩存》。事具《武進西營劉氏家譜》卷三。

四月，作《亡兒廷偉小傳》。

《西蓋趙氏族譜·藝文外編》載趙翼《亡兒廷偉小傳》："兒名廷偉。乾隆三十三年十一月八日生於鎮安官舍，即以鎮安爲字。時余已奉旨赴滇省從軍征緬，内子程恭人攜以歸。越二年，余調守廣州，内子奉吾母丁太恭人來就養，余迎謁舟次。兒從未識父，初見，方怖而走，少頃，即就余膝呼爹，蓋天性也。余歸里後，始令就學，頗聰悟。年十九，補弟子員。二十四，歲試列一等，例得食餼爲廩膳生。試鄉闈不售。會有詔舉賢良方正，兒意欲籍爲進身地，以年少難入薦剡，遂鬱鬱不得志。未幾成疾，沉緬歲餘，百方治不效。

余攜往□□就醫,亦不救,急買舟歸。甫抵家,一夕而歿,嘉慶二年又六月十六日也。平時内子曾爲余言,兒生時,官舍中異香滿室。余方以爲吉徵,期以遠大,而年僅三十,以一衿死,悲夫!兒性勤學,無膏粱習。娶謝氏婦,頗有奩贈,兒不以屑意,凡兄弟親友有緩急,勿靳飮助。既歿,負之者猶不下千金,其爲人可知也。病革時,自知不起,見余,猶强作歡笑,而淚已漬眶,輒以衾覆面,懼余之見而傷懷也。嗚呼!此意尤可痛已。有子二:和羹、和鳴。女二,皆字謝氏。嘉慶七年四月,甌北老人撰。"

四五月間,楊桐山招飮洋杜鵑花下。

《甌北集》卷四十四《楊桐山招飮洋杜鵑花下饌精花盛即席二首》:"開到荼蘼花事了,坐待荷花時尚早。杜鵑伺隙巧彌縫,五月之初四月杪。"

《甌北集》卷四十六《楊桐山挽詩》其二自注:"君家杜鵑花皆名種,每開時必具精饌宴客,余嘗有詩。"

挽王文治。

《甌北集》卷四十四《王夢樓挽詩》:"哀音來自鎮江濱,竟喪維摩示寂身。……一科先我爲前輩,百里因君有近鄰。"(其一)"早膺華組早投簪,別借疏狂耗壯心。……家有黎園小部。……君少時隨册使封琉球王。點癡各半無真癡,謗譽相兼有賞音。"(其二)

失黄山之約,洪亮吉賦詩相嘲,先生和韻報之,時近端午。

《甌北集》卷四十四《稚存往寧國時曾約同游黄山遲余不到歸以負約相嘲和韻報之》:"臨分約我黄山行,覽勝歸來過端午。老夫已辦宿舂糧,敗興忽停發船鼓。"

吕培《洪北江先生年譜》嘉慶七年壬戌條:"四月,旋里。"

乾隆《大清一統志》卷七八:"黄山,在(徽州府)歙縣西北,與(寧國府)太平縣接界。原名北黟山,唐天寶六載改今名。李吉甫《元和郡縣志》上:'北黟山,在縣西北百六十八里,宣、歙二州分界處。'"

夏,刷印一百四十一卷著作。

479

《甌北集》卷四十四《呼匠刷印所著詩文戲作》自注："余所著《陔餘叢考》四十三卷,《廿二史劄記》三十六卷,《甌北集》四十四卷,唐宋以來十家詩話十卷,《皇朝武功紀盛》四卷,雜記四卷,共一百四十卷。"

該詩位於《午節攜家人水閣小酌看夜船燈火之盛》之後,結合趙翼《甌北詩話小引》末署日期,"呼匠刷印所著詩文"應在本年夏。

按:"唐宋以來十家詩話十卷"即《甌北詩話》前十卷。又各部相加,當爲一百四十一卷。

"雜記四卷"説明先生生前《簷曝雜記》只出版四卷。該書後二卷未經刪汰,重出錯誤較多,昭槤《嘯亭續録》卷二"考據之難"條予以痛批:"本朝諸儒皆擅考據之學,如毛西河、顧炎武、朱竹垞諸公,實能洞徹經史,考訂鴻博。其後任翼聖、江永、惠棟等,亦能祖述淵源,爲後學津梁,不愧其名。至袁簡齋太史、趙甌北觀察,詩文秀雅蒼勁,爲一代大家,至於考據皆非所長。……至趙甌北《簷曝雜記》,以湯若望、南懷仁至乾隆中猶存,其言直同囈語,未審老叟何以昏憒若此,亦著述中一笑柄也。"

按:先生多種著作均請人作序或自撰引言,惟獨《簷曝雜記》無序跋自識,且第四卷後内容較凌亂而未加刪汰整理,不類先生結集出書的一貫持重風格。或爲先生身殁後乃由其子裒輯爲六卷、附一卷而彙刊入《甌北集》。另外,該書附一卷《妖民吸精髓》,記及"嘉慶十六年八九月間事",同卷《老境》云:"余今年亦八十六矣。"則已是嘉慶十七年,亦可説明成書時間較晚。

王曇不期而至。

《甌北集》卷四十四《王仲瞿孝廉見過》:"樂事偶相值,非關步屐尋。良朋來不意,好句出無心。"

七夕前,錢維喬齋中建蘭盛開,招同蔣熊昌、蔣騏昌、洪亮吉、程香遠宴集。

《甌北集》卷四十四《竹初齋中建蘭盛開招同立庵瑩溪稚存香遠宴

集即事》。此詩下一首爲《七夕》。

呂培《洪北江先生年譜》嘉慶七年壬戌條:"十月,旋里。"

日閲邸抄,知七載川陝兵氛將盡。

《甌北集》卷四十四《荆巫》、《閲邸抄殘賊勦除將盡志喜》、《閲邸抄參贊德公楞泰殪賊首樊人傑於河渠魁既殲餘賊可不日平矣詩以志喜》、《聞各路軍營報捷殘賊計日可盡喜賦》。

蔣士銓長孫、蔣知廉子蔣立中來謁。

《甌北集》卷四十四《蔣心餘孫立中來謁感賦》自注:"昔在京時,立中父僅十餘歲耳。……心餘夫人尚在。"

蔣士銓《清容居士行年録》乾隆三十四年己丑條:"十一月,長孫立中生,知廉出。"

天寧寺借月和尚以其名乞詩。

《甌北集》卷四十四《借月和尚以其名乞詩戲贈》:"月出照萬方,光普何必借?……君果擅此術,吾當驗黑夜。"

按:洪亮吉《更生齋詩》卷第三《天寧寺僧借月兩以詩見投戲得八百二十字報之》與卷第四《借月歌爲借月上人賦》言借月和尚爲常州天寧寺僧。二人所言當爲同一人。

再題洪亮吉《百日賜環集》。

《甌北集》卷四十四《閲稚存百日賜環集再題》:"到戌後,有請加重辟者,轉邀恩旨赦歸。……《百日賜環》詩一卷,知君感泣徹深宵。"

挽謝啟昆。

《甌北集》卷四十四《謝蘊山中丞挽詩》:"正喜書生開府貴,曾招老友對床眠。西湖游宴渾如昨,誰料歡場即別筵。"

按:謝啟昆《西魏書》附録《復趙雲松書》云:"拙著屢承指正,足徵知愛良深。惟鄙見有與尊意不盡和者,敢布陳之。"知謝、趙經常書信論學。

據《清代職官年表·巡撫年表》,謝啟昆嘉慶四年己未(1799)八月由浙江布政使遷廣西巡撫,嘉慶七年壬戌(1802)七月十一日卒於任。

閱邸抄，知王杰以老病乞休，恩旨慰留。再伸前請，始予告，並許在家食俸。先生奉寄一律。

> 《甌北集》卷四十四《聞惺園相公以老病乞休恩旨慰留感賦》、《閱邸抄惺園相公以老病再伸前請始予告並許在家食俸恩禮始終人臣之榮遇極矣欣羨之餘再賦一律奉寄》。

> 據《清代職官年表·大學士年表》，王杰本年七月由東閣大學士乞休，嘉慶十年乙丑（1805）正月卒。

汪由敦長孫、汪承沆子汪本中攜其子來常州就婚。

> 《甌北集》卷四十四《文端師長孫郡丞本中攜其子來常州就婚喜賦》："郡丞尊人幼泉民部，昔亦來常州就婚吳藩伯家，余親見之。"（其一自注）"憶昔見君才丱角，也成新婦作婆年。"（其二）

> 汪本中，字春林，號杏漁。浙江杭州府錢塘縣人，原籍安徽徽州府休寧縣。汪由敦長孫，汪承沆子。

錢維喬就醫於無錫張舍村，得詩八章，先生和其二首。

> 《甌北集》卷四十四《竹初就醫於錫邑之張舍村得詩八章和其二首》："郊居養疾有林丘，風露寥蕭正素秋。……地近太湖。"（其一）"君素善導引之術。"（其二自注）

題方寶昌奉萱圖。

> 《甌北集》卷四十四《題方慕雲明府奉萱圖》題注："寫兩像相對。"

十月二十二日爲先生生辰，天將曉忽夢出守廣州，先生疑爲修文赴召之兆，詩以紀之。

> 《甌北集》卷四十四《十月二十二日爲余生辰天將曉忽夢出守廣州上官爲李公瑚幕友有吳雪清暨內弟高仲馨皆物故久矣余修文赴召之兆耶詩以紀之》其一："爲神自分非南海，或莅邕西舊士民。鎮安在邕西，余爲守時，頗有遺愛。及調廣州，殊少惠績也。"

吳蘭雪本年下第南歸過訪，題其付梓文天祥致永豐尉吳名揚三札。

> 《甌北集》卷四十四《吳蘭雪過訪枉贈佳章即次送別》自注："下第南歸。"

> 《甌北集》卷四十四《題文信國致永豐尉吳名揚三札》小序："名揚，金谿人，官永豐尉。信國勤王時辟署幕尉，奏補江西制幹，兼禮兵部架閣。名揚專任軍糧事，此三札皆催糧書也。吳氏載在家譜，裔孫蘭雪另梓以傳，爰題其後。"

戲題魁星像。

> 《甌北集》卷四十四《戲題魁星像》小序："北斗爲文昌之府，其第一星至第四星，總名魁星，決科者咸乞靈焉。世遂就字像形，作鬼跳躍爲魁星像。近日村劇，又增一手執筆、一手執銀錠，蓋取必定得雋之意，爲赴舉者發佳兆也。余薄有詩名，生事亦粗足，人遂以魁星目餘，謂有筆能作詩，有錠可致富，一時竟傳爲口實。爰賦以解嘲。"

閩粵間有天地會，先生客閩時已聞之。閱邸抄，天地會在廣東博羅縣羊糞山據險結寨者不下萬人，今被盡殲。

> 《甌北集》卷四十四《閩粵間有所謂天地會者爲匪徒結黨名目余客閩時已聞之日久益熾今閱邸抄廣東博羅縣會匪之在羊糞山者不下萬人據險結寨將爲不軌總督吉公慶提督孫公全謀調兵勦殺追至羅浮山之華首臺沖虛觀諸處生獲賊首陳爛屐餘黨亦盡殲洵奇功也喜賦》。

全德入覲，授內務府總管造辦處，旋卒。

> 《甌北集》卷四十四《惕莊織造入覲恩授內務府總管造辦處寄賀》。

> 《甌北集》卷四十四《哭惕莊總管之訃》其一："縞紵論交二十春，……考終正及還朝後。"

接張舟書，寄答。

> 《甌北集》卷四十四《接張廉船書寄答》。

去歲接李調元續寄《雨村詩話》,有書報謝,附贈《陔餘叢考》、《廿十二史劄記》,茲又接來書並詩四章,先生再次寄答。李調元歿於是年。

> 《甌北集》卷四十四《前接雨村觀察續寄詩話有書報謝並附拙刻陔餘叢考廿十二史劄記奉呈茲又接來書並詩四章再次寄答》:"余內侄劉慕陔牧綿州,兩人書札往來,皆慕陔轉遞。"(其一自注)"來詩以白、元、劉比衰、蔣、趙。"(其四自注)及該詩所附李調元《得趙雲松前輩書寄懷四首》。
>
> 據楊懋修《李雨村先生年譜》本年條,知李調元嘉慶七年壬戌十二月二十一日卒。
>
> 按:先生兩年後方得知李調元訃訊,見《甌北集》卷四十六《李雨村觀察挽詩》小序:"久不接雨村書,心竊憂疑。蔣于野自京回,曾晤其弟編修君鼎元。知已下世。驚悼之餘,以詩當哭。"作於嘉慶九年甲子(1804)。

是歲,廷英、廷俊各舉一子趙韓、趙申佑,先生遂有八孫。

> 《甌北集》卷四十四《今歲廷英廷俊各舉一子老夫遂有八孫矣志喜》:"一歲添丁報兩回。"
>
> 按:該詩作於嘉慶七年壬戌,此八孫,據《西蓋趙氏族譜·學亮公派北岸分支世表》為趙廷英子趙公桂、趙樾和趙韓,趙廷偉子趙忠弼、趙起,趙廷俊子趙慶齡、趙申嘉和趙申佑,趙翼後又有三孫均為趙廷俊子,趙申奎、趙申憲和趙逢吉。趙申奎後出嗣趙廷彥。"一歲添丁報兩回"句謂指趙韓、趙申佑皆生於本年。
>
> 《西蓋趙氏族譜·學亮公派北岸分支世表》:"(趙廷英子趙韓)行三,又行九。初名景謨,字義生。國子監生。嘉慶七年壬戌六月二十日辰時生,道光二十九年己酉九月初十日辰時卒,年四十八。""(趙廷俊子趙申佑)行三。初名覽,字叔侯。嘉慶七年壬戌十二月二十七日辰時生,道光十九年己亥九月三十日卒。"

卷四
優游林下與關注民生
（嘉慶八年至嘉慶十九年）

嘉慶八年癸亥（1803）　七十七歲

廷俊三子趙申佑以小除前一日生，元旦抱見已二歲。

> 《西蓋趙氏族譜·學亮公派北岸分支世表》："（趙申佑）行三。初
> 名覽，字叔侯。嘉慶七年壬戌十二月二十七日辰時生，道光十九
> 年己亥九月三十日卒。"
>
> 《甌北集》卷四十五《覽孫以小除前一日生元旦抱見已二歲矣戲
> 賦》自注："生甫四朝年兩歲。"
>
> 按：該詩作於嘉慶八年癸亥元旦，"覽孫"即指趙申佑。嘉慶七年
> 壬戌十二月僅有二十九日，故二十七日至次年正月初一僅有四
> 天，即詩云"生甫四朝年兩歲"。

作詩壽劉烜七十。

> 《甌北集》卷四十五《劉瀛坡總戎七十壽詩》自注："生辰在花朝。"

正月十九日，招劉種之、莊通敏、洪亮吉、蔣蘅宴集，適曾燠過
訪，遂並邀入會。

> 《甌北集》卷四十五《新春招劉檀橋中允莊迂甫贊善洪稚存編修蔣
> 佩荃檢討宴集草堂適曾賓谷運使枉過遂並邀入會皆詞館也江鄉

此會頗不易得爰作詩以張之並邀諸公屬和》。

洪亮吉《更生齋詩》卷六有《新正十九日趙兵備翼招同莊宮允通敏劉宮贊種之暨舅氏蔣檢討蘅湛貽堂雅集適同年曾運使燠過訪遂并邀入會并詞館也兵備作三詩紀事余依律奉答并寄顧修撰皋莊吉士驊男謝吉士幹》詩,其三自注:"兵備以庚午鄉舉,余以庚子,前後卻三十年。……檢討舅氏,年已近九十。宮允與余皆舅氏執經弟子。"

吕培《洪北江先生年譜》嘉慶八年癸亥條:"正月,同年曾都轉燠過訪,因偕同里趙觀察翼、劉宮贊種之、莊宮允通敏、舅氏曙齋先生、莊庶常詵男、謝庶常幹,爲詞館之會,留宴數日始行。"

吕培《洪北江先生年譜》乾隆十九年甲戌條:"按先生舅氏三人:……次名蘅,字曙齋,乾隆壬午科副榜貢生,賜檢討銜,出嗣世父淮安教授文元後,爲蔣太宜人弟。事皆詳先生所撰《外家記聞》一卷。"

正月,巨超、練塘兩詩僧自焦山過訪。

《甌北集》卷四十五《巨超練塘兩詩僧自焦山過訪枉詩投贈即次送別》:"晴久麥芽初得雨,春遲梅蕾未開花。"

按:洪亮吉《更生齋詩》卷六有《二十四日小窗獨坐聞慧超巨超蓮艇三上人已抵西郭即欲過訪喜賦》、《二十五日雨中同三上人至紅梅閣探梅小憩》二詩,上有《癸亥元日……》、《新正十九日……》,下有《二月十七日……》,故清恒、達英兩詩僧來訪當在正月二十四日、二十五日前後。

送趙廷彦赴江蘇崇明教諭任。

《甌北集》卷四十五《送彦兒赴崇明教諭任》。

《西蓋趙氏族譜·學亮公派北岸分支世表》:"(趙廷彦)行九。字西亭,號笏山。廪貢生。歷署常熟崇明縣教諭,長蘆候補鹽運司經歷,署滄州批驗所大使。"

《西蓋趙氏族譜·藝文外編》載龔鑑《笏山趙君傳》:"君秉異質,申以廳誥，年未及冠，下筆有神，彬彬鬱鬱，已質有其文矣。補陽湖附學生，試高等，擢廩膳生。屢應本省鄉試，輒爲分校歎賞，顧厄於主文，自此虹彩之璞，莫彰其輝，知者惜之。川楚例開，納授訓導，攝常熟崇明教諭。課士之暇，登虞山，泛滄江，攬潮汐之噓吸，挹林嶺之秀聳，發爲詩歌文辭，瑰奇壯麗，日益遒上。嘉慶庚年，兵備君再宴鹿鳴，恩加三品銜，君偕兩兄率從子扶侍，時以爲榮，而君仍被放。"

趙文哲《娵隅集》，子趙秉淵已爲刊行，先生翻閱之餘，泫然有作。

《甌北集》卷四十五《璞函娵隅集令嗣少鈍已爲刊行翻閱之餘泫然有作》："故人已殉蜀山高，遺稿猶看戰伐勞。……國隆卹典官修祀，已奉旨入昭忠祠。天報忠魂子擁旄。"

趙秉淵，字少鈍，號君實，江蘇松江府上海縣人。嘉慶十年（1805）卒。父趙文哲死事金川，以難廕入國子監。歷官內閣中書、兵部主事、四川眉州知州、成都知府。著《退密删存稿》。事具同治《上海縣志》卷二十一、王昶《湖海詩傳》卷三六。

題錢維喬自述文。

《甌北集》卷四十五《題竹初自述文》："竹初《自述文》，亦以代家狀。讀之見其真，自處尋常人。……若論名行及才藝，我覺此文猶未備。學有兄在專師資，謂令兄文敏公。產比仲多均活計。待仲兄篤恩誼。……宰鄞縣，以病歸。……餘事更兼風雅宗，詩思文心兩精銳。工書善畫各入微，學佛求仙並深契。……君乃不乞韓歐陽，並不假趙子昂、董其昌。自掬一枝雞毛筆，直寫素履無避藏。……此即供狀到閻羅，不用減增另具稿。偉哉此正非常人，只把常人之事了。"

趙懷玉《亦有生齋集》文卷九《錢大令自述文書後》："竹初主人世紹通顯，早恬榮利，方優於仕途倦而歸，以宰官身遂居士服。學仙學佛，要以儒爲正宗；工畫工書，更極詩之能事。棲神家衔，肆意泉石。分半園以營十笏，擁萬卷而傲百城。住鄰西溝，樂等南面。和仲每持殺戒，敬輿好輯方書。利濟豈必臨民，孝友是亦爲政。

固已文苑循吏，卜史册之可傳；方壺員嶠，在城市而不遠矣。然有
追念生平，闇修朝夕，稟老氏之殆辱，悟蒙莊之浮休。偈誦六如，
圖成三幻。若迺自述一作，居然典謨之遺。免子孫之乞言，謝公
卿之諛墓。姚勗刻石壽藏，遜其至情；王績濡筆醉鄉，無此實録。
夫唯善人，所謂達者，蓋兼有焉。”

題左蘭成詩卷。

《甌北集》卷四十五《題左蘭成詩卷》其三自注：“嘗受業於子才、夢
樓之門。”

閲邸報，知秦楚蜀三省同時奏捷，軍事告蕆，先生喜作凱歌。

《甌北集》卷四十五《閲邸報秦楚蜀三省同時奏捷軍事告蕆喜作凱歌》。

春，偕王曇、蔣莘游太湖洞庭東、西兩山。

《甌北集》卷四十五《偕王仲瞿孝廉蔣于野秀才游洞庭東西兩山時
吳縣湯明府爲治裝》：“邂逅天假緣，偶泛吳門櫂。洞庭近百里，山
靈默相召。”（其一）“洞庭本湖名，今名湖中嶺。七十有二峰，東西
列屏整。”（其二）“莫釐最高頂，俯瞰全湖光。”（其四）“林屋古洞
天，一穴入地底。……洞盡處有‘隔凡’二字，王鏊所書。”（其六）

夏，晤王昶於蘇州虎丘，賀其八十壽。王昶席上遇錢大昕、范
來宗。

《甌北集》卷四十五《吳門喜晤王述庵司寇值其八十大慶作詩稱祝
兼簡錢竹汀宫詹》：“到蘇聞公在虎丘，急往相尋艇如箭。款門不
暇叙寒暄，先認五年別來面。……視聽兩官雖漸廢，聲如洪鐘聞
者戰。……繫余年亦七十七，幸附殷兄列行雁。寅公况有錢穆
父，齒序亦堪後勁殿。竹汀少余一歲。一朝都聚吳趨坊，共詫老人星
出現。看取《江南三老圖》，明日家家畫團扇。”

《西蓋趙氏族譜·藝文外編》載范來宗《甌北先生八十壽》其三自
注：“癸亥夏，遇先生于白公祠王述庵席上。”

又《甌北集》卷四十八《吳門范洽園編修來宗爲余作八十壽詩君今
歲亦稱七十之觴謹賦三律酬賀》其一自注：“前歲公等宴王述庵於

懷杜閣下，余爲不速之客。"

本年夏王昶有《長夏懷人絶句》五十五首，其十九爲《常州趙觀察雲松》，見《春融堂集》卷二四。

潘奕雋《三松堂集》卷一六亦有《王述庵少司寇八十壽詩》。

按：據嚴榮《述庵先生年譜》王昶生於"雍正二年甲辰十一月二十二日"。

范來宗，字翰尊，號芝巖、洽園、支山，江蘇蘇州府吳縣人。乾隆二年丁巳（1737）生，嘉慶二十二年丁丑（1817）卒。乾隆四十年（1775）進士，改庶吉士，授編修。著《洽園詩稿》等。事具《詞林輯略》卷四、《湖海詩人小傳》卷三三。

過鎮江，左蘭成留飲，并題其詩本。

《甌北集》卷四十五《京口左蘭成留飲》："柔櫓輕帆兩日程，近游重過潤州城。欲談舊事無同輩，喜結新知有後生。"《途中雜詩》其四自注："左蘭成留飲，肴饌極精，屬余題其詩本。"

偕駱綺蘭、翁悟情放舟游鎮江焦山。詩僧巨超已往會稽，留題寺壁。或以先生紀游詩於駱綺蘭、翁悟情多諧語，先生賦詩解嘲。

《甌北集》卷四十五《偕佩香悟情放舟游焦山詩僧巨超已往會稽是日佩香治具》、卷四十五《留題巨超寺壁》。

按：洪亮吉《更生齋詩》卷第六《江口喜遇焦山僧巨超賦贈一首》題注："時巨超將從焦山移主山陰縣玉笥山方丈。"上有《閏二月朔日……》，下有《清明日……》、《廿一日……》，據《近世中西史日對照表》，本年清明在閏二月十五日。故閏二月間巨超已前往山陰，先生夏日來訪，已遲數月矣。

《甌北集》卷四十五《或以余紀游詩於佩香悟情多諧語賦此解嘲》及卷四十五《途中雜詩》其二："詩翁八十尚兒嬉，游侶居然挾兩雌。鎖骨觀音散花女，天教狂煞老頭皮。佩香、悟情。"

到揚州，沈業富留飲話別，兼訂蘇杭秋游。訪李保泰。

《甌北集》卷四十五《到揚州沈既堂前輩留飲話別兼訂蘇杭之游先

索和章爲券》："公自號味燈老人，日以詩牌集字得句。……臨分更先訂，蘇
杭秋捩柁。"

《甌北集》卷四十五《途中雜詩》其九："童奴只怪過從數，三日僑居
六欵門。嗇生。"《和嗇生別後見寄原韻》其一："揚州寧復夢，特爲
訪君來。"

再游金山、鎮江看都天會，歸途雜記。

《甌北集》卷四十五《再游金山》、《鎮江看都天會》。《途中雜詩》其
一："洞庭游了又焦山，更指揚州寶塔灣。老去翻成游湯子，蘭橈
一月不曾閑。"

七月十五日中元節，先生不迷信天象傳説，洪亮吉則不滿賽神會奢靡之風。

《甌北集》卷四十五《即景》："中元數盈歲癸亥，人傳今年水勢
倍。……我笑蚩氓何太癡，偶逢旱潦輒怨咨。"

洪亮吉《更生齋詩》卷第七《年來里中賽神之會事事競勝較十年前
費已百倍矣感而賦此時七月望日俗所傳中元節也》。

李斗《揚州畫舫録》卷四："都土地廟例於中元祀之，先期賽會，至
期迎神於城隍行宮，追城隍會回宮。迎神於畫舫。几座屏風，幡
幢傘蓋，報事刑具，威儀法度，如城隍例。選僧爲瑜珈焰口，造盂
蘭盆，放荷花燈；中夜開船，張燈如元夕，謂之盂蘭會。蓋江南中
元節，每多婦女買舟作盂蘭放餖口，然燈水面，以賭勝負，秦淮
最盛。"

洪亮吉《洪亮吉集》之《卷施閣詩》卷第十《里中十二月詞·十月》
自注："里中賽神，以清明、中元、下元三節，屆期城隍神皆詣北壇
行禮，出入儀從甚盛，兼設雲車。臺閣故事，傾城士女咸設幕
觀焉。"

爲徐達源題其夫人吳瓊仙《寫韻樓詩》遺稿。

《甌北集》卷四十五《爲徐山民待詔題其夫人吳珊珊遺稿》。

按：在此之前，先生與徐達源已有交往，嘉慶間徐達源重刻楊萬

里《誠齋詩集》前有先生《徐山民重刊〈誠齋詩集〉序》,署"嘉慶五年十一月陽湖趙翼謹序"。

徐達源,字無際,號山民,江蘇蘇州府吳江縣黎里人。乾隆三十二年丁亥(1767)生,道光二十六年(1846)卒。官翰林院待詔。性豪邁、喜賓客,與袁枚、洪亮吉、吳錫麒、法式善、顧元熙等善。工詩。晚年家落,卜居鎮南,曰南溪草堂。事具《墨林今話》卷三、民國八年吳江柳氏紅格抄本《山民先生年譜》、光緒《吳江縣續志》卷二二《人物》。

吳瓊仙,字子佩,珊珊,江蘇蘇州府震澤縣平望人。徐達源妻,袁枚女弟子。乾隆三十三年(1768)十一月初十日生,嘉慶八年(1803)閏二月二十三日卒。著《寫韻樓詩集》等。事具《寫韻樓詩集》卷首徐達源撰行狀、洪亮吉《更生齋文甲集》卷第三《敕封承德郎翰林院待詔加三級徐君妻吳安人墓志銘》、《碑傳集補》卷五九郭麐《吳珊珊夫人小傳》、《清代閨閣詩人徵略》卷六。

先生與洪亮吉題范來鳳《鐵琴詩草》。

《甌北集》卷四十五《題范鐵琴秀才詩卷》。

洪亮吉《更生齋詩》卷第七《題范秀才來鳳鐵琴詩草》。

哭趙繩男。

《甌北集》卷四十五《哭緘齋侄》其一:"京華鄉國鎮相隨,何意今成永訣時。"其二自注:"君謹於言,自號緘齋。……恭毅遺訓,門內不許演戲,至今遵守。……晚年不良於行。……君善飲啖。"

題李曉園《禊游圖》、朱春亭《虎山小隱圖》。

《甌北集》卷四十五《李曉園廉使舊守會稽修蘭亭故事宴集賓友作禊游圖今來索題爲補書數語》:"會稽有蘭亭,故屬王右軍。誰敢冒不韙,欲來作替人。曉園風雅宗,忽作茲郡守。似天將此亭,鄭重付其手。果然清興發,上巳集賓友。一時盛事傳,不減晉癸丑。"

《甌北集》卷四十五《題朱春亭虎山小隱圖》:"我倡懷杜閣,遂并祠白蘇。此皆古之人,已非時所趨。胡爲君結鄰,步屧連牆隅。想見襟懷曠,欲與古爲徒。"

游蘇州山塘。

《甌北集》卷四十五《山塘》:"半年刺繡積千錢,雇得山塘一日船。"

費淳內召爲兵部尚書,秋,先生舟行經揚州到清江浦,與之叙別。

《甌北集》卷四十五《清江浦送費制府入爲大司馬賀遷惜別情見乎詞》。又《自袁浦歸途作》自注:"費筠浦制府駐清江。"《舟過召伯埭》:"泝流送故人,正值秋濤壯。"《揚州》:"白雪滿頭花滿眼,一年兩度到揚州。"又《舟泊氾光看盂蘭盆放湖燈》。

據《清代職官年表·總督年表》,本年六月,費淳由兩江總督改兵部尚書。

《大清一統志》卷九十六《揚州府·山川》:"氾光湖在寶應縣西南十五里。"

錢泳《履園叢話》三"盂蘭盆會"條:"《舊唐書·王縉傳》載代宗奉佛,縉爲宰相,嘗七月望日於內道場造盂蘭盆,飾以金翠,所費百萬。又設高祖以下七聖神座,備幡節龍傘衣裳之制,各書尊號於幡上以識之,舁出內陳於寺觀。是日排儀仗,百寮序立於光順門以俟之,幡花鼓舞,迎呼道路,歲以爲常。今盂蘭盆會之始也。"

此次赴清江浦途中,到揚州,值張坦子次生新抱西河之痛;至淮安,問程沆子蔭堂,久下世,先生感賦。

《甌北集》卷四十五《到揚州值松坪子次生新抱西河之痛至淮安問晴嵐子蔭堂久下世矣感賦》。

寄詩左都御史汪承霈。

《甌北集》卷四十五《寄汪時齋總憲》。

據《清代職官年表·部院漢侍郎年表》,汪承霈嘉慶五年庚申(1800)二月由工部左侍郎遷左都御史。

錢維喬齋中盆蘭多名種,今年爲春寒所敗,其次者作花尚茂,賦詩索先生和。

《甌北集》卷四十五《竹初齋中盆蘭多名種今年爲春寒所敗其次者作花尚茂賦詩索和即次原韻》。

挽彭元瑞。

《甌北集》卷四十五《彭雲楣尚書挽詩》自注："癸未散官,公第一,余次之。……公以文學受知先帝,有才子之稱。……年未五十,鬚髮全白。……各館修書皆爲總裁。……散官前與公會課數十次。公視學江南,余里居,過從尤密。"

洪亮吉《更生齋詩》卷第八《舟過蕪湖始聞彭尚書元瑞之訃謹挽一首》自注："没後奉諭旨仍贈協辦大學士。……公自副相降補閣學,復擢侍郎尚書,皆直南書房。……公聞見最博,尤悉本朝掌故,一時無兩。"

據《清代職官年表·部院大臣年表》,本年六月,彭元瑞工部尚書休致,九月卒。

洪亮吉自焦山歸,謂同人作詩無切定焦山者,先生戲擬一首不用焦山一典,又擬一首專用焦山事。

《甌北集》卷四十五《稚存自焦山歸謂同人作詩無切定焦山者余戲擬一首却不用焦山一典》、卷四十五《又擬一首專用焦山事》。

呂培《洪北江先生年譜》嘉慶八年癸亥條:"六月,至焦山定慧寺避暑,旬餘而返。"

九月初十日子時,長孫公桂舉一子,先生名之曰曾慶。

《甌北集》卷四十五《長孫公桂舉一子老夫遂見曾孫因名之曰曾慶而記以詩》:"余年三十八始舉廷英。"(其一自注)"孫方候選縣丞。"(其二自注)

《西蓋趙氏族譜·學亮公派北岸分支世表》:"(趙公桂)子六:長曾慶,查孺人出。""(趙曾慶)行一。字蔭榆。嘉慶八年癸亥九月初十日子時生,道光四年甲申七月十六日丑時卒,年二十二。"

題管學洛《南北讀雪山房圖》。

《甌北集》卷四十五《題管道明南北讀雪山房圖》題注："尊人侍御
公官京師，有此山房。君歸里構書室，仍顏以舊名。錢竹初爲作
南北二圖，敬題於左。"

趙懷玉《亦有生齋集》文卷九《南北讀雪山房圖跋》："侍御管君縅
若，余石交也。以乾隆戊戌成進士，授戶曹。其明年己亥，余應京
兆試訪君於鐵廠。是冬余歸，兩人蹤迹遂不能常合。及余壬子補
官入都，則君買屋丞相胡同，署其室曰讀雪山房室。雖不寬，庭有
小山，有青棠花開最久。退食過從，尊酒論文，時在其下，如是者
六年。自戊午君歸道山，每經其居輒爲腹痛，然一樹一石未嘗不
遑來胸次也。令子道明還里後，於舍旁築室，復以舊榜懸之。且
屬錢大令維喬寫南北二圖，索同人題句。昔晉孫康家貧，常映雪
讀書。君既通顯，處禁近，執卷惜陰無異寒素。道明又負荷門基，
不忘庭誥，可謂名父子矣。夫雪之爲物，質凝而性潔，人於親存，
則潔其養以承親之歡心；没則潔其志，以貽親之令名。庶幾進而，
致身退而稽古，無論窮達皆能不負十年之讀乎？今道明將北行，
出圖乞題。余廢吟詠而重違其意，爲書其後歸之。"

陳康祺《郎潛紀聞初筆》卷七"管侍御擬劾和珅"條："武進管侍御
世銘，在臺垣，負抗直聲。一日，與友人酒坐，時和珅以伯爵官大
學士，衆譽伯揆無虚口。侍御被酒大言曰：'諸君奚爲者？吾方有
封事。'衆皆駭愕。是夕，侍御歸邸舍，遽卒。見姚椿所作《管侍御
唐詩選書後》。姚聞之洪稚存太史子符孫，符孫得諸太史。太史
與侍御同里友善，其言當不謬。按姚文又云：'錢通判澧以劾和珅，奉上命稽
察軍機處，爲權倖所困，衣食不豫，寒悴以死。世皆疑其被毒，惜翁獨明其不然。'惜翁，
指姬傳先生也。"

管世銘，字縅若，小字興隆，號韞山。江蘇常州府武進縣人。乾隆
三年（1738）二月二十二日生，嘉慶三年（1798）十一月十二日卒。
乾隆三十年副貢，四十三年（1778）進士，由戶部主事直軍機處。

深通律令,讞牘多主奏。歷官雲南司員外郎、浙江道監察御史。
精古文,深於經術。著《韞山堂文集》、《韞山堂詩集》、《讀雪山房
唐詩鈔》等。事具《韞山堂文集》卷首管繩華《先大父侍御府君行
狀》、《清史稿》卷三五六、《清史列傳》卷七二。

管學洛,字道明,號午思。江蘇常州府武進縣人。管世銘子。乾
隆二十六年(1761)生,嘉慶十四年(1809)八月八日卒。屢試不
第,同人集資捐爲知州。嘉慶十四年(1809)北行候選,染疾卒於
清江舟次。著《祇可軒文集》等。事具趙懷玉《亦有生齋集》文卷
一四《候選知州管君家傳》。

十一月,喜洪亮吉由洋川書院歸,詩興大發。

《甌北集》卷四十五《喜稚存歸戲贈》。

呂培《洪北江先生年譜》嘉慶八年癸亥條:"十一月,自洋川由水程
沿江至蕪湖,……月杪,旋里,偕同里諸公爲消寒雅集,杯酒往還,
更迭置宴。"

十二月十七日,楊槐招同人早飯石竹山房,復至秦園茶話。

洪亮吉《更生齋詩》卷第八《十七日消寒第七集楊上舍槐招同趙兵
備翼莊宮允通敏劉宮贊種之金太守棻方明府寶昌早飯石竹山房
復至秦園茶話始別分體得五古一首》。

按:該詩上有《臘八日破曉過錫山作》,下有《臘月十九日消寒第
八集……》,故此次小集當在臘月十七日。

歲會錢財收入。

《甌北集》卷四十五《歲會》:"歲會粗增什一錢,居然阿堵滿牀前。
不知他日誰家物,煩我持籌數十年。"

冬,王昶來書稱瞽目稍明。王昶《湖海詩傳》輯刻竟。

王昶《春融堂集》卷二四《失明已久入冬來暗室中時見光明殆與放
翁所得略同然見在未申酉三時餘時不見又未可解也因書寄梁元
穎侍講趙雲松觀察》。

按:王昶《春融堂集》卷二四編年在"辛酉、壬戌、癸亥",上詩與

《除夕》詩位於該卷末尾，當作於本年年末。

　　按：《湖海詩傳》卷首王昶序署嘉慶八年八月十五日。嚴榮《述庵先生年譜》嘉慶八年癸亥八十歲條：“先生以六十年來師友所贈詩文，手自甄錄，名《湖海詩傳》，共六百餘家，至冬刻就。”

是年，吳省欽、吳蔚光卒。

嘉慶九年甲子(1804)　　七十八歲

六女，側室蔣氏出，生卒不詳，於是年出嫁潁州府知府蔣維昌子直隸候補從九品蔣純健。

　　《甌北集》卷四十六《季女出嫁》：“弱息生於晚，寧圖遷嫁期。”

　　《西蓋趙氏族譜·學亮公派北岸分支世表》：“(趙翼女)……六適潁州府知府蔣維昌子直隸候補從九品純健，側蔣安人出。”

　　按：該詩作於嘉慶九年甲子(1804)，先生此時七十八歲。

趙懷玉自山東奔父喪歸，同官贈以一舟，至清江浦爲他舟觸破，眷屬僅得登岸，行李已大失，洪亮吉、錢維喬等作詩相慰，先生亦次韻。

　　《甌北集》卷四十六《味辛銜恤歸泊舟袁浦爲他舟觸破眷屬僅得登岸行李已大失稚存作詩相慰余亦次韻》自注：“攝登、兗二郡守。”

　　洪亮吉《更生齋詩》卷第八《趙司馬懷玉自山左奔喪歸同官贈以一舟至清江浦渡河膠敗舟坼八口幾至覆没以救得免司馬作厄解自嘲并索余一詩記事》，錢維喬《竹初詩鈔》卷一六《聞味辛於淮浦敗舟臥具都失率成寄唁》。

紅梅閣題壁。

　　《甌北集》卷四十六《紅梅閣題壁》：“出郭尋春羽客家，紅梅一樹燦如霞。”

　　洪亮吉《洪亮吉集》之《卷施閣詩》卷第十《里中十二月詞·三月》自注：“艤舟亭、紅梅閣、迎春堂皆在城東。”

山茶花開，趙懷玉攜酒來飲。

> 《甌北集》卷四十六《山茶花開即事》其二自注："味辛自攜佳釀
> 就飲。"

寶珠山茶既開，適洪亮吉游松江歸，遂邀同劉檀橋、錢維喬、趙
懷玉小飲。洪亮吉説王昶侍郎近狀，喜尚無恙。

> 《甌北集》卷四十六《山茶既開適稚存游松江歸遂邀同檀橋竹初味
> 辛小飲即事》。《稚存説述庵侍郎近狀尚無恙喜賦》自注："刻《湖
> 海詩傳》、《湖海文傳》二書，將告成。……耳目已俱廢。……每日
> 但食粥。"
>
> 洪亮吉《更生齋詩續集》卷一《朱家角訪王侍郎昶賦贈一首》："百
> 千著録偏能記，門下弟子最盛。八十研經不廢時。却望西南洗兵馬，
> 快談不覺更憂時。"王昶《春融堂集》卷二四亦有《寒夜洪稚存見
> 訪》，所附洪亮吉原作與《更生齋詩續集》中稍異。
>
> 洪亮吉《更生齋詩續集》卷五《哭王司寇昶》自注："前訪君病中，蒙
> 以志墓文見委，並口占相贈云：'一語望君須記取，好爲有道撰新
> 碑。'然君子恐未知也。"按："前訪君病中"即指本年朱家角訪王
> 昶事。
>
> 吕培《洪北江先生年譜》嘉慶九年甲子條："正月，……自長興訪王
> 少寇昶於青浦。"

作《論詩》詩，以"作詩必此詩，乃是真詩人"爲蘇軾"賦詩必此
詩，定知非詩人"觀點翻案。

> 《甌北集》卷四十六《論詩》："作詩必此詩，定知非詩人。此言出東
> 坡，意取象外神。羚羊眠掛角，天馬奔絶塵。其實論過高，後學未
> 易遵。詩文隨世運，無日不趨新。古疏後漸密，不切者爲陳。譬
> 如要駕馬，將越而適秦。灞滻終南景，何與西湖春？又如寫生手，
> 貌施而昭君。琵琶春風面，何關苧蘿鬟？是知興會超，亦貴肌理
> 親。吾試爲轉語，案翻老斲輪。作詩必此詩，乃是真詩人。"
>
> 按：蘇軾在《書鄢陵王主簿所畫折枝二首》其一曾提出"賦詩必此

詩,定知非詩人"的詩學觀點。

至楊舍,登城樓望海,望壽興沙洲。偕葉廷甲秀才游楊舍城外顧氏廢園。

《甌北集》卷四十六《登楊舍城樓望海》、《偕葉保堂秀才游楊舍城外顧氏廢園》、《望壽興沙洲》。

葉廷甲,字保堂,號雲樵、水心齋、静觀樓、雲槎樵史。江蘇常州府江陰縣人。乾隆十九年(1754)生,道光十二年(1832)卒。事具葉朝慶等《雲樵府君年譜》。

劉統勳孫、劉墉侄劉鐶之視學江南,相見話舊。

《甌北集》卷四十六《劉少司馬信芳吾師文正公孫今相公石庵先生從子也來視學江南相見話舊賦呈》自注:"余客文正公第,嘗賦《岣嶁碑歌》,時公尚未生。今述其事甚悉,蓋家庭間嘗語此也。"(其一自注)《與少司馬追述文正公相業及余登第事感賦》:"公門無雜賓,日與余共飯。陪侍者公子,今相國石庵先生。……公家子敬書,臨池擅絕技。石庵公時爲孝廉,最工書。我嘗摹彷之,公笑頗形似。公爲軍機大臣,余先以中書舍人在直。……余素習石庵書。及廷試,恐公以素識避嫌,另作歐陽體謄卷,公果拔爲第一進呈。大魁雖旋失,虛名自兹起。"

據《清代職官年表·學政年表》,劉鐶之本年正月兵部左侍郎差江蘇學政,十二月遷吏部右侍郎,召回。

劉鐶之,一作環之,字信芳,號佩循、百畫百硯之齋、沁芳。山東諸城人。劉統勳孫、劉墉侄。道光元年(1821)卒。乾隆五十四年(1789)進士,改庶吉士,授檢討。官至吏部尚書。諡文恭。事具《清史稿》卷三〇二、《清史列傳》卷二十六。

回西干故里,詩勉侄趙廷賢、趙廷雄,侄孫趙蘭、趙蓀、趙荃。春游再到西干故里。

《甌北集》卷四十六《西干故里示侄亮采寶士侄孫公蘭等》:"十年不到綠楊村,白首重來叩里門。……一經幸尚傳家學,……瓣香能不望蘭蓀。"

據《西蓋趙氏族譜·學亮公派西干圻分支世表》，侄"亮采"即趙廷賢，侄"寶士"即趙廷雄，侄孫"公蘭"等即趙蘭、趙蓀、趙荃。

《甌北集》卷四十六《再到西干故里》："釣游歷歷舊烟村，相識曾無一個存。莫怪老箋高自置，見人一概喚曾孫。"

《西蓋趙氏族譜·學亮公派西干圻分支世表》："（趙汝霖長子趙廷賢）行一。又名亮采，字苕溪。嘉慶戊寅歲貢生。候選訓導。乾隆三十年乙酉八月十五日辰時生，道光十七年丁酉正月二十九日戌時卒，壽七十三。""（趙汝霖次子趙廷雄）行二。又名廷鏞，字保時。乾隆五十年乙巳二月十七日午時生，嘉慶十三年戊辰二月初四日卯時卒，年二十四。""（趙廷賢長子趙蘭）行一。字公蘭。乾隆四十九年甲辰九月二十九日辰時生，嘉慶二十一年丙子三月十八日巳時卒，年三十三。""（趙廷賢次子趙蓀）行二。字公蓀。乾隆五十四年己酉二月十八日辰時生，道光八年戊子九月初四午時卒，年四十。""（趙廷賢三子趙荃）行三。字公荃，號茗峰。乾隆五十七年壬子閏四月二十四日寅時生，道光二十五年乙巳四月初六日卯時卒，年五十四。"

楊桐山齋中杜鵑花二十餘盆皆貴種，每開時必治精饌召客。

《甌北集》卷四十六《桐山齋中杜鵑花二十餘盆皆貴種每開時必治精饌召客今歲又邀同諸公宴賞即席賦謝並索諸公賡和以張之》、《楊桐山再具精饌招飲賦謝》。

呂星垣刻詩文集見貽。

《甌北集》卷四十六《呂叔訥廣文刻詩文集見貽爲題五律一首以志欽慕》。

有勸先生蓄聲伎娛老者，先生戲答園柳庭花自爲尋歡處。

《甌北集》卷四十六《有勸余蓄聲伎娛老者戲答》："哀犀自有尋歡處，園柳庭花總色香。"

五月初七日，方寶昌招同劉種之、莊通敏、洪亮吉、蔣熊昌、楊煒、龔稼塘、蔣騏昌、陳賓泛舟看競渡。

《甌北集》卷四十六《午節後二日方慕雲明府招同劉檀橋中允莊迂甫贊善洪稚存編修蔣立庵楊星園兩太守龔稼塘州牧蔣瑩溪別駕陳春山大令泛舟看競渡即事》。

洪亮吉《更生齋詩續集》卷一《自琴溪歸里頻日趙兵備翼方大令寶昌聯舫約觀競渡率賦一首即和兵備原韻》。

在先生守鎮安後二十餘年,劉大觀嘗宰鎮安府天保縣,過常州偕洪亮吉來晤,具言鎮民已爲先生立生祠,虔奉弗替。

《甌北集》卷四十六《劉松嵐觀察大觀舊嘗宰鎮安之天保縣在余守鎮安後二十餘年矣兹過常州偕稚存來晤具言鎮民已爲余立生祠虔奉弗替感賦》。

李斗《揚州畫舫録》卷六"劉大觀,字松嵐,山東邱縣拔貢生,工詩善書。官廣西知縣,丁艱時,爲江南浙江之游。揚州名園,江外諸山,以及湝墅、西湖諸勝迹,極乎天台、雁蕩之間,揮素擘箋無虛日。歸過揚州,主朱敬亭家,嘗游鮑氏園,贈之以畫。嘗謂人曰:'杭州以湖山勝,蘇州以市肆勝,揚州以園亭勝,三者鼎峙,不可軒輕。'洵至論也。詩學唐人,著有《嵩南詩集》、《詩話》數十卷。聞揚州名妓銀兒以怨死,求得其墓,邀同人作詩吊之。服除,改授奉天開原縣,擢寧遠知州,稱循吏。"

劉大觀,字正孚,號松嵐,山東臨清州邱縣人。乾隆十八年(1753)四月初五日生,道光十四年(1834)三月二十三日卒。乾隆四十二年拔貢,歷官廣西永福、天保知縣,奉天寧遠知州,山西河東道,署山西布政使。工詩善書,著《玉磐山房詩集》等。事具王昶《湖海詩傳》卷三八、劉青溪等續纂民國《邱縣劉氏宗譜》卷四。

接同年陳鳳舉書,知其官金華教授,喜而有寄。

《甌北集》卷四十六《接同年陳蘭江書知其官金華教授喜而有寄》自注:"曾同客淮關榷使寅公幕。……君昔宰寶雞,改就教職。"

按:《甌北集》卷五十又有《次韻寄答陳蘭江同年金華教授》,可見出嘉慶十三年戊辰(1808)陳鳳舉仍爲金華教授時,二人互相贈答情況。

五月中陰雨連旬，低田淹浸，時屆小暑尚有未插秧者。鄉民水車十百，戽田水入河。小暑後，忽得快晴，低田水漸退，而鄉民又恨東南風大，不得速驅向蘇湖，致插秧尚有待。水退後，炎歊中家家忙補插秧。蘇松尚有不能補栽者，災黎死溝壑中。蘇松猝起饑民暴亂。

《甌北集》卷四十六《五月中陰雨連旬低田淹浸今屆小暑尚有未插秧者感賦》、《水車十百戽田水入河》、《小暑後忽得快晴低田水漸退而鄉民又恨東南風大不得速驅向蘇湖致插秧尚有待也詩以解之》、《黃鸝》、《水退》、《溝壑》。

據《近世中西史日對照表》，本年小暑在六月初一日。

《甌北集》卷四十六《猝起》："猝起饑民掠食喧。"題注："蘇松近事。"

淫雨成災，米價高昂。六月初，吳郡鄉民蜂起入城搶米。爲自保，先生亟減價平糶，遭哄搶。先生惟慮民氣囂然之患，理解飢窘迫人之苦衷。

《甌北集》卷四十六《甲子夏梅雨過多蘇州以下多被水不能插秧米價頓長貧民遂蜂起搶掠直入省城一日劫案數十百起城門晝閉三日稍定吾常地勢高倖免淹浸而糧價亦貴群不逞聞風將效尤余家有米一囷計一百二十石亟減價平糶市價每升三十五文余僅以二十四文定價於是萬衆畢集有無賴子突起搶米衆皆隨之少年女亦脫其裙中袴作囊盛得升斗嗚呼飢窘之迫人以至無忌憚亡廉恥如此自惟小惠招尤固自貽之感而民氣囂然不靖大可慮也》。

按：關於是年蘇松災情，文集多有記載。如孫星衍《天真閣集》卷四三《甲子歲水災紀事》："常熟東南鄉告水患，官不開倉，民不得食，遂聚掠囤戶與貨舶。"范來宗《洽園詩稿》卷一四有《大水》、《搶米》、《官糶》、《民糶》四詩。

錢泳《履園叢話》十四"搶米"條："嘉慶甲子年五月，吳郡大雨者幾二十日，田俱不能插蒔。忽於六月初一日，鄉民結黨成群，搶奪富家倉粟及衣箱物件之類。九邑同日而起，搶至初六日。不知其故，共計一千七百五十七案。真異事也。其時撫軍汪公稼門僅殺余長春一人，草草完結。"

秋，劉墉南來江南試院爲繼母慶九十壽，劉墉亦年八十五，先生敬隨叩賀，並送其還朝。

《甌北集》卷四十六《劉石庵相公因繼母太夫人就養在家孫少宰公江南試院壽屆九十奏蒙恩命南來慶祝公年亦八十五矣稱觴盛事從古未有余以門下士敬隨叩賀歡忭難名恭紀三律》、《石庵相公一見即誦余出京赴鎮安任時有萬里風塵從此去百年天地幾人閑之句余久已忘之並未留稿因公誦及覺此一聯似屬可存爰補綴成篇錄之稿中》、《送石庵相公還朝》、《臨別再口占一首》。

按：《甌北集》卷四十七《石庵相公挽詩》其三自注："公臨行爲余書楹帖，並索拙著攜去。……楹帖十八字：'務觀萬篇，半皆歸里作；啓期三樂，全是達生言。'蓋絕筆也。"可知先生此次謁見劉墉曾請其書楹帖，并奉上己作。

據《清代職官年表·大學士年表》，劉墉時任體仁閣大學士，是年十二月廿五日卒。

作時文示孫趙忠弼。

《甌北集》卷四十六《夜不寐戲作時文示羹孫》。

按：詩中"羹孫"謂趙忠弼。

《西蓋趙氏族譜·學亮公派北岸分支世表》："（趙忠弼）行一。初名和羹，字作梅。國子監生。嘉慶戊寅恩科順天鄉試挑取謄錄。國史館議叙授安徽徽州府婺源縣知縣，加三級，誥授奉直大夫。……乾隆五十四年己酉十月初七日辰時生，咸豐六年丙辰十一月十六日酉時卒，壽六十八。……著有《山茶室詩稿》一卷。"

八月，江陰楊舍小住，見逃荒者，歎飢渴害心。

《甌北集》卷四十六《楊舍見逃荒者感賦》："我來暨陽住十日，静看

逃荒人乞活。家住蘇松夏潦災，至今八月尚没膝。……初來開口
猶囁嚅，人給一錢感刺骨。不三四日習已慣，對人無復可憐
色。……始知飢渴能害心，古來喪節固非一。"

憂東南海上盗起。

> 《甌北集》卷四十六《海上》："前年海颶覆盗舟，百千盗殭滄波流。
> 方謂萑苻根已絕，不數載復黨類哀。初傳赤嵌城被掠，……旋聞
> 溫州出船哨，……近來吳淞又警報，……幾似前代倭寇擾，……今
> 則閩粵無家者，即以海面爲菀裘。……既不能制其死命使遠遁，
> 又不能厚其生理俾內投。……私居蒿目一長歎，兹事隱繫東
> 南憂。"

常州地高被水處少，因下流災重，米價驟增，遂致食貴。新穀
將登，民已寧貼，惟蘇、湖水尚未退，恐種麥猶遲。

> 《甌北集》卷四十六《常郡地高被水處少因下流災重米價驟增遂致
> 食貴今新穀將登民已寧貼惟聞蘇湖水尚未退恐種麥猶遲是可憂
> 耳》、《米貴》。

壽劉可行舅兄八十。

> 《甌北集》卷四十六《壽劉可行舅兄八十》："刻劉氏一家文稿行
> 世。"（其一自注）"君長余二歲。"（其二自注）作於嘉慶九年甲子
> （1804），可推知，劉可行生於雍正三年（1725）。

外孫金皋年二十四舉於順天鄉試，先生妻以孫女。

> 《甌北集》卷四十六《外孫金皋京闈發解喜賦》："皋弱冠有才，余決
> 其遠到，妻以孫女。"（其一自注）"余年二十四舉京兆試，皋年籍俱
> 同。"（其二自注）
> 《西蓋趙氏族譜·學亮公派北岸分支世表》："（趙翼）女六……次
> 適尤溪縣知縣金拱闈子庠生恭壽……程恭人出。"
> 金皋，字枚偶，號牟山堂，江蘇常州府江陰縣人。父庠生金恭壽。嘉
> 慶九年甲子（1804）舉人。著《有君子齋試帖》、《河南修武縣志》。

503

蔣熊昌病殁，賦詩挽之。

《甌北集》卷四十六《蔣立庵挽詩》。

錢維喬《竹初詩鈔》卷一六《挽蔣太守立庵》。

洪亮吉題《秋山晚景長卷》，夸贊先生"十萬黃金詩一萬"，兼及
先生收入。先生與之迭相戲酬。

> 洪亮吉《更生齋詩續集》卷一《題趙兵備翼秋山晚景長卷》："利名
> 心並析秋毫，珠玉叢中壇坫高。十萬黃金詩一萬，送君歸老亦堪
> 豪。"(其二)"卅年前苦較文忙，垂老都成陸氏莊。<sub>費制使淳、蔣漕督兆
> 奎，前後皆出公門。</sub>江左淮南諸節使，歲除爭饋束脩羊。"(其三)
>
> 《甌北集》卷四十六《稚存見題賤照有十萬黃金之嘲走筆戲答》：
> "縶余出身故寒陋，得官稍藉俸錢救。……老年生計略可支，不過
> 賣文錢、潤筆資。……君挾大名驚世人，廣致賂遺來絡繹。……<sub>君
> 新構精舍，極水木竹石之勝。</sub>"
>
> 洪亮吉再酬見《更生齋詩續集》卷一《前題趙兵備行卷有十萬黃金
> 詩一萬之句兵備復枉詩相嘲爰戲答一篇》："<sub>先生居官極廉，歸里後以授
> 徒起家。</sub>……又不見，賣文無論錢有無，究不若田文薛縣日日收市
> 租。即有諛墓文，較及兩與銖，總不若張說橫財乃有三十鑪。我
> 言十萬信不虛，質庫況爾盈吳趨。子錢及母錢，疊日飛青蚨，努力
> 可望猗頓兼陶朱。"
>
> 先生再答詩見《甌北詩鈔》七言古五《余既答稚存黃金之嘲乃又有
> 詩來索戰再作長句報之》，不見《甌北集》中。
>
> 尚鎔《持雅堂續鈔·趙翼傳》："及李侍堯征臺灣賊，邀之入幕，事
> 平，餽金數千，翼本機警，善治生，由此家大起。"
>
> 按：《甌北集》卷四十四《自楊舍檢校質庫回》："有田二頃寧求益，
> 每字三縑亦論財。"卷五十《湖塘橋質庫繚垣十餘丈爲大風雨摧倒
> 壓壞棧屋九間俗傳爲龍陣過也詩以志異》："獨惜此屋占墟市，什
> 一取息免腹枵。"於先生田產、當鋪規模可見一斑。
>
> 又按：今見先生《庭園坐談圖》左上署："甲子冬日寫奉"，甲子當

即本年,此圖或與《秋山晚景長卷》爲同時所寫。

與洪亮吉探討後世之名。

《甌北集》卷四十六《戲簡稚存》:"青鞶布襪過從頻,一道橫街作近鄰。我已年來都散漢,君真天上謫仙人。詩纔起草先邀和,謔到交鋒不避嗔。如此清歡供暮景,也應俗煞軟紅塵。"《再簡一首》:"游戲紅塵兩散仙,平生詩句已流傳。虛名若論時長短,縱不千年也百年。"

洪亮吉《更生齋詩續集》卷一《趙兵備枉贈詩有虛名若論時長短縱不千年亦百年二語爰廣其意戲簡一篇》:"若秖一百年,何足論有無。先生夙工長短篇,若論律體尤精研。……先生自言七律愜心者至五百首。……我即不好名,名或欲我隨。世間有盛必有衰,五百年內吾能知,五百年外或者難支持。"

《甌北集》卷四十六《稚存答詩嫌百年太少蓋其才已獨有千古也再簡奉酬》:"少陵見同輩,不輕許必傳。千秋萬歲名,只屬李青蓮。……君也十倍才,出語破萬膽。……固知聲名播,兼恃氣類聯。……與君共詩國,查初白詩:"毘陵自古稱詩國。"狎主齊盟壇。……稱君必及我,纍如貫珠連。藉君光燄長,挈我聲價懸。"

按:《甌北詩鈔》五言古四將該詩詩題前增加"余簡稚存詩有縱不千年也百年之句"數字,使這首詩單獨讀來,不至於迷惑不解。

十月,錢大昕歿,先生作挽詩。

《甌北集》卷四十六《錢竹汀宮詹挽詩》:"生死不離文字裏,聲名早在斗山間。縹緗麗制傳中禁,碑版雄詞到百蠻。"(其一)"君著《廿二史考異》,最精核。"(其二自注)

洪亮吉《更生齋詩續集》卷一《錢少詹大昕挽詩》:"余自塞外歸,晤先生於吳門。……余《左傳詁》成,先生爲商榷數事。……先生以冬孟謝世,秋杪尚通音問。……五十年來爲樸學者:王光祿鳴盛、盧學士文弨,而先生述作尤精審。"(其一自注)"詞源學術未分途,獨力能將大雅扶。"(其二)

陳康祺《郎潛紀聞四筆》卷四"昭代通儒錢大昕"條："錢竹汀先生，弱冠時雅擅文藻，與諸名士馳逐壇坫，每有著作，人競鈔寫。聲譽方振，忽歎息曰：'經之未通，乃從而繡其鞶帨乎？'遂閱覽群籍，綜貫六藝，卒成昭代通儒。士之負質穎異者，其毋溺於詞章，掇春華而遺秋實也。"

汪承霈以二品休致。

《甌北集》卷四十六《聞時齋總憲蒙恩以二品歸老感賦》。

《清史列傳》卷二十八《汪承霈傳》："（嘉慶）九年九月，以北城橫街地方賊夥捆縛事主一案，未經奏聞，經副都御史陳嗣龍奏參。諭曰：……姑念伊係原任尚書汪由敦之子，舊臣後裔，著加恩以二品頂帶休致。"

《甌北集》仍在編校中，其總量已與現存《甌北集》相近。

《甌北集》卷四十六《編詩》："多生餘結習，誤落藝林中。蹤迹三高士，詩篇半放翁。放翁詩萬首，余幾半之。讀書雖得間，傳世有何功？不及鋤犂手，謀生力自供。"

王昶送示新刊刻《湖海詩傳》，先生題詩，洪亮吉有和作。

《甌北集》卷四十六《述庵侍郎遣人送示新刻湖海詩傳所輯皆生平交舊凡六百餘人人各繫小傳其心力可謂勤矣敬題六絕句》其五自注："選趙璞函詩獨盈一卷。蓋公與璞函同從軍滇蜀，璞函已殉難木果木，故存歿之感倍深，亦可見篤於風義矣。"

洪亮吉《更生齋詩續集》卷一《趙兵備見示題湖海詩傳六截句奉酬一首》："六百家詩六十年，始於乾隆之元。定知誰可繼前賢。虛期識力超今古，却以科名派後先。舊雨諒難忘沈趙，沈尚書德潛爲王侍郎詩派所自出，趙兵部文哲又其患難友也，故所選獨多。邊風采不到黔滇。靈光一老仍無恙，畢竟輸渠筆陣堅。"

按：洪亮吉此詩上有《十一月四日……》，下有《十二月二日行城東》，故趙翼題《湖海詩傳》與洪亮吉和詩應作於十一月四日至十二月二日之間。

洪亮吉《北江詩話》卷一："近青浦王侍郎昶有《湖海詩傳》之選，刊成寄余。余於近日詩人，獨取嶺南黎簡及雲間姚椿，以其能拔戟自成一家耳。""侍郎詩派出於長洲沈宗伯德潛，故所選詩，一以聲調格律爲準。其病在於以己律人，而不能各隨人之所長以爲去取，似尚不如《篋衍集》、《感舊集》之不拘於一格也。""侍郎居青浦之朱家角，昨歲二月，余自吳江至上海，因便道訪之。侍郎已病不能起，耳目之用並廢，蓋年已八十矣。瀕行，侍郎持余哭，諄諄以身後志銘見屬。然尚能詩，口占一律贈余，……余亦爲之揮淚而別。"

陳康祺《郎潛紀聞四筆》卷一"王昶錦囊録人才"條："王蘭泉侍郎昶，世但稱其清才雅尚，酷嗜金石文詩耳。其揚歷中外，頗著楙勣。嘗東至興京，西南至滇、蜀，又從征緬甸有功。所至謙恭下士，聞人有一才一藝，輒録其姓名、籍貫，細書小摺，盛以錦囊，各分門類。宴談之頃，一聞佳士，即取錦囊補之。侍郎雖不爲不遇，倘使爲宰相，延攬人才，亦何減呂文穆之夾袋哉？"

吳錫麒過訪，先生邀洪亮吉、趙懷玉同集。

《甌北集》卷四十六《吳穀人祭酒枉過草堂邀稚存味辛同集》。

是年，《甌北詩話》十二卷續成。

按：先生《甌北詩話小引》末署"嘉慶七年五月甌北老人趙翼識"，但《甌北詩話》卷十二"古今詩互有優劣"條録有"今甲子歲，梅雨連旬"之句，說明大約在本年《甌北詩話》十二卷最終續成。

是年，楊桐山卒。

嘉慶十年乙丑（1805）　七十九歲

題寒石和尚《吾與庵圖》。

《甌北集》卷四十七《題寒石和尚吾與庵圖》。

按：題此圖者衆多。如姚鼐《惜抱軒詩集後集》近體《題寒石長老吾與庵圖》、洪亮吉《更生齋詩續集》卷一《題吾與庵圖》自注："圖爲顧上舍鶴慶所作。"潘奕雋《三松堂集》卷一七《吾與庵贈寒石長老》。

洪亮吉《北江詩話》卷一:"僧寒石詩,如老衲升壇,不礙真率。"

挽劉墉。

《甌北集》卷四十七《石庵相公挽詩》:"貞白汾陽陸放翁,壽俱八十五纔終。高名已屬三君子,大耄今添一相公。"(其二)又其三自注:"公臨行爲余書楹帖,並索拙著攜去。……楹帖十八字:'務觀萬篇,半皆歸里作;啓期三樂,全是達生言。'蓋絕筆也。"事詳上年譜。

哭劉可行舅兄。

《甌北集》卷四十七《哭劉可行舅兄》。

按:先生上年有詩《壽劉可行舅兄八十》,可推知劉可行壽八十一。

挽王杰。

《甌北集》卷四十七《王惺園相公挽詩》:"公已致仕歸里,因八十壽辰,上寵錫優厚,來京謝恩,遂歿于京。"(其一自注)"我慕千秋勤著述,公登一品佐昇平。……一甲三人兩徂謝,此身雖在也堪驚。榜眼胡豫堂,官至總憲,已先下世。"(其二)

據阮元《王文端公年譜》,王杰嘉慶十年正月初十日子時,無疾薨於京邸。

洪亮吉《更生齋詩續集》卷二《挽王韓城師》自注:"丙辰丁巳,余從公值内廷,屢規公當隨事盡言,公雖不能從,然頗嘉其戇直。……公與于文襄敏中、梁文定國治,皆以狀元宰相值機廷,他日列傳,亦當同卷。"

昭槤《嘯亭雜錄》卷十"文體"條:"今幸值右文之世,而近日學者多以割裂古書、剿襲成語以爲博雅,而課士者復多取之,誠亦過矣。惟辛酉科王韓城掌北闈,一洗前人陋習,專以清醇爲主,而落第者反謷訾不休,亦可笑矣。"

陳康祺《郎潛紀聞四筆》卷五"王杰作書不曠日課"條:"韓城王文

端公,中歲以後,每晨起,必書真體百字,方治他事。年已篤老,不曠日課。嘗語人:'吾督閩學,疾作,屬人書摺,奉至尊訓詰,故不敢一日荒功。'公之謹小慎微,作事有恒,即此亦見一斑矣。"

一月中連得劉墉、王杰兩相之訃,又哭劉可行舅兄,先生淒然有作。

《甌北集》卷四十七《一月中連得石庵惺園兩相之訃又哭可型舅兄生平交舊於是盡矣淒然有作》。

按:趙翼內弟劉芳,字可型,爲外舅劉鳴鶴侄,《甌北集》中一直稱"可型內弟"。趙翼另有舅兄劉可行,見《甌北集》卷四十六《壽劉可行舅兄八十》,卷四十七《哭劉可行舅兄》、《一月中連得石庵惺園兩相之訃又哭可型舅兄生平交舊於是盡矣淒然有作》二詩連作,可知後者詩題"可型舅兄"爲"可行舅兄"之誤。

又《甌北集》卷四十四《可型舅兄老而善睡頗以爲苦余方苦不睡不意其轉苦睡也戲贈一首》詩題中的"可型舅兄"亦爲"可行舅兄"之誤。

常州東門外天寧寺最崇敞,殿宇百畝,僧徒常數千指,爲江南一大叢林,僧了月修造工竣,先生詩以落之。

《甌北集》卷四十七《常州東門外天寧寺最崇敞殿宇百畝僧徒常數千指江南一大叢林也顧未有詠之者僧了月修造公竣詩以落之》。

民國濮一乘纂《武進天寧寺志》卷七趙翼《淨德禪師行略》:"師名了月,字淨德,晚號虛奇,常州陽湖人。姓趙氏,世居五路橋。……至二十六歲,……經投潤州五峰山,納川海祖爲之披剃。二十七歲,是年春依金山天濤老和尚,稟受具足大戒。……五十一年丙午,師年五十有六。是年常州天寧方丈虛席,衆議非師來不可。於是監院玉峰師與悟性等同至嘉禾,延師主席。……擇日延師進院。……蓋五十年,常郡歲荒,常住如洗。五十一年,官逋疊累,日臨追逼,若不是琢師出力輔助,則吾師大願實難成矣。所以叢林須要得人爲上,……由此官逋債負漸得清還,天王大殿重

新修葺,蓋有數也。嘉慶四年己未夏五,蒙鎮江王夢樓太史等又
延師駐錫竹林,而天寧常住囑付同門鼎成、廣參、慧炬等為之照
應,内外得人,故能兩處皆為修復。天寧田產本八百餘畝,今增置
五百餘畝,可供合寺饘粥,皆師之儲積也。……夜半子時端坐而
逝,時嘉慶十一年七月十五日也。……師生於雍正九年辛亥三月
十二日午時,示寂於嘉慶十九年七月五日子時,世壽八十有二,僧
臘五十有六。眾議建塔於潤州竹林寺大山門之右菊花山枝
焉。……以予與師忝屬同宗,故不敢駕辭妄加修飾,遂因達如所
述之意,略為更正之而已矣。"

按:趙翼該行狀關於了月卒年,兩次記載不同,存疑。

洪亮吉《洪亮吉集》之《卷施閣詩》卷第十《里中十二月詞·十二
月》自注:"城東天寧寺,僧徒常三百餘人,臘月初,則空寺盡出,各
化臘八米。"

春初,右手患風痺,食指中指有時不能把筆舉箸。

《甌北集》卷四十七《右手忽患風痺食指中指不能把筆將成痼疾
矣》:"兩指今不仁,竟難使以臂。"

初用拐杖。

《甌北詩鈔》五言古四《初用拐杖》。按:此詩不見於《甌北集》,位
於《余簡稚存詩有縱不千年也百年之句稚存答詩嫌百年太少蓋其
才已獨有千古也再簡奉酬》與《右手忽患風痺食指中指不能把筆
將成痼疾矣》之間,而《余簡稚存詩……》為作於上年《甌北集》卷
四十六《稚存答詩嫌百年太少蓋其才已獨有千古也再簡奉酬》的
改題之作,故《初用拐杖》約作於本年。

廷俊京闈報罷,入貲以別駕就選。

《甌北集》卷四十七《俊兒京闈報罷入貲以別駕就選即事》。

《西蓋趙氏族譜·學亮公派北岸分支世表》:"(趙廷俊)廩貢生。
候選通判。"

趙懷玉自松江歸,王昶、歸懋儀俱寄聲存問,歸懋儀能背誦先

生詩如瓶瀉水。

> 《甌北集》卷四十七《昧辛自松江歸述庵侍郎佩珊女史俱寄聲存問並知佩珊能背誦拙詩如瓶瀉水各寄謝一首》。

乾隆十年，先生十九歲補府學弟子員，今秋，又屆乙丑院試之期，相距恰六十年。先生欣然重游泮宮。

> 《甌北集》卷四十七《余年十九補弟子員今七十有九又屆乙丑院試之期作重游泮宮詩記事》。

哭汪承霈病歿陽穀舟次。

> 《甌北集》卷四十七《哭時齋侍郎病歿陽穀舟次》其一："兩世師生六十年，南歸正好共流連。豈期半路將逢候，翻隔終身一晤緣。……恩旨照侍郎銜賜卹。"
>
> 按：《清史列傳》卷二十八《汪承霈傳》："（嘉慶）十年四月，奏請回籍。六月，於中途卒。諭曰：'……著加恩照尚書例，給予卹典。'"
>
> 《清史稿》卷三〇二亦如之。先生此云"恩旨照侍郎銜賜卹"有誤。

作《逃荒歎》詩。

> 《甌北集》卷四十七《逃荒歎》："男拖棒，女挈筐，過江南下逃災荒。云是淮揚稽天浸，幸脫魚腹餘羸尪。……初猶倚門可憐色，結隊漸衆勢漸强。……黔敖縱欲具路食，口衆我寡恐召殃。側聞有司下令逐，具舟押送歸故鄉。却望故鄉在何所？洪流隆割方湯湯。"

冬，廷俊舉第四子趙申憲。

> 《原譜》嘉慶十年乙丑條："是冬廷俊又舉一子。"
>
> 據《西蓋趙氏族譜·學亮公派北岸分支世表》，當爲趙廷俊第四子趙申憲。

是年，紀昀、徐書受卒。

嘉慶十一年丙寅（1806）　八十歲

先生有《八十自壽》詩八首，舒位和之。先生序其《瓶水齋詩集》。

《甌北集》卷四十八《八十自壽》其八："官去僅餘風兩袖，老來聊臥日三竿。遍翻史傳無尋處，或有人從藝苑看。"

舒位《瓶水齋詩集》卷十二有《奉和趙甌北先生八十自壽詩原韻八首》。

舒位《瓶水齋詩集》光緒間刻本前先生《舒位〈瓶水齋詩集〉引》末署"陽湖趙雲松識，時年八十"。

按：舒位《瓶水齋詩集》卷十三《與甌北先生論詩并奉題見貽續詩鈔後》："其詩自可傳，其詩有可刪。"對趙翼詩既表欽佩之情，又露諫諍之意。據舒位此詩可知，《甌北詩鈔》在乾隆五十六年辛亥（1791）刊刻後又有增補。

陳康祺《郎潛紀聞四筆》卷一"大興才士舒位"條："乾、嘉之間，祭酒法式善公嘗以大興舒位、常熟孫原湘、嘉興王曇爲'三君'。作《三君詠》。舒字鐵雲，幼隨宦粵之永福，值安南入貢，父摰之出鎮南關迓使者，賦《銅柱詩》相贈答。……時其家久浮寓蘇、浙，乃客游近省旁郡，負米以養，一歲數歸省。後在真州聞母訃，戴星而奔，不納勺飲者彌月，以哀毀卒。君性情篤摰，好學不倦，於經史古文無不讀，尤喜觀仙佛怪誕、九流稗官之書，一發之於詩，其所著曰《瓶水齋集》。余爲著錄於此，他日傳文苑者，當不遺君姓氏也。其孝行則知之㑞矣！蓋三君皆才士，而其品以君爲最純云。"

舒位，字立人，號鐵雲，順天府大興縣人。乾隆三十年（1765）九月四日生，嘉慶二十年十二月三十日（1816年1月28日）卒。乾隆五十三年（1788）恩科舉人。遭母喪，以毀卒。法式善以與王曇、孫原湘爲"三君"，作《三君詠》。著《瓶水齋詩集》、《瓶水齋詩話》、《瓶水齋雜俎》、《乾嘉詩壇點將錄》等。事具《瓶水齋詩集》附陳裴之《乾隆戊申恩科舉人揀選知縣舒君行狀》、蕭掄《舒鐵雲孝廉墓志銘》、（同治）《畿輔通志》卷二二六《列傳三十四·國朝一》及《清史列傳》卷七二等。

二月二日，洪亮吉邀里中高年同集。

洪亮吉《更生齋詩續集》卷四《今歲孫上舍振學九十趙兵備翼八十

吴上舍騏七十其弟上舍彪五十趙司馬懷玉六十汪上舍燾吴大令階並五十將以二月二日合宴於更生齋並招將及八十之孫封翁勳楊刺史奮吴封翁端彝劉總戎烜將及七十之陳大令賓金太守榮將及六十之楊兵備煒方大令寶昌同集十四客合計千年亦里中盛事也率賦此章并邀座客同作》。

按：關於此事，《甌北詩鈔》五言古四題作《稚存招同里中老人孫上舍葆舒年九十余八十吴上舍俊臣七十家味辛司馬六十皆取成數其餘吴封翁書屏七十八楊刺史述庭七十七吴封翁簡齋七十五劉瀛坡總戎七十三並以次列坐主人亦六十一矣鄉邦此會頗稱佳話與諸君同作》，該詩不見於《甌北集》。

是年，從子趙廷雄，從孫趙蘭，孫趙忠弼、趙慶齡、趙申嘉五男俱應童子試。

《甌北集》卷四十八《從子廷鏞從孫公蘭孫作梅阿發阿科俱應童子試喜賦》："從子廷鏞孫作梅，兩皆孤兒稍成材。從孫公蘭較年長，上樹不復嬉千迴。就中二孫太莽魯，阿發阿科勇先賈。詩文僅可免曳白，見獵心喜弗能阻。……老夫亦頗興風揚，頭角先誇屋下郎。却憶昔年曾此地，纔拈一箭便穿楊。六十年前余初應童子試，是歲即補弟子員。"

按：該詩作於嘉慶十一年丙寅（1806）。據《西蓋趙氏族譜·學亮公派北岸分支世表》與《西蓋趙氏族譜·學亮公派西干圻分支世表》，從子"廷鏞"爲趙廷雄，從孫"公蘭"爲趙蘭，孫"作梅"爲趙忠弼，孫"阿發"爲趙慶齡，孫"阿科"爲趙申嘉。趙廷雄父趙汝霖已於乾隆五十一年丙午卒，趙忠弼父趙廷偉亦卒於嘉慶二年丁巳，故上詩云"從子廷鏞孫作梅，兩皆孤兒稍成材"。此年，趙廷雄二十二歲、趙蘭二十一歲、趙忠弼十八歲、趙慶齡十五歲、趙申嘉十三歲。

《西蓋趙氏族譜·學亮公派西干圻分支世表》："(趙汝霖次子趙廷雄)行二。又名廷鏞，字保時。乾隆五十年乙巳二月十七日午時生,嘉慶十三年戊辰二月初四日卯時卒,年二十四。"

《西蓋趙氏族譜·學亮公派西干圻分支世表》:"(趙廷賢長子趙蘭)行一。字公蘭。乾隆四十九年甲辰九月二十九日辰時生,嘉慶二十一年丙子三月十八日巳時卒,年三十三。"

《西蓋趙氏族譜·學亮公派北岸分支世表》:"(趙廷偉長子趙忠弼)行一。初名和羹,字作梅。國子監生。嘉慶戊寅恩科順天鄉試挑取謄錄。國史館議敘授安徽徽州府婺源縣知縣,加三級,誥授奉直大夫。……乾隆五十四年己酉十月初七日辰時生,咸豐六年丙辰十一月十六日酉時卒,壽六十八。……著有《山茶室詩稿》一卷。……子六,……女二。"

《西蓋趙氏族譜·藝文外編》載趙曾逵等《先考作梅府君行述》:"(趙忠弼)自攻舉業時,讀諸經注疏有所心得,輒錄其要者,稿盈尺許。晚年嘗箋注曾大夫遺集,已十舉其七八,尚未編次成帙。"

《西蓋趙氏族譜·學亮公派北岸分支世表》:"(趙廷俊長子趙慶齡)行一。初名發震,字孟符。國子監生。道光乙酉科副榜貢生,丙戌考取八旗官學教習。乾隆五十七年壬子七月初七日寅時生,道光九年己丑十一月二十日卯時卒於京邸,年三十八。"

《西蓋趙氏族譜·學亮公派北岸分支世表》:"(趙廷俊次子趙申嘉)行二。初名發科,字蕓西。嘉慶丙子科舉人。截取引見,以教職用。乾隆五十九年甲寅二月初九日子時生,咸豐元年辛亥閏八月初五日申時卒於濟寧幕舍,年五十八……卒後選吳縣教諭……著有《蕓酉室詩文遺稿》各一卷。"

與金榮交,題其族祖金正希先生遺像。

《甌北集》卷四十八《題忠節金正希先生遺像爲其族孫素中太守作》及卷五十二《題金素中太守西瀛小築圖》:"家傍黃山客晉陵,寓齋十笏占西瀛。"(其一)"曾驅五馬走驂驔,澤遍閩南又濟南。"(其二)

金榮,字戟門、丹采,號素中,安徽徽州府休寧縣人。乾隆十二年

(1747)生。監生。乾隆四十一年任光禄寺典簿,五十一年陞光禄寺署正,五十九年任泰安知府,官至濟南知府、護理濟東泰武臨道。晚居常州。修《泰山志》,著《清暉閣集》。

六月,王昶殁賦詩哭之。

《甌北集》卷四十八《哭王述庵侍郎》:"前年遇公劍池石,正值懸弧慶八秩。……余與公同傲趙天羽給諫寄園舊宅。……蒲褐山房_{公齋名}。綠樹陰,中有兩人展齒迹。無端滇徼有兵事,共作征南幕下客。……我旋按部粵江清,公又從戎蜀山僻。矢石叢中過六年,身最艱劬名最赫。……奏凱歸來大策勳,屢擢崇班到槐棘。是時我久臥菰蒲,公亦繼歸勤著述。……江天落落幾作家,袁蔣王錢皆巨擘。……十餘年乃盡凋謝,剩我與公兩頭白。"

據嚴榮《述庵先生年譜》嘉慶十一年丙寅八十三歲條,王昶卒於是年六月初七日丑時。

趙懷玉《收庵居士自叙年譜略》嘉慶十一年丙寅六十歲條:"六月,得王侍郎昶訃,以詩哭之。"《亦有生齋集》詩卷二二有《挽王侍郎昶》。

洪亮吉《更生齋詩續集》卷五《哭王司寇昶》自注:"君病中刊《金石萃編》,未就。……君著録弟子最盛。……前訪君病中,蒙以志墓文見委,並口占相贈云:'一語望君須記取,好爲有道撰新碑。'然君子恐未知也。"

詩懷顧日新。顧氏《題甌北詩鈔》,極爲推重先生詩。

《甌北集》卷四十八《懷清橋》:"夫婦同堅殉國心,不曾聞訃已淵沉。挽詩難用香奩體,冤魄猶留血影砧。江上有魂應遠慰,人間無路可哀吟。可憐一片秦淮水,嗚咽寒流直至今。"

後附顧日新《題甌北詩鈔》:"神驚鬼泣天公笑,都到先生下筆時。八面難當才子氣,千秋不朽翰林詩。奇懷應手冰雷造,成案翻空鐵石移。那怪群兒爭撼樹,蚍蜉原未許輕知。"(其一)"真逸豈知皇甫湜,庭筠曾法玉溪生。一時未必皆千古,新曲應能勝舊聲。

515

孝子《南陔》還著作,詩人東璧更科名。渡河香象方才力,心服隨
園四字評。"(其二)

顧日新,字劍峰,蘇州府吳江縣人,補長洲諸生,著《寸心樓詩集》
四十二卷。事具同治《蘇州府志》卷一百七。

六月,長孫公桂由京師南回,籠一馴鵲,孝敬先生。先生賦詩
感悟,物生得食皆可馴。

《甌北集》卷四十八《桂孫南回籠一馴鵲朝出暮歸驅之不去乃知物
生得食皆可馴也感賦》。

《甌北集》卷四十八《長孫媳查氏瘵病甚劇勢將不起悼之》自注:
"公桂六月中歸里。"

再賦逃荒歎,傷活移屍。述官府押蝗回。

《甌北集》卷四十八《逃荒歎》:"下河流民如飛蝗,過江陣陣來逃
荒。此荒不是天降割,請爲澤國縷述詳。……高堰長堤懼漲裂,
舊有石壩救急方。何當五壩悉放溜,保堤弗顧民命傷。下游雖有
氾光及礕社,高、寶二湖名。建瓴勢下何能當。稽天浴日湧白浪,南
關車邏盡潰防。二壩即洩湖水下河處。遂令下河十州縣,泰州、東臺、鹽
城、阜寧、興化等處。尺田寸宅皆重洋。……倖得脫者始到此,焦皮裹
骨頳尾魴。其來漸多膽漸壯,十百結隊擔籃筐。……居人被擾竟
罷市,大街可射箭穿楊。有司不敢下令逐,稍給資斧遣出
疆。……下河今無鄉可返,陸沉家已入混茫。明年高堰恐復瀉,
萬手莫障狂瀾狂。他鄉故鄉總無路,惟有待斃祈早亡。"《活移
屍》:"攜筐曳棒鎮相隨,人臘紛紛滿路歧。殘喘暫延終作莩,可憐
道上總行屍。"《押蝗回歌》小序:"今下河逃荒之民不減飛蝗,地方
官具舟給錢,押送出疆,謂可以鄰爲壑矣。而下游諸縣亦不許入
境,仍押送回,此真所謂押蝗回也,爰爲作歌。"

趙懷玉《收庵居士自敘年譜略》嘉慶十一年丙寅六十歲條:"時淮
陽水災,流民載道,武進陽湖兩大令邀余及在籍紳士至天寧寺議
出金,爲富民倡。余雖貧窘,亦量力書捐。"《亦有生齋集》詩卷二

二有《流民行》，與范來宗《洽園詩稿》卷一六《逃荒民》等詩亦述淮陽災重，民就食江南，官府具舟楫迫還事。

八月二日，常州天寧寺旁巽宮樓火。

《甌北集》卷四十八《八月二日天寧寺旁巽宮樓火》題注："內有四楠木柱，皆萬年物，亦焚，最可惜。"

趙懷玉《亦有生齋集》詩卷二二亦有《天寧寺鐘樓災紀事》。

又《甌北集》卷四十八《除夕戲作》題注："巽宮樓，晉天福中所建，至今將千年，忽燬於火。余年衰老，世頗以魯靈光目之，得非余玉樓赴召之兆耶？今已歲除，居然無恙。既得免於榱崩橋壓，竊又自疑人微樓古，恐不足應此劫灰，則又將貽笑於求死不得也。"

題趙繩男遺照。

《甌北集》卷四十八《題緘齋侄撫松遺照》："中歲歸田鬢爲絲，作圖已近八旬時。計年我尚應兄事，持論君能辨叔癡。"

范來宗爲先生作八十壽詩，范來宗今歲亦稱七十之觴，先生賦三律酬賀。

《甌北集》卷四十八《吳門范洽園編修來宗爲余作八十壽詩君今歲亦稱七十之觴謹賦三律酬賀》："前歲公等宴王述庵於懷杜閣下，余爲不速之客。"（其一自注）"義田已自增千畝，公增義莊千畝。廣廈猶思庇萬間。壇坫名高輕仕宦，……江北水災，君詩屢及之。"（其二）《西蓋趙氏族譜·藝文外編》載范來宗《甌北先生八十壽》其三："生後十年形我小，科前七輩覺公尊。……癸亥夏，遇先生于白公祠王述庵席上。"

九月，錢維喬以腹疾歿。

《甌北集》卷四十八《錢竹初挽詩》其一："西河哭子甫經年，豈意衰翁又逝川。……君常清齋坐禪，忽以腹疾終。一區丘壑憑誰賞，廿卷詩文尚未鎸。差幸桂花香正滿，送君一路去昇天。"

洪亮吉《更生齋詩續集》卷五有《哭錢三維喬三十韻》。

十月二十二日爲先生八十壽辰，大江南北諸名流寄詩文稱祝，先生彙而付刊。

《原譜》嘉慶十一年丙寅條："先生年八十。有《自壽》詩八首。京華故人宗室公裕瑞、大學士費筠浦及大江南北諸名流無不寄詩文稱祝。錦軸牙籤，兩聽事屏幛皆滿。先生彙而付梓，真大觀也。"

洪亮吉《更生齋詩續集》卷五《趙兵備翼八十索詩率成二律》："年來老輩零落殆盡，惟公靈光巋然，於是益享大名。"（其一自注）"春華秋實久分途，公獨能兼錢少詹大昕。蔣編修士銓。盧學士文弨。……青史他年要專傳，一編文苑定難拘。"（其二）

趙懷玉《亦有生齋集》詩卷二二《家觀察翼八十》。

《西蓋趙氏族譜‧藝文外編》載費淳《甌北先生八十壽序》，范來宗、馮培、舒位、張舟、裕瑞、張雲璈、劉權之、徐準宜、趙懷玉等《甌北先生八十壽詩》，李保泰《歲在甲辰保泰始謁見先生於揚州書院略分忘年宏獎提挈洊更寒暑者將十載迨歸休家巷杖履雖睽音塵不隔諸公子亦詫契紀群媕婭末誼情好遞深蓋非復文章聲氣之緣也捧觴三度魯殿巋然海內耆英晨星益朗繼聲有誦讚陋自忘誠不敢強飾浮詞泛陳諛美故於向日迴翔館閣及搴帷叱馭之雄文偉績概不贅叙爰即近年來嘯詠歸田之樂并意所有待者以致養頤之願用效祝嘏于無疆云爾》。

按：費淳另有錦屏、珍裘文綺等賀儀，見《西蓋趙氏族譜‧藝文內編》載趙翼《致費中堂書》："去冬翼八旬賤降，遠蒙中堂大人寵賜錦屏，重以珍裘文綺，隨具蕪函佈謝。"

兒輩演劇三日爲先生暖壽，先生責其染紈綺習，督奴婢醃白菜禦冬。

《甌北集》卷四十八《十月二十二日爲余八十懸弧之辰前一日兒輩爲余演劇暖壽是時正白菜上市老夫方謀旨蓄禦冬督奴婢醃菜書此一笑》、《兒輩既爲余暖壽遂演劇連三日即事志感》。

《陔餘叢考》卷四十三《暖房》條："俗禮有所謂暖壽、暖房者。生日前一日,親友治具過飲曰暖壽。"

夢張塤。

《甌北集》卷四十八《夢張瘦銅》。

十一月十五日寅時,長孫媳查氏以瘵病歿,例封孺人。

《甌北集》卷四十八《長孫媳查氏瘵病甚劇勢將不起悼之》自注:
"曾慶僅四歲。……公桂官縣丞,氏例封孺人。"《查氏病歿》其二
自注:"余生辰十月廿二日,氏以十一月十五日歿。"

《西蓋趙氏族譜·學亮公派北岸分支世表》:"(趙公桂)……配查
氏,候選同知戀仁女。乾隆五十年乙巳三月十八日寅時生,嘉慶
十一年丙寅十一月十四日寅時卒,年二十二。子六:長曾慶,查
孺人出。"

按:先生詩云長孫媳查氏歿於十一月十五日,而《西蓋趙氏族
譜·學亮公派北岸分支世表》云爲十一月十四日,二者相差一天,
姑以《甌北集》爲準。

題瞿頡《鶴歸來》傳奇。

《甌北集》卷四十八《題鶴歸來戲本》題注:"前明大學士瞿式耜留
守桂林,城破殉難,族孫頡作此以傳。"

趙懷玉亦有題詞。

費淳遠寄海虎珍裘。

《甌北集》卷四十八《費筠浦相公遠寄海虎珍裘值冬暖幾至閣束戲
題四絕》題注:"裘出塞北俄羅斯國,色黑而毛密,中土人名之曰海
虎,彼國不知何名也。"

據《清代職官年表·大學士年表》,費淳時任協辦大學士。

廷俊供饌頗嘉,先生以其有脾泄病催令服藥。廷俊隨侍孝敬
父親,《甌北集》中屢次出現。

《甌北集》卷四十八《俊兒供饌頗嘉余以其有脾泄病催令服藥》。

卷五十《俊兒隨侍久詩學日進喜賦》、《俊兒以我年邁強進參劑其

價四百八十換此豈吾輩所宜》。

是年，廷彥續娶蔣氏。

　　《原譜》嘉慶十一年丙寅條："是歲廷彥續娶蔣氏。"

是年，錢孟鈿、奇豐額卒。

嘉慶十二年丁卯(1807)　八十一歲

正月初七日，趙懷玉招同人飲集施有堂。

　　趙懷玉《亦有生齋集》詩卷二五依次有《人日大雪》、《是日同人飲
　　集施有堂家觀察翼有詩次韻》二詩，後者詩云："翦綵爲人節物更，
　　介公眉壽特稱觥。春盤例設聊從俗，食譜粗諳敢謂精。冒雪客多
　　携笠屐，消寒酒易盡盃鐺。齒尊座反甘居下，除却詩篇靡有爭。"
　　據上詩詩題及"翦綵爲人節物更"、"冒雪客多携笠屐"詩句，趙懷
　　玉應於人日招同人飲集施有堂。

　　上詩所附趙翼原作："醆酥送暖歲初更，鄉飲連朝遞治觥。數見不
　　鮮人太熟，後來居上饌逾精。裘如史相隨年杖，酒罄陳暄折脚鐺。
　　笑我已甘辭首座，以主人族誼，不敢當首席之尊。漁樵席上不須爭。"《甌
　　北集》中未見。

挽朱珪。

　　《甌北集》卷四十九《朱石君相公挽詩》："生爲甘盤尊舊學，死同君
　　實易嘉名。昔爲今上師傅，歿後賜文正。昇平相業無奇績，典雅文風有
　　主盟。"

　　昭槤《嘯亭雜錄》卷四"朱文正"條："今上親政之後，寬仁厚德，不
　　嗜殺人，皆由朱文正公於藩邸時輔導之功良多。公諱珪，大興人。
　　年八歲，即操觚爲文，文體倔聱蒼古，與兄竹君學士筠齊名。年十
　　九登進士，爲乾隆戊辰科，時大雨連綿三日，蓋即爲公霖雨兆也。
　　純皇帝深重其品，劉文正公復薦於朝，曰：'北直之士多椎魯少文，
　　而珪、筠兄弟與紀昀、翁方綱等皆學問淵博，實應昌期而生者。'上
　　曰：'紀、翁文士，未足與數，朱珪不惟文好，品京端方。'數年外擢

山西布政使。時撫軍爲黃檢，文襄公之孫也，少年紈絝，貪黷驕奢，公時匡正之。黃以公爲腐儒不足與談，因劾公爲迂滯，純皇帝優容之，改公以學士，入直上書房。時爲甲午春季，蓋已爲豫教今上計。公欣然就職，日導上以今古嘉猷，侍講幄十年餘，無一時趨之語，今上甚重之。後以孫文靖公薦，純皇帝曰：'朕故知朱珪通曉吏治事。'遂授安徽巡撫。公以清介持躬，自俸廉外，毫不沾取。余業師吳修圃駉爲公所取士，嘗謁見公，時夏日酷熱，公飼吳以瓜，亦必計價付縣隸，其不苟也如此。公經學醇粹，愛惜人才，所保薦如荆道乾、王秉韜等，其後皆爲名臣。掌己未、乙丑二春闈，所取張惠言、鮑桂星、陳超曾、湯金釗、孫原湘、孫爾準、謝松等皆一時知名士。嘗於闈中子夜搜得吳山尊蕭卷，再三詠讀，大呼曰：'山尊在此！'因披衣叩阮中丞元扉，命其秉燭批點，曰：'其佳處在某處，老夫眼方倦，不能執筆，君可代爲之書，此吳山尊文也。'榜發果然，其賞鑒也若此。故其薨日，上甚震悼，親臨奠醊，世共惜之，以爲劉文正公後一人而已。然性純厚，易爲人欺詐，有貪吏某知公嗜好，故爲衣服藍縷狀以謁公，竟日談皆安貧之論，公深信之。其人以罪遣戍，及赦歸，公掌銓日，力爲超雪，欲復其官。彭文勤公元瑞言其貪狀，公艴然曰：'若其人者，可謂忠於朝，友于家，爲今世之閔、顏，安可辱之以貪名也。'又取文尚引據經典，故士子多爲盜襲獺祭之學，文風爲之一變。素嗜許氏《説文》，所著詩文，皆用古法書之，使人不復辨識。晚年酷嗜仙佛，嘗持齋茹素，學導引長生之術，以致疽發於背。時對空設位，談笑酬倡，作詭誕不經之語，有李鄴侯之風。余嘗與共宿郊壇，時鮑雙五病劇，余向公惋惜，公岸然曰：'彼禄命方長，安得驟死？'若實有先知者。然雙五果病癒，致位通顯，則公之仙伎亦未易窺測也。"

朱珪，字石君，號南厓，晚號盤陀老人，順天府大興縣人。朱筠弟。雍正九年（1731）正月十二日生，嘉慶十一年十二月初五日（1807年1月13日）卒。乾隆十三年進士，改庶吉士，授編修。乾隆四十年,授侍講學士,直上書房,侍仁宗學。歷任督撫,先後督福建學政、浙江學政。累官至體仁閣大學士,管理工部事務。諡文正。著《知足齋集》。事具阮元《揅經室集二集》卷三《太傅體仁閣大學士大興朱文正公神道碑》、焦循《朱文正公神道碑後記》、陳壽祺《光祿大夫經筵講官太子太傅體仁閣大學士管理工部兼翰林院掌院學士贈太傅大興朱文正公神道碑文》、朱錫經編《南厓府君年譜》、《清史稿》卷三四〇、《清史列傳》卷二八等。

廷英三子趙韓、廷俊三子趙申佑俱就塾識字,先生喜賦。

《甌北集》卷四十九《謨覽二孫俱就塾識字喜賦》:"文須先識字,昌黎語。……方名雖小學,九仞此初基。"

按:該詩作於嘉慶十二年丁卯。"謨"即趙韓,初名景謨,廷英三子;"覽"即趙申佑,初名覽,廷俊三子。二孫俱生於嘉慶七年,本年六歲。

賀費淳拜體仁閣大學士,管理工部。

《甌北集》卷四十九《筠浦策拜體仁閣大學士喜賦》。

《西蓋趙氏族譜·藝文內編》載趙翼《致費中堂書》:"去冬翼八旬賤降,……嗣聞揆席即真,兼管工部,又有緘恭賀。"

據《清代職官年表·大學士年表》,費淳嘉慶十二年丁卯(1807)正月授體仁閣大學士、管理工部,嘉慶十四年己巳(1809)十二月,降署兵部右侍郎。

重到西干故里。

《甌北集》卷四十九《西干故里》。

題葉廷甲補刻《徐霞客游記》。

《甌北集》卷四十九《題葉保堂秀才補刻徐霞客游記》:"霞客乃好奇,足踏天下半。……問渠意何爲,曰欲窮壯麗。將成一家言,親歷異遙盼。……果有葉保堂,曠世其驚歎。購得舊板完,兼搜逸篇散。方輿燦列眉,一一可覆按。……遼左及隴蜀,游迹未到。想當明末造,霞客之游在崇禎中。遼藩界久判。陝蜀莽盜區,更難結鞾絆。"

詩作於嘉慶十二年丁卯（1807），但光緒辛巳瘦影山房刻本《霞客游記》卷首先生手書此詩作爲題辭，後署"嘉慶戊辰春仲甌北趙翼時年八十有二"，或嘉慶十三年戊辰《徐霞客游記》刊刻時，先生再手書題辭。

喜同年崔龍見歸，又題其《望岫息心圖》。

《甌北集》卷四十九《喜同年崔曼亭觀察歸賦贈》："白頭喜見老同年。"

按：此詩自注"君方悼亡"，謂崔夫人錢孟鈿歿於上年嘉慶十一年丙寅（1806）。

《甌北集》卷四十九《題曼亭同年望岫息心圖》："看花上苑記前因，一別俄驚四十春。"

同鄉舉消暑會，先生以齒序屢居首座。

《甌北集》卷四十九《同鄉舉消暑會余以齒序屢叨首座戲簡諸公》。

先生不喜茹素，自六歲隨父就塾讀書，即無日不肉，然每食不過二兩。

《甌北集》卷四十九《余不喜茹素自六歲隨先君子書館即無日不肉然每食不過二兩今年八十餘約計已三千三四百斤自惟庸姿薄植毫無益於世而享此口福良可愧也》。

時交小暑，又逢大旱，先生憂之，夜起占星望雨。六月十三日，大雨三四寸，旱田皆可補插秧苗，旋又旱，四野荒涼，見剝榆皮、掘蘆根以食者。

《甌北集》卷四十九《憂旱》："夏至年年插蒔齊，今交小暑未翻犂。"（其一）"郡守蔣霽峰求雨甚虔。"（其二自注）"歎我還鄉三遇旱，不曾太甚似今年。乾隆四十年乙未，五十年乙巳，今嘉慶十二年丁卯，皆遇旱。"（其四）《正屆插秧經旬無雨夜寐忽聞淅瀝聲以爲甘澍也起視仍月色滿庭感賦》、《夜起占星》。《六月十三日大雨三四寸旱田皆可補插秧苗喜賦》、《望雨》、《即事》、《剝榆皮》、《掘蘆根》、《四野》。

《甌北集》卷四十九《荒景》："天將降割此方民，災沴連番過十旬。夏至後無雨，白露中又毒霧連日。"

據《近世中西史日對照表》，本年夏至在五月十七日，小暑爲六月四日，處暑爲七月二十一日，白露爲八月七日。

趙懷玉《收庵居士自叙年譜略》嘉慶十二年丁卯六十一歲條："時亢旱，酷暑過，處暑不雨。災象成矣。"及趙懷玉《亦有生齋集》詩卷二三《七月歎》。

大暑後憂慮旱災，致費淳書，詳述災情并提出移糴的救災方略。

《西蓋趙氏族譜·藝文内編》載趙翼《致費中堂書》："去冬翼八旬賤降，遠蒙中堂大人寵賜錦屏，重以珍裘文綺，隨具蕪函佈謝。嗣聞揆席即真，兼管工部，又有緘恭賀。諒俱達典籤。半年以來，有疏修候，實深歉仄。兹有啓者：今歲江南雨澤稀少，時交夏至，正届插秧，惟運河未竭，兩岸稍有翻犁，其餘溝港皆乾，束手無措。洊及小暑，民心皇皇。忽於六月十三日得雨三四寸，皆趕緊添戽插蒔。而雨過之後，仍復晴乾。今已交大暑，并不能補種矣。看來今歲旱荒較乾隆五十年更甚。五十年麥收大熟，民有半年之糧，且插蒔遍野，其中尚有一二分收成者。今麥已歉收，插秧不及十之三四，又因六月十三日之雨，竭力補種，轉將歉收之麥，盡費在田功，而雨信仍復杳然，已種之禾，又將枯萎，須待明年麥熟，始可得生。而此一年中，待哺嗷嗷，鹿不擇音，何事蔑有？昔人有云：'佛出世，救不得，只有帝王救得。'聞四川、湖南、湖北、江西旱禾俱熟，且一水可通，非北省之艱於轉運。若蒙皇上敕該四省督撫，發藩庫銀，每省各買一百萬石，轉運來江。其買價及水脚，由各省督撫核明，移諮江省，出示官糴。其價較之商販牟利居奇者，必大減省，則一舉而三善備焉。賣價即歸還，帑項不致虧損，一也。官糴之米價較減賤，民間買商米一斗，即可買官米一斗幾升，并可省賑荒之繁費，二也。地方有米可賣，奸宄自消，不至滋事，三也。恭逢皇上視民如傷，稍遇偏災，補救不遺餘力，所慮督撫大吏不肯直陳，九重之上無由洞悉。然地方有災荒，不能不辦，與其發賑而所費甚多，何如移糶而所費較少？況發賑但及下戶，而不復收回；移糶則惠既均沾，而仍堪歸本。俟明春即以賣價解還各該省，以歸帑項，此則不必損上，而自能益下，尤善之善者也。中堂倘於召對時，將此說從容陳奏，幸邀俯允，實於國計民生，兩有裨益，不特活百萬生靈，陰功莫大而已。翼老朽跧伏，本不敢為出位之謀，而目擊災荒，不忍塞默。素叨雅愛，用敢陳其迂愚，伏祈鈞鑒。"

據《近世中西史日對照表》，本年夏至為五月十七日，大暑在六月二十日。

與朱勳交。朱勳以先生宵不能寐，贈烏斯藏紅花，服之半月有效，賦謝。

《甌北集》卷四十九《贈朱虛舟藩伯》："起家丞簿立軍功，廿載官遷二品崇。"《虛舟藩伯以余宵不能寐蓋心血枯也贈我烏斯藏紅花謂可療此疾半月以來服之果有效賦謝》。

昭槤《嘯亭續錄》卷五"朱勳"條："近日罕有由微員致身節鉞者，蓋佐雜輩升擢甚難，非大有奧援，不獲飛騰直上。惟陝西巡撫朱勳者，靖江人。其族人多富厚，惟勳中落，霸持鄉黨，多為侻詭之事，族人恥之。因其稍有材幹，公捐一從九職付之，分發陝西。時值教匪不靖，勳運糧糒，乃乾沒其貲，廣結交上游，薦牘屢上，未期年已至方面。嘗運餉至南山中，猝遇教匪，勳惟戰慄哭泣而已，賴楊時齋救之乃免。後洊至開府，撫陝十載，惟以賄聞，百姓恨之切齒。癸酉秋，南山木工木植匱乏，而勳徵稅如常時，因之激變。楊時齋軍門撫之，眾曰：'惟有屠斯老朱後，我輩方解甲歸農也。'其怨毒於人若此。道光壬午，以柳全璧案降黜，上命休致。而勳猶依戀京邸，更結要人，每自詫曰：'若許時何尚未起復也！'癸未秋，接駕良鄉，上立逐其還鄉，士論快之。勳性豪奢，所乾沒者不足供其揮霍，出都之日，債卷如山，行李蕭條，無異寒素也。然聞其教

子弟云：‘無論亢卑奢儉，惟有一色待人，毫不改異，終不至獲罪於
眾。’其言雖鄙，亦保身之秘術也。”

朱勳，字晉齋，號虛舟，江蘇常州府靖江縣人。道光九年（1829）
卒。由監生捐納按察使經歷，分發陝西。乾隆五十三年，借補咸
陽縣縣丞。累官至護理陝甘總督。

先生以乾隆丁卯初赴江寧鄉試，今嘉慶丁卯又屆鄉試之期，六
十年間有如昨日，感賦。

《甌北集》卷四十九《余以乾隆丁卯初赴江寧鄉試今嘉慶丁卯又屆
鄉試之期六十年間有如昨日而余已老而憊矣感賦》。

秋九月，先生作《簡松草堂詩集序》。

見張雲璈《簡松草堂詩集》卷首。

題孫原湘詩册。

《甌北集》卷四十九《題孫子瀟翰林詩册》：“子瀟太史太好奇，要與
千古人爭勝。康莊大道嫌共趨，別鑿凶門誇力勁。……貽我《天
真閣》一編，不知幾費椎斧柄。海內詩人應第一，嘔出心肝不
辭病。”

孫原湘，字子瀟、長真，號心青，江蘇蘇州府昭文縣人。席佩蘭夫。
乾隆二十五年（1760）十一月十一日生，道光九年（1829）卒。嘉慶
十年進士，選庶吉士，充武英殿協修官。病歸，未仕。歷主毓文、
紫琅、婁東、游文諸講席。法式善於詩所激賞者，舒位、王曇、孫原
湘，作《三君子詠》以張之。時人以爲，位艷曇狂，原湘以才氣寫性
靈，以韻勝。著《天真閣集》等。事具《續碑傳集》卷七六趙允懷
《翰林院庶吉士兼武英殿協修孫先生行狀》、李兆洛《翰林院庶吉
士孫君墓志銘》，《清史稿》卷四八五、《清史列傳》卷七二。

閱《三國志》，先生感生平似蜀向朗，作詩以志景附之意。

《甌北集》卷四十九《閱三國志蜀向朗仕諸葛丞相長史免官後優游
無事垂三十年潛心典籍年踰八十猶手自校開門接賓誘納後進但
講古義不干時事人皆重之余出處蹤迹頗似之所不及者官職聲名

耳昔東坡慕香山謂生平似其爲人故詩中屢及之然晚途尚有不同
者不如余之與巨達無一不相肖也爰作詩以志景附之意》。

哭沈業富。

《甌北集》卷四十九《哭沈既堂前輩》其二："一江之隔水盈盈,書問
雖疏意自傾。先我三科應論輩,詞林論前後輩,公折輩行,與余交契。長
公六歲敢稱兄?"

外甥張聖時宦新疆奇臺尉,三年俸滿,謝事告歸。先生喜而有作。

《甌北集》卷四十九《張甥聖時宦新疆之奇臺尉三年俸滿謝事告歸
喜而有作》。

《甌北集》卷四十四《皇古豬》小序:"哈密以外,舊皆準噶爾地,惟
產牛馬驘駝犬羊,初無豕也。我朝勘洗準夷後,設兵屯田於烏魯
木齊及伊犁等處,兼聽內地人占墾。於是甘、涼民爭趨之。有攜
牝牡豕往孳育者,日益蕃息。……土人因指最先孕種之豕曰皇古
豬,立廟以祀,亦新疆盛事也。余甥張潮海官奇臺尉,其弟鳳超自
尉署歸,爲余言如此。爰作詩記之。"

冬大饑,先生首捐銀千兩,偕紳士設局勸賑,洪亮吉主其事。

《甌北集》卷四十九《歲暮荒景益甚偕紳士設局勸賑即事感賦》。

孫星衍《趙甌北府君墓志銘》:"里中偏災,則捐千金爲搢紳倡。"

《甌北集》卷五十一《哭洪稚存編修》其四自注:"丁卯捐賑,君獨任
其勞。"

呂培《洪北江先生年譜》嘉慶十二年丁卯條:"是歲,常州大旱,秋
霖復傷稼,禾苗不成,饑民皇皇,城邑尤甚。先生首請於蔣太守榮
昌及武進、陽湖兩明府,設局營田廟,捐資施賑。先生總理局事,
自捐三百金爲倡,餘按城鄉各商賈殷戶,酌資勸捐,每日卯刻入
局,漏下一二十刻始返,風雨無間,又慮賑鬻賑米有疾疫及狼藉粒
米之虞,於是改賑以錢。自十二月至戊辰四月,每月放賑一次,計
在局四閱月,凡捐銀一萬七千九百餘兩、錢十萬六千四百餘千,所

賑飢口二十萬四千九百六十餘，其鄉歸鄉辦者不在此數。”

趙懷玉《收庵居士自叙年譜略》嘉慶十二年丁卯六十一歲條：“臘初始歸，則吾鄉已開賑局，余與搢之各捐銀三十金。”

按：洪亮吉《更生齋詩續集》卷七《誉田廟賑局得暇校竟亡友錢大令維喬詩感賦二律》、《賑局二生行贈高星紫瞿溶兩秀才》二詩，上有《諱日》、《榆無皮歌》、《蘆無根歌》，緊鄰其下有《喜雨詩》自序“十二月二十一日”、《二十六日文昌閣偕縣侯放賑詩》，故趙翼首倡設局勸賑當在十月至十二月之間。

孫趙忠弼年十九，娶妻錢氏爲錢維喬孫女、錢中釚女。

《甌北集》卷四十九《羹孫娶婦》。

據《西蓋趙氏族譜·學亮公派北岸分支世表》，趙忠弼生於乾隆五十四年己酉十月初七日，本年十九歲。

《西蓋趙氏族譜·學亮公派北岸分支世表》：“（趙忠弼）配錢氏，乾隆壬午科舉人浙江鄞縣知縣維喬孫女，候選布政司里問中釚女。乾隆五十五年庚戌九月初三日申時生，嘉慶二十三年戊寅十月初二日辰時卒，年二十九。”

程氏病膈噎，不能進食。金氏女省母疾歸，又病歿於家。先生心緒甚惡。

《原譜》嘉慶十二年丁卯條：“程恭人病膈噎，初不能粥，最後並穀氣亦斷。金氏女歸省母疾，又病歿於家。是歲先生心緒甚惡。”

長孫公桂繼娶湯氏。

《原譜》嘉慶十二年丁卯條：“長孫公桂繼娶湯氏。”

是年，沈業富、汪輝祖卒。

嘉慶十三年戊辰（1808）　八十二歲

正月初八日，朱勳招同劉種之、洪亮吉、湯樸齋、瞿秩山、崔景儀、陳玉鄰、趙懷玉、蔣騏昌、管學洛、崔禮卿宴集。

《甌北集》卷五十《立春前一日朱虛舟藩伯招同劉檀橋中允洪稚存編修湯樸齋員外瞿秋山觀察崔雲客太守陳樾齋家味辛兩司馬蔣瑩溪別駕管道明州牧崔禮卿明府宴集即事》。

據《近世中西史日對照表》，本年立春在正月初九日。

洪亮吉《更生齋詩續集》卷八《朱方伯勳招飲即席用趙兵備翼韻奉贈一首并柬陳司馬玉麟》自注：“方伯及座中陳司馬，皆三十年西安舊交也。……司馬眷烏衣橋西王校書，曾徒步過訪。”

呂培《洪北江先生年譜》嘉慶十三年戊辰條：“是歲，靖江朱方伯勳居憂，寓郡中，先生偕方伯及其客陳司馬玉鄰唱酬，往來最數。”

崔景儀，字雲客，號一士。祖籍山西永濟，江蘇常州府陽湖縣人。崔龍見子。乾隆二十五年（1760）生，嘉慶二十年（1815）九月十日卒。乾隆四十九年（1784）成進士，改庶吉士，授編修。歷官侍讀學士、廣西思恩府知府、河南按察使、河南分巡南汝光兵備道。以勞疾卒於官。事具趙懷玉《亦有生齋集》文卷一九《河南分巡南汝光道署河南按察使崔君墓誌銘》。

陳玉鄰，字庶康、樾齋，號琴南、南墅。江蘇宿遷人。乾隆三十年（1765）舉人。歷任陝西南鄭、寶雞知縣，華州知州，山西太原府同知、署太原府知府。勤于政務，工詩、古文。著《琴海內外集》、《文選集句》、《鑄影軒蟬調集》、《雨簫集》、《秦晉詩存》、《樾齋詩稿》等。

偶閱小倉山房詩再題。

《甌北集》卷五十《偶閱小倉山房詩再題》：“不拘格律破空行，絕世奇才語必驚。愛宿花爲胡蝶夢，惹銷魂亦野狐精。么弦欲奪霓裳曲，赤手能摧武庫兵。老我自知輸一着，只因不敢恃聰明。”

正月十九日，繼配程氏以膈噎症病歿，壽六十七，先生有詩悼亡。

《西蓋趙氏族譜·學亮公派北岸分支世表》：“（趙翼）繼配程氏……嘉慶十三年戊辰正月十九日未時卒，壽六十七歲。”

《甌北集》卷五十《悼亡》其三自注：“君以膈噎症病歿。”《孫掄元封翁唁我悼亡即事感賦》。又卷五十一《正月十九日爲亡室程恭人忌辰脱縦輒泣老淚已枯孑然顧影轉覺神傷也》。

程氏病歿，先生痛甚，作《繼室程恭人行略》述其生平。

《西蓋趙氏族譜・藝文外編》載趙翼《繼室程恭人行略》："恭人姓高氏。封文林郎晚香公女；贈奉政大夫、披縣知縣、捐陞府同知曉東公，授文林郎、湖南沅陵縣縣丞冠林公妹；故相國程文恭公甥女也。恭人少喪母，文恭公撫爲己女，歸於余。由文恭公出嫁，故又從程姓。其來歸也，年甫十八。余雖已官內閣中書，而貧窘特甚。恭人即能清苦持家，奉吾母丁太恭人敬愛兼至，撫元配劉恭人所生女不啻己出，以是早有賢淑聲。余館選後，蒙高宗純皇帝屢命分校鄉會試，并主順天武鄉試，門庭稍改舊觀，而余自知書生命無受福之器，嘗與恭人言及之，故恭人亦泊然自安，無華膴之慕。歲丙戌，奉命出守鎮安，地與交趾連界。邊郡太守體制尊嚴，鳴鼓升堂，腦後接筆，京員一旦得此，如貧兒暴富，事出非望，而恭人仍不改其常。偶一日有鏡在旁，余顧自見其面，笑謂恭人曰：'窮措大能消受此耶？'恭人亦愀然者久之。時方有征緬之役，余奉特旨赴滇從軍，恭人曰：'此固意中事也。'兵凶戰危，生死未卜，恭人設酒祖餞。方慷慨以立功名相勉，間出一語似預籌身後事者，余不言神傷，黯然而別。囑恭人先挈眷屬歸。由潯梧灘水，下瀟湘洞庭，出大江，灘峽之險，風浪之惡，有人生所未嘗經歷者。恭人以一女子，間關萬里，遠返江南，其危苦自不待言。余既赴滇，隨果毅、雲巖兩阿將軍出邊，歷九關八隘，剿南坎，剿頓拐，剿戛鳩，最後傅文忠公來滇經略，兵事將蒇，始奏令回鎮安任。而眷屬已歸，管鑰亦無可託，乃置妾蔣氏。旋奉命調守廣州，距家較近，恭人始奉太恭人南來。都會之地，百物繁盛，恭人惟增一洋灰鼠裘，猶恐招官謗，其他率無改於舊，澹泊如故也。又一年，恩擢貴州貴西兵備道。道署駐威寧州，極苦寒，不生五穀，六月猶下霜雪，恭人亦安之，不以荒陋介意。會有廣州讞獄舊案罣吏議，當降調，先帝命送部引見,而太恭人年已七十有五,乃乞假歸里,與恭人修子職。又六年而棄養。追服闋赴都,已十餘年矣。行至臺莊,忽兩臂中風,幾不治,乃回舟。又年餘,病始愈,親友多勸再出山,恭人曰:'退閑已久,更添一蛇足耶?'余笑謂恭人頗能道意中事,於是杜門之志遂決。余息機摧幢,鉛槧之外不問世事,恭人實有助焉。待側室蔣氏,恩意周至。撫廷俊、廷彥,愛均而惠一,無稍歧視。視姪廷賢、廷雄亦然。三十餘年以來,闔門百口,皆習於恭人之慈和,內外無間言。親族中無力者,輒量力存恤之。親串往來,惟程氏嫂、高氏嫂、蔣氏妹,情誼真摯,久而不渝。其他雖女家,亦不一至。婚嫁粗完,不憂凍餒,子孫林立,四代一堂,人咸謂恭人厚福正未有艾也,而竟以膈噎死,悲夫!統恭人生平,所歷苦樂不同,然處順適而不驕,處拂逆而不怯,蓋深知余世味甚淡,志願有限,故不強其所不能,而余亦免鐘鳴漏盡夜行不休之悔。惟是中歲既遂偕隱之願,晚年亦當遂偕老之期,方倚爲老伴,偶談舊事,惟余兩人,甘苦共嘗,覺有味乎其言。而今剩余隻身,形影相弔,不自知涕之無從也。恭人以嘉慶十三年正月十九日申時壽終內寢,距生於乾隆七年十月初五日寅時,享年六十有七歲。先敕封宜人,後誥封恭人。子四:長廷英,候選府同知;次廷偉,廩膳生,先卒,皆恭人出。廷俊,廩膳生,候選通判;廷彥,廩膳生,候選訓導,署崇明縣教諭,皆側室蔣氏出。女六人:劉恭人出者一,恭人出者四,蔣氏出者一。孫九人:廷英出者三,廷偉出者二,廷俊出者四。孫女十二人:廷英出者四,廷偉出者二,廷俊出者四,廷彥出者二。曾孫一人。余蹇遭悼亡,心緒作惡,粗述梗概,惟當代仁人君子垂覽焉。杖期夫翼揮淚謹述。"

五月,往江陰楊舍寓所散愁,九月初始歸,得詩七十餘首。下述九月前詩,均爲楊舍寓所作。

《甌北集》卷五十《楊舍寓齋作》,又《即事》:"五月扁舟到暨陽,茶瓜清坐但迎涼。蕭齋不覺居停久,見了秧青又稻黃。"

與葉廷甲詠史唱和。

> 《甌北集》卷五十《葉保堂明經多購抄本異書內有馮夢龍甲申紀聞陳濟生再生紀略王世德崇禎遺錄程源孤臣紀哭等書皆明末說部中所記時事可與明史互相參訂者也楊舍寓齋無事借以遣日偶有感觸輒韻之》、《贈保堂》、《和保堂甘露寺詠李德裕之作》。

湖塘橋質庫繚垣十餘丈爲大風雨摧倒,壓壞棧屋九間,詩以志異。

> 《甌北集》卷五十《湖塘橋質庫繚垣十餘丈爲大風雨摧倒壓壞棧屋九間俗傳爲龍陣過也詩以志異》:"獨惜此屋占墟市,什一取息免腹枵。"

與陳鳳舉贈答來往。

> 《甌北集》卷五十《次韻寄答陳蘭江同年金華教授》。

書賈施朝英每年刷印先生著作。

> 《甌北集》卷五十《書賈施朝英每年就我刷印拙刻甌北詩鈔陔餘叢考廿二史劄記十家詩話等各數百部書以一笑》其一:"我是爲名他爲利,大家不免達人羞。"

> 按:該詩上一首《次韻答徐芝堂孝廉見贈之作》後附徐彰贈詩:"四海遍傳《甌北集》,千秋重睹《劍南詩》。"於先生著作傳播情況可見一斑。

閱張塤《竹葉庵文集》。

> 《甌北集》卷五十《閱竹葉庵遺集》:"三年京邸共挑燈,遺集差欣入剡藤。"

追悼杭杏川、杭白峰、杭廷宣、潘震峰四友,皆少時同學。

> 《甌北集》卷五十《追悼杭杏川白峰廷宣潘震峰諸友皆少時同學》、《過杭白峰之墓》。

廷俊隨侍久,詩學日進,成《侍游草》一卷。廷俊以先生年邁,強進參劑,先生歎其價昂。

《甌北集》卷五十《俊兒隨侍久詩學日進喜賦》：“老年無樂事，家學有傳人。”

《西蓋趙氏族譜·藝文外編》載趙申嘉等《先考海珊府君行述》：“中憲公主講揚州安定書院，府君隨侍，所著《劄記》《叢考》諸書，悉府君手自繕寫，書法顏魯公，寖入松雪、香光兩家，每日能作小楷萬八千字，無一脫誤。……揚州人文輻輳，乞中憲公詩文者踵相接，每脫稿，輒命府君書之，府君仿中憲公書法，人不能辨。……（程恭人歿後）奉（中憲公）往江陰楊舍寓齋，齋前有紅百荷花池，池上雜植花木，中憲公藉以忘憂，六閱月得詩七十餘首，每一詩成，輒命府君依韻和，遂成《侍游草》一卷。”

《甌北集》卷五十《俊兒以我年邁強進參劑其價四百八十換此豈吾輩所宜》。

蘇州晤范來宗、馮培、潘奕雋、蔣莘兄弟。

《甌北集》卷五十《吳門晤范洽園編修馮實庵侍御潘榕皋員外暨蔣于野兄弟》。

馮培，字仁寓，號讀易翁、鶴半巢、實庵、玉圃。江蘇蘇州府元和縣人。乾隆二年（1737）生，嘉慶十三年（1808）卒。乾隆三十七年官內閣中書，四十三年成進士。歷官刑部郎中、戶科給事中。歸主蘇州紫陽書院。著《鶴半巢詩存》。事具《江蘇藝文志·蘇州卷》。

欣慰有詩兼有壽。

《甌北集》卷五十《詩壽》：“耄齒尊鄉黨，虛名主坫壇。……有詩兼有壽，敢復嘆衰殘。”

九月初，由楊舍歸，爲子孫分産。先生是時共有子四人、孫十人，析爲四房。

《甌北集》卷五十《歸舟》：“楊舍城南一葉舟，滿途黃葉已深秋。”

《分産》：“九帶廳房六頃田，兒孫各自起炊烟。多慚我已無家計，猶問街頭米價錢。”

《原譜》嘉慶十三年戊辰條：“九月初始歸。……是歲爲子孫析爨，廷英、廷偉、廷俊、廷彥,凡四房。廷偉已故,其子忠弼、鳴盛亦已成立。先生共有十孫:廷英出者三,廷偉出者二,廷俊出者五。曾孫一人,公桂出。"

析產後,凡早年有德於先生者,均有饋贈,而於杭應龍子孫尤篤。

《原譜》嘉慶十三年戊辰條:"家既分產,凡少賤時有德於先生者,既屢酬之。嘗曰:'財債當償,心債尤不可負也。'至是親弗又各有贈遺,而於杭應龍先生子孫尤篤。"

孫星衍《趙甌北府君墓志銘》:"(先生)服食節儉,家稍豐裕,凡少賤時有德於先生者皆厚酬之。曰財債當償,心債尤不可負也。"

《甌北集》卷四十《五哀詩·父執杭應龍》:"及余得官歸,黃壚已長逝。……所幸有子孫,通家往來繼。雖嘗分薄少,百未酬一二。"

秋,作賞桂詩,贈寄潘奕雋。

《甌北集》卷五十《黃雨歌》題注:"桂花開過,飄落如雨,竊彷桃花紅雨之例,名之曰黃雨,戲作短歌。"

潘奕雋《三松堂集》續集卷一《同人山塘賞桂用趙甌北前輩見寄詩韻即以寄懷》其一自注:"先生寄示賞桂詩翻用'桃花亂落如紅雨'之句,作《黃雨歌》創解,實確喻也。"

潘奕雋,字守愚、榕皋,號三松、水雲漫士。江蘇蘇州府吳縣人。乾隆五年(1740)三月初七日生,道光十年(1830)卒。乾隆三十四年(1769)進士。歷官中書舍人、戶部主事等。著《三松堂集》等。事具《三松堂集》卷首之《三松自訂年譜》、《國朝耆獻類徵初徵編》卷一三七。

先生述用湯婆、灰袋的老年生活。

《甌北集》卷五十《暖足用溫水貯錫盂入被中可達旦不冷昔黃山谷名之曰腳婆今俗呼為湯婆戲詠》、《患痢不能夜起仿小兒灰袋襯入被窩以防泄瀉戲詠》。

寄祝費淳七十壽。

《甌北集》卷五十《寄祝費筠浦相公七十壽》。

十二月十八日，洪亮吉曙華臺玩雪，寄詩先生與莊宇逵，三人作消寒集。

> 洪亮吉《更生齋詩續集》卷八《十八日蚤起曙華臺翫雪作即柬趙兵備翼莊徵君宇逵》自注："是日，徵君作消寒集。"
>
> 按：此詩緊鄰其下爲《十九日⋯⋯》、《立春前一日作》，據《近世中西史日對照表》，本年立春在正月初九日，故趙翼三人此次的消寒集當爲十二月十八日。

閱邸報，知冒賑大案，提出減價平糶、張貼饑户姓名人口等杜弊於事前之賑災良策。

> 《簷曝雜記》卷六"冒賑大案"條："嘉慶十三年，淮、揚大水，皇上不惜數十萬帑金，賑濟災民。有山陽縣王伸漢冒開饑户，領賑銀入己，上司委試用知縣即墨李毓昌查賑。毓昌新進士，以清白自矢，遍往各鄉村，查出浮開饑户無數。伸漢懼，許分肥，不受。既竣事，置酒餞別。是夕毓昌暴卒於公館。淮安府知府王轂來驗，口尚流血，竟不問，以頸有繩繫，遂以自縊報。家人李祥、顧祥、馬連陞皆雇募長隨，並伸漢撥來聽差人包祥，亦長隨也。棺斂畢，皆散去。未幾，毓昌有叔李泰清來省視，見遺衣有血痕，頗疑之，密訪亦有所聞，遂赴京以身死不明控，都察院具奏。上命山東巡撫吉念，提屍柩來濟寧檢驗，口內尚有血痕，通體骨青黑，的係中毒。捕獲五長隨鞫訊，乃知伸漢賄囑諸長隨，乘其主酒渴，飲以鴆；又繩繫頸，若自縊者。上大駭怒，以爲從來未有之奇。⋯⋯或者慮將來地方官因此遂不敢報災辦賑，不知聖天子視民如傷，惟恐一夫不得其所，豈肯因噎廢食？惟向來辦賑之法，本尚疏略。蓋徒察弊於事後，而未能杜弊於事前也。放賑時，雖有委員監放，既賑後亦有委員覆查，然官吏不肖者多，或徇隱，或分肥，終屬有名無實。救荒之策，究莫如減價平糶。多設廠座，俾遠地不致向隅。限以升斗，俾奸民不能囤販。倉穀不足，則買運以續之。此最爲實惠及民之善政。其有災重必應發賑者，飭各地保開報饑户，官

爲核實，即繕寫姓名。凡一州縣之內，各鄉必有村鎮聚集之所，計不過數十處。發賑之前，先將饑戶姓名，並人口之多寡、賑期之久暫，分貼此數十處聚集之所，使人人皆得見之。事後抽查，亦易見虛實。則地方官自無從浮開饑口，即無從虛領賑貨，不防弊而弊自絕。聖主可無慮官吏之中飽，而有司亦不必避嫌而匿災不報，或轉致滋事也。"

是年，蔣業晉卒。

嘉慶十四年己巳（1809）　八十三歲

正月初七日大雪，趙懷玉招同人宴集。

《甌北集》卷五十一《人日大雪喜賦》、《是日味辛治具肴饌極精座中衣猶狪猻裘者五人余裘最弊而余年亦最老或謂燕毛即所以序齒也滿堂皆噴飯而余以主人族誼不敢當首座之尊詩以解嘲》。

題崔景儀太守《册亨從軍圖》。

《甌北集》卷五十一《題崔雲客太守册亨從軍圖》其一："古來名將出山西，詞館人偏狎鼓鼙。自是幽并豪俠氣，要兼武績一丸泥。"

正月十九日，爲程氏忌辰脫縗，先生孑然顧影，黯然神傷。

《甌北集》卷五十一《正月十九日爲亡室程恭人忌辰脫縗輟泣老淚已枯孑然顧影轉覺神傷也》。

詠健與閑，跋吳氏三老圖。

《甌北集》卷五十一《健閑》題注："放翁詩：'造物予閑兼予健。'""已交大耋滿頭霜，飯不能強步履強。我慕九旬胡壽愷，鄉先輩胡浚晚年築壽愷堂。人稱四海魯靈光。"

《簷曝雜記續》"跋吳氏三老圖"條："鄉先輩胡忠安公年老致政。家有兄弟三人，俱康強無恙，乃築壽愷堂，觴詠其中。《明史》載之，傳爲盛事。今吾鄉又有吳氏昆弟三人，長瑞豐年八十四，次載功八十二，次太和八十。白首相對，雍睦一堂，至老不析產。兒孫兩三代，或儒或賈，皆能守其家。雖校之忠安公名位聲望有大小之不同，而家門聚順、和氣致祥，實足稱昇平人瑞也。"

春，舒位過訪論詩，先生贈送續編《甌北詩鈔》。

舒位《瓶水齋詩集》卷十三《與甌北先生論詩並奉題見貽續詩鈔後》其三："初讀甌北詩，其詩艷於雪。再讀甌北詩，其詩鑄如鐵。久讀甌北詩，大叫乃奇絕。不待鍾嶸評，先遣匡鼎説。胸中千萬卷，始得一兩篇。脚跟千萬里，始得一兩言。目中千萬世，始得一兩年。佞之可稱佛，謫亦不失仙。其詩自可傳，其詩有可刪。其詩不能學，其詩必須讀。讀詩悦我口，鈔詩脱我手。壯悔堂中無，老學庵中有。是謂讀書多，是謂作詩久。曰梅子熟矣，聞木犀香否？"

按：舒位《瓶水齋詩集》卷十四《依韻奉和甌北先生重宴鹿鳴詩四首》其二自注："上春曾謁公於里第。"趙翼重赴鹿鳴宴在嘉慶十五年庚午(1810)，故舒位來訪應在今年春。

三月初九日，常州府學大銀杏樹一株，腹中忽發火。

《簷曝雜記》卷六"銀杏樹"條："嘉慶十四年三月初九日，常州府學大銀杏樹一株，腹中忽發火。從隙處迸出青綠色，有四、五蛇冒火出。初十日辰刻方熄。樹仍無傷，葱鬱如故。按李戒庵《漫筆》，明嘉靖元年正月二十一日，常州府學銀杏樹西南一枝，忽火發，竅中焰焰，水不能灌，至二十二日方止，樹亦無害。未知今被火之樹，即嘉靖中被火之樹耶？或謂此乃文明之兆。嘉靖元年，府學有華鑰中解元，今歲非會試之年，俟日後驗之。"

聞費淳總裁會試，喜寄。

《甌北集》卷五十一《聞筠浦相公總裁會試喜寄》。

據《清代職官年表·會試考官年表》，本年三月六日會試正考官爲體仁閣大學士費淳，禮部尚書王懿修。副考官爲戶部右侍郎英和、內閣學士貴慶。

五月十二日，洪亮吉病殁。

《甌北集》卷五十一《哭洪稚存編修》："里閭徵逐慣從游，一病何期竟不瘳。生爲狂言投萬里，君以上書譴戍伊犁。死猶遺稿待千秋。繁音不聽梨園調，生平不聽戲。健步堪當刺曲舟。出必步行。胸次知君原灑落，古來何事不浮漚。"（其一）"余長君二十年，嘗戲謂：'君他日當爲吾作墓志。'君曰：'如此，則先生當早逝，待吾下筆。'余笑謂：'遲余死正以延君壽，反相促耶?'一時戲笑之言，竟成語讖。"（其三自注）

趙懷玉《亦有生齋集》詩卷二五《哭洪大亮吉》。

呂培《洪北江先生年譜》嘉慶十四年己巳條："四月廿二日，先生偶患脇疾，服醫家消導之劑，月杪漸愈。五月初五日，脇痛復劇，飲食漸減。……十二日，氣息漸微。……未刻，先生卒。"

洪亮吉歿後不及兩月，劉焜又病故。爲劉焜作神道碑。

《甌北集》卷五十一《稚存歿後不及兩月劉瀛坡總戎又病故二公皆里社朋好也感賦》、《哭劉瀛坡總戎》、《年初偕同鄉諸公艤舟亭探春半年間瀛坡稚存相繼下世今日重游不勝存歿之感》、《爲劉瀛坡總戎作神道碑感賦》。

與蔣麒昌、崔龍見過從密切。

《甌北集》卷五十一《瑩溪閱拙詩獎借過甚愧不敢當敬酬奉答》，後附蔣麒昌原作："旗鼓相當説兩家，蔣袁子才、心餘。鼎力世爭誇。若非我肯百回讀，誰識君才十倍加。"

《甌北集》卷五十一《偕曼亭瑩溪艤舟亭看桂花》："白頭三老憑欄笑，曾見靈根乍種時。桂二十餘株，皆乾隆十五年所植。"又《曼亭瑩溪連日有詩來索戰余力不能支率此乞降》、《題曼亭梧桂雙清小照兼送就養粵東》。

題管學洛詩稿。

《甌北集》卷五十一《題管午思詩稿》："可惜官班非館閣，候選州牧。由來家學有箕裘。謂尊人韞山侍御。衰年正少聯吟侶，何幸潘張不遠求。"

不久，管學洛赴選州牧，病歿清江浦，悼之。

《甌北集》卷五十一《管午思赴選病殁於清江浦悼之》自注："以吐血死。……君填詞有云：'恨不奮身千載上，趁古人未說吾先說。'真奇句也。"

洪亮吉《北江詩話》卷四："年家子管學洛，工制舉業，四十不售，遂入貲爲郎。然詩與詞皆工，實爲後來之秀。"

十月二十二日先生壽誕將至，四房子孫並諸女皆以湯果上壽，先生自笑長壽有福。

《甌北集》卷五十一《懸弧賤降四房子孫媳婦並諸女皆以湯果上壽紛至沓來應接不暇亦晚年樂事也》、《自笑》："誰知身後留名處，不以才傳以福傳。"

蔡牽肆橫閩粵洋面十餘年，冬閱邸抄，知官兵擊之於魚山大洋，覆其舟。

《甌北集》卷五十一《海賊蔡牽肆橫閩粵洋面十餘年今閱邸抄官兵擊之於魚山大洋覆其舟溺死從此妖氛可熄矣志喜》。

《簷曝雜記》卷五"海盜來降"條："閩、粵外洋，自盜首蔡牽倡擾滋事，海氛不靖，已十餘年。牽後爲官兵所擊溺死，繼有朱濆爲首，猖獗又數年。濆死，其弟朱渥獨不願爲匪，嘉慶十四年冬率黨夥三千三百餘人自首出投，海氛已稍熄矣。而外洋尚有郭婆帶、_{本名郭學顯}張保仔二股，船數最多，剽掠亦日久。郭婆帶亦願爲良民，張保仔邀其相助，不赴，並與保仔奮勇鏖戰，殺其夥黨百十人，擒獲三百餘名。自率其衆五千餘人，亦於十四年冬收入平海內港，赴官呈獻，並繳大小船七十餘隻、炮四百餘位。閩浙總督百齡具奏其事。上喜其悔悟自新，賞給郭婆帶官把總，令其隨同捕盜。又同時有盜首東海霸陳勝等四百餘人，亦帶領船隻炮械來投首，地方文武官乘機剿捕，又殲賊六、七百人。余初不知外洋有如許盜賊，今據邸報，投首及擒獻、殲斃者不下萬人。真天子如天之福。自此，東南數省當長享清晏之福矣。"

《簷曝雜記》卷四"斷水禦海寇"條："海水不可飲。故凡海舟必有水艙,取淡水入其中。余在廣,因祭南海神廟,適有西洋船泊獅子洋,遂登焉。其高七、八丈,入艙深亦如之。凡取淡水處皆有程,至某地取水,可至某地,涓滴不敢多用也。聞國初海澄公黃梧初附時,有朝臣問以禦海寇之法,曰:'海寇不能不取水於內河。凡入內河取水處,皆設砲臺,使不得入,即困矣。'今沿海各港汊皆有砲臺,梧所創議也。"

嘉慶帝五十壽,先生偕在籍紳士艤舟亭設經壇叩祝,先生以年逾八十得絹綿、米肉之賜。

《甌北集》卷五十一《恭遇皇上五十萬壽翼偕在籍紳士艤舟亭虔設經壇叩祝敬賦》。《聖壽覃恩典隆養老翼以年逾八十得拜絹綿米肉之賜恭紀三律》其二自注:"自乾隆辛未至今,翼恭遇國慶凡七次。"《甌北集》卷五十二《聖誕日早起艤舟亭行禮》。

按:趙翼退居後,每逢皇帝聖誕日早起至艤舟亭行禮。

先生仍在編訂《甌北集》。或有勸雜撰戲本以遣時日者,先生敬謝之。

《甌北集》卷五十一《編訂舊詩》、《閑不可耐或勸余雜撰戲本以遣時日者余老矣豈作此狡獪耶謝之》。

題湯貽汾《秋江罷釣圖》,即送之官廣東。

《甌北集》卷五十一《題湯雨生騎尉秋江罷釣圖即送之官南海》:"文士才華武將軀,移官南發畫輪車。秋江罷釣非無意,要向滄溟捕鱷魚。時聞番禺多盜。"

湯貽汾,字雨生、若儀,號老雨、粥翁、龍山、琴隱、默齋等。江蘇常州府武進縣人。乾隆四十三年(1778)生,咸豐三年(1853)卒。以祖湯大奎功,襲雲騎尉世職,歷任江蘇、廣東、山西、浙江等省守備、都司、參將及副將等職。晚年居金陵。咸豐三年,太平軍攻克金陵時自殺,謚"貞愍"。能詩善畫,著《琴隱園詩集》等。事具陳韜《湯貞愍公年譜》、《續碑傳集》卷六四楊象濟《書湯雨生將軍事》。

題慶保《泛月理琴圖》。

《甌北集》卷五十一《題慶佑之藩伯泛月理琴圖》。

按：題此圖者衆多，潘奕雋《三松堂集》續集卷一《慶佑之方伯泛月理琴圖》其三自注：“袁簡齋明府題詩以爲白下景，王述庵司寇以爲似西湖。”

據《清代職官年表·布政使年表》，慶保嘉慶十四年己巳（1809）七月由山東布政使改江蘇布政使，嘉慶十九年正月再遷貴州巡撫。

慶保，字佑之，號蕉園、蘭雪堂。章佳氏，滿洲人。

先生老境漸侵，自號“三半老人”。

《甌北集》卷五十《耳聾》，卷五十一《目暗》、《牙齒盡落有咀無嚼偶見犬齕骨作确硌聲不覺健羨因自笑犬之不如也》，卷五十二《目暗》。

《原譜》嘉慶十四年己巳條：“老境漸侵，目半明半昧，耳半聰半聾，喉音亦半響半啞，因自號‘三半老人’，笑比桑維翰尚多兩半也。”

冬閱邸報，知假印大案。

《簷曝雜記》卷五“假印大案”條：“嘉慶十四年冬，有蠹吏蔡泳受、王書常、吳玉等私雕假印，憑空捏造事由，向三庫及內務府廣儲司庫共十四次，並詐傳諭旨，稱欽派辦工大臣姓名，用僞印文書咨行部院衙門，以致各堂司官被其欺蒙，給發銀兩。有商人王國棟亦以工程在廣儲司庫領銀，看出假印，事遂敗露。皇上念此案干涉大小官員甚多，惟恐稍有枉濫，默禱於天。正當節屆近年，天氣開朗，瑞雪應期，因即照軍機大臣所擬，蔡泳受、王書常、吳玉均即處斬，仍先刑夾一次，再行正法。並傳集各部院書吏環視，俾知警懼。其爲從之謝典邦、商曾祺，秋後處决，餘犯陶士煜等七人發黑龍江爲奴。其失察之堂司官，分別黜降有差。”

是年，謝振定、德楞泰卒。

嘉慶十五年庚午（1810）　八十四歲

元日賦詩，自豪福祿壽俱全。

《甌北集》卷五十二《庚午元日》:"朝正絳闕集鳴珂,野老惟知《擊壤歌》。豐樂年成春酒滿,昇平時世壽人多。回思壯歲真彈指,曾向名場奮決科。重赴鹿鳴如可待,輕橈準擬泛滄波。"(其一)"百年難遇歲朝春,何幸親經此令辰。"(其二)

聞除夕夜程香遠內弟得子,寄詩以賀。

《甌北集》卷五十二《昨歲除夕香遠內弟得一子書以奉賀》:"充閭佳氣藹春和,唱到《徐卿二子歌》。同是生兒君倍喜,當年相國望孫多。外舅文恭公望孫最切。"(其一)"仲氏吹篪伯氏塤,長君正喜棣華繁。誰知努力相爭勝,坐使而翁又抱孫。長君琯斯亦有添丁之信。"(其二)

詩挽莊通敏。

《甌北集》卷五十二《莊亭叔中允挽詩》:"久知痼疾藥難醫,今竟仙游賦大歸。他日我來新鬼大,余長君十一歲。即今君去故人稀。生前官歷清華選,死後兒皆玉雪暉。獨惜我當垂暮歲,里閭徵逐更誰依?"

比鄰而居楊元錫出示近作,先生贊賞有加。

《甌北集》卷五十二《楊雲珊自長垣歸出示近作嘆賞不足詩以志愛》:"四海交游剩隻身,師資豈意出比鄰。向來枉自求知己,垂老今纔得替人。入木三分詩思銳,散霞五色物華新。從今鑿壁光堪借,請益何辭步屐塵。君與余比鄰。"

按:《甌北集》卷五十三有《比鄰楊雲珊家老桂大開香透余室喜賦》:"比舍得芳鄰,如行慧山路。但聞桂花香,不見桂花樹。"

畫士顧生為先生寫照,即題幀末。

《甌北集》卷五十二《畫士顧生為我寫照即題幀末》:"山澤之臞土木身,偶煩畫史為傳真。功名不上凌烟閣,尸祝寧期畏壘民。窗下猶勤三寸管,鏡中暗換十年人。他年留作高曾矩,或有書香尚可循。"(其一)"漫傳頰上有毫添,九朽功深一幅縑。翻怪畫師圖逼肖,盡將老醜惹人嫌。"(其二)

按:《甌北集》中先生自題畫像共五次,均為晚年時期,見嘉慶五年庚申（1800）先生七十四歲《甌北集》卷四十一《自題小照》、《舊篋中偶檢得在京時所畫甌北耘菘小照戲題卷後》，嘉慶七年壬戌（1802）七十六歲《甌北集》卷四十四《戲題魁星像》，嘉慶九年甲子（1804）七十八歲《甌北集》卷四十六《稚存見題賤照有十萬黃金之嘲走筆戲答》，嘉慶十五年庚午（1810）八十四歲《甌北集》卷五十二《畫士顧生爲我寫照即題幀末》。這五首自題畫像詩，可以看作先生的人生小結與自我鑒定。另外，先生本年秋重赴鹿鳴宴，又寫圖爲賀，但今見《甌北集》中無題。

按：趙翼上述諸畫像今已不可得，葉衍蘭《清代學者象傳》第一集（1927）收一百七十人，葉恭綽《清代學者象傳》第二集（1953）收兩百人，均未收趙翼像。

三月十八日，劉種之門首同看小茅山香會經過。

《甌北集》卷五十二《三月十八日檀橋門首同看小茅山香會經過》。

劉種之旋卒。

《甌北集》卷五十二《哭劉檀橋贊善》："生無衣食憂，仕有清華職。中歲賦遂初，又極林泉適。如此在世間，一日勝兩日。君今七十歲，已是百四十。……一朝舍我去，此樂寧再得？"

先生以乾隆庚午舉於鄉，今又屆嘉慶庚午，秋，與姚鼐同往江寧重赴鹿鳴宴，途次奉旨加三品職銜，准入鹿鳴宴。兩江總督松筠奉上諭贈先生三品冠服，并爲立"耆儒"碑。

《甌北集》卷五十二《余以乾隆庚午舉於鄉今又屆嘉慶庚午例得與新舉人叙先後同年適閱吳梅村集知梅村亦庚午舉人也得與之聯譜誼殊深榮幸》、《重赴鹿鳴宴恭紀四詩》、《赴江寧途次奉恩旨加三品職銜准入鹿鳴筵宴再紀五詩》。

孫星衍《趙甌北府君墓志銘》："嘉慶十五年庚午科鄉試，先生八十有四，重赴鹿鳴筵宴，奉旨賜三品冠服。"

姚鼐《甌北先生家傳》："先生與鼐俱以乾隆庚午得舉，越六十年而爲嘉慶庚午，先生年八十四，而鼐亦年八十。循例重赴鹿鳴筵宴，欽賜三品銜,而鼐亦得四品銜,乃相會於鐘山。"

錢泳《履園叢話》二十一"朱玉"條:"秦淮女校書朱玉,頗敏慧,能識人。蓬雲孝廉未第時,玉最欽重,以才子目之。後蓬雲中式,玉自誇鑑賞之真。嘉慶庚午,趙甌北先生重赴鹿鳴,嘗主其家,是時玉有徵蘭之信,先生書楹帖一聯贈之,云:'憐卿新種宜男草,愧我重看及第花。'一時傳爲佳話。"

《甌北集》卷五十二《制府松公湘浦贈三品冠服賦謝》。

據《清代職官年表·總督年表》,松筠嘉慶十四年己巳(1809)十二月,陝甘總督改兩江總督,嘉慶十六年辛未(1811)正月再改兩廣總督。

《西蓋趙氏族譜·故迹志》二《牌坊》:"耆儒"(嘉慶十五年庚午准重赴鹿鳴宴上諭是年兩江總督松筠爲貴州分巡貴西兵備道趙翼立)。

《西蓋趙氏族譜·藝文內編》載趙翼《欽賞三品頂戴准重赴鹿鳴宴謝摺》:"原任貴州貴西道臣趙翼、原任刑部郎中臣姚鼐爲恭懇代爲奏謝聖恩事:奉上諭:本年庚午科鄉試,據廣厚奏:江蘇省原任貴州貴西道趙翼,現年八十四歲;安徽省原任刑部郎中姚鼐,現年八十歲。均係乾隆庚午科舉人,循例懇請重赴鹿鳴宴等語。趙翼、姚鼐早年科第,耄齒康強。賓興際周甲之期,壽考叶吉庚之歲,允宜加錫恩施,以光盛典。趙翼著賞給三品頂戴,姚鼐著賞給四品頂戴,俱准重赴鹿鳴筵宴,以示朕加惠耆儒至意。欽此。臣翼、臣鼐竊自思樗櫟菲才,草茅陋質。昔年入仕,曾無補於涓埃;中歲歸田,但專營於著述。猥以林居晚景,適逢鄉舉初程,蒙皇上寵加舊秩以賞衔,准隨新班而赴宴。禮筵有座,聽廣樂於笙簧;章服增榮,耀襴衫於黼繡。與作人之化,彌知聖壽之無疆;游化日之舒,又及引年之優賜。恩施非望,感切難名。惟有詠歌太平,虔祝純嘏。教兒孫經書奮迹,世篤忠貞;率鄉里孝弟力田,各勤耕鑿。以期仰報高厚洪慈於萬一。所有感激下忱,伏乞代爲陳奏,恭謝天恩。"

松筠，字湘浦，瑪拉特氏，蒙古正藍旗人。乾隆十七年（1752）二月生，道光十五年（1835）卒。翻譯生員，考授理藩院筆帖式，充軍機章京。超擢內閣學士，兼副都統。屢充吉林、伊犁、綏遠城、盛京、烏里雅蘇臺將軍，歷工、戶、吏、禮、兵部尚書，遷陝甘、兩江、兩廣、直隸總督，官至武英殿大學士。後屢起屢蹶，治邊功尤多。道光十四年，以正藍旗蒙古都統休致。諡文清。著《綏服紀略圖詩》不分卷等。事具《清史稿》卷三四二、《清史列傳》卷三二。

先生奉旨加三品頂戴，賦詩寫圖索同人題。

《甌北集》卷五十二《重赴鹿鳴宴恭紀四詩》、《赴江寧途次奉恩旨加三品職銜准入鹿鳴筵宴再紀五詩》。

陸以湉《冷廬雜識》卷六"姚姬傳比部詩"條："姚與趙雲松觀察皆於嘉慶庚午重赴鹿鳴宴，趙繪爲圖，姚題詩云：'敢道與君成二老，與逢此會亦千秋。'語亦婉妙。"

《西蓋趙氏族譜·藝文外編》載吳孝銘《恭和太老夫子大人重赴鹿鳴原韻》、李慶來《恭和甌北世伯大人重赴鹿鳴原韻》、趙懷玉《恭和甌北叔祖大人重赴鹿鳴筵宴原韻》。

按：同題甚多，如趙懷玉《亦有生齋集》詩卷二六《家觀察翼重赴鹿鳴筵宴次韻》、舒位《瓶水齋詩集》卷十四《依韻奉和甌北先生重宴鹿鳴詩四首》、潘奕雋《三松堂集》續集卷一《趙甌北前輩重赴鹿鳴筵宴賦詩寫圖索題次韻四首》及姚鼐《惜抱軒詩集後集》近體《題趙甌北重赴鹿鳴圖》等。

奉和廣厚、姚鼐見贈重赴鹿鳴宴賀詩。

《甌北集》卷五十二《奉和監臨廣撫軍省堂見贈原韻》所附廣厚原作："數編《甌北》詩人集，一代江南才子名。若論甲科真後輩，敢言推薦即門生。"

據《清代職官年表·巡撫年表》，廣厚本年三月由浙江布政使遷安徽巡撫。

姚鼐《惜抱軒詩集後集》近體《寄趙甌北》："一麾歸期不可留，送君藤杖已登舟。候門定樂孫曾繞，望遠其如故舊愁。重合固應稱吉語，計年良是事奢求。祇欣巨集添新卷，健筆凌雲勝黑頭。"

《甌北集》卷五十二《贈姚姬傳郎中同年》："名鼐，與余同赴鹿鳴。"（題注）"今歲江南鄉闈重赴宴者惟翼與姚鼐二人。翼蒙賞三品職銜，鼐四品職銜。"（自注）

昭槤《嘯亭續錄》卷三"姚姬傳先生"條："先恭王善持衡天下士，乙亥夏，朱子穎南游，攜姚姬傳詩至邸，先恭王曰：'此文房、冬郎之筆，異日詩壇宿秀也。'不十年，先生成進士，改官刑部郎中，持法嚴正，劉文正公甚倚任之。會文正公薨，先生乃移疾歸里，掌文教者四十餘年。古文遒勁簡鍊類歸震川，而雅澹過之。年八十餘，庚午重赴鹿鳴，賜四品章服。又數年始卒，論者以其品望爲桐城第一流云。"

廣厚，字省堂，高佳氏，滿洲鑲黃旗人。嘉慶二十年（1815）卒。書麟弟，高晉子。乾隆四十三年進士。由工部主事歷御史，出爲江西吉南贛寧道，遷甘肅按察使，復遷江西布政使，調甘肅、廣東。官至安徽、湖南巡撫。事具《清史稿》卷三四三、《國朝耆獻類徵初編》卷一九一。

先生重赴鹿鳴由子孫偕從服侍，人以爲榮。

《西蓋趙氏族譜·藝文外編》載趙懷玉《恭和甌北叔祖大人重赴鹿鳴筵宴原韻》其四自注："公攜子孫同赴省事。"

《西蓋趙氏族譜·藝文外編》載龔鏜《笏山趙君傳》："嘉慶庚年，兵備君（趙翼）再宴鹿鳴，恩加三品銜，君（趙廷彥）偕兩兄率從子扶侍，時以爲榮，而君仍被放。"

先生重赴鹿鳴詩，海內名流屬和者三四千首，編輯爲長卷。

《甌北集》卷五十二《重赴鹿鳴詩海內名流屬和者三四千首暇日編輯長卷戲書於後》、《再題諸名流屬和重赴鹿鳴詩長卷》、《重赴鹿鳴詩和者既多或勸余刪潤勒成大卷書以見意》。

游江寧隱仙庵燕子磯等處。

《甌北集》卷五十二《隱仙庵看桂》、《燕子磯》。

隨園吊袁枚。

《隨園弔袁子才》：“老我獨傷同調盡，臨行能不重留連。”

夢亡弟汝明、亡兒廷偉。

《甌北集》卷五十二《夢亡弟汝明》、《夢偉兒》。

外孫子湯錫光中嘉慶十五年庚午舉人，先生第三女適寧海州
知州湯康業子國子監生候選州同湯貽憲出。

《甌北集》卷五十二《外孫湯文卿中式舉人喜賦》：“一代賓興傳異
事，外孫外祖敘同年。”

按：該詩作於嘉慶十五年庚午（1810），趙翼乾隆十五年庚午
（1750）順天鄉試發解，故云“外孫外祖敘同年”。

錢泳《履園叢話》十三“異事”條：“陽湖趙甌北先生，中乾隆庚午鄉
榜，其外孫湯文卿錫光又中嘉慶庚午鄉榜。先生賦詩云：‘我方重
赴鹿鳴筵，且喜東床有後賢。一代賓興傳異事，外孫外祖聚同
年。’文卿亦賦詩呈先生，云：‘騷壇一代主齊盟，少小相依識性情。
難得母家成宅相，竟於甥館繼科名。翹才也算登黃閣，執拂曾經
侍碧城。但願王筍同外祖，再看春榜問前程。’”

《西蓋趙氏族譜・學亮公派北岸分支世表》：“（趙翼）……三適寧
海州知州湯康業子國子監生候選州同貽憲，程恭人出。”

十月九日，蔣騏昌病歿。

《甌北集》卷五十二《哭蔣瑩溪》、《再哭瑩溪》。

觀村劇。

《甌北集》卷五十二《里俗戲劇余多不知問之僮僕轉有熟悉者書以
一笑》、《村劇有鄧尚書吃酒戒家人有乞詩文者不許通報惟酒食相
招則赴之余近年亦頗有此興書以一笑》。

莊炘官陝三十餘年，年老致仕，貧不能歸，遠承書訊詩以寄答
兼望其早回。

《甌北集》卷五十二《老友莊似撰別字虛庵官關陝三十餘年洊陞牧守今年老致仕貧不能歸遠承書訊詩以寄答兼望其早回》其一自注："君今年七十六,余八十四。"

記豐收景象。

《甌北集》卷五十二《豐收景象》。又《豐景》："米價頓輕幾減半,人情愛好不求全。……只嫌穀賤傷農處,賣到街頭不值錢。米貴時斗三四百文,今百七八十文。"

是年,莊通敏、吳省蘭、陳淮卒。

嘉慶十六年辛未(1811)　八十五歲

元日,早起。

《甌北集》卷五十三《辛未元日》："老夫冒冷披衣起,要聽雄雞第一聲。"

二月中旬,到紅梅閣看梅,花尚未開。

《甌北集》卷五十三《紅梅閣探梅》："江南今歲春寒甚,二月中旬尚未開。"

春,住江陰楊舍別業,閉門謝客。

《甌北集》卷五十三《江陰別業頗有竹木之勝率題絕句》、《杜門》。

題范來宗詩稿。

《甌北集》卷五十三《題范洽園編修詩稿》。

尋春蘇州,虎丘記異。

《甌北集》卷五十三《虎丘後有一三足犬其足前一後二吠而不能行又有一六足牛其四足如常牛背上忽增兩足但下垂而不止地當額有圓肉瘤肩上又有一孔深三寸許察其皮毛皆渾然天生非人力所矯揉者人間所未見也》。

靈巖山館弔畢沅。

《靈巖山館弔畢秋帆制府》："靈巖山館好丘樊,吾友居停席未溫。"

曉寒中,玄墓看梅。

《玄墓看梅》：“玄墓看梅破曉寒，遲來數日已開殘。”

歸舟到家正值山茶花盛開。

《到家正值山茶花盛開》：“尋春步屧遍蘇臺，帶得餘香轉櫂回。”

湖塘橋看神會。憶昨歲劉種之門首同看小茅山會，今香會又屆期，劉種之已故，不勝感愴。

《甌北集》卷五十三《湖塘橋看神會》、《昨歲檀橋門首與同看小茅山會今檀橋已故香會又屆期不勝感愴》。

三月十八日，費淳卒。

《甌北集》卷五十三《哭筠浦相公》其一自注：“歷官江省最久。……公常有乞身之思，以恩重不敢。”

據《清史稿》卷十六本紀十六仁宗本紀：“十六年辛未……三月丙寅，上謁西陵。壬午，謁陵禮成，西巡五臺山。乙亥，工部尚書費淳卒，贈大學士。”費淳卒於嘉慶十六年辛未（1811）三月十八日。

內侄劉慕陔自潮州致政歸里，喜贈。

《甌北集》卷五十三《內侄劉慕陔運副自潮州致政歸里喜贈》。

先生年衰，剝啄叩門者甚少，自幸里居四十年讀書、著書不輟。

《甌北集》卷五十三《剝啄》。“世已我遺成棄物，更從誰去借餘溫？”《自幸》：“兩板衡門二頃田，書生願已不虛懸。”自注：“余自四十六歲歸田，今八十五歲，里居已四十年矣。”

《原譜》嘉慶十六年辛未條：“猶兀坐作蠅頭小楷，點畫光勁，不減少壯時。盛夏消暑，書二十餘冊分給孫曾及親知輩。慶佑之方伯聞而索書，乃書十數頁寄之。”

皓首勤編《甌北集》。

《甌北集》卷五十三《皓首》：“皓首猶勤手一編，叢殘舊稿卷盈千。”

是年，曾孫增榮生，公桂出。十二月，孫申嘉娶婦蔣氏。

《原譜》嘉慶十六年辛未條：“是歲曾孫增榮生，公桂出。冬十二月，孫申嘉娶婦蔣氏。”

是年，于鰲圖卒。

嘉慶十七年壬申（1812）　八十六歲

二月，曾孫增禄生，忠弼出，後名禄保。

> 《原譜》嘉慶十七年壬申："二月曾孫增禄生，忠弼出。"
>
> 按：據《西蓋趙氏族譜・學亮公派北岸分支世表》，增禄爲趙忠弼子，後改名禄保。《西蓋趙氏族譜・藝文外編》載吕繼午《趙君純甫家傳》："（趙禄保）字純甫。"

送趙懷玉赴關中書院。

> 《甌北集》卷五十三《送億生赴關中書院》："飢驅從未慣，此别最酸辛。君去三千里，吾將九十人。定多懷古作，聊救在家貧。尚冀歸來早，相攜酒一尊。"

四月，孫鳴盛娶婦葉氏。

> 《原譜》嘉慶十七年壬申："是年四月，孫鳴盛娶婦葉氏。"

正屆插秧，五月廿三日大雨，喜賦。

> 《甌北詩鈔》絶句二依次有《天河》、《五月廿三日大雨四五寸志喜》。《天河》表達了盼雨的迫切心情："候屆農忙正熟梅，夜瞻星斗朗昭回。虧他多少銀河水，忍住空中不下來。"《五月廿三日大雨四五寸志喜》則繼寫大雨到來時的喜悦之情："正插秧時大雨來，緑禾高下一齊栽。"二詩寫作時間應大體一致。此二詩不見《甌北集》中。
>
> 按：《甌北詩鈔》上二詩前爲《壬申元日》，《甌北詩鈔》的編排方式爲先分體，後編年，故《天河》、《五月廿三日大雨四五寸志喜》應作於本年五月插秧時節。

閑寫老境。

> 《甌北集》卷五十三《閑寫》："不衫不履不衣冠，獨立蒼茫樂老槃。"
>
> 《簷曝雜記續》"老境"條："昔文徵明八十七歲時，嘗自謂燈下猶能

作蠅頭細書,作畫猶能爲徑丈大幅,足見其老而强壯,神明不衰。余今年亦八十六矣,既不能書,又不能畫。以詩遣日,亦安得許多詩思。惟范蜀公景仁言:'端居静坐,不起念慮,雖兒童喧嘩,近在咫尺,亦不見聞。'黄山谷謂景仁深於學佛,故得此養閑之法。而余則浮躁性生,此心不能一刻不用,又安能竊景仁之緒餘也?"

八月廿三日,艤舟亭看桂花,被衆人看。

《甌北集》卷五十三《八月廿三日艤舟亭看桂花》:"不信高年偶冶游,能招衆目共凝眸。桂花香裏人如海,不看紅妝看白頭。"

原韻答崔龍見見懷。

《甌北集》卷五十三《答崔曼亭觀察同年見懷原韻》其一自注:"君觀察湖南,教匪不敢入境。……今就養嗣君南汝光道署。"

九月,江陰楊舍別墅小住。

《甌北集》卷五十三《楊舍道中》:"心齋長日守東皋,偶泛輕橈散鬱陶。……九月授衣吾已具,豈煩人贈舊綈袍。"《江陰道中》:"一枝柔櫓泛輕橈,橘綠橙黃九月交。"可知此二詩爲九月赴楊舍道中作。其下《獨立》:"獨立蒼茫度寂寥,結廬人境穩東皋。"《鄉居》:"畏壘鄉居似野僧,蕭然氣味冷如冰。割禾地頓低三尺,種麥田翻顯百塍。"可知此二詩當爲本年秋楊舍中作。《原譜》嘉慶十七年壬申條云:"六月赴江陰之楊舍別墅避暑,月餘乃歸。"誤。

過畢沅靈巖山館,已易主,感賦。

《甌北集》卷五十三《過靈巖山故人葬地已易主矣感賦》自注:"主人購此地,頗費心力。……公自言:吾葬此,使人長指某人之墓足矣。"

是年,仍在續訂《甌北集》。冬,《甌北集》五十三卷全部刻成,趙懷玉爲作序。湛貽堂刊刻《甌北全集》七種,共一百七十六卷。

《甌北集》卷五十三《掩關》題注:"壬申初冬續刻。"可知,《甌北集》卷五十三該詩以下諸詩爲"壬申"(嘉慶十七年)初冬續刻,至本

年,《甌北集》五十三卷本全部刊刻。但《甌北集》卷五十三《病起》
題注:"癸酉秋。""癸酉"即"嘉慶十八年",説明前刻時留有版頁,
新作隨之附後續刻。此即今存《甌北集》五十三卷湛貽堂刻本,此
前諸刻本已很難尋覓。

　　按:《甌北集》卷首趙懷玉有序云:"謂堪適道,繆許定文,既辱誆
託,遂逾歲月。"《甌北集》卷首《甌北集》、《甌北詩鈔》各序按時間
先後依次排列,趙懷玉序在最後且未署日期,姑置此。

　　按:嘉慶壬申湛貽堂刻本,版頁鎸有"嘉慶壬申"。該刻本刊刻
《甌北全集》七種,《廿二史劄記》三十六卷、補遺一卷;《陔餘叢考》
四十三卷;《簷曝雜記》六卷、附一卷;《皇朝武功紀盛》四卷;《甌北
詩鈔》二十卷;《甌北詩話》十卷、續二卷;《甌北集》五十三卷,共一
百七十六卷。

是年,錢伯坰卒。

嘉慶十八年癸酉(1813)　　八十七歲

二月,游蘇,寓東山浜孫武子祠。肩輿至虎丘玄墓探梅。時張
問陶喬寓虎丘,先生過訪,偕范來宗、潘奕雋諸文士作詩酒會,
張問陶繪《孫祠雅集圖》紀盛。旬餘始返。

　　《大清一統志》蘇州府:"洞庭東山,在吳縣西南太湖中,一名胥母
山。……《姑蘇志》:莫釐山以在洞庭之東,稱東洞庭山。周迴八
十里。"

　　張問陶《船山詩草》卷二十《趙雲松前輩翼過訪時年八十七》、《孫
祠雅集圖同趙甌北范芝巖 來宗 兩前輩潘榕皋 奕雋 户部范葦舲少府
蔣于墊明經作》。

　　按:據張問陶同卷下詩《癸酉二月十三日應廖復堂都轉之約暫赴
揚州口占別家人》及潘奕雋《三松堂集》續集卷三《二月上澣趙甌
北前輩探梅鄧尉小住虎阜同范芝巖張船山蔣于野范葦舲集孫子
祠》、《又和甌北前輩韻即送探梅入山》知,衆人孫祠小集在是年二

月上旬。

《甌北集》卷五十三《孫武子祠堂假山石歌》："我思朱勔當年貢花石，搜盡吳門好巖岫。"《捏塑傳真》："我來虎丘偶游戲，三寸小龕妥位置。"

又按：張問陶《船山詩草》題所繪圖爲《孫祠雅集圖》，《原譜》、《年表》、《詩證》皆云《虎阜雅集圖》。

張問陶，字仲冶、柳門、樂祖，號船山，四川遂寧人。乾隆二十九年（1764）五月二十七日生，嘉慶十九年（1814）三月卒。乾隆五十五年進士，由檢討改御史，復改吏部郎中。屢充鄉會試同考官，官至山東萊州府知府，以忤上官乞病歸，旋游吳越，卒於蘇州。以詩名，書畫亦俱勝。著《船山詩草》等。事具《清史稿》卷四八五、《清史列傳》卷七二。

哭李保泰。

《甌北集》卷五十三《哭李嗇生郡博》："朋簪回數幾心交，腸斷揚州廿四橋。步屧過從無半里，盤餐留話動連宵。喜聞質庫開闤闠，更買高閎俯麗譙。獨有故人餘老淚，更無灑處涌如潮。"

張雲璈《臘味小稿》卷三有《哭李嗇生同年》。

蘇州新建名宦祠，尹繼善曾節制兩江四十餘年，人念遺愛，爲立專祠。是時出尹氏門下者僅存先生一人，六月，先生再赴蘇恭奉神主入祠。

《甌北集》卷五十三《相國尹文端公節制兩江四十餘年遺愛在人久而弗替今蘇州新建名宦祠奉神主入祠翼以老門生得襄盛舉欣忭難名敬賦以志》。

《甌北集》卷十《壽尹望山相公七十》其三自注："公節制兩江凡四度，曾有詩云：'似與吳民有宿緣。'"

《簷曝雜記》卷二"尹文端公肅清江南漕政"條："尹文端節制兩江凡四度，德政固多，而最得民心在嚴禁漕弊一事。……其後桂林陳文恭撫吳，胡文伯爲藩司，皆守成規，弗絲毫假借。……漕務肅清者凡四十餘年，皆文端遺惠也，宜吳人思公至今猶不置云。"

昭槤《嘯亭雜錄》卷七"尹文端公"條："尹文端公繼善，字元長，姓章佳氏，世居盛京。……公亦登雍正元年進士，引見，上喜曰：'汝即尹泰子耶！果大器也。'選入翰林，未踰年，即授廣東按察使。甫抵任，遷副總河，未半年，遷江蘇巡撫，去釋褐甫六載耳。公白晢少鬚眉，豐頤大口，聲清揚遠聞，著體紅瘢如硃砂鮮，目秀而慈，長寸許。年三十餘即任封疆，遇事鏡燭犀刻，八面瑩澈，而和顏接物，雖素不善者，亦必寒暄周旋之。……純皇帝登極，公屢任中外，先後督兩江幾三十年。民相與父馴子伏，每聞公來，老幼奔呼相賀。公亦視江南爲故鄉，渡黃河輒心開。不侵官，不矯俗，不蓄怨，不通苞苴，嚴肅僚從，所莅肅然。將有張施，必集監司下屬曰：'我意如此，諸君必駁我，我解説則再駁之，使萬無可駁而後可行，勿以總督語有所因循也。'以故公行鮮有敗事。所理大獄，雍正間江蘇積欠四百餘萬，乾隆間盧魯生偽稿及各省邪教等案，皆株連萬千，而公部居別白，除苛解嬈，不妄戮一人，人皆服之。……公貌類佛而不喜佛法，聞人才後進，則傾袊推轂，提訓孳孳，如袁簡齋太史、劉繩庵相國、秦澗泉狀元，皆公所提唱者也。後拜文華殿大學士，仍督江省。次年召還，臨行時，吏民環送悲號，公不覺悽愴傷懷，過村橋野寺，必流連小住，慰勞送者。其再督江時，吳民有'吉甫再來天有眼'之諺云。年八十余，卒於位。其家三代宰輔，世人榮之。"

秋，微恙，親友多問病。童奴阿四服侍得力。

《甌北集》卷五十三《病起》題注："癸酉秋。"詩云："風寒暑濕病相乘，此亦何妨撒手行。勞動滿城相問訊，雖非姻舊亦關情。"

《甌北集》卷五十三《阿四》："阿四頻年爲我忙，飢催羹飯渴茶湯。老來事事需人助，直把童奴作奶娘。"

猶爲人作墓志銘。

《甌北集》卷五十三《爲人寫墓銘後戲題》："老去羞留疥壁塵，書丹還寫墓碑勻。百年白首同歸日，五字蘭亭不損眞。帶減腰圍幾一寸，筆鏖腕力尚千鈞。他年藝苑傳佳話，竹垞貪多恐笨人。"

按：《甌北集》卷二十二《爲人作墓志後戲題》："老去耻供諛墓作，賤時多愧嫁衣裁。祇應結習耽文字，官罷仍爲老秀才。"作於乾隆四十年乙未(1775)四十九歲時，早已交代了趙翼喜爲人作墓志的眞實原因——"結習耽文字"。

本年分遣子趙廷彦、孫趙申嘉應江寧鄉試，孫趙忠弼、趙慶齡就試順天鄉闈。

《甌北詩鈔》七言律七《鄉試屆期分遣彦兒科聯孫就試南闈和羹慶齡向京闈赴試詩以送之》。

據《西蓋趙氏族譜·學亮公派北岸分支世表》與《西蓋趙氏族譜·學亮公派西干圻分支世表》，孫"科"爲趙申嘉、孫"和羹"爲趙忠弼。

十月，馬迹山謁母墓，猶能徒行。

《原譜》嘉慶十八年癸酉(1813)條："冬十月，過太湖，登馬迹山，謁太恭人墓，猶能徒行里許。歸後月餘，精神漸減，步履遂艱。"

近歲雖不作長篇，猶時吟短章爲樂。

《甌北集》卷五十三《雨》、《宵寐》、《三並頭蓮》、《曉市》。

是年，劉熙載生。法式善、蔣知節卒。

嘉慶十九年甲戌(1814)　八十八歲

二月，孫僧善生，廷俊出，後名逢吉。孫公桂又舉一子增祥、亦名曾祥，於是先生有曾孫四人。

《原譜》嘉慶十九年甲戌條："二月，孫僧善生，廷俊出。公桂又舉一子增祥，於是曾孫四人矣。"

據《西蓋趙氏族譜·學亮公派北岸分支世表》，趙廷俊子趙逢吉，小名僧善。

555

按：據《西蓋趙氏族譜·學亮公派北岸分支世表》，至嘉慶十九年甲戌（1814），趙翼共有孫十一人：趙公桂、趙樾和趙韓，廷英出；趙忠弼、趙起，廷偉出；趙慶齡、趙申嘉、趙申佑、趙申憲和趙逢吉，廷俊出；趙廷俊子趙申奎出嗣趙廷彥。曾孫四人，孫公桂出者三，曾慶、曾變（初名曾榮）、曾祥；孫忠弼出者一，禄保（初名曾禄）。

三月四日，張問陶因惡性瘧疾，卒於蘇州虎丘山塘寓所。

姚元之《竹葉亭雜記》卷五："船山先生守萊州，乞養歸蜀，過吳門因暫留。歲甲戌春，遂卒于吳門。夫人以喪歸，零丁飄泊，惟三女依母存焉。石琢堂廉訪蘊玉爲同年生，爲刻其遺稿二十卷。"

陳康祺《郎潛紀聞四筆》卷二"鮑樹堂高義歸友櫬"條："張船山太守自萊州引疾，僑寄吳中。未三年，卒於虎丘山塘之客館。身後蕭條，賴鮑樹堂太僕遠賻巨貲，始獲扶櫬還蜀。故吳山尊題《船山集》有云：'身後更傳元伯夢，石交肯讓古人先。'自注：'君卒後，見夢於樹堂，樹堂以千金歸君櫬。'讀此知太守灝氣奇才，一靈不泯，而太僕高義，泂無媿東京范巨卿矣。"

先生染脾泄之疾，四月十七日卒，壽八十八。

《西蓋趙氏族譜·學亮公派北岸分支世表》："（趙翼）……嘉慶十九年甲戌四月十七日申時卒，壽八十八。"

《原譜》嘉慶十九年甲戌條："先是先生每患脾泄，至三月間食飲漸衰，迺示微疾，然猶起坐觀書，未嘗竟日臥也。四月既望，益憊。十七日，晨起沐浴更衣，端坐床上，以酉刻卒。"

按：《西蓋趙氏族譜·學亮公派北岸分支世表》與《原譜》在趙翼病卒時辰上有差異。

趙懷玉《收庵居士自叙年譜略》嘉慶十九年甲戌六十八歲條："知甌北先生四月中已歸道山，作詩追挽。"見趙懷玉《亦有生齋集》詩卷三〇《哭家觀察翼》："憶我與公別，於今已三年。……以我知公深，用敢縷述焉。……素志殷撰述，宦情澹雲烟。吾鄉號詩國，湘靈倡於前。公起振興之，壁壘成新鮮。隨園與藏園，世多願執鞭。

公揖讓其中,鼎足而比肩。老尚賈餘勇,矻矻窮殘編。海內數耆碩,晨星布遙天。年來漸殂謝,靈光獨巋然。謂予可論文,甘苦人難詮。欲助剞劂資,俾附梨棗傳。其事雖未成,其語心常鐫。……書來喜紙貴,昨歲書至自言著述流行之廣。猶未名心捐。嗟我攣手足,聞公善餐眠。康彊乃先逝,痼疾反苟延。公望自不朽,公福亦已全。所嗟典刑喪,并失文字緣。"

孫星衍《趙甌北府君墓志銘》:"至十九年四月十七日,以疾終於里第,春秋八十有八。"

李元度《國朝先正事略·趙甌北先生事略》:"嘉慶庚午……又四年卒,年八十有八。"

按:據上述可知,《清史稿》卷四八五《趙翼傳》:"卒,年八十六。"《清史列傳·趙翼傳》:"十九年卒,年八十六。"尚鎔《持雅堂續鈔·趙翼傳》:"嘉慶庚午,……尋卒,年八十七。"皆誤。

姚鼐作先生家傳。

姚鼐《甌北先生家傳》:"今歲四月,先生卒于家,其子以狀訃,乃按其事而傳之。"

按:吳錫麒《有正味齋詩續集》卷八《挽趙雲崧先生二首》與《西蓋趙氏族譜·藝文外編》所載吳錫麒《挽甌北老前輩》二首,小異。

卷尾
後譜

嘉慶二十年乙亥（1815）

十一月五日葬先生於馬迹山母丁氏之昭穴，孫星衍爲作墓志銘。

孫星衍《皇清誥授中憲大夫賜進士及第翰林院編修貴州貴西兵備道庚午科重赴鹿鳴筵宴晉加三品頂戴趙甌北府君墓志銘》：“嘉慶廿年秋九月，趙氏廷英昆仲等來金陵，乞撰其尊甫甌北先生墓志。……廷英等以二十年十一月五日葬先生於馬迹山丁太恭人之昭穴，祔以程恭人。先葬劉恭人於下程橋，已四十餘年，以遺命不復遷祔。”

按：《西蓋趙氏族譜》卷八《祠墓志·馬迹山祖墳》：“誥授中憲大夫貴州貴西兵備道甌北府君穴在馬迹山東金丑灣丁氏太恭人墓左側，係迎春鄉十七都九圖嚴字一千一百四十七號。”馬迹山亦名馬山，爲太湖中第二大島。趙翼墓位於江蘇無錫馬山桃塢嶺鵓鴣山麓，是趙翼與繼配程氏的合葬墓。墓地坐北朝南，背倚冠嶂峰，南面太湖。墓前有嘉慶二十年乙亥（1815）孟冬立墓碑，碑上鎸刻“皇清誥授中憲大夫賜進士及第翰林院編修貴州貴西兵備道庚午科重赴鹿鳴筵宴晉加三品顯考甌北趙府君、誥封恭人晉贈淑人顯妣程太淑人之墓”。1986 年 7 月，無錫市人民政府宣佈趙翼墓爲市級文物保護單位。

道光七年丁亥（1827）（日本文政十年）

《甌北詩選》二卷和刻本問世。

（日）碓井歡編，文政十年（1827）江户崗村莊助等刊刻。

該刻本前有奧山榕齋《〈甌北詩選〉序》，末署“文政十年丁亥歲南
至後一日奧山翼榕齋氏讚”；大窪行《〈甌北詩選〉題辭》，末署“丁
亥臘月詩佛老人大窪所書”。

按：據《中國館藏和刻本漢籍書目》，該選本後又有兩種和刻本：
江户玉巖堂和泉屋金右衛門等的後印本；明治十二年（1879）東京
小林新兵衛等印本，小林新造寶文閣藏板。

道光八年戊子（1828）（文政十一年）

《甌北詩話》十二卷和刻本問世。

（日）大窪詩佛、唐公愷同校并訓點，文政十一年（1828）江户玉巖
堂和泉屋金右衛門等刊刻，鷗外有批注。

該刻本前有宮澤雉《〈甌北詩話〉序》，末署“文政戊子花朝雲山居
士宮澤雉識”；唐公愷《〈甌北詩話〉題辭》，末署“文政十年丁亥季
冬十又八日江户它山唐公愷鴻佐父撰”。

按：據《中國館藏和刻本漢籍書目》，該版本後又有兩種和刻本：
明治十二年（1879）東京寶文閣小林新造印本；東京文淵堂淺倉屋
久兵衛後印本。

同治九年庚午（1870）

七月五日，李慈銘《越縵堂日記》云趙翼《廿二史劄記》、《陔餘
叢考》買自一宿儒之子。

李慈銘《越縵堂日記》七月初五日條：“閱趙翼《廿二史劄記》。常
州老生皆言此書及《陔餘叢考》，趙以千金買之一宿儒之子，非趙

自作。以《甌北詩集》、《詩話》及《簷曝雜記》諸書觀之，趙識見淺
陋，全不知著書之體。此兩書較爲貫串，自非趙所能爲。"

按：李保泰嘉慶五年五月《廿二史劄記序》稱"陽湖趙甌北先
生……中歲即乞養歸，優游林下者將三十年，無日不以著書爲事，
輯《廿二史劄記》三十六卷。方先生屬稿時，每得與聞緒論，及今
始潰於成，竊獲從編校之役，反覆卒讀之"云云，叙述趙翼撰寫《廿
二史劄記》經過真切詳盡。《廿二史劄記》前亦有錢大昕嘉慶五年
庚申六月十日序，且《廿二史劄記》的母體是《陔餘叢考》，趙翼乾
隆五十五年《陔餘叢考小引》曰："余自黔西乞養歸，問視之暇，仍
理故業。日夕惟手一編，有所得輒劄記別紙，積久遂得四十餘卷。
以其爲循陔時所輯，故名曰《陔餘叢考》，藏篋衍久矣。……兒輩
從敝簏中檢得此編，謂數年心力未可抛棄，遂請以付梓。"另外，趙
翼撰著《廿二史劄記》與其詩相通，不少史實史論見諸於《甌北
集》。故李慈銘在没有確鑿證據的情况下，輕率地斷言《廿二史劄
記》、《陔餘叢考》非趙翼所作，不足以服人。

又按：臺灣學者杜維運《趙翼傳》第九章第七節第一、二目，大陸
學者王樹民《廿二史劄記校證》(訂補本)前言、李金堂《關於劄記
的作者問題》(《史學史研究》1992 年第 1 期)等都認爲《廿二史劄
記》的作者爲趙翼無疑。

光緒三年丁丑(1877)

滇南唐友耕重刊壽考堂本《甌北全集》七種，共一百七十五卷。

光緒三年唐友耕重刊壽考堂本《甌北全集》，卷首有本年所作五篇
序言。恒訓《趙甌北全集序》："《劄記》一書，貫串史乘，薈萃成編，
俾上下數千年瞭如指掌。他如《叢考》、《雜記》、《詩鈔》等類，皆足
廣見聞而資諷詠。至《皇朝武功紀盛》一編，其中廟謨將略，以及
地方形勢，頗爲詳盡，實足爲行軍考鏡之資而補史傳所不足，則甌
北之有功來學豈淺鮮哉！"

唐友耕《趙甌北七種序》述此次重刊《甌北全集》過程甚悉，"客有以陽湖趙氏《皇朝武功紀盛》見示者，歎其於當日戰伐情事，曲折如見，若身在行中，口講指畫，俾後之行軍者有所取法，其益人神智非淺。爰思重刻，以廣其傳。念東南寇亂後，趙氏諸書雕板均燬，滇蜀之間求之頗艱，因并刻其他所著述，以備趙氏一家之言。經始於光緒二年十月，竣工於三年六月，凡七種，一百七十五卷。"又有丁寶楨《重刻甌北全集序》、伍肇齡《重刻趙甌北全集序》和楊柄鋆《甌北全集跋》。

按：此本前署"廣漢馥笙張選青校正，滇南心舫唐友忠校閱"。該本基本上仿刻嘉慶十七年壬申（1812）湛貽堂原刊本，除少量字詞有所訂正外，異文不多。

附　录

一　趙翼著作年表

時　　　間	編 撰 或 刊 刻
乾隆二十二年丁丑(1757) 三十一歲	編訂《甌北初集》五卷。
乾隆三十八年癸巳(1773) 四十七歲	始撰《陔餘叢考》。
乾隆四十二年丁酉(1777) 五十一歲	編訂《甌北集》二十二卷。
乾隆四十三年戊戌(1778) 五十二歲	刊刻《甌北集》二十四卷。
乾隆四十四年己亥(1779) 五十三歲	郵示祝德麟《甌北集》二十四卷, 請其校讎。
乾隆四十八年癸卯(1783) 五十七歲	《甌北集》二十五卷刊刻。
乾隆五十年乙巳(1785) 五十九歲	《甌北集》二十七卷付梓。
乾隆五十四年己酉(1789) 六十三歲	《甌北集》三十三卷本刊刻。 着手分體重編《甌北詩鈔》,請李保泰 鑒裁、張舟參訂。
乾隆五十五年庚戌(1790) 六十四歲	《陔餘叢考》四十三卷付刊。 請錢大昕爲《甌北集》三十三卷作序。

565

時　間	編撰或刊刻
乾隆五十六年辛亥(1791) 六十五歲	《甌北詩鈔》二十卷編成付刊。 吳錫麒序《陔餘叢考》四十三卷。
乾隆五十七年壬子(1792) 六十六歲	《皇朝武功紀盛》四卷刊刻。
乾隆六十年乙卯(1795) 六十九歲	《廿二史劄記》初稿告成,付梓。
嘉慶二年丁巳(1797) 七十一歲	醞釀寫作《甌北詩話》。
嘉慶五年庚申(1800) 七十四歲	《廿二史劄記》三十六卷、補遺一卷最終告成。 《陸放翁年譜》編成。
嘉慶六年辛酉(1801) 七十五歲	《甌北詩話》十卷本告成。
嘉慶七年壬戌(1802) 七十六歲	呼匠刷印一百四十一卷著作。 《甌北集》四十四卷、《簷曝雜記》四卷、《甌北詩話》十卷刊刻。
嘉慶九年甲子(1804) 七十八歲	《甌北詩話》十二卷續成。
嘉慶十三年戊辰(1808) 八十二歲	每年刷印《甌北詩鈔》、《陔餘叢考》、《廿二史劄記》、《十家詩話》等各數百部。
嘉慶十七年壬申(1812) 八十六歲	《甌北集》五十三卷本刊刻。 嘉慶壬申湛貽堂刻本,刊刻《甌北全集》七種:《廿二史劄記》三十六卷、補遺一卷,《陔餘叢考》四十三卷,《簷曝雜記》六卷、附一卷,《皇朝武功紀盛》四卷,《甌北詩鈔》二十卷,《甌北詩話》十卷、續二卷;《甌北集》五十三卷,共一百七十六卷。

二 趙翼生平傳記資料

甌北先生家傳

姚 鼐

　　先生姓趙氏，諱翼，字耘松，號甌北，常州府陽湖人也。生三歲，日能識字數十。十二歲學爲文，一日成七藝，人皆奇之。乾隆庚午舉順天鄉試，已而選授中書舍人，入直軍機，大學士傅文忠公、汪文端公咸倚重焉。辛巳成進士，殿試進呈一甲第一，而陝西王文端公杰居第三。純皇帝謂自國朝以來，陝西未有以第一人舉者，遂易文端爲第一，而先生之才則固已心識之矣。

　　丙戌，由翰林編修授廣西鎮安知府。鎮居廣西極邊，民淳訟簡，而倉穀出入，吏緣爲奸。先生痛革其弊，鎮民悅服。每巡行，村民輒升入其村，謂"我公至矣"！奉酒食爲恭敬。所治皆如之。先是，鎮民與安南民入雲南土富州爲奸，事發捕獲百餘人，而其魁農付奉顧逸去，前守以是罷官。已而付奉死於安南，獲其子并獲其屍，驗之良是。總督李公侍堯疑其爲前守道地，不之信，先生申辯，李怒，劾之。適朝廷用兵緬甸，命先生赴滇贊畫，乃追劾疏還。明年返鎮，李公乃示意監司，欲先生稍折節而移之守廣州自助。先生不肯，遂以他屬。而適奉特旨調先生廣州，監司乃服先生之有守也。在廣州，決獄平。獲海盜一百八人，按律皆當死，先生詳讞分別，殺三十八人，餘遣戍。辛卯擢貴西兵備道,而以廣州他讞事降級調用。先生遂乞養親而歸。

丁未,臺灣民林爽文作亂,李公赴閩辦軍事,道過常,邀先生偕往。時兵將雲集,咸謂不日蕩平。先生詢察情形,亟請李公密調粵兵爲備。既而總兵郝壯猷敗遁,游擊鄭嵩被殺,賊勢大振,而粵兵適至,人心始安。已乃籌海運,增雇值,給衣裝,奏輒報可。李公夙以綜核爲政,先生每事濟以寬大,迄事平,先生之力居多。始先生贊畫滇軍,傅文忠公爲經略,進征緬甸。議大兵由戞鳩江進,而命提督五福由普洱進。先生曰:“戞鳩、普洱按圖相距不過三寸,而實是四千里而遙。兩軍既進,聲息不相聞,進退維谷,此危道也。大兵欲渡戞鳩江,則偏師宜由蠻暮、老官屯進,夾江而下,庶兩軍可互爲聲援。”文忠從之。先生之善籌軍事多類此。

臺灣既定,李公欲奏起,先生固辭之,因游武夷,遍歷浙東山水之勝,一發之於詩。先生固善詩,自少游京邸,歷館閣,與諸賢士大夫相酬唱。歸田後,朋游故舊杯酒相過從,日賦詩爲笑樂。其詩與同時袁簡齋、蔣心餘齊名,世所傳《甌北集》也。其他著述凡十餘種,而《陔餘叢考》、《廿二史劄記》尤爲人所稱道云。

先生與鼐俱以乾隆庚午得舉,越六十年而爲嘉慶庚午,先生年八十有四,而鼐亦年八十。循例重赴鹿鳴筵宴,欽賜三品銜,而鼐亦得四品銜,乃相與會於鐘山。屈指知交,零落殆盡,先生喟然曰:“某少孤貧不自振,謬以非才入侍館閣,分校多士。中年洊登繁劇,奔走軍旅。未垂白而養拙丘園,上獲終養慈母,下獲撫字孫曾。今又叨蒙上賜爵秩逾等,生人之遇可謂榮幸,皆兩朝聖人高厚之恩也。”相與泫然者久之。

今歲四月,先生卒于家,其子以狀訃,乃按其事而傳之。先生娶劉氏,繼娶程氏,先先生卒。子廷英、廷偉、廷俊、廷彥,廷偉先卒。孫十人。曾孫四人。

賜進士出身誥授奉政大夫翰林院庶吉士刑部郎中重赴嘉慶庚午科鹿鳴筵宴欽加四品頂戴年侍生姚鼐頓首拜撰

皇清誥授中憲大夫賜進士及第翰林院編修貴州貴西兵備道庚午科重赴鹿鳴筵宴晉加三品頂戴趙甌北府君墓志銘

孫星衍

嘉慶廿年秋九月，趙氏廷英昆仲等來金陵，乞撰其尊甫甌北先生墓志。先生與予同里，有姻聯，又爲詞館前輩，生平游處甚熟，知其學行尤悉，不可以不敏辭。

按狀，先生姓趙氏，諱翼，字耘松，號甌北，常州府陽湖縣人。其先有名孟堙者，爲宋宗室，元末官高郵州録事，因家常州。五傳生敬，明景泰甲戌進士，歷山西、山東按察使。七傳生州，爲先生曾祖。生福臻，又名斗煌，贈儒林郎，爲先生祖。生惟寬，贈中憲大夫，爲先生父。配丁太恭人，生先生及弟汝明、汝霖。趙氏遷常久，家中落，父中憲公以授徒爲生計。

先生生有異稟，三歲識字，十二歲爲科舉文，一日輒成七篇。時令甲未以詩試士，特好爲之，兼爲古文。十九歲入縣學，游學都門，才名動輦下。劉文正公時爲總憲，延至家，纂修《宮史》。以直隸商籍入學，中乾隆十五年庚午科北榜舉人，補義學教習。十九年會試，中明通榜，用内閣中書。明年補官，又明年入直軍機，尹文端公、傅文忠公皆倚重先生。扈從行在，或伏地草奏，下筆千言，文不加點。一切應奉文字，非先生不辦。二十六年，中辛巳科進士，殿試呈卷第一。高宗純皇帝以國朝以來陝西未有狀元，遂以第三卷互易，即王文端也。授翰林院編修。明年京察一等，記名在翰林。時任撰文，修《通鑑輯覽》。壬午科分校順天鄉試，乙酉科爲順天武闈鄉試主考官。癸未、丙戌科俱充會試同考官，得士尤盛。

三十一年冬，授廣西鎮安府知府。府境極邊，民淳訟簡，而常社倉穀有出輕入重之弊。粵民償穀以竹筐，以權代概。有司因購馬濟滇

軍，別製大筐斂穀，事罷遂以爲常，民苦之。先生開府倉，聽民用舊筐
自榷以納穀。於是民皆持羨穀以去，飲食醉飽，歡聲溢閭閻。屬城有
控橫斂者，則縛其監倉奴及書吏，痛懲之。鎮安民由是感激。每出行，
爭肩輿先生過其邨，送歷他邨亦如之。老弱餽餉雞豚酒醴，先生辭之
不得，無煩縣令供頓矣。其後有爲先生立生祠者。會以辦案不合總督
李公侍堯意，幾被劾，適有特旨，令先生赴滇參軍事。

是時明將軍瑞征緬甸失事殉難，緬酋遣使求和，副將軍大學士阿
公里袞奏其事，上不許。時阿文成公桂以總督來將軍，大兵停征，奉命
以偏師剿南坎、頓拐等處。兩將軍出行，令先生守大營護將印，一切緩
急應援，皆得便宜行事。及大學士傅文忠公來滇經略兵事，議以大兵
渡戛鳩江進剿，即大金江上流也。令提督以偏師五千從普洱進，遙爲
聲援。先生謂戛鳩、普洱相去四千餘里，大兵既渡戛鳩之西，則偏師宜
由江東岸近地進取猛密，夾江而下，造船以通往來，庶兩軍可以互應。
遂如先生言入告。其後渡戛鳩之兵遭瘴氣，多疾病，而阿文成公所統
江東岸一軍獨完。又以此兵敗賊於蠻暮、老官屯，卒以蔵事。時三十
四年也。

明年調守廣東廣州府。先是總督李公固欲調先生，使他守諭意。
先生不可，曰：“鎮安天子所授，吾受上司恩調善地，他日何能自行其
志?”至是人服其能自立云。海盜拒官兵而竄，盡獲之得一百八人，按
律皆當死。先生念諸盜無殺人案，乃條別其輕重，戮其魁，餘多遣戍
者。其他平情折獄類此。

明年擢貴州貴西兵備道。威寧、水程兩鉛廠舊由糧道管轄，大小
官吏漁利虧空。案發，巡撫、司、道以下多罹重辟，因改令貴西道經理。
先生以立法方始，凡短發工價運費諸弊盡剔除之。又催在途未運銅斤
速抵蜀省。上司方以是爲先生功，旋以廣州讞獄舊案，奉部議降級，奉
旨送部引見。當路欲奏留先生，先生以母老力辭，歸里侍養者五年，暨
終制，遂不復出。

五十二年，閩督李公侍堯征臺灣，過常州，邀先生贊畫軍事，偕至

泉州。李公故精嚴，事少寬假。先生閱歷兵事久，謂惜費則成功遲而費轉多，不惜費則成功速而費轉少。凡軍裝口糧，一切擘畫從寬濟軍。爲李公繕摺，奏請得旨，軍皆挾纊。時賊初起，提督等率兵過海。前督常公青來將軍督師，咸謂不日蕩平。先生難之。告李公宜以實情上達，并函書廣督調兵待用。及大兵不利，總兵爲賊所陷，游擊被戕，果賴粤兵以濟。李公以是服先生預策之善。事平欲奏起，先生堅辭乃止。

先生年過六十，歸後以著述自娛。主講安定書院，往還平江一帶，所至名流傾倒，傳寫詩什，江左紙貴。同時袁大令枚、蔣太史士銓與先生齊名，如唐之李杜元白。而先生高才博物，既歷清要，通達朝章國典，尤邃於史學，家居數十年，手不釋卷。所撰《廿二史劄記》，鈎稽同異，屬詞比事，其於前代弊政，一篇之中，三致意焉。所爲詩，無不如人意所欲出。不拘唐宋格律，自成一家。凡撰《陔餘叢考》四十三卷，《廿二史劄記》三十六卷，《甌北詩集》五十三卷，《皇朝武功紀盛》四卷，《簷曝雜記》六卷，《唐宋十家詩話》十二卷。論世者以爲國家中葉極盛之世，文章耆壽必有應運而興，爲一代冠冕，先生其人矣。方先生七十時，兩江總督費公淳、漕督蔣公兆奎皆出先生門。每過存，先生咨詢風土，言不及私，兩公益重先生。嘉慶十五年庚午科鄉試，先生八十有四，重赴鹿鳴筵宴，奉旨賜三品冠服。

先生素和易，生平無疾言遽色。服食節儉，家稍豐裕，凡少賤時有德於先生者皆厚酬之。曰財債當償，心債尤不可負也。里中偏災，則捐千金爲搢紳倡。至十九年四月十七日，以疾終於里第，春秋八十有八。

配劉恭人，繼配程恭人，皆温恭淑慎，治家勤儉，族黨無間言。先後卒在先生前。側室蔣氏。子廷英候選同知；廷偉縣學生，先卒；廷俊縣學生，候選通判；廷彦府學生，候選鹽運司經歷。女長嫁國子監生沈景蒼，次嫁邑庠生金裕恩，次嫁候選州同湯詒憲，次嫁江西試用縣丞高德葆，次嫁國子監生盧慶錄，次嫁直隸試用從九品蔣純健。長孫公桂直隸候補縣丞，次忠弼，次慶齡，次申嘉，次鳴盛，次公樾，次景謨，次覽，次鴻文，次僧善。曾孫長增慶，次增榮，次增禄，次增祥。廷英等以二十年十一月五日葬先生於馬蹟山丁太恭人之昭穴，祔以程恭人。先葬劉恭人於下程橋，已四十餘年，以遺命不復遷祔。銘曰：

出奇無窮公之文，乃以筆陳籌三軍，決勝惟幄辭書勳。翩然歸里折角巾，桐鄉樂社俎豆陳，瓣香不墜韓社親。安樂壽考完其真，松邪柏邪五湖濱，死而不朽元氣存。

賜進士及第誥授通奉大夫山東督糧道孫星衍撰文

清史稿·趙翼傳

趙翼，字耘松，陽湖人。生三歲能識字。年十二，為文一日成七篇，人奇其才。乾隆十九年，由舉人中明通榜，用內閣中書，入直軍機，大學士傅恒尤重之。二十六年，復成進士，殿試擬一甲第一，王杰第三。高宗謂陝西自國朝以來未有以一甲一名及第者，遂拔杰而移翼第三，授編修。

後出知鎮安府。粵民輸穀常社倉，用竹筐，以權代概。有司因購馬濟滇軍，別置大筐斂穀，後遂不革，民苦之。翼聽民用舊筐，自權，持羨去，民由是感激，每出行，爭肩輿過其村。先是，鎮民付奉入雲南土富州為奸，捕獲百餘人，付奉顧逸去，前守以是罷官。已而付奉死，驗其屍良是。總督李侍堯疑其為前守道地，翼申辨，總督怒，劾之。適朝廷用兵緬甸，命翼赴軍贊畫，乃追劾疏還。傅恒既至滇，經略兵事，議以大兵渡戛鳩江，別遣偏師從普洱進。翼謂普洱距戛鳩江四千餘里，不如由江東岸近地取猛密，如其策入告。其後戛鳩兵遭瘴多疾病，而阿桂所統江東岸一軍獨完，卒以蔵事。尋調守廣州，擢貴西兵備道。以廣州讞獄舊案降級，遂乞歸，不復出。

五十二年，林爽文反臺灣，侍堯赴閩治軍，邀翼與俱。時總兵柴大紀城守半載，以易子析骸入告。帝意動，諭大紀以兵護民内渡。侍堯以詢翼，翼曰："總兵欲内渡久矣，憚國法故不敢。今一棄城，則鹿耳門爲賊有，全臺休矣！即大兵至，無路可入。宜封還此旨。"侍堯悟，從之。明日接追還前旨之諭，侍堯膺殊賞；而大將軍福康安續至，遂得由鹿耳門進兵破賊，皆翼計也。

事平，辭歸，以著述自娛。尤邃史學，著《廿二史劄記》、《皇朝武功紀盛》、《陔餘叢考》、《簷曝雜記》、《甌北詩集》。嘉慶十五年，重宴鹿鳴，賜三品銜。卒，年八十六。同時袁枚、蔣士銓與翼齊名，而翼有經世之略，未盡其用。所爲詩無不如人意所欲爲，亦其才優也。

其同里學人後於翼而知名者，有洪亮吉、孫星衍、趙懷玉、黄景仁、楊倫、吕星垣、徐書受，號爲"毗陵七子"。

清史列傳·趙翼傳

趙翼，字耘松，江蘇陽湖人。生三歲，日能識字數十，十二歲爲文，一日成七篇，人皆奇之。以直隸商籍舉乾隆十五年鄉試，十九年中明通榜，用内閣中書，入直軍機處，進奉文字，多出其手。每扈從出塞，戎帳中無几案，輒伏地起草，頃刻千百言不加點，大學士傅恒、汪由敦尤重之。二十六年，以一甲三名進士授翰林院編修，任撰文，修《通鑑輯覽》。明年京察記名以道府用。二十七年，充順天鄉試同考官。二十八年，充會試同考官。三十一年。復充會試同考官。

尋授廣西鎮安府知府。府境極邊，民安訟簡，而常平倉穀有出輕入重之弊。粤民償穀以竹筐，以權代概。有司因購馬濟滇軍，別製大筐斂穀，事罷，遂以爲常，民苦之。翼開府倉，聽民用舊筐，自權以納穀，於是民持羨穀以去，歡聲溢閭閻。屬城有控橫斂者，則傳其監倉奴及書吏痛懲之。鎮安民由是感激，每出行，爭肩輿過其村，謂"我公至矣"！奉酒食爲恭敬，所至皆如之。先是，鎮民與安南民入雲南土富州爲奸，事發，捕獲百餘人，而其魁農付奉顧逸去，前守以是解職。已而付奉死於安南，獲其子，并獲其屍，驗之良是。總督李侍堯疑其爲前守道地，不之信，翼申辯，侍堯怒，劾之。值緬甸用兵，命翼赴滇贊畫，侍堯乃追劾疏還。是時將軍明瑞征緬甸，失事殉難。及大學士傅恒來滇經略兵事，議以大兵渡戞鳩江進剿，即大金沙江上流也，令提督以偏師五千從普洱進，遙爲聲援。翼謂戞鳩、普洱相去四千餘里，大兵既渡戞鳩之西，則偏師宜由江東岸近地進取猛密，夾江而下，造船以通往來，庶兩軍可以互應，遂如翼言入告。其後渡戞鳩之兵觸瘴氣多疾病，而阿桂所統江東岸一軍獨完，又以此兵敗賊於蠻暮、老官屯，卒以藏事。時三十四年也。明年調廣東廣州府。先是侍堯固欲調翼，使他守諭意，翼不可，曰："鎮安天子所授，吾受上司恩調善地，他日何能自行其志?"至是人服其能自立。在廣州府，決獄平，獲海盜百八人，按律皆死，翼詳讞分別，殺三十八人，餘遣戍。三十六年，擢貴西道。威寧、水程兩鉛廠，舊由糧道管轄，官吏恒視爲利藪，及侵虧事覺，巡撫以下多罹重辟，迺改令貴西道經理。翼視事，凡短發工價運費諸弊，剔除略盡。大吏方以是爲翼功，旋因廣州讞獄舊案，部議降級，奉旨送部引見，翼遂以母老乞歸，不復出。

五十二年，臺灣民林爽文作亂，李侍堯赴閩治軍事，道出常州，邀翼偕往。時兵將雲集，咸謂不日蕩平。翼獨請侍堯密調粵兵爲備。既而總兵郝壯猷敗遁，游擊鄭嵩死之，賊勢大振，而粵兵適至，人心始定。當是時，總兵柴大紀守臺城，數月，以易子析骸入告。上得大紀奏，憐臺民死守，飛諭大紀以兵護遺民內渡，命侍堯拆閱，仍封發。侍堯以詢翼，翼曰："明公尚欲封發耶? 柴總兵久欲內渡，畏國法故不敢；一棄城則鹿耳門爲賊所有，全臺休矣! 且以快艇追賊兵，澎湖其可守乎? 大兵至，無路可入，則東南從此不可問。宜封還此旨，翼已代繕摺矣。"侍堯悟，從之，翌午接追還前旨之諭。及批摺回，李膺殊賞，而將軍福康安續至，遂得由鹿耳門進兵破賊，皆翼策也。

事平，欲奏起，翼堅辭。晚歲以著述自娛。主講安定書院，日與朋游故舊賦詩爲樂。兩江總督費淳、漕運總督蔣兆奎，皆翼門下士，每過存，咨詢風土，言不及私，兩人益欽重之。同時袁枚、蔣士銓與翼齊名，而翼高才博物，既歷清要，通達朝章國典，尤邃於史學，家居數十年，手不釋卷。所撰《廿二史劄記》三十六卷，鈎稽同異，屬詞比事，其於前代弊政，一篇之中，三致意焉。又撰《陔餘叢考》四十三卷、《甌北詩集》五十三卷、《皇朝武功紀盛》四卷、《簷曝雜記》六卷、《唐宋十家詩話》十二卷。其詩與袁枚、蔣士銓齊名，枚稱其"忽奇忽正，忽莊忽俳，稗史方言，皆可闌入"，士銓則謂其"奇恣雄麗，不可偪視"，人以爲知言。嘉慶十五年重宴鹿鳴，賜三品銜。十九年卒，年八十六。

國朝先正事略·趙甌北先生事略

李元度

趙先生翼，字耘松，號甌北，江蘇陽湖人。生三歲，日能識字數十。十二歲學爲文，一日成七藝，人皆奇之。

乾隆十五年舉順天鄉試，才名動輦下。劉文正延至家纂修《宮史》，以明通榜授內閣中書，入直軍機處，傅文忠、汪文端咸倚重焉。每扈從行在，或伏地草奏，下筆千言，應奉文非先生莫辦。三十六年成進士，進呈一甲第一，而韓城王文端杰居第三。純皇帝謂自國朝以來，陝西未有以第一人舉者，遂與文端互易，而先生之才固已心識之矣。先是庚辰科大魁爲畢君沅，次諸君重光，皆軍機中書也，忌者因爲蜚語上聞。比先生應廷試，劉文正、文定兩公又以軍機大臣充讀卷官。先生慮其以嫌擯也，乃變易書法，作歐陽率更體。既首選，文定微疑之，以語文正，文正笑曰："趙君書吾能辨之，此必非也。"既揭曉，乃歎曰："能者固不可測耶！"遂以編修任撰文，修《通鑑輯覽》。壬午分校順天試，癸未、丙戌分校會試，皆得士。

尋授鎮安知府，地居廣西極邊，民醇訟簡。而倉穀出入，吏緣爲奸。先生痛革其弊，鎮民悅服。每出巡，村民輒舁入其村，謂"我公至矣"！進酒食如家人父子。所至皆如之。初，鎮民與安南民入雲南土富州爲奸。事發，捕獲百餘人，而其魁農付奉顧逸去。前守坐罷官。已而付奉死於安南，獲其子並其屍，驗之信。總督李侍堯疑其爲前守地也，斥之。先生申辯，李怒而劾之。適官軍進剿緬甸，詔先生赴滇贊畫軍事，乃追劾疏還。明年返鎮，會李調兩廣，乃示意監司，欲先生稍折節，而移之守廣州自助。先生不可，遂以他屬。而適奉特旨調廣州，監司乃服先生之有守也。在廣州，獲海盜百有八人，按律皆當死。先生詳讞，辟三十八人，餘遣戍。辛卯，擢貴西道，坐他獄降秩用，遂乞養歸。

丁未，臺灣林爽文作亂，李公赴閩治軍事，道過常州，邀先生偕往。時兵將雲集，謂不日且蕩平，先生請李公密調粤兵爲備。既而總兵郝壯猷敗遁，游擊鄭嵩戰死，賊勢大振。而粤兵四千適至，人心始安。已乃籌海運，增雇直，給衣裝，奏輒報可。李公夙以綜核爲政，先生濟以寬大，事平，先生力居多。始先生贊畫滇軍，傅文忠爲經略，擬大軍由戞鳩江進征緬甸，而命提督五福由普洱進。先生曰："戞鳩、普洱，按圖相距不過三寸，實則四千里而遙，兩軍聲息不相聞，進退維谷，此危道也。去歲明將軍不返，由不得猛密路消息耳。"文忠瞿然，問計安出。先生曰："大兵欲渡戞鳩江，則偏師宜由蠻暮、老官屯夾江下，造舟通往來，庶兩軍可以互應。"從之。其後渡戞鳩之兵遭瘴多病，而阿文成所統江東岸一軍獨完。遂具舟迎文忠於孟養，渡江而歸。又敗賊於蠻暮、老官屯，得蕆事焉。臺灣之役，鎮臣柴大紀守城半年，以易子析骸入告，而督臣尚未渡臺。上得鎮臣奏，憐臺民死守而大兵不時至，飛諭鎮臣，以兵護遺民內渡，命督臣拆閱，仍封發。李公以示先生，先生曰："某目昏，願於帳外就明視之。"遂失所在。閱二時始至，李公怒。先生曰："明公尚欲封發耶？柴總兵久欲內渡，畏國法故不敢。一棄城則鹿耳門爲賊所有，全臺休矣。且以快艇追敗兵，澎湖其可守乎？大兵至，無路可入，則東南從此不可問。宜封還此旨，某已代繕摺矣。"李公悟，從之。翼午，接追還前旨之諭。及批摺回，李公膺殊賞，而大將軍福康安續至，遂得由鹿耳門進兵破賊，皆先生策也。

臺灣既定，李公欲奏起，先生時年六十一矣，固辭。因游武夷，遍歷浙東山水，一發之於詩。先生固善詩，自少游館閣，與諸名流相酬唱。歸田後主安定書院，日與朋游故舊賦詩爲笑樂。其詩與袁簡齋、蔣心餘齊名。江督費公淳、漕督蔣公兆奎，皆門下士也。每過存，先生咨詢風土，言不及私，兩公益欽重之。嘉慶庚午重赴鹿鳴筵宴，得旨賞三品服。又四年卒，年八十有八。先生家居數十年，手不釋卷。著《廿二史劄記》三十六卷、《皇朝武功紀盛》四卷、《陔餘叢考》四十三卷、《甌北詩集》五十三卷、《簷曝雜記》六卷、《十家詩話》十二卷。

文獻徵存錄·趙翼傳

王藻、錢林

趙翼，字耘菘，號甌北，陽湖人。乾隆二十六年進士及第第三人。官貴西道。有《甌北集》。

天才亮特，機警過人。初官中書，直樞要，進奏文字，多出其手。每扈從出塞，戎帳中無几案，率伏地起草，頃刻千百言不加點。傅文忠尤愛之。既第進士，改翰林，出守廣西鎮遠。時緬甸方用兵，詔遴鄰省幹才助蒐軍實。住滇半載，洎督兵突入，遣還粵。又調廣州，尋擢貴西道。以母老乞養歸，不復出，家食幾三十年。與袁簡齋、蔣心餘友善，才名亦相埒。

所撰《廿二史劄記》，考證精審。又《陔餘叢考》一書，雖不及顧氏《日知錄》、錢氏《養新錄》之精博，然於文字之同異究其源流，事物之差殊正其譌誤。抑多聞解惑之一助也。其《皇朝武功紀盛》一書，以連篇累幅未能備述者而簡括出之，足徵史才。惟《簷曝雜記》體例稍雜，未爲善本。然國家掌故及滇、黔各省土風物產，觀覽略備，益足增長見聞，通知時事，較之侈談考據，於日用事物之間毫無裨補者勝之。晚歲取唐宋以來各家全集展玩而尋繹之，沿波溯源，間得其心力獨至之處，故所撰《甌北詩話》抉摘精微，語多切當，要非局方隅之見橫使議論也。

其論列近代諸家，梅村後獨舉初白，蓋查詩空靈變化，甌北性與之近也。然如王漁洋之高秀，朱竹垞之深厚，衡之初白，實所未逮。惟當兩家並峙之時，獨能陶冶性靈，自開門徑，此初白所以爲不可及。則甌北之論詩，亦可云獨具隻眼矣。甌北五言中論古諸作，發抒太盡，於一倡三歎渾厚含蓄之古法幾不復存。然探喉而出，每如吾意之所欲發。如所云："乃知曠達人，大抵十九寓。一朝見可欲，鮮不失故步。徒以言取人，動爲古人誤。"又所云："荆公變祖法，欲創富彊治。及至法必行，流毒不可制。乃知功名心，亦足禍人世。"誦至愜心處，淋漓痛快，似倩麻姑癢處搔也。七言古詩，時見剽滑。五七律多工巧奇警之句，如"曉星明似月，古堞立疑人"、"月華涼在水，山影澹於雲"；"一軍皆甲晨聽令，萬馬無聲夜踏邊"、"久客不歸無異死，故人入夢尚如生"，可稱能品，却非詩家第一義。其《人參詩》有云："但許活富人，貧者莫可冀。"豈知黃耆、黨參療極重之病，醫家輒云非人參不治，亦思世間病人力能服參者有幾哉！

湖海詩傳·趙翼傳

王　昶

趙翼，字雲松，號甌北，陽湖人。乾隆二十六年殿試第三人及第，官至貴西道，有《甌北集》。

《蒲褐山房詩話》：雲松性情倜儻，才調縱橫，而機警過人。所遇名公卿，無不折節下之。初受知於注文端公，及入中書，直軍機處，傅文忠公尤愛其才。旋以及第改翰林，數年，簡放知府，出守廣西鎮遠。時緬甸用兵，詔選隣省幹才助蒐軍實。君住永昌半載，會文忠將督兵深入，遣之還粤。又爲李制府所賞，調廣州，並登薦剡，擢貴西道。尋以母老留養，遂不復出，迄今幾三十年。同時與袁子才、蔣心餘友善，才名亦相等。故心餘序其詩謂"興酣落筆，百怪奔集，奇恣雄麗，不可逼視"；子才謂其"忽正忽奇，忽莊忽俳，稗史方言，皆可闌入"，洵知言也。乾隆辛亥夏，余與慶樹齋尚書奉使讞事高郵，君時主揚州書院。挈舟見訪，銜杯促膝，竟日而返，蓋其篤舊交嗜譚藝如此。

持雅堂續鈔·趙翼傳
尚　鎔

趙翼，字雲松，陽湖人。少爲諸生，不得意，棄之游京師。北闈領解，爲大學士劉統勳、尚書汪由敦上客。俄官中書，軍機處行走。乾隆辛巳會試中式，比廷對，大臣皆擬列第一。高宗以江蘇多狀元，陝西未有，乃以韓城王杰易之，而置翼爲第三人。授編修。數年，出知鎮安府，調廣州，皆稱職。擢貴西兵備道。其爲府道，皆出特旨，將駸駸用矣，忽告終養而歸。後服闋入都，至半途病返，竟不復出。

其守鎮安也，曾從征緬甸，經略傅恒用其計，有功。及李侍堯征臺灣賊，邀之入幕，事平，餽金數千，翼本機警，善治生，由此家大起。日以哦詩爲事。初交蔣士銓於京師，極重其詩。里居後，與袁枚交最密。遂自稱爲袁蔣趙三家。枚喜而和之，於是三家之名震天下。翼爲詩好富麗，袁、蔣既没，主盟騷壇十餘年，獨雄一時。

嘉慶庚午，與桐城姚鼐重赴鹿鳴，在籍進官。尋卒，年八十七。

西蓋趙氏族譜序
程景伊

吾邑西蓋趙氏本宋藝祖後。元時有録事君孟垤，實始卜居。自後仕宦鵲起，以文章、政事、行誼著者代不乏人，遂爲吾邑望族。迄今子姓蕃衍，分條布葉，不下千餘家。族故有譜，屢嘗修輯，自康熙五十八年續修後，至今又將六十年。吾婿雲崧觀察，適以養母家居，乃偕族之長老協力再修。工將成，郵書於余，請爲其序。

余惟族之有譜，仿於《周官·小史》掌奠世系，所以紀本支，辨昭穆，聯一本支誼，非徒以誇氏族、侈閥閱已也。今試遇途之人，未有不掉臂過之。或語之曰："此爾同姓也。"必瞿然接之，異於途之人矣。又或語之曰："此爾同宗也。"必更藹然親之，異於同姓矣。夫其所以瞿然藹然者何也？此即吾一本之天之動於不自知者也。然而族盛則散處者衆，而盛衰榮悴亦萬有不齊，藉非有以紀之，則萃者煥而棼者益紊，浸尋日久，將彼此不相知。同族也，而幾不免同姓視之，甚至以途之人視之。即或知爲同族矣，而行輩不分，尊卑莫辨，雖有一本之天之不能自已，亦倀倀乎無所施。此譜之所以不容緩也。

趙氏之譜不修者將六十年。舊時以髫齡載入者皆已物故，僅存者通族不數人也。其未入譜而物故者亦不知幾輩矣。脫更因循數十年，將欲再修而不能。雲崧能於閑居奉母之餘，偕族人訂成之，可謂知所先務矣。其體例之嚴，審訂之核，一循祖先成法，不敢稍有變更，此又可見其尊祖敬宗之意，趙氏子孫所當永守者也。是爲序。

時乾隆歲次丁酉仲冬之吉賜進士出身誥授光禄大夫經筵講官大學士管吏部尚書事眷生程景伊拜撰

《西蓋趙氏族譜》卷首

趙 翼 傳

趙翼字耘松，惟寬子。乾隆十五年舉人，授内閣中書，入直軍機。二十六年一甲三名進士，授編修，出爲廣西鎮安知府，興利革弊，鎮民悦服。朝廷用兵緬甸，命翼往滇贊畫，傅文忠公倚重焉。特旨調廣州，決獄平恕。擢貴西兵備道。旋告養親歸。五十一年，臺灣林爽文滋事，總督李侍堯赴閩督任，道過常，邀翼偕往。侍堯夙以綜核爲政，翼常濟以寬。大事平，因游武夷，遍歷浙東名勝而歸。翼生平涉歷館閣綸扉之地，邊疆宦游之迹，戎行帷幄之謀，天下山水之勝，公卿交游之盛，有他人所不能兼者，一發之於楮墨間。解組四十餘載，主講揚州安定書院五年，遊閩二年，其餘則盡家居之日。著述而外，無他嗜好，一燈熒熒，寒暑罔間。所著詳《藝文志》。其詩與同時錢塘袁枚、鉛山蔣士銓齊名。嘉慶庚午科循例重赴鹿鳴筵宴，欽賜三品銜。年至八十八卒。子廷英、廷偉、廷俊、廷彥，俱以文學世其家。孫慶齡，道光五年副貢，負才力學，早卒。載邑志。

《西蓋趙氏族譜·藝文外編》

甌北老夫子七十壽序

費　淳

　　嘉慶元年，歲在丙辰，十月望後七日，爲吾師甌北先生七十攬揆之辰。淳不敏，奉節吳門，距毘陵二百里，不獲躋堂稱祝，謹馳獻一言爲壽曰：自昔文章之士，負其聰明才力，孰不欲繼軌前哲，垂名後來。然才餒而不振，筆屠而不張，迄無所表見。其卓然有成，雄視今古者，間世不一二人。而此一二人者，往往以才之高、名之滿爲造物所忌，未必身都通顯；即通顯矣，或遭讒見尤，一生憂危脆黜之不暇。前代如昌黎、永叔、子瞻，類皆不免，似乎天之靳才名甚于靳祿位，而靳才名者之祿位，則尤甚焉。如是者人或歸咎于天，而不知二者天雖默司其權，要亦聽人之自取。今夫人大盈而取縑帛，盡其力而止，縑少則帛多，縑贏則帛絀，勢不得不然。天特能制其力之大小强弱，而固不必制其取此取彼之心。

　　吾師毘陵望族，少負不羈才，走京師，無階級憑，藉搦三寸管，名動公卿。旋入薇垣，直禁掖，以廷試第三人改官翰林，出任太守、監司，遇風縱壑，不足擬其騰騫之勢矣。顧因孝思不匱，遽修《南陔》潔白之養，以其暇爲聲詩，歌詠太平，大江南北固多文士，終莫敢頡頑先生。或謂先生息轍于方盛之春秋，殆天之稍嗇其遇以昌其詩。淳竊謂不然。先生出守邊郡，與佐傅文忠公緬甸軍中，及調守廣州，擢貴西觀察，舉出自特恩。歸里以後，天子猶詢之左右大臣不忘。苟非堅賦遂初，則內而臺省綸扉，外而建牙持節，度已柄用久，誰能擠而止之者？先生蓋自計其才力所到，無乎不可，而與其取于彼者奢，毋寧取于此者久。用是決然舍去，閉戶掩關，以色養餘閑，成不朽大業。然則才名禄位，皆先生自取自舍于其間，分寸揣量，神明獨運，固有人所不及知、天所不能制者矣，而豈冥冥之嗇其遇乎哉！

且先生博學多通，熟悉古人成敗利鈍，手指口講，如聚米畫沙。其典樞密，歷嚴疆，所在均著政聲。即淳來撫是邦也，安民察吏，受教良多。假使先生黼黻皇猷，當必更有卓犖可紀之績。然而簿書惟擾，夙夜勤勞，詩即工而勢不能如今日之工。惟其假半生寬閑之歲月，從容浸漬以盡其才。既早入東觀，翱翔于承明著作之廷；復出乘輶車，激宕于江山戎馬之助。故其詩雄麗如鯨鐘鼍鼓，蒼茫如天風海濤，漢魏唐宋，不分畦畛而自名一家。是先生之詩姿學兼優，亦賴前後境遇適有以成之，則其去取決擇，固由識高，終不可謂非天之厚其才名而復資之禄位，以補千古才人未有之局也。

先生性真率，襟期灑落，家居不營園林池館之勝，不爲聲色侈靡之奉。督諸子，皆贇序有聲。平時手一編，寒暑不輟。穿穴訂正，成《陔餘叢考》一書，引據詳明，研覈精當。暇則訪名山之故址，探鄧尉之梅花，逍遙容與，如老鶴閑雲，無有滯礙。迄于今，回視與先生同在禁廷史館諸公，或盡瘁于樞輔，或鞅掌于風塵。而先生以江天高臥之身，吟風弄月，自知必傳于千秋萬載而無疑，此其快然意適爲何如？而徜徉歌嘯之中，所以養性全天者，復奚藉葆苓導引之術歟？

淳忝出公門，學問文章，莫窺牆仞。猥以恩命之重，位備封圻，雖復廉慎自矢，冀不負師承，而戰戰兢兢，時懼隕越。其于先生，能無翹首興思，作天際真人之想耶！淳前守毘陵，去任時先生宦游甫歸；昨歲來，則先生優游林下已二十餘年。聰強純固，曾不減昔時；而名山著

趙翼年譜新編

作，已自壽于無窮。無論人世之禄位不與易，即兜率海山安足道也。書此以當一爵之侑。謹序。

欽命兵部侍郎兼督察院右副都御史巡撫江蘇等處地方提督軍務門生費淳頓首拜撰

《西蓋趙氏族譜·藝文外編》

甌北先生八十壽序

費　淳

曩者嘉慶元年丙辰，吾師甌北先生壽七十，淳不揣譾陋，以言爲壽。越嘉慶丙寅，先生壽八十矣。淳自金陵內召，迄今備參政府，不奉顔色者四年。側聞先生矍鑠無異疇昔，莫不以爲一代之靈光，隆平之人瑞，而淳益爽然於先生之壽，非猶夫耄耋期頤所可同日而語也。今夫木有時而蠹，水有時而涸。金石之堅也，而時乎剥泐；陵谷之高深也，而時乎變遷。蓋物托於有形則有敝，而惟名之壽於天壤者無窮期。先生以詩名海內，七律尤極自來未有之奇，故《甌北集》一出，四方求購，自遠而至，刊行以來，無慮萬本。凡世之稱詩者，無不知有先生，即無不信爲必傳於後。夫先生志高學廣，度不欲以詩人著，而即是成不朽之名，則所謂無窮期者，固即操券得之。以無窮視百年，曾旦暮之不若，而尚以區區數十寒暑之增加爲先生頌，當不值先生一哂也。

顧淳思之，名不藉壽而傳，壽必待名而顯。國家太和翔洽、敦龐純熙之澤浹於寰宇，民生其間，多黄髮鮐背之老，邀粟帛、建綽楔者歲不乏人。姓氏不出於鄉里，文采無紀於簡編，壽矣誰則知之？乃自昔文人才士，照耀千古者，即又未必盡躋大耋。求其名壽兩顯者，莫如唐之九老，宋之洛陽耆英、五老諸會，然迄今無不知九老之有香山，耆英之有文、富、司馬，五老之有祁公。而《香山外史》載胡杲、吉玫、鄭據、劉真、盧真、張渾、狄兼謨、盧貞八人，文、富、司馬外尚有十人，史并闕如。

祁公與王渙、畢世長、朱貫、馮平爲五老，雖淹没者不必盡舉其名。由是觀之，香山、潞公諸君以壽傳，亦仍以其名耳。而壽乃與之俱傳，則豈非壽之所賴於名重哉！

先生敭歷未久，不竟其用，故不得以文、富諸公律，而於香山則雅近之。歸田以來，手定名山之業，識日以老，境日以新，設非天假之年，或猶未能如是其美富。而於從容歌詠之餘，遐瞻遠矚，上撫前古，下計來兹，杳杳茫茫，聲聞若接，則此數十寒暑中，殆無日不可作千秋萬歲觀。而天下士之景仰歎慕者，亦若因先生之壽而快及身之得見，即未見而猶幸此生之同時，然則謂先生壽以名重可，謂名以壽重亦可。惜當世無聯吟入社之侶，與九老風流後先輝映，而要之名與壽相得益彰，又豈俟乎會之有無也歟？

淳遭逢明盛，建樹無聞，而行年亦且七十，亟欲請老以避賢者路。倘獲賦遂初，道出毘陵，猶將敬效公堂之祝，而荷蒙眷注優隆，未卜此願何時得遂。因敬推先生之壽之不同於衆者馳獻於先生，以與天下之壽公者證，兼與天下之讀公詩者證，當必以爲質言，而非淳一人之私言也。謹序。

賜進士出身誥授光禄大夫體仁閣大學士兼太子太保户部尚書事受業費淳頓首拜撰

《西蓋趙氏族譜·藝文外編》

主要徵引文獻與書目

《甌北全集》(七種),(清)趙翼著,清嘉慶壬申湛貽堂原刻本。

《甌北選集》五卷,(清)張懷溎輯,《函海》(乾隆本、道光本)第 27 函《四家選集》。

《甌北詩選》,(清)趙翼撰,(日)碓井歡青堂選,日本文政十年刻本,清忙窩藏板。

《甌北先生年譜》,(清)佚名編,《北京圖書館藏珍本年譜叢刊》第 105 册。

《甌北集》,(清)趙翼著,李學穎、曹光甫校點,上海:上海古籍出版社,1997 年版。

《甌北詩話》,(清)趙翼撰,霍松林、胡主佑校點,北京:人民文學出版社,1963 年版。

《甌北詩話》,(清)趙翼撰,馬亞中批注,南京:鳳凰出版社,2009 年版。

《廿二史劄記校證》(訂補本),(清)趙翼著,王樹民校證,北京:中華書局,1984 年版。

《陔餘叢考》,(清)趙翼著,欒保群、呂宗力校點,石家莊:河北人民出版社,1990 年版。

《簷曝雜記》,(清)趙翼撰;《竹葉亭雜記》,(清)姚元之撰,李解民點校,北京:中華書局,1982 年版。

《趙翼全集》，（清）趙翼撰，曹光甫校點，南京：鳳凰出版社，2009年版。

（按書名音序排列）

A

《阿文成公年譜》，（清）那彥成纂、王昶勘定、盧蔭溥增修，北京：北京圖書館出版社，《北京圖書館藏珍本年譜叢刊》第 99—100 册。

《媕雅堂詩集》、《媕雅堂詞集》、《媕雅堂別集》，（清）趙文哲撰，清乾隆刻本。

B

《八旬萬壽盛典》，（清）阿桂等纂，文淵閣《四庫全書》本，臺北：商務印書館，1983—1986 年影印。

《白華後稿》，（清）吳省欽撰，清嘉慶十五年刻本。

《白華前稿》，（清）吳省欽撰，清乾隆癸卯刻本。

《百一山房詩集》十二卷，（清）孫士毅撰，清嘉慶二十一年孫均刻本，《續修四庫全書》第 1433 册。

《葆淳閣集》，（清）王杰撰，清嘉慶二十年刻本。

《抱經堂文集》，（清）盧文弨撰，王文錦校點，北京：中華書局，1990 年版。

《北京大學圖書館藏古籍善本書目》，北京大學圖書館編，北京：北京大學出版社，1999 年版。

《北京圖書館古籍善本書目》，北京圖書館編，北京：書目文獻出版社，1987 年版。

《碑傳集》，（清）錢儀吉纂，靳斯標點，北京：中華書局，1993年版。

《碑傳集補》，閔爾昌編，上海：上海古籍出版社，1987 年《清代碑傳全集》版。

《碑傳三編》，汪兆鏞編，上海：上海古籍出版社，1987 年《清代碑傳全集》版。

《北江詩話》，（清）洪亮吉撰，陳邇冬校點，北京：人民文學出版社，1983年版。

C

《滄來自記年譜》，（清）于鬈圖編，《北京圖書館藏珍本年譜叢刊》第117冊。

《常郡八邑藝文志》，（清）盧文弨輯，清光緒十六年刻本。

《常州家譜提要》，朱炳國主編，北京：中國文聯出版社，2005年版。

《宸垣識略》，（清）吳長元輯，北京：北京古籍出版社，1983年版。

成化《重修毗陵志》，（明）朱昱纂，明成化十九年刻本。

《持雅堂集》，（清）尚鎔撰，清道光間刻本。

《崇川名家詩鈔彙存》五十二卷首八卷，（清）王藻輯，清咸豐七年刻本。

《重修兩淮鹽法志》，（清）王定安等纂修，清光緒三十一年刻本。

《重修揚州府志》，（清）張惟驤著，清嘉慶十五年刻本。

《存悔齋集鈔存》，（清）劉鳳誥撰，清道光丁未刻本。

《傳經堂詩鈔》，（清）韋謙恒撰，清乾隆刻本

《船山詩草全注》，（清）張問陶撰，成鏡深主編，成都：巴蜀書社，2010年版。

《春融堂集》六十八卷，（清）王昶撰，清嘉慶十二年塾南書舍刻本，《續修四庫全書》第1437—1438冊。

《春在堂隨筆》十卷，（清）俞樾撰，《續修四庫全書》第1141冊。

《詞科掌錄》十七卷，（清）杭世駿撰，《四庫未收書輯刊》第1輯第19冊。

《詞林輯略》十一卷，（清）朱汝珍輯，《清代傳記叢刊》第16冊。

《存素堂文集》，（清）法式善撰，清嘉慶十二年程氏揚州刻本。

587

《存素堂詩初集録存》二十四卷,（清）法式善撰,清嘉慶十二年王墉刻本,《續修四庫全書》第 1476 册。

《存素堂詩續集録存》九卷,（清）法式善撰,清嘉慶二十一年刻本。

《存素堂詩二集》六卷,（清）法式善撰,清嘉慶十一年刻本。

D

《大明一統志》,（明）李賢等撰,明天順五年刻本。

《大清一統志》,（清）穆彰阿、潘錫恩等撰修,上海古籍出版社 2008 年據《四部叢刊》續編本影印。

《大清畿輔先哲傳》四十卷,徐世昌等撰,清代傳記叢刊本。

《戴東原先生年譜》,（清）段玉裁編,《北京圖書館藏珍本年譜叢刊》第 104 册。

《道古堂詩集》二十六卷《文集》四十八卷,（清）杭世駿撰,清乾隆四十一年刻光緒十四年汪曾唯增修本,《續修四庫全書》第 1426—1427 册。

道光《江陰縣志》,（清）陳廷恩等修,李兆洛等纂,清道光二十年刻本。

《丁辛老屋集》,（清）王又曾撰,清乾隆新安刊本。

E

《二林居集》二十四卷,（清）彭紹升撰,清嘉慶四年味初堂刻本,《續修四庫全書》第 1461 册。

《二十史朔閏表》,陳垣著,北京：古籍出版社,1956 年版。

F

《樊榭山房集》,（清）厲鶚撰,董兆熊注,陳九思標校,上海：上海古籍出版社,1992 年版。

《厲樊榭先生年譜》，朱文藻撰，《樊榭山房集》附錄，上海：上海古籍出版社，1992 年版。

《樊山集》、《樊山續集》，（清）樊增祥撰，清光緒間刻本。

《販書偶記（附續編）》，孫殿起撰，上海：上海古籍出版社，1999 年版。

《方望溪先生年譜》，（清）蘇敦元編，《北京圖書館藏珍本年譜叢刊》第 89 册。

《豐山府君自訂年譜》，（清）梁國治編、梁承雲補編，清鈔本。

《復初齋詩集》七十卷《文集》三十五卷，（清）翁方綱撰，清刻本，《續修四庫全書》第 1454—1455 册。

《復初齋外集》，（清）翁方綱撰，民國嘉叢堂叢書本。

《芙蓉山館全集》二十卷，（清）楊芳燦撰，清光緒十七年活字印本，《續修四庫全書》第 1477 册。

《芙蓉山館師友尺牘》一卷，（清）楊芳燦輯，收入《尺牘叢刻》，清宣統三年刻本。

G

《古道壯風：趙翼鎮安府詩文考論》，梁揚、黄海雲著，北京：中國社會科學出版社，2005 年版。

《古籍整理圖書目録（1949—1991）》，國務院古籍整理出版規劃小組辦公室編，中華書局 1992 年版。

《古刻名抄經眼録》，江澄波撰，南京：江蘇人民出版社，1997 年版。

《關於〈廿二史劄記〉的作者問題》，李金堂撰，《史學史研究》，1992 年第 1 期。

《關於趙翼傳的新資料》，杜維運撰，《故宮學術季刊》，1990 年第 7 卷第 4 期。

光緒《寶山縣志》十四卷首一卷，清梁蒲貴等修，清朱延射等纂，清光緒八年學海書院刻本。

光緒《常昭合志稿》四十八卷,(清) 龐鴻文等纂,收入《中國地方志集成·江蘇府縣志輯》第 22 冊。

光緒《丹徒縣志》六十卷,(清) 呂耀斗纂,收入《中國地方志集成·江蘇府縣志輯》第 29—30 冊。

光緒《吳江縣續志》四十卷,(清) 熊其英等纂,收入《中國地方志集成·江蘇府縣志輯》第 20 冊。

光緒《武進陽湖縣志》三十卷,(清) 王其淦等修、湯成烈等纂,收入《中國地方志集成·江蘇府縣志輯》第 37 冊。

光緒《無錫金匱縣志》四十卷,(清) 秦緗業纂,收入《中國地方志集成·江蘇府縣志輯》第 24 冊。

光緒《續纂句容縣志》二十卷,(清) 蕭穆纂,收入《中國地方志集成·江蘇府縣志輯》第 35 冊。

《廣清碑傳集》,錢仲聯主編,蘇州: 蘇州大學出版社,1999 年版。

《國朝詞綜》,(清) 王昶輯,清嘉慶七年刻本。

《國朝漢學師承記》,(清) 江藩撰,鐘哲整理,北京: 中華書局,1998 年版。

《國朝杭郡詩輯》三十二卷,(清) 吳顥輯、吳振棫重輯,清嘉慶五年刻本。

《國朝金陵詩徵》四十四卷,(清) 朱緒曾輯,清光緒十八年刻本。

《國朝名家詩抄小傳》四卷,(清) 鄭方坤編,《清代傳記資料叢刊》第 24 冊。

《國朝耆獻類徵初編》七百二十卷,(清) 李桓編,《清代傳記叢刊》第 127—191 冊。

《國朝全蜀詩鈔》六十三卷,(清) 孫桐生輯,清光緒五年刻本。

《國朝詩人徵略》,(清) 張維屏撰,陳永正點校,廣州: 中山大學出版社,2004 年版。

《國朝先正事略》,(清) 李元度撰,清同治丙寅循陔草堂刻本,《續修四庫全書》第 538—539 册。

《國史文苑傳》,谷應泰等注輯,臺北:廣文書局,1977 年 1 月影印本。

H

《涵芬樓燼餘書録》,張元濟撰,載《張元濟古籍書目序跋彙編》,張人鳳編,北京:商務印書館,2003 年版。

《鶴徵後録》一卷,(清) 李富孫編,《清代傳記叢刊》第 13 册。

《洪北江先生年譜》,(清) 吕培撰,《洪亮吉集》附録,北京:中華書局,2001 年版。

《洪北江遺書》,(清) 洪亮吉撰,清光緒三年授經堂藏板。

《洪亮吉集》,(清) 洪亮吉著,劉德權點校,北京:中華書局,2001 年版。

《紅榈書屋詩集》,(清) 孔繼涵著,清乾隆刻微波榭遺書本,《續修四庫全書》第 1460 册。

《湖海詩傳》四十六卷,(清) 王昶輯,清嘉慶八年三泖漁莊刻本,《續修四庫全書》第 1625—1626 册。

《湖海文傳》七十五卷,(清) 王昶輯,清道光十七年經訓堂刻本,《續修四庫全書》第 1668—1669 册。

《淮海英靈集》二十二卷,(清) 阮元輯,清嘉慶三年小琅嬛仙館刻本,《續修四庫全書》第 1682 册。

《懷舊集》十二卷,(清) 吴翌鳳輯,清嘉慶十八年刻本。

《槐廳載筆》,法式善撰,清嘉慶己未刻本。

《篁村集》、《寶奎堂集》,(清) 陸錫熊撰,道光二十九年陸成沅刻本。

《皇朝文獻通考》,(清) 張廷玉等纂,文淵閣《四庫全書》本,臺北:商務印書館,1983—1986 年影印。

《皇清書史》三十二卷,(清) 李放編,《清代傳記叢刊》第 83—

84 冊。

《黃山志定本》,(清) 閔麟嗣撰,清康熙間刻本。

《黃仲則年譜考略》,許雋超著,上海：上海古籍出版社,2008年版。

《黃仲則先生年譜》,(清) 毛慶善編,《北京圖書館藏珍本年譜叢刊》第 117 冊。

J

《己畦集》,(清) 葉燮,清康熙間二棄草堂刻本。

《紀文達公遺集》,(清) 紀昀撰,清嘉慶間刻本。

《嘉定錢大昕全集》,(清) 錢大昕撰、陳文和主編,南京：江蘇古籍出版社,1997 年版。

嘉慶《重刊江寧府志》,(清) 呂燕昭修,姚鼐總纂,清嘉慶十六年修、光緒六年重刻本。

嘉慶《重修揚州府志》七十二卷,(清) 阿克當阿等修,姚文田、江藩等纂,收入《中國地方志集成·江蘇府縣志輯》第 41—42 冊。

嘉慶《廣西通志》二百七十九卷,(清) 胡虔纂,《續修四庫全書》,第 677—680 冊。

《簡松草堂詩集》、《簡松草堂文集》,(清) 張雲璈撰,清嘉慶八年刻本,《續修四庫全書》,第 1471 冊。

《江蘇詩徵》一百八十三卷,(清) 王豫輯,清道光元年焦山詩徵閣刻本。

《江蘇藝文志·常州卷》,南京師範大學古文獻整理研究所編著,南京：江蘇人民出版社,1994 年版。

《江蘇藝文志·蘇州卷》,南京師範大學古文獻整理研究所編著,南京：江蘇人民出版社,1996 年版。

《江蘇藝文志·無錫卷》,南京師範大學古文獻整理研究所編著,南京：江蘇人民出版社,1995 年版。

《江蘇藝文志·揚州卷》，南京師範大學古文獻整理研究所編著，南京：江蘇人民出版社，1995 年版。

《蔣春農文集》、《遺硯齋集》，（清）蔣宗海撰，清抄本。

《蕉軒隨録、續録》十四卷，（清）方濬師撰，盛冬鈴校點，北京：中華書局，1995 年版。

《金陵通傳》四十五卷，（清）陳作霖輯，清光緒三十年刻本。

《金山志》，（清）盧見曾撰，臺北：文海出版社影印雅雨堂本。

《近三百年人物年譜知見録》，來新夏著，上海：上海人民出版社，1983 年版。

《近世中西史日對照表》，鄭鶴聲主編，北京：中華書局，1981 年版。

《京師坊巷志稿》二卷，（清）朱一新編，北京：北京古籍出版社，1982 年版。

L

《郎潛紀聞初筆、二筆、三筆》四十二卷，（清）陳康祺撰，晉石點校，北京：中華書局，1984 年版。

《郎潛紀聞四筆》，（清）陳康祺撰，褚家偉、張文玲整理，北京：中華書局，1990 年版。

《浪跡叢談、續談、三談》二十四卷，（清）梁章鉅撰，陳鐵民校點，北京：中華書局，1981 年版。

《李保泰的生平與學術》，杜維運撰，《故宮文獻》1969 年第 1 卷第 1 期。

《蠡莊詩話》十卷，（清）袁潔撰，清嘉慶二十年刻本。

《歷代名人年譜》，吳榮光編，上海：上海書店 1989 年版。

《〈歷代名人生卒年表〉〈歷代名人生卒年表補〉》，梁廷燦、陶容、于士雄編，北京圖書館出版社 2002 年版，影印民國十九年（1930）商務印書館、二十五年（1936）江蘇省立國學圖書館排印本。

《歷代人物年里碑傳綜表》，姜亮夫編，北京：中華書局，1959年版。

《兩般秋雨庵隨筆》，（清）梁紹壬撰，上海：上海古籍出版社，1982年版。

《兩當軒集》，（清）黃景仁著，李國章標點，上海：上海古籍出版社，1983年版。

《兩浙輶軒錄》四十卷，（清）阮元輯，清嘉慶仁和朱氏碧溪艸堂錢塘陳氏種榆僊館刻本，《續修四庫全書》第 1683—1684 冊。

《兩浙輶軒續錄》，（清）潘衍桐輯，清光緒刻本。

《靈芬館雜著》，（清）郭麐撰，清光緒九年蛟川張氏花雨樓刻本。

《靈巖山人詩集》四十卷，（清）畢沅撰，清嘉慶四年畢氏經訓堂刻本，《續修四庫全書》第 1450 冊。

《菱溪遺草》一卷，（清）蔣麟昌撰，清乾隆七年刻本，《四庫全書存目叢書》集部第 280 冊。

《劉文清公遺集》，（清）劉墉撰，清道光六年劉氏味經書屋本。

《婁東詩派》，（清）汪學金輯，清嘉慶九年刻本。

《婁關蔣氏本支錄右編》十二卷，（清）蔣德驊等纂修，清光緒三十一年刻本。

《論〈廿二史劄記〉的作者》，張舜徽撰，《中國史論文集》，1956年版。

《履園叢話》，（清）錢泳撰，張偉校點，北京：中華書局，1979年版。

M

《滿漢名臣傳》，國史館輯，哈爾濱：黑龍江人民出版社，1991年版。

《梅庵詩鈔》，（清）鐵保撰，清嘉慶乙丑刊本。

《梅溪先生年譜》，（清）胡源、褚逢春編，《北京圖書館藏珍本年譜叢刊》第 122 册。

《夢樓詩集》二十四卷,(清) 王文治撰,清乾隆六十年食舊堂刻道光二十九年補修本,《續修四庫全書》第 1450 册。

《密齋詩集》四卷、《密齋文集》不分卷,(清) 程明愫撰,清道光間刻本。

《勉行堂詩集》二十四卷,(清) 程晉芳撰,清嘉慶二十三年刻本,《續修四庫全書》第 1433 册。

《勉行堂文集》六卷,(清) 程晉芳撰,清嘉慶二十五年刻本,《續修四庫全書》第 1433 册。

民國《杭州府志》一百七十八卷,(清) 王棻等纂,《浙江府縣志輯》第 1—3 册。

民國《吳縣志》八十卷,曹允源、李根源纂,收入《中國地方志集成·江蘇府縣志輯》第 11—12 册。

《明清江蘇文人年表》,張慧劍撰,上海:上海古籍出版社,2008年版。

《明清進士題名碑錄索引》,朱保炯、謝沛霖編,上海:上海古籍出版社,1998 年版。

《明清戲曲家考略》,鄧長風著,上海:上海古籍出版社,1994 年版。

《明清戲曲家考略三編》,鄧長風著,上海:上海古籍出版社,1999年版。

《明史》,(清) 張廷玉等撰,北京:中華書局,1974 年版。

《名媛詩話》八卷,(清) 沈善寶撰,民國十二年沈敏元鉛印本。

《墨香居畫識》十卷,(清) 馮金伯撰,《清代傳記叢刊》第 72 册,明文書局印行。

《墨林今話》十八卷,(清) 蔣寶齡編,《清代傳記叢刊》第 73 册。

N

《南厓府君年譜》,(清) 朱錫經編,《知足齋文集》附,嘉慶九年阮元刻增修本。

《南陽葉氏宗譜》四十八卷，（清）葉鴻業等纂修，光緒十七年木活字本。

《〈廿二史劄記〉之作者問題》，杜維運撰，《大陸雜志》，1959 年第19 卷第 6 期。

《念堂詩話》四卷，（清）崔旭撰，民國二十二年重印本。

O

《鷗陂漁話》六卷，（清）葉廷琯撰，《續修四庫全書》第 1163 册。

P

《毗陵名人小傳稿》，張惟驤撰，1944 年排印本。

《毗陵名人疑年錄》，張惟驤撰，1944 年排印本。

《毗陵文錄》，趙震輯，民國二十年，華新書社鉛印本。

《毗陵莊氏增修族譜》三十二卷，（清）莊怡孫纂修，清光緒元年木活字本。

《平定金川方略》，（清）來保等纂，文淵閣《四庫全書》本，臺北：臺灣商務印書館，1983—1986 年影印。

《瓶水齋詩集》，（清）舒位撰，曹光甫點校，上海：上海古籍出版社，1991 年版。

《蒲褐山房詩話新編》，（清）王昶撰，周維德校輯，濟南：齊魯書社，1988 年版。

Q

《齊民四術》，包世臣撰，潘竟翰點校，北京：中華書局，2001 年版。

《乾隆帝及其時代》，戴逸著，北京：中國人民大學出版社，1992 年版。

乾隆《福建通志》，（清）郝玉麟等修，文淵閣《四庫全書》本，臺北：

臺灣商務印書館,1983—1986 年影印。

乾隆《廣西通志》一百二十八卷,(清)金鉷修,文淵閣《四庫全書》第 565—568 冊。

乾隆《江南通志》,(清)趙宏恩等修,文淵閣《四庫全書》本,臺北:臺灣商務印書館,1983—1986 年影印。

乾隆《杭州府志》一百十卷,(清)邵晉涵纂,《續修四庫全書》第 701—703 冊。

乾隆《武進縣志》,(清)王祖肅、楊宜侖修,虞鳴球、董湖纂,清乾隆間刻本。

《乾隆詩壇點將錄》,(清)舒位撰,《清人説薈·初集》,掃葉山房民國二年石印本。

《錢辛楣先生年譜》,(清)錢大昕編,《北京圖書館藏珍本年譜叢刊》第 105 冊。

《潛研堂集》,(清)錢大昕著,呂友仁校點,上海:上海古籍出版社,1989 年版。

《欽定學政全書》,(清)素爾訥等撰,清乾隆三十九年武英殿刻本。

《欽定重修兩浙鹽法志》,(清)延豐纂修,清同治間刻本。

《清朝進士題名錄》,江慶柏編著,北京:中華書局,2007 年版。

《清代碑傳全集》錢儀吉等輯,上海師範大學圖書館編,上海古籍出版社 1987 年版,影印本。

《清代碑傳文通檢》,陳乃乾編纂,北京:北京圖書館出版社,2003 年影印。

《清代各地將軍都統大臣年表》,章伯鋒編,北京:中華書局,1965 年版。

《清代各省禁書彙考》,雷夢辰編撰,北京:北京圖書館出版社,1989 年版。

《清代官員履歷檔案全編》,秦國經主編,上海:華東師範大學出

597

版社,1997 年版。

《清代閨閣詩人徵略》十卷,施淑儀編,上海:上海書店,1987 年影印民國十一年(1922)排印本。

《清代捐納制度》,許大齡著,燕京大學哈佛燕京學社 1950 年版。

《清代科舉考試述錄及有關著作》,商衍鎏著,天津:百花文藝出版社,2004 年版。

《清代科舉制度研究》,王德昭著,北京:中華書局,1984 年版。

《清代毗陵名人小傳稿》十一卷,張惟驤撰、蔣維喬等補,明文書局印行,《清代傳記叢刊·綜錄類⑩》民國三十三年鉛印本。

《清代七百名人傳》,蔡冠洛編,北京:中國書店,1984 年版。

《清代人物大事紀年》,朱彭壽編著,朱鼇、宋苓珠整理,北京:北京圖書館出版社,2005 年版。

《清代人物生卒年表》,江慶柏編,北京:人民文學出版社,2005 年版。

《清代人物傳記史料研究》,馮爾康著,北京:商務印書館,2000 年版。

《清代士人游幕表》,尚小明編,北京:中華書局,2005 年版。

《清代文字獄檔》,原北平故宮博物院文獻館編,上海:上海書店,1986 年版。

《清代戲曲家叢考》,陸萼庭著,上海:學林出版社,1995 年版。

《清代學者象傳》,葉衍蘭、葉恭綽編,上海:上海書店出版社,2001 年版。

《清代職官年表》,錢實甫編,北京:中華書局,1980 年版。

《清代硃卷集成》,顧廷龍主編,臺灣成文出版社 1992 年版,影印本。

《清秘述聞三種》,(清)法式善等撰,張偉點校,北京:中華書局,1982 年版。

《清人別集總目》,李靈年、楊忠主編,合肥:安徽教育出版社,

2000 年版。

《清人詩集叙録》，袁行雲著，北京：文化藝術出版社，1994 年版。

《清人詩文集總目提要》，柯愈春著，北京：北京古籍出版社，2002年版。

《清人室名别稱字號索引》（增補本），楊廷福、楊同甫編，上海：上海古籍出版社，2001 年版。

《清人文集别録》，張舜徽撰，武漢：華中師範大學出版社，2004年版。

《清人文集篇目分類索引》，王重民編，北京：中華書局，1960年版。

《清代文學世家姻親譜系》，徐雁平著，南京：鳳凰出版社，2010年版。

《清容居士行年録》，（清）蔣士銓自撰，《忠雅堂集校箋》附録一，上海：上海古籍出版社，1988 年版。

《清儒學案小傳》二十一卷，徐世昌纂，清代傳記叢刊本。

《清詩鐸》（《國朝詩鐸》），張應昌輯，北京：中華書局，1960 年版。

《清史編年》，李文海主編，北京：中國人民大學出版社，1998—2000 年版。

《清詩别裁集》，（清）沈德潛編，北京：中華書局，1975 年影印本。

《清史稿》，趙爾巽等撰，北京：中華書局，1977 年版。

《清史稿藝文志及補編》，章鈺、武作成等編，北京：中華書局，1982 年版。

《清史稿藝文志拾遺》，王紹曾主編，北京：中華書局，2000 年版。

《清史列傳》，王鍾翰點校，北京：中華書局，1987 年版。

《清詩話》，丁福保編選，上海：上海古籍出版社，1978 年版。

《清詩話考》，蔣寅著，北京：中華書局，2005 年版。

《清詩考證》，朱則傑著，北京：人民文學出版社，2012 年版。

《清詩話續編》，郭紹虞編選，富壽蓀校點，上海：上海古籍出版

599

社,1983年版。

《清詩紀事·乾隆朝卷》,錢仲聯主編,南京:江蘇古籍出版社,
1989年版。

《清詩紀事初編》,鄧之誠著,北京:中華書局,1965年版。

《清史列傳》,王鍾翰點校,北京:中華書局,1987年版。

《清實錄·高宗純皇帝實錄》,北京:中華書局,1986年影印本。

《清通鑒》,太原:山西人民出版社,2000年版。

《清王西莊先生鳴盛年譜》,黃文相編撰,臺北:臺灣商務印書館,
1986年版。

《青溪集》,(清)程廷祚撰,宋效永校點,合肥:黄山書社,2004年版。

《裘文達公文集》六卷《詩集》十二卷,(清)裘曰修撰,清嘉慶刻
本,《續修四庫全書》第1441冊。

《曲臺叢稿》,(清)王鳴盛撰,求野堂藏板,清乾隆十四年刻本。

《群雅集》四十卷,(清)王豫輯,清嘉慶十二年刻本。

R

《日下舊聞考》,(清)于敏中等纂,北京:北京古籍出版社,1983
年版。

《阮元年譜》,張鑒編,北京:中華書局,1993年版。

S

《三百年來詩壇人物評點小傳彙錄》,楊揚輯校,中州古籍出版社,
1986年版。

《三松堂集》二十四卷《續集》六卷,(清)潘奕雋撰,清嘉慶刻本,
《續修四庫全書》第1460—1461冊。

《三吳水考》,(明)張內蘊、周大韶撰,文淵閣《四庫全書》本,臺
北:臺灣商務印書館,1983—1986年影印。

《嗇生居文集》,(清)李保泰撰,清抄本。

《上海圖書館藏明清名家手稿》，上海圖書館編，上海：上海古籍出版社，2006年版。

《上海圖書館藏家譜提要》，王鶴鳴等主編，上海：上海古籍出版社，2000年版。

《邵二雲先生年譜》，黃雲眉著，載黃雲眉《史學雜稿訂存》，濟南：齊魯書社，1980年版。

《沈德潛詩文集》，沈德潛著，潘務正、李言編輯點校，北京：人民文學出版社，2011年版。

《沈歸愚自訂年譜》，（清）沈德潛編，《北京圖書館藏珍本年譜叢刊》第91冊。

《師尚齋詩集》，（清）莊炘撰，遼寧省圖書館藏鈔本。

《十駕齋養新錄》，（清）錢大昕著，陳文和、孫顯軍校點，南京：江蘇古籍出版社，2000年版。

《石溪舫詩話》二卷，（清）吳嵩梁撰，收入《香蘇山館全集》，清道光二十三年刻本。

《石溪詩鈔》，（清）陶煊撰，清康熙刻本。

《石研齋集》，（清）秦黌撰，清嘉慶十六年刻本。

《釋氏疑年錄》，陳垣撰，北京：中華書局，1964年版。

《收庵居士自叙年譜略》，（清）趙懷玉自撰，清道光十二年刻本。

手抄本《袁枚日記》（一至十五），（清）袁枚著，王英志整理，《古典文學知識》2009—2011年各期。

《述庵先生年譜》，（清）嚴榮撰，《春融堂集》附，清嘉慶十二年塾南書舍刻本，《續修四庫全書》第1437—1438冊。

《樞垣記略》二十八卷，（清）梁章鉅、朱智撰，何英芳點校，北京：中華書局，1984年版。

《樹經堂詩初集》十五卷《續集》八卷，（清）謝啟昆撰，清嘉慶刻本，《續修四庫全書》第1458冊。

《水曹清暇錄》，（清）汪啟淑撰，楊輝君點校，北京：北京古籍出版社，1998年版。

《四家詩選》二十九卷，（清）張懷溎輯，收入《函海》第二十七函，清嘉慶間刻本。

《四庫全書總目》，（清）永瑢等撰，北京：中華書局，1965年影印本。

《四庫全書纂修研究》，黄愛平著，北京：中國人民大學出版社，1989年版。

《四明清詩略》，董沛輯，民國十九年鉛印本。

《笥河詩集》，（清）朱筠撰，清嘉慶九年椒花吟舫刻本。

《笥河文集》，（清）朱筠撰，清嘉慶二十年椒花吟舫刻本。

《石溪舫詩話》二卷，（清）吳嵩梁撰，清道光間刻香蘇山館全集本。

《世載堂雜憶》，（清）劉禹生撰，臺灣中華書局，1960年版。

《室名別號索引》，陳乃乾編，丁寧、何文廣、雷夢水補編，北京：中華書局，1982年版。

《松花庵全集》十二卷，（清）吳鎮撰，清宣統二年刻本。

《松泉集》，（清）汪由敦撰，文淵閣《四庫全書》本。

《素存堂詩初集禄存》，（清）法式善撰，嘉慶十二年湖北德安官署王墉校刊本。

《素修堂詩集》二十四卷，（清）吳蔚光撰，清嘉慶十八年刻本。

《素修堂遺文》四卷《補遺》一卷，（清）吳蔚光撰，清抄本。

《隨園詩話》，（清）袁枚撰，王英志批注，南京：鳳凰出版社，2009年版。

《隨園瑣記》二卷，（清）袁祖志撰，清光緒三年申報館鉛印本。

《隨園先生年譜》，（清）方濬師編，《北京圖書館藏珍本年譜叢刊》第98冊。

《孫淵如先生年譜》，張紹南撰，《藕香零拾》本，北京：中華書局，1999年影印。

《孫淵如先生全集》二十一卷,(清)孫星衍撰,民國八年商務印書館《四部叢刊》影印清嘉慶刻本,《續修四庫全書》第 1477 册。

T

《太乙舟文集》,(清)陳用光撰,清道光二十三年孝友堂刻本。

《談藝録》,錢鍾書著,北京:中華書局,1984 年版。

《陶廬雜録》,法式善撰,塗雨公點校,北京:中華書局,1959 年版。

《藤陰雜記》十二卷,(清)戴璐撰,《續修四庫全書》第 1177 册。

《天地會》,中國人民大學清史研究所、中國第一歷史檔案館編,北京:中國人民大學出版社,1980 年版。

《天真閣集》五十四卷《外集》六卷,(清)孫原湘撰,清嘉慶五年刻增修本,《續修四庫全書》第 1487—1488 册。

《聽秋軒詩集》四卷《贈言》三卷《來書》一卷,(清)駱綺蘭撰,清嘉慶間刻本。

《聽松廬詩話》,(清)張維屏撰,張南山全集本,清道咸間刻本。

《聽松廬詩鈔》,(清)張維屏撰,清嘉慶十八年刻本。

同治《徐州府志》,(清)劉庠纂,清同治十三年刻本。

同治《蘇州府志》,(清)馮桂芬纂,清光緒九年刊本。

《桐城耆舊傳》十二卷,馬其昶撰,清宣統三年刻本。

《童山詩集》,李調元撰,北京:中華書局,1985 年新 1 版。

《童山集》,李調元撰,清道光五年李朝夔補刻乾隆萬卷樓本。

《蘀石齋詩集·蘀石齋文集》,(清)錢載撰,丁小明整理,上海古籍出版社,2012 年版。

W

《晚晴簃詩匯》,徐世昌編,聞石校點,北京:中華書局,1990 年版。

《宛委山房集》二卷,(清)曹仁虎撰,清乾隆刻七子詩選本,《續修四庫全書》第 1449 册。

《王曇年譜簡編》,鄭幸撰,《文衡》,2010 年 10 月。

《王西莊與錢竹汀》,柴德賡,《史學史資料》1979 年第 3 期。

《汪龍莊遺書》,(清) 汪輝祖撰,清光緒刻本。

《文史通義校注》,(清) 章學誠撰,葉瑛校注,北京：中華書局,1994 年版。

《文獻徵存錄》十卷,(清) 錢林編,《清代傳記叢刊》第 10—11 冊。

《翁方綱年譜》,沈津著,臺北：中研院中國文哲研究所,2002 年版。

《翁方綱題跋手劄集錄》,沈津輯,桂林：廣西師範大學出版社,2002 年版。

《翁氏家事略記》,(清) 翁方綱撰,《北京圖書館藏珍本年譜叢刊》第 108 冊。

《吳會英才集》二十四卷,(清) 畢沅輯,清嘉慶初鎮洋畢氏刻本。

《武林坊巷志》,(清) 丁丙編,潘一平、孫雲清、顏依青校點,浙江人民出版社 1990 年版。

《梧門詩話合校》,(清) 法式善撰,張寅彭等編校,南京：鳳凰出版社,2005 年版。

《吾以吾鳴集抄》一卷,(清) 薛雪撰,清乾隆間刻本。

X

《惜抱軒詩文集》,(清) 姚鼐撰,劉季高標校,上海：上海古籍出版社,1992 年版。

《西湖志纂》,(清) 梁詩正、沈德潛等撰,文淵閣《四庫全書》本,臺北：商務印書館,1983—1986 年影印。

《西蓋趙氏族譜》,(清) 趙洪良等纂修,清光緒十二年永思堂木活字本。

《西莊始存稿》,(清) 王鳴盛撰,清乾隆三十年自刻本。

《顯考種之府君行述》,(清) 吳賡枚撰,清嘉慶間刻本。

《先水部公年譜》,(清)許世傑編,《北京圖書館藏珍本年譜叢刊》第 93—94 册。

《襄勤伯鄂文端公年譜》,(清)鄂容安編,《北京圖書館藏珍本年譜叢刊》第 91 册。

《香蘇山館詩鈔》、《香蘇山館詩集》,(清)吴嵩梁撰,清嘉慶刻本。

《香書軒秘藏名人書翰》,趙一生、王翼奇主編,杭州:浙江古籍出版社,2005 年版。

《香樹齋詩文集》,(清)錢陳群撰,清乾隆刻本。

《香祖筆記》十二卷,(清)王士禛撰,湛之點校,上海:上海古籍出版社,1982 年版。

《響泉集》,(清)顧光旭撰,清乾隆丙申刻本。

《小倉山房詩文集》袁枚著,周本淳標校,上海:上海古籍出版社,1988 年版。

《小莽蒼蒼齋藏清代學者法書選集》,史樹青主編,北京:文物出版社,1995 年版。

《小莽蒼蒼齋藏清代學者法書選集(續)》,陳烈編,北京:文物出版社,1999 年版。

《筱園詩話》四卷,(清)朱庭珍撰,清光緒十年刻本。

《嘯亭雜録、續録》十五卷,(清)昭槤撰,何英芳校點,北京:中華書局,1980 年版。

《新編中國名人年譜集成》,王雲五主編,臺北:臺灣商務印書館,1978 年版。

《杏莊府君自叙年譜》,(清)左輔撰、左昂等續編,清宣統二年木活字本。

《續板橋雜記》三卷,(清)珠泉居士撰,薛冰校點,南京:南京出版社,2006 年版。

《續碑傳集》,繆荃孫編,上海:上海古籍出版社,1987 年《清代碑傳全集》版。

《續修四庫全書總目録·索引》,上海:上海古籍出版社,2003年版。

《雪橋詩話》、《續集》、《三集》、《餘集》,(清)楊鍾羲撰,北京:北京古籍出版社,1989—1992年版。

Y

《雅雨堂詩集》二卷《文集》四卷,(清)盧見曾撰,清道光二十年盧樞清雅堂刻本,《續修四庫全書》第1423册。

《燕蘭小譜》五卷,(清)吳長元編,《清代傳記叢刊》第87册。

《弇山畢公年譜》,(清)史善長撰,清同治十一年刻本。

《烟霞萬古樓文集》六卷,(清)王曇撰,清嘉慶道光間增刻本,《續修四庫全書》第1483册。

《揅經室集》,(清)阮元撰,北京:中華書局,1993年版。

《楊蓉裳先生年譜》,(清)楊芳燦編,《北京圖書館藏珍本年譜叢刊》第120册。

《養一齋文集》,(清)李兆洛撰,清道光二十四年刻本。

《揚州畫舫録》,(清)李斗撰,周光培點校,揚州:江蘇廣陵古籍刻印社,1984年版。

《養竹山房題贈》一卷,(清)錢泳輯,稿本。

《姚惜抱先生年譜》,(清)鄭福照編,《北京圖書館藏珍本年譜叢刊》第107册。

《一規八棱硯齋文鈔》,(清)徐廷華撰,清光緒九年刻本。

《已山先生文集》,(清)王步青撰,清乾隆敦復堂刻本。

《亦有生齋集》五十四卷,(清)趙懷玉撰,清道光元年刻本,《續修四庫全書》第1469—1470册。

《藝舟雙輯》六卷附録三卷,(清)包世臣撰,《續修四庫全書》第1082册。

《尹健餘先生年譜》,(清)尹嘉銓編,《北京圖書館藏珍本年譜叢刊》第 94 册。

《尹文端公詩集》十卷,(清)尹繼善撰,清乾隆刻本,《續修四庫全書》第 1426 册。

《鶯脰湖莊詩集》十五卷,(清)王藻撰,清乾隆間刻本。

雍正《福建通志》,(清)郝玉麟等修,文淵閣《四庫全書》本,臺北,商務印書館,1983—1986 年影印。

雍正《湖廣通志》,(清)邁柱等修,文淵閣《四庫全書》本,臺北,商務印書館,1983—1986 年影印。

雍正《畿輔通志》,(清)李衛等修,文淵閣《四庫全書》本,臺北,商務印書館,1983—1986 年影印。

雍正《江西通志》,(清)謝旻等修,文淵閣《四庫全書》本,臺北,商務印書館,1983—1986 年影印。

雍正《浙江通志》,(清)嵇曾筠等修,文淵閣《四庫全書》本,臺北,商務印書館,1983—1986 年影印。

有關《廿二史劄記》的作者問題,杜漢鼎撰,《光明日報》1961 年 12 月 16 日。

《有正味齋詩集》十六卷《續集》八卷,(清)吳錫麟撰,清嘉慶十三年刻《有正味齋全集》增修本,《續修四庫全書》第 1468 册。

《雨村詩話》十六卷本,(清)李調元撰,萬卷樓藏板,清乾隆六十年刻本。

《玉塵集》,(清)洪亮吉撰,清光緒十六年粟香室刻本。

《玉芝堂詩集》,(清)邵齊燾撰,清光緒五年湘南節署刻本。

《玉芝堂文集》,(清)邵齊燾撰,清乾隆間刻本。

《鬱華閣遺集》,(清)盛昱撰,光緒間家刻本。

《御製詩集》,(清)愛新覺羅·弘曆撰,文淵閣《四庫全書》本,臺北,商務印書館,1983—1986 年影印。

《袁蔣趙三家詩選》,王文濡編,上海:文明書局,1925 年版。

《袁枚年譜新編》,鄭幸著,上海:上海古籍出版社,2011 年版。

《袁枚全集》,（清）袁枚著,王英志主編,南京：江蘇古籍出版社,
1997年版。

《月滿樓詩集》四十卷《別集》五卷,（清）顧宗泰撰,清嘉慶八年瞻
園刻本,《續修四庫全書》第1459冊。

《悅親樓詩集》三十卷《外集》二卷,（清）祝德麟撰,清嘉慶二年姑
蘇刻本,《續修四庫全書》第1462—1463冊。

《芸香堂詩集》二卷,（清）和琳撰,清抄本,《四庫未收書輯刊》第
10輯28冊。

Z

《章實齋年譜》,胡適編,合肥：安徽教育出版社,1999年版。

《張問陶年譜》,胡傳淮編,成都：巴蜀書社,2000年版。

《章學誠遺書》,（清）章學誠撰,北京：文物出版社,1985年版。

《昭代名人尺牘小傳》,（清）吳修編,光緒三十四年上海集古齋石
印本。

《昭代名人尺牘續集小傳》二十四卷,陶湘編,清代傳記叢刊本。

《趙甌北詩及其詩學研究》,周明儀,龔鵬程主編《古典詩歌研究
彙刊》第三輯：第18冊,臺北：花木蘭文化出版社,2008年版。

《趙甌北研究》,王建生著,臺北：臺灣學生書局,1988年版。

《趙翼》,張曉虎撰,《中國史學家評傳》,1985年第3期。

《趙翼年譜》,李君明著,蘭州：蘭州大學出版社,2004年版。

《趙翼評傳》,趙松勤著,南京：南京大學出版社,2002年版。

《趙翼詩編年全集》,（清）趙翼著,華夫主編,天津：天津古籍出版
社,1996年版。

《趙翼詩歌與詩論研究》,李鵬著,汕頭：汕頭大學出版社,2007
年版。

《趙翼詩選》,（清）趙翼著、胡憶肖選注,鄭州：中州古籍出版社,
1985年版。

《趙翼與馬迹山》,夏剛草撰,《文博通訊》,1984 年第 2、3 期。

《趙翼在鎮安府》,梁揚撰,《學術論壇》,1981 年第 4 期。

《趙翼傳》,杜維運著,臺北:時報文化出版事業有限公司,1984
年版。

《鎮安府任上的趙翼》,梁揚撰,《廣西大學學報》,1981 年第 1 期。

《鎮安府志》,(清) 羊復禮等纂修,清光緒十八年重修本。

《鄭板橋集》,(清) 鄭板橋撰,吳澤順編注,長沙:岳麓書社,2002
年版。

《鄭堂讀書記》,(清) 周中孚撰,臺灣世界書局影印嘉業堂刻本。

《質園詩集》三十二卷,(清) 商盤撰,清乾隆刻本,《四庫全書存目
叢書》補編第 9 冊。

《知足齋詩集》二十卷,(清) 朱珪撰,清嘉慶九年阮元刻增修本,
《續修四庫全書》第 1452 冊。

《知足齋文集》六卷,(清) 朱珪撰,清嘉慶九年阮元刻增修本,《續
修四庫全書》第 1452 冊。

至正《無錫志》,(清) 王仁輔撰,文淵閣《四庫全書》本,臺北:商務
印書館,1983—1986 年影印。

《中國歷代年譜總錄》(增訂本),楊殿珣編,北京:北京圖書館出
版社,1996 年版。

《中國歷史地圖集》第八冊“清時期”,譚其驤主編,北京:中國地
圖出版社,1987 年版。

《忠雅堂集校箋》,(清) 蔣士銓著,邵海清、李夢生校箋,上海:上
海古籍出版社,1993 年版。

《“中央研究院”歷史語言研究所現存清代內閣大庫原藏明清檔
案》,張偉仁主編,臺北:聯經出版公司,1986—1995 年影印。

《竹初詩鈔》十六卷《文鈔》六卷,(清) 錢維喬撰,清嘉慶刻本,《續
修四庫全書》第 1460 冊。

《朱笥河先生年譜》,羅繼祖編,《北京圖書館藏珍本年譜叢刊》第

106 册。

《竹葉庵文集》三十三卷,(清) 張塤撰,清乾隆五十一年刻本,《續修四庫全書》第 1449 册。

《朱筠年譜》,姚名達編,《民國叢書》第三編,上海:上海書店,1991 年影印本。

《紫竹山房詩文集》,(清) 陳兆崙撰,清嘉慶刻本。

《棕亭詩鈔》十八卷,(清) 金兆燕撰,清嘉慶十二年贈雲軒刻本,《續修四庫全書》第 1442 册。

《纂修四庫全書檔案》,中國第一歷史檔案館編,上海:上海古籍出版社,1997 年版。

人名索引

凡　例

一、本索引爲年譜正文涉及到的主要人物的索引，對譜前部分（包括緒論、凡例、世系表、傳略）和附録部分涉及到的人物不作索引。

二、本索引主要對年譜正文中的年譜條目、時事所涉及人物進行索引，原則上對所引詩文標題、内容所涉及人物不作索引。

三、年譜正文中涉及到的人物，凡可以考證全名者，原則上均書全名；偶有以字號、別稱等稱呼者，則以括注補全，如"汪由敦（文端公）"、"袁枚（子才）"等；部分人物無從考證全名，索引處則以字號行。

四、個別人物僅留姓氏，指稱不明，易産生混淆，索引以括注標識區分，如"丁氏（母）"、"程氏（繼配）"等。

五、同一人物同頁出現一次以上者，不予括注次數；連續數頁出現者，則以"—"標示。

六、本索引以姓名拼音爲序。

程景傅　28,291,297,374,380,
　391,398

程景伊　28,35,101,102,285—
　287,297

程氏（繼配）　37,101,104,125,
　132,137,180,197,199,208,
　209,315,528—531,536,559

程廷祚　171

程香遠　285,349,350,398,480,
　542

程易　335

程蔭堂　350,351

崇士錦　220

儲秘書　74

崔紀　39—41

崔景儀　109,528,529,536

崔禮卿　528,529

崔龍見　35,300,301,523,529,
　538,551

崔述　35

D

達澄　414,452

戴震　28,34,77,78,138,236,
　237,259,382

德保　28,114,127,129,159,
　210,212,262,360

德楞泰　43,541

狄夢環　476

丁氏（母）　96,234,258,259,
　559

董潮　29,127,128,140,143,250

董蘭谷　300

段玉裁　31,78,237,382

E

鄂寶　282

鄂爾泰　31,71

F

法式善　70,91,110,252,366,
　367,379,430,431,434,439,
　491,512,526,555

范來鳳　491

范來宗　32,325,488,489,501,
　517,518,533,548,552

范起鳳　312

范蔚林　422

方苞　58,237

方寶昌　482,499

方汝謙　62,63,94,140,145

費淳　34,127,129,251,410—
　413,421,432,441,445,471,
　472,492,518,519,522,524,
　534,537,549

馮光熊　89,90,176,477

唐思 309,313,317,319,327,
332,380

唐友耕 561,562

童鳳三 148

圖桑阿 164

圖思德 224—226

W

汪本中 482

汪承霈 61,62,108

汪承沆 61,79,80,108,482

汪承霈 60—62,108,255,259,
260,421,424,441,443,492,
506,511

汪端光 49

汪紱林 441

汪輝祖 29,474,475,528

汪茂修 329

汪懋麟 361

汪屏周 28,61,62,248,380,
394,398,424,456

汪啟淑 363,364

汪如藻 236

汪爲霖 470

汪用明 68,69,118,119

汪由敦(汪文端) 59—63,65,
67—70,73,79,84—86,91,
94,95,98,108,109,115,116,

125,131,132,138,200,259,
265,266,413,424,426,442,
482,506

汪中 39,364,407

王炳文 331,332

王昶 28,37,57,58,63,64,71,
72,78,80,83,84,89,92—94,
102—105,107,114,120,121,
123,124,129,132,134,137,
141,142,145,149,154,157—
159,164,175,176,182,184,
185,190,196,214,215,219,
238,239,257,260,271,274—
276,284,308,328,354,360,
361,366,383,384,392,395,
398,399,406,410,414,422,
424,431,435,436,438,439,
444,487—489,495—497,500,
506,507,510,515

王大鶴 80,81

王際華 236

王杰 111—114,116,278,287,
288,473,482,508,509

王峻 57,63,66

王鳴盛 28,36,37,57,58,63,
64,71,107,126,317,318,
336,349,371,373,399,406,
434,435,449

438,481

謝溶生　28,307,323,326,329,
331,378,400,406,408,452,
475

謝墉　310,311,326,337,412

謝振定　70,432,433,541

徐達源　490,491

徐大榕　47,416,417

徐殿颺　407

徐季常　131,455

徐秋園　44,62,241,242,247,
248,250,256,261,289,378,
442

徐書受　66,110,121,246,247,
286,358,417,455,511

徐肇璜　241,247,248,250,
255,256

宣聰　398

Y

嚴長明　30,121,142,263,286,
346,363

嚴遂成　69,399,400

楊昌霖　236

楊潮觀　28

楊充之　394

楊芳燦　70

楊奉周　74

楊恒夫　398

楊槐　495

楊靜叔　248,380,456

楊倫　47,110,246,256,286,
303

楊桐山　479,499,507

楊煒　58,265,499

楊獻章　233,241,256

楊元錫　464,465,542

姚鼐　29,30,32,33,63,84,
112,115,136,139,148,169,
172,188,193,198,203,225,
236,237,260,263,307,339,
342,348,361,365,368,370,
391,420,424,434,469,474,
507,543—546,557

姚瑩　237,328

葉廷甲　78,498,522,532

葉古渠　349

葉生柏　409

葉廷甲　78,498,522,532

葉昱　58,59

葉芝山　354

寅保　278,279

尹繼善　28,53,54,65,66,74,
78,79,111,120,134,148,
149,153,217,262,273,553

英廉　236

趙翼年譜新編

519,532

張玉川　61,62,384,424

張雲璈　47,351,377,378,518,
526,553

張舟　100,101,139,356,359,
360,371,470,471,483,518

張紫瀾　473

趙秉淵　487

趙曾慶　493

趙公桂　300,477,484,493,519,
556

趙樾　432,484,556

趙韓　372,484,522,556

趙懷玉　42,43,45,46,77,110,
125,140,144,146,147,197,
200,235,239,246—248,251,
252,255,264,265,281,286,
287,291,294—297,299,301,
303,317,318,337,338,354,
356,358,359,365,373,376,
380—384,386,394,403,405,
406,421,429,430,435,444,
454,456,468,472,487,494—
497,507,510,515—520,524,
528,529,536,538,545,546,
550—552,556

趙炯辰　50,51,54,56,76,122

趙蘭　498,499,513,514

趙耆瑞　97,120,150,156,157

趙起(鳴盛、和鳴)　405,533,550

趙慶齡　379,484,513,514,555,
556

趙荃　498,499

趙汝霖　30,89,150,334,338,
499,513

趙汝明　76,88,98

趙僧善(逢吉)　484,555,556

趙申嘉(發科)　201,222,308,
355,403,484,513,514,533,
555,556

趙申喬　295,296

趙申憲　484,511,556

趙申佑　484,485,522,556

趙繩男　28,46,247,248,250—
252,274,289,297,349,374,375,
385,398,403,408,463,491,517

趙蒜　498,499

趙廷俊　201,379,403,444,
484,510,511,514,555,556

趙廷偉　180,334,335,405,
427,428,464,484,513,514

趙廷賢　150,334,498,499,514

趙廷雄　498,499,513

趙廷彥　238,374,484,486,546,
555,556

趙廷英　135,289,300,484

趙翼年譜新編

後　記

　　出版的日子一天天地近了，心情越發忐忑不安，我敬呈給師友的第一份作業，自覺是"拙著"，怎敢讓師友們寓目？"知恥近乎勇"，這份作業本是在我博士論文的基礎上增刪而成，雖已經過若干年之打磨修訂，仍知必有許多不盡如人意之處，也希望師友們多提寶貴意見。

　　博士生導師嚴明、博士後導師張寅彭兩位先生爲本稿花費的大量心血不言而喻。畢業後，兩位恩師仍然在生活、學習、工作諸多方面，一如既往地給予我關心、指導和教誨，我找不出恰當的話語表達自己的心情，唯有不斷努力攀登，才能不辜負恩師們的期望。

　　本稿能以目前的面貌呈現，還須特別感謝另一位老師——責任編輯郭時羽女士。郭老師業務精湛、經驗豐富，加班加點逐字逐句審閱原稿，發現問題立即反饋，電話、郵件反復與我商議修改辦法；郭老師不僅站在學術高度給我提出很多建設性的意見，而且不斷給我以友善的壓力，鼓勵、鞭策我不斷前進。由於修稿，結識一位對工作充滿熱情、對生活高度熱愛的好老師，也是意外之喜。

　　亦應感謝上海大學鄭幸老師給予我榜樣的力量，鄭幸老師不僅在寫作方面給我諸多啟示，而且在生活、學習和工作等方面一直關心我、幫助我，在此，對鄭老師說一聲："謝謝您！"

一路走來，需要感謝的師友還有許多，我知道大家都在默默地關注著我的成長，我也追隨師友們的步伐，努力前進。

同時，還應感謝上海市哲社博士文庫特別青目，給予的支持。

陳清雲

2016 年 11 月

圖書在版編目(CIP)數據

趙翼年譜新編 / 陳清雲著. —上海：上海古籍出
版社，2016.12
ISBN 978-7-5325-7447-6

Ⅰ.①趙⋯ Ⅱ.①陳⋯ Ⅲ.①趙翼(1727-1814)—
年譜 Ⅳ.①K825.4

中國版本圖書館 CIP 數據核字(2017)第 007266 號

本書得到上海市第二十八次哲學社會
科學學術著作出版資助，謹致謝忱。

責任編輯　郭時羽
技術編輯　富　强
裝幀設計　王曉陽

趙翼年譜新編
陳清雲　著

出　　版　上海世紀出版股份有限公司上海古籍出版社
　　　　　（上海瑞金二路 272 號　郵政編碼 200020）
　　　　　（1）網址：www.guji.com.cn
　　　　　（2）E-mail：guji1@guji.com.cn
　　　　　（3）易文網網址：www.ewen.co
發　　行　上海世紀出版股份有限公司發行中心
印　　刷　上海展强印刷有限公司
開　　本　635×965mm　1/16
印　　張　40.75
字　　數　640,000
版　　次　2016 年 12 月第 1 版
印　　次　2016 年 12 月第 1 次印刷
ISBN 978-7-5325-7447-6/I·3135
定　　價　138.00 元

马克思主义研究　哲学社会科学研究　第二十八辑　（2016年12月）

分税制、地方财政自主权和经济发展绩效研究　高琳　著
科技自主创新生态群落理论与应用　戴伟辉　著
阿巴边界"黑洞"：形成、影响及启示　姚远梅　著
《清华大学藏战国竹简（壹）》整理研究　刘光胜　著
拒绝就位的身体：从身体观出发破译笛卡儿的《第一哲学沉思集》　李琍　著

博士文库　第十八辑　（2016年12月）

当代中国"三农"政策变动——基于"中央一号文件"的研究　陈少艺　著
赵翼年谱新编　陈清云　著